studienwahl.de 2023/24

Herausgeber:
Stiftung für Hochschulzulassung
Bundesagentur für Arbeit

Verantwortlich für den Inhalt:
Meramo Verlag GmbH,
Nürnberg

Der offizielle Studienführer für Deutschland

IMPRESSUM

Herausgeber:
Stiftung für Hochschulzulassung
und Bundesagentur für Arbeit

Verlag:
Meramo Verlag GmbH, Nürnberg
Geschäftsführer: Andreas Bund
Prokuristin: Kristina Ansorge
www.meramo.de

Chefredaktion: Carmen Freyas
Redaktionsteam: Christoph Bortolotti (verantwortlich), Andreas Bund, Klaus Harfmann, Daniel Johnson, Ralph Kinner, Elena Pichler, Alexander Reindl, Dr. Nina Röder, Virginia Saam, Stephanie Saffer, Larissa Taufer, Eva Wagner

sowie Vertreter*innen der Bundesagentur für Arbeit und der Stiftung für Hochschulzulassung.

Gestaltung:
Art Direktion: Viviane Schadde
Layout und Satz: Claudia Costanza
Illustrationen:
Claudia Costanza, Marie Demme

Automatisiertes Satzverfahren:
IRS - Willmy MediaGroup, Nürnberg

Anzeigen Print und Online:
Meramo Verlag GmbH, Nürnberg
Andreas Brehm
Tel. 0911 / 937739-31
Julian Toplanaj
Tel. 0911 / 937739-30

E-Mail: anzeigen@meramo.de

Hinweise:
Die Informationen in der Medienkombination „Studienwahl" werden vom Verlag recherchiert bzw. in Abstimmung mit den zuständigen Landesministerien bzw. Bundesbehörden ermittelt. Für Vollständigkeit, Fehler redaktioneller und technischer Art, Auslassungen usw. sowie die Richtigkeit der Eintragungen kann – auch wegen der raschen Veränderungen im Bildungswesen – keine Haftung übernommen werden. Hinweise auf Änderungsbedarfe zu Inhalten dieses Buches nimmt der Verlag entgegen.

Für den Inhalt der Werbeanzeigen sind die Herausgeber **nicht** verantwortlich.

(Redaktionsschluss: 16.06.2023)

Preis: 9,90 EUR

ISSN: 0302-6299
ISBN: 978-3-9818964-6-6

53., komplett überarbeitete Ausgabe 2023
Meramo Verlag Nürnberg
Druckauflage: 457.068

Druck:
GGP Media GmbH, Pößneck

Papier:
Gesamtes Buch:
FSC Mix
Innenteil:
100% Recycling

MIX
Papier | Fördert gute Waldnutzung
FSC
www.fsc.org   FSC® C014496

© Copyright 2023 für alle Inhalte:
Bundesagentur für Arbeit und
Stiftung für Hochschulzulassung.
Alle Rechte vorbehalten. Der Nachdruck, auch auszugsweise, sowie jede Nutzung der Inhalte – mit Ausnahme der Herstellung einzelner Vervielfältigungsstücke zum Unterrichtsgebrauch in Schulen – bedarf der vorherigen Zustimmung des Verlags. In jedem Fall ist eine genaue Quellenangabe erforderlich.

In diesem Buch sind Fotos verwendet von:
Sonja Brüggemann (277), Julien Fertl (199), Burkhardt Hellwig (53), Heidrun Hönninger (174), Hans-Martin Issler (23), Axel Jusseit (276, 357), Sebastian Kaulitzki (128), Vanessa Mund (350), Frank Pieth (180), Tom Pingel (129), Ivy Rauner (142), Michaela Rehle (27, 207, 306, 356), Martin Rehm (97, 183), Meramo Studios (156), Thorsten Thiel (87), Sonja Trabandt (307), Verena Westernacher (287), Lisa Zirkelbach (89).

Titelfoto: Martina Striegl-Klehn

VORWORT

Liebe Leser*innen,

das Abitur in der Tasche – und dann? Vieles ist möglich: Wollen Sie studieren oder ist eine (duale) Berufsausbildung eine gute Alternative für Sie? Bundesweit bieten über 400 Hochschulen mehr als 21.500 Studiengänge an – rund 11.000 davon sind grundständige Studiengänge, die zu einem ersten berufsfähigen Abschluss führen.

Dieses Buch hilft, sich anhand der Rubrik **„Studienfelder & Studieninhalte"** einen strukturierten Überblick über das Studienangebot zu verschaffen. Jedes Studienfeld ist mit einem QR-Code versehen, über den Sie sich online in der Studiensuche der Bundesagentur für Arbeit das aktuelle Studienangebot anzeigen lassen können.

Wer noch unschlüssig ist, startet zunächst im Kapitel „**Orientierungs- und Entscheidungshilfen**" und beschäftigt sich mit der Frage, ob sich der Karriereweg über ein Studium oder über eine (duale) Ausbildung verwirklichen lässt.

Alles rund um den Studienstart haben wir Ihnen unter „**Bewerbung und Zulassung**" zusammengetragen. Und weil „**Wohnen & Finanzielles**" eine ebenso wichtige Rolle bei der Studienwahl spielen, halten wir auch dafür Informationen bereit.

Im **Online-Portal** (www.studienwahl.de) gibt es ergänzend das „**Thema des Monats**" sowie aktuelle Hinweise auf Infoveranstaltungen und eine Praktikumsbörse. Abonnieren Sie am besten gleich den **kostenfreien Newsletter** (www.studienwahl.de/news):

Zum Schluss ein wichtiger Hinweis:
Für konkrete Fragen zu den im Buch oder online dargestellten Angeboten oder Regelungen wenden Sie sich bitte an die Beratungsstellen der Hochschulen oder Ihrer Agentur für Arbeit vor Ort (Kontaktdaten: siehe *Kapitel 6.3*).

Wir wünschen Ihnen viel Erfolg für Ihre Studien- und Berufswahl!

Die Herausgeber

„Studienwahl" ist der offizielle Studienführer für Deutschland, herausgegeben von der Bundesagentur für Arbeit (BA) und der Stiftung für Hochschulzulassung (SfH). Um eine bestmögliche Studienorientierung nach dem Schulabschluss sicherzustellen, erhalten Schüler*innen der (Vor)abgangsklassen an Gymnasien und weiterführenden Schulen das Buch kostenfrei bei Bedarf von den Berufsberaterinnen und Berufsberatern. In diesem Buch finden Sie Antworten auf zentrale Fragen der Studienwahl – genauso wie online auf www.studienwahl.de.

IHR ONLINE-PORTAL

„Studienwahl" im Internet

studienwahl.de – einfach, übersichtlich und reich an Information

Das Online-Portal wird fortlaufend aktualisiert und bietet viele ergänzende Informationen: Regelmäßig wird ein fundiert recherchiertes **Thema des Monats** veröffentlicht. Außerdem gibt es Hinweise auf interessante Veranstaltungen der Hochschulen und der Berufsberatung, eine Praktikumsbörse sowie einen **Newsletter**.

▶ **Die wichtigsten Informationen rund um die Studienwahl in einem Online-Portal**

▶ **Verknüpft mit der Studiensuche der Bundesagentur für Arbeit**

Schauen Sie am besten gleich vorbei:
www.studienwahl.de

Ausgezeichnet mit dem Comenius EduMedia-Siegel

4

INHALTSÜBERSICHT

Orientierungs- & Entscheidungshilfen	1
Studium & Hochschulen	2
Studienfelder & Studieninhalte	3
Bewerbung & Zulassung	4
Wohnen & Finanzielles	5
Adressen & Links	6
Anhang: Sachworte, Inserentenverzeichnis	7

Verantwortlich für die Inhalte:

Meramo Verlag GmbH, Nürnberg
www.meramo.de

bachelorISM.de

ISM INTERNATIONAL SCHOOL OF MANAGEMENT
University of Applied Sciences

VOLLZEIT.
DUAL.
BERUFSBEGLEITEND.
FERNSTUDIUM.

INHALTSVERZEICHNIS

1 Orientierungs- & Entscheidungshilfen 23

1.1	Die Entscheidung treffen	24
1.2	Studium oder Ausbildung?	32
1.3	Typisch Frau – typisch Mann?	36
1.4	Arbeitsmarkt & Beschäftigungschancen	40
1.5	Zwischenzeit	43
1.5.1	Freiwilliger Wehrdienst (FWD)	43
1.5.2	Bundesfreiwilligendienst (BFD)	44
1.5.3	Weitere Freiwilligendienste	45
1.5.4	Freiwilligendienste im Ausland	46
1.5.5	Friedensdienst	48
1.5.6	Reisen und Arbeiten im Ausland	48
1.6	Studieren mit Behinderungen oder chronischer Erkrankung	50
1.7	Studienabbruch und -wechsel	51

2 Studium & Hochschulen 53

2.1	Voraussetzungen	54
2.2	Die Hochschultypen im Überblick	59
2.3	Studienabschlüsse und -organisation	61
2.4	Besondere Studienformen	65
2.4.1	Duales Studium	66
2.4.2	Fernstudium, Online-Studium, Blended Learning	71
2.4.3	Teilzeitstudium	73
2.4.4	Weiterbildende Studiengänge	74
2.5	Studieren im Ausland	75
2.5.1	Reisevorbereitungen	76
2.5.2	Finanzierung & Förderprogramme	77
2.5.3	Anerkennung	80
2.5.4	Internationale Studiengänge und grenznahe Kooperationen	82
2.6	Tipps für den Studienstart	84

Anzeige

Alles mit Zukunft

Werde Teil des
#teamSiemens

Geld verdienen und studieren?
Starte dein duales Studium bei Siemens,
zum Beispiel
- Informatik (B.Sc.)
- Wirtschaftsinformatik (B.Sc.)
- Businessadministration (B.A.) inkl. IHK-Ausbildung
- Elektro- und Informationstechnik (B.Eng.)
  inkl. IHK-Ausbildung
- Wirtschaftsingenieurwesen (B.Sc.)
  ... und viele mehr.

Du findest uns unter
◉ siemens_ausbildung
🌐 ausbildung.siemens.com

Bewirb dich jetzt!

SIEMENS

INHALTSVERZEICHNIS

3 Studienfelder & Studieninhalte 87

3.1 Studienbereich Agrar-, Forst- und Ernährungswissenschaften 88

3.1.1   Agrarwissenschaften 90

3.1.2   Ernährungswissenschaften 91

3.1.3   Forstwissenschaften, -wirtschaft 92

3.1.4   Garten-, Landschaftsbau 93

3.1.5   Lebensmittel-, Getränketechnologie 94

3.2 Studienbereich Ingenieurwissenschaften 95

3.2.1   Architektur, Raumplanung 98

3.2.2   Automatisierungs-, Produktionstechnik 100

3.2.3   Bautechnik 101

3.2.4   Chemietechnik 102

3.2.5   Elektro- und Informationstechnik 103

3.2.6   Energietechnik, Energiemanagement 104

3.2.7   Fahrzeug-, Verkehrstechnik 104

3.2.8   Fertigungstechnologien 107

3.2.9   Gebäude-, Versorgungstechnik, Facility-Management 109

3.2.10   Geoinformation, Vermessung 111

3.2.11   Maschinenbau, Mechanik 112

3.2.12   Mechatronik, Mikro- und Optotechnik 113

3.2.13   Medien-, Veranstaltungstechnik 114

3.2.14   Medizintechnik, Technisches Gesundheitswesen 115

3.2.15   Nanowissenschaften 116

3.2.16   Physikalische Technik 117

3.2.17   Produktentwicklung, Konstruktion 118

3.2.18   Qualitätsmanagement 119

3.2.19   Rohstoffgewinnung / Hüttenwesen 120

3.2.20   Sicherheit und Gefahrenabwehr, Rettungsingenieurwesen 121

3.2.21   Technik, Ingenieurwissenschaften (übergreifend) 122

3.2.22   Umwelttechnik, Umweltschutz 123

3.2.23   Verfahrenstechnik 124

3.2.24   Werkstoff-, Materialwissenschaften 125

3.2.25   Wirtschaftsingenieurwesen, Technologiemanagement 126

INHALTSVERZEICHNIS

3.3	**Studienbereich Mathematik, Naturwissenschaften**	128
3.3.1	Angewandte Naturwissenschaften	130
3.3.2	Bio-, Umweltwissenschaften	130
3.3.3	Chemie, Pharmazie	132
3.3.4	Geowissenschaften, -technologie	134
3.3.5	Informatik	136
3.3.6	Mathematik, Statistik	139
3.3.7	Physik	140
3.4	**Studienbereich Medizin, Gesundheitswissenschaften, Psychologie, Sport**	141
3.4.1	Biomedizin, Neurowissenschaften	143
3.4.2	Gesundheitswissenschaften	144
3.4.3	Human-, Tier-, Zahnmedizin	146
3.4.4	Psychologie	149
3.4.5	Sport	151
3.4.6	Therapien	152
3.5	**Studienbereich Wirtschaftswissenschaften**	154
3.5.1	Automobilwirtschaft	157
3.5.2	Bau-, Immobilienwirtschaft	157
3.5.3	Betriebswirtschaft	158
3.5.4	Finanz- und Rechnungswesen, Controlling, Steuern	159
3.5.5	Finanzdienstleistungen, Versicherungswirtschaft	160
3.5.6	Gesundheitsmanagement, -ökonomie	161
3.5.7	Handel, Industrie, Handwerk	162
3.5.8	Internationale Wirtschaft	163
3.5.9	Logistik, Verkehr	164
3.5.10	Management	166
3.5.11	Marketing, Vertrieb	167
3.5.12	Medienwirtschaft, -management	167
3.5.13	Personalmanagement, -dienstleistung	169
3.5.14	Tourismuswirtschaft, Sport- und Eventmanagement	170
3.5.15	Wirtschaftsinformatik	171
3.5.16	Wirtschaftswissenschaften, Volkswirtschaft	172

Ausbildung & Studium bei dm

Mach den ersten Schritt auf dem Weg zu Dir.
Wir bieten Dir:
- einen sicheren Ausbildungs-/Studienplatz
- faire Vergütung
- Gestaltungsmöglichkeiten auf Deinem beruflichen Weg
- spannende und abwechslungsreiche Aufgaben

Jetzt bewerben
unter:
dm-jobs.de/dubeidm

 dm_jobs_deutschland

INHALTSVERZEICHNIS

3.6	**Studienbereich Rechts-, Sozialwissenschaften**	173
3.6.1	Politikwissenschaften	175
3.6.2	Rechtswissenschaften	176
3.6.3	Sozialwesen	177
3.6.4	Sozialwissenschaften, Soziologie	178
3.7	**Studienbereich Erziehungs-, Bildungswissenschaften**	179
3.8	**Studienbereich Sprach-, Kulturwissenschaften**	181
3.8.1	Altertumswissenschaften, Archäologie	184
3.8.2	Anglistik, Amerikanistik	184
3.8.3	Archiv, Bibliothek, Dokumentation	185
3.8.4	Außereuropäische Sprachen und Kulturen	186
3.8.5	Germanistik	187
3.8.6	Geschichtswissenschaften	188
3.8.7	Jüdische Studien, Judaistik	189
3.8.8	Kleinere europ. Sprachen und Kulturen	190
3.8.9	Kommunikation und Medien	190
3.8.10	Kulturwissenschaften	191
3.8.11	Liberal Arts	192
3.8.12	Philosophie, Theologie, Religionspädagogik	193
3.8.13	Regionalwissenschaften	194
3.8.14	Romanistik	195
3.8.15	Slawistik	196
3.8.16	Sprach-, Literaturwissenschaften, Dolmetschen und Übersetzen	196
3.8.17	Ältere europ. Sprachen und Kulturen	198
3.9	**Studienbereich Kunst, Musik**	199
3.9.1	Bühnenbild, Szenografie	200
3.9.2	Gestaltung, Design	201
3.9.3	Kunst	203
3.9.4	Musik	204
3.9.5	Schauspiel, Tanz, Film, Fernsehen	206
3.10	**Lehramtsausbildung in den Bundesländern**	208
3.10.1	Lehramtsausbildung in Baden-Württemberg	211
3.10.2	Lehramtsausbildung in Bayern	219

INHALTSVERZEICHNIS

3.10.3	Lehramtsausbildung in Berlin	223
3.10.4	Lehramtsausbildung in Brandenburg	225
3.10.5	Lehramtsausbildung in Bremen	227
3.10.6	Lehramtsausbildung in Hamburg	229
3.10.7	Lehramtsausbildung in Hessen	232
3.10.8	Lehramtsausbildung in Mecklenburg-Vorpommern	234
3.10.9	Lehramtsausbildung in Niedersachsen	236
3.10.10	Lehramtsausbildung in Nordrhein-Westfalen	238
3.10.11	Lehramtsausbildung in Rheinland-Pfalz	241
3.10.12	Lehramtsausbildung im Saarland	243
3.10.13	Lehramtsausbildung in Sachsen	245
3.10.14	Lehramtsausbildung in Sachsen-Anhalt	247
3.10.15	Lehramtsausbildung in Schleswig-Holstein	250
3.10.16	Lehramtsausbildung in Thüringen	254
3.11	**Öffentliche Verwaltung**	257
3.11.1	Allgemeiner innerer Verwaltungsdienst	257
3.11.2	Arbeitsmarktmanagement	258
3.11.3	Archivwesen	259
3.11.4	Auswärtiger Dienst	260
3.11.5	Bundesnachrichtendienst (BND)	262
3.11.6	Deutsche Bundesbank	263
3.11.7	Deutscher Wetterdienst / Geoinformationsdienst der Bundeswehr	263
3.11.8	Finanzverwaltung (Steuer- und Zollverwaltung)	264
3.11.9	Gehobener Vollzugs- und Verwaltungsdienst	266
3.11.10	Rechtspflege	267
3.11.11	Sozialversicherung	268
3.11.12	Verfassungsschutz	268
3.11.13	Verwaltungsinformatik	269
3.11.14	Wissenschaftliches Bibliothekswesen	270
3.11.15	Polizei der Länder	270
3.11.16	Bundespolizei	271
3.11.17	Bundeskriminalamt (BKA)	272

TALENTE.TECHNIK.ZUKUNFT.
ENTDECKE DEINE MÖGLICHKEITEN

MEHR ALS 80 BACHELOR- UND MASTERSTUDIENGÄNGE

STUDIENGEBÜHRENFREIES STUDIUM MIT HOHEM PRAXISBEZUG

DUALES STUDIENPROGRAMM DER THM: STUDIUMPLUS

Meine Vorteile:
- attraktive Vergütung
- dual studieren in kleinen Gruppen
- über 1.000 Praxispartner
- ganz dicht dran an den aktuellen Trends aus der Wirtschaft

www.studiumplus.de

Entdecke das gesamte Studienangebot der THM:

www.thm.de

INHALTSVERZEICHNIS

3.11.18	Bundeswehrverwaltung	273
3.11.19	Offiziere der Bundeswehr	274

4 Bewerbung & Zulassung ... 277

4.1	Wo muss ich mich für ein Studium bewerben?	278
4.2	Was bedeutet eigentlich „N.c."?	279
4.3	Bewerbung bei hochschulstart.de	280
4.3.1	Bundesweite Zulassungsbeschränkung	281
4.3.2	Örtliche Zulassungsbeschränkungen	284
4.3.3	Dialogorientiertes Serviceverfahren	284
4.4	Ergebnis der Studienplatzvergabe	285

5 Wohnen & Finanzielles ... 287

5.1	Was kostet ein Studium?	288
5.2	Finanzierungsmöglichkeiten	289
5.2.1	BAföG	290
5.2.2	Stipendien	295
5.2.3	Jobben	298
5.2.4	Grundsicherung nach SGB II	300
5.2.5	Studienkredite	301
5.3	Wohnen	302
5.4	Versicherungen	303
5.5	Studierendenwerke	306

6 Adressen & Links ... 307

6.1	Hochschuladressen	308
6.2	Anschriften und Internetadressen der Berufsakademien	346
6.3	Beratungsangebote der Agenturen für Arbeit	349
6.4	Weitere öffentliche Informationsangebote	353

Anhang: Sachworte, Inserentenverzeichnis ... 357

ANZEIGE

Top-Einstiegschancen für Ihre Karriere
Hier bieten sich attraktive Einstiegsmöglichkeiten nach Abitur, Ausbildung oder Studium!

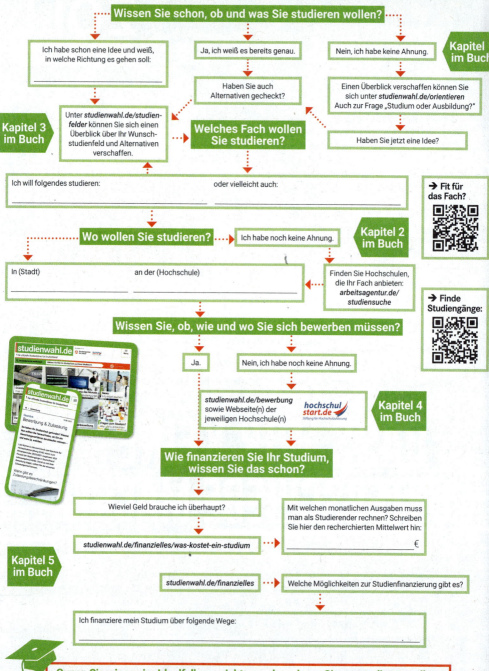

Abitur, und dann?

Jetzt bewerben!
Und das Salem Kolleg Orientierungsjahr im September 2023 beginnen.

Orientierungsjahr mit Studium Generale und Outdoor Education am Bodensee.

Das Salem Kolleg bereitet Abiturientinnen und Abiturienten in drei Trimestern auf ihre akademische und berufliche Zukunft vor. Im Studium Generale geben qualifizierte Dozierende Einblicke in die Natur-, Geistes- und Gesellschaftswissenschaften und führen in interdisziplinäre Arbeitsmethoden ein. Der Studienalltag wird durch Vorlesungen an der Universität und Hochschule Konstanz greifbar. Das Angebot wird durch Blockseminare zu verschiedenen Themen sowie Kurse in den Bereichen Theater, Musik, Sprachen und Sport ergänzt und beinhaltet außerdem eine Forschungsreise im Rahmen des wissenschaftlichen Projektes „Soziale Wirklichkeit Europa".

Die Kollegiatinnen und Kollegiaten lernen anhand von Potenzialanalysen und Beratungsgesprächen ihre individuellen Stärken und Begabungen noch besser kennen und erlangen die Fähigkeit, eine fundierte Studienwahl zu treffen. Bei dem gemeinschaftlichen Leben auf dem modernen Campus am Bodensee und dem begleitenden „Outdoor Leadership Training" geht es darum, die eigene Persönlichkeit weiter zu entwickeln und gemeinsam mit anderen Herausforderungen zu meistern.

„Für mich war es auf jeden Fall mit das schönste Jahr meines Lebens! "
Isabell

Zur Website »

Wir feiern 10 Jahre Salem Kolleg!
Fordern Sie jetzt kostenlos unser Magazin zum Jubiläum an!
E-Mail: info@salemkolleg.de oder telefonisch unter: **+49 7553 919 610**

www.salemkolleg.de

Salem | Kolleg

AUSBILDUNG ODER STUDIUM?

Im abi» Portal findest du Infos, Tipps und Tools für deine Berufswahl.

abi.de

Bundesagentur für Arbeit

Comenius EduMedia Siegel 2022

ZU DIESEM KAPITEL

Orientierungs- & Entscheidungshilfen

Was passt zu mir?

Sie stehen kurz vor dem Abschluss der allgemeinen bzw. fachgebundenen Hochschulreife oder Fachhochschulreife? Damit sind Sie auf dem besten Weg, erfolgreich in den nächsten Lebensabschnitt zu starten.

Doch wie geht es danach weiter: Studium, duales Studium oder (duale) Berufsausbildung? In welchem Bereich bzw. in welchem Fach? Wie stehen damit die Chancen auf dem Arbeitsmarkt? Welche Überbrückungsmöglichkeiten gibt es, wenn es mit der Zulassung nicht auf Anhieb klappt? Welche Hilfestellungen werden Menschen mit Behinderungen geboten? Und was tun, wenn Sie feststellen, dass Sie die falsche Wahl getroffen haben? Unterstützung bei der Beantwortung dieser Fragen bietet Ihnen dieses Kapitel.

Die Studienwahl ist ein Prozess, der Zeit in Anspruch nimmt.

Besonders wichtig ist, dass Sie sich frühzeitig mit dem Thema auseinandersetzen. Zunächst gilt es, Ihren **Stärken und Fähigkeiten**, Ihren **Neigungen und Interessen** auf die Spur zu kommen. Dabei helfen verschiedene Informations- und Beratungsangebote, die ebenfalls in diesem Kapitel vorgestellt werden.

Am Ende sollten Sie folgende Fragen beantworten können:

- Welche Studiengänge (bzw. Ausbildungswege) sind für mich geeignet?
- Wo werden diese angeboten (z.B. an welcher Hochschule)?
- Welche (Zugangs-)Voraussetzungen muss ich erfüllen?
- Gibt es Alternativen, die außerdem infrage kommen?

→ links

abi»
Im abi» Portal der Bundesagentur für Arbeit finden Sie zahlreiche Infos und Tipps zur Berufswahl, zu Studien- und Ausbildungsmöglichkeiten, Beruf und Karriere, zur Unterstützung sowie zur Bewerbung.
→ abi.de

Check-U – das Erkundungstool der Bundesagentur für Arbeit
Testen Sie mit Check-U Ihre persönlichen Stärken und Interessen! Finden Sie heraus, welche Ausbildungen oder Studienfelder dazu passen.
→ www.check-u.de

→ info

Antworten auf häufige Fragen rund um die Studien- und Berufswahl finden Sie auch in den **FAQs** unter → www.studienwahl.de/faq

1 ORIENTIERUNGS- & ENTSCHEIDUNGSHILFEN

DIE ENTSCHEIDUNG TREFFEN

1.1 Die Entscheidung treffen

Im Studienjahr 2022 gab es nach Angaben des Statistischen Bundesamts 474.100 Studienanfänger*innen an deutschen Hochschulen. Das sind etwa 1.800 Personen mehr als im Vorjahr.

Etwa die Hälfte der jungen Menschen eines Jahrgangs beginnt im Anschluss an die Schule ein Studium. Ähnlich groß ist das Angebot an Studienmöglichkeiten. Wie soll man bei der Wahl des Studiengangs vorgehen? Der wichtigste **Tipp: Werden Sie aktiv!** Informieren Sie sich selbst und nutzen Sie die Beratungsangebote.

Anzeige

Vorbereiten

Um eine Entscheidung treffen zu können, ist es wichtig zu wissen, dass sich einige Berufe auf verschiedenen Wegen erreichen lassen.
So kann z.B. für eine Managementposition im Gesundheitswesen ...
- ein praxisbezogenes Fachhochschul- oder Berufsakademie-Studium in Gesundheitsmanagement/Gesundheitsökonomie
- oder ein betriebswirtschaftliches Studium an einer Universität (ggf. mit entsprechender Spezialisierung)

… eine Grundlage bieten. Umgekehrt kann aber auch ein und derselbe Ausbildungsweg zu verschiedenen Berufen führen, wie z.B. das Studium der Rechtswissenschaften (Jura) zum Beruf ...
- Richter*in
- Staatsanwalt*Staatsanwältin
- Rechtsanwalt*Rechtsanwältin
- Notar*in
- Verwaltungsjurist*in
- Wirtschaftsjurist*in.

Auch eine vorangegangene berufliche Ausbildung in einem verwandten Gebiet kann für manche Studiengänge von Vorteil sein (siehe hierzu auch den *Abschnitt „Anrechnung von Aus- und Fortbildungsleistungen im Studium"* unter *Kapitel 2.1 „Voraussetzungen"*).

Alternativen abwägen

Versuchen Sie in Ihrem Entscheidungsprozess Vor- und Nachteile der Alternativen möglichst realistisch abzuwägen. Die Frage nach dem passenden Studium oder der richtigen Ausbildung klärt sich meist nicht in ein, zwei Tagen. Es sind viele Aspekte zu berücksichtigen – und das benötigt Zeit, die Sie sich nehmen sollten.

Anzeige

Zentrale Fragen

Spätestens in der Oberstufe sollten Sie sich intensiv mit folgenden Fragen beschäftigen:
- Was interessiert mich?
- Wo liegen meine Stärken (und was kann ich nicht so gut)?
- Wie stelle ich mir meine berufliche Zukunft vor?
- Welche Studiengänge passen gut zu mir?
- Wo werden die Studiengänge angeboten und was konkret sind die Studieninhalte?
- Welche Alternativen existieren zu meinem Traumberuf?
- Bietet mir eine berufliche Ausbildung gute Einstiegschancen, passend zu meinen Neigungen und Interessen?
- Wie sieht meine Lebensplanung aus?

Ihre To-do-Liste

- Die vielfältigen Online-Angebote der Bundesagentur für Arbeit (BA) unter www.arbeitsagentur.de zur Information und Eigenrecherche nutzen.

DIE ENTSCHEIDUNG TREFFEN

- Das Berufsinformationszentrum (BiZ) Ihrer örtlichen Agentur für Arbeit besuchen.
- Tage der offenen Tür an Hochschulen besuchen.
- Einen Termin bei der Berufsberatung der Agentur für Arbeit und bei der Studienberatung an einer Hochschule vereinbaren, die telefonische oder Online-Beratung nutzen oder in die Sprechstunde der jeweiligen Beratungsinstitution gehen.
- Sich für ein Orientierungspraktikum in einem interessanten Berufsfeld bewerben.
- Kontakt zu infrage kommenden Hochschulen aufnehmen und Infos über Zulassungsvoraussetzungen, etwaige Aufnahmeprüfungen und Bewerbungstermine sowie über konkrete Studieninhalte beschaffen. Dazu auch die Online-Angebote der Hochschulen nutzen.
- Einen „persönlichen Fahrplan" mit allen Schritten und Terminen für die Zeit bis zum Studienbeginn aufstellen.

Tipp: unter abi.de > Orientieren gibt es unter den Schnellzugriffen die Übersicht **„Berufswahl mit Plan"** zum Herunterladen.

Packen Sie es an!

Mit einer geordneten Vorgehensweise werden Sie bald klarer sehen. Dabei werden neue Fragen auftauchen, denen Sie nachgehen sollten. Eine gewisse Unsicherheit und vielleicht sogar Zweifel an der getroffenen Entscheidung werden möglicherweise nie ganz auszuräumen sein. Lassen Sie sich davon nicht entmutigen – das Gefühl kennen die meisten Abiturient*innen!

Und sollte sich – trotz bester Vorbereitung – im ersten Jahr herausstellen, dass der gewählte Studiengang bzw. Ausbildungsweg nicht den eigenen Erwartungen entspricht, dann besteht meist noch die Möglichkeit eines (Fach-)Wechsels.

➔ info

Wenn Sie bei der Studienwahl oder bei Problemen im Studium selbst nicht weiterkommen, dann zögern Sie nicht, den **professionellen Service** der Berater*innen in den Agenturen für Arbeit oder der Beratungsstellen der Hochschulen und der Studierendenwerke in Anspruch zu nehmen.

Die Kontaktdaten Ihrer Hochschule finden Sie im *Kapitel 6* sowie in der Studiensuche unter
➔ www.arbeitsagentur.de/studiensuche, die Ihre örtliche Agentur für Arbeit auf
➔ www.arbeitsagentur.de > Dienststelle finden. Einen Termin zur Berufsberatung können Sie unter ➔ www.arbeitsagentur.de/kontakt anfragen.

➔ links

abi» Berufswahlfahrplan
Mit Plan und Ziel in die Berufswahl starten.
➔ www.abi.de > Orientieren > Was will ich? Was kann ich? > Selbsterkundung > abi» Berufswahlfahrplan: Los geht's

Sich beraten lassen und entscheiden

Es gibt viele größtenteils kostenlose Beratungs- und Informationsangebote sowie Eignungs- und Interessentests, die Sie in allen Phasen Ihres Entscheidungsprozesses unterstützen können.

Berufsinformationszentrum (BiZ)

Sie haben noch keine klare Vorstellung von Ihrer beruflichen Zukunft? Dann sollten Sie das Erkundungstool Check-U absolvieren und baldmöglichst eines der rund 180 Berufsinformationszentren (BiZ) der Agentur für Arbeit aufsuchen. Diese können kostenlos und ohne Voranmeldung genutzt werden. In digitalen Angeboten, Broschüren und Büchern finden Sie dort zahlreiche Informationen zu allen Berufen, Ausbildungen und Studiengängen. Im BiZ stehen auch PCs mit Internetzugang zur Verfügung. Damit können Sie sich z.B. in den Portalen **abi.de**, **studienwahl.de** und in der **Studiensuche der BA** zu unterschiedlichen Fragen der Berufs- und Studienwahl informieren oder im **BERUFENET** nach Berufen recherchieren. An den Bewerbungs-PCs können Sie zudem professionelle Bewerbungsunterlagen erstellen. Bei Fragen hilft Ihnen das BiZ-Personal gerne weiter.

Im BiZ finden außerdem verschiedenste **Veranstaltungen zur beruflichen Orientierung** statt. Ein BiZ in Ihrer Nähe finden Sie unter www.arbeitsagentur.de > Schule, Ausbildung und Studium > Ich möchte das Berufsinformationszentrum (BiZ) besuchen.

Vorträge, Workshops und Seminare bieten Ihnen die Möglichkeit, sich intensiv mit Einzelaspekten der Studienwahl auseinanderzusetzen und die eigenen Fragen mit Berufsberaterinnen und Berufsberatern sowie mit anwesenden Vertreter*innen aus der Berufswelt zu diskutieren. Die Berufsberater*innen der Agentur für Arbeit arbeiten eng mit den Studienberatungsstellen der regionalen Hochschulen zusammen, organisieren gemeinsame Informationsveranstaltungen und vermitteln Kontakte, bspw. zu Branchenexpert*innen.

Aktuelle Veranstaltungshinweise der Agenturen für Arbeit finden Sie in der zentralen ▶

1 ORIENTIERUNGS- & ENTSCHEIDUNGSHILFEN

DIE ENTSCHEIDUNG TREFFEN

Veranstaltungsdatenbank der Bundesagentur für Arbeit unter www.arbeitsagentur.de > Veranstaltungsdatenbank. Hinweise zu Hochschulinformationstagen und Studienmessen gibt es auch in der Veranstaltungsdatenbank unter www.studienwahl.de.

Arbeitsagentur.de – das Online-Portal der Bundesagentur für Arbeit

Antworten zu vielen Fragen, die die Studien- und Berufswahl betreffen, finden Sie auch auf www.arbeitsagentur.de – dem Online-Portal der Bundesagentur für Arbeit. Unter **„Schule, Ausbildung und Studium"** gibt es Informationen und Hinweise zu Themen wie „Was passt zu mir?", „Studium oder Ausbildung oder beides?", ergänzt durch weiterführende Links und Downloads.

Check-U, das Erkundungstool

Sie möchten eine Ausbildung machen oder studieren, aber welche Entscheidung für die Zukunft ist bei der großen Wahl an Möglichkeiten die richtige? Das Erkundungstool **Check-U** hilft auf dem Weg in den Beruf, in der Phase der Orientierung. Durch das Bearbeiten der Tests unter www.check-u.de finden Sie mehr über sich, Ihre Stärken und Interessen heraus und bekommen eine Empfehlung von geeigneten Ausbildungen und Studienfeldern. Die Ergebnisliste zeigt die Passung zum individuellen Persönlichkeits- und Stärkenprofil und führt direkt zu vertieften beruflichen Informationen und zur Ausbildungs- bzw. Studiensuche.

Berufsberatung der Agenturen für Arbeit

Neben der Beratung durch die Lehrkräfte an Ihrer Schule und die Online-Tools der Bundesagentur für Arbeit sowie anderer Anbieter finden Sie auch professionelle Unterstützung bei der **Berufsberatung**. Sie bietet Ihnen eine neutrale und kostenfreie Beratung in allen Fragen der Berufs- und Studienwahl. Neben Informationsveranstaltungen zu den Themen Berufswahl, Berufe und Berufsbereiche, Ausbildungs- und Studienmöglichkeiten sowie Arbeitsmarkt können Sie auch die Sprechzeiten an Ihrer Schule nutzen.

In der **persönlichen Beratung** können Sie Ihr Wunschstudium oder Ihren Berufswunsch sowie angedachte Studien- oder Berufsalternativen besprechen und Vor- und Nachteile in Ruhe reflektieren. Wenn Sie es wünschen, kann Ihnen zudem der Berufspsychologische Service (BPS) der Agentur für Arbeit bei studienwahl-, ausbildungs- und berufsbezogenen Fragen beratend zur Seite stehen. Wenn Sie sich für ein bestimmtes Studienfeld interessieren, sich aber nicht sicher sind, ob dieses Studium Ihren Fähigkeiten entspricht, können Sie auf Veranlassung Ihrer Berufsberaterin bzw. Ihres Berufsberaters beim BPS an einem studienfeldbezogenen Beratungstest teilnehmen. Dieser wird für die Bereiche Naturwissenschaften, Ingenieurwissenschaften, Wirtschaftswissenschaften, Informatik/Mathematik, Philologische Studiengänge und Rechtswissenschaften angeboten.

Studienberatungsstellen der Hochschulen

An fast allen Hochschulen sind zentrale Studienberatungsstellen eingerichtet (Kontaktdaten finden Sie im *Kapitel 6*), die über allgemeine Fragen zum Studium informieren. Hier können Sie sich u.a. über Studienangebote und Studienvoraussetzungen, Zulassungsbeschränkungen und Bewerbungsverfahren, Studienverlauf, mögliche Fächerkombinationen, Prüfungsbestimmungen, Nachteilsausgleiche, Einschreibevoraussetzungen oder Besonderheiten der jeweiligen Hochschulen informieren und beraten lassen.

Studienfachbezogene Beratungen führen i.d.R. die einzelnen Fachbereiche der Hochschulen durch. Sie können Ihre Fragen zum Studium auch per E-Mail, an manchen Hochschulen auch per WhatsApp, Chat oder Online-Videoberatung stellen. Die meisten Hochschulen sind zudem in den sozialen Medien vertreten.

➔ links

abi»
➔ www.abi.de

Studiensuche der Bundesagentur für Arbeit
➔ www.arbeitsagentur.de/studiensuche

Studiencheck
➔ www.studiencheck.de

BERUFE.TV
➔ www.berufe.tv

BERUFENET
➔ berufenet.arbeitsagentur.de

HRK-Hochschulkompass
➔ www.hochschulkompass.de

Weitere Entscheidungshilfen

Self-Assessments und Orientierungstests

Eine Form der Studienorientierung bieten **Online-Self-Assessments**. Im Unterschied zu Assessment-Centern, auf die man eher in Bewerbungsverfahren trifft, kann man bei ▶

DIE ENTSCHEIDUNG TREFFEN

1 ORIENTIERUNGS- & ENTSCHEIDUNGSHILFEN

Anzeige

Mit Abstand der beste Studienplatz
Studium am Meer an der Christian-Albrechts-Universität zu Kiel
Du willst nicht nur etwas lernen, sondern auch etwas bewegen? Wir denken gerne über den Tellerrand. Klingt gut? Dann komm zu uns nach Schleswig-Holstein! Mit rund 80 Fächern bieten wir dir einen weiten Horizont. Von den Agrarwissenschaften bis zur Zahnmedizin. **Alles rund um deine Studienmöglichkeiten:** www.uni-kiel.de/studium

DIE ENTSCHEIDUNG TREFFEN

ORIENTIERUNGS- & ENTSCHEIDUNGSHILFEN

1

Online-Self-Assessments zur Studienorientierung selbst zu Hause am Computer die Eignung für einen Studiengang überprüfen und seine Entscheidung verifizieren. Dabei werden anhand von Übungen und Fragebögen unterschiedliche Persönlichkeitsmerkmale nach bestimmten Kriterien überprüft. Studieninteressierte bekommen auf diese Weise einen ersten Eindruck von dem, was sie im Studium erwartet, und können anhand der Testergebnisse (die nur ihnen bekannt sind) besser einschätzen, ob ein Studienfach zu ihnen passt oder nicht. Das **OSA-Portal** listet über 500 solcher Online-Tests deutscher, schweizerischer und österreichischer Hochschulen (www.osa-portal.de).

Auch die **Bundesagentur für Arbeit** bietet einen beruflichen Orientierungstest (online und kostenfrei). Durch psychologisch fundierte Tests und Fragen zur Selbsteinschätzung hilft er dabei, berufliche Fähigkeiten, soziale Kompetenzen, berufliche Vorlieben und Interessen mit den Anforderungen der Ausbildungsberufe und Studienfelder abzugleichen. Im Ergebnis erhalten Sie eine Einschätzung dazu, welche Ausbildungen und Studienfelder zu Ihnen passen könnten. Den Test erreichen Sie unter www.check-u.de. Wenn Sie sich bereits für einen konkreten Studiengang entschieden haben, können Sie mit www.studiencheck.de feststellen, ob Ihre Schulkenntnisse den Anforderungen des Studiengangs entsprechen.

Davon zu unterscheiden sind **fachbezogene Auswahltests der Hochschulen**, die im Zusammenhang mit der Bewerberauswahl durchgeführt werden. Manche Hochschulen setzen ein Self-Assessment vor der Bewerbung voraus, (etwa in Baden-Württemberg). Einzelne Länder bieten hierzu zentrale Angebote an, so z.B. Baden-Württemberg (www.was-studiere-ich.de).

Informationsangebote

- Informationen über Hochschulen, Studienfelder und die Studienplanung sind im Internet besonders einfach zu finden – unter www.studienwahl.de. Dort finden Sie beispielsweise Antworten auf die häufigsten Fragen rund um die Studienwahl und das Studium. In den Themen des Monats wird jeden Monat ein anderes relevantes Thema beleuchtet, von „Humanmedizin studieren" über „Leben und Wohnen im Studium" bis zu „Testverfahren".
- Beim **abi» Portal** (www.abi.de) der Bundesagentur für Arbeit sollten Sie unbedingt vorbeischauen. Hier finden Sie regelmäßig neue Infos und Reportagen rund um Studium, Ausbildung und Berufsleben. Dazu gehört das kostenlose Magazin, das Sie

an Ihrer Schule (z.B. Gymnasium) sowie im Berufsinformationszentrum (BiZ) Ihrer Agentur für Arbeit erhalten oder unter abi.de/magazine als PDF lesen können.
- Einen umfassenden Überblick über die deutschen Hochschulen, ihre Studienberatungsstellen und Studentensekretariate, ihr Studienangebot, Promotionsmöglichkeiten, internationale Kooperationen etc. bietet der **Hochschulkompass** (www.hochschulkompass.de) der Hochschulrektorenkonferenz (HRK).
- Die Bundesländer präsentieren außerdem ihre Hochschullandschaft online. Die Internet-Adressen, mit denen Sie in den **Info-Portalen der Länder** recherchieren können, finden Sie im *Kapitel 6*.
- Informationen zu Berufen von A-Z, vom Ausbildungsinhalt über Eignung, Verdienst- und Beschäftigungsmöglichkeiten bis zu Perspektiven, Zugangsvoraussetzungen und Alternativen bietet Ihnen **BERUFENET**, das Portal für Ausbildungs-, Studienfeld- und Tätigkeitsbeschreibungen der Bundesagentur für Arbeit (www.berufenet.arbeitsagentur.de).
- An welcher Hochschule Sie was studieren können, erfahren Sie auf der Webseite der **Bundesagentur für Arbeit** unter www.arbeitsagentur.de/studiensuche.

Informationen über die Anerkennung von ausländischen Abschlüssen

Das Portal www.anerkennung-in-deutschland.de des Bundesinstituts für Berufsbildung (BIBB) und des Bundesministeriums für Bildung und Forschung (BMBF) hilft bei Fragen zur Anerkennung von ausländischen Schul-, Studien- und Berufsabschlüssen. Viele Hochschulen bieten studierwilligen Geflüchteten die Möglichkeit, als Gasthörer*innen Veranstaltungen zu besuchen oder an Orientierungsprogrammen und Sprachkursen teilzunehmen.

Informationen zu Schule, Ausbildung und Studium für Menschen aus dem Ausland finden Sie auch auf www.arbeitsagentur.de in der Kachel „Für Menschen aus dem Ausland" oder im **abi» Portal** unter „Start in Deutschland": abi.de/refugees.

Podcasts & Videos

In Kurzfilmen zu Ausbildungs- und vielen Studienberufen des Portals **BERUFE.TV** der Bundesagentur für Arbeit berichten Auszubildende, Studierende und Berufstätige von ihrem Beruf. Dabei werden die Kerntätigkeiten und Anforderungen des jeweiligen Berufsbildes oder Berufsfeldes spannend und live erlebbar filmisch

DIE ENTSCHEIDUNG TREFFEN

dargestellt. Weitere Filme rund um Studium, Beruf und Karrieremöglichkeiten gibt es auf abi.de/videos.

Auch eine Reihe von Hochschulen stellen ihr Fächerangebot im Internet mittels **Podcasts** vor. Das Spektrum der Video- oder Audiobeiträge reicht von Einführungsvorlesungen über Beiträge zu wissenschaftlichen Fragestellungen bis hin zu Erfahrungsberichten ehemaliger Studierender.

Broschüren & Informationsschriften

Mehrere Bundesländer informieren in eigenen Broschüren oder Flyern über die jeweilige Hochschullandschaft . Diese sind i.d.R. bei den zuständigen Kultus- und Wissenschaftsbehörden erhältlich. Viele davon stehen auch als Download zur Verfügung. Eine Übersicht der Publikationen finden Sie unter „Weitere öffentliche Informationsangebote" (*Kapitel 6*).

Viele Hochschulen geben eigene **Studienführer** bzw. **Hochschulführer** heraus. Diese umfassen Beschreibungen der angebotenen Studiengänge, Hochschuleinrichtungen sowie der örtlichen Gegebenheiten und enthalten zudem Hinweise zur Studienplanung. Auch einige Studienberatungsstellen und Studierendenvertretungen veröffentlichen Informationsschriften und Flyer.

Fachstudienführer & Ratgeber

Wer sich in Ruhe über die Ausbildung, die Inhalte und Anforderungen seines Wunschberufs informieren möchte, dem sei auch der Gang in eine Buchhandlung oder eine Stadtbibliothek empfohlen. Es gibt eine Vielzahl an Titeln, die einzelne Fachgebiete und Studienbereiche vertieft darstellen. Themen wie Studienplanung, Arbeitstechniken, Prüfungsvorbereitung und Anfertigen von Abschlussarbeiten werden dort behandelt und übergreifende Fragen des Studiums beantwortet.

Hochschul-Rankings

Bei der Wahl des Studienfaches oder der Hochschule können auch sogenannte Hochschul-Rankings in die Entscheidung einbezogen werden. Diese Rankings beruhen auf Erhebungen zu den Studien- und Forschungsbedingungen der Hochschulen in ausgesuchten Studienfächern. Die Ergebnisse werden in Ranglisten gebracht, die vergleichende Auskünfte über die Qualität der Lehre und Forschung geben wollen. ▶

1 ORIENTIERUNGS- & ENTSCHEIDUNGSHILFEN

Anzeige

DIE ENTSCHEIDUNG TREFFEN

Angehende Studierende können hier hilfreiche Informationen finden: z.B. Aussagen über das Betreuungsverhältnis von Lehrenden zu Studierenden, Daten zur Bibliotheksausstattung, Angaben zum Praxisbezug in einem Studienfach oder die Beurteilung der Studiensituation durch die Studierenden.

Doch Achtung: Nicht jedes Ranking kann halten, was es verspricht. Datenlage und Methode können sich unterscheiden – dann leidet die Objektivität. Eine Hochschule oder eine Fachrichtung kann in einem Ranking einen der vorderen Plätze einnehmen und landet trotzdem in einem anderen nur im Mittelfeld. Auch stellen die Ranglisten nur Momentaufnahmen dar, zwischen Erhebung, Auswertung und der Veröffentlichung liegen teilweise einige Semester.

Welche Rankings können am ehesten helfen?

Die aussagekräftigsten Informationen liefern jene Rankings, die auf vielen verschiedenen Kriterien und nicht nur auf subjektiven Urteilen von Studierenden, Lehrenden oder Personalverantwortlichen beruhen. Mehr Anhaltspunkte für die eigene Fachwahl bieten zudem Untersuchungen, die nicht ganze Hochschulen, sondern einzelne Fächer oder Studiengänge miteinander vergleichen. Hierbei kann etwa verwiesen werden auf das Centrum für Hochschulentwicklung (CHE), das entsprechende Rankings zu Fachgebieten erstellt: www.che.de

Hochschul-Rankings können nicht immer objektiv die Qualität von Forschung und Lehre messen. Sie bieten jedoch einen Anhaltspunkt und eine Hilfestellung bei der Studien- und Berufswahl, v.a. wenn Sie bereits wissen, welche Rahmenbedingungen Ihnen im Studium wichtig sind.

> ### ➜ links
>
> **abi»**
> ➜ www.abi.de
>
> **Studiensuche der Bundesagentur für Arbeit**
> ➜ www.arbeitsagentur.de/studiensuche
>
> **Studiencheck**
> ➜ www.studiencheck.de
>
> **HRK-Hochschulkompass**
> ➜ www.hochschulkompass.de
>
> **Rankings deutscher Hochschulen**
> Einen Überblick gibt der Deutsche Bildungsserver:
> ➜ www.bildungsserver.de/ Hochschulranking-1244.html

Aktiv werden

Nachdenken über die persönliche Zukunft ist das eine. Einblicke in verschiedene Studien- und Berufsfelder erhält man aber nur, wenn man aktiv wird und sich ausprobiert. Dafür gibt es eine Reihe von Möglichkeiten.

Pflichtpraktika vor Studienbeginn

Für etliche Fächer muss vor Studienbeginn ein Praktikum absolviert werden. Insbesondere an praxisnahen Hochschulen wird meist vor der Aufnahme des Studiums ein sogenanntes Vorpraktikum von eineinhalb bis zwölf Monaten Dauer verlangt. Die Dauer des Vorpraktikums unterscheidet sich je nach Fachrichtung, Hochschule sowie schulischer Vorbildung der Studienbewerber*innen. Eine einschlägige fachpraktische Ausbildung oder das Sammeln beruflicher Erfahrungen in einem Freiwilligendienst können unter bestimmten Voraussetzungen ganz oder teilweise auf die nachzuweisenden Praktikumszeiten angerechnet werden.

Informieren Sie sich frühzeitig bei Ihrer zukünftigen Hochschule über die jeweiligen Bestimmungen – z.B. auch über die Möglichkeit, das Vorpraktikum aus besonderen Gründen nach Studienbeginn in den Semesterferien abzuleisten. Ausnahmeregelungen gibt es ferner für Studierende mit Behinderungen und chronischen Erkrankungen.

Freiwilliges Praktikum?

Auch wenn kein Praktikum vor Studienbeginn vorgeschrieben ist, kann eine Entscheidung dafür sinnvoll sein. Sie können so Ihre Motivation und Eignung für das geplante Studium und die spätere Berufstätigkeit überprüfen und gleichzeitig schon Kontakte für den späteren Berufseinstieg knüpfen. Bei der Suche nach Praktika während des Studiums sind z.B. die Praktikumsämter oder Career Services der Hochschulen behilflich.

Infotage, Schnupperstudium

Schon während der Schulzeit können sich Schüler*innen vor Ort ein Bild vom Studienalltag machen und die Inhalte und Anforderungen eines Faches näher kennenlernen.

An fast allen Hochschulen werden dazu regelmäßig Studieninformationstage durchgeführt. Hier erfährt man mehr über die Hochschule und das Studienangebot, kann sich den Fachbereich genauer ansehen sowie mit Lehrenden und Studierenden ins Gespräch kommen. Nicht selten können Studieninteressierte auch praktische Erfahrungen sammeln und z.B. in einem „Schüler-Labor" eigene Experimente durchführen.

DIE ENTSCHEIDUNG TREFFEN

Ein weiteres Angebot ist das **Schnupperstudium**. Dabei nehmen Sie schon während Ihrer Schulzeit an regulären Lehrveranstaltungen einer Hochschule teil und können so testen, ob das Studienfach auch tatsächlich Ihren persönlichen Vorstellungen entspricht.

Brücken ins Studium: Vorkurse

Vorkurse sind nicht nur für diejenigen unter den Studienanfänger*innen gedacht, die sich im betreffenden Fach noch etwas unsicher oder unvorbereitet fühlen. Profitieren können davon alle. Im Vorkurs gewinnt man schon eine Vorstellung davon, was im Studium folgt. Kurz: Die Startbedingungen für das folgende Studium verbessern sich beträchtlich.

In einzelnen Ländern gibt es hierzu auch zentrale Angebote, so z.B. in Bayern (www.vhb.org).

info

Wer ein mathematisch-naturwissenschaftliches Fach oder Sprachwissenschaften studieren möchte, in der Schule jedoch keine entsprechenden Leistungskurse belegt hat, kann an manchen Hochschulen an Vorkursen teilnehmen, um noch vor Studienbeginn mögliche Wissenslücken, z.B. in Mathematik oder Englisch, zu schließen.

Wichtig bei den Vorkursen ist eine **frühzeitige Information und Anmeldung** vor dem Semesterstart. Da diese Kurse teils schon vor dem Versand der Zulassungsbescheide beginnen, sollten Sie sich dafür ggf. auch auf die Gefahr hin anmelden, dass Sie einen Studienplatz an einer anderen Hochschule erhalten.

Studium generale und Orientierungsjahr

Eine weitere Entscheidungshilfe vor der eigentlichen Studienaufnahme kann ein **Studium generale** oder ein **Orientierungsjahr** sein, bei dem die künftigen Studierenden meist über zwei Semester Veranstaltungen aus verschiedenen Disziplinen besuchen und sich damit ein besseres Bild von den Inhalten machen können. Das Studium generale und die Orientierungsjahre (manchmal auch Orientierungssemester) werden i.d.R. kostengünstig von einigen Hochschulen angeboten. Es gibt auch private Anbieter, die aber deutlich teurer sind.

info

Eine Übersicht über Orientierungsprogramme finden Sie beim Netzwerk Orientierungs(studien)programme der Deutschen Gesellschaft für Hochschuldidaktik (dghd): → www.o-studium.de

Junior-, Schüler- bzw. Frühstudium

Besonders begabte und motivierte Schüler*innen der Sekundarstufe II/Oberstufe können parallel zum Unterricht vorab in bestimmten Fächern regelmäßig Lehrveranstaltungen besuchen (als Jungstudierende oder Frühstudierende ohne förmliche Zulassung zum Studium).

Dabei können sie oft auch Leistungsnachweise für ihr späteres Studium erbringen und es dadurch verkürzen. Außerdem entstehen so später Freiräume im Studium, die z.B. für Auslandsaufenthalte oder den Besuch interdisziplinärer Veranstaltungen genutzt werden können.

Tipps zur Entscheidungsfindung

Tipp 1: Frühzeitig informieren

Beginnen Sie möglichst frühzeitig, sich mit der Studienwahl auseinanderzusetzen. So gewinnen Sie Klarheit über Ihre eigenen Wünsche und Fähigkeiten.

Tipp 2: Über das Berufsleben reden

Sprechen Sie mit Ihren Eltern, Lehrkräften, Bekannten und mit Freund*innen, die sich bereits im Studium oder im Berufsleben befinden. Nehmen Sie unbedingt auch die Angebote der Berufsberatung der Agentur für Arbeit und der Studienberatung der Hochschulen in Anspruch. Schnuppern Sie schon während der Schulzeit in eine Hochschule (z.B. Tag der offenen Tür oder Studieninfotag) oder einen Betrieb hinein (Praktikum).

Tipp 3: Eigenständig entscheiden

Folgen Sie bei Ihrer Studienwahl nicht nur aktuellen Trends – denn dann müssen Sie mit überfüllten Seminaren und großer Konkurrenz rechnen. Entscheiden Sie sich lieber für einen Studiengang, der Ihren Interessen und Fähigkeiten entspricht. Beziehen Sie in Ihre Entscheidung auch immer die Situation auf dem Stellenmarkt ein.

Abbildung 1

STUDIUM ODER AUSBILDUNG?

Über die Zulassung zum Frühstudium entscheiden Schule und Hochschule gemeinsam. In zulassungsbeschränkten Studiengängen wie z.B. Medizin und Psychologie gelten zudem Einschränkungen im Hinblick auf die Teilnahmemöglichkeit und den Erwerb von Leistungsnachweisen.

→ **links**

abi»
Tipps & Hinweise zur beruflichen Orientierung:
→ abi.de/orientieren

→ **info**

Die Bundesagentur für Arbeit bietet in ihrer **JOBSUCHE** (→ www.arbeitsagentur.de/jobsuche) auch die Möglichkeit, nach Praktikumsstellen zu suchen, ebenso die **Praktikumsbörse** auf → www.studienwahl.de.

Aktuelle **Termine von Infoveranstaltungen** erfahren Sie bei der Studienberatung der Hochschulen, über die regionale Tagespresse oder auch in der Veranstaltungsdatenbank unter
→ www.studienwahl.de/veranstaltungen.

1.2 Studium oder Ausbildung?

Mit dem Abitur stehen Ihnen alle Wege offen. Aber welche Entscheidung ist die richtige? Die für ein Hochschulstudium, für eine berufliche Ausbildung oder für beides kombiniert?

Für ein Hochschulstudium spricht:

- Ein Hochschulstudium ermöglicht es Ihnen, wissenschaftlichen Interessen nachzugehen und ggf. in die Forschung einzusteigen.
- Im Studium können Sie intellektuelle Fähigkeiten und Soft Skills für ein breites Berufsspektrum entwickeln.
- Bestimmte berufliche Ziele lassen sich nur über ein Studium erreichen (z.B. Ärztin*Arzt, Anwältin*Anwalt oder Lehrer*in).
- Für gehobene berufliche Positionen (z.B. im öffentlichen Dienst) wird häufig ein abgeschlossenes Hochschulstudium vorausgesetzt.
- Akademiker*innen haben in vielen Bereichen weiterhin ein vergleichsweise geringes Arbeitslosigkeitsrisiko.

Für eine berufliche Ausbildung spricht:

- Wer sich mehr für praktisch-organisatorische Tätigkeiten interessiert, für den kann eine Berufsausbildung eine gute Wahl sein.
- Eine betriebliche Ausbildung schafft im Zusammenhang mit einer Weiterbildung (z.B. zum*zur Meister*in, Techniker*in)

Anzeige

WIR SUCHEN DICH! LVR
- Duales Studium Bachelor of Laws
- Duales Studium Bachelor of Arts
- Duales Studium Verwaltungsinformatik
- Duales Studium Wirtschaftsinformatik

Infos findest du unter
www.ausbildung.lvr.de

eine gute Grundlage für den Aufstieg zur Führungskraft in Handwerk, Industrie und in anderen Wirtschaftsbereichen sowie für eine selbstständige Unternehmensführung.
- In einigen Bereichen bieten sich durch den Fachkräftemangel und die wachsende Nachfrage derzeit gute Ein- und Aufstiegsmöglichkeiten (z.B. im Handwerk). Eine betriebliche Ausbildung kann somit den Weg in einen sicheren Job mit guten Zukunftsaussichten ebnen.
- Während einer betrieblichen Ausbildung bekommt man bereits eine Ausbildungsvergütung gezahlt und steigt direkt in die Praxis ein. Vorteil: Auch technische Neuerungen sind sofort praktisch umsetzbar.
- Eine berufliche Ausbildung kann auch als Vorbereitung oder zur Orientierung für ein anschließendes Studium hilfreich sein.

Hinweis: Sie können Studium und Ausbildung auch in einem dualen Studium kombinieren, siehe *Abschnitt 2.4.1.*

STUDIUM ODER AUSBILDUNG?

Checkliste Studium
Falls Sie ein Studium anstreben, sollten Sie vorher folgende Fragen klären:
- Welche Studienangebote gibt es und wo kann ich sie studieren? (siehe *Kapitel 3 „Studienfelder & Studieninhalte"* und *Abschnitt 2.4.1 „Duales Studium"*)
- Welche Unterschiede bestehen zwischen den einzelnen Hochschularten und welche davon liegt mir eher? (siehe *Kapitel 2.2 „Hochschultypen"*)
- Entspricht der gewählte Studiengang meiner Begabung, meinen Fähigkeiten und Interessen, und welche Voraussetzungen habe ich in der Schule durch Schwerpunktfächer erworben?
- Wie lange dauert das Studium, wie ist es aufgebaut und strukturiert? (siehe *Kapitel 2.3 „Studienabschlüsse und -organisation"*)
- Genügen meine in der Schule erworbenen Kenntnisse, z.B. in Mathematik oder Fremdsprachen, für das gewählte Studienfach? Bietet die Hochschule ggf. Vorkurse zur Studienvorbereitung an? (siehe *Kapitel 2.1 „Voraussetzungen"*)
- Welche Spezialisierungsmöglichkeiten habe ich im Studium? (siehe *Kapitel 3 „Studienfelder & Studieninhalte"*)

→ info

Die **Berufsberatung oder Beratung Berufliche Rehabilitation und Teilhabe** Ihrer **Agentur für Arbeit** hilft Ihnen gern bei der Suche nach einem für Sie geeigneten Studien- oder Ausbildungsplatz. Die Kontaktadressen finden Sie unter → www.arbeitsagentur.de > „Finden Sie Ihre Dienststelle".

Einen Termin für die Berufsberatung (persönlich, telefonisch oder per Video) können Sie auch vereinbaren unter
→ www.arbeitsagentur.de/kontakt.

→ links

abi»
Viele Infos und Reportagen zu Ausbildungsmöglichkeiten und -berufen finden Sie in der Rubrik „Ausbildung". → abi.de/ausbildung

Check-U – das Erkundungstool der Bundesagentur für Arbeit:
Testen Sie mit Check-U Ihre persönlichen Stärken und Interessen! Finden Sie heraus, welche Ausbildungen oder Studienfelder dazu passen.
→ www.check-u.de

Anzeige

Schon gewusst, dass man im und mit dem Handwerk studieren kann?

Ausbildung, Meister, Studium und Unternehmensgründung: Philipp Stiebritz ist seinen Weg gegangen. Und du kannst das auch, denn Studieren geht auch im Handwerk. Du kannst zum Beispiel gleich mit einem dualen Studium einsteigen oder nach abgeschlossener Ausbildung ein Aufbaustudium aufnehmen. Finde heraus, was am besten zu dir passt: handwerk.de/neudenken#studium

DAS HANDWERK
DIE WIRTSCHAFTSMACHT. VON NEBENAN.
NEU DENKEN.

STUDIUM ODER AUSBILDUNG?

- Welche Abschlüsse gibt es und in welchen Berufen kann ich mit diesen arbeiten? (siehe *Kapitel 2.3 „Studienabschlüsse und -organisation"* und *Kapitel 3 „Studienfelder & Studieninhalte"*)
- Sind praxisverzahnte duale Studiengänge evtl. eine Alternative für mich? (siehe *Abschnitt 2.4.1 „Duales Studium"*)
- Bestehen besondere Zugangs- und Einschreibungsvoraussetzungen? (siehe *Kapitel 2.1 „Voraussetzungen"*)
- Welche Bewerbungstermine und Einschreibefristen muss ich beachten? (siehe *Kapitel 4 „Bewerbung & Zulassung"*)
- Welche Kosten kommen auf mich zu, und wie finanziere ich das? (siehe *Kapitel 5 „Wohnen und Finanzielles"*)

Für **Studierende mit Behinderungen oder chronischen Krankheiten** sind zusätzlich noch folgende Punkte wichtig (siehe auch *Kap. 1.6 „Studieren mit Behinderungen oder chronischer Erkrankung"*):

- Mit welchen Anforderungen bin ich durch die Arbeitsweise in meinem Studienfach konfrontiert und wie kann ich diese bewältigen, z.B. Arbeiten im Labor, Praktika u.Ä.?
- Sind aufgrund gesundheitlicher Einschränkungen besondere Hilfen notwendig und werden diese angeboten?
- Gibt es ggf. technisch-apparative Vorkehrungen für Sinnesbehinderte, z.B. Lesegeräte, Auditive Angebote, behindertengerechte Computer-/ Bibliotheksarbeitsplätze?
- Sind die in Erwägung gezogenen Hochschulen bzw. Einrichtungen barrierefrei und z.B. über Rampen, Aufzüge oder entsprechende Türen auch mit dem Rollstuhl erreichbar?
- Wie sind die Hör- und Sichtverhältnisse im Hörsaal (Akustik, Beleuchtung etc.)?
- Gibt es psychologische Beratungsstellen?
- Wie sieht es mit der Campusverpflegung aus?
- Existiert ein ausreichendes Angebot an rollstuhlgerechten Wohnmöglichkeiten?

→ info

An fast jeder Hochschule gibt es **Beauftragte** für Studierende mit Behinderungen oder chronischer Erkrankung. Sie informieren beispielsweise über Nachteilsausgleiche und wie man sie beantragt. Außerdem steht die **Informations- und Beratungsstelle Studium und Behinderung** (IBS) beim Deutschen Studierendenwerk zur Verfügung.

Checkliste Berufsausbildung

Falls Sie eine berufliche Ausbildung anstreben, sollten Sie die Antworten auf die folgenden Fragen recherchieren:

- Welche Ausbildung passt zu mir?
- Wo ist die geplante Ausbildung möglich?
- Wie viele Ausbildungsplätze stehen dort zur Verfügung und wie hoch ist erfahrungsgemäß die Anzahl der Bewerber*innen?
- Welche Bewerbungstermine muss ich beachten?
- Wie (z.B. Vorstellungsgespräch oder Assessment-Center) erfolgt die Auswahl, und wie kann ich mich darauf vorbereiten?
- Wie ist die Ausbildung gegliedert und aufgebaut? Ist mit Hochschulreife eine Verkürzung möglich?
- Welche Institution überwacht die Ausbildung und nimmt mich beraten (z.B. Industrie- und Handelskammer, Handwerkskammer, Landwirtschaftskammer oder auch Schulbehörden)?
- Besteht die Möglichkeit, Zusatzqualifikationen zu erwerben oder Teile der Ausbildung im Ausland zu absolvieren?
- Wie hoch ist die Ausbildungsvergütung?
- Fallen (bei schulischer Ausbildung) Schulgebühren an? Gibt es Fördermöglichkeiten?
- Welche Berufs- und Aufstiegsmöglichkeiten bieten sich (Weiterbildung)?
- Habe ich Chancen, mich später selbstständig zu machen? ▶

→ links

BERUFENET
Im Onlinelexikon der Bundesagentur für Arbeit finden Sie Informationen zu rund 3.500 Berufen in Deutschland. → berufenet.arbeitsagentur.de

abi»
Unter dem Anliegen „Welche Ausbildungen gibt es?" werden Ausbildungswege vorgestellt, die für Abiturient*innen interessant sein können.
→ abi.de/ausbildung

planet-beruf.de
Infos rund um die Berufswahl, verschiedene Ausbildungsberufe, Bewerbungstraining etc.
→ www.planet-beruf.de

BERUF AKTUELL
Das Lexikon der Ausbildungsberufe kann als PDF heruntergeladen werden unter
→ www.arbeitsagentur.de > Schule, Ausbildung und Studium > Downloads

Check-U – das Erkundungstool der Bundesagentur für Arbeit:
Testen Sie mit Check-U Ihre persönlichen Stärken und Interessen! Finden Sie heraus, welche Ausbildungen oder Studienfelder dazu passen.
→ www.check-u.de

Anzeige

FOM
Hochschule

SCHON PLÄNE NACH DEM ABI?

ODER
Bachelor-Vollzeitstudium
Duales Studium

Für Abiturienten
Das Bachelor-Studium – praxisnah und flexibel

fom.de/fuer-abiturienten

#ALLESSEIN

TYPISCH FRAU – TYPISCH MANN?

Für **Auszubildende mit Behinderungen oder chronischen Krankheiten** sind die baulichen Gegebenheiten und die apparative Ausstattung der künftigen Ausbildungsstätte von gleicher Bedeutung wie für die Studierenden.
Darüber hinaus sind noch folgende Punkte wichtig:

- Was ist, wenn ich behinderungsbedingt bestimmte Inhalte in der Ausbildung nicht machen kann?
- Sind Arbeits-, Werk- und Labortische höhenverstellbar?
- Gibt es neben barrierefreien Toiletten auch rollstuhlbefahrbare Waschgelegenheiten, ggf. mit Handhalterungen und -stützen?
- Gibt es Möglichkeiten für zusätzliche elektrische Installationen, z.B. eine Steckdose, um ein Beatmungsgerät oder ein Ladegerät für den Rollstuhl anschließen zu können?

Tipp: Die Teams Berufliche Rehabilitation und Teilhabe der Agenturen für Arbeit unterstützen Ausbildungsplatzsuchende mit Behinderungen oder chronischen Krankheiten unter anderem durch:

- Vermittlung eines behindertengerechten betrieblichen Ausbildungsplatzes oder Praktikums
- eine Berufsfindung oder eine Arbeitserprobung, um zu klären, welche Berufe infrage kommen (Berufsfindung) oder wie

die konkreten Bedingungen an einem bestimmten Ausbildungs- oder Arbeitsplatz aussehen (Arbeitserprobung)

- eine blindentechnische oder vergleichbare spezielle Grundausbildung. Hierbei werden entsprechende Grundfertigkeiten zur Vorbereitung auf eine Ausbildung oder ein Studium vermittelt.
- Informationen über mögliche Nachteilsausgleiche und Unterstützungsangebote.

> **→ info**
>
> Die **Berufsberater*innen oder Berater*innen Berufliche Rehabilitation und Teilhabe** der Agentur für Arbeit unterstützen bei der Suche nach einem geeigneten Ausbildungsplatz, wenn gewünscht. Dazu einfach einen Termin vereinbaren. Online kann man in der JOBSUCHE der Bundesagentur für Arbeit nach Ausbildungsstellen suchen (www.arbeitsagentur.de/jobsuche).

> **→ info**
>
> **Hilfen für behinderte Auszubildende**
> Informationen zum Thema „**Nachteilsausgleich**" bietet auch das Handbuch „Nachteilsausgleich für behinderte Auszubildende" vom Bundesinstitut für Berufsbildung (BiBB). Die PDF-Version kann kostenlos heruntergeladen werden: → www.bibb.de/veroeffentlichungen/de/publication/show/7407

1.3 Typisch Frau – typisch Mann?

Mädchen studieren Geisteswissenschaften, Jungs Informatik: Dieses klischeehafte Bild der Studienwahl ist immer noch weit verbreitet – entspricht aber nicht (mehr) ganz der Wahrheit.

Es stimmt, viele **Studienanfängerinnen** entscheiden sich für ein Fach aus den Sprach- und Kulturwissenschaften, den Sozialwissenschaften, für einen Studiengang im Bereich Gesundheit und soziale Dienste oder für ein Lehramtsstudium. Aber auch in vielen naturwissenschaftlichen Fächern, wie Chemie, Biologie, Mathematik und Geografie stellen sie mittlerweile die Hälfte oder mehr der Studierenden. In ingenieurwissenschaftlichen Fächern sind Studentinnen immer noch unterrepräsentiert. Ihr Anteil ist in den vergangenen Jahren allerdings leicht gestiegen. Die Arbeitsmarktentwicklungen zeigen, dass Frauen in technischen Berufen gute Chancen und Berufsperspektiven haben.

Männliche Studienanfänger orientieren sich bei ihrer Fächerwahl nach wie vor stärker an klassischen Mustern: Sie belegen überwiegend Fächer mit einem traditionell hohen Männeranteil. Vor allem in ingenieurwissenschaftlichen Fächern stellen sie einen sehr hohen Anteil und sind gleichzeitig z.B. in den Gesundheits- und Pflegewissenschaften oder den Sprach- und Kulturwissenschaften unterrepräsentiert.

Traditionelle Rollenbilder?
Oftmals zeigen sich alte Geschlechterrollenbilder hier wirkmächtig, die Männer mit technisch-mathematischer Stärke und Frauen mit kommunikativ-sozialen Fähigkeiten in Verbindung bringen. Heute wissen wir: Jeder Mensch ist einzigartig, daher auch jede Studienfachwahl.

Mit zahlreichen Initiativen und Angeboten wenden sich Hochschulen und Verbände an Schülerinnen, um diese noch stärker als bisher für technisch-naturwissenschaftliche Ausbildungen oder Studienfächer zu begeistern. Und für

TYPISCH FRAU – TYPISCH MANN?

Schüler gibt es an verschiedenen Hochschulen spezielle Angebote, um den geringen Männeranteil in einigen Fächern (z.B. Lehramt Grundschule) zu erhöhen.

Informationen und Angebote für Schülerinnen und Studentinnen

Umfangreiche Informationen rund um das Thema Frauen und MINT bietet die Webseite des vom Bundesministerium für Bildung und Forschung (BMBF) geförderten Nationalen Pakts für Frauen in MINT-Berufen (**„Komm, mach MINT"**). Auf www.komm-mach-mint.de finden Sie u.a. eine Projektlandkarte mit derzeit bundesweit rund 1.000 Projekten, Schnuppertagen, Stipendien, Mentoring-Angeboten und Wettbewerben für Schülerinnen und Studentinnen.

Ähnliche Angebote gibt es auf der Seite des **Girls'Day** (www.girls-day.de). Am sogenannten Mädchen-Zukunftstag können Mädchen technische, handwerkliche und naturwissenschaftliche Berufe sowie Studiengänge kennenlernen. Auf der Aktionslandkarte „Girls'Day-Radar" tragen sich Unternehmen, Hochschulen, Forschungszentren und ähnliche Einrichtungen ein, die bei dem Aktionstag mitmachen und Veranstaltungen anbieten.

Technik schnuppern

Wer würde ein technisches oder naturwissenschaftliches Studium beginnen, ohne zu wissen, was einen wirklich erwartet? Hier schaffen zahlreiche Hochschulen mit Veranstaltungen speziell für Schülerinnen Abhilfe. Wenn Sie konkret wissen möchten, worauf Sie sich einlassen, fragen Sie an den Hochschulen Ihres Interesses nach, ob die entsprechenden Fachbereiche Frauen-Schnuppertage, -Sommeruniversitäten o.Ä. anbieten, bei denen Sie die Fächer und deren Studieninhalte kennenlernen können.

- Das „Niedersachsen-Technikum" etwa bietet jungen Frauen Einblicke in naturwissenschaftlich-technische Berufe und Studienfächer. Es beinhaltet u.a. ein sechsmonatiges Praktikum in einem Unternehmen. Weitere Informationen und die neun beteiligten Hochschulen finden Sie auf der Internetseite der Koordinierungsstelle (www.niedersachsen-technikum.de).
- Eine regionale Übersicht über Schnupperangebote von Hochschulen für Frauen und Mädchen gibt es z.B. für Baden-Württemberg im Portal www.scientifica.de, beim Netzwerk „Zukunft durch Innovation" (zdi) (www.zdi-portal.de), für Bayern unter schnuppertage.thws.de sowie bei der „Thüringer Koordinierungsstelle für Naturwissenschaft und Technik" (www.thueko.de). ▶

ⓘ Am stärksten besetzte Studienfächer

Studierende im Wintersemester 2021/2022

Männer	Frauen
1. Betriebswirtschaftslehre	1. Betriebswirtschaftslehre
2. Informatik	2. Psychologie
3. Maschinenbau/-wesen	3. Rechtswissenschaft
4. Elektrotechnik/Elektronik	4. Medizin (Allgemein-Medizin)
5. Wirtschaftsinformatik	5. Soziale Arbeit
6. Wirtschaftsingenieurwesen mit ingenieurwiss. Schwerpunkt	6. Germanistik/Deutsch
7. Rechtswissenschaft	7. Erziehungswissenschaft (Pädagogik)
8. Wirtschaftswissenschaften	8. Wirtschaftswissenschaften
9. Bauingenieurwesen/Ingenieurbau	9. Biologie
10. Medizin (Allgemein-Medizin)	10. Anglistik/Englisch

Quelle: Destatis: Studierende an Hochschulen; Wintersemester 2021/22

Abbildung 2

1 ORIENTIERUNGS- & ENTSCHEIDUNGSHILFEN

TYPISCH FRAU – TYPISCH MANN?

Studiengänge nur „für sie"
Einige Hochschulen bieten **spezielle Frauenstudiengänge** an, die in besonderer Weise die Bedürfnisse und Interessen von Frauen an einem naturwissenschaftlich-technischen Studium berücksichtigen. Hierzu gehören z.B. Studienangebote verschiedener Fachhochschulen in den Bereichen Wirtschaftsingenieurwesen oder Informatik. Die Studienpläne umfassen neben den (auch für die männlichen Kommilitonen verbindlichen) Fachinhalten zusätzliche Lehrveranstaltungen und Schwerpunktsetzungen.

Infos und Service für Frauen an Hochschulen
An den meisten Hochschulen gibt es Gleichstellungs- und Frauenbeauftragte. Diese haben ein spezielles Angebot für Studentinnen, Doktorandinnen, Nachwuchswissenschaftlerinnen und Professorinnen aufgebaut. Gleichstellungsbüros an Hochschulen bieten unterschiedliche Alltagshilfen wie Informationen und Kontakte zur Wirtschaft und zu Berufsverbänden sowie Unterstützung bei Diskriminierung und sexueller Belästigung.

Außerdem organisieren sie fachunabhängige Veranstaltungen zu Beruf und Karriere sowie Angebote für Frauen z.B. zur Vermittlung von Schlüsselqualifikationen.

Die Adressen der Frauen- und Gleichstellungsbeauftragten finden Sie direkt bei den Hochschulen oder im Zentralen Verzeichnis Frauen- und Gleichstellungsbeauftragte an den Hochschulen in der Bundesrepublik Deutschland sowie auf der Webseite von BuKoF, der Bundeskonferenz der Frauen- und Gleichstellungsbeauftragten an Hochschulen unter www.bukof.de.

Bei vielen Hochschulfrauenbüros gibt es zudem Informationen und Unterstützungsangebote zum Thema „Studieren mit Kind". Die Webseiten der Hochschulen und der Studierendenwerke bieten Ihnen auch die Möglichkeit, Informationen über die Vereinbarkeit von Familie und Studium abzurufen.

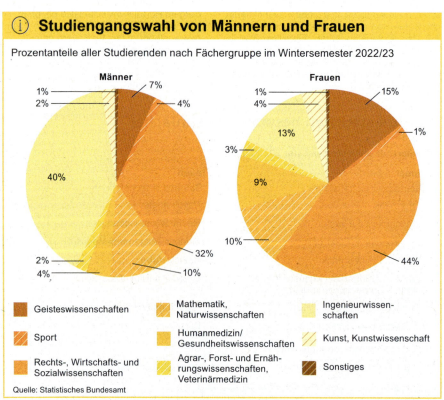

Studiengangswahl von Männern und Frauen
Prozentanteile aller Studierenden nach Fächergruppe im Wintersemester 2022/23

Quelle: Statistisches Bundesamt

Abbildung 3

TYPISCH FRAU – TYPISCH MANN?

Generell interessante Infos zu Hochschule und Studium aus Frauensicht gibt es auf der Webseite des Kompetenzzentrums Frauen in Wissenschaft und Forschung (Center of Excellence Women in Science CEWS, www.gesis.org/cews/cews-home).

Mentoring und Karriereförderung für Studentinnen

Beim Mentoring begleitet eine erfahrene Person (Mentorin bzw. Mentor) eine Studentin in den ersten Fachsemestern (Mentee), um diese zu unterstützen und in ihrer persönlichen und beruflichen Entwicklung zu fördern.

- Im „Mentorinnen Netzwerk für Frauen in Naturwissenschaft und Technik" in Hessen engagieren sich berufserfahrene Frauen aus Wissenschaft und Wirtschaft, um Studentinnen und Absolventinnen in ihrer beruflichen Entwicklung zu fördern. Studentinnen wiederum können als Mentorinnen für Schülerinnen aktiv werden (www.mentoringhessen.de).
- Im „Ada-Lovelace-Projekt" in Rheinland-Pfalz motivieren Studentinnen der MINT-Fächer Mädchen und junge Frauen zu einem Studium oder einer Ausbildung in diesen Fächern. Die Mentorinnen geben den Schülerinnen z.B. praktische Tipps und berichten von ihren persönlichen Erfahrungen (www.ada-lovelace.de).
- „CyberMentor" vermittelt Schülerinnen eine persönliche E-Mail-Mentorin, die in Wirtschaft oder Wissenschaft im MINT-Bereich beruflich tätig ist oder ein MINT-Fach studiert. So lassen sich Einblicke in den Beruf und praktische Tipps für die Studien- und Berufswahl gewinnen. Daneben gibt es eine Community-Plattform für Diskussionen und Erfahrungsaustausch (www.cybermentor.de).
- Zur Karriereförderung für Frauen bietet die Femtec – Hochschulkarrierezentrum für Frauen Berlin GmbH in Kooperation mit verschiedenen Hochschulen das Programm „Careerbuilding" für den weiblichen Führungsnachwuchs an. Das Programm gibt den Studentinnen höherer Semester die Chance, frühzeitig die richtigen Weichen für den beruflichen Ein- und Aufstieg zu stellen (www.femtec.org/programme/career-building-programm).

Vernetzung erleichtert den Weg zum Erfolg

Gemeinsam sind sie stark: Gerade Frauen mit Berufen in sogenannten Männerdomänen verbünden und vernetzen sich, um gemeinsam ihre Interessen zu vertreten, einen an ihren Bedürfnissen orientierten fachlichen und beruflichen Austausch zu haben und sich gegenseitig zu unterstützen. Auch für junge Frauen sind solche Netzwerke oft eine gute Anlaufstelle, um sich ein Bild über die konkrete berufliche Situation des gewählten Fachs zu machen. Über die wichtigsten Frauen-Netzwerke, insbesondere für den Technik- und Informatikbereich, informiert die Webseite des Kompetenzzentrums Technik-Diversity-Chancengleichheit e.V. (www.kompetenzz.de). ▶

➜ info

Wer ein mathematisch-naturwissenschaftliches Fach oder Sprachwissenschaften studieren möchte, in der Schule jedoch keine entsprechenden Leistungskurse belegt hatte, kann an manchen Hochschulen **an Vorkursen teilnehmen**, um noch vor Studienbeginn mögliche Wissenslücken, z.B. in Mathematik oder Englisch, zu schließen. Mehr dazu im *Kapitel 1.1 unter „Brücken ins Studium: Vorkurse"*.

➜ links

abi» extra „Typisch"
Tipps und Hinweise zum Thema gibt mit anschaulichen Beispielen aus der Praxis das abi» extra „Typisch Frau, typisch Mann", erhältlich über die Agenturen für Arbeit oder als PDF-Download unter ➜ www.abi.de/magazine.

Kompetenzzentrum Technik, Diversity, Chancengleichheit
➜ www.kompetenzz.de, mit den Initiativen
➜ www.komm-mach-mint.de
➜ www.boys-day.de, ➜ www.girls-day.de

BuKoF
Bundeskonferenz der Frauen- und Gleichstellungsbeauftragten an Hochschulen
➜ www.bukof.de

Kompetenzzentrum Frauen in Wissenschaft und Forschung
Center of Excellence Women in Science CEWS
➜ www.gesis.org/cews

Mentorinnen Netzwerk
für Frauen in Naturwissenschaft und Technik
➜ www.mentorinnennetzwerk.de

Ada-Lovelace-Projekt
➜ www.ada-lovelace.de

CyberMentor
➜ www.cybermentor.de

Bundesforum Männer
➜ www.bundesforum-maenner.de

Zukunftsberufe Pfleger und Erzieher
➜ www.zukunftsberuf-pfleger.de
➜ www.zukunftsberuf-erzieher.de

1 ORIENTIERUNGS- & ENTSCHEIDUNGSHILFEN

BESCHÄFTIGUNGSCHANCEN

Informationen und Angebote für Schüler und Studenten

Darüber hinaus gibt es auch Informations- und Unterstützungsangebote speziell für junge Männer. Zu nennen ist hier in erster Linie der Jungen-Zukunftstag **Boys'Day**, den das Kompetenzzentrum Technik-Diversity-Chancengleichheit e.V. koordiniert. Auf der Aktionslandkarte, dem „Boys'Day-Radar" können Sie Angebote in Ihrer Region recherchieren: www.boys-day.de.

In manchen Regionen (etwa in Baden-Württemberg) wird eine Boys'Day-Akademie angeboten. Schüler allgemeinbildender Schulen können dort aktiv die zukunftsorientierten Ausbildungs- und Studienberufe aus den Bereichen Erziehung, Pflege, Soziales und Gesundheit kennenlernen.

Für die Bereiche Pflege und Erziehung gibt es darüber hinaus Angebote speziell für junge Männer: www.zukunftsberuf-pfleger.de
www.zukunftsberuf-erzieher.de

Zum Thema **Studieren mit Kind** bieten die Webseiten der Hochschulen und der Studenten- und Studierendenwerke auch die Möglichkeit, Informationen über die Vereinbarkeit von Familie und Studium abzurufen. ■

1.4 Arbeitsmarkt & Beschäftigungschancen

Nicht nur Fähigkeiten und Interessen fließen in die Entscheidung für ein Studienfach ein. Auch die Chancen am Arbeitsmarkt haben Einfluss auf die Studienwahl.

Die besten Voraussetzungen für ein erfolgreiches Studium und einen gelungenen Berufseinstieg bilden die **individuelle Interesse** an einem Fach sowie **die eigenen Kompetenzen und Neigungen**. Diese sollten unabhängig von Vorhersagen über ein Überangebot an Akademiker*innen oder einen Mangel in manchen Branchen und Berufen niemals unterbewertet werden.

Fest steht allerdings, dass viele junge Menschen bei der Studien- und Berufswahl immer wieder auch folgende oder ähnliche Fragen stellen:
- „Ich arbeite gern mit Menschen. In welchem Studium oder welcher Ausbildung kann ich dies am besten verwirklichen?"
- „Ich finde Betriebswirtschaft oder Rechtswissenschaften spannend. Aber gibt es inzwischen nicht zu viele Betriebswirt*innen und Jurist*innen?"
- „Mit welchen (Studien-)Schwerpunkten könnte ich bei künftigen Arbeit- oder Auftraggebern gute Chancen haben?"

In diesem Spannungsfeld ist insbesondere der steigende **Bedarf an Fachkräften** zu beachten. Mit einem Studium erwerben Sie i.d.R. auch überfachliche Qualifikationen, die Ihnen berufliche Einsatzfelder auch außerhalb Ihrer Fachdisziplin eröffnen können. Frühzeitige berufliche Orientierung hinsichtlich späterer Arbeitsfelder ist in vielen Studiengängen unverzichtbar. Wird dies beherzigt, so gilt: Mit einem erfolgreichen Studienabschluss und ggf. geeigneten Weiterbildungen vermindern Sie Ihr Risiko, arbeitslos zu werden. Dennoch erfordert die moderne Arbeitswelt die Bereitschaft zu **lebenslangem Lernen**.

Ergebnisse der Arbeitsmarkt- und Berufsforschung sowie Statistiken über die Entwicklung des Arbeitsmarktes können dazu genutzt werden, die Arbeitsmarktchancen einer bestimmten Ausbildung oder eines Studienfaches einzuschätzen.

In den folgenden Abschnitten wollen wir ...
- Sie grob über erwartete künftige Entwicklungen auf dem Arbeitsmarkt für Akademiker*innen informieren
- Ihnen eine Checkliste mit Fragen an die Hand geben, die als Grundlage für arbeitsmarktbezogene Recherchen und Gespräche zur Studien- und Berufswahl dienen kann
- Tipps für den richtigen Umgang mit Prognosen und Modellrechnungen geben.

> **→ info**
>
> Bei Fragen rund um den Arbeitsmarkt und Berufsperspektiven können Sie sich auch an die **Berufsberatung Ihrer Agentur für Arbeit** wenden.

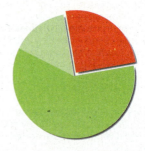

BESCHÄFTIGUNGSCHANCEN

➔ links

Der Arbeitsmarkt für Akademiker*innen
Daten und Einschätzungen der Bundesagentur für Arbeit zu einzelnen Berufsgruppen zum Download:
➔ www.statistik.arbeitsagentur.de
(> Statistiken > Themen im Fokus > Berufe)

Institut für Arbeitsmarkt- und Berufsforschung (IAB)
IAB-Kurzberichte zum Download:
➔ www.iab.de

Bundesbericht zur Förderung des wissenschaftlichen Nachwuchses
Der Bericht informiert über die Situation des wissenschaftlichen Nachwuchses in Deutschland.
➔ www.buwin.de

KISSWIN.de
Umfangreiche Informationen über eine wissenschaftliche Karriere bietet das Kommunikations- und Informationssystem „Wissenschaftlicher Nachwuchs".
➔ www.kisswin.de

Trend zur Höherqualifizierung

Eine Vorhersage über spätere berufliche Chancen und Risiken ist schwierig. Jedoch besteht ein allgemeiner Trend zur Akademisierung der Arbeitswelt. Gründe hierfür sind der Strukturwandel am Arbeitsmarkt hin zu einer Wissens- und Informationsgesellschaft und die Digitalisierung.

Akademisierung bedeutet, dass anspruchsvolle Dienstleistungstätigkeiten zunehmen, etwa in den Bereichen Forschung und Entwicklung, Softwareentwicklung, Organisation und Management, die überdurchschnittlich oft von Akademiker*innen ausgeübt werden. Vor allem die Aspekte Digitalisierung und Nachhaltigkeit prägen neue Berufe. Produktionsorientierte Tätigkeiten (z.B. das Warten oder Reparieren von Maschinen) und einfache Büroarbeiten gehen hingegen im Zuge der fortschreitenden Automatisierung zurück.

Hinzu kommt, dass derzeit einige geburtenstarke Jahrgänge das Renteneintrittsalter erreichen. Somit werden in Zukunft weiterhin auch viele Hochschulabsolvent*innen benötigt. Allerdings haben sich in den zurückliegenden zehn Jahren besonders viele junge Menschen für ein Studium entschieden. Sollte diese hohe Studierneigung junger Erwachsener fortbestehen, dürften sich die aktuellen Engpässe eher auf Fachkraftebene verstärken.

Gut ausgebildet: Gute Chancen am Arbeitsmarkt

In der Vergangenheit hat sich gezeigt, dass sich die Arbeitslosigkeit von Personen mit einem akademischen Abschluss auch im Auf und Ab der Konjunktur in der Regel auf einem sehr niedrigen Niveau bewegt. In den vergangenen Jahren herrschte unter Akademiker*innen mit einer Arbeitslosenquote von weniger als drei Prozent sogar Vollbeschäftigung.

Allerdings unterscheiden sich die Beschäftigungschancen für Absolvent*innen verschiedener Fächer zum Teil erheblich. Bei Fragen hierzu können Sie sich an die Berufsberatung Ihrer Agentur für Arbeit wenden.

Neben einem Hochschulstudium kann auch eine **berufliche Ausbildung** (und ggf. darauf aufbauende Weiterbildung) ein sehr gutes Fundament für ein erfolgreiches Berufsleben sein.

Chancen einschätzen

Die allgemeinen Entwicklungen auf dem Arbeitsmarkt lassen zwar den Schluss zu, dass sich ein Studium lohnt, für die individuelle Ausbildungs- und Berufsentscheidung bieten sie allerdings nur eine begrenzte Hilfe. Hier gilt es, die eigenen Chancen realistisch einzuschätzen. Das gelingt bspw. anhand folgender Fragen: ▶

1 ORIENTIERUNGS- & ENTSCHEIDUNGSHILFEN

Anzeige

Eine einzigartige Kombination aus Wirtschafts-, Sozial- und Rechtswissenschaften – das Studium an der HdBA

- Studieren Sie dual durch die optimale Verbindung von 5 Präsenztrimestern und 4 Praxistrimestern
- Konzentrieren Sie sich auf das Studium durch eine monatliche Vergütung von derzeit 1.670 €
- Profitieren Sie bei erfolgreichem Abschluss von bundesweiten Karrieremöglichkeiten in vielfältigen Aufgabenbereichen der Bundesagentur für Arbeit

 Bundesagentur für Arbeit

Informieren Sie sich
www.hdba.de | www.arbeitsagentur.de/ba-studium
E-Mail: Hochschule.Studierendenservice@arbeitsagentur.de

41

BESCHÄFTIGUNGSCHANCEN

ORIENTIERUNGS- & ENTSCHEIDUNGSHILFEN

1

➔ links

abi»
Welche Berufe in Zukunft gefragt sind – und
wie zuverlässig Prognosen überhaupt sind,
verrät abi.de:
➔ abi.de/studium/weiterbildung-und-karriere/
umgang-mit-arbeitsmarktprognosen-hintergrund

Ein weiterer Beitrag widmet sich der Frage,
welche neue Chancen sich durch die
Digitalisierung ergeben:
➔ abi.de/orientieren/was-will-ich-was-kann-ich/
ich-will-was-machen-mit/chancen-der-
digitalisierung

Welche Karrieremöglichkeiten sich abseits
eines Hochschulstudiums ergeben, lesen
Sie hier:
➔ abi.de/ausbildung/weiterbildung-und-karriere/
karriere-mit-ausbildung-hintergrund

Arbeit im Wandel
Informationsseite der Bundesagentur für Arbeit
mit virtuellem Museum. Erfahren Sie, wie wir
morgen arbeiten werden und wie Sie sich dafür
fit machen.
➔ abi.de/arbeit-im-wandel

- Welches Spektrum an Berufen und Tätigkeitsfeldern steht mir aufgrund meiner beabsichtigten Studienentscheidung offen? (siehe
Kapitel 3 „Studienfelder & Studieninhalte")
- Inwieweit gibt es Übergangsmöglichkeiten
in andere Berufe, falls die Beschäftigungs-
situation sich verschlechtern sollte oder mir
die Tätigkeit nicht mehr zusagt? Welche der
erworbenen Kenntnisse sind bei einem Be-
rufswechsel weiterhin hilfreich?
- Inwieweit ist auch eine berufliche Selbstständigkeit möglich? Wie war die Arbeits-
marktlage bei bestimmten Studienfächern in
der Vergangenheit, wie ist sie gegenwärtig?
Haben konjunkturelle Einflüsse oder Planungen und Entscheidungen der öffentlichen
Hand für bestimmte Berufe eine besondere
Bedeutung?
- Welche Aufstiegsmöglichkeiten gibt es?
- Mit welcher Konkurrenz aus anderen Bereichen ist zu rechnen (Schlagwort „Substitu-
tion": Gleiche Arbeitsplätze können z.B. mit
Absolvent*innen unterschiedlicher Ausbil-
dungsabschlüsse besetzt werden)?

- Können weiterführende Studienangebote
(z.B. Masterstudiengänge) oder der Erwerb
von Zusatzqualifikationen dem beruflichen
Fortkommen nützen?

Tipps zur Arbeitsmarktorientierung
Jede Berufswahl birgt Unsicherheit in Bezug auf
die Beschäftigungschancen. Diese Unsicherheit
lässt sich mildern, indem man sich zügig breite
und **solide Grundlagen** in seinem Studienfach
aneignet, im Rahmen von **Praktika** berufliche Erfahrungen sammelt und dabei Kontakte
knüpft sowie bereits während des Studiums
fachübergreifende Fähigkeiten erwirbt.

Hinzu kommen sollten realistische Status-
und Einkommenserwartungen sowie eine möglichst große regionale und berufliche **Mobilität**,
bis hin zur Bereitschaft zur beruflichen Umori-
entierung. Diese Haltung kann Beschäftigungschancen erhöhen.

Zudem sollten Sie sich frühzeitig mit den **Chancen der Digitalisierung** und des **Wandels in der
Arbeitswelt** für Ihre persönliche Entwicklung auseinandersetzen. Einen Einblick, wie sich Berufe
verändern und wie wir in Zukunft arbeiten werden,
finden Sie unter abi.de/arbeit-im-wandel.

Umgang mit Prognosen

Bei Prognosen und Modellrechnungen handelt es sich i.d.R. um Fortschreibungen von
grundlegenden Trends der Vergangenheit in die
Zukunft. Dabei geht man von bestimmten (alternativen) Annahmen hinsichtlich der weiteren
Entwicklung aus, z.B. von Wirtschaftswachstum
und Produktivität.

So wird z.B. unterstellt, dass bisherige Ten-
denzen auch in Zukunft anhalten. Oder es wird
angenommen, dass bestimmte Einflussfaktoren
den Vergangenheitstrend verändern. Erweisen
sich die Annahmen hierzu als unzutreffend oder
ergeben sich nicht vorhergesehene Einflüsse
gesellschaftlicher, wirtschaftlich-technischer
oder politischer Art, weicht die tatsächliche Entwicklung von den Projektionsergebnissen ab.

Beispiel 1: Der künftige Bedarf bzw. das
künftige Angebot an Arbeitsplätzen im öffentlichen Dienst ist immer auch abhängig von den
jeweils herrschenden Auffassungen über Inhalt

Anzeige

ZWISCHENZEIT

und Umfang staatlicher Aufgaben und den Finanzierungsmöglichkeiten.

Beispiel 2: Die Beschäftigungsmöglichkeiten in der Privatwirtschaft sind von der längerfristigen wirtschaftlichen Gesamtentwicklung, dem Strukturwandel, konjunkturellen Schwankungen, gesetzlichen Rahmenbedingungen und auch von Änderungen betriebsorganisatorischer Konzepte abhängig, wie z.B. der Verlagerung von Betriebsstätten ins Ausland.

Auch Ereignisse wie eine Pandemie, der Klimawandel oder die ökologische Transformation können Auswirkungen auf die Konjunktur und damit auf die Arbeitsmarktchancen haben. ■

1.5 Zwischenzeit

Für einen „Zwischenstopp" vor dem Start ins Studium kann es unterschiedliche Gründe geben: Vielleicht war die Bewerbung um den Wunschstudienplatz nicht erfolgreich? Vielleicht möchte man erst Erfahrungen im Ausland sammeln oder sich für die Gesellschaft engagieren? Und manchmal besteht nach der Schulzeit vielleicht einfach der Wunsch nach einer „Auszeit", bevor die Entscheidung fällt, wo die berufliche Zukunft liegen soll.

Was auch immer der persönliche Grund dafür ist, einen Freiwilligendienst wie das Freiwillige Soziale Jahr oder das Freiwillige Ökologische Jahr, den Freiwilligen Wehrdienst, den Bundesfreiwilligendienst, den Europäischen Freiwilligendienst oder Internationalen Jugendfreiwilligendienst, ein Praktikum im In- oder Ausland oder einen Auslandsaufenthalt als Au-pair zu absolvieren: Neue Erfahrungen und Fähigkeiten sind ein persönlicher Gewinn und hilfreich für den weiteren Ausbildungs- und Berufsweg. ■

> ➔ **info**
>
> Ein **Freiwilligendienst** kann fast immer direkt im Anschluss an den Schulabschluss geleistet werden. Da es zwischen den Diensten jedoch Unterschiede hinsichtlich Altersgrenze, Dienstdauer, Versicherung oder Bewerbungsfristen gibt, sollten Sie sich frühzeitig erkundigen.

> ➔ **links**
>
> **Bundesagentur für Arbeit**
> ➔ www.arbeitsagentur.de > Schule, Ausbildung und Studium > Zwischenzeit
>
> **abi»**
> In der Rubrik „Überbrückungsmöglichkeiten" unter „Orientieren" finden Sie Reportagen und Erfahrungsberichte: ➔ abi/orientieren
>
> **Bundesministerium für Familie, Senioren, Frauen und Jugend (BMFSFJ)**
> ➔ www.bmfsfj.de > Themen > Engagement und Gesellschaft > Freiwilligendienste
> ➔ www.bundesfreiwilligendienst.de
> ➔ www.jugendfreiwilligendienste.de
> ➔ www.ijfd-info.de

1.5.1 Freiwilliger Wehrdienst (FWD)

Der Freiwillige Wehrdienst bietet jungen Frauen und Männern die Möglichkeit, freiwillig Erfahrungen als Soldatin oder Soldat bei der Bundeswehr zu sammeln.

Alter: ab 17 Jahren, nach Erfüllung der Vollzeitschulpflicht
Dauer: bis zu 23 Monate, die ersten sechs Monate dienen als Probezeit
Einsatzmöglichkeiten: verschiedene Abteilungen der Bundeswehr, auch Auslandseinsätze sind möglich
Leistungen: Freiwillig Wehrdienstleistende erhalten einen Wehrsold. Daneben gibt es einen Wehrdienstzuschlag und ein Entlassungsgeld.

Die Beiträge zur Sozialversicherung werden übernommen.
Begleitangebot: keins
Sonstiges: deutsche Staatsbürgerschaft ist Voraussetzung ■

> ➔ **links**
>
> **Offizielle Webseite der Bundeswehr**
> ➔ www.bundeswehr.de
>
> **Informationen zu Karrierechancen bei der Bundeswehr**
> ➔ www.bundeswehrkarriere.de
>
> **Berufsförderungsdienst der Bundeswehr**
> ➔ www.bfd.bundeswehr.de

1 ORIENTIERUNGS- & ENTSCHEIDUNGSHILFEN

ZWISCHENZEIT

1.5.2 Bundesfreiwilligendienst (BFD)

Ziel des Bundesfreiwilligendienstes (BFD) ist es, möglichst vielen Menschen einen Einsatz für die Gesellschaft und die damit verbundenen positiven Erfahrungen von bürgerschaftlichem Engagement zu ermöglichen.

Alter: altersunabhängig, jedoch muss die Vollzeitschulpflicht erfüllt sein

Dauer: mindestens sechs bis höchstens 18 Monate, in Ausnahmefällen auch 24 Monate

Einsatzmöglichkeiten: gemeinwohlorientierte Einrichtungen, insbesondere Kinder- und Jugendhilfe, Wohlfahrts-, Gesundheits- und Altenpflege, Behindertenhilfe, Kultur- und Denkmalpflege, Integration, Flüchtlingshilfe, Zivil- und

→ info

Die Freiwilligen im **BFD** werden gesetzlich sozial- und unfallversichert. Bei Vorliegen der allgemeinen gesetzlichen Voraussetzungen besteht Anspruch auf Kindergeld und Kinderfreibeträge.

Sie werden außerdem pädagogisch begleitet. Neben einer individuellen Betreuung in den Einsatzstellen sind bei zwölfmonatiger Dauer des Dienstes u.a. 25 Seminartage vorgeschrieben, in denen soziale, kulturelle, interkulturelle und ökologische Kompetenzen vermittelt werden und das Verantwortungsbewusstsein für das Gemeinwohl gestärkt wird. Im BFD sind fünf Seminartage zur politischen Bildung vorgeschrieben.

Hinweis: Für Freiwillige im Bürgergeldbezug bis 25 Jahre sind bis zu 520 Euro des Taschengelds anrechnungsfrei, das heißt dieser Betrag kann zum Bürgergeld hinzukommen.

→ links

Bundesfreiwilligendienst
→ www.bundesfreiwilligendienst.de

Bundesamt für Familie und zivilgesellschaftliche Aufgaben (BAFzA)
→ www.bafza.de/engagement-und-aktionen/freiwilligendienste/bundesfreiwilligendienst

Bundesministerium für Familie, Senioren, Frauen und Jugend (BMFSFJ)
→ www.bmfsfj.de/bmfsfj/themen/engagement-und-gesellschaft/freiwilligendienste

Anzeige

BFD
Der Bundesfreiwilligendienst
Zeit, das Richtige zu tun.

www.bundesfreiwilligendienst.de

Bundesamt für Familie und zivilgesellschaftliche Aufgaben

ZWISCHENZEIT

Katastrophenschutz, Sportvereine, Umwelt- und Naturschutz

Leistungen: grundsätzlich keine, Taschengeld und übrige Leistungen (z.B. Geld- oder Sachleistungen für Unterkunft und Verpflegung) werden mit der Einsatzstelle individuell vereinbart; die Höchstgrenze für Taschengeld liegt bei 438 Euro pro Monat (Stand: 2023).

Begleitangebot: pädagogische Begleitung

Sonstiges: Der BFD ist in seinem Umfang mit einer Vollzeitarbeitsstelle vergleichbar. Nur wer über 27 Jahre alt ist kann ggf. in Teilzeit arbeiten. ■

1.5.3 Weitere Freiwilligendienste

Neben dem Freiwilligen Wehrdienst und dem Bundesfreiwilligendienst gibt es eine Reihe weiterer Freiwilligendienste, bei denen man sich sozial, politisch oder kulturell engagieren kann. Am bekanntesten sind das Freiwillige Soziale bzw. das Freiwillige Ökologische Jahr.

Freiwilliges Soziales Jahr

Alter: bis 27, aber nach Vollendung der Vollzeitschulpflicht

Dauer: mind. sechs, höchstens 18 Monate, in Ausnahmefällen auch 24 Monate

Einsatzmöglichkeiten: soziale Projekte, insbesondere in der Wohlfahrtspflege, der Kinder- und Jugendhilfe, der Alten- oder Behindertenhilfe sowie der Gesundheitspflege; möglich sind aber auch Einsätze im Sport, in der Kultur oder der Denkmalpflege; Auslandseinsätze kommen ebenfalls infrage.

Leistungen: Geld- und Sachleistungen für Unterkunft und Verpflegung sowie Taschengeld, wird individuell mit dem Träger vereinbart

Begleitangebot: pädagogische Betreuung sowie Seminartage (siehe Infokasten)

Sonstiges: Innerhalb der möglichen Dauer können verschiedene Dienste hintereinander geleistet werden (auch im Ausland).

Freiwilliges Ökologisches Jahr

Alter: bis 27, aber nach Vollendung der Vollzeitschulpflicht

Dauer: mind. sechs, höchstens 18 Monate, in Ausnahmefällen auch 24 Monate

Einsatzmöglichkeiten: ökologische Projekte in der Land- und Forstwirtschaft sowie im Umwelt-, Natur- und Tierschutz

Leistungen: Geld- und Sachleistungen für Unterkunft und Verpflegung sowie Taschengeld, wird individuell mit dem Träger vereinbart

Begleitangebot: pädagogische Betreuung sowie Seminartage (siehe Infokasten)

Sonstiges: Innerhalb der möglichen Dauer können verschiedene Dienste hintereinander geleistet werden (auch im Ausland). ■

> ➔ **links**
>
> „Zeit, das Richtige zu tun":
> Diese Broschüre zu BFD, FSJ und FÖJ als PDF-Download und allgemeine Infos finden Sie unter: ➔ www.bmfsfj.de/bmfsfj/service/publikationen/zeit--das-richtige-zu-tun/96092
>
> **Bundesarbeitskreis Freiwilliges Soziales Jahr**
> ➔ www.bak-fsj.de
>
> **Bundesarbeitskreis zum Freiwilligen Ökologischen Jahr**
> ➔ www.foej.de

> ➔ **info**
>
> Die Freiwilligen in **FSJ** und **FÖJ** werden gesetzlich sozial- und unfallversichert. Bei Vorliegen der allgemeinen gesetzlichen Voraussetzungen besteht Anspruch auf Kindergeld und Kinderfreibeträge.
>
> Die Freiwilligen werden pädagogisch begleitet. Neben einer individuellen Betreuung in den Einsatzstellen sind bei zwölfmonatiger Dauer des Dienstes u.a. 25 Seminartage vorgeschrieben, in denen soziale, kulturelle, interkulturelle sowie ökologische Kompetenzen vermittelt werden und das Verantwortungsbewusstsein für das Gemeinwohl gestärkt wird.
>
> Am Ende des Dienstes haben die Freiwilligen Anspruch auf eine Teilnahmebescheinigung. Sie können auch ein Zeugnis verlangen, das die erworbenen berufsqualifizierenden Merkmale beinhaltet.

1 ORIENTIERUNGS- & ENTSCHEIDUNGSHILFEN

ZWISCHENZEIT

1.5.4 Freiwilligendienste im Ausland

Die Übergangszeit zwischen Schule und Studium sinnvoll nutzen und gleichzeitig wertvolle Auslandserfahrung sammeln: Mit einem Freiwilligendienst im Ausland ist beides möglich. Zur Wahl stehen eine ganze Reihe von Freiwilligendiensten mit unterschiedlichen Einsatzdauern, -orten und Voraussetzungen.

Europäischer Freiwilligendienst

Der Europäische Freiwilligendienst ist ein Programm der Europäischen Union, das über das EU-Programm Erasmus+ JUGEND IN AKTION gefördert wird. Es gehört zum Europäischen Solidaritätskorps (ESK).
Alter: 17 bis 30 Jahre
Dauer: zwei bis zwölf Monate
Einsatzmöglichkeiten: sozialer, ökologischer, kultureller Bereich oder Sport
Leistungen: Unterkunft, Verpflegung, Taschengeld, Kranken-, Unfall-, Invaliditäts- und Haftpflichtversicherung, teilweise Reisekosten
Begleitangebot: pädagogische Begleitung vor, während und nach Beendigung des Dienstes, Ausstellung des „Youthpass"
Sonstiges: Partnerschaft zwischen anerkannten Entsende- und Aufnahmeorganisationen ist Voraussetzung.

links
solidaritaetskorps.de
Mit dem Programm der EU kannst du dich in europäischen Freiwilligendiensten engagieren.
➔ www.solidaritaetskorps.de

rausvonzuhaus.de
Bietet Informationen zu Voraussetzungen, Rahmenbedingungen und Entsende- sowie Aufnahmeorganisationen.
➔ www.rausvonzuhaus.de

Internetseite von „Jugend für Europa"
➔ www.jugendfuereuropa.de

Erasmus+ Jugend
Informationen rund um die neue Programmgeneration von Erasmus+
➔ www.erasmusplus-jugend.de

Entwicklungspolitischer Freiwilligendienst „weltwärts"

Das Bundesministerium für wirtschaftliche Zusammenarbeit und Entwicklung (BMZ) ermöglicht mit „weltwärts" einen aus öffentlichen Mitteln geförderten Freiwilligendienst in Entwicklungs- und Schwellenländern.

Alter: 18 bis 28 Jahre
Dauer: sechs bis 24 Monate
Einsatzmöglichkeiten: gesamtes Spektrum der aktuellen Entwicklungszusammenarbeit
Leistungen: Unterkunft, Verpflegung, Reisekosten, Versicherungen, Taschengeld
Begleitangebot: intensive Vorbereitung und Betreuung durch die Entsendeorganisation
Sonstiges: Zur Kostendeckung werden die Freiwilligen teilweise dazu angehalten, beim Sammeln von Spenden zu helfen.

links
weltwaerts.de
Infos zum entwicklungspolitischen Freiwilligendienst: ➔ www.weltwaerts.de

Internationaler Jugendfreiwilligendienst (IJFD)

Der Internationale Jugendfreiwilligendienst ist der Auslandsdienst des Bundesministeriums für Familie, Senioren, Frauen und Jugend (BMFSFJ). Es handelt sich dabei um einen Lern- und Bildungsdienst, der sich durch seine Vielschichtigkeit auszeichnet.
Alter: ab Erfüllung der Vollzeitschulpflicht bis 26 Jahre
Dauer: sechs bis 18 Monate
Einsatzmöglichkeiten: i.d.R. im sozialen und ökologischen Bereich, aber auch in der Friedens- und Versöhnungsarbeit
Leistungen: Versicherungen sowie i.d.R. Taschengeld, meist auch Unterkunft und Verpflegung
Begleitangebot: pädagogische Betreuung während des gesamten Dienstes, Seminare, die von den Freiwilligen mitgestaltet werden können
Sonstiges: Die Bewerbung erfolgt direkt bei den Trägern.

links
Offizielle Seite zum IJFD
➔ www.ijfd-info.de

Bundesministerium für Familie, Senioren, Frauen und Jugend
Eine Liste der Anlaufstellen finden Sie auf der Webseite des BMFSFJ als PDF-Download:
➔ www.bmfsfj.de/bmfsfj/Freiwilliges-Engagement/internationaler-jugendfreiwilligendienst.html

ZWISCHENZEIT

„kulturweit"

Der internationale kulturelle Freiwilligendienst „kulturweit" basiert auf dem Freiwilligen Sozialen Jahr (FSJ) und wird von der deutschen UNESCO-Kommission e.V. in Zusammenarbeit mit dem Auswärtigen Amt durchgeführt.
Alter: 18 bis 26 Jahre
Dauer: sechs bis zwölf Monate
Einsatzmöglichkeiten: Kultur- und Bildungspolitik in Entwicklungsländern in Afrika, Asien und Lateinamerika sowie in Mittel- und Osteuropa; bspw. bei Goethe-Instituten oder deutschen Auslandsschulen
Leistungen: Taschengeld, Zuschuss zu Unterkunft und Verpflegung sowie Auslandskranken-, Haftpflicht- und Unfallversicherung, teilweise Zuschuss zu Reisekosten
Begleitangebot: ständige Ansprechperson vor Ort
Sonstiges: Die Bewerbung erfolgt bei der UNESCO Kommission in Berlin.

links
kulturweit
→ www.kulturweit.de

Anderer Dienst im Ausland (ADiA)

Der Andere Dienst im Ausland ist ein mit sehr wenigen staatlichen Vorgaben versehener und nicht aus Bundesmitteln geförderter Freiwilligendienst.
Alter: keine Begrenzung, jedoch Erfüllung der Schulpflicht
Dauer: i.d.R. zwölf Monate
Einsatzmöglichkeiten: keine festen Vorgaben, ADiA folgt seit mehr als 25 Jahren dem Gedanken der Völkerverständigung und -versöhnung
Leistungen: z.T. Taschengeld, Kindergeldanspruch bleibt bestehen, Versicherungen werden vom Träger übernommen
Begleitangebot: keins
Sonstiges: Der Vertrag für einen ADiA wird privatrechtlich zwischen dem Freiwilligen und einem anerkannten Träger geschlossen. ■

info
Eurodesk
Eurodesk berät kostenlos, trägerübergreifend und neutral zu allen Möglichkeiten, die Jugendlichen offenstehen, ins Ausland zu gehen. Welcher Freiwilligendienst oder alternative Auslandsaufenthalt für Sie der richtige ist, können Sie mit dem Eurodesk-Online-Auslandsberater ermitteln
(→ www.rausvonzuhaus.de/auslandsberater).

links
Liste der Träger als PDF-Download
→ www.bmfsfj.de
(Tipp: Geben Sie in die Suche „Träger ADiA" ein.)
abi»
Erfahrungsberichte zu Auslandsaufenthalten finden Sie unter:
→ www.abi.de/orientieren/ueberbrueckungsmoeglichkeiten/ausland
abi» Blogs
→ www.abi.de/interaktiv/blog/freiwilligendienst-im-ausland

ZWISCHENZEIT

1.5.5 Friedensdienst

Möglichkeiten für einen freiwilligen Einsatz für den Frieden bieten u.a. staatlich anerkannte Organisationen, z.B. die Aktion Sühnezeichen Friedensdienste (ASF) oder der Internationale Christliche Friedensdienst EIRENE.

Aktion Sühnezeichen Friedensdienste (ASF)

Alter: mind. 18 Jahre
Dauer: i.d.R. zwölf Monate (Beginn ist im September)
Einsatzmöglichkeiten: Friedens- und Erinnerungsarbeit, Soziales, Antirassismus und Umwelt
Leistungen: keine
Begleitangebot: Die Freiwilligen verfassen während des Aufenthalts eine Berichterstattung, die in Auswertungsseminaren besprochen wird; es gibt ein Rückkehrertreffen.
Sonstiges: Vor Beginn des Dienstes müssen die Freiwilligen ein mind. zweiwöchiges Praktikum im sozialen Bereich absolvieren und an einem 14-tägigen Ausreisekurs teilnehmen; auch Einsätze im Inland sind möglich.

Internationaler Christlicher Friedensdienst (EIRENE)

Alter: mind. 18 Jahre
Dauer: i.d.R. zwölf Monate (Beginn ist im Juli oder August)
Einsatzmöglichkeiten: Friedens- und Erinnerungsarbeit, Soziales, Antirassismus und Umwelt
Leistungen: keine
Begleitangebot: Die Freiwilligen verfassen während des Aufenthalts eine Berichterstattung, die in Auswertungsseminaren besprochen wird; es gibt ein Rückkehrertreffen.
Sonstiges: Vor Beginn des Dienstes müssen die Freiwilligen an einem Infoseminar sowie an einem 14-tägigen Ausreisekurs teilnehmen; Bedingung ist außerdem die Bereitschaft zum Aufbau eines Unterstützerkreises zur Mitfinanzierung des Dienstes; auch Einsätze im Inland sind möglich. ■

➔ **links**

Aktion Sühnezeichen Friedensdienste (ASF) e.V.
➔ www.asf-ev.de

EIRENE, Internationaler Christlicher Friedensdienst e.V.
➔ www.eirene.org

Aktionsgemeinschaft Dienst für den Frieden
➔ www.friedensdienst.de

Weltfriedensdienst e.V.
➔ www.wfd.de

peace brigades international (pbi) – Deutscher Zweig e.V.
➔ www.pbideutschland.de

Arbeitskreis Lernen und Helfen in Übersee e.V.
➔ www.entwicklungsdienst.de

1.5.6 Reisen und Arbeiten im Ausland

Neben den beschriebenen Freiwilligendiensten gibt es weitere Möglichkeiten, die Zeit zwischen Schule und Ausbildung oder Studium mit einem Auslandsaufenthalt zu überbrücken und andere Länder und Kulturen kennenzulernen.

Au-pair

Ein Au-pair-Aufenthalt ist ein Arbeitsverhältnis der besonderen Art: Der Familienanschluss und die interkulturelle bzw. internationale Erfahrung stehen im Vordergrund. Er beinhaltet spezielle Fürsorgepflichten auf Seiten der Gasteltern sowie leichte Arbeiten im Rahmen der Kinderbetreuung und im Haushalt auf Seiten des Aupairs.

Das Mindest- bzw. Höchstalter der Teilnehmenden ist je nach Gastland unterschiedlich geregelt, liegt aber meist zwischen 17 und 30 Jahren (Höchstalter in Deutschland: 27 Jahre).

Au-pairs haben Anspruch auf ...
■ die Gewährung von freien Tagen und Abenden
■ die Freistellung für die Teilnahme an Sprachkursen, kulturellen Veranstaltungen sowie Religionsausübung
■ die Zahlung eines Taschengeldes (je nach Gastland unterschiedlich hoch)

ZWISCHENZEIT

- den Abschluss einer Krankenversicherung (durch die Gasteltern)
- eine angemessene Unterkunft (möglichst ein eigenes Zimmer) und Verpflegung.

Es wird empfohlen, eine Vermittlung durch zertifizierte Au-pair-Agenturen, z.B. RAL Gütezeichen Au-pair, durchführen zu lassen.

Alternative: „EduCare in America"

Das Programm ermöglicht es jungen Frauen im Alter von 18 bis 26 Jahren, ein Jahr lang in einer amerikanischen Familie zu leben und zu arbeiten sowie an einem College oder einer Universität als Gasthörerin zu studieren.

Das Taschengeld (wöchentlich ca. 150 Dollar) sowie die Wochenarbeitszeit sind etwas niedriger als bei Au-pairs. Die Studiengebühren bis zu einer Höhe von 1.000 Dollar übernimmt die Gastfamilie.

Work & Travel

Andere Länder und Kulturen kennenlernen und dabei nur dem eigenen Kompass folgen? Das ist reizvoll, aber nicht ohne Geld möglich. Eine Lösung könnte „Work & Travel" sein.

Bei diesen Programmen werden Arbeiten und Reisen im Ausland kombiniert. Zwischendurch kann so die Reisekasse immer wieder mit Hilfe von Gelegenheitsjobs aufgebessert werden. Beliebte Zielländer für Work & Travel sind Australien, Kanada, Neuseeland, die USA und Japan. Typische Aushilfsjobs gibt es bei der Obst- und Gemüseernte, in der Gastronomie und Hotellerie, in Callcentern oder in Fabriken.

Während für EU-Bürger die Arbeitsaufnahme innerhalb der EU i.d.R. problemlos möglich ist, erfordert dies in Übersee ein spezielles Visum. Das sogenannte „Working Holiday Visum" erlaubt es aufgrund bilateraler Abkommen mit einigen Ländern, einen längeren Auslandsaufenthalt durch Gelegenheitsjobs zu finanzieren. Das Mindestalter dafür ist 18 Jahre. In den meisten Fällen wird der Verdienst allein jedoch nicht ausreichen, um alle Reisekosten zu decken. Daher sind finanzielle Rücklagen von Vorteil oder müssen sogar bei der Beantragung eines „Working Holiday Visums" nachgewiesen werden.

„Work & Travel"-Aufenthalte können individuell oder mit Unterstützung professioneller Agenturen vorbereitet werden. Die Agenturen helfen z.B. bei der Visumbeschaffung, bieten Orientierungsseminare oder unterstützen bei der Job- und Wohnungssuche. Die Kosten dafür sind u.a. abhängig vom Leistungsumfang, dem Zielland und der Reisezeit. ■

> ### → links
>
> **abi»**
> Erfahrungsberichte zu Auslandsaufenthalten finden Sie unter: → www.abi.de/orientieren/ueberbrueckungsmoeglichkeiten/ausland
>
> **abi» Blogs**
> → blogs.abi.de
>
> **Gütegemeinschaft Au pair e.V.**
> Erste Informationen und eine Datenbanksuche nach Au-pair-Anbietern mit Gütezeichen bietet die Webseite der Gütegemeinschaft Au pair e.V.
> → www.guetegemeinschaft-aupair.de
>
> **Au-pair Society e.V. – Bundesverband der Au-pair-Vermittler**
> → www.au-pair-society.org
>
> **Aupair-Index**
> Ein Verzeichnis internationaler Au-pair-Agenturen mit Suchmöglichkeit
> → www.aupair-index.de
>
> **EduCare in America**
> → www.aifs.de/au-pair/usa/ein-land-3-optionen/au-pair-educare.html
>
> **IN VIA**
> Katholischer Verband für Mädchen- und Frauensozialarbeit
> → www.weaupair.com
>
> **VIJ – Verein für Internationale Jugendarbeit**
> → www.au-pair-vij.org
>
> **Rausvonzuhaus.de**
> Eine Übersicht mit Hintergrundinformationen, Voraussetzungen sowie Adressen von Anbietern finden Sie unter: → www.rausvonzuhaus.de

1 ORIENTIERUNGS- & ENTSCHEIDUNGSHILFEN

STUDIEREN MIT BEHINDERUNGEN

1.6 Studieren mit Behinderungen oder chronischer Erkrankung

Studierende mit Behinderungen oder chronischer Erkrankung müssen an den Hochschulen die gleichen Chancen haben wie andere Studierende. Das legen die Hochschulgesetze der Länder fest. Dazu gehört, dass sie das Angebot der Hochschulen möglichst ohne fremde Hilfe in Anspruch nehmen können und nicht benachteiligt werden.

In diesen rechtlichen Grundlagen ist auch festgeschrieben, dass die besonderen Belange von Studierenden mit Behinderungen oder chronischer Erkrankung in den Prüfungsordnungen berücksichtigt werden. Außerdem ist in den meisten Bundesländern die Bereitstellung von Behindertenbeauftragten vorgeschrieben.

Um die Nachteile Studierender mit Behinderungen oder chronischer Erkrankung auszugleichen, bemühen sich viele Hochschulen und Studierendenwerke, gezielte Unterstützungsangebote zu schaffen. Damit sie, neben ihren individuellen Beeinträchtigungen, mit den noch bestehenden, strukturellen Defiziten im Hochschulbereich umgehen können, stehen verschiedene Ansprechpartner*innen zur Verfügung.

Beauftragte an den Hochschulen

Gerade vor und am Anfang eines Studiums sind oft viele Fragen hinsichtlich der Studienzulassung und Organisation des Studiums zu klären. Besonders wichtig ist es deshalb, möglichst frühzeitig Kontakt zu professionellen Berater*innen aufzunehmen.

Auskünfte geben Berater*innen und Beauftragte für die Studierenden mit Behinderungen/chronischer Erkrankung der Hochschulen und Studierendenwerke, aber auch Berater*innen der örtlichen Agenturen für Arbeit. Sie beraten in allen Fragen rund ums Studium, z.B.:
- Welche Zusatzanträge kann ich bei der Bewerbung um einen Studienplatz stellen (z.B. Härtefallantrag bei

→ info

Unterstützung finden Interessierte auch bei den Studienberatungsstellen der Hochschulen (siehe dazu Kap. 6 „Adressen & Links"), den Sozialberatungsstellen der Studierendenwerke und den regionalen und überregionalen Interessengemeinschaften behinderter und nichtbehinderter Studierender. Nehmen Sie mit diesen Stellen möglichst frühzeitig Kontakt auf.

Die aktuellen **Kontaktdaten** der Berater*innen und Beauftragten für beeinträchtigte Studierende an den einzelnen Hochschulen und Studierendenwerken finden Interessierte auch unter → www.studierendenwerke.de

→ links

Informations- und Beratungsstelle Studium und Behinderung (IBS)
beim Deutschen Studierendenwerk (DSW)
→ www.studierendenwerke.de/themen/studieren-mit-behinderung

best für Hörgeschädigte
Die berufs- und studienbegleitende Beratungsstelle ist ein Service-Angebot der Samuel-Heinicke-Fachoberschule in München. Sie soll dazu beitragen, dass mehr Hörgeschädigte studieren und sich beruflich bestmöglich qualifizieren können. → www.best-news.de

Deutscher Verein der Blinden und Sehbehinderten in Studium und Beruf e.V. (DVBS)
Beratung und Mentoring für blinde und sehbehinderte Auszubildende und Studierende. Ein Newsletter informiert über aktuelle Entwicklungen. Kontakt: Frauenbergstraße 8, 35039 Marburg, Tel. 06421/94888-0, Fax 06421/94888-10
→ info@dvbs-online.de → www.dvbs-online.de

Bundesweite dreitägige Orientierungsphase
für blinde und sehbehinderte Schüler*innen der Jahrgangsstufen 11 bis 13 sowie für Studieninteressierte bietet alljährlich im April oder Mai das Studienzentrum für Sehgeschädigte (SZS) der Universität Karlsruhe (KIT).
Kontakt: Engesserstr. 4, 76131 Karlsruhe
Tel. 0721/608-42760, Fax 0721/608-4202
→ info@szs.kit.edu → www.access.kit.edu

Deutscher Bildungsserver
Bietet u.a. ein umfangreiches Informationsangebot zum Thema Behinderung und Studium.
→ www.bildungsserver.de/Behinderung-und-studium.-193.html

REHADAT-Bildung
Bildungsportal für Menschen mit Behinderungen, gefördert vom Bundesministerium für Arbeit und Soziales. → www.rehadat-bildung.de

Bundesarbeitsgemeinschaft Hörbehinderter Studenten und Absolventen (BHSA) e.V.
führt jährlich Seminare für Hörbehinderte Abiturient*innen und Studierende durch und gibt einen Studienführer sowie einen Newsletter heraus. Kontakt: Ihringshäuser Str. 10 34125 Kassel, Fax 0911/3084499997
→ info@bhsa.de → www.bhsa.de

STUDIENABBRUCH UND -WECHSEL

Zulassungsbeschränkung und Anträge auf Nachteilsausgleich)?

- Wie strukturiere und organisiere ich mein Studium unter Berücksichtigung krankheitsbedingter Fehlzeiten?
- Wie beantrage ich einen Nachteilsausgleich im Studium und in Prüfungen?

Außerdem sind sie bei der Beantragung von Studienassistent*innen und technischen Hilfsmitteln behilflich.

IBS beim Deutschen Studierendenwerk

Beim Deutschen Studierendenwerk (DSW) ist die „Informations- und Beratungsstelle Studium und Behinderung" (IBS) angesiedelt. Sie informiert und berät bundesweit.

Kontakt: Monbijouplatz 11, 10178 Berlin
Tel. 030/297727-64
studium-behinderung@studierendenwerke.de

Die Webseiten der IBS sowie das von dieser Beratungsstelle herausgegebene **Handbuch „Studium und Behinderung"** bieten umfangreiche Informationen für Studieninteressierte und Studierende mit Behinderungen und chronischen Krankheiten – von Beratungsangeboten bis zum Berufseinstieg. Das Handbuch steht hier zum Download bereit: www.studierendenwerke.de/themen/studieren-mit-behinderung/handbuch-studium-und-behinderung

Übrigens: Einmal jährlich veranstaltet die IBS ein **Seminar zum Berufseinstieg** für Studierende mit Behinderungen/chronischer Erkrankung.

Beratung berufliche Rehabilitation und Teilhabe der Arbeitsagenturen

Ansprechpartner für die individuelle berufliche Beratung von Abiturient*innen sowie Studierenden mit Behinderungen/chronischer Erkrankung sind die Berater*innen berufliche Rehabilitation und Teilhabe in den Agenturen für Arbeit. Sie beraten und informieren über Ausbildungswege und Studienmöglichkeiten sowie zu individuellen Unterstützungsmöglichkeiten.

Weitere Informationsmöglichkeiten

Die vom Bundesministerium für Arbeit und Soziales (BMAS) herausgegebene Broschüre „**Ratgeber für Menschen mit Behinderungen**" gibt umfassend Auskunft über alle Leistungen und Hilfestellungen, auf die Menschen mit Behinderungen Anspruch haben: z.B. Vorsorge, Früherkennung, medizinische Rehabilitation, Schul- und Berufsausbildung, Berufsförderung und steuerliche Erleichterungen. In Auszügen sind auch die entsprechenden Gesetzestexte enthalten. Diese und weitere Broschüren können kostenlos bestellt werden und stehen auch digital zur Verfügung (www.bmas.de > Service > Publikationen).

Gefördert vom BMAS wird auch das Internetportal **REHADAT-Bildung** des Instituts der deutschen Wirtschaft Köln e.V. Es enthält Informationen rund um Ausbildung und Beruf für Menschen mit Förderbedarf. Das Portal ist gedacht für junge Menschen mit Behinderungen, deren Eltern und alle Menschen, die sie bei der Berufsfindung unterstützen. ■

1.7 Studienabbruch und -wechsel

Knapp 25 Prozent der Bachelor-Studierenden in Deutschland brechen ihr Studium laut dem Deutschen Zentrum für Hochschul- und Wissenschaftsforschung (DZHW) ab. Die Gründe dafür sind vielfältig. Ein Studienabbruch muss aber kein Makel sein, sondern kann auch eine Chance bieten.

Die meisten Studienabbrecher*innen entscheiden sich zu diesem Schritt, weil sie den Leistungsanforderungen des Studiums nicht gewachsen sind oder Prüfungen nicht bestehen. Außerdem spielen häufig Probleme bei der Studienfinanzierung, falsche Erwartungen an das Fach, fehlender Praxisbezug oder die Angst vor vermeintlich schlechten Chancen auf dem Arbeitsmarkt eine Rolle. Um einen Studienabbruch zu vermeiden, sollten Sie sich deshalb vorab gut informieren und sich detailliert mit den Inhalten

des gewählten Fachs auseinandersetzen. Auch kann es helfen, sich bereits im Vorfeld darüber klar zu werden, welchen Beruf Sie nach dem Studium ergreifen möchten, um gezielt darauf hinarbeiten zu können (siehe hierzu *Kapitel 1.1 „Die Entscheidung treffen"*).

Auswege finden

Wenn Sie mit Ihrem aktuellen Studium trotzdem unzufrieden sind, sollten Sie in einem ersten Schritt darüber nachdenken, warum das so ist – und sich dann Alternativen überlegen. Wer die akademische Ausbildung an einer Universität als zu praxisfremd erlebt, kann bspw. an eine Hochschule für Angewandte Wissenschaften oder in ein duales Studium wechseln. Häufig lassen sich zuvor erbrachte Leistungen sogar anrechnen. Liegt es eher am Fach an sich, empfiehlt es sich, einen Wechsel des Studienfachs in Betracht zu ziehen. Bei der Wahl eines neuen Studienfachs ▶

1

ORIENTIERUNGS- & ENTSCHEIDUNGSHILFEN

51

STUDIENABBRUCH UND -WECHSEL

kann etwa die Studienberatung helfen. Kommen Sie mit einem Professor oder einer Professorin nicht klar, hilft es vielleicht, eine andere Veranstaltung zu wählen. Wer eine persönliche Krise durchlebt, kann etwa die psychologische Beratung des Studenten- bzw. Studierendenwerks in Anspruch nehmen oder die Nähe zur Familie suchen und das Studium zum Beispiel im Heimatort oder in der Nähe fortsetzen.

Alternativen abwägen

Steht fest, dass Sie definitiv nicht weiterstudieren möchten, bietet sich eine Berufsausbildung an. Die Chancen, einen Ausbildungsplatz zu bekommen, stehen gut. Nach Informationen des Berufsbildungsberichts 2022 waren 2021 insgesamt etwa 63.000 Ausbildungsstellen unbesetzt. Zudem sorgt der demografische Wandel dafür, dass Betriebe verstärkt nach Fachkräften suchen. Aufgrund ihres Alters und ihrer Lebenserfahrung werden Studienabbrecher*innen von Betrieben geschätzt.

Es gibt manchmal sogar spezielle Regelungen für Studienabbrecher*innen. So können sie i.d.R. die Ausbildungszeit um mindestens ein Jahr verkürzen oder z.B. schon während der Ausbildung einen Teil der Meisterprüfung ablegen. Mit speziellen Programmen suchen Unternehmen teils sogar gezielt nach Studienabbrecher*innen (www.stark-fuer-ausbildung.de/netzwerk/leistungsstarke-jugendliche-inkl-studienabbrecher).

Wie auch immer Ihre Entscheidung letztlich ausfällt: Ein Studienabbruch muss nichts Negatives sein. Die Kunst besteht darin, als Bewerber*in die eigenen Stärken hervorzuheben. Im Falle eines Studienabbruchs wäre das die Tatsache, mit Niederlagen umgehen zu können, nach vorne zu blicken und gute Alternativen entwickeln zu haben – und je nach gewählter Ausbildung können Sie auch von den im Studium erworbenen Fachkenntnissen profitieren.

Antworten auf die wichtigsten Fragen

Tragen Sie sich mit dem Gedanken, Ihr Studium abzubrechen? Dann haben Sie sicher eine Menge Fragen. Ausführliche Antworten auf Ihre individuellen Fragen erhalten Sie beispielsweise von einem Berufsberater oder einer Berufsberaterin einer Agentur für Arbeit.

Die Antworten auf die häufigsten Fragen zum Thema Studienabbruch/Studienfachwechsel haben wir hier bereits für Sie zusammengestellt:

1. Was werden meine Freunde und Eltern sagen, wenn ich mein Studium abbreche?

Wenn Sie Familie und Freunden deutlich machen, dass Sie sich den Schritt gut überlegt und gute Gründe dafür haben, beweisen Sie damit, dass Sie verantwortungsvoll handeln. Dies schafft eine gute Basis für konstruktive Gespräche.

2. Erhalte ich nach dem Wechsel des Studienfachs weiterhin BAföG?

BAföG wird weiterbezahlt, wenn „nur" das Fach gewechselt wird. Dies muss erstmalig und bis zum dritten Semester erfolgen. Danach muss der Grund für den Fachwechsel schriftlich an das BAföG-Amt übermittelt werden. Ab dem vierten Semester muss außerdem ein unabweisbarer Grund für den Wechsel vorliegen. Ein solcher Grund könnte bspw. sein, dass man im Tiermedizin-Studium erst im vierten Semester feststellt, dass man an einer Tierhaarallergie leidet.

3. Was mache ich, wenn mir der neue Studiengang wieder nicht gefällt?

Sollten Sie mit der Studienwahl zweimal daneben liegen, empfiehlt es sich, professionellen Rat einzuholen. Die Expert*innen der Studienberatung begleiten Ihren Entscheidungsprozess für ein neues Fach und helfen dabei, erneute Fehler bei der Suche nach einer Alternative zu vermeiden.

4. Wirkt sich ein Studienabbruch negativ bei späteren Bewerbungen aus?

I.d.R. entstehen durch einen Studienabbruch keine Nachteile bei der Bewerbung. Dennoch sollten Sie auf Rückfragen vorbereitet sein und Ihre Entscheidung gut begründen können.

5. Bietet eine Ausbildung die gleichen Chancen wie ein Studium?

Studium und Ausbildung sind nur schwer miteinander zu vergleichen, schließlich bereitet eine Ausbildung gezielt auf einen Beruf vor, wohingegen man mit einem Studium i.d.R. in unterschiedlichen Bereichen einsteigen kann. Aufstiegschancen bieten beide Wege, schließlich können Ausbildungsabsolventen und -absolventinnen bspw. über eine Weiterbildung auch Führungsaufgaben übernehmen. Weitere Infos dazu finden Sie im *Kapitel 1.2 „Studium oder Ausbildung?"*. ∎

→ links

Studienabbruch – und dann?
Das Portal des Bundesministeriums für Bildung und Forschung hilft bei Zweifeln am Studium und listet mögliche Alternativen.
→ www.studienabbruch-und-dann.de

JOBSTARTER
Das Programm **JOBSTARTERplus** unterstützt Studienabbrecher, die eine Ausbildung beginnen möchten.
→ www.jobstarter.de

ZU DIESEM KAPITEL

Studium & Hochschulen

Voraussetzungen, Wege, Ziel

Wer studieren möchte, hat dank unterschiedlicher Hochschultypen, Studienformen und Abschlussarten verschiedene Möglichkeiten, Weichen für die eigene berufliche Zukunft zu stellen.

Gut informiert zu sein hilft Ihnen dabei, Ihr Studium zu planen und zu organisieren. Wenn Sie zum Beispiel wissen, dass ein Vorpraktikum oder ein Sprachtest vor der Immatrikulation verlangt wird, können Sie sich rechtzeitig darum kümmern. Auch später im Studium werden Sie merken, dass es sich lohnt, frühzeitig über die Besonderheiten Ihres Studienganges Bescheid zu wissen.

In diesem Kapitel lernen Sie deshalb Zugangsvoraussetzungen sowie Abschlüsse kennen und erfahren, wie ein Studium aufgebaut ist. Außerdem lesen Sie, welche verschiedenen Hochschultypen es gibt und welche Besonderheiten sie ausmachen.

Tipp: Im „Hochschul-ABC" auf studienwahl.de werden wichtige Begriffe aus dem Hochschulalltag erklärt. ■

→ info

Im Online-Portal von Studienwahl werden aktuelle Entwicklungen aus Studium und Bildungswesen beleuchtet und über FAQs die häufigsten Fragen rund ums Studium beantwortet.
→ www.studienwahl.de

Studiensuche
Nach Studiengängen suchen können Sie unter:
→ www.arbeitsagentur.de/studiensuche

2 STUDIUM & HOCHSCHULEN

VORAUSSETZUNGEN

2.1 Voraussetzungen

Grundsätzlich brauchen Sie eine Hochschulzugangsberechtigung, damit Sie sich für ein Studium einschreiben können. Diese weisen Sie unter anderem mit einem Zeugnis der Hochschulreife nach. Auch Berufsabschlüsse eröffnen den Weg in ein Studium.

An welchen Hochschultypen Sie konkret studieren dürfen, hängt allerdings davon ab, an welchem Schultyp Sie Ihren Abschluss gemacht bzw. welche Ausbildung Sie absolviert haben.

- Mit der **allgemeinen Hochschulreife** sind Sie berechtigt, alle Studiengänge an allen Hochschultypen zu studieren.

- Mit einer **fachgebundenen Hochschulreife** können Sie die Fächer der im Zeugnis vermerkten Fachrichtung (z.B. Sozialwesen, Technik, Wirtschaft) an allen Hochschultypen studieren.

- Mit der **Fachhochschulreife** können Sie in alle Studiengänge an einer Fachhochschule aufgenommen werden. In Bayern gibt es darüber hinaus auch eine fachgebundene Fachhochschulreife, die das Studium bestimmter Fächer am genannten Hochschultyp ermöglicht.

Es gibt allerdings Hochschulzugangsberechtigungen, die nur in **bestimmten Bundesländern** gelten. Die Gültigkeit ist i.d.R. auf dem Abschlusszeugnis vermerkt.

In Brandenburg und Hessen etwa können **Studieninteressierte mit Fachhochschulreife** auch Bachelorstudiengänge an Universitäten studieren. In Niedersachsen berechtigt die Fachhochschulreife auch zum Studium in der entsprechenden Fachrichtung an einer Universität oder einer gleichgestellten Hochschule. Und in Baden-Württemberg gibt es die sogenannte „Delta Prüfung". Sie ermöglicht es Studieninteressierten mit Fachhochschulreife, ein Studium an einer Universität zu belegen. Abiturient*innen mit fachgebundener Hochschulreife können auf diesem Weg auch in einer Fachrichtung zugelassen werden, die nicht auf dem Abschlusszeugnis vermerkt ist. Für ein **Lehramtsstudium in künstlerischen Fächern** (Kunst und Musik) ist i.d.R. die allgemeine Hochschulreife erforderlich, in manchen Ländern genügt hierzu aber auch die fachgebundene Hochschulreife.

Weitere Auskünfte erteilen die Zulassungsstellen der Hochschulen.

Von der Fachhochschule an die Universität

Der Bachelorabschluss einer Fachhochschule ist bezüglich der Zulassung zu einem weiterführenden Studium dem Bachelorabschluss einer Universität grundsätzlich gleichgestellt. Bachelorabsolvent*innen von Fachhochschulen können deshalb grundsätzlich auch einen Masterstudiengang an einer Universität belegen. Eine anschließende Promotion an einer Universität ist ebenfalls möglich.

Ein Wechsel im Verlauf des Studiums von der Fachhochschule in einen gleichen oder eng verwandten universitären Studiengang ist in den Bundesländern unterschiedlich geregelt, teilweise (z.B. in Bayern) ist er mit erreichten 60 ECTS-Leistungspunkten nach zwei Fachsemestern möglich.

Anzeige

HOCHSCHULE ANHALT University of Applied Sciences

Jetzt informieren und bewerben:

www.hs-anhalt.de /dual-studieren

STUDIUM & HOCHSCHULEN

2

VORAUSSETZUNGEN

→ info

Sie können einen Schulabschluss auch nachholen, um eine Hochschulzugangsberechtigung zu erhalten. Umgangssprachlich ist die Rede vom „Zweiten Bildungsweg". Ausführliche Informationen dazu gibt es beim Deutschen Bildungsserver
→ www.bildungsserver.de.

Anrechnung von Aus- und Fortbildungsleistungen im Studium

Absolvent*innen beruflicher Ausbildungswege, die ein Hochschulstudium anstreben, können sich im Vorfeld ihrer Entscheidung über Möglichkeiten der Anrechnung erbrachter Aus- oder Fortbildungsleistungen informieren. Werden diese angerechnet, müssen entsprechende Leistungen nicht erneut im Studium erbracht werden. Welche Leistungen anerkannt werden können, entscheiden i.d.R. die zuständigen Ämter der Hochschulen.

Der Fachbereich Wirtschaft und Gesundheit der Fachhochschule Bielefeld hat zudem zur Verbesserung der Transparenz des Angebots und zur Verkürzung der Informationsbeschaffung

die zentrale Informationsplattform DAbeKom entwickelt (www.dabekom.de). Sie wird gefördert durch das Bundesministerium für Bildung und Forschung sowie durch das Ministerium für Schule und Bildung des Landes Nordrhein-Westfalen und liefert einen umfassenden Überblick über die an deutschen Hochschulen aus dem gesamten Bundesgebiet anrechenbaren Kompetenzen aus der beruflichen Aus-, Fort- und Weiterbildung (siehe hierzu auch *Abschnitt 2.4.4 „Weiterbildende Studiengänge"*).

Weitere Zulassungsvoraussetzungen

Deutschkenntnisse

Wer an einer deutschen Hochschule studieren möchte, muss über die erforderlichen Deutschkenntnisse verfügen. Eine Ausnahme bilden „International Degree Programmes", die meist in englischer Sprache angeboten werden. Deutschkenntnisse können mit Prüfungen und Tests im Heimatland oder in Deutschland nachgewiesen werden. Hinweise zu Sprachkursen und -prüfungen finden Sie auf den Internetseiten des Goethe-Instituts (www.goethe.de) sowie ▶

Anzeige

CARL REMIGIUS MEDICAL SCHOOL

Du möchtest medizinisch oder therapeutisch arbeiten. Aber der NC bremst dich aus? Dann entscheide dich für einen unserer NC-freien Studiengänge! Mache dich bereit für einen neuen Karriereschritt in der Medizin, der Therapie oder im Notfallmanagement.

Information und Beratung:
0800 7245179 - beratung@carl-remigius.de - www.carl-remigius.de

BEWIRB DICH JETZT!

VORAUSSETZUNGEN

auf www.sprachnachweis.de. Umfassend informiert Sie auch der Deutsche Akademische Austauschdienst DAAD (www.daad.de).

Eignungsprüfung

Insbesondere für ein Kunst-, Design-, Innenarchitektur-, Musik-, Schauspiel- oder Sportstudium müssen Studienbewerber*innen ihre Eignung nachweisen. Dies geschieht je nach Studiengang z.B. durch Vorlage einer Arbeitsmappe mit eigenen künstlerisch-gestalterischen Arbeiten, durch ein Vorsprechen bzw. Vorsingen, ein Vorspiel auf einem Instrument oder durch eine Sporteignungsprüfung.

Wird eine besondere bzw. überragende künstlerische Begabung und eine für das Studium hinreichende Allgemeinbildung nachgewiesen, so kann die Zulassung zu bestimmten künstlerischen, darstellenden, gestalterischen oder musischen Studiengängen auch ohne den Nachweis einer Hochschulreife erfolgen.

Da solche Eignungstests oft vor dem Beginn der allgemeinen Bewerbungsfristen ablaufen, sollten Sie Informationen über Termine, Bewerbungsunterlagen und Ähnliches schon eineinhalb Jahre vor dem beabsichtigten Studienbeginn einholen.

Fremdsprachenkenntnisse

Für einige Fächer schreiben die Prüfungsordnungen verbindlich Fremdsprachenkenntnisse vor, die entweder schon zu Studienbeginn vorhanden sein müssen oder während des Studiums nachzuholen sind.

- **Lateinkenntnisse:** Vor allem in geisteswissenschaftlichen Fächern wie Germanistik, Philosophie oder Geschichte sowie in Lehramtsstudiengängen gehören manchmal Lateinkenntnisse zu den Zugangsvoraussetzungen. Oft ist das erst zum Masterstudium der Fall, etwa bei den gestuften Lehramtsstudiengängen.

- Für das Studium der Theologie sind i.d.R. das **Graecum** und das **Hebraicum** vorgeschrieben. Die meisten Studierenden lernen die Sprachen erst im Laufe der ersten Semester.

- **Neuere Philologien:** Die Hochschulen können die Zulassung zu einem Fach wie Anglistik oder Romanistik vom Ergebnis eines Sprachtests abhängig machen. Der Test ist an der Hochschule abzulegen, mittlerweile meist über eine Online-Lernplattform, kann aber i.d.R. durch anerkannte kostenpflichtige Sprachzertifikate wie den TOEFL (Test of English as a Foreign Language) bzw. das DELF (Diplôme d'Etudes en Langue Française) ersetzt werden. Außerdem können Einstufungstests zu Beginn des Semesters verpflichtend sein und eine Grundlage für die Studienberatung darstellen sowie der leistungsbezogenen Auswahl der Lehrveranstaltungen dienen.

Praktika vor Studienbeginn

Insbesondere an Fachhochschulen wird oft vor der Aufnahme des Studiums ein sogenanntes **Vorpraktikum** verlangt (oder empfohlen), dessen Dauer zwischen ein paar Wochen und einigen Monaten variieren kann. Eine Berufsausbildung oder ein Freiwilligendienst können unter bestimmten Voraussetzungen ganz oder teilweise angerechnet werden. Die Dauer des Vorpraktikums ist auch von der schulischen Vorbildung abhängig. Daher sollten Sie sich frühzeitig bei Ihrer zukünftigen Hochschule über die entsprechenden Bestimmungen informieren – z.B. auch über die Möglichkeit, das Vorpraktikum nach Studienbeginn in den Semesterferien

info

Bei einigen Studiengängen gibt es die Möglichkeit, dass berufliche Qualifikationen angerechnet werden. Mehr Infos dazu sowie zum Thema Bewerbung generell gibt es in *Kapitel 4 „Bewerbung & Zulassung"*.

In einigen Bundesländern wird bei der Immatrikulation der **Nachweis über die Teilnahme an einem Studienorientierungsverfahren** verlangt (z.B. Baden-Württemberg und Bayern).

→ links

Praktikumsbörse von studienwahl.de
→ www.studienwahl.de/praktika

abi»
Auf abi.de finden Sie Tipps und Infos für die Bewerbung um einen Studienplatz oder ein Praktikum.
→ www.abi.de/bewerbung

JOBSUCHE der Bundesagentur für Arbeit
Hier können Sie auch nach Praktikumsstellen suchen.
→ www.arbeitsagentur.de/jobsuche

AN! Anerkennung und Anrechnung im Studium
Infoseite der Hochschulrektorenkonferenz (HRK) zu den Themen Anerkennung und Anrechnung von Aus- und Vorbildungszeiten.
→ www.anerkennung-und-anrechnung-im-studium.de

VORAUSSETZUNGEN

abzuleisten. Ausnahmeregelungen gibt es auch für Studierende mit Behinderungen und chronischen Erkrankungen.

Hinweis: Ein Praktikum vor Studienbeginn kann auch dann sinnvoll sein, wenn es nicht verpflichtend ist. So können Sie Ihre Motivation und Eignung für das geplante Studium und die spätere Berufstätigkeit überprüfen. Bei der Suche nach Praktikumsstellen sind z.B. die Praktikumsämter der Hochschulen behilflich.

Studieren ohne Abitur

Obwohl sich die bildungspolitischen Vertreterinnen und Vertreter aller Bundesländer bereits 2009 in der Kultusministerkonferenz (KMK) darauf geeinigt haben, beruflich Qualifizierten den Weg an die Hochschule zu erleichtern, sind die Bestimmungen von Bundesland zu Bundesland noch immer unterschiedlich. Bildung ist schließlich Ländersache. Einige Kriterien gelten jedoch überall:

- **Meister*innen, Fachwirt*innen oder Inhaber*innen eines gleichwertigen Fortbildungsabschlusses nach Berufsbildungsgesetz oder Handwerksordnung** erlangen mit ihrem Titel die allgemeine Hochschulreife. Das heißt, wer einen solchen beruflich hochqualifizierten Fortbildungsabschluss von mindestens 400 Unterrichtsstunden absolviert hat, kann sowohl die Hochschule als auch das Studienfach frei wählen. Allerdings sind für eine Zulassung – wie auch bei Studienbewerber*innen mit Abitur – gegebenenfalls Zulassungsbeschränkungen (z.B. Bewerbungs- und Auswahlverfahren) zu beachten.

- **Personen mit abgeschlossener Berufsausbildung und Berufserfahrung:** Wer eine mindestens zweijährige Berufsausbildung abgeschlossen hat und mindestens drei Jahre im erlernten Beruf tätig war, kann eine fachgebundene Hochschulzugangsberechtigung erhalten.

Häufig müssen beruflich Qualifizierte ein Eignungsfeststellungsverfahren oder ein Probestudium von mindestens einem Jahr erfolgreich abschließen. Anders als bei der allgemeinen Hochschulreife ist die Zulassung bei der fachgebundenen Hochschulreife auf Studiengänge beschränkt, die inhaltlich an die Berufsausbildung und die Berufstätigkeit anknüpfen. Die geforderte Dauer der Berufsausbildung und der Berufserfahrung variieren je nach Bundesland. Pflege- und Betreuungszeiten, manchmal auch ein Freiwilliges Soziales oder Ökologisches

Jahr, können – je nach Bundesland – ebenfalls auf die Zeit der Berufstätigkeit angerechnet werden. Darüber hinaus können die Länder den Hochschulzugang weiter öffnen. So ist etwa in Rheinland-Pfalz in einzelnen Studiengängen ein Hochschulzugang auch mit einem Ausbildungsabschluss möglich (Notendurchschnitt von min. 2,5 erforderlich). In Hamburg genügen in begründeten Ausnahmefällen schon zwei Jahre Berufspraxis nach der Ausbildung.

Wer sich für ein Studium als beruflich Qualifizierte*r interessiert, sollte sich zuvor unbedingt über die entsprechenden Regelungen in den einzelnen Bundesländern informieren.

Bundeslandbezogene Informationen für ein Studium ohne Abitur gibt es unter www.studieren-ohne-abitur.de, einem Kooperationsprojekt des Centrums für Hochschulentwicklung (CHE) und des Stifterverbands für die Deutsche Wissenschaft.

Wichtige Fragen zum Thema

- **Kann man sich im Studium berufliche Qualifikationen anrechnen lassen?**
  Ja, das ist möglich. Welche Leistungen anerkannt werden können, entscheiden in der Regel die zuständigen Ämter der Hochschulen. Einen Überblick über pauschale Anerkennungsmöglichkeiten sowie Ansprechpartner für individuelle Fragen gibt es unter: www.dabekom.de

- **Wie bewerbe ich mich für einen bundesweit zulassungsbeschränkten Studiengang?**
  Für die Fächer Medizin, Tiermedizin, Zahnmedizin und Pharmazie erfolgt die Bewerbung über die Stiftung für Hochschulzulassung (www.hochschulstart.de). Je nach beruflicher Qualifikation und Bundesland gibt es allerdings weitere Zugangsbedingungen, beispielsweise die Teilnahme an einem Beratungsgespräch, das Ablegen einer Zugangsprüfung an der Hochschule oder die Erteilung einer Gleichwertigkeitsbestätigung durch die Hochschule.

- **Darf ich ohne Hochschulreife auch einen Masterstudiengang belegen?**
  Nach einem Bachelorstudium darf man ein Masterstudium aufnehmen – das gilt selbstverständlich auch für Bachelorabsolvent*innen, die keine Hochschulreife haben. Elf Bundesländer ermöglichen Personen ohne Hochschul- oder Fachhochschulreife sogar den direkten Zugang ins Masterstudium, also ohne ▶

2

STUDIUM & HOCHSCHULEN

VORAUSSETZUNGEN

vorherigen Bachelorabschluss. Allerdings sind diese Studiengänge fast ausschließlich im Weiterbildungsbereich zu finden und kostenpflichtig. Je nach Bundesland ist für den Zugang eine Eignungsprüfung zu absolvieren und/oder mehrjährige Berufserfahrung mit fachlichem Bezug nachzuweisen.

■ **Und was gilt, wenn ich meinen Berufsabschluss im Ausland erworben habe?**
Für Studieninteressierte aus dem Ausland gilt grundsätzlich: Wenn die Voraussetzungen im Heimatland für ein Studium gegeben sind, ist das Studium auch in Deutschland möglich. Hierzu ist allerdings die Anerkennung von Zeugnissen und Abschlüssen und – wenn nicht eindeutig nach „Katalog" – auch eine sogenannte Feststellungsprüfung erforderlich. Ansprechpartner hierzu sind die Anerkennungsstellen. Hinweise dazu gibt www.anabin.kmk.org. Wichtig: Eine zentrale Voraussetzung für ein Studium in Deutschland ist selbstverständlich das Beherrschen der deutschen Sprache.

■ **An wen wende ich mich bei weiteren Fragen?**
Bei konkreten Fragen zum Thema „Studieren ohne Abitur" empfiehlt es sich unbedingt, direkt bei den Studienberatungen der infrage kommenden Hochschule nachzufragen! Auch die Berufsberater*innen der örtlichen Agentur für Arbeit können bei Fragen weiterhelfen.

Ausländische Bildungsnachweise

Sie haben Interesse an einem Studium in Deutschland und haben lediglich ausländische Bildungsnachweise? Grundsätzlich erfüllen Sie die Qualifikationsvoraussetzungen für ein Studium in Deutschland, wenn Ihre Bildungsnachweise ein Hochschulstudium in Ihrem Herkunftsland ermöglichen. Dabei gelten bestimmte Bedingungen, die in den Bewertungsvorschlägen der Zentralstelle für ausländisches Bildungswesen der Kultusministerkonferenz (KMK) in der Datenbank anabin.kmk.org veröffentlicht werden.

Über die Anerkennung der Bildungsnachweise entscheidet im Rahmen von Zulassungsverfahren i.d.R. die jeweilige Hochschule. Die Anerkennung ist dabei auf den angestrebten Studiengang begrenzt, d.h. bei einem Studiengangwechsel ist eine erneute Entscheidung erforderlich. Die Länder können für die Bewertung ausländischer Bildungsnachweise eine zentrale

➔ links

In einigen Bundesländern gibt es spezielle Servicestellen und Onlineplattformen, die Informationen zum Studium ohne Abitur bzw. Studium für beruflich Qualifizierte bereitstellen. Teils wird auch eine persönliche Beratung angeboten:

Baden-Württemberg:
➔ www.mwk.baden-wuerttemberg.de
(> Hochschulen & Studium > Hochschulzugang > FAQ zum Hochschulzugang für beruflich Qualifizierte, PDF zum Herunterladen)

Bayern:
➔ www.weiter-studieren-in-bayern.de

Niedersachsen:
➔ www.offene-hochschule-niedersachsen.de

Rheinland-Pfalz:
➔ www.studium-ohne-abitur-rlp.de

Zeugnisanerkennungsstelle in ihrem Land einrichten. Die Entscheidungen gelten bundesweit, sofern sie nicht auf das jeweilige Land begrenzt sind. Unter anabin.kmk.org finden Sie Anschriften aller Anerkennungsstellen in Deutschland. Für 150 deutsche Hochschulen (staatlich und privat) führt www.uni-assist.de im Auftrag der jeweiligen Hochschule das Vorprüfungsverfahren durch.

Ist nach den Bewertungsvorschlägen kein direkter Hochschulzugang möglich, müssen Sie vor Aufnahme des Studiums eine sogenannte „Feststellungsprüfung" bestehen, der i.d.R. eine einjährige Vorbereitung am Studienkolleg vorausgeht. Soweit die Bewertungsvorschläge keine Einstufung enthalten, entscheiden die nach Landesrecht zuständigen Stellen. ■

HOCHSCHULTYPEN

2.2 Die Hochschultypen im Überblick

In Deutschland gibt es über 420 verschiedene Hochschulen. Universitäten und Fachhochschulen bzw. Hochschulen für angewandte Wissenschaften sind dabei die beiden häufigsten Hochschultypen. Es gibt sie in staatlicher, in privater oder kirchlicher Trägerschaft.

Die verschiedenen Hochschultypen und ihre Aufgaben werden durch die Bundesländer in ihren jeweiligen Hochschulgesetzen definiert. Dort wird i.d.R. zwischen folgenden Typen unterschieden:

- Universitäten und Hochschulen mit vergleichbarer Aufgabenstellung – dazu gehören Technische Universitäten, die Fernuniversität, Universitäten der Bundeswehr, Hochschulen für Medizin, Tiermedizin oder Sport, Kirchliche und Philosophisch-Theologische Hochschulen und Pädagogische Hochschulen
- Kunst-, Musik- und Filmhochschulen
- Fachhochschulen bzw. Hochschulen für angewandte Wissenschaften
- Hochschulen für öffentliche Verwaltung
- Duale Hochschulen bzw. Berufsakademien
- Fernhochschulen

Die einzelnen Hochschulen sind meist in Fachbereiche, Fakultäten oder auch Departments gegliedert.

Universitäten

Kennzeichnend für Universitäten ist ihre breite wissenschaftlich-theoretische und forschungsorientierte Ausrichtung. Neben den Disziplinen Medizin, Rechtswissenschaft, Theologie, Natur- und Geisteswissenschaften werden auch Gesellschafts- und Sozialwissenschaften, Wirtschaftswissenschaften, Mathematik und Informatik, Ingenieurwissenschaften sowie Agrar- und Forstwissenschaften gelehrt. Hinzu kommt häufig die Lehramtsausbildung.

Manche Universitäten konzentrieren ihr Angebot aber auf bestimmte Fachbereiche, etwa die Hochschulen für Medizin, Tiermedizin und Sport. An einigen Universitäten werden auch duale Studiengänge angeboten. Universitäten verfügen zudem über das Promotionsrecht – d.h. man kann dort einen Doktorgrad erwerben.

Universitäten der Bundeswehr

An den beiden Universitäten der Bundeswehr (UniBw) in Hamburg und München erhalten Offiziersanwärter*innen und Offiziere eine wissenschaftliche Ausbildung in universitären Studiengängen oder Fachhochschulstudiengängen (nur UniBw München), die den Abschlüssen an anderen Hochschulen gleichwertig sind. Mit dieser Ausbildung können die Absolvent*innen nach Ablauf ihrer Verpflichtungszeit (mindestens 13 Jahre) einen zivilen akademischen Beruf ergreifen.

Kirchliche / Theologische Hochschulen

Neben Universitäten in kirchlicher Trägerschaft gibt es auch Theologische Hochschulen. An ihnen wird – ebenso wie an den entsprechenden Fakultäten der Universitäten – in Theologie akademisch ausgebildet. Außerdem werden häufig Studiengänge im sozialen, therapeutischen und pflegerischen Bereich angeboten, da Kirchen auch Träger von Kliniken und sozialen sowie pflegerischen Einrichtungen sind.

Pädagogische Hochschulen

An Pädagogischen Hochschulen, die es nur in Baden-Württemberg gibt, werden Studiengänge angeboten, die auf eine Lehrtätigkeit an den Schularten Grund-, Haupt-, (Werk-)Real-, Gemeinschafts- und Sonderschulen vorbereiten. Bei der Ausbildung für das gymnasiale Lehramt und das Lehramt für Berufsschulen kooperieren die Pädagogischen Hochschulen mit Universitäten und Fachhochschulen (siehe *Abschnitt 3.10.1 „Lehramt in Baden-Württemberg"*). Das Studienangebot umfasst außerdem eine Reihe weiterer, nicht auf das Lehramt bezogener Studiengänge.

Kunst-, Musik-, Filmhochschulen

Kunst-, Musik- und Filmhochschulen bieten Studiengänge in den bildenden und darstellenden Künsten bzw. in musikalischen Fächern an. Die Kurse finden teils in kleinen Gruppen („Klassen") oder auch als Einzelunterricht statt.

Kunsthochschulen

An Kunsthochschulen können Bachelor-, Master-, Magister- oder Diplomabschlüsse erworben werden. Wird im Rahmen des Studiums für ein Lehramt ein künstlerisches Fach studiert, so wird das Studium – je nach Bundesland – entweder mit der Staatsprüfung oder einem Bachelor bzw. Master (of Education) abgeschlossen. Einige Studiengänge sehen eine Probezeit von zwei Semestern zu Beginn des Studiums vor. ▶

2

STUDIUM & HOCHSCHULEN

59

HOCHSCHULTYPEN

Musik- und Schauspielhochschulen

Die Musikhochschulen bilden ihre Studierenden oft an einem bestimmten Instrument oder im Gesang aus. Die Musikrichtung ist nicht immer klassisch, auch Jazz, Pop oder Rock sind vertreten. Die Popakademie Baden-Württemberg in Mannheim z.B. bietet Studiengänge in den Fachbereichen Populäre Musik sowie Musik- und Kreativwirtschaft an. Um zugelassen zu werden, muss man i.d.R. eine Eignungsprüfung bestehen.

Beim Studium der Musik und Darstellenden Kunst (Musiktheater, Tanz, Schauspiel) sind i.d.R. eine Zwischen- und eine Abschlussprüfung vorgesehen. Letztere ist je nach Hochschule ein Hochschulexamen (Bachelor-, Master- oder Diplomprüfung, künstlerische Reifeprüfung) bzw. eine staatliche oder kirchliche Prüfung.

Filmhochschulen, Hochschulen der Medien

Bundesweit gibt es vier staatliche Filmhochschulen: die Filmakademie Baden-Württemberg in Ludwigsburg, die Hochschule für Fernsehen und Film in München, die Kunsthochschule für Medien Köln und die Filmuniversität Konrad Wolf in Potsdam-Babelsberg. Sie bieten Studiengänge rund um die Filmproduktion an, etwa in den Bereichen Drehbuch, Regie, Kamera oder Filmmusik. Man kann Bachelor-, Master- und Diplomabschlüsse erwerben. Daneben existieren zahlreiche weitere private Akademien und Institute, deren Angebote mit einem Zertifikat abschließen. Um zum Studium zugelassen zu werden, müssen die Bewerber*innen oft ein Praktikum oder Arbeitsproben nachweisen sowie eine Eignungsprüfung erfolgreich absolvieren. Außerdem bilden (private) medienorientierte Hochschulen für verschiedene Berufsfelder in audiovisuellen bzw. elektronischen Medien aus, teils eher künstlerisch, teils eher technisch orientiert. Neben den klassischen Medien wie Fotografie und Film gibt es Angebote zu Mediengattungen wie Computergrafik und -animation sowie 3D-Simulation. In diesen Studiengängen werden neben ästhetischen Gesichtspunkten auch medienwissenschaftliche, wirtschaftliche sowie rechtliche Fragen behandelt.

Private Schauspielschulen

Zahlreiche private Schulen bieten auch langjährige Schauspielkurse an, die oft Studium genannt werden, obwohl als Zugangsvoraussetzung keine Hochschulreife verlangt wird. Meist wird stattdessen im Rahmen einer Aufnahmeprüfung über die Zulassung der Bewerber*innen entschieden. Diese Kurse schließen mit einem trägerinternen Zertifikat ab.

Fachhochschulen / Hochschulen für angewandte Wissenschaften

Fachhochschulen (FH) verfolgen einen anwendungsorientierten wissenschaftlichen Ansatz. Das heißt, das Studium ist weniger wissenschaftlich-theoretisch ausgerichtet, sondern orientiert sich verstärkt an den Anforderungen in der Praxis. Deshalb bezeichnen sich mittlerweile viele FHs als „Hochschule für angewandte Wissenschaften" (HAW), z.T. auch nur „Hochschule" oder in Englisch „University of Applied Sciences".

Fachhochschulen bieten ebenso wie Universitäten überwiegend Bachelor- und Masterstudiengänge an. Das Fächerspektrum an FHs ist allerdings eingeschränkter, denn bestimmte Studiengänge (z.B. Human-, Tier-, Zahnmedizin und Pharmazie sowie Lehrämter und Sprach- und Geisteswissenschaften) werden nur an Universitäten angeboten. Häufig findet an FHs eine Konzentration auf die Fachbereiche Technik/Ingenieurwissenschaften, Wirtschaft, Medien und Soziales statt.

Die integrierten Praxisphasen können mehrwöchige Praktika, Projektphasen oder ein ganzes Semester umfassen und werden in Betrieben und Einrichtungen absolviert. So wird der praktische Anwendungsbezug des Studiums verstärkt. Eine zuvor absolvierte Berufsausbildung oder Berufspraxis kann teilweise oder ganz auf die Praxiszeiten angerechnet werden. Zahlreiche Fachhochschulen bieten auch duale Studiengänge an (siehe *Abschnitt 2.4.1 „Duales Studium"*).

Hochschulen für (öffentliche) Verwaltung

An Hochschulen für (öffentliche) Verwaltung des Bundes und der Länder werden Studierende für die Laufbahnen des gehobenen Dienstes in der öffentlichen Verwaltung ausgebildet.

Das dreijährige Studium ist dual aufgebaut und findet im Wechsel an der Hochschule und in der Ausbildungsbehörde statt. Deswegen ist der Zugang zu diesen Hochschulen nur über die Ausbildungsbehörde möglich. Diese sind i.d.R. auch Ansprechpartner bei allen Fragen zum Studium und zur Bewerbung.

Während des Studiums an einer Hochschule für (öffentliche) Verwaltung sind Sie bereits Beamt*in auf Widerruf und erhalten Anwärterbezüg (*siehe dazu Kapitel 3.11 „Öffentliche Verwaltung"*).

STUDIENABSCHLÜSSE UND -ORGANISATION

Duale Hochschulen

In den Bundesländern Baden-Württemberg, Thüringen und Schleswig-Holstein wurden die früheren Berufsakademien in Duale Hochschulen umgewandelt.

Duale Hochschulen bieten Studiengänge aus den Bereichen Wirtschaft, Technik, Gesundheit und Sozialwesen an. Kennzeichnend für die Studiengänge ist die enge Verzahnung von theoretischen und praktischen Studienphasen. Die Studierenden erhalten mit ihrem Abschluss einen akademischen Grad und können damit ein weiterführendes Masterstudium im In- und Ausland aufnehmen.

Beachten Sie: Die Studiengebühren für ein duales Studium übernimmt in der Regel das Kooperationsunternehmen. Damit fallen auch für Studierende an dualen Hochschulen in privater Trägerschaft keine Kosten an.

Berufsakademien

Neben den Hochschulen gibt es in einigen Ländern Berufsakademien (BA), die als Alternative zum Hochschulstudium berufsqualifizierende duale Bildungsgänge für Studienberechtigte anbieten. Studienmöglichkeiten werden unter anderem in den Bereichen Wirtschaft, Sozialwesen und Technik angeboten. Ihre Bachelorabschlüsse sind den Bachelorabschlüssen an Hochschulen gleichgestellt, obwohl es sich dabei nicht um akademische Grade handelt, was allerdings nur relevant ist, wenn später eine Promotion angestrebt wird. Das bedeutet, Absolvent*innen einer akkreditierten Bachelorausbildung an einer Berufsakademie können einen Masterstudiengang oder ein anderes weiterführendes Studienangebot an Fachhochschulen und Universitäten beginnen aber nur unter bestimmten Voraussetzungen zur Promotion zugelassen werden.

Der Besuch von Berufsakademien kann ggf. – abhängig vom jeweiligen Landesrecht und der konkreten Ausbildungsstätte – mit Ausbildungsförderung nach dem BAföG gefördert werden (§2 Abs. 1 BAföG). Informationen erhalten Sie bei der jeweiligen Ausbildungsstätte bzw. dem zuständigen Amt für Ausbildungsförderung. Aber: Die Ausbildungsvergütung wird auf den Förderbetrag angerechnet. ∎

➜ info

Die Anschriften der Dualen Hochschulen und der Berufsakademien finden Sie in *Kapitel 6*. Auch über die Studiensuche der Bundesagentur für Arbeit können Sie Duale Hochschulen suchen.

➜ www.arbeitsagentur.de/studiensuche

Unternehmen für ein duales Studium finden Sie unter ➜ www.arbeitsagentur.de/jobsuche

➜ links

abi»
Im Infoportal der Bundesagentur für Arbeit finden Sie auch Beiträge über die unterschiedlichen Hochschularten. ➜ www.abi.de/studium/hochschultypen-und-abschlussarten

Statistische Angaben zu den Hochschulen z.B. zur Zahl der Studierenden veröffentlicht das Statistische Bundesamt:
➜ www.destatis.de

2.3 Studienabschlüsse und -organisation

Wie Ihr Wunschstudium aufgebaut ist, hängt unter anderem damit zusammen, welchen Abschluss Sie anstreben. Zum Beispiel ist ein Bachelorstudium i.d.R. auf sechs Semester angelegt, ein Masterstudium dagegen auf zwei bis vier. Einige der Inhalte sind verpflichtend, andere können Sie auswählen.

Für die Planung des Studienablaufs und eine mögliche spätere Spezialisierung im Studium ist es sinnvoll und hilfreich, sich schon vor Studienbeginn mit dem Studiengang auseinanderzusetzen.

Abschlüsse

Grundsätzlich unterscheidet man bei Abschlüssen zwischen solchen, die durch eine Hochschulprüfung und solchen, die durch eine staatliche (Staatsexamen) bzw. kirchliche Prüfung erworben werden.

Durch Hochschulprüfungen werden die akademischen Abschlüsse Bachelor und Master sowie selten Diplom und Magister Artium erworben. Auch die Promotion, also der Erwerb eines Doktorgrades, gehört zu den Hochschulprüfungen. Eine Staatsprüfung oder kirchliche Prüfung gibt es nur in ganz bestimmten Fächern. Zum Wintersemester 2022/2023 wurden nach Angaben der Hochschulrektorenkonferenz (HRK) ca. 21.400 gestufte Studiengänge (Bachelor/Master) an Universitäten, Fachhochschulen sowie ▶

2

STUDIUM & HOCHSCHULEN

61

STUDIENABSCHLÜSSE UND -ORGANISATION

Kunst- und Musikhochschulen angeboten. Sie machen damit fast 92 % des Studienangebots in Deutschland aus. Die Mehrzahl an Studiengängen, die nicht auf Bachelor/Master umgestellt wurden, kommt aus dem Bereich Kunst, Musik und Design sowie aus der öffentlichen Verwaltung und den Gesellschafts- und Sozialwissenschaften. Außerdem sind einige Studiengänge mit kirchlichen Abschlüssen darunter, ebenso wie das Lehramtsstudium in einzelnen Ländern.

Entsprechend den einzelnen Fächergruppen werden unterschiedliche Abschlussbezeichnungen vergeben, etwa Bachelor of Engineering oder Master of Arts. Auskunft über das dem Abschluss zugrundeliegende Studium und die damit verbundenen Qualifikationen erteilt das „Diploma Supplement", eine öffentliche Urkunde, die Bestandteil jedes Abschlusszeugnisses ist.

Für weiterbildende Masterstudiengänge können auch abweichende Abschlussgrade (z.B. Master of Business Administration, MBA) verliehen werden.

Bachelor

Der Bachelor ist ein erster berufsqualifizierender Hochschulabschluss. Das Studium vermittelt wissenschaftliche Grundlagen, Methodenkompetenz und berufsfeldbezogene Qualifikationen. Bachelorstudiengänge können sich auf ein Hauptfach konzentrieren (**Monobachelor**) oder als Kombinationsstudium mit mehreren Fächern absolviert werden (**Kombinationsbachelor oder 2-Fach-Bachelor**).

Die Regelstudienzeit im Bachelor beträgt im Vollzeitstudium mindestens sechs und höchstens acht Semester, wobei 180 bzw. 240 ECTS-Punkte für den Abschluss nachzuweisen sind (zum Leistungspunktesystem s.u.).

→ links

Kultusministerkonferenz (KMK)
→ www.kmk.org/wissenschaft-hochschule/internationale-hochschulangelegenheiten/bologna-prozess.html
Bundesministerium für Bildung und Forschung (BMBF) → www.bmbf.de

---

→ info

Akkreditierung
Studiengänge mit den Abschlüssen Bachelor und Master werden im Rahmen der sogenannten Akkreditierung auf die Einhaltung von Qualitätsstandards hin überprüft. Die zentrale Datenbank aller in Deutschland akkreditierten Studiengänge findet man auf der Webseite der Stiftung Akkreditierungsrat
→ www.akkreditierungsrat.de

Master

Der Masterabschluss ist ein weiterer berufsqualifizierender Abschluss. Masterstudiengänge dienen der fachlichen und wissenschaftlichen Spezialisierung oder Verbreiterung und können nach den Profiltypen **„anwendungsorientiert"** und **„forschungsorientiert"** unterschieden werden.

Zugangsvoraussetzung ist i.d.R. ein bereits erworbener berufsqualifizierender Hochschulabschluss, z.B. ein Bachelor. Oftmals gibt es zusätzlich eine Reihe besonderer Zugangsvoraussetzungen, wie spezielle Sprachkenntnisse, ein Aufnahmetest, ein gutes Bachelorzeugnis oder Ähnliches. Man unterscheidet zwischen konsekutiven und weiterbildenden Masterstudiengängen. Konsekutive Masterstudiengänge können das im Bachelorstudium erworbene Wissen vertiefen, verbreitern, fachübergreifend erweitern oder fachlich andere Inhalte zum Gegenstand haben. Weiterbildende Masterstudiengänge setzen eine qualifizierte berufspraktische Erfahrung von i.d.R. mindestens einem Jahr voraus.

Masterabschlüsse, die an Universitäten und gleichgestellten Hochschulen, Fachhochschulen oder Kunst-/Musikhochschulen erworben wurden, berechtigen grundsätzlich zur **Promotion**. An Fachhochschulen erworbene Masterabschlüsse eröffnen ebenso wie andere Universitätsabschlüsse den Zugang zu den Laufbahnen des höheren Dienstes in der öffentlichen Verwaltung (siehe *Kapitel 3.11*).

Die Regelstudienzeit eines Masterstudiums ist auf mindestens zwei und höchstens vier Semester angelegt. Zusammen mit dem vorangegangenen Studium erlangen Studierende im Laufe ihres Studiums so insgesamt mindestens 300 ECTS-Punkte.

Lehramt und Bachelor/Master

Während zahlreiche Bundesländer Lehramtsstudiengänge auf eine gestufte Studienstruktur mit universitären Bachelor- und Masterabschlüssen umgestellt haben, halten andere ganz oder teilweise an der Staatsprüfung fest. Die Modelle in den Ländern unterscheiden sich im Einzelnen. Deswegen hat die Kultusministerkonferenz länderübergreifend die Anerkennung der Studienabschlüsse geregelt (siehe *Kapitel 3.10 „Lehrämter"*).

Staatsexamen

Studiengänge in Human-, Zahn- oder Tiermedizin, Pharmazie, Rechtswissenschaften sowie ein Teil des Lebensmittelchemie- und der Lehramtsstudiengänge werden mit einer Staatsprüfung, dem Staatsexamen, abgeschlossen.

Die Staatsprüfungen werden nicht von den Hochschulen, sondern von staatlichen Prü-

STUDIENABSCHLÜSSE UND -ORGANISATION

fungsämtern abgenommen. In den Rechtswissenschaften finden eine universitäre Schwerpunktbereichsprüfung sowie eine staatliche Pflichtfachprüfung statt.

Mit bestandenem Staatsexamen ist die Zulassung zu einem Beruf bzw. zum Vorbereitungsdienst verbunden. Der Vorbereitungsdienst wird mit einer weiteren Staatsprüfung abgeschlossen.

Informationen zu den Lehramtsprüfungen finden Sie in Kapitel 3.10 „Lehrämter".

Diplom
Eine geringe Anzahl von Studiengängen kann derzeit noch mit einer Diplomprüfung abgeschlossen werden. Diplomstudiengänge legen das Hauptgewicht auf ein einziges Studienfach (z.B. Maschinenbau). Der Diplomabschluss einer Fachhochschule wird mit dem Zusatz (FH) gekennzeichnet, z.B. Diplom-Ingenieur*in (FH).

Magister
Magisterstudiengänge werden nur an Universitäten und Hochschulen mit vergleichbarer Aufgabenstellung angeboten. Die meisten der verbliebenen Magisterstudiengänge finden sich im Bereich Theologie und Jura.

Kirchliche Prüfung
Die Kirchlichen Prüfungen im Fach Theologie werden auf Grundlage einer von der Kirchenbehörde erlassenen Prüfungsordnung abgenommen. Dabei können auch Diplom-, Magister-, Bachelor- und Masterabschlüsse erworben werden.

Promotion
Die Promotion ist mit wenigen Ausnahmen die Voraussetzung für eine wissenschaftliche Laufbahn. Sie setzt i.d.R. einen Hochschulabschluss mit gutem Ergebnis voraus, wobei ein Bachelorabschluss meist nicht ausreicht.

> **→ info**
>
> Mit der **Studiensuche der BA** können Sie nach Studiengängen suchen:
> → www.arbeitsagentur.de/studiensuche

Zur Vollendung der Promotion muss in der Regel eine Doktorarbeit (Dissertation) angefertigt werden. Diese ist eine eigene wissenschaftliche Leistung, die zu wesentlichen neuen Erkenntnissen führt. Das Promotionsrecht liegt i.d.R. bei den Universitäten. Haben Fachhochschulen eine Kooperationsvereinbarung mit Universitäten geschlossen, ist es dort auch möglich zu promovieren. In Hessen können Hochschulen für Angewandte Wissenschaften ein Promotionsrecht für einzelne Fachrichtungen beantragen. Über diese Regelung haben die Hochschule Fulda, die Hochschule Darmstadt sowie die Technische Hochschule Mittelhessen mittlerweile das Promotionsrecht in einzelnen Fächern erlangt.

Darüber hinaus haben in den vergangenen Jahren immer mehr Bundesländer neue Regelungen geschaffen, die auch Hochschulen für angewandte Wissenschaften ein eigenständiges Promotionsrecht ermöglichen. In Schleswig-Holstein, Bremen, Berlin, Sachsen-Anhalt, Nordrhein-Westfalen, Hessen, Baden-Württemberg und Bayern ist daher eine Promotion von Absolvent*innen an der eigenen Hochschule bzw. in einer Kooperation in Form eines fachlich oder thematisch ausgerichteten Promotionszentrums möglich.

Studienorganisation
Sie wählen ein Studienfach oder eine Kombination von mehreren Einzelfächern. Welche Einzelfächer an einer Hochschule als selbstständige Fächer bzw. Studiengänge angeboten werden, hängt von der örtlichen Entwicklung des ▶

Anzeige

STUDIENABSCHLÜSSE UND -ORGANISATION

Fachs ab. Aufbau und Inhalte der Studiengänge, mögliche Studienschwerpunkte oder -richtungen sowie die Art der Lehrveranstaltungen und Prüfungen sind in Prüfungsordnungen, Studienordnungen, Studienplänen oder Modulhandbüchern geregelt.

Modularisierung und Leistungspunkte (ECTS)

Mehrere Lehrveranstaltungen werden zu einem „Modul" zusammengefasst. Module bezeichnen inhaltlich und zeitlich aufeinander abgestimmte Stoffgebiete und Lehrveranstaltungen, die eine in sich geschlossene und mit Leistungspunkten ausgewiesene Studieneinheit bilden. Ein Modul wird i.d.R. mit einer Prüfung abge-

schlossen, deren Ergebnis in das Abschlusszeugnis eingeht.

Die erbrachten Studienleistungen werden anhand **eines europäischen Punktesystems** (European Credit Transfer System, kurz ECTS) gemessen. Leistungspunkte (ECTS-Punkte oder Credits) sind ein Maß für die studentische Arbeitsbelastung („Workload"). Sie umfassen sowohl den unmittelbaren Unterricht als auch die Zeit für die Vor- und Nachbereitung des Lehrstoffes, den Prüfungsaufwand und die Prüfungsvorbereitungen einschließlich Abschluss- und Studienarbeiten. Pro Semester werden i.d.R. 30 ECTS-Punkte vergeben, wobei für jeden Leistungspunkt eine Arbeitsbelastung von 25 bis max. 30 Stunden angenommen wird. Das ent-

ⓘ Abschlussbezeichnungen von Bachelor- und Masterstudiengängen

Fächer/Fächergruppen	Abschluss
Sprach- und Kulturwissenschaften, Sport, Sportwissenschaften, Sozialwissenschaften, Kunstwissenschaft	Bachelor of Arts (B.A.), Master of Arts (M.A.)
Mathematik, Naturwissenschaften, Medizin*, Agrar-, Forst- und Ernährungswissenschaften*	Bachelor of Science (B.Sc.), Master of Science (M.Sc.)
Wirtschaftswissenschaften	Nach der inhaltlichen Ausrichtung des Studiengangs: Bachelor of Arts oder Bachelor of Science (B.A. oder B.Sc.) bzw. Master of Arts oder Master of Science (M.A. oder M.Sc.)
Ingenieurwissenschaften	Bachelor of Engineering oder Bachelor of Science (B.Eng. oder B.Sc.) bzw. Master of Engineering oder Master of Science (M.Eng. oder M.Sc.)
Rechtswissenschaften*	Bachelor of Laws (LL.B.), Master of Laws (LL.M.)
Freie Kunst	Bachelor of Fine Arts (B.F.A.), Master of Fine Arts (M.F.A.)
Künstlerisch angewandte Studiengänge, Darstellende Kunst	Bachelor of Arts (B.A.), Master of Arts (M.A.)
Musik	Bachelor of Music (B.Mus.), Master of Music (M.Mus.)
Studiengänge, mit denen die Voraussetzungen für ein Lehramt vermittelt werden.	Bachelor of Education (B.Ed.), Master of Education (M.Ed.)

*Betrifft nicht die staatlichen Studiengänge

Quelle: www.studienwahl.de 2023

Abbildung 4

DUAL STUDIEREN MIT DER DEUTSCHEN BUNDESBANK

Als eine der größten Zentralbanken weltweit bieten wir Ihnen verschiedene duale Studiengänge im spannenden Umfeld von Wirtschaft, Finanzen und Bankenwelt. Praxis und Theorie Ihres Studiums sind eng miteinander verzahnt, so dass Sie das an der Hochschule Erlernte direkt in der Bundesbank anwenden können. Als Arbeitgeber im öffentlichen Dienst bieten wir Ihnen zudem ein festes Gehalt, unterstützende Begleitung während des Studiums und einen sicheren Arbeitsplatz nach dem Studium.

- Zentralbankwesen / Central Banking (Beamtenlaufbahn)
- Betriebswirtschaftslehre
- Bank-BWL
- BWL mit Schwerpunkt Digitalisierungsmanagement
- Digital Business Management
- Angewandte Informatik

Bewerbungsfristen und weitere Informationen finden Sie auf unserer Homepage unter www.bundesbank.de / karriere, auf facebook und Instagram.

Duales Studium Zentralbankwesen/Central Banking
bei der Deutschen Bundesbank

Bjarne Schnack begann vor knapp drei Jahren mit dem dualen Studium Zentralbankwesen bei der Deutschen Bundesbank. Nun berichtet er über seine Erfahrungen.

Nach meinem Abitur habe ich eine Bankkaufmannausbildung absolviert und war auf der Suche nach einem Studiengang der thematisch darauf aufbaut. Zum Glück habe ich mich dafür entschieden im April 2019 den Studiengang „Zentralbankwesen/Central Banking" in Hachenburg anzufangen. Mittlerweile stehe ich kurz vor dem Abschluss des dreijährigen Studiums und meiner ersten „richtigen" Stelle in der Bank. Dabei waren die vergangenen drei Jahre in vielerlei Hinsicht außergewöhnlich.

Während des ersten Jahres durfte ich noch das normale Studentenleben auf dem Schloss genießen, welches aber im Vergleich zu vielen anderen Hochschule dennoch außergewöhnlich ist. Nicht nur die Vorlesungen finden im Schloss statt, man lebt auch mit allen anderen Studenten im oder in direkter Umgebung des Schlosses. Man sieht seine Kommilitonen jeden Tag und meist auch den ganzen Tag, angefangen beim gemeinsamen Frühstück bis hin zum Abendessen und die Meisten auch noch danach im Schlosskeller – die Schlosseigene Bar auf dem Hochschulgelände. Außerdem finden die Vorlesungen hier in kleinen Gruppen statt und die Professoren stehen einem meist auch von morgens bis abends für Fragen zur Verfügung. Aufgrund des engen Kontakts mit den Mitstudierenden ist es nicht nur sehr leicht Lerngruppen zu finden, nebenbei baut man sich automatisch ein großes Netzwerk auf und neue Freundschaften ergeben sich durch das Leben auf dem Schloss quasi von allein.

Ab meinem zweiten Jahr bei der Bundesbank hat sich das Studium und das Studentenleben stark verändert, da die Pandemie für eine außergewöhnliche Gesamtsituation gesorgt hat. Auch wenn weite Teile des Studiums seitdem im Home-Office stattfanden, wurde uns dennoch mehrmals die Möglichkeit gegeben, im Rahmen der gültige Regelungen, für ein paar Wochen im Präsenzbetrieb au dem Schloss zu sein. Durch die Bemühungen der Hochschule konnten wir somit unser Studium in der vorgesehenen Zeit und ohne Qualitätsverlust fortführen.

Auch die deutschlandweiten Praxisphasen konnten häufig zumindest zum Teil vor Ort stattfinden. In den Praxisphasen bekommt man die Chance die verschiedensten Bereiche der Bank kennenzulernen, bei mir waren es u.a. Bankenaufsicht, Volkswirtschaft und Finanzstabilität. Damit einhergehend bekommt man die außergewöhnliche Chance in verschiedensten Städten in Deutschland zu arbeiten Jeder der über 30 Standorte der Bank ist auch ein möglicher Einsatzort während des Studiums. Dabei kann man selber Wünsche abgeben, wo man eingesetzt werden will und diese werden dann auch meist erfüllt. Die Bundesbank organisiert zudem jeweils die Unterbringung vor Ort, sodass man darum nicht selbst kümmern muss.

Das Schlossleben, die Praxisphasen in ganz Deutschland, die enge Betreuung durch die Hochschule und Praxistutoren, die breitgefächerten Themen, die Mitstudierenden und noch einiges mehr, wären Grund für mich das Studium jederzeit wieder zu machen.

BESONDERE STUDIENFORMEN

spricht einem Workload von 750 bis 900 Stunden pro Semester.

Studienaufbau

Zu Beginn des Bachelorstudiums vermitteln Module aus unterschiedlichen Lehrveranstaltungen allgemeine fachliche Grundlagen und Methodenkenntnisse.

In den Modulen der fortgeschrittenen Studienphase werden die Kenntnisse dann vertieft und erweitert sowie fachübergreifende Qualifikationen erworben. Projektarbeiten, Praktika oder Planspiele ermöglichen eine erste praktische Anwendung. Oft ist es möglich, mit Wahlpflichtmodulen/-fächern (davon muss eine bestimmte Anzahl gewählt werden) sowie optionalen Wahlmodulen/-fächern individuell einen Schwerpunkt zu setzen.

Sind Praxis- oder Auslandssemester vorgesehen, werden diese meist im vierten oder fünften Bachelor-Semester absolviert. Zum Ende des Studiums ist eine größere schriftliche und/oder experimentelle Arbeit, zum Beispiel die Bachelorthesis, anzufertigen.

An fast allen Hochschulen ist das Studienjahr in ein **Wintersemester (WS)** und ein **Sommersemester (SS)** unterteilt (sehr selten in drei Trimester). Nicht in allen Studiengängen können Sie sich aussuchen, ob Sie im Winter oder im Sommer mit dem Studium starten. In einigen Fächern ist ein Studienbeginn nur zum Wintersemester möglich.

Studiendauer

Für jeden Studiengang ist in der Prüfungsordnung eine Regelstudienzeit festgelegt. Sie gibt an, in welcher Zeit Sie i.d.R. ein Studium mit der angestrebten Prüfung abschließen können.

In Bachelorstudiengängen kann die Regelstudienzeit sechs bis acht Semester betragen, in Masterstudiengängen zwei bis vier Semester. Die Gesamtregelstudienzeit für ein Bachelor- und ein Masterstudium beträgt i.d.R. zehn bis zwölf Semester. In den künstlerischen Kernfächern an Kunst- und Musikhochschulen gibt es konsekutive Bachelor- und Masterstudiengänge mit einer Gesamtregelstudiendauer von bis zu zwölf Semestern im Vollzeitstudium.

Ein Abschluss innerhalb der vorgegebenen Regelstudienzeit ist nicht in jedem Fall möglich. Jedoch sollten Sie Ihre Studienplanung daran orientieren. Insbesondere im Zusammenhang mit einer Förderung nach dem BAföG kann sich eine lange Studiendauer negativ auswirken. In nur noch wenigen Bundesländern (Niedersachsen, Saarland, Sachsen und Thüringen) werden bei Überschreitung von vier bis sechs Semestern Langzeitstudiengebühren erhoben.

Doch auch die kürzest mögliche Studiendauer ist nicht immer von Vorteil: Ein berufsnahes Praktikum in einem interessanten Projekt bzw. im Ausland oder persönliches Engagement neben dem Studium können ein Plus im Lebenslauf sein. ■

2.4 Besondere Studienformen

Die meisten Studienangebote gehen von einem Präsenzstudium in Vollzeit aus. Sie setzen also voraus, dass Sie sich Ihrem Studium tagsüber voll widmen können und Lehrveranstaltungen vor Ort besuchen. Es gibt aber auch zunehmend andere Formen, die eine höhere zeitliche und räumliche Flexibilität bieten.

Zu solchen Studienangeboten zählen:

- duales Studium, Verbundstudium
- Fernstudium, Online-Studium
- Teilzeitstudium neben dem Beruf
- Studiengänge für beruflich Qualifizierte

Ein gewisses Maß an Flexibilität ermöglichen darüber hinaus auch Präsenzstudiengänge mit virtuellen bzw. Online-Modulen. Durch die weiter vorangeschrittene Digitalisierung werden solche Angebote immer häufiger. ■

> **info**
>
> An welchen Hochschulen gibt es entsprechende Angebote? Suchen können Sie diese mit der Studiensuche der Bundesagentur für Arbeit.
> → www.arbeitsagentur.de/studiensuche

BESONDERE STUDIENFORMEN

2.4.1 Duales Studium

Unter dem Begriff „Studium im Praxisverbund" werden verschiedene Formen der Kombination von Studium und betrieblicher Praxis zusammengefasst. Die Bezeichnungen solcher Studiengänge sind aufgrund vielfältiger organisatorischer und inhaltlicher Konzepte recht unterschiedlich. Neben dem „dualen Studium" finden sich z.B. Begriffe wie „berufsintegrierendes Studium", „Verbund-/Integrationsmodell" oder das „kooperative Studium".

Folgende Typen können unterschieden werden:

- **Ausbildungsintegrierte Studiengänge**, bei denen i.d.R. zusätzlich eine berufliche Erstausbildung im Betrieb absolviert wird (z.B. Bachelorstudium der Elektrotechnik in Kombination mit einer Ausbildung zum/zur Elektroniker/in – Betriebstechnik).
- In **kooperativen bzw. praxisintegrierenden Studiengängen** schließen die Studierenden mit einem Unternehmen einen Vertrag ab und sammeln dort neben ihrem Studium vertiefende Praxiserfahrung. Ziel ist eine stärkere Einbindung der Studierenden in die praktische Tätigkeit.
- **Berufsintegrierende Studienangebote** beziehen die ausgeübte Berufstätigkeit in die hochschulische Ausbildung mit ein. In diesen Fällen ist das Ziel i.d.R. eine Weiterqualifizierung und ein damit verbundener beruflicher Aufstieg im Unternehmen.

Die Kombination aus betrieblicher Praxis und Studium ist an Fachhochschulen, Universitäten und Berufsakademien möglich.

Hinweise und Besonderheiten

Viele entscheiden sich für ein duales Studium aus folgenden Gründen:

- **Zeitersparnis:** Da es keine Semesterferien gibt, kann sich die Studiendauer verkürzen. Im Fall von ausbildungsintegrierten Studiengängen werden innerhalb von drei bis fünf Jahren zwei Abschlüsse erworben, der Berufs- und der Hochschulabschluss. ▶

Anzeige

Bayerisches Staatsministerium
der Finanzen und für Heimat

Finde dein

DUALES STUDIUM
in der Bayerischen Finanzverwaltung

- Anerkannte Studiengänge z. B. in der IT oder im Steuerrecht
- Viele Standorte für die praktische Ausbildung auch in deiner Nähe
- Beamtenverhältnis ab dem 1. Tag deines Studiums
- Attraktive Studienvergütung von über 1.400 € / Monat
- Übernahmegarantie nach erfolgreichem Abschluss
- Keine Studiengebühren

Mehr Infos

Bayerisches
Landesamt für Steuern

www.lfst.bayern.de

Landesamt
für Finanzen

www.lff.bayern.de

BESONDERE STUDIENFORMEN

- **Gute Studienbedingungen:** Die dualen Studiengänge sind meist zeitlich und inhaltlich kompakt organisiert und bieten eine Betreuung in kleinen Studiengruppen.

- **Gute Job- und Karrierechancen:** Dual Studierende haben in den Praxisphasen i.d.R. bereits wichtige Unternehmenskontakte geknüpft, können meist ohne zusätzliche Einarbeitungszeit einsteigen und werden daher nach dem Abschluss häufig vom kooperierenden Betrieb übernommen.

Es sollte Ihnen jedoch klar sein, dass ein duales Studium eine Herausforderung ist. Gefragt sind v.a. **Mobilität und Flexibilität**:

- Ihre Hochschule und Ihr Ausbildungsbetrieb befinden sich möglicherweise nicht in direkter räumlicher Nähe. Unter Umständen müssen Sie sich im Tagesrhythmus auf die jeweils andere Umgebung einstellen.

- Wenn andere Studierende Semesterferien haben, arbeiten Sie im Betrieb oder müssen in der Berufsschule bzw. Berufsakademie die Schulbank drücken.

Finanzielle Vergütung

Wer sich für ein ausbildungsintegriertes Studium entscheidet, erhält für die betriebliche Ausbildung eine Vergütung, mit der die Lebenshaltungskosten gedeckt werden können. Ähnliche Regelungen sind mittlerweile auch in praxisintegrierenden Studiengängen verbreitet. Doch so vielfältig wie die Studienangebote und -formen sind auch die Regelungen zur finanziellen Vergütung und die anfallenden Kosten, über die Sie sich daher im Einzelfall genau beim Anbieter informieren sollten.

Sozialversicherungspflicht

Dual Studierende haben, egal ob sie einen ausbildungsintegrierten oder einen praxisintegrierenden Studiengang absolvieren, in der Sozialversicherung denselben Status wie Auszubildende. Sie sind daher sowohl in den theoretischen Ausbildungs- als auch in den Praxisphasen in der Kranken-, Pflege-, Renten- und Arbeitslosenversicherung versicherungspflichtig.

Voraussetzungen

Für ein ausbildungsintegriertes Studium ist immer ein abgeschlossener Ausbildungsvertrag mit einem Unternehmen nötig. Bei praxisintegrierenden Studiengängen muss vor der ▶

Anzeige

Bisher Digital Native, jetzt Digital Alternative.

Atash, Dual Studierender bei Audi

Bereit für das nächste Level der Digitalisierung?
Finde dein duales Studium und mehr bei Audi unter
audi.com/deineZukunft

Wir leben Vorsprung

MACH, WAS WIRKLICH ZÄHLT.

STUDIUM

FOLGE DEINER BERUFUNG.

Jetzt dualen Studienplatz sichern,
z. B. im Bereich Wehrtechnik oder
Bundeswehrverwaltung

BUNDESWEHR

BESONDERE STUDIENFORMEN

Bewerbung ein entsprechender Praxisvertrag mit einer Firma unterschrieben werden. Und berufsintegrierende Studiengänge setzen eine bestehende Berufstätigkeit voraus. Daneben ist, wie bei anderen Studiengängen, eine Hochschulzulassung notwendig. Welche genau, richtet sich nach Fach und Hochschultyp.

Studienmöglichkeiten

Duale Studiengänge werden von Universitäten, Fachhochschulen, Dualen Hochschulen und Berufsakademien angeboten. Insbesondere in Wirtschaftswissenschaften, Informatik, in den Ingenieurwissenschaften und zunehmend auch im Sozialwesen und Gesundheitsbereich bieten Fachhochschulen und vereinzelt auch Universitäten ausbildungsintegrierte, praxisintegrierende und berufsbegleitende Studiengänge an.

→ **links**

„AusbildungPlus"
Die Internetseite gibt einen aktuellen bundesweiten Überblick über die dualen Studienangebote von Fachhochschulen, Universitäten, Verwaltungs- und Wirtschaftsakademien sowie Berufsakademien. Zudem bietet das Portal ausführliche Informationen zu Inhalt und Ablauf des Studiums sowie Adressen und Ansprechpartner*innen der beteiligten Ausbildungsbetriebe: → www.bibb.de/ausbildungplus

Akkreditierte Ausbildungsgänge an Berufsakademien
→ www.akkreditierungsrat.de

Studien- und Jobsuche
→ www.arbeitsagentur.de/studiensuche
→ www.arbeitsagentur.de/jobsuche

BESONDERE STUDIENFORMEN

2.4.2 Fernstudium, Online-Studium, Blended Learning

Ein Fernstudium stellt eine Alternative dar, wenn familiäre Verpflichtungen, Einbindungen in wichtige Ehrenämter oder andere persönliche Umstände, etwa gesundheitliche Probleme, einen Umzug an einen neuen Studienort nicht erlauben. Allerdings wird nur eine eingeschränkte Fächerauswahl angeboten.

D er in einem regulären Fernstudium erworbene Hochschulabschluss ist dem an einer Präsenz-Hochschule gleichwertig. Darüber hinaus existieren auch Angebote zur beruflichen Weiterbildung sowie die Möglichkeit der Gasthörerschaft.

So lernt man im Fernstudium

Üblicherweise werden im Fernstudium klassische Präsenzveranstaltungen und moderne Formen des virtuellen Lehrens und Lernens via Online-Plattformen (E-Learning) miteinander verknüpft, man spricht dabei von „Blended Learning". Die Lehre erfolgt per Internet-Livestream oder in Form von abrufbaren Online-Modulen. Studienbriefe und Lernsoftware auf DVD werden ebenfalls zum Teil noch angeboten.

Der Lernerfolg wird während des Semesters meistens durch Online-Tests, Selbstkontroll- und Einsendeaufgaben festgestellt und zum Semesterende mit einer Klausur überprüft. In ergänzenden Präsenzveranstaltungen an den Hochschulen oder an regionalen Lern- und Studienzentren kann der Lernstoff vertieft werden. In solchen Lernzentren informieren und beraten speziell ausgebildete Fachmentor*innen, die die Studierenden in ihrem fachwissenschaftlichen Studium unterstützen.

Zeitaufwand realistisch einschätzen

Wer ein Fernstudium absolvieren möchte, sollte sich vor Studienbeginn auf alle Fälle vor Augen führen, dass nur ein sehr hohes Maß an Disziplin und eine realistische Einschätzung der eigenen Ressourcen zum Erfolg führen. Der Zeitaufwand muss bei einem „hauptberuflichen" Vollzeit-Fernstudium mit mindestens 40 Stunden pro Woche kalkuliert werden. Für Berufstätige kommt das Fernstudium daher häufig nur als Teilzeitstudium infrage, das neben dem Beruf mit einem Aufwand von etwa 20 Wochenstunden bewältigt werden muss. In diesem Fall verlängert sich die Gesamtstudienzeit entsprechend.

Kosten und Gebühren, Förderung

Die Kosten für ein Fernstudium variieren und richten sich nach verschiedenen Faktoren, u.a. nach dem Umfang der angebotenen Arbeitsmaterialien. Zu den Studienkosten kommen i.d.R. noch Reise- und Übernachtungskosten für die Präsenzphasen hinzu. An privaten Hochschulen und Akademien kann das Fernstudium bis zu mehreren Hundert Euro im Monat kosten. Doch es gibt auch Möglichkeiten der finanziellen Entlastung: Die Kosten für ein Fernstudium können u.U. als Werbungskosten bzw. Sonderausgaben steuerlich geltend gemacht werden. Außerdem sind Fernstudiengänge (mit Ausnahme der weiterbildenden) nach dem Bundesausbildungsförderungsgesetz (BAföG) grundsätzlich förderungsfähig, wenn sie in Vollzeitform studiert werden, die Hochschule, an der das Fernstudium absolviert wird, staatlich anerkannt ist oder eine gleichwertige Anerkennung vorweist und die Studierenden ordentlich eingeschrieben sind.

Grundsätzlich können bei den Anbietern von Fernstudiengängen drei Typen unterschieden werden:

- Hochschulen, deren Lehrangebot ausschließlich Fernstudiengänge umfasst (Fernhochschulen)
- Hochschulen, die parallel zum Präsenzstudium Fernstudiengänge anbieten
- Fernstudien-Verbünde

Fernhochschulen

FernUniversität

Die **FernUniversität in Hagen** (www.fernuni-hagen.de) ist die einzige staatliche Fernuniversität Deutschlands. Sie bietet ein Spektrum von grundständigen und weiterbildenden Studiengängen an den Fakultäten für Kultur- und Sozialwissenschaften, Mathematik und Informatik, Wirtschaftswissenschaft, Psychologie und Rechtswissenschaften an.

Das Lehr- und Studiensystem folgt dem Konzept des Blended Learning (s.o.) und ermöglicht dadurch räumlich wie zeitlich ein flexibles und individuelles Lernen.

Mit dem Angebot eines Akademiestudiums an der FernUniversität können Schüler*innen bereits während der Schulzeit Kurse belegen und so erkunden, wo ihre Interessen liegen und ▶

2

STUDIUM & HOCHSCHULEN

BESONDERE STUDIENFORMEN

ob ein Studium für sie die richtige Wahl ist. Die erbrachten Leistungen können unter bestimmten Voraussetzungen in einem späteren Studium angerechnet werden.

Über die Zulassungsbedingungen zu den verschiedenen Studienangeboten informieren Sie sich am besten direkt bei der FernUniversität in Hagen. Für das Studium fallen Studiengebühren an, obwohl es sich um eine staatliche Fernuniversität handelt. Die Kosten pro Semester sind abhängig vom Umfang der belegten Kurse.

Fern-Fachhochschulen

Fern-Fachhochschulen, meist in privater Trägerschaft, bieten anwendungsbezogene Fernstudiengänge, insbesondere in den Bereichen Betriebswirtschaft, Maschinenbau, Gesundheit und Soziales, Wirtschaftsinformatik bzw. Wirtschaftsingenieurwesen. Fern-Fachhochschulen, die laut Datenbank der Stiftung Akkreditierungsrat akkreditierte Studiengänge anbieten, sind:

- AKAD-Hochschulen (Leipzig, Pinneberg, Stuttgart)
- Allensbach Hochschule (Konstanz)
- APOLLON Hochschule der Gesundheitswirtschaft (Bremen)
- Deutsche Hochschule für Prävention und Gesundheitsmanagement (Saarbrücken)
- DIPLOMA Hochschule (Bad Sooden-Allendorf)
- Fachhochschule des Mittelstands (FHM)
- Europäische Fernhochschule Hamburg (Euro-FH)
- GU Deutsche Hochschule (Potsdam)
- Hamburger Fern-Hochschule (HFH)
- Hochschule Fresenius – onlineplus (Idstein)
- IST Hochschule für Management (Düsseldorf)
- IU Internationale Hochschule – Fernstudium
- SRH Fernhochschule – The Mobile University (Riedlingen)
- Wilhelm Büchner Hochschule – Private Fernhochschule Darmstadt

Fernstudium an Präsenz-Hochschulen

Neben den reinen Fernhochschulen bieten einige Universitäten und eine Reihe von Fachhochschulen ebenfalls Fernstudiengänge an. Sind diese als Parallelangebot zu einem gleichartigen Präsenzstudium konzipiert, so ist ggf. auch der Wechsel vom Fern- zum Präsenzstudium und umgekehrt möglich.

Teilweise richten sich die Fernstudienangebote an bestimmte Zielgruppen: So gibt es z.B. Fernstudiengänge wie Frühpädagogik für Erzieher*innen, Soziale Arbeit für Berufstätige im Sozialbereich oder betriebswirtschaftliche Studiengänge für Spitzensportler*innen. Dabei wird nicht selten eine das Studium begleitende Teilzeitberufstätigkeit gefordert.

Die Studierenden im Fernstudium sind bei der betreffenden Hochschule immatrikuliert und müssen – neben den Kosten für Unterrichtsmaterialien etc. – auch Immatrikulations- und Rückmeldegebühren, den Sozialbeitrag und ggf. die Studienbeiträge bezahlen. Die begleitenden Präsenzveranstaltungen finden meist an Wochenenden oder in Blockform an der Hochschule statt.

Fernstudien-Verbünde

Netzwerke

Um Organisation und Lehre sowie die Betreuung der Studierenden zu bündeln, haben sich Fachhochschulen mit Fernstudienangeboten zu Netzwerken zusammengeschlossen, z.B.:

- Die **Zentralstelle für Fernstudien an Fachhochschulen (ZFH)** bietet derzeit gemeinsam mit 21 staatlichen Hochschulen über 55 (berufsbegleitende) Fernstudienangebote. Das Spektrum umfasst betriebswirtschaftliche, technische und sozialwissenschaftliche Fachrichtungen. Beruflich Qualifizierte können unter bestimmten Voraussetzungen ohne schulische Hochschulreife ein Bachelorstudium aufnehmen oder sogar – nach erfolgreicher Eignungsprüfung – auch ohne Erststudium gleich in ein Masterstudium einsteigen (www.zfh.de).

- Unter dem Namen „Verbundstudium" haben sich die **nordrhein-westfälischen Fachhochschulen** für eine spezifische Form des berufsbegleitenden Fernstudiums zusammengeschlossen. Phasen des Selbststudiums wechseln sich mit anwendungsorientierten Präsenzveranstaltungen ab. Die Verbundstudiengänge, die i.d.R. von mehreren Fachhochschulen entwickelt und gemeinsam angeboten werden, richten sich in erster Linie an Berufstätige. Es besteht aber auch die Möglichkeit, das Studium ausbildungsbegleitend in Kooperation mit Industrie und Wirtschaft aufzunehmen (www.verbundstudium.de).

BESONDERE STUDIENFORMEN

Virtuelle Hochschulen und Portale
Eine weitere Form des Verbundes bilden sogenannte „Virtuelle Hochschulen" und Portale. Darüber bieten mehrere Hochschulen gemeinsam Studienangebote über das Internet an. Neben vollständigen Studiengängen gibt es auch einzelne Studienpakete und -module.

- Der **Hochschulverbund Virtuelle Fachhochschule** (www.vfh.de) ist ein Verbund von 13 Hochschulen aus sechs Bundesländern sowie einer Schweizer Hochschule. Länderübergreifend werden die Studiengänge Betriebswirtschaftslehre, Medieninformatik, Wirtschaftsingenieurwesen, Wirtschaftsinformatik, Industrial Engineering, Maschinenbau, Fahrzeugtechnik, Regenerative Energien, IT-Sicherheit sowie Tourismusmanagement angeboten. Studierende schreiben sich bei einer der beteiligten Fachhochschulen ein. Außerdem kooperiert die VFH mit der Virtuellen Hochschule Bayern (vhb).

- Die **Virtuelle Hochschule Bayern** ist ein Verbundinstitut von 33 Hochschulen in Bayern. Die Studierenden können die Online-Kurse der vhb entgeltfrei nutzen und so einen Teil des Studiums örtlich und zeitlich flexibler gestalten. Andere Interessierte können die meisten Kurse entgeltpflichtig nutzen. Über die Anerkennung der in vhb-Kursen erbrachten Studienleistungen entscheiden die Heimathochschulen der Studierenden. Kurse können auch ohne Prüfung als zusätzliche Übungsmöglichkeit oder zur Wissensergänzung genutzt werden (www.vhb.org).

- Der **Virtuelle Campus Rheinland-Pfalz** (VCRP) ist eine wissenschaftliche Einrichtung aller Hochschulen des Landes Rheinland-Pfalz. Er bietet eine gemeinsame Plattform für virtuelle Lehrangebote an rheinland-pfälzischen Hochschulen (www.vcrp.de).

→ info

Detailinformationen zu allen Fern- und Online-Studienangeboten, etwa über Inhalte, Umfang, Zugangsvoraussetzungen, Kosten, Förderungsmöglichkeiten etc., erhalten Sie bei den jeweiligen Anbietern, bei den Studienberatungsstellen der Hochschulen oder den regionalen Studienzentren.

→ links

Hochschulkompass
Im Hochschulkompass der Hochschulrektorenkonferenz (HRK) können Sie nach Fernstudienangeboten suchen.
→ www.hochschulkompass.de

Arbeitsgemeinschaft lebenslanges Lernen
Informationen zum Fernstudium mit Behinderung → www.fernstudium-net.de/weiterbildung/fernstudium-mit-behinderung

Datenbank Akkreditierungsrat
In der Datenbank des Akkreditierungsrates finden sich alle systemakkreditierten Fernhochschulen bzw. Studiengänge.
→ antrag.akkreditierungsrat.de

2.4.3 Teilzeitstudium

Während früher Teilzeitstudiengänge vor allem für Berufstätige angeboten wurden, entweder berufsintegrierend oder berufsbegleitend, gibt es zunehmend auch die Möglichkeit, ein grundständiges Studium in Teilzeit zu absolvieren, um anderen privaten Verpflichtungen nachzukommen.

Die Hochschulgesetzgebung einzelner Länder beinhaltet mittlerweile Bestimmungen, auch grundständige Studiengänge so anzulegen, dass sie neben einer teilweisen Berufstätigkeit oder neben Betreuungsaufgaben (z.B. Betreuung von Kindern, Kranken) absolviert werden können. Darüber hinaus gibt es zwei Formen des Teilzeitstudiums, die eine zeitliche Kombination von Beruf und akademischer Ausbildung ermöglichen: berufsintegrierende und berufsbegleitende Studiengänge.

Berufsintegrierendes Studium
Bei einem berufsintegrierenden Studium (teilweise auch als „duales Studium" bezeichnet) wird i.d.R. die berufliche Tätigkeit mit einem fachnahen Teilzeitstudium kombiniert, das tageweise oder in längeren Blöcken belegt wird. Die berufliche Tätigkeit mit all ihren Aufgaben und Anforderungen ist dabei ein fester Bestandteil des Studiums. Meist handelt es sich dabei um eine Weiterqualifizierung, etwa ein Masterstudium, für das die Arbeitszeit in Absprache mit dem Arbeitgeber reduziert wird. Für dieses Modell brauchen Sie die Unterstützung Ihres Arbeitgebers. Die betriebliche Freistellung der Studierenden für das Studium wird in ▶

BESONDERE STUDIENFORMEN

Kooperationsverträgen zwischen Studierenden und Unternehmen und teilweise auch mit der Hochschule vereinbart.

Je nach Studien- und Tätigkeitsanteilen variiert die Studiendauer i.d.R. zwischen acht und elf Semestern bis zum Bachelorabschluss. Insbesondere in den Bereichen Betriebswirtschaft, Ingenieurwesen sowie Pflege/Gesundheit und Soziale Arbeit werden berufsintegrierende Studiengänge überwiegend von Fachhochschulen bzw. dualen Hochschulen angeboten. Es sind vollwertige Studiengänge, sie unterscheiden sich vom herkömmlichen Studium nur durch die Studienorganisation. Die Abschlüsse entsprechen denen in Vollzeitstudiengängen und sind auch gleichwertig.

(Berufsbegleitendes) Teilzeitstudium

Eine weitere Möglichkeit, Berufstätigkeit und Studium zu kombinieren, bietet ein berufsbegleitendes Teilzeitstudium. Es wird neben der Ausübung einer Berufstätigkeit absolviert und muss nicht fachlich mit dem ausgeübten Beruf zusammenhängen. Beruf und Studium unter einen Hut zu bekommen, obliegt in diesem Fall komplett dem Studierenden. Typisch für berufsbegleitende bzw. Teilzeit-Studiengänge sind ein hoher Anteil an E-Learning sowie ausgewählte Präsenzveranstaltungen vorwiegend an Abenden, Wochenenden oder in längeren Blöcken. Leistungen aus der Berufsausbildung und -praxis können ggf. auf das Studium angerechnet werden. Diese Form des Teilzeitstudiums bietet sich also auch an, um Erziehung und Pflege von Angehörigen mit einem Studium zu vereinbaren. ■

> **→ info**
>
> Die **Studienberatungsstellen** der Hochschulen geben Ihnen gerne Auskunft darüber, welche ihrer Studienangebote als berufsintegrierendes oder berufsbegleitendes Studium durchgeführt werden können.
>
> Beachten Sie, dass bei einem Teilzeitstudium **keine Förderung durch BAföG möglich** ist.

2.4.4 Weiterbildende Studiengänge

Einige Studiengänge werden speziell für Personen angeboten, die bereits eine Berufsausbildung absolviert oder die schon Berufserfahrung gesammelt haben. Ziel ist i.d.R. eine Weiterqualifizierung, um anschließend speziellere Aufgaben oder leitende Positionen übernehmen zu können.

Angebote gibt es in allen Studienbereichen. Dabei werden sowohl Bachelor- als auch Masterstudiengänge angeboten. Zum Teil gibt es die Angebote auch als Fernstudium oder in Teilzeit.

Besondere Zugangsvoraussetzungen
Vorausgesetzt werden bei Bachelorstudiengängen z.B. eine abgeschlossene Berufsausbildung sowie in einigen Fällen zusätzlich eine zweijährige berufliche Tätigkeit. Für weiterbildende Masterstudiengänge müssen Sie oft neben einem Bachelorabschluss Berufserfahrung von mindestens einem Jahr mitbringen. Auf www.arbeitsagentur.de/studiensuche können Sie nach passenden Bachelorstudiengängen suchen. Weiterbildende Masterstudiengänge finden Sie auch über www.hochschulkompass.de. ■

> **→ info**
>
> Da in diesem Bereich besonders viele Angebote von privaten Hochschulen stammen, sollten im Vorfeld die **Kosten** eines Studiums genau abgeklärt werden.

> **→ link**
>
> **hoch & weit**
> hoch & weit ist das erste bundesweite Portal mit hochschulischen Weiterbildungsangeboten, das sich sowohl an Akademiker*innen als auch an Personen ohne Hochschulzugangsberechtigung oder ersten Hochschulabschluss sowie Personalverantwortliche und Unternehmen wendet.
> → www.hoch-und-weit.de

2.5 Studieren im Ausland

In kaum einem anderen gesellschaftlichen Bereich ist Internationalität so selbstverständlich wie in der Wissenschaft. Und wenn Sie schon immer davon geträumt haben, eine Zeit im Ausland zu verbringen, haben Sie dank vieler etablierter Hochschulkooperationen eine große Auswahl.

Schon bei der Planung Ihres Studiums sollten Sie überlegen, ob Sie nicht während der Studienzeit Auslandserfahrungen sammeln möchten.

Für das Studium einer Fremdsprache waren Studiensemester im Ausland schon immer unerlässlich. Durch die Globalisierung sind Auslandserfahrungen auch in anderen Studiengängen, z.B. im Bereich der Rechts-, Wirtschafts-, Natur- und Ingenieurwissenschaften, immer wichtiger geworden. Die Zahl der Studiengänge mit fest integrierten Auslandsaufenthalten ist in den vergangenen Jahren erheblich gewachsen.

Zunächst sollten Sie sich mit den jeweiligen Voraussetzungen, den organisatorischen Rahmenbedingungen, aber auch mit Förderprogrammen und Fragen der Studienfinanzierung sowie der sozialen Absicherung auseinandersetzen. Der Aufwand lohnt sich: Neben der fachlichen Qualifizierung bekommen Sie durch einen Auslandsaufenthalt Gelegenheit, **interkulturelle Kompetenz** zu erwerben. Diese ist insbesondere vor dem Hintergrund der Europäisierung und Internationalisierung des Arbeitsmarktes wichtig.

Gute Gründe

Ob Auslandssemester, Praktikum, Sprach- und Fachkurs oder Recherchearbeit – in vielerlei Hinsicht können studienbezogene Auslandsaufenthalte Ihre fachlichen Qualifikationen verbessern. Zudem erweitert sich dadurch Ihr Erfahrungshorizont, was wiederum auch die persönliche Entwicklung fördert.

Nicht zuletzt können Sie auch überlegen, ob nicht ein **Studiengang mit Doppelabschluss** von einer deutschen und einer ausländischen Hochschule infrage kommt. ▶

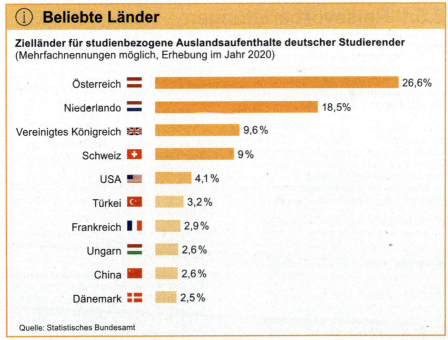

ⓘ **Beliebte Länder**

Zielländer für studienbezogene Auslandsaufenthalte deutscher Studierender
(Mehrfachnennungen möglich, Erhebung im Jahr 2020)

Österreich	26,6 %
Niederlande	18,5 %
Vereinigtes Königreich	9,6 %
Schweiz	9 %
USA	4,1 %
Türkei	3,2 %
Frankreich	2,9 %
Ungarn	2,6 %
China	2,6 %
Dänemark	2,5 %

Quelle: Statistisches Bundesamt

Abbildung 5

STUDIEREN IM AUSLAND

Beliebte Länder
Auch wenn die Zahl der deutschen Studierenden im Ausland zuletzt aufgrund der Corona-Pandemie etwas gesunken ist, waren laut Statistischem Bundesamt 2020 immerhin rund 133.400 an ausländischen Hochschulen eingeschrieben. Die drei beliebtesten Zielländer waren allerdings wenig exotisch: Österreich, die Niederlande und das Vereinigte Königreich.

Wichtig: Auch wenn im Zuge des Brexit Großbritannien aus dem Erasmus-Programm ausgetreten ist, sind Aufenthalte in Großbritannien dank eines Partnerschaftsvertrags weiterhin möglich. Sie unterliegen aber anderen Bedingungen.

Der richtige Zeitpunkt
Bei einem Bachelorstudium haben Sie nach dem ersten oder zweiten Studienjahr in der Regel genügend Hochschulerfahrung gesammelt, um die Vor- und Nachteile verschiedener Studienangebote und Hochschulen einschätzen zu können. Das ist ein guter Zeitpunkt, die Heimathochschule für ein oder zwei Semester zu verlassen. Bei einem Sprachwissenschaftlichen Studium bietet sich ein Auslandsaufenthalt ggf. bereits in den ersten Semestern an, damit Sie Ihre Sprachkenntnisse rasch erweitern und einen tiefen Einblick in die landesspezifischen sprachlichen und kulturellen Besonderheiten bekommen.

Auch zu einem späteren Zeitpunkt sind Studiensemester im Ausland sinnvoll, insbesondere wenn Sie in größeren Studien- oder Examensarbeiten Themen behandeln, die Kontakte mit entsprechenden ausländischen Hochschulen nahelegen.

Die Aufnahme eines Auslandsstudiums gleich nach dem Abitur ist eventuell eine Möglichkeit, die Wartezeit auf einen Studienplatz in Deutschland sinnvoll zu überbrücken. Allerdings ist hier wichtig zu klären, inwieweit die an der ausländischen Hochschule erbrachten Studienleistungen anerkannt werden und ob das angestrebte Studienfach in Deutschland nicht auch in höheren Semestern zulassungsbeschränkt ist. Sonst wird ein Wechsel zurück an eine deutsche Hochschule nicht immer problemlos möglich sein. ∎

→ info
Wichtig für den Erfolg eines akademischen Auslandsaufenthalts ist, dass Sie sich **frühzeitig** informieren und Ihren Aufenthalt gut planen.

2.5.1 Reisevorbereitungen

Spätestens ein Jahr vor Beginn des Auslandsaufenthalts sollten Sie mit der Reiseplanung beginnen. Wer seinen Auslandsaufenthalt mithilfe eines Stipendiums finanzieren möchte, sollte sogar noch früher anfangen.

Die ersten Ansprechpartner*innen dabei sind die Mitarbeiter*innen des **Akademischen Auslandsamtes** bzw. **Internationalen Büros** Ihrer Hochschule. Auch innerhalb der Fachbereiche gibt es manchmal Auslandsbeauftragte, die Ihnen weiterhelfen können. Folgende Fragen sind für die Planung wichtig:

- Welche Vereinbarungen mit ausländischen Hochschulen gibt es für Ihren Studienbereich?
- Welche Studiengänge an ausländischen Hochschulen interessieren Sie?
- Welche Sprachkenntnisse werden gefordert, wie müssen diese nachgewiesen werden (Sprachtests) und wie kann man sich ggf. darauf vorbereiten?
- Welche Aufnahmevoraussetzungen sind für den jeweiligen Studiengang zu erfüllen?
- Wie hoch sind die Studiengebühren? In vielen Ländern werden Studiengebühren erhoben, deren Höhe sehr unterschiedlich sein kann.
- Wie können Sie das Auslandsstudium finanzieren? Besteht die Möglichkeit einer Förderung?
- Werden die ausländischen Studienleistungen und -prüfungen später an der Heimathochschule anerkannt?
- Welche zusätzlichen Versicherungen (z.B. Auslandskrankenversicherung) sind empfehlenswert?
- Welche Fristen und Termine sind einzuhalten (z.B. für Immatrikulation an der ausländischen Hochschule oder Antrag auf Beurlaubung an der Heimathochschule)?
- Welche weiteren administrativen Vorbereitungen sind zu treffen? Einige Beispiele:

STUDIEREN IM AUSLAND

Einreise- und Aufenthaltsbestimmungen, Visumspflicht, Unterkunft, Beantragung des Urlaubssemesters, Impfungen, internationaler Studierendenausweis etc.

Informationen zu Austausch- programmen und Kooperationen

Der Deutsche Akademische Austauschdienst (DAAD) liefert wichtige Infos rund um das Studium im Ausland (www.daad.de), inklusive einer Datenbank für Stipendien (www.auslands stipendien.de).

Unter www.hochschulkompass.de können Sie recherchieren, mit welchen Hochschulen im Ausland Ihre Hochschule zusammenarbeitet. Wenn Ihnen der Auslandsaufenthalt sehr wichtig ist, können Sie Informationen zu internationalen Kooperationen und Austauschprogrammen auch in Ihre Hochschulwahl miteinfließen lassen.

Sprachkenntnisse

Je nach Land, in dem Sie ein Auslandsstudium absolvieren möchten, sollten Sie sich frühzeitig um einen eventuell erforderlichen **Nachweis von Sprachkenntnissen** bemühen. Der **TOEFL** (Test of English as a Foreign Language) und **IELTS** (International English Language Testing System) sind die in den englischsprachigen Ländern am häufigsten verlangten normierten Sprachprüfungen. Unter www.ets.org/toefl oder www.ielts.org finden Sie Informationen über Kosten und Termine dieser Sprachtests..

Das **D.A.L.F.** (diplôme approfondi de langue française) bescheinigt, dass die sprachlichen Voraussetzungen vorhanden sind, um an einer französischen Universität in einem Fach Ihrer Wahl studieren zu können. Die Inhaber*innen des D.A.L.F. sind deshalb von Eingangssprachtests bei allen französischen Universitäten befreit. Spezielle Informationen für Schüler*innen sowie Studierende findet man auf den Internetseiten des deutsch-französischen Kulturinstituts (www.institutfrancais.de) und auf der Webseite www.allemagne.campusfrance.org, die von der Französischen Botschaft herausgegeben wird. ■

➜ info

Informationen über Auslandsaufenthalte für Studierende mit Behinderungen oder chronischen Krankheiten
Erste Informationen über Hilfestellungen erhalten Sie beim Deutschen Studierendenwerk (➜ www.studierendenwerke.de/themen/ studieren-mit-behinderung/auslandsstudium).

Der **DAAD** bietet unter ➜ www.daad.de/de/ der-daad/mobilitaet-mit-behinderung/ spezielle Informationen zum Auslandsaufenthalt für Studierende mit Behinderungen. Im Rahmen des Erasmus+ Programms gibt es spezielle Förderungsmaßnahmen.

➜ links

Zentrale Auslands- und Fachvermittlung (ZAV) der Bundesagentur für Arbeit
➜ www.ba-auslandsvermittlung.de

Deutscher Akademischer Austauschdienst (DAAD) ➜ www.daad.de

2.5.2 Finanzierung & Förderprogramme

Studieren im Ausland ist meistens kostenintensiver als das Studium an der Heimathochschule. Neben der privaten Finanzierung durch Ersparnisse oder Unterstützung durch die Eltern gibt es eine Reihe von Förderungsmöglichkeiten.

Dazu zählen das sogenannte Auslands-BAföG, eine Förderung im Rahmen des Programms Erasmus+ und diverse Stipendien.

BAföG im Ausland?

Auf die gesetzlichen Förderungsmaßnahmen nach dem Bundesausbildungsförderungsgesetz (BAföG) haben Sie auch im Falle eines Auslandsstudiums einen Rechtsanspruch, wenn Sie die Förderungsvoraussetzungen erfüllen. Die höheren Förderungssätze bei einer Ausbildung im Ausland können dazu führen, dass Sie gefördert werden, obwohl Sie im Inland aufgrund der Höhe des Einkommens Ihrer Eltern keine Förderung bekommen.

Sie können Ausbildungsförderung für ein vollständig absolviertes Studium **innerhalb der EU oder der Schweiz** erhalten – vom ersten Semester bis zum Erwerb des ausländischen Ausbildungsabschlusses. Im Anschluss an einen Auslandsaufenthalt können Sie die Ausbildung auch in Deutschland fortführen und beenden. Die Förderungshöchstdauer entspricht jeweils der Regelstudienzeit, die in der Studien- und Prüfungsordnung festgelegt ist.

Für ein nicht im Rahmen einer Hochschulkooperation durchgeführtes Studium in Nicht-EU-Staaten (mit Ausnahme der Schweiz) beträgt ▶

2

STUDIUM & HOCHSCHULEN

STUDIEREN IM AUSLAND

die Förderungsdauer i.d.R. ein Jahr. Sie kann jedoch um weitere eineinhalb Jahre verlängert werden, wenn das Studium im Ausland für Ihre Ausbildung von besonderer Bedeutung ist. Sie müssen auf Verlangen des Amtes für Ausbildungsförderung eine gutachterliche Stellungnahme Ihrer Ausbildungsstätte beibringen, dass die fachlichen Voraussetzungen für eine Ausbildung im Ausland vorliegen. Wer einen Austausch an einer Partnerhochschule macht, kann während der gesamten Zeit BAföG beziehen.

Finanzielle Unterstützung im Ausland gibt es grundsätzlich auch für Studierende während ihres Pflichtpraktikums. Hierfür muss das Praktikum, wenn es außerhalb der EU absolviert wird, mindestens zwölf Wochen dauern.

Daneben gibt es weitere Sonderbestimmungen, über die die Akademischen Auslandsämter Auskunft geben. Verbringt man beispielsweise einen Teil seiner Ausbildung (maximal ein Jahr) im Ausland, obwohl das in den Ausbildungsbestimmungen nicht zwingend vorgeschrieben ist, so wird das nicht auf die Förderungshöchstdauer der Inlandsausbildung angerechnet, d.h. die Förderungshöchstdauer verlängert sich faktisch um maximal ein Jahr.

Studierende im Ausland bekommen unter bestimmten Voraussetzungen Auslandszuschläge zu ihrem BAföG-Satz:

- für nachweisbar notwendige Studiengebühren bis zu 5.600 Euro für maximal ein Jahr
- für Reisekosten innerhalb Europas für eine Hin- und eine Rückreise je 250 Euro, außerhalb Europas für eine Hin- und eine Rückreise je 500 Euro
- für eventuelle Zusatzkosten der Krankenversicherung
- für höhere Lebenshaltungskosten außerhalb der EU und der Schweiz vom jeweiligen Land abhängige Auslandszuschläge.

Der Antrag sollte mindestens sechs Monate vor der Ausreise bei dem für das jeweilige Land zuständigen Auslandsamt gestellt werden. Unter www.bafög.de finden Sie die Kontaktdaten der Auslandsämter.

Förderprogramme der Europäischen Union

Die Europäische Union fördert im Rahmen der 2021 gestarteten Programmgeneration **Erasmus+** Auslandsaufenthalte für Studierende in allen Mitgliedstaaten der EU und weiteren Ländern. Möglich sind ein oder mehrere Studienbzw. Praktikumsaufenthalte im Ausland von mindestens zwei (für ein Praktikum) bzw. drei und höchstens zwölf Monaten Dauer je Studienphase – also jeweils für Bachelor, Master und Promotion. Auslandsaufenthalte Studierender in Studiengängen mit Staatsexamen z.B. Medizin oder Lehramt) können bis zu einer Dauer von 24 Monaten gefördert werden. Vor einem Studienaufenthalt im Ausland muss das erste Studienjahr absolviert worden sein. Ein Praktikum ist schon ab Einschreibung für ein Studium möglich. Außerdem besteht die Förderungsmöglichkeit eines kompletten Masterstudiums (ein- oder zweijährig) im Ausland mithilfe eines zinsgünstigen, nicht vom Einkommen abhängigen Kredits im Rahmen des Programms InvestEU.

Zu einem Erasmus-Stipendium für **Studienaufenthalte im Ausland** gehören:

- Unterstützung bei der Vorbereitung des Auslandsaufenthalts
- Befreiung von Studiengebühren an der Gasthochschule
- akademische Anerkennung der im Ausland erbrachten Studienleistungen
- Sonderzuschüsse für Studierende mit einer Behinderung
- Sonderzuschüsse für im Ausland alleinerziehende Studierende mit Kindern.

Zu einem Erasmus-Stipendium für ein **Praktikum im Ausland** gehören:

- Unterstützung bei der Vorbereitung des Auslandsaufenthalts
- EU-Praktikumsvertrag zwischen Hochschule, aufnehmender Einrichtung und Studierenden
- Begleitung während des Praktikums durch Ansprechpartner*innen an der Heimathochschule und im Unternehmen
- akademische Anerkennung der im Ausland erbrachten Leistung
- Sonderzuschüsse für Studierende mit besonderen Bedürfnissen oder Kindern.

Die **finanzielle Förderung** von Studierenden durch Erasmus+ orientiert sich an den unterschiedlichen Lebenshaltungskosten in den Zielländern („Programmländer").

Seit 2022 beträgt der Fördersatz für das Erasmus-Stipendium für folgende drei Ländergruppen monatlich:

- Gruppe 1 (Dänemark, Finnland, Großbritannien, Irland, Island, Liechtenstein,

STUDIEREN IM AUSLAND

Luxemburg, Norwegen, Schweden): Studienaufenthalte 600 Euro, Praktika 750 Euro

- Gruppe 2 (Belgien, Frankreich, Griechenland, Italien, Malta, Niederlande, Österreich, Portugal, Spanien, Zypern): Studienaufenthalte 540 Euro, Praktika 690 Euro
- Gruppe 3 (Bulgarien, Estland, Kroatien, Lettland, Litauen, Polen, Republik Nordmazedonien, Rumänien, Slowakei, Slowenien, Serbien, Tschechische Republik, Türkei, Ungarn): Studienaufenthalte 490 Euro, Praktika 640 Euro.

Ausführliche Informationen erhalten Sie in den Akademischen Auslandsämtern/International Offices der Hochschulen und beim Deutschen Akademischen Austauschdienst (www.eu.daad.de/studierende).

Stipendien

Neben der Förderung nach dem BAföG und den Förderprogrammen der EU gibt es eine ganze Reihe von Stipendien verschiedener Organisationen. Mitunter verfügen Hochschulen auch über eigene Förderprogramme.

DAAD-Stipendien

Über das größte Kontingent an Stipendien verfügt der DAAD mit einer Vielzahl an Programmen – z.B. die „Allgemeinen Jahresstipendien" und zahlreiche regions- oder fachspezifische Angebote. Über diese kann das Studium an einer ausländischen Hochschule oder ein Praktikum im Ausland finanziert werden.

Auf der DAAD-Webseite unter der Rubrik „Im Ausland studieren, forschen & lehren" finden Sie ausführliche Informationen zu Fördermöglichkeiten. Die vollständigen und laufend aktualisierten Ausschreibungen mit weiterführenden Informationen finden Sie in der DAAD-Stipendiendatenbank (www.auslandsstipendien.de).

PROMOS

Mit dem Programm zur Steigerung der Mobilität von deutschen Studierenden (PROMOS) wurde im Kontext des Bologna-Prozesses eine Möglichkeit zur Förderung von kürzeren Auslandsaufenthalten (bis zu sechs Monaten Dauer) entwickelt.

Geförderte werden können Auslandssemester, Praktika, Sprachkurse, Fachkurse sowie Studien- und Wettbewerbsreisen im Ausland. Welche Fördermöglichkeiten an Ihrer Hochschule im ▶

Anzeige

**BEWEGT.
WIRKT.
STIFTET AN.**

Informationen unter www.bw-stipendium.de und www.bwstiftung.de

Mit dem Baden-Württemberg-STIPENDIUM ermöglicht die Baden-Württemberg Stiftung jungen Menschen einen Aufenthalt im Ausland. Denn internationale Erfahrungen sind für Studium und Beruf so wichtig wie nie zuvor.
Das Besondere beim Baden-Württemberg-STIPENDIUM: Der Austausch beruht auf dem Prinzip der Gegenseitigkeit. So entsteht ein weltweites Netzwerk mit Basis in Baden-Württemberg.

STUDIEREN IM AUSLAND

Rahmen von PROMOS angeboten werden, erfragen Sie bitte im dortigen Akademischen Auslandsamt/International Office.

Lernprogramm ASA
Das entwicklungspolitische Lernprogramm ASA bietet Studierenden und jungen Berufstätigen zwischen 21 und 30 Jahren ein Stipendium für einen dreimonatigen Studien- oder Arbeitsaufenthalt in Afrika, Asien, Lateinamerika oder Südosteuropa. Zu dem Programm gehören umfangreiche Vor- und Nachbereitungsseminare in Deutschland.

Finanziert wird ASA aus Zuwendungen des Bundesministeriums für wirtschaftliche Zusammenarbeit und Entwicklung sowie mehrerer Bundesländer und weiterer Institutionen. Unter www.asa-programm.de gibt es nähere Informationen und das Bewerbungsformular. ■

> ➔ **links**
>
> **Informationen des DAAD**
> ➔ www.daad.de/de/im-ausland-studieren-forschen-lehren/stipendien-finanzierung/auslands-bafoeg/
>
> **Mehr zum Auslands-BAföG**
> ➔ www.bafög.de

2.5.3 Anerkennung

Bei Ihrer Entscheidung für einen Studienaufenthalt im Ausland sollten Sie darauf achten, ob die im Ausland verbrachten Studienzeiten angerechnet und die erbrachten Studien- und Prüfungsleistungen an der Heimathochschule anerkannt werden.

Ein Anspruch auf Anerkennung besteht, wenn es hinsichtlich der nachgewiesenen Kompetenzen keine wesentlichen Unterschiede gibt. Andernfalls muss die Heimathochschule – nicht der*die Studierende – diesen „wesentlichen Unterschied" beweisen. Die Anerkennung bereitet in der Praxis jedoch manchmal Schwierigkeiten.

Wenn über die gegenseitige Anerkennung von Studienleistungen bereits entsprechende Absprachen zwischen der deutschen und der ausländischen Hochschule existieren (z.B. bei internationalen Studiengängen oder Hochschulkooperationen), erfolgt die Anerkennung meist problemlos. Das ist auch der Fall, wenn im Vorfeld eines Auslandsaufenthalts ein sogenanntes „Learning Agreement" geschlossen wird, das die im Ausland zu erbringenden Leistungen festlegt.

Schließt Ihr Studiengang mit einer Hochschulprüfung ab (z.B. Bachelor, Master), so ist für die Anerkennung der im Ausland erbrachten Leistungen die Hochschule zuständig, an der das Studium fortgesetzt wird. Bei Studiengängen mit Abschluss Staatsexamen (z.B. Lehramt, Jura, Medizin, Pharmazie) wenden Sie sich an die staatlichen Prüfungsämter oder an die von einer staatlichen Stelle berufene Prüfungskommission.

Punkte sammeln mit dem ECTS
Erleichtert werden die Anerkennungsfragen durch die Nutzung des Leistungspunktesystems ECTS (European Credit Transfer System). Es ermöglicht die Quantifizierung im Ausland erbrachter Studien- und Prüfungsleistungen. Die Leistungspunkte spiegeln die erwartete studentische Arbeitsbelastung wider und werden Modulen bzw. Lehrveranstaltungen zugeordnet.

Zusammen mit den zuständigen Ansprechpartner*innen an der Heimathochschule suchen Sie eine Partnerhochschule aus und entscheiden sich für die dort zu besuchenden Lehrveranstaltungen und die abzulegenden Leistungsnachweise. Ihre Leistungen werden nach Credit Points pro Studienjahr gemessen. Erfüllen Sie während des Auslandsstudiums die Anforderungen, ist die Anerkennung der Leistungen kein Problem.

Im „Transcript of Records" sind die von den Studierenden erbrachten Studienleistungen in leicht verständlicher, aber umfassender Form dargestellt. Für erfolgreich absolvierte Module bzw. Lehrveranstaltungen werden also nicht nur ECTS-Punkte vergeben, sondern es werden den absolvierten Studienleistungen auch Noten und ECTS-Grades zugeordnet. Die Hochschulen erhalten so einen qualitativen und quantitativen Überblick über die im Ausland erbrachten Studienleistungen.

Studienabschluss im Ausland
Wenn Sie Ihr Studium vollständig im Ausland absolviert haben, sollten Sie klären, ob der erworbene Abschluss in Deutschland anerkannt wird.

STUDIEREN IM AUSLAND

Diploma Supplement

Um die Transparenz der Hochschulabschlüsse und damit die internationalen Wettbewerbschancen von Hochschulabsolvent*innen zu verbessern, gibt es das „Diploma Supplement". Es handelt sich dabei um ein i.d.R. in Englisch abgefasstes Dokument, das dem Hochschulabschluss beigefügt wird. Dieses enthält Angaben zur Person, zur Qualifikation (Niveau und Inhalt des Studiengangs), zu den erzielten Ergebnissen sowie Angaben zum nationalen Hochschulsystem. Das „Diploma Supplement" soll die Bewertung und Einstufung von akademischen Abschlüssen sowohl für Studien- als auch Berufszwecke erleichtern. Sie erhalten das „Diploma Supplement" auch, wenn Sie in Deutschland Ihren Abschluss machen.

Anerkennung von Hochschulabschlüssen für ein weiteres Studium

Möchten Sie auf Grundlage eines Hochschulabschlusses, den Sie im Ausland erworben haben, im Inland weiterstudieren (z.B. Masterstudium oder Promotion), so ist die jeweilige Hochschule (i.d.R. die Fakultät oder der Fachbereich) für die Anerkennung zuständig. Erster Ansprechpartner hierfür ist das Akademische Auslandsamt oder International Office der Hochschule, an der Sie sich bewerben möchten.

Führung eines ausländischen akademischen Grades

Einen im Ausland erworbenen akademischen Grad oder entsprechenden Titel dürfen Sie im Inland nach Maßgabe des jeweiligen Landesrechts führen. Die Kultus- und Wissenschaftsministerien der Länder können grundsätzlich nur Auskunft zu der in ihrem Land geltenden Rechtslage sowie zum Stand der Umsetzung einschlägiger Beschlüsse der Kultusministerkonferenz geben.

Eine Dokumentation über Grade und Titel ausländischer Hochschulen enthält „anabin – das Informationsportal zur Anerkennung ausländischer Bildungsabschlüsse", herausgegeben vom Sekretariat der Kultusministerkonferenz (anabin.kmk.org)

Anerkennung von Hochschulabschlüssen für die Berufsausübung

Reglementierte Berufe: Reglementiert bedeutet, dass die Aufnahme oder Ausübung eines Berufs durch staatliche Vorschriften des Bundes oder der Länder an den Besitz bestimmter Qualifikationen gebunden ist. Bei im Ausland erworbenen Qualifikationen ist die Anerkennung eine Voraussetzung für den Zugang zum Beruf bzw. zur Ausübung des Berufs sowie zur Führung der Berufsbezeichnung (z.B. Ärztin*Arzt, Psychotherapeut*in, Rechtsanwältin*-anwalt, Lehrer*in an staatlichen Schulen oder Ingenieur*in). Eine Liste aller reglementierten Berufe erhalten Sie auf den Seiten der EU-Kommission (ec.europa. eu/growth/tools-databases/regprof/home). Die Anerkennung bedeutet, dass die Gleichwertigkeit der ausländischen Qualifikation mit dem deutschen Referenzberuf überprüft wird. Unter www.anerkennung-in-deutschland.de finden Sie dazu nähere Informationen.

Nichtreglementierte Berufe: Der Berufszugang oder die Berufsausübung ist bei nichtreglementierten Berufen nicht an bestimmte staatliche Vorgaben geknüpft, d.h. der Beruf kann ohne staatliche Zulassung ausgeübt werden. Dies gilt für Hochschulabschlüsse, die zu einem nichtreglementierten Beruf führen. In diesem Fall kann man sich mit einer ausländischen Qualifikation i.d.R. ohne Anerkennung auf dem deutschen Arbeitsmarkt bewerben oder sich selbstständig machen. Dann obliegt es potenziellen Arbeitgebern oder Kunden, ob der Hochschulabschluss akzeptiert wird.

Zeugnisbewertung: Inhaber*innen einer ausländischen Hochschulqualifikation, die nicht zu einem reglementierten Beruf führt, haben die Möglichkeit, ihren Hochschulabschluss durch die Zentralstelle für ausländisches Bildungswesen (ZAB) bewerten zu lassen. Eine Bewertung des Abschlusses kann nützlich sein, da Arbeitgeber*innen mit dieser Bescheinigung die Qualifikation der Bewerber*innen besser einschätzen können. Die Webseite www.anerkennung-in-deutschland.de liefert dazu weitere Informationen. Die Zeugnisbewertung soll den Zugang zum deutschen Arbeitsmarkt erleichtern. Für das Ausstellen dieser Bescheinigung wird eine Gebühr erhoben. Unter www.kmk.org > Themen > Anerkennung ausländischer Abschlüsse gibt es weitere Informationen. ■

> **➔ info**
>
> **anabin**
> Die Datenbank anabin beinhaltet für eine Vielzahl ausländischer Staaten eine umfangreiche Dokumentation über deren Bildungswesen, die verschiedenen Abschlüsse und die akademischen Grade sowie deren Wertigkeit. Auch eine Liste der für die Anerkennung zuständigen Stellen in Deutschland ist unter
> ➔ anabin.kmk.org zu finden.

2

STUDIUM & HOCHSCHULEN

INTERNATIONALE STUDIENGÄNGE

2.5.4 Internationale Studiengänge und grenznahe Kooperationen

Nach Angaben der Hochschulrektorenkonferenz (HRK) unterhalten die deutschen Hochschulen etwa 37.000 internationale Kooperationen mit zirka 5.400 ausländischen Hochschulen in rund 150 Staaten.

Bei international ausgerichteten Studiengängen sind ein oder zwei Semester an der jeweiligen Partnerhochschule im Ausland integriert. Oft kann dabei auch ein doppelter Studienabschluss (ein deutscher und ein ausländischer) erworben werden. Gute Kenntnisse in der jeweiligen Landessprache sind Voraussetzung für ein solches Studium.

Unter www.internationale-hochschulkooperationen.de/home können Sie sich einen Überblick über alle Beziehungen zwischen deutschen und ausländischen Hochschulen verschaffen.

Anzeige

Grenznahe Kooperationen

Häufig ist der Weg an eine ausländische Hochschule kürzer, als man denkt. Eine besondere Möglichkeit, Studienerfahrung im Ausland zu sammeln, sind Studienangebote grenznaher Hochschulen. In diesem Fall sind Sie zwar an einer deutschen Hochschule eingeschrieben, absolvieren jedoch aufgrund der besonderen Gestaltung des Studiengangs größere Teile des Studiums im Nachbarland.

Im Folgenden finden Sie einige Beispiele für grenzübergreifende Angebote.

West:
- Die fünf Universitäten in Basel, Freiburg, Karlsruhe, Mulhouse/Colmar und Straßburg haben sich zur **Europäischen Konföderation der Oberrheinischen Universitäten (EUCOR)** zusammengeschlossen. EUCOR ermöglicht damit grenzüberschreitendes Forschen und Studieren. (www.eucor.unibas.ch).
- Die **Deutsch-Französische Hochschule (DFH)** bietet ihre Studiengänge in Kooperation mit zahlreichen Mitglieds- und Partnerhochschulen in Deutschland und Frankreich an. Zurzeit gibt es dort integrierte Studienprogramme in nahezu allen Fachrichtungen. Die binationalen Studiengänge zeichnen sich dadurch aus, dass deutsche und französische Studierende in gemeinsamen Gruppen einen Teil des Studiums sowohl in Deutschland als auch in Frankreich absolvieren. Die Studiendauer ist dabei nach einer von beiden Hochschulen vorher festgelegten Prüfungsordnung gleichgewichtig auf die Partnerhochschulen verteilt. Am Ende bekommen Studierende Abschlussdiplome beider Hochschulen, sodass sie einen Doppelabschluss erwerben. Die DFH pflegt auch Kooperationsprojekte mit Hochschulen in Drittländern weltweit und bietet mit der Schweiz auch trinationale Studiengänge an. (www.dfh-ufa.org).
- Das **Deutsch-Französische Hochschulinstitut für Technik und Wirtschaft (DFHI)** ist ein gemeinsames Institut der Hochschule für Technik und Wirtschaft des Saarlandes (HTW) und der Université de Lorraine in Nancy und Metz. Das Studienangebot umfasst zwölf deutsch-französische Bachelor- bzw. Masterstudiengänge. Die Studierenden verbringen

INTERNATIONALE STUDIENGÄNGE

ihr Studium abwechselnd in Saarbrücken und Metz bzw. zusätzlich in Luxemburg im trinationalen Studiengang Europäisches Baumanagement (www.dfhi-isfates.eu).

- Verschiedene Hochschulen in Deutschland, Luxemburg, Frankreich und Belgien haben einen grenzüberschreitenden Universitätsverbund aufgebaut, die sogenannte **„Universität der Großregion" (UGR)**. Gelehrt und geforscht wird in den drei Landessprachen der Großregion (Deutsch, Französisch, Luxemburgisch) sowie in Englisch (www.uni-gr.eu).

Ost:

- In der **Euroregion Neiße** (Deutschland, Polen, Tschechische Republik) bestehen am Internationalen Hochschulinstitut Zittau (IHI) Studienmöglichkeiten, die auf länderübergreifende berufliche Tätigkeiten vorbereiten. Angeboten werden Masterstudiengänge in den Bereichen Wirtschaft, Projektmanagement und Biotechnologie/Ökologie (tü-dresden.de/ihi-zittau).
- Die Europa-Universität Viadrina in Frankfurt/Oder zeichnet sich durch die enge **Kooperation mit polnischen Hochschulen** aus (www.europa-uni.de). Das Collegium Polonicum in Slubice bietet zum Beispiel sieben deutsch-polnische Studiengänge in Geisteswissenschaften sowie Recht und Management an (www.cp.edu.pl). Die European News School of Digital Studies (ENS) bietet als Kooperationsprojekt der Europa-Universität mit der Adam-Mickiewicz-Universität in Poznań den englischsprachigen Masterstudiengang „Master of Digital Entrepreneurship" an.

Nord:

- Im Rahmen des deutsch-niederländischen Gemeinschaftsprojektes **European Medical School Oldenburg-Groningen (EMS)** wird in Deutschland ein grenzüberschreitender, gemeinsam verantworteter Modellstudiengang Humanmedizin der Universität Oldenburg und der Rijksuniversiteit Groningen angeboten. Dieser schließt wahlweise mit dem Staatsexamen an der Universität Oldenburg oder dem Bachelor/Master an der Universität Groningen ab (uol.de/fk6-k-o-g).
- In der deutsch-dänischen Grenzregion besteht insbesondere zwischen der **Europa-Universität Flensburg** und der Syddansk Universitet eine Kooperation in den wirtschafts- und kulturwissenschaftlichen Studiengängen. 2022 wurde zudem das Universitätsnetzwerk **EMERGE** gegründet, eine Vereinigung von Universitäten in sieben europäischen Ländern. Der Zusammenschluss soll die Stärken und die Vielfalt europäischer Forschung und Lehre in neuen Strukturen bündeln (www.euemerge.eu).

→ info

Einen Überblick über Möglichkeiten und Organisation von Auslandsaufenthalten gibt „**die auslandsreise 2023**" von Susanne Gry Troll, ISBN: 978-3-937094-20-5
→ www.dieauslandsreise.de

Informationen zu **Praktikumsaufenthalten** im Ausland von DAAD, KMK, eurodesk, kulturweit, ZAV/Bundesagentur für Arbeit, GIZ und andere gibt die Webseite
→ www.wege-ins-ausland.org

→ links

Deutscher Akademischer Austauschdienst (DAAD)
→ www.daad.de

Auswärtiges Amt
→ www.auswaertiges-amt.de

Go East
Infos zu Studium, Forschung, Praktikum in Südost- und Osteuropa, Zentralasien und Südkaukasus:
→ goeast.daad.de

studieren weltweit
Eine Initiative des BMBF und des DAAD
→ www.studieren-weltweit.de

Zentrale Auslands- und Fachvermittlung (ZAV) der Bundesagentur für Arbeit
→ www.ba-auslandsvermittlung.de

ERASMUS+-Programm
Verzeichnis der Hochschulkoordinatoren
→ eu.daad.de > Service > Ansprechpersonen > Erasmus+ Hochschul- und Projektkoordination

2.6 Tipps für den Studienstart

Zu Beginn Ihres Studiums wird Ihnen viel Neues begegnen. Die zahlreichen Eindrücke können ganz schön verwirrend sein. Damit Sie gut in Ihr Studium starten und jetzt schon für die ersten Wochen planen können, haben wir für Sie Tipps und Hinweise zusammengestellt. Je früher Sie sich damit beschäftigen, umso besser.

Studium planen

Sobald Sie die Zulassung für einen Studiengang erhalten haben, sollten Sie die Studien- und Prüfungsordnung, das Modulhandbuch sowie das Vorlesungsverzeichnis aufmerksam lesen. Hier können Sie sich über den Aufbau Ihres Studiums, über Wahl- und Spezialisierungsmöglichkeiten, erforderliche Leistungsnachweise sowie wichtige Termine und Nachteilsausgleiche informieren. Nutzen Sie zur Studienplanung auch die Beratungsangebote der zuständigen Fachstudienberatung und der studentischen Fachschaft.

Im Bachelorstudium geben Ihnen spezielle Einführungsveranstaltungen in den Anfangssemestern einen Überblick über das gewählte Fach. Außerdem vermitteln sie die fachlichen Grundlagen. In den anschließenden Semestern müssen Sie oft Entscheidungen zu bestimmten Wahl(pflicht)modulen treffen. So können Sie eine erste Spezialisierung vornehmen.

Den Hochschulort kennenlernen

Machen Sie sich unbedingt schon vor der ersten Studienwoche mit Ihrer Hochschule und dem Hochschulort vertraut. Es hält immens auf, wenn Sie in den ersten Semestertagen, an denen Sie sehr viel organisieren müssen, die vielen Abkürzungen nicht verstehen oder erst herausfinden müssen, wo welches Institut bzw. welcher Hörsaal liegt, wo Sie sich für Veranstaltungen einschreiben oder anmelden müssen, und welche Services das Studierendenwerk (www.studierendenwerke.de) bietet. Gibt es den Termin **„Einführung in die Bibliotheksnutzung"**, sollten Sie sich diesen auf jeden Fall im Kalender rot anstreichen. Anlaufstelle für diese Informationen ist die Allgemeine bzw. Zentrale Studienberatung und natürlich die Internetseite der Hochschule. Oft werden zu Beginn des ersten Semesters Orientierungstage veranstaltet. Das ist eine gute Möglichkeit, um Hochschule, Stadt, Fachschaft und Mitstudierende kennenzulernen.

Neue Arbeitstechniken lernen

An der Hochschule sind Sie mehr für die Gestaltung Ihres Lern- und Arbeitsprozesses verantwortlich als in der Schule. Wie man sich selbst organisiert, will gelernt sein. Nutzen Sie die Angebote Ihrer Hochschule zum Soft-Skill-Training, zum wissenschaftlichen Arbeiten, zu Lern- und Arbeitstechniken oder zur Prüfungsvorbereitung. Sie können hier viel über effektives Mitschreiben, Referate, Thesenpapiere, Ablage, Recherche und Datenverwaltung lernen.

Gut zu wissen ist auch, wie man riesige Mengen von Lernstoff sinnvoll strukturiert. Lerngruppen können Sie dabei unterstützen, motivieren und anspornen. Zudem lernen Sie, im Team zu arbeiten.

Vorkurse nutzen

Zur Ergänzung und Auffrischung von Schulkenntnissen, z.B. in Mathematik oder Fremdsprachen, bieten einige Hochschulen sogenannte **Vor(semester)kurse** an. Über aktuelle Kursangebote können Sie sich bei den Hochschulen informieren.

Auch für Bewerber*innen aus dem Ausland gibt es z.T. umfassende vorbereitende Angebote, die im Semester vor der Studienaufnahme starten.

Von Beginn an für Praxis sorgen

Wenn Ihr Studiengang es zulässt, sollten Sie versuchen, sich durch interessante Studienschwerpunkte, Zusatzqualifikationen und vor allem Praxiserfahrung einen Vorteil aufzubauen. Das kann Ihnen bei einer späteren

TIPPS FÜR DEN STUDIENSTART

beruflichen Bewerbung nützen. Doch Achtung: Viel wichtiger als wahllose Praktika sind eine klar erkennbare Zielrichtung und Prioritätensetzung.

Soft Skills
Persönlichkeitsmerkmale und soziale Kompetenzen (sog. Soft Skills) sind wichtig im Studium, noch wichtiger aber im Beruf. Schulen Sie also z.B. Ihre Team- und Kommunikationsfähigkeit, indem Sie an teamorientierten Projekten oder an einem Rhetorikkurs teilnehmen. Die Mitarbeit in studentischen bzw. fachlichen Gremien oder Initiativen stärkt Ihre Organisationskompetenzen. Und die Teilnahme an Vortragsreihen anderer Fachbereiche erweitert Ihren fachlichen Horizont.

Zusatzausbildungen
An vielen Hochschulen werden Kurse angeboten, in denen **grundlegendes Handwerkszeug** wie Textverarbeitung, Tabellenkalkulation, Datenbank-Grundkenntnisse, Online-Kommunikation und Fremdsprachen vermittelt werden.

Auch Ihre schulischen **Sprachkenntnisse** können evtl. ein Update in Richtung wissenschaftliches Englisch oder französische Konversation gut vertragen. Ebenso kann das Erlernen einer weiteren Sprache, z.B. Spanisch oder Chinesisch sinnvoll sein – je nachdem, was Sie beruflich anstreben.

Auch hier gilt: Manchmal ist weniger mehr, und offensichtliches „Verzetteln" trägt nicht eben zur Schärfung Ihres Qualifikationsprofils bei – **gezielte Prioritätensetzung** aber sehr wohl.

Praxiskontakte im Studium knüpfen
An fast allen Hochschulen gibt es **Vereinigungen für Absolvent*innen und Ehemalige (Alumni-Clubs) sowie Hochschulgruppen**. Das sind meist studentische Initiativen mit Unterstützung ihres Fachbereichs oder des Berufsverbandes. Solche Hochschulgruppen haben oft gute Außenkontakte aufgebaut und helfen z.B. bei der Suche nach Praktikumsplätzen. Viele davon organisieren Kontaktbörsen, die meisten bieten Beratung und Veranstaltungen zu Praxis-Know-how. Dadurch können Sie sich schon während des Studiums Einblicke in die verschiedenen beruflichen Möglichkeiten verschaffen.

An einigen Hochschulen gibt es **Mentoring-Programme**. Dabei übernehmen Lehrende, Absolvent*innen oder Studierende aus höheren Semestern Patenschaften für Studierende und begleiten sie bis zum Berufseinstieg.

(Virtuelle) Messen und Wettbewerbe
Recruiting-Veranstaltungen, auf denen Studierende höherer Semester und Absolvent*innen mit Personalmanager*innen zusammenkommen, werden immer häufiger angeboten – auch virtuell. Personalberater*innen oder große Firmen veranstalten außerdem – z.T. in Kooperation mit Hochschulen – Kontaktmessen, Seminare für Schlüsselqualifikationen und Probe-Assessments – auch diese finden teilweise virtuell statt.

Wettbewerbe für Studierende bieten eine weitere Möglichkeit, frühzeitig Kontakt zu potenziellen Arbeitgeber*innen zu knüpfen. Nicht nur wissenschaftliche Gesellschaften, öffentliche Einrichtungen oder private Stiftungen, sondern zunehmend auch Unternehmen der privaten Wirtschaft fordern den studentischen Nachwuchs zum Mitmachen auf.

Praktikum und Werkstudententätigkeit
Praktika und fachnahe studentische (Neben-)Jobs können nicht nur eine Orientierungshilfe für Ihre Studiengestaltung geben, sondern sind insbesondere in Fächern mit weniger

---

➔ **info**

Da **Vorkurse** oft vor dem Versand der Zulassungsbescheide durch die Stiftung für Hochschulzulassung bzw. die Hochschule beginnen, sollten Sie sich dafür anmelden, auch wenn die Möglichkeit besteht, dass Sie einen Studienplatz an einer anderen Hochschule erhalten.

Das **Hochschul-ABC** auf studienwahl.de erklärt die wichtigsten Begriffe und Abkürzungen aus dem Hochschulumfeld.
www.studienwahl.de/studieninfos/hochschul-abc

➔ **links**

Ausbildung Plus
Überblick über Angebote zum Erwerb von Zusatzqualifikationen bundesweit:
➔ www.ausbildung-plus.de

Behördennummer 115
Infohotline des Bundesministeriums des Innern, für Bau und Heimat: Unabhängig von Zuständigkeiten und Öffnungszeiten helfen kompetente Mitarbeiter*innen bei Fragen rund um Verwaltungsleistungen wie Finanzierungshilfen, Ummeldung oder GEZ-Befreiung.
➔ www.115.de

Career Service Netzwerk Deutschland (CSND)
Übersicht über Career Services und vergleichbare Netzwerke:
➔ www.csnd.de

TIPPS FÜR DEN STUDIENSTART

eindeutigem Berufsbezug, wie Sozial-, Kultur- oder Sprachwissenschaften, bei der späteren Stellensuche von Vorteil. Solche Stellen werden oft auf Schwarzen Brettern oder im Internet ausgeschrieben.

Wichtige Aspekte für die Suche einer geeigneten Tätigkeit sind z.B. inhaltliche Nähe zum eigenen Studienschwerpunkt, ein Betrieb, bei dem Sie künftig gerne Ihren ersten Arbeitsplatz hätten oder das Renommee eines Unternehmens.

Der Blick ins Ausland

In Zeiten der Globalisierung wird Auslandserfahrung immer wichtiger – ein Auslandspraktikum oder -semester gilt fast überall als Plus im Lebenslauf. Das sollten Sie allerdings frühzeitig organisieren. Genauere Informationen dazu finden Sie in *Kapitel 2.5 „Studieren im Ausland"*.

Brücke zwischen Studium und Arbeitswelt

Berufsvorbereitende Programme haben das Ziel, fortgeschrittene Studierende auf den Übergang von der Hochschule in den Beruf durch Vermittlung von Zusatz- und Schlüsselqualifikationen, Informationen über Arbeitsmärkte und Berufsmöglichkeiten oder durch die Vermittlung von Kontakten zu potenziellen Arbeitgebern vorzubereiten. Durchgeführt werden diese Programme vor Ort, meist in Zusammenarbeit zwischen der Hochschule – i.d.R. von den sogenannten **Career Centern** oder **Career Services** – und einer Agentur für Arbeit sowie Vertretern der Wirtschaft. Entsprechende Programme und Services bieten u.a.:

- Bewerbungstrainings
- Workshops z.B. zur Vertiefung von Schlüsselqualifikationen oder zum Thema Existenzgründung
- Info-Veranstaltungen zur beruflichen Orientierung in Kooperation mit Unternehmen, Messen und Wissenschaftler*innen
- Beratung für arbeitsmarktnahe Studiengestaltung und zum Erwerb berufsrelevanter Zusatzqualifikationen
- Alumni-Kontakte
- Vermittlung von Absolvent*innen und ggf. auch Abbrecher*innen.

ZU DIESEM KAPITEL

Studienfelder & Studieninhalte

Was kann ich wo studieren?

In diesem Kapitel können Sie sich einen Überblick über das Studienangebot in Deutschland verschaffen. Blättern Sie hierzu ruhig ein wenig durch die verschiedenen Abschnitte. Für eine Entscheidung ist es gut, auch die Alternativen zu kennen.

Über 400 Universitäten, (Fach-)Hochschulen und Berufsakademien in Deutschland bieten derzeit über 21.500 Studiengänge an, darunter etwa 9.700 Bachelorstudiengänge sowie mehr als 10.000 Masterstudiengänge (Quelle: hochschulkompass.de). Wie soll man sich da zurechtfinden?

In diesem Kapitel stellen wir Ihnen diese Studienmöglichkeiten im Überblick vor. Zur besseren Übersicht sind sie in **elf Studienbereiche** mit jeweils mehreren **Studienfeldern** eingeteilt. Zum Beispiel finden Sie im Studienbereich „Mathematik, Naturwissenschaften" einen Abschnitt für das Studienfeld „Bio-, Umweltwissenschaften". Die Reihenfolge der Abschnitte ist alphabetisch geordnet. Die Abschnitte geben Ihnen jeweils einen ersten Einblick in Studieninhalte, Voraussetzungen und spätere Berufsmöglichkeiten.

Einige Studienfelder sind inhaltlich miteinander verwandt, es gibt Überschneidungen oder ähnliche Themen. Das gilt zum Beispiel für „Agrarwissenschaften" und „Bio-, Umwelt-

→ links

Check-U, das Erkundungstool der Bundesagentur für Arbeit:
Finden Sie heraus, welches Studienfeld zu Ihren Stärken und Interessen passt.
→ www.check-u.de

Studienreportagen bei abi.de
Einblicke in Studiengänge, die den Studienfeldern in allen Studienbereichen zugeordnet sind, erhalten Sie im abi» Portal der Bundesagentur für Arbeit.
→ www.abi.de/studium/studienbereiche

Berufsreportagen bei abi.de
Worum es nach dem Studium im Beruf zum Beispiel gehen kann, können Sie in den Berufsreportagen im abi» Portal erfahren.
→ www.abi.de/studium/berufspraxis

ZU DIESEM KAPITEL

Alle Studiengänge finden Sie online!
UND SO EINFACH GEHT´S:

1. Bei jedem Studienfeld wird ein **QR-Code** angezeigt.
2. **Scannen** Sie den QR-Code mit Ihrem Smartphone.
3. Die **Ergebnisliste** mit allen Studiengängen in diesem Studienfeld wird angezeigt.

wissenschaften": In beiden Feldern kann es um Tiere und/oder Pflanzen gehen. Bei jedem Studienbereich zeigt Ihnen daher eine Überblicksgrafik, zu welchen Studienfeldern oder Studienfächern es Überschneidungen gibt. So können Sie alternative Studienideen finden, die ebenfalls für Sie interessant sein können. Wenn Sie den QR-Code, der bei jedem Studienfeld angegeben ist, scannen, landen Sie direkt bei der Übersicht des entsprechenden Feldes in der Studiensuche und erfahren, wo Sie welchen Studiengang studieren können.

Suchen mit der Studiensuche
Natürlich findet man die Studiengänge nicht nur über die QR-Codes. Sie können auch über www.arbeitsagentur.de/studiensuche frei nach Studienfächern suchen, die Sie interessieren.

Haben Sie einen Studiengang gefunden? Dann erfahren Sie beim Klick auf diesen alles Wesentliche, wie etwa die Bewerbungsfristen, die Studiendauer und die Zulassungsvoraussetzungen. Sie können sich auf einer Karte den Standort der Hochschule anschauen und kommen mit einem weiteren Klick direkt auf die entsprechende Webseite der Hochschule. ■

3.1 Studienbereich Agrar-, Forst- und Ernährungswissenschaften

Zu diesem Studienbereich werden unterschiedliche Studiengänge gerechnet, von Agrarwissenschaften, Forstwirtschaft und Gartenbau bis hin zu Ernährungswissenschaften und Getränketechnologie.

Naturwissenschaftliche Fächer wie Botanik, Zoologie, Chemie und Physik spielen – je nach Schwerpunkt der Studienrichtung – eine wesentliche Rolle in diesem Studienbereich. Zu den Studieninhalten gehören ebenso Volks-

> **→ links**
>
> **Bildungsserver Agrar**
> Infos zu Studiengängen und Ausbildungen im Agrar- und Ernährungsbereich
> → www.bildungsserveragrar.de
>
> **abi»**
> Spannende Reportagen zu diesem Studienbereich finden Sie auf → www.abi.de > Studium > Was kann ich studieren? > Agrar-, Forst-, Ernährungswissenschaften

AGRAR-, FORST- UND ERNÄHRUNGSWISSENSCHAFTEN

und Betriebswirtschaftslehre. In den **Agrarwissenschaften** kommen Grundlagen der Sozialwissenschaften hinzu.

Zunehmende Bedeutung gewinnen ökologische Aspekte und eine nachhaltige Bewirtschaftung ländlicher Räume.

Für ein Studium im Fachgebiet **Agrar-, Forst- und Ernährungswissenschaften** werden durchschnittliche bis gute Kenntnisse in Mathematik und naturwissenschaftlichen Fächern vorausgesetzt, außerdem die Fähigkeit zum Planen und Organisieren, mechanisch-technisches Verständnis, kaufmännisches Denken sowie Kontakt- und Kooperationsfähigkeit. Zu den beruflichen Anforderungen zählt eine gewisse körperliche Belastbarkeit. ■

Der Studienbereich auf einen Blick

STUDIENFELD	STUDIENFÄCHER, z.B.
Agrarwissenschaften	Agrarbiologie Agrarmanagement Pferdewirtschaft Weinbau, Önologie
Ernährungswissenschaften	Ernährungswissenschaft, Ökotrophologie
Forstwissenschaften, -wirtschaft	Forstwissenschaft, -wirtschaft Holzwirtschaft

STUDIENFELD	STUDIENFÄCHER, z.B.
Garten-, Landschaftsbau	Garten-, Landschaftsbau
Lebensmittel-, Getränketechnologie	Brauerei-, Getränketechnologie Lebensmitteltechnologie

Alternative Studienbereiche

- ■ Ingenieurwissenschaften ➔ Seite 95
- ■ Mathematik, Naturwissenschaften ➔ Seite 128
- ■ Wirtschaftswissenschaften ➔ Seite 154

3

STUDIENFELDER & STUDIENINHALTE

89

AGRARWISSENSCHAFTEN

3.1.1 Agrarwissenschaften

Die Agrarwissenschaften beschäftigen sich mit der wirtschaftlichen Nutzung und Pflege des Bodens durch Pflanzenbau und Tierhaltung. Hierzu zählt auch der Weinbau (Önologie) und die Weiterverarbeitung landwirtschaftlicher Erzeugnisse wie das Molkereiwesen.

Das Studienfeld im Überblick

→ Finde Studiengänge:

Das agrarwissenschaftliche Studium führt in beratende, technische und verwaltende Tätigkeiten, seltener zu einer praktischen Betätigung als Landwirt*in. Es baut auf naturwissenschaftlichen, technischen sowie wirtschafts- und sozialwissenschaftlichen Fächern auf, behandelt aber auch den Einsatz elektronischer Steuerungsgeräte für eine optimale Produktion. In der heutigen Landwirtschaft kommt der Phytomedizin eine wesentliche Bedeutung zu. Das ist die Lehre von Pflanzenkrankheiten und -schädigungen sowie deren Verhütung. Einen hohen Stellenwert haben zudem Themen wie ökologischer Pflanzenbau und artgerechte Tierhaltung sowie der umweltverträgliche Einsatz von künstlichen Düngemitteln (z.B. zum Gewässerschutz). Die umfassende landwirtschaftliche Ausbildung vermittelt neben Grundlagen des ökologischen Landbaus Kenntnisse auf dem Gebiet der Vermarktung, Unternehmensführung und Produktqualität (z.B. der Studiengang „Ökolandbau und Vermarktung").

Studienangebot

Fachhochschulen und Universitäten bieten Bachelor- und Masterstudiengänge in den **Agrarwissenschaften** an. Einige (Bachelor-)Studiengänge bereiten auf spezielle Bereiche vor, etwa **Marine Ökosystem- und Fischereiwissenschaften, Pferdewirtschaft oder Weinbau und Önologie**. Außerdem gibt es interdisziplinäre Studiengänge, deren einen Schwerpunkt auf wirtschaftliche (Agrarmanagement) oder biologische (Agrarbiologie) Aspekte legen. Im Masterstudium sind Spezialisierungen möglich, beispielsweise in der Weinwirtschaft, Crop Sciences (Kulturpflanzenwissenschaften) oder Aquakultur.

Inhalte des Studiums

Das Bachelorstudium beinhaltet Modulangebote zu den naturwissenschaftlichen und sozialwissenschaftlichen Basiskompetenzen: Botanik, Zoologie, Chemie, Physik, Agrarmeteorologie, Mathematik und Statistik sowie Ressourcenschutz. Fachspezifische Module sind z.B. Landwirtschaftliche Betriebslehre, Pflanzenernährung und Phytopathologie, Pflanzenbau/-züchtung und Grünlandwirtschaft, Tierzucht und Tierhaltung, Futtermittelkunde, Bodenwissenschaft, Agrartechnik, Agrarpolitik und Marktlehre.

Vertiefungsmöglichkeiten im Masterstudium findet man in den Bereichen Nutz- und Kulturpflanzenwissenschaften, Nutztierwissenschaften, Agrartechnik, Agrarökonomie und Agribusiness, Umweltwissenschaften der Agrarlandschaften, Umwelt- und Ressourcenmanagement, Fischereiwissenschaft. Zusätzlich gibt es übergreifende Module wie Agrarinformatik, Fachkommunikation und Beratungslehre.

Sowohl an Fachhochschulen als auch an Universitäten sind Praktika fester Bestandteil des Studiums. An Fachhochschulen wird meist ein Praxissemester durchgeführt. Für den Eintritt in den Vorbereitungsdienst für den höheren Beratungs- und Fachschuldienst der Fachrichtung Landwirtschaft oder Agrarwirtschaft einschließlich Lehramt fordern alle Bundesländer mindestens zwölf Monate Praktikum.

Zulassungskriterien & Studienbewerbung

An Fachhochschulen und Universitäten sind meistens Vorpraktika vorgeschrieben. Diese sind zwischen mehreren Wochen und Monaten lang und können ggf. durch berufliche Vorbildung ersetzt oder verkürzt werden.

Berufsmöglichkeiten nach dem Studium

Beschäftigungsmöglichkeiten für Absolvent*innen gibt es etwa bei landwirtschaftlichen Verbänden und Organisationen wie Bauernverbänden, Tierzuchtverbänden oder bei Erzeugergemeinschaften.

Darüber hinaus sind Agraringenieur*innen in Versuchs- und Forschungsabteilungen von Unternehmen der Pflanzenschutz- und Düngemittelherstellung beschäftigt sowie in der Pflanzen- und Saatgutzüchtung, der Nahrungsmittelherstellung, in Beratung und Vertrieb bei Landmaschinen-, Saatgut-, Pflanzenschutz- und Düngemittelherstellern, in der Aus- und Weiterbildung und in der Entwicklungshilfe.

Weitere Aufgabenbereiche eröffnen sich in Behörden der Agrarverwaltung und des landwirtschaftlichen Untersuchungswesens, z.B.

ERNÄHRUNGSWISSENSCHAFTEN

in Bundes- und Länderministerien, Ämtern für Landwirtschaft und Landentwicklung, Landwirtschaftskammern, landwirtschaftlichen Untersuchungs- und Forschungsanstalten, Landesanstalten für Pflanzenschutz. ■

3.1.2 Ernährungswissenschaften

Dieses Studienfeld an der Schnittstelle von Gesundheit und Naturwissenschaften beschäftigt sich mit der menschlichen Ernährung. Hierbei spielen natur-, haushalts- und wirtschaftswissenschaftliche sowie medizinische Aspekte eine Rolle.

Das Studienfeld im Überblick

Die **Ernährungswissenschaften** befassen sich mit den physiologischen, ökonomischen und technologischen Grundlagen einer vollwertigen Ernährung als Voraussetzung für Gesundheit und Leistungsfähigkeit. Sie grenzen sich deutlich ab von der Lebensmittelchemie und der Lebensmitteltechnologie.

Verwandt mit den Ernährungswissenschaften sind die **Haushaltswissenschaften**. Hierbei geht es um die technischen, betriebswirtschaftlichen und sozialen Aspekte bei der Führung von Kantinen, Mensen oder Krankenhäusern. Haushaltswissenschaften werden nur in Verbindung mit Ernährungswissenschaften als gemeinsamer Studiengang angeboten, oft unter der Bezeichnung **Ökotrophologie**. Ein weiterer Bereich ist die **Diätetik**, die sich mit Ernährungsmanagement und Ernährungsmedizin beschäftigt.

→ Finde Studiengänge:

Studienangebot

Studiengänge in der **Ernährungswissenschaft** werden an Universitäten und einigen Fachhochschulen angeboten. An den meisten Hochschulen gibt es die Möglichkeit, das Studium mit einem Master fortzuführen.

Inhalte des Studiums

Im Bachelorstudium wird das naturwissenschaftliche Basiswissen vermittelt. Module sind: Angewandte Mathematik und Statistik, Physik und Biochemie. Hinzu kommen Fächer wie Lebensmittelchemie und Humanernährung.

Im Masterstudium erfolgt die fachspezifische Erweiterung, etwa in Ernährungsbiologie, Biochemie, Ernährungstoxikologie, Lebensmittelchemie, Lebensmittelrecht, Ernährungsphysiologie, Ernährungsmedizin, Lebensmittelqualität und Qualitätskontrolle. Daneben gibt es Modulangebote zum Produktionsmanagement in der Ernährungswirtschaft, zur Wirtschaftslehre des Privathaushaltes und der Dienstleistungsbetriebe oder zu Märkten der Agrar- und Ernährungswirtschaft. Oft ist eine Profilbildung durch zusätzliche Wahlmodule möglich.

Zulassungskriterien & Studienbewerbung

Je nach schulischer/beruflicher Vorbildung ist an Fachhochschulen häufig ein mehrwöchiges Vorpraktikum im Bereich des Berufsfeldes Hauswirtschaft und Ernährung vorgeschrieben oder zumindest empfohlen.

Berufsmöglichkeiten nach dem Studium

Ernährungswissenschaftler*innen arbeiten v.a. in der Lebensmittel- und Getränkeindustrie, in der Pharmaindustrie, in Krankenhäusern, Einrichtungen der Altenpflege, Sanatorien, Kureinrichtungen, Großküchenbetrieben, Kantinen, Mensen, der Wasch- und Reinigungsmittelindustrie, der Haushalts-, Ernährungs-, Verbraucherberatung, in der Marktforschung und der Fort- und Weiterbildung. ■

3.1.3 Forstwissenschaften, -wirtschaft

Die Forstwissenschaft und -wirtschaft befasst sich mit dem Ökosystem Wald und seiner planmäßigen Nutzung.

Das Studienfeld im Überblick

Im Studium wird unter anderem die Bedeutung des Waldes für die Umwelt behandelt. Darunter fällt vor allem die nachhaltige Leistungsfähigkeit des Naturhaushaltes für das Klima, der Wasserhaushalt, die Reinhaltung der Luft und die Bodenfruchtbarkeit, das Landschaftsbild, die Agrar- und Infrastruktur.

→ Finde Studiengänge:

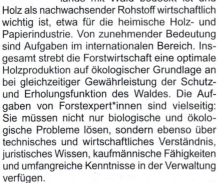

Die Bedeutung für die Volkswirtschaft ergibt sich daraus, dass ein großer Teil der Fläche Deutschlands mit Wald bedeckt ist und Holz als nachwachsender Rohstoff wirtschaftlich wichtig ist, etwa für die heimische Holz- und Papierindustrie. Von zunehmender Bedeutung sind Aufgaben im internationalen Bereich. Insgesamt strebt die Forstwirtschaft eine optimale Holzproduktion auf ökologischer Grundlage an bei gleichzeitiger Gewährleistung der Schutz- und Erholungsfunktion des Waldes. Die Aufgaben von Forstexpert*innen sind vielseitig: Sie müssen nicht nur biologische und ökologische Probleme lösen, sondern ebenso über technisches und wirtschaftliches Verständnis, juristisches Wissen, kaufmännische Fähigkeiten und umfangreiche Kenntnisse in der Verwaltung verfügen.

Studienangebot

Die Studiengänge in diesem Bereich heißen **Forstwissenschaften, Forstwirtschaft oder Urbanes Baum- und Waldmanagement**. Je nach Schwerpunkt beschäftigen sich die Studierenden eher mit wirtschaftlichen, umweltnaturwissenschaftlichen oder ingenieurwissenschaftlichen Themen. Bachelor- und Masterstudiengänge werden an Universitäten und Fachhochschulen angeboten.

Inhalte des Studiums

Im Bachelorstudium erhalten die Studierenden eine naturwissenschaftliche und methodische Basisausbildung in Forstwissenschaft und Ressourcenmanagement durch Module in Chemie, Biologie, Bodenkunde, Forstbotanik und -zoologie, Dendrologie (Lehre von den Bäumen und Gehölzen), Klimatologie und Forstrecht.

Im Masterstudium können sie sich auf Forstbetriebsmanagement, Management von Waldressourcen, Waldnaturschutz, Biodiversität, Holztechnologie, Holzwirtschaft, Ökosystemanalyse oder Internationale Forstwirtschaft spezialisieren.

In ergänzenden Modulen befassen sich die Studierenden mit Projektmanagement, Qualitätsmanagement oder Waldpädagogik.

Das Studium der **Forstwirtschaft** an einer Fachhochschule konzentriert sich stärker auf die praktische Waldbewirtschaftung und die betriebstechnische Durchführung forstlicher Maßnahmen als auf Aufgaben in der Leitung eines Forstreviers.

An Universitäten und Fachhochschulen sind Betriebspraktika oder Praxissemester üblich.

Zulassungskriterien & Studienbewerbung

Je nach schulischer/beruflicher Vorbildung ist an Fachhochschulen meist ein mehrwöchiges Vorpraktikum z.B. bei Forstämtern oder Forstbetrieben Voraussetzung.

Berufsmöglichkeiten nach dem Studium

Absolvent*innen der **Forstwissenschaft/ -wirtschaft** arbeiten traditionell bei öffentlich-rechtlichen Arbeitgebern, z.B. in Revierförstereien und Forstämtern, in Forstverwaltungen des Bundes, der Länder oder der Kommunen, in Forstdirektionen, Forstabteilungen bei Regierungen und Ministerien, in forstlichen Versuchs- und Forschungsanstalten, bei Landwirtschaftskammern und bei Ämtern, Behörden und Anstalten aus dem Bereich Umwelt- und Naturschutz sowie Landschaftspflege. Hinzu kommen Tätigkeiten im privatwirtschaftlichen Umfeld, z.B. in der Holzindustrie und im Holzhandel, bei Ingenieurbüros und Unternehmensberatungen, in großen Privatforstbetrieben, bei botanischen Gärten und Naturparks oder bei forstlichen Interessenverbänden. Auch Dienstleistungen wie Gutachten, Planungen oder Auslandstätigkeiten bei Wiederaufforstungsprojekten sind denkbar. ■

GARTEN-, LANDSCHAFTSBAU

3.1.4 Garten-, Landschaftsbau

→ Finde Studiengänge:

Der Garten- und Landschaftsbau befasst sich mit der möglichst umweltschonenden Produktion und Züchtung von Pflanzen, die der menschlichen Ernährung, der Verbesserung oder Verschönerung der Umwelt dienen.

Das Studienfeld im Überblick
In diesem Studienfeld geht es zum einen um gärtnerische Produkte, Dienstleistungen und deren Vermarktung (Gartenbau), zum anderen steht die Bebauung, Bepflanzung und Pflege von Gärten, Grünflächen sowie Sport- und Freizeitanlagen im Fokus (Landschaftsbau).

Studienangebot
Bachelor- und Masterstudiengänge gibt es an Fachhochschulen und Universitäten. Die Studiengänge heißen **Gartenbau(-wissenschaften)** oder auf Englisch **Horticultural Science**. Im **Landschaftsbau** gibt es teilweise Überschneidungen zur Landschaftsarchitektur und der Umweltplanung. Je nach Schwerpunktlegung können die Studiengänge einen betriebswirtschaftlichen oder einen technisch-planerischen Fokus haben.

Inhalte des Studiums
Das Studium des **Gartenbaus** vermittelt ein breites Basiswissen in allen Bereichen der Garten- und Landschaftsbauwissenschaften, z.B. moderne Verfahren der Produktion in Intensivkulturen, nachhaltige Ressourcennutzung und biologischer Pflanzenschutz. Darüber hinaus wird ein ökologisches Verständnis des Garten- und Landschaftsbaus vermittelt.

Im Bachelorstudium stehen die naturwissenschaftlichen Grundlagen und die gärtnerische Pflanzenproduktion im Vordergrund. Module sind Biologie, Botanik, Pflanzenproduktion, Technik im Gartenbau, Gemüse-, Obst- und Zierpflanzenbau, Baumschule, Meteorologie, Pflanzenphysiologie, Bodenkunde, Genetik, Pflanzenernährung und Phytomedizin.

Im anschließenden Masterstudium können Schwerpunkte im biologischen, ökologischen, pflanzenbaulichen, technischen und ökonomischen Bereich gewählt werden. Kenntnisse in den Bereichen Zierpflanzenbau, Gemüsebau, Obstbau, Produktionsoptimierung, gartenbauliche Marktlehre, Betriebsführung, Beratung und ökologischer Gartenbau werden vermittelt.

Meist ist ein Betriebspraktikum vorgesehen, das zwischen acht Wochen und sechs Monaten dauert. Studierenden, die den Eintritt in den Höheren Landwirtschaftsdienst anstreben, wird ein einjähriges Praktikum dringend empfohlen.

Zulassungskriterien & Studienbewerbung
Je nach Hochschultyp und Hochschule können Vorpraktika vorausgesetzt werden.

Berufsmöglichkeiten nach dem Studium
Absolvent*innen der **Garten- und Landschaftsbauwissenschaften** sind in der öffentlich-rechtlichen Verwaltung, in privaten und öffentlichen Garten- und Landschaftsbaubetrieben, in Handelsbetrieben und Gartencentern sowie in behördlichen, privaten oder fachverbandseigenen gartenbaulichen Beratungsstellen tätig. Darüber hinaus bieten sich Beschäftigungsmöglichkeiten in öffentlich-rechtlichen und industriellen Forschungsanstalten, in Versuchsanstalten und -abteilungen, z.B. im Bereich der Pflanzenzüchtung oder in der Pflanzenschutz- und Düngemittelindustrie. Im Vertrieb der Zulieferindustrien werden Gartenbauingenieur*innen ebenfalls beschäftigt, z.B. bei Herstellern von Pflanzenschutz- und Düngemitteln, gartenbaulichen Spezialmaschinen und -geräten. ■

LEBENSMITTEL-, GETRÄNKETECHNOLOGIE

3.1.5 Lebensmittel-, Getränketechnologie

Die Verfügbarkeit von hochwertigen und sicheren Lebensmitteln und Getränken ist für die Gesellschaft lebenswichtig. Lebensmittel müssen aber auch speziellen Bedürfnissen (z.B. für Säuglinge oder für Diabetiker*innen) sowie individuellen Erwartungen gerecht werden.

→ Finde Studiengänge:

Das Studienfeld im Überblick

Die Qualitätsanforderungen an Lebensmittel erreichen v.a. unter den Aspekten Gesundheit, Prävention und Funktionalität neue Dimensionen. Um die Be- und Verarbeitungstechnologie schonend zu gestalten und fortzuentwickeln, müssen Lebensmittel von den Inhaltsstoffen bis zur Ernährungsphysiologie ganzheitlich betrachtet werden.

Studienangebot

Das Studienangebot in diesem Studienfeld reicht von **Brau- und Getränketechnologie** über **Lebensmittelsicherheit** bis hin zu **Lebensmitteltechnologie**. Manche Hochschulen bieten Lebensmitteltechnologie bzw. Lebensmittelverfahrenstechnik und Lebensmitteltechnik innerhalb der **Verfahrenstechnik** bzw. des **Bio- oder Chemieingenieurwesens** an. Entsprechend liegt der Schwerpunkt dann mehr auf den natur- und ingenieurwissenschaftlichen Grundlagen, weniger auf der Vermittlung lebensmittelspezifischen Stoffwissens. Überdies werden je nach Hochschule auch Studieninhalte der Pharmatechnik und der Technologie von Kosmetika und Waschmitteln gelehrt.

Eine Spezialisierung auf Milch- und Molkereiwirtschaft, Vieh- und Fleischwirtschaft oder Weinwirtschaft ist innerhalb des Studienfeldes Agrarwissenschaften möglich.

Das Teilgebiet alkoholische und alkoholfreie Getränke wird als Schwerpunkt im Studium der Lebensmitteltechnologie und als eigenständiger Studiengang Brauwesen und Getränketechnologie angeboten.

Inhalte des Studiums

Die Studiengänge in diesem Feld kombinieren naturwissenschaftliches Basiswissen (Mathematik, Informatik, Physik, Chemie, Biologie) mit lebensmittelspezifischen, ernährungsphysiologischen, technischen, ökologischen und betriebswirtschaftlichen Kenntnissen. Ergänzend werden ingenieurwissenschaftliche Themen wie Verfahrens- und Verpackungstechnik, Maschinen- und Apparatebau, Prozessautomation und Biotechnologie gelehrt sowie physikalische, chemische, mikrobiologische und moderne molekularbiologische Analysenmethoden zur Qualitätskontrolle vermittelt. Außerdem stehen Themen wie Hygiene, Lebensmittelrecht, Pflanzenwissenschaften oder Konservierungstechnik auf dem Plan.

Zulassungskriterien & Studienbewerbung

Je nach Hochschultyp und Hochschule werden teilweise Vorpraktika in studienrelevanten Bereichen vorausgesetzt.

Berufsmöglichkeiten nach dem Studium

Die Absolvent*innen sind im In- und Ausland in der Lebensmittel- und Life-Science-Industrie gefragt. Vorrangig sind sie in der Lebensmittelproduktion/-verarbeitung, der Zulieferindustrie und in der Forschung tätig.

Mit zunehmender Berufspraxis übernehmen sie häufig Führungsaufgaben in Entwicklung, Planung, Produktion, Qualitätskontrolle und Vermarktung. Bei Behörden sind sie z.B. in der Lebensmittelüberwachung oder Gewerbeaufsicht tätig. Überdies bieten sich Beschäftigungsmöglichkeiten in der pharmazeutischen und kosmetischen Industrie, der Chemieindustrie, der Biotechnologie und Umwelttechnik. Prüf- und Beratungseinrichtungen bieten auch freiberufliche Beschäftigungsmöglichkeiten. ■

→ **links**

Gesellschaft Deutscher Lebensmitteltechnologen e.V. (GDL)
→ www.gdl-ev.de (Ausbildung)

INGENIEURWISSENSCHAFTEN

3.2 Studienbereich Ingenieurwissenschaften

Die Ingenieurwissenschaften beschäftigen sich mit der technischen Umsetzung naturwissenschaftlicher Erkenntnisse. Im Fokus stehen dabei optimale Lösungen für effiziente Produktionsverfahren, Baumaßnahmen oder innovative Produkte.

Anzeige

Ingenieur*innen brauchen für ihre Tätigkeit ein breites Grundlagenwissen aus Naturwissenschaft und Technik. Große Bedeutung haben in den vergangenen Jahren – im Zuge der Energiewende – nachhaltige Technologien gewonnen. Zudem spielt die Digitalisierung eine große Rolle. Demnach ist auch eine Affinität zur Informationstechnik (IT) gefragt, denn immer mehr Produktionsstätten agieren hochautomatisiert, vernetzt oder sogar autark (Stichwort „Industrie 4.0"). Im Hinblick auf Technologien wie 3-D-Druck oder das Internet der Dinge (IoT) sind auch Intuition, Phantasie und Vorstellungsvermögen nötig – nicht zufällig stammt die Bezeichnung „Ingenieur" vom lateinischen Wort „ingenium", was so viel heißt wie schöpferischer Geist oder Scharfsinn.

Zentral im Studium der Ingenieurwissenschaften sind die Fächer Mathematik, Physik, Chemie, z.T. Biologie und Technik. Daneben erwerben die Studierenden auch Grundkenntnisse aus den Bereichen Wirtschafts-, Sozial- und Rechtswissenschaften, hier vor allem aus der Betriebswirtschaftslehre.

Aufgrund der globalen Weltwirtschaft spielen zudem Fremdsprachenkenntnisse und Offenheit für andere Kulturräume (z.B. Asien) eine große Rolle. Darüber hinaus ist die Vermittlung übergreifender Qualifikationen, z.B. Mitarbeiterführung, Präsentationstechniken und Rhetorik, Teil eines Ingenieurstudiums.

Berufsmöglichkeiten nach dem Studium

Die Aufgabenbereiche von Ingenieur*innen sind vielfältig und abhängig von der jeweiligen Studienrichtung bzw. dem Studienschwerpunkt. Meist arbeiten sie im Team. Sie planen, organisieren und optimieren Betriebs- und Arbeitsabläufe, entwickeln, berechnen, konstruieren und erproben innovative Produkte sowie deren Herstellungsverfahren. Sie planen und überwachen die Produktion, Montage, Inbetriebnahme, Instandhaltung sowie den Betrieb von Maschinen und Anlagen. Zudem projektieren, berechnen und überwachen sie die Errichtung von Bauwerken.

Sie kalkulieren Kosten und übernehmen Tätigkeiten im Einkauf, Materialwesen, Vertrieb sowie in der anwendungstechnischen Kundenberatung. Darüber hinaus übernehmen Ingenieur*innen in der öffentlichen Verwaltung planende und überwachende Aufgaben, arbeiten in Verbänden und Wirtschaftsorganisationen oder als Selbstständige in der freiberuflichen Beratung (z.B. als Sachverständige, Gutachter*innen oder Planer*innen). ■

→ links

Verein Deutscher Ingenieure
→ www.vdi.de

Verband der Elektrotechnik Elektronik Informationstechnik e.V.
→ www.vde.de

think ING
Informationsplattform für Ingenieur*innen des Arbeitgeberverbandes Gesamtmetall. Neben vielen Informationen über den Ingenieurberuf finden Sie hier eine Online-Datenbank mit derzeit mehr als 7.500 Studiengängen zum Thema MINT und Ingenieurwissenschaften.
→ www.think-ing.de

TU9
Informationen zum Studium der Ingenieur- und Naturwissenschaften für Studieninteressierte und Studierende bietet der Uni-Verbund TU9 German Universities of Technology e.V.
→ www.tu9.de

abi»
Spannende Reportagen zu diesem Studienfeld finden Sie auch auf abi.de:
→ www.abi.de > Studium > Was kann ich studieren? > Ingenieurwissenschaften

INGENIEURWISSENSCHAFTEN

Der Studienbereich auf einen Blick

STUDIENFELD	STUDIENFÄCHER, z.B.	STUDIENFELD	STUDIENFÄCHER, z.B.
Architektur, Raumplanung	Architektur Innenarchitektur Landschaftsarchitektur, Freiraumplanung Stadt-,Regionalplanung	Fertigungstechnologien	Druck- und Medientechnik Holztechnik Kunststofftechnik Verpackungstechnik
Automatisierungs-, Produktionstechnik	Automatisierungstechnik Produktionstechnik Robotik, Autonome Systeme	Gebäude-, Versorgungstechnik, Facility-Management	Gebäudetechnik, Gebäudeenergietechnik Infrastrukturmanagement Versorgungstechnik
Bautechnik	Bauingenieurwesen Bauphysik	Geoinformation, Vermessung	Kartografie Vermessungstechnik, Geoinformatik
Chemietechnik	Chemieingenieurwesen Pharmatechnik	Maschinenbau, Mechanik	Maschinenbau Mechanik
Elektro- und Informationstechnik	Elektrotechnik Informations- und Kommunikationstechnik Mikroelektronik*	Mechatronik, Mikro- und Optotechnik	Augenoptik, Optometrie Mechatronik Mikrotechnik, Mikrosystemtechnik Sensortechnik
Energietechnik, Energiemanagement	Energie-, Ressourcenmanagement Energietechnik, Erneuerbare Energien	Medien-, Veranstaltungstechnik	Medien-, Multimediatechnik Ton-, Bildtechnik Veranstaltungstechnik
Fahrzeug-, Verkehrstechnik	Elektromobilität Fahrzeugtechnik Luft- und Raumfahrttechnik Verkehrsingenieurwesen	Medizintechnik, Technisches Gesundheitswesen	Hörtechnik, Audiologie Medizinische Technik Orthopädie-, Rehatechnik
		Nanowissenschaften	Nanowissenschaft

INGENIEURWISSENSCHAFTEN

STUDIENFELD	STUDIENFÄCHER, z.B.	STUDIENFELD	STUDIENFÄCHER, z.B.
Physikalische Technik	- Nukleartechnik* - Physikingenieurwesen	Technik, Ingenieurwissenschaften (übergreifend)	- Ingenieurwissenschaft - Kybernetik - Patentingenieurwesen - Systems Engineering
Produktentwicklung, Konstruktion	- Konstruktionstechnik - Produktentwicklung - Sporttechnik	Umwelttechnik, Umweltschutz	- Abfall-, Entsorgungstechnik - Landschaftsökologie, Naturschutz - Umwelttechnik
Qualitätsmanagement	- Qualitätsmanagement*	Verfahrenstechnik	- Biotechnologie - Verfahrenstechnik
Rohstoffgewinnung, Hüttenwesen	- Metallurgie, Hüttenwesen - Rohstoffingenieurwesen	Werkstoff-, Materialwissenschaften	- Baustoffingenieurwissenschaft - Materialwissenschaft - Polymerwissenschaft - Werkstoffwissenschaft, -technik
Sicherheit und Gefahrenabwehr, Rettungsingenieurwesen	- Rettungsingenieurwesen - Sicherheitsmanagement - Sicherheitstechnik	Wirtschaftsingenieurwesen, Technologiemanagement	- Projektmanagement, -ingenieurwesen - Technischer Vertrieb - Technologiemanagement - Wirtschaftsingenieurwesen

* nur weiterführend

Alternative Studienbereiche
- Agrar-, Forst-, Ernährungswissenschaften → Seite 88
- Mathematik, Naturwissenschaften → Seite 128
- Medizin, Gesundheitswissenschaften, Psychologie, Sport → Seite 141

3 STUDIENFELDER & STUDIENINHALTE

ARCHITEKTUR, RAUMPLANUNG

3.2.1 Architektur, Raumplanung

Studierende dieser Ingenieurwissenschaft befassen sich mit Planung, Entwurf, Bau und Sanierung von Gebäuden und Freianlagen aller Art, z.B. Wohnhäuser, öffentliche Gebäude, Parks und Grünflächen sowie städtebauliche Areale.

Das Studienfeld im Überblick

→ Finde Studiengänge:

In der Architektur werden die technisch-konstruktiven, ökonomischen und baurechtlichen Anforderungen ebenso berücksichtigt wie ästhetische Gesichtspunkte und die Bedürfnisse der Menschen. Ein aktueller Trend sind etwa sogenannte Micro- oder Tiny Houses. Überall in der Architektur spielt die Ausgewogenheit zwischen der künstlerisch-kreativen Gestaltung der Bauwerke einerseits und einer technisch-wirtschaftlich ausgereiften Umsetzung andererseits eine wichtige Rolle. Höchste Bedeutung haben auch ökologische Gesichtspunkte wie Energieeffizienz und nachhaltige Baumaterialien. Dies gilt sowohl für neue Bauten als auch für die Sanierung von Altbauten. Dabei spielen Fragen des Baudenkmalschutzes ebenfalls eine Rolle. Eigenständige Fachrichtungen der Architektur sind die Innenarchitektur, die Landschaftsarchitektur und die Stadtplanung.

Unter **Landschaftsarchitektur**, **Städtebau** und **Regionalplanung** ist die Lenkung der baulichen und räumlichen Entwicklung im ländlichen und urbanen Raum zu verstehen. Dazu zählen auch Fragen der Verkehrsinfrastruktur, der Ver- und Entsorgung, der Bodenordnung sowie des Natur- und Landschaftsschutzes. Landschaftsarchitekt*innen beschäftigen sich sowohl mit der Planung und dem Bau von Freianlagen, etwa Parks, Sportplätze und Freizeitanlagen, von öffentlichen Plätzen und Gärten sowie anderen Freiflächen. Ebenso gehören der Schutz und die Entwicklung von Landschaften zu ihren Aufgaben. **Städtebauer*innen** und **Stadtplaner*innen** müssen dagegen Wechselwirkungen zwischen politischen, sozialen, wirtschaftlichen und technischen Problemen kennen und berücksichtigen. Als Fachleute beraten sie ihre Auftraggeber*innen und legen ihnen verschiedene Lösungsmöglichkeiten vor, z.B. in Form von Flächennutzungs- und Bebauungsplänen und Umbau- oder Sanierungskonzepten.

Studienangebot

Die Studiengänge dieses Bereichs werden sowohl grundständig als auch weiterführend an Universitäten, Kunsthochschulen und Fachhochschulen angeboten. Neben dem **klassischen Studiengang „Architektur"** gibt es auch spezialisierte Masterstudiengänge, wie etwa „MediaArchitecture", „Advanced Architecture", oder „Gebäudehüllen aus Metall". Mit der Gestaltung von **Innenräumen** beschäftigen sich Studierende von Studiengängen wie „Innenarchitektur", „Kommunikation im Raum", „Interior Design", oder „Furniture and Interior Design". Studiengänge der **Stadtplanung bzw. des Städtebaus** werden u.a. unter Namen wie „Stadt- und Regionalplanung", „Raumplanung" oder „Urbanistik" angeboten. Studiengänge im Bereich **„Landschaftsarchitektur"** tragen Namen wie „Freiraumplanung", „Landschaftsentwicklung" oder „Nachhaltiges Regionalmanagement". Je nach Ausrichtung schließen die Studierenden mit dem Bachelor bzw. Master of Arts, Engineering oder Science ab.

Inhalte des Studiums

Vermittelt werden bauplanerische, städtebauliche und architekturtheoretische Kenntnisse. Dazu dienen Module in den Fächergruppen (städtebauliches) Entwerfen/Baukonstruktion, Gebäudekunde, Innenraumgestaltung, gesellschaftliche, kulturelle und historische Grundlagen (Soziologie, Lebenskultur), Darstellung und Gestaltung (Entwurfsmethodik, bildende Kunst, Ästhetik, darstellende Geometrie, digitale Entwurfstechniken), naturwissenschaftlich-technische Grundlagen (Tragwerkslehre, Materiallehre und Bauphysik, technische Gebäudeausrüstung). Hinzu kommen Aspekte der Energienutzung bzw. energetischen Sanierung, der Nachhaltigkeit und des Umweltschutzes. Auch Denkmalschutz, das Architekten-, Bauordnungs- und Planungsrecht sowie Bauprojektmanagement und Bauökonomie werden meist behandelt.

Neben der Theorie werden in den meisten Studiengängen Praktika in einem Betrieb des Baugewerbes sowie in einem Planungsbüro empfohlen oder sind verpflichtend.

Zulassungskriterien & Studienbewerbung

Je nach Hochschule und Studiengang werden die Fachhochschul- oder die allgemeine Hochschulreife sowie ein bestimmter Notendurchschnitt für die Bewerbung für einen der Studien- ▶

BAUTECHNIK

Inhalte des Studiums
Im Studium werden mathematisch-naturwissenschaftliche und technische Inhalte in Teilbereichen aus Maschinenbau, Elektro- und Informationstechnik vermittelt. Neben Fächern wie Regelungs-, Mess- und Digitaltechnik stehen u.a. auch Thermodynamik, Konstruktion, CAD, Werkstoffkunde, Betriebswirtschaftslehre, Informatik, Programmieren und oft Englisch auf dem Lehrplan.

In fast allen Studiengängen dieses Bereichs sind integrierte Praxiszeiten oder -semester vorgesehen.

Zulassungskriterien & Studienbewerbung
Einige Hochschulen führen ein hochschulinternes Auswahlverfahren durch.

Berufsmöglichkeiten nach dem Studium
Ingenieur*innen der Produktions- und Automatisierungstechnik arbeiten in allen Branchen, in denen Produkte industriell hergestellt werden. Beschäftigungsmöglichkeiten bieten sich z.B. im Maschinen- und Anlagenbau, im Kraftfahrzeugbau, in der Elektroindustrie, feinmechanischen Industrie, chemischen und pharmazeutischen Industrie, Textilindustrie, Papierindustrie, Eisen- und Stahlindustrie, Nahrungs- und Genussmittelindustrie und Energieerzeugung. Darüber hinaus werden sie in Ingenieurbüros, bei Wirtschafts- und Berufsverbänden und im öffentlichen Dienst, z.B. in der Gewerbeaufsicht oder bei Arbeitsschutzämtern, beschäftigt. Auch eine selbstständige Tätigkeit z.B. im Vertrieb oder in der Beratung ist möglich. ■

→ Finde Studiengänge:

> → **links**
>
> **Fachverband Automation im (ZVEI)**
> im Verband der Elektrotechnik und Elektroindustrie (ZVEI)
> → www.zvei.org/verband/fachverbaende/fachverband-automation
>
> **VDMA Fachverband Robotik + Automation**
> → www.vdma.org/robotik-automation
>
> **Verein Deutscher Ingenieure**
> → www.vdi.de
>
> **Verband der Elektrotechnik Elektronik Informationstechnik e.V.**
> → www.vde.de
>
> **Verband Deutscher Maschinen- und Anlagenbau e.V. (VDMA)**
> → www.vdma.org

3.2.3 Bautechnik

Ingenieur*innen der Bautechnik begleiten Bauvorhaben, angefangen bei der Konzeption und Planung über die Berechnung bis hin zur Fertigstellung und Sanierung.

Das Studienfeld im Überblick
Bauingenieur*innen kümmern sich um das Technisch-Konstruktive von Bauwerken sowie um den Einsatz innovativer Werkstoffe und Materialien. Daneben müssen sie wirtschaftliche, ökologische, soziostrukturelle und kulturelle Aspekte beachten. Auch an Maßnahmen zur Erhaltung von baulichen Anlagen oder Denkmälern sind sie beteiligt.

Die Studienfelder Bautechnik und Architektur (siehe *Abschnitt 3.2.1*) überschneiden sich in den Aufgabenstellungen teilweise: So übernehmen Bauingenieur*innen und Architekt*innen gleichermaßen organisatorische Aufgaben: Sie leiten Baustellen, überprüfen die Bauausführung und sorgen für einen effizienten Ablauf des Baubetriebs.

Bauphysiker*innen dagegen prüfen und optimieren Baustoffe, beraten Behörden, Architekt*innen und Bauherr*innen und begutachten als Sachverständige Bauschäden.

Studienangebot
Das Studium wird sowohl an Universitäten als auch an Fachhochschulen grundständig und weiterführend angeboten. Die Palette an Studiengängen dieses Bereichs reicht vom klassischen „Bauingenieurwesen" bzw. von der „Bautechnik" und „Bauphysik" über spezialisierte Studiengänge wie „Bauingenieurwesen – Fassadentechnik", „Structural Engineering" bis hin zu „Bauingenieurwesen und Umweltwissenschaften".

Je nach Hochschule gibt es Spezialisierungsmöglichkeiten in Bereichen wie Baubetrieb und -wirtschaft, konstruktiver Ingenieurbau (Beton, Stahl, Holz), Verkehrswesen und Infrastruktur, Geotechnik und Wasserwesen, Umwelttechnik oder Grundbau.

Inhalte des Studiums
Den Studierenden werden Inhalte aus den Bereichen Mathematik, darstellende Geometrie, ▸

CHEMIETECHNIK

Physik, Informatik, Baumechanik, Entwurfsplanung, Baustatik, Technische Mathematik, Baustoffkunde und Vermessungskunde vermittelt. Auch Kenntnisse im Baubetrieb und Projektmanagement sind Teil des Studienplans.

Zulassungskriterien & Studienbewerbung

Oft verlangen Hochschulen vor und während des Studiums Praktika. Die Zulassung erfolgt zum Teil nach internen Auswahlverfahren oder es wird ein bestimmter Notendurchschnitt vorausgesetzt. Von Vorteil sind unter Umständen auch Fremdsprachenkenntnisse, insbesondere im Englischen.

➔ Finde Studiengänge:

Berufsmöglichkeiten nach dem Studium

Bauingenieur*innen arbeiten in den Bereichen Technische Leitung, Produktion/Fertigung, Konstruktion, Sanierung, Allgemeine Verwaltung, Projektcontrolling, Technischer Service, Gebäudemanagement oder im Vertrieb vorrangig bei Bauunternehmen, Bauträgergesellschaften, Bauverwaltungen der Kommunen, der Bezirke, der Länder und des Bundes sowie bei Verbänden, Ingenieur-, Consulting- und Planungsbüros, aber auch bei Großunternehmen.

Bei der Abwicklung von Auslandsprojekten spielen internationale Mobilität, kulturelle Offenheit und Fremdsprachenkenntnisse eine wichtige Rolle. ■

Hauptverband der Deutschen Bauindustrie
Ausbildungsinformationen und Publikationen zum Berufsbild Bauingenieur*in.
➔ www.werde-bauingenieur.de

Deutscher Beton- und Bautechnik-Verein
➔ www.betonverein.de

BDB Bund Deutscher Baumeister, Architekten und Ingenieure e.V.
➔ www.baumeister-online.de

3.2.4 Chemietechnik

Kunststoffe, Lacke, Waschmittel oder Medikamente: Zur Produktion all dieser Produkte nutzt man Chemietechnik. Auch die Herstellung und der Einsatz von Nanopartikeln kann dazugehören. Hierfür erwerben die Studierenden Kenntnisse über Stoffeigenschaften, Reaktionsmechanismen und Analysemethoden, aber auch für Aufbau und Funktionsweise von Apparaten und Anlagen zur Verarbeitung.

Das Studienfeld im Überblick

Die Chemietechnik stellt chemische, biologische und physikalische Prozesse und Verfahren der Stoffumwandlung in den Vordergrund. Beispiele sind die Umwandlung von Zucker in Alkohol, von Ethylen in Polyethylen oder das physikalische Einmischen bzw. Trennen von Stoffen bei der Medikamentenherstellung. Neben der Herstellung industrieller Produkte gehören auch der Umweltschutz, die Recyclingtechnik sowie die Entwicklung von nachhaltigen (d.h. in diesem Fall: Rohstoff schonenden) Produktionsverfahren zu den Anwendungsgebieten des Chemieingenieurwesens.

Studienangebot

Bachelor- und Masterstudiengänge in diesem Bereich gibt es an Universitäten und Fachhochschulen. Die Studienfächer reichen von Chemieingenieurwesen über Pharmatechnik, bis zu „Technologie der Kosmetika und Waschmittel". In einigen Fällen wird Chemieingenieurwesen auch kombiniert mit Biotechnologie angeboten. Außerdem gibt es eine Reihe von Studiengängen mit unterschiedlichen Bezeichnungen, aber verwandten Themen.

Inhalte des Studiums

Im Bachelorstudium vermitteln Module die naturwissenschaftlichen Grundlagen, etwa in Physik, Mathematik und Chemie. Später folgen eher technische Fächer, beispielsweise Thermodynamik, Strömungsmechanik, Mess- und Regelungstechnik, Instrumentelle Analysentechnik oder Pharmatechnik. Die theoretischen Kenntnisse werden in Laborpraktika vertieft.

Im Masterstudium lernen die Studierenden, chemische und biotechnologische Produkte, Produktionsanlagen oder Produktionsprozesse zu entwickeln. Zusätzlich werden Wahlpflichtfächer angeboten, etwa Makromolekulare Chemie oder Nukleare Entsorgung.

Beim Fachhochschulstudium ist ein erhöhter Anwendungsbezug in Gebieten und Branchen wie Kosmetik- Pharma- oder Prozess- bzw. Naturstofftechnik, der Umwelt- und Biotechnik, des Lackingenieurwesens oder der Textilchemie möglich.

ELEKTRO- UND INFORMATIONSTECHNIK

Zulassungskriterien & Studienbewerbung
Je nach Hochschule ist teilweise ein Vorpraktikum nötig.

Berufsmöglichkeiten nach dem Studium
Beschäftigungsmöglichkeiten für Ingenieur*innen der Chemietechnik bestehen vor allem in der chemischen, pharmazeutischen und biotechnologischen Industrie, in der petrochemischen Industrie, der Eisen- und Stahlindustrie, der Kunststoffindustrie, der Holz- und Baustoffindustrie, der Glas- und keramischen Industrie, der Papier- und Zellstoffindustrie, der Textilindustrie, der Nahrungs- und Genussmittelindustrie, in Ver- und Entsorgungsbetrieben, aber auch in Forschung und Entwicklung, etwa in den Bereichen Medizin oder Umwelt. ■

→ Finde Studiengänge:

3.2.5 Elektro- und Informationstechnik

Die Elektrotechnik beschäftigt sich mit der Entwicklung von Elektrogeräten, etwa Maschinen und Schaltanlagen. Die Informationstechnik nimmt die vernetzte Signal- und Systemtechnik, Mess- und Regelungstechnik sowie Computer- und Netzwerktechnik in den Fokus. In Kombination ist die Elektro- und Informationstechnik eine Schlüsseltechnologie für die Digitalisierung.

→ Finde Studiengänge:

Das Studienfeld im Überblick
Elektrische Antriebe in Autos und Zügen, Solarzellen auf Hausdächern oder vernetzte Produktionssysteme in digitalen Fabriken – ein modernes Leben ohne Elektro- und Informationstechnik ist mittlerweile unvorstellbar. Auch deshalb überlappen sich die Kompetenzen, die in diesem Studienbereich vermittelt werden, mit anderen Technikbereichen.

Studienangebot
Zu den Studiengängen in diesem Bereich zählen nicht nur „Elektrotechnik" und „Elektro- und Informationstechnik", sondern z.B. auch „Computer Engineering", „Elektro- und Luftfahrttechnik", „Nachrichtentechnik" sowie „Mikroelektronische Systeme". Diese Studiengänge werden an Universitäten und Fachhochschulen grundständig und weiterführend angeboten.

Inhalte des Studiums
Wichtige Grundlagenfächer für das Studium der Elektro- und Informationstechnik sind Mathematik, Physik und Angewandte Informatik. Mechanik, Werkstoffkunde und technische Wärmelehre sind wichtige Ergänzungsfächer. Aber auch betriebswirtschaftliche Grundlagen und Managementmethoden werden gelehrt. Im fortgeschrittenen Studium spielt die Systemtheorie eine wichtige Rolle, die sich mit der Modellierung, Analyse und Optimierung komplexer Architekturen der Informations-, Energie- und Automatisierungstechnik befasst.

Zulassungskriterien & Studienbewerbung
An manchen Hochschulen muss vor Studienbeginn ein Praktikum nachgewiesen werden.

Berufsmöglichkeiten nach dem Studium
Ingenieur*innen der Elektro- und Informationstechnik findet man in nahezu allen Branchen. Sie arbeiten in vielfältigen Funktionen und übernehmen unterschiedlichste Tätigkeiten. Beispielsweise entwickeln, berechnen, konstruieren und erproben sie neue Bauteile, Geräte, Maschinen, Anlagen und Systeme oder die Verfahren zu ihrer Herstellung. Sie überwachen die Herstellung, Montage, Vernetzung, Inbetriebnahme, Instandhaltung und den Betrieb von elektrotechnischen Anlagen und Systemen. Auch in der Forschung, Softwareproduktion, Aus- und Weiterbildung, im Vertrieb und Marketing, der technischen Kundenbetreuung, der Qualitätssicherung, der Betriebsorganisation und im Unternehmensmanagement ergeben sich Tätigkeitsfelder. In interdisziplinären Fachgebieten wie der Mechatronik, dem Wirtschaftsingenieurwesen, der Wirtschaftsinformatik und im Bereich der Medientechnik sind ihre Kenntnisse ebenfalls gefragt. ■

> → **links**
>
> **Verband der Elektrotechnik Elektronik Informationstechnik e.V. (VDE)**
> → www.vde.de
>
> **Zentralverband Elektrotechnik und Elektroindustrie (ZVEI)**
> → www.zvei.org
>
> **Verein Deutscher Ingenieure (VDI)**
> → www.vdi.de

ENERGIETECHNIK, ENERGIEMANAGEMENT

3.2.6 Energietechnik, Energiemanagement

Im Zuge der Energiewende in Deutschland hat die Energieerzeugung aus erneuerbaren Ressourcen an Bedeutung gewonnen. Gleichzeitig wird auch an innovativen Lösungen zur Energiespeicherung und -verteilung gearbeitet.

Das Studienfeld im Überblick

Die Studiengänge dieses Studienfeldes vermitteln Kompetenzen für Planung, Bau und Optimierung von Energieerzeugungs-, -speicherungs- und -verteilanlagen. Außerdem sind Forschung und Entwicklung im Bereich erneuerbarer Energien und innovativer Technologien ein wichtiges Thema.

→ Finde Studiengänge:

Studienangebot

Zu den Studienfächern in diesem Bereich gehören neben „Elektrische Energietechnik" auch Studiengänge wie „Erneuerbare Energien", sowie „Energiewirtschaft", und „Nachwachsende Rohstoffe und Bioenergie".

Die Studiengänge werden i.d.R. grundständig und weiterführend angeboten und können je nach Fach an Universitäten und Fachhochschulen studiert werden.

Inhalte des Studiums

Im Bachelorstudium werden ingenieurwissenschaftliche (u.a. Maschinenbau, Verfahrenstechnik und Elektrotechnik) und grundlegende naturwissenschaftlich-mathematische Inhalte vermittelt. Weitere Themen sind z.B. Gleich- und Wechselstromtechnik; Modellierungs-, Simulations- und Optimierungsmethoden; Anlagen- und Nutzungskonzepte der erneuerbaren und konventionellen Energietechnik; Fertigkeiten zur Planung und zum Betrieb von Anlagen zur Nutzung und Speicherung von erneuerbaren Energien. Darüber hinaus werden auch politische, rechtliche und gesellschaftliche Rahmenbedingungen thematisiert.

Im Masterstudium können Studierende die Grundlagen vertiefen oder sich spezialisieren, etwa auf Biomasse, Windenergie oder Prozesstechnik. Meist wird studienbegleitend ein mehrwöchiges Praktikum absolviert.

Zulassungskriterien & Studienbewerbung

Je nach Hochschule wird ein Vorpraktikum empfohlen oder ist sogar verpflichtend.

Berufsmöglichkeiten nach dem Studium

Absolvent*innen dieser Studiengänge finden Aufgaben in technischen Arbeitsfeldern, v.a. im Bereich von Forschung, Planung, Entwicklung und Betrieb von Anlagen zur Nutzung Erneuerbarer Energien, aber auch in der wirtschaftlichen Vermarktung entsprechender Produkte und Dienstleistungen bzw. in der Beratung. Der Export von innovativen Technologien und Know-how sowie die Fortentwicklung des jungen Arbeitsfeldes im Ausland verlangen entsprechende Fremdsprachenkenntnisse und interkulturelle Kompetenzen. ∎

→ **links**

Erneuerbare Energien
Internetportal des Bundesministeriums für Wirtschaft und Klimaschutz.
→ www.erneuerbare-energien.de

Bundesverband Erneuerbare Energie e.V.
→ www.bee-ev.de

Agentur für Erneuerbare Energien
→ www.unendlich-viel-energie.de

3.2.7 Fahrzeug-, Verkehrstechnik

Zu Land, zu Wasser und in der Luft – Ingenieur*innen dieses Studienfeldes machen den Personen- und Gütertransport mittels Auto, Bahn, Schiff, Flugzeug und sogar im All effizienter, umweltschonender und komfortabler.

Das Studienfeld im Überblick

Studierende lernen, wie Antriebe und Komponenten für die Fahrzeug- und Verkehrstechnik optimiert und weiterentwickelt werden. Themen wie Elektrifizierung, Digitalisierung und Nachhaltigkeit stehen dabei auch auf dem Lehrplan.

Im Bereich der Luft- und Raumfahrttechnik wird nach möglichst leichten Systemen mit hoher Zuverlässigkeit geforscht sowie an neuen synthetischen Kraftstoffen. Die Auswahl der verwendeten Materialien und Werkstoffe ist von entscheidender Bedeutung. Entsprechend eng

FAHRZEUG-, VERKEHRSTECHNIK

sind die Verbindungen zu den Werkstoffwissenschaften (siehe *Abschnitt 3.2.24*).

Studienangebot

Studiengänge in diesem Feld können i.d.R. grundständig und weiterführend absolviert werden. Inhaltlich umfassen Fahrzeug-, Schiffs-, Luft- und Raumfahrttechnik in erster Linie den Bau und Betrieb von Fahrzeugen und deren Antriebe und Ausrüstungen. Im Mittelpunkt stehen u.a. Kraft- und Schienenfahrzeuge, Schiffe, Flugzeuge, Hubschrauber, Raumschiffe und andere Flugkörper (Satelliten).

- In der **Schiffbau- und Meerestechnik** geht es neben Tankern, Containerschiffen, Jachten und U-Booten auch um den Bau von Meerestechnik wie Plattformen, Offshore-Anlagen und Geräten für die Tiefseeforschung. Auch die Nutzung der Ressource See als Energie-, Rohstoff- und Nahrungsmittellieferant gehört dazu. Studiengänge zur seemännischen, ingenieurmäßigen Führung von Schiffen, wie etwa „Nautik" oder „Schiffsbetriebstechnik" zählen ebenfalls zu diesem Bereich.
- Mit der zunehmenden Bedeutung von Elektroantrieben und autonomen Systemen hat in der **Fahrzeugtechnik** die Energie- und Batterietechnik sowie das Verständnis für IT, Kommunikation und Mechatronik an Bedeutung gewonnen. Das zeigen auch Studiengänge wie etwa „Alternative Antriebe in der Fahrzeugtechnik" oder „Fahrzeugtechnik und mobile Systeme".
- An der Schnittstelle zwischen Fahrzeugtechnik und Verkehrswegebau befasst sich das **Verkehrsingenieurwesen** fachübergreifend mit Fragen der Organisation des Verkehrsablaufs sowie der Gestaltung und Dimensionierung von Verkehrsanlagen für den Personen- und Gütertransport. Das Fach untersucht das komplexe Zusammenwirken der verschiedenen Verkehrssysteme und entwickelt Lösungsansätze für die Verkehrsplanung.

Inhalte des Studiums

Inhalte wie Ingenieurmathematik und -informatik, naturwissenschaftliche und konstruktive Grundlagen sowie technische Mechanik spielen in allen Studiengängen dieses Felds eine große Rolle. Auch die Fertigungstechnik, Werkstoffkunde, Elektrotechnik und Elektronik, Festigkeitslehre, sowie die Mess- und Sensortechnik gehören zu den Basiskompetenzen. Ergänzt werden diese durch fahrzeugspezifische Kenntnisse und oftmals betriebswirtschaftliche Grundlagen sowie Englisch.

- Zur Vertiefung der fahrzeugspezifischen Kenntnisse im Studium der **Fahrzeugtechnik** dienen Module wie Fahrzeugentwicklung, Konstruktion, Antriebs- und Fahrwerkstechnik, Mechatronik, Fahrdynamik, Regel- und Fahrer-Assistenzsysteme, Mess- und Prüftechnik, sowie die Simulation. Je nach Lehrangebot ist eine Schwerpunktbildung in Gebieten wie Konstruktion und Entwicklung, System- und Antriebstechnik, Energietechnik, Fahrwerk- oder Karosserietechnik sowie Service oder Design möglich. Hinzu kommen Module wie Kosten- und Investitionsmanagement, Betriebsorganisation und Industriebetriebslehre, Projekt- und Qualitätsmanagement.

→ Finde Studiengänge:

- Studiengänge aus dem Bereich **Elektromobilität** vermitteln wissenschaftliches und praktisches Grundlagenwissen in Mathematik, Physik, Elektro-, Informations- und Werkstofftechnik sowie in Mechanik.
- Studiengänge wie **Fahrzeugbau** oder **Automobilproduktion** befassen sich mit der serienmäßigen Produktion von Kraftfahrzeugen und behandeln Bereiche wie Automobil- oder Produktionstechnik sowie elektronische/mechanische Systeme. Dazu kommen Module wie Automobilaufbau/Karosserie, Automobilelektronik, Antriebs-, Getriebe- und Fahrwerkstechnik, Mess- und Sensortechnik, Mensch-Maschine-Schnittstelle, Systemtheorie und Systemtechnik, Simulationstechnik, Steuerungs- und Regelungstechnik, Thermodynamik, CAD/CAE/CAM-Tools, Fertigungsverfahren, Automation und Montage sowie Qualitätsmanagement.
- Aufbauend auf ingenieurwissenschaftlichen Grundlagenfächern werden im Studiengang **Verkehrsingenieurwesen/Verkehrstechnik** die verkehrsspezifischen Kenntnisse in Gebieten wie Planung und Betrieb im Verkehrswesen, Mobilität und Verkehrsforschung, Verkehrsmanagement, Fahrzeugtechnik, Prüfung und Zulassung sowie ggf. Luft- und Raumfahrttechnik oder Schiffs- und Meerestechnik erweitert. Ergänzend gibt es Module aus dem wirtschafts-, rechts-, geistes- und sozialwissenschaftlichen Bereich.
- Im Studium **Luft- und Raumfahrttechnik** wird neben den ingenieurwissenschaftlich-technischen Grundlagen wirtschafts-, rechts- und sozialwissenschaftliches Wissen vermittelt. Hinzu kommen anwendungsbezogene ▶

FAHRZEUG-, VERKEHRSTECHNIK

Module wie Aerodynamik, Entwurf und Konstruktion, Fertigungstechnik, Flugmechanik, Leichtbau, Triebwerksbau, Maschinendynamik, Regelungstechnik, Strömungslehre und Werkstofftechnik. Darüber hinaus werden z.b. Technisches Englisch, Betriebs- und Arbeitsorganisation, Kostenrechnung oder Managementwissen vermittelt. In seltenen Fällen wird das Studium kombiniert mit einer Pilotenausbildung (ATPL). Je nach Angebot erfolgt im Masterstudium eine Schwerpunktbildung auf Gebiete wie Flugzeugbau, Leichtbautechnologie, Triebwerks- oder Raumfahrttechnik.

- In der **Schiffs- und Meerestechnik** stehen neben den ingenieurwissenschaftlichen Grundlagen Fächer wie Schweißtechnik, Hydromechanik, Schiffselemente, Schwimmfähigkeit und Stabilität auf dem Lehrplan. Es folgen spezielle Anwendungsmodule wie Schiffbau, Ausrüstung, Entwurf und Konstruktion von Schiffen, Schiffsmaschinenbau, Schiffselektronik, Messtechnik im Schiffbau, Fertigung und Werftbetrieb. Berufspraktische Studienanteile absolvieren die Studierenden in Form von Industrie- bzw. Forschungsprojekten. Schwerpunkte können in Fächern wie Schiffsentwurf, Hydrodynamik und Jachtdesign, Konstruktion, Schiffsfestigkeit und Schiffsausrüstung gesetzt werden.
- Im Studiengang **Nautik** gibt es anwendungsorientierte Einführungsveranstaltungen zur Navigation, Schiffssicherheit, Informatik und zum Arbeitsrecht. Es folgt eine Vertiefung in den Bereichen Schiffsführung, maritime Verkehrssicherheit und Umweltschutz, Ladungstechnologie und -sicherheit sowie Personalführung und Seebetriebswirtschaft. Wahlpflichtmodule gibt es in den Bereichen Nautik/Technik oder Wirtschaft/Recht. Hinzu kommen Ausbildungsfahrten und ein Simulatortraining. Neben dem Hochschulabschluss erwerben die Studierenden meist auch den Abschluss als Nautische*r bzw. Technische*r Wachoffizier*in.
- Im Studiengang·**Schiffsbetriebstechnik** stehen Module aus den Bereichen Seeverkehrswirtschaft, Maritimes Englisch, Personalführung oder Betriebs- und Gefahrstoffe auf dem Lehrplan. Vertiefungen sind u.a. in Fächern wie Verbrennungskraftmaschinen/Turbinen, Arbeitsmaschinen und Anlagentechnik, Maschinendynamik, Dampf-, Kälte- und Klimatechnik, Betriebsstoff- und Umweltschutztechnik, Schiffsautomatisierung, Schiffselektrotechnik, Schiffsmaschinenanlagen, Schiffsmaschinenbetrieb und -instandhaltung möglich. Hinzu kommen Module

aus den Bereichen Öffentliches Recht und Seerecht sowie Betriebsführung und Arbeitsschutz. Neben Laborübungen an laufenden Maschinen werden auch Übungen am Simulator durchgeführt.
- Im Studium der **Seeverkehrs- und Hafenwirtschaft** gibt es Modulangebote zu den Grundlagen sowie zu den rechtlichen und betriebswirtschaftlichen Aspekten. Hinzu kommen Grundlagen in Hafen- und Verkehrswirtschaft, Logistik/Hafenlogistik, Chemie, gefährlicher Ladung, Schiffstheorie, Telematik, Chartering und Befrachtung, Marketing/Vertrieb, Unternehmensführung, Fremdsprachen und Präsentationstechniken.

Zulassungskriterien & Studienbewerbung

Oft ist ein mehrwöchiges Vorpraktikum für die Aufnahme des Studiums verpflichtend. Für einige Studiengänge, wie etwa Schiffsbetriebstechnik, gelten besondere Zulassungsvoraussetzungen wie eine abgeschlossene Berufsausbildung als Schiffsmechaniker*in, in einem anerkannten Ausbildungsberuf der Metall- oder Elektrotechnik inkl. einjähriger Seefahrtzeit oder eine zugelassene praktische Ausbildung und Seefahrtzeit als Technische*r Offiziersassistent*in.

Berufsmöglichkeiten nach dem Studium

- **Ingenieur*innen für Elektromobilität** finden Beschäftigung in Unternehmen des Fahrzeugbaus, bei Zulieferern der Fahrzeugindustrie, in Ingenieurbüros für technische Fachplanung oder in Energieversorgungsunternehmen. Darüber hinaus arbeiten sie ggf. auch in Forschungsinstituten.
- **Ingenieur*innen der Fahrzeugtechnik** finden Beschäftigung in der Automobilindustrie bei Herstellern von Kraftfahrzeugteilen, -zubehör, -karosserien und -anhängern, bei Kfz-Zulieferbetrieben und im Schienenfahrzeugbau.
- **Verkehrsingenieur*innen** arbeiten u.a. bei Verkehrsbetrieben, Transport- und Logistikunternehmen, in Verkehrsleitzentralen, Verbänden, Technischen Überwachungsvereinen, in der öffentlichen Verwaltung, als Sachverständige*r, als Freiberufler*in oder in Ingenieurbüros, in Software-Unternehmen, Forschungseinrichtungen und Hochschulen.
- **Ingenieur*innen der Luft- und Raumfahrttechnik** arbeiten in Betrieben des Luftfahrzeug- und Triebwerkbaus. Daneben kommen Tätigkeiten bei

---

3

STUDIENFELDER & STUDIENINHALTE

106

FERTIGUNGSTECHNOLOGIEN

Fluggesellschaften, Flughäfen, in der Automobilindustrie, der Windkraftbranche, an Hochschulen und Forschungseinrichtungen sowie bei Ingenieurbüros oder Unternehmensberatungen in Frage.

- **Ingenieur*innen der Schiffstechnik** finden Beschäftigung in der Werftindustrie, in Firmen für Schiffsausrüstungen, Klassifikationsgesellschaften, Schiffbau- und Wasserbau-Versuchsanstalten, in „freien" Ingenieurbüros, bei Reedereien und Behörden (z.B. Wasser- und Schifffahrtsämter).
- Absolvent*innen des Studiengangs **Maritime Technologien** finden Einsatzfelder in allen Bereichen, in denen es um die technologische Nutzung des Meeres geht, also etwa Offshore-Zulieferindustrie und Offshore-Energienutzung, technischer Betrieb bei Entwicklungstätigkeiten, Fischfang und Fischwirtschaft sowie Schiffbau.
- **Schiffsingenieur*innen** (Technische Schiffsoffiziere) und Nautische Schiffsoffiziere bzw. Kapitän*innen arbeiten insbesondere in der technischen und seemännischen Führung von Fracht- und Passagierschiffen, in der Bergungsschifffahrt sowie in der Hafen-, der Vermessungs- und Forschungsschifffahrt.
- **Ingenieur*innen der Seeverkehrs- und Hafenwirtschaft** arbeiten bei Landorganisationen von Seeverkehrsbetrieben, See- und anderen Speditionen, Hafen- und Lagerhausgesellschaften, Beratungsgesellschaften oder Hafenbehörden.

> ➔ **links**
>
> **Perspektive Luftfahrt**
> Das Internetportal der Deutschen Gesellschaft für Luft- und Raumfahrt (DGLR) e.V. informiert über Studienmöglichkeiten in diesem Bereich.
> ➔ www.skyfuture.de
>
> **Verband für Schiffbau und Meerestechnik e.V.**
> ➔ www.vsm:de
>
> **Verband Deutscher Reeder**
> ➔ www.reederverband.de
>
> **Mach Meer**
> Die zuständige Stelle für die Berufsbildung in der Seeschifffahrt
> ➔ www.machmeer.de
>
> **Verband der Automobilindustrie**
> ➔ www.vda.de

3.2.8 Fertigungstechnologien

Die Fertigungstechnologie beschäftigt sich mit der industriellen Produktion von Konsum- und Investitionsgütern. Dabei geht es sowohl um planerische, technische und betriebswirtschaftliche Fragen als auch um Management und Qualitätssicherung.

Das Studienfeld im Überblick

In diesem Feld sind alle Studiengänge zusammengefasst, die sich mit Werkstoffen in der industriellen Fertigung auseinandersetzen: Dabei geht es um spezifische Eigenschaften von Materialien, wie etwa Papier, Holz, Keramik, Glas, Kunststoff oder Textilien sowie um deren Verarbeitung, Aufbereitung und Montage. Auch das Design von industriellen Erzeugnissen und Fragen des Umweltschutzes in der industriellen Fertigung gehören dazu.

Studienangebot

- Die Studiengänge „**Druck- und Medientechnik**", „**Papiertechnik**" und „**Verpackungstechnik**" widmen sich der Reproduktions- und Satztechnik, der Druckplatten und Druckverfahren sowie der Herstellung und Weiterverarbeitung von Zellstoff- und Papiererzeugnissen und Verpackungsmitteln (Papier, Karton, Folien) inkl. Umweltgesichtspunkten (Recycling).
- Die **Holzbearbeitung** und -verarbeitung zu Fertigprodukten wie etwa Möbeln und die Nutzung v.a. in der chemischen Holzindustrie haben auf Holz spezialisierte Studiengänge wie „**Holztechnik**", „**Holztechnologie und Holzwirtschaft**" sowie „**Holzbau und Ausbau**" hervorgebracht.
- In Studiengängen wie „**Bekleidungstechnik**" und „**Textiltechnik**" geht es um die Aufbereitung von Naturfasern und die Erzeugung von Chemiefasern, um ihre Weiterverarbeitung zu Garnen und Textilien einschließlich Färbung und Veredlung sowie um die Weiterverarbeitung fertiger Stoffe zu Heimtextilien, Tag- und Nachtwäsche, Oberbekleidung und technischen Textilien.
- Studiengänge wie „**Kunststofftechnik**" und „**Kunststoff- und Elastomertechnik**" befassen sich mit der Herstellung, Verarbeitung und Anwendung von Kunststoffen (einschließlich dem Gummi-Rohstoff ▶

FERTIGUNGSTECHNOLOGIEN

Kautschuk) und den dabei benutzten Maschinen und Geräten.

- In Studiengängen wie **„Fertigungstechnik"** geht es um die Planung, Durchführung und Überwachung der Fertigung von industriellen Produkten, unter Berücksichtigung moderner Qualitätssicherungsmaßnahmen und betriebswirtschaftlicher Aspekte.

Inhalte des Studiums

→ Finde Studiengänge:

- Studiengänge wie **„Druck- und Medientechnik"** vermitteln im Bachelor zunächst Basiskompetenzen in Mathematik, Physik, Informationstechnik sowie Wirtschaft. Außerdem wird der Umgang mit Publishing-Software eingeübt. Hinzu kommen Modulangebote zu Medientechniken, Druckverfahren, Maschinenelementen, Produktionsplanung und -steuerung, Controlling sowie Werkstoffen. Dazu gibt es Modulangebote zu Arbeitssicherheit, Wertstoffkreisläufen bzw. Nachhaltigkeit oder Fremdsprachen. Teils ist eine Spezialisierung möglich, z.B. Digital Publishing oder Medientechnik und -ökonomie. Entsprechend werden Kenntnisse der Medienproduktion bzw. der Technologien der Druckvorstufe, des Drucks und der Druckverarbeitung sowie auf kaufmännisch-wirtschaftlichem Gebiet vertieft. Im Masterstudium kann der Schwerpunkt auf ein Branchensegment oder einen Bereich gelegt werden, etwa auf Druck-Management oder Verpackungstechnik.

- Studiengänge wie **„Papier- und Verpackungstechnik"** oder **„Papiertechnik"** vermitteln grundlegende mathematisch-naturwissenschaftliche und vertiefende ingenieurwissenschaftliche Kenntnisse und Fähigkeiten aus dem Bereich Maschinenbau, Verfahrenstechnik, Material- und Anlagentechnik für die Papier- und Verpackungsindustrie. Das Studienangebot ist überschaubar, teils werden diese Kompetenzen gebündelt vermittelt in neuen Studiengängen wie „Sustainable Science and Technology".

- Das Modulangebot im Studiengang **„Holztechnik"** umfasst natur- und ingenieurwissenschaftliche sowie forst- und holzwirtschaftliche Grundlagen- und Vertiefungsfächer wie z.B. Verfahrenstechniken in der Holz- und Holzwerkstoffindustrie, Konstruktions- und Produktionstechnik, Konstruktion und Berechnungen bei Möbel- und Holzbauwerken, CNC-Technik, Qualitätsmanagement, ökologische Fragen der Holzverarbeitung und Betriebswirtschaft. Je nach Angebot der Hochschule ermöglichen Studienrichtungen und -schwerpunkte wie Anlagenautomatisierung, holzindustrielle Produktion, Möbelbau/Konstruktion, Forstnutzung und Technologie, Holzbiologie oder Unternehmensführung eine Spezialisierung.

- In Studiengängen wie **„Textiltechnik"** und **„Bekleidungstechnik"** werden mathematisch-naturwissenschaftliche, technische und fachspezifische Grundlagen vermittelt. Dazu gehören Module wie Mathematik und technisches Zeichnen, Physik, (Textil-)Chemie, Statistik, Informationstechnologie, Werkstoffe und Maschinen, textile Rohstoffe, Grundlagen der Textilerzeugung und -veredlung sowie betriebswirtschaftliches Grundwissen. Im weiteren Studienverlauf erfolgt die anwendungsorientierte Vertiefung mittels Modulangeboten zu Automatisierungstechnik, Fertigungssteuerung, CAD, Sicherheits- und Anlagentechnik, Faser-, Weberei-, Maschentechnologie, Verbundwerkstoffe, technische Textilien, Textilprüfung, chemische Analytik, Polymerchemie, Färberei, Textildruck, Umweltanalytik und -management. Schließlich folgen Inhalte zur Produkt- und Verfahrensentwicklung sowie die Vertiefung betriebswirtschaftlicher Kenntnisse in Organisation und Marketing. Teilweise können Schwerpunkte in Bereichen wie Textilmanagement, Bekleidungsmanagement, Textile Technologien oder Produktentwicklung gebildet werden.

- Das Studium der **„Kunststofftechnik"** beginnt mit Modulen aus Mathematik, Natur- und Ingenieurwissenschaften sowie Werkstofftechnik. Darauf aufbauend vermitteln anwendungsbezogene Module Kenntnisse der Kunststoffe, des werkstoffgerechten Konstruierens und der Kunststoffverarbeitung sowie in den Gebieten Polymerchemie, Messtechnik, Wärmetechnik, Elektro- und Antriebstechnik, Technische Mechanik, Werkzeugbau. Hinzu kommen nichttechnische Module wie Betriebswirtschaft, Qualitätsmanagement, Projektmanagement. Je nach Hochschule kann sich der Schwerpunkt mehr am Maschinenbau und der Verfahrenstechnik bzw. an der Chemietechnik orientieren.

- In Studiengängen wie **„Keramik, Glas- und Baustofftechnik"** stehen naturwissenschaftliche Module in Mathematik, Physik und anorganischer bzw. physikalischer Chemie im Curriculum. Daneben stehen

GEBÄUDE-, VERSORGUNGSTECHNIK

Mineralogie, Kristallographie, Keramik, keramisches Rechnen, Grundlagen der Ingenieurwissenschaften und Fremdsprachen auf dem Stundenplan. Vertiefungsmöglichkeiten gibt es in Werkstoffkunde, mechanischer und thermischer Verfahrenstechnik, Mess- und Regelungstechnik, Glas und Glasuren, Industrieller Formgestaltung, silikatischer Feinkeramik, Baukeramik, Struktur- und Funktionskeramik, feuerfesten Erzeugnissen sowie Betriebswirtschaft, Wertstoffrecycling und Qualitätssicherung.

Zulassungskriterien & Studienbewerbung
Einige Hochschulen führen ein hochschulinternes Auswahlverfahren durch.

Berufsmöglichkeiten nach dem Studium

- **Ingenieur*innen der Druck- und Medientechnik** arbeiten vorwiegend in Druckereien, in der Druckvorlagenherstellung, in der Druckweiterverarbeitung, in Zulieferbetrieben, im Fachhandel für das grafische Gewerbe, in Betrieben des Maschinenbaus (Druck-, Buchbindereimaschinen, usw.). Da viele Zeitungen und Bücher inzwischen online bzw. als eBook angeboten werden und gedruckte Werbemittel teils durch digitale ersetzt wurden, gab es in den vergangenen Jahren einen Rückgang an Stellen in diesem Bereich.

- **Holzwirt*innen** und **Ingenieur*innen der Holztechnik** arbeiten v.a. in der Holz bearbeitenden Industrie, z.B. in der Säge- und Hobelindustrie, in Sperrholz-, Holzfaser- und Spanplattenwerken, in der Holz verarbeitenden Industrie, z.B. in der Möbelherstellung, in der Holzleimbauindustrie, in Betrieben des Fertighausbaus, der Holzbauelemente-, Holzwarenherstellung sowie in der chemischen Holzindustrie, z.B. in der Herstellung von Holzschutzmitteln, -lacken und -leimen sowie in der Papier-, Pappen- und Zellstoffherstellung. Weitere Beschäftigungsmöglichkeiten bieten der Holzhandel, die Bauwirtschaft, Herstellerbetriebe von Holzbe- und -verarbeitungsmaschinen und -anlagen, Forschung und Lehre, Behörden und Holzwirtschaftsverbände.

- **Ingenieur*innen – Bekleidungstechnik bzw. Textiltechik** arbeiten in der Bekleidungs-, Textil- und Chemiefaserindustrie sowie in der Textilmaschinen- und Farbstoffindustrie, aber auch in textilnahen Branchen und Anwendermärkten wie der Automobil-, Luft- und Raumfahrtindustrie (z.B. Entwicklung und Produktion von Autositzbezügen). Berufsmöglichkeiten bestehen außerdem in Forschungs- und Prüfinstituten sowie im Handel.

- Neben der Keramik- und Glasindustrie finden **Ingenieur*innen für Werkstofftechnik** mit dem Schwerpunkt auf **Keramik und Glas** überall dort Beschäftigung, wo keramische und Glaskomponenten Anwendung finden (u.a. Verkehrstechnik, Automobilbau, Bahn, Luft- und Raumfahrt, Chemische Industrie, Energie- und Umwelttechnik etc.)

links

Gesamtverband textil + mode
Informationen rund um die Textilwirtschaft sowie zahlreiche Berufsinformationen
→ www.textil-mode.de

GO-TEXTILE!
Ausbildungsplattform der deutschen Textil- und Bekleidungsindustrie → www.go-textile.de

Hauptverband der deutschen Holzindustrie
→ www.holzindustrie.de

Bundesverband Keramische Industrie
→ www.keramverbaende.de

3.2.9 Gebäude-, Versorgungstechnik, Facility-Management

Ingenieur*innen der Versorgungs- und Gebäudetechnik planen, projektieren, bauen und betreiben die Infrastruktur von Einfamilienhäusern, Wohnanlagen, Gewerbebauten oder öffentlichen Einrichtungen wie etwa Krankenhäusern und Schulen.

Das Studienfeld im Überblick
Die Studiengänge beschäftigen sich im Kern mit Fragen rund um die Versorgung mit Wasser, Strom, Gas und Wärme. Auf dem Stundenplan stehen auch Themen wie die Entsorgung von Abwässern und Abfällen sowie die Klimatisierung und Belüftung von Gebäuden. Auch die Ausstattung mit modernen Energietechnologien (Solaranlagen, Kraft-Wärmekopplung, Wärmepumpen), Brandschutzanlagen und Aufzügen ▸

GEBÄUDE-, VERSORGUNGSTECHNIK

wird in diesem Studienfeld behandelt. Das Facility-Management verwaltet und bewirtschaftet einzelne Gebäude, Anlagen und Einrichtungen mit dem Ziel, die Wirtschaftlichkeit und Werterhaltung zu optimieren und einen reibungslosen Betriebsablauf zu ermöglichen.

Studienangebot

Die Studiengänge dieses Bereichs können grundständig und weiterführend studiert werden. Meist findet das Studium an Fachhochschulen statt.

→ Finde Studiengänge:

Die Studiengänge sind entweder generalistisch ausgelegt („Energie- und Gebäudetechnik", „Technische Gebäudeausrüstung", „Versorgungstechnik", „Anlagenbetriebstechnik") oder haben einen umwelttechnischen Schwerpunkt (wie etwa „Gebäude-, Energie- und Umwelttechnik"); Studiengänge wie „Infrastrukturmanagement" oder „Infrastrukturingenieurwesen" befassen sich zudem mit Themen wie Urbanisierung, Verkehrsplanung und -bau sowie Klimawandel, Nachhaltigkeit und Umweltschutz. Studiengänge wie „Facility Management", „Immobilientechnik und Immobilienwirtschaft", „Bau- und Immobilienmanagement" werden i.d.R. zu den technisch-wirtschaftlichen Organisationswissenschaften gezählt.

Inhalte des Studiums

Die Studierenden in diesem Feld belegen Basismodule aus Mathematik, Chemie, Physik und Ingenieurwissenschaften (Technische Mechanik, Elektrotechnik, Werkstoff- und Konstruktionstechnik, Messtechnik, Steuer- und Regelungstechnik, Thermodynamik, Energie- und Umwelttechnik sowie Rohrleitungsbau).

Vertiefungsmöglichkeiten gibt es im Bereich **Technische Gebäudeausrüstung/Gebäudeenergietechnik**. Dazu gehören Heizungs- und Klimatechnik, Gas-, Wasser- und Sanitärtechnik, Elektroinstallation, rationale Energieverwendung, klimagerechtes Bauen, Brandschutz und integriertes Planen. Im Bereich öffentliche und industrielle Versorgung gibt es folgende Vertiefungsinhalte: Energie- und Kältetechnik, Gas-, Wasser- und Elektrizitätsversorgung, Fernwärme, Feuerungs- und Gastechnik und Energiewirtschaft, während in der Umwelttechnik Rohrleitungsbau, Immissionsschutz, Abwassertechnik und Abfallwirtschaft behandelt werden.

Der Bereich **Versorgungstechnik** kann auch als Schwerpunkt im Rahmen eines grundständigen Maschinenbaustudiums gewählt werden. Von besonderer Bedeutung ist dabei der Bereich der Wärme- und Brennstofftechnik.

In Studiengängen wie „**Facility Management**" oder „**Infrastrukturmanagement**" wird Wissen aus den Bereichen Betriebswirtschaftslehre, Ingenieur- und Naturwissenschaften, aber auch Recht vermittelt.

Zulassungskriterien & Studienbewerbung

Einige Hochschulen führen ein hochschulinternes Auswahlverfahren durch.

Berufsmöglichkeiten nach dem Studium

- Beschäftigungsmöglichkeiten für **Ingenieur*innen der Versorgungstechnik und Gebäudetechnik** bestehen in der Projektierung und Bauleitung bei Firmen der Sanitär-, Heizungs-, Klima- und Lüftungstechnik, der Bäder- und Krankenhausbetriebstechnik, in der Betriebsüberwachung bei Industriebetrieben und großen Gebäudekomplexen mit eigener Energieversorgung (z.B. Krankenhäusern), in der Entwicklung, Erprobung und im Vertrieb bei Herstellerfirmen von versorgungstechnischen Anlagen und Produkten, in der Planung und Überwachung bei Behörden (z.B. Kommunalverwaltungen, Bauämter) und Versorgungsbetrieben für Gas, Wasser, Strom und Fernwärme, im Gebäude- und Infrastrukturmanagement sowie als Mitarbeiter*in oder Selbstständige*r in Ingenieur- und Sachverständigenbüros.
- **Facility Manager*innen** arbeiten u.a. in Unternehmen der Bau-, Immobilien- und Gebäudewirtschaft, bei Immobilienverwaltungen und -maklern, Bauträgern, Wohnungsbau- und Immobiliengesellschaften. ■

→ **links**

Info-Portal der Verbände der Energie- und Wasserwirtschaft
→ www.berufswelten-energie-wasser.de

Vereinigung der Arbeitgeberverbände energie- und versorgungswirtschaftlicher Unternehmungen
→ www.vaeu.de

Wirtschaftsvereinigung Gebäude und Energie e.V.
→ www.vdzev.de

GEFMA – Deutscher Verband für Facility Management
→ www.gefma.de

RealFM e.V. – Berufsverband der Real Estate und Facility Manager
→ www.realfm.de

GEOINFORMATION, VERMESSUNG

3.2.10 Geoinformation, Vermessung

Ob Landkarten, Navigationssysteme, Satelliten oder Ortungssysteme – sie alle liefern Geoinformationen. Auch in der Vermessung werden Geodaten gebraucht. Studierende in diesem Feld lernen, wie sie die Daten erheben, verarbeiten und nutzen können.

Das Studienfeld im Überblick

Die **Geoinformation** ist eine relativ junge wissenschaftliche Disziplin. Sie entwickelt computergestützte Lösungen wie z.B. Navigationshilfen oder 3-D-Modelle von Städten und Landschaften, um raumbezogene Daten zu analysieren und aufzubereiten. Dafür nutzt sie Methoden aus der Geografie, Geologie, Ökologie und Kartografie und verbindet diese mit Grundlagenwissenschaften wie Mathematik und Informatik.

Das **Vermessungswesen** oder die **Geodäsie** beschäftigt sich mit der Erfassung und Aufbereitung der Erdoberfläche. Unter dem Einsatz moderner Technologie – elektronische Tachymeter, Satellitenempfänger oder Photogrammetrie und Laserscanning – werden die so erhobenen Geodaten für die Planung, Überwachung und Ausführung etwa von Bauvorhaben gewonnen. Die Messdaten werden softwaregestützt ausgewertet und mithilfe von Geoinformationssystemen und Webdiensten dokumentiert und visualisiert.

Studienangebot

Fachhochschulen und Universitäten bieten Bachelor- und Masterstudiengänge in diesem Bereich an, häufig auch in Kombination. Statt Vermessung wird meist der Begriff Geodäsie benutzt; Geoinformatik kann auch als Synonym für Geoinformation verwendet werden. Außerdem werden Vermessungstechnik sowie der grundständige Studiengang Geoinformatik angeboten.

Inhalte des Studiums

Im Bachelorstudium werden Module aus Naturwissenschaften und Mathematik angeboten sowie fachspezifische Themen wie Ingenieurmathematik, Experimentalphysik, Geowissenschaften, Programmierung von Geodaten, Statistik und geodätisches Rechnen, geodätische Messtechnik, Global Positioning System (GPS), Ingenieurgeodäsie und geodätische Punktfelder bzw. Auswertemethoden, Geoinformation und Kartografie, Raumplanung, Flächen- und Immobilienmanagement, Photogrammetrie und Fernerkundung, Ausgleichsrechnung, astronomische, physikalische und mathematische Geodäsie, Positionierung und Navigation, Bildverarbeitung, Computergrafik/Visualisierung, Recht sowie Betriebs- und Volkswirtschaft.

Zulassungskriterien & Studienbewerbung

Sowohl an Fachhochschulen als auch an Universitäten sind Praktika fester Bestandteil des Studiums. Bei Fachhochschulstudiengängen ist meist ein ganzes Praxissemester integriert.

Berufsmöglichkeiten nach dem Studium

Beschäftigungsmöglichkeiten für Absolvent*innen gibt es bei Ingenieur- und Vermessungsbüros, bei Baufirmen, bei Flugzeug- und Automobilherstellern und deren Zulieferern sowie bei Herstellern von Mess- und Auswertungssystemen. Weitere Arbeitsmöglichkeiten bieten sich durch eine kombinierte Offizierslaufbahn bei der Bundeswehr, bei Behörden wie Landesvermessungs- und Katasterämtern und Flurbereinigungsbehörden. Auch in der Forschung, beispielsweise an Hochschulen oder anderen Forschungseinrichtungen, gibt es Beschäftigungsmöglichkeiten ∎

→ Finde Studiengänge:

→ **links**

Ausschuss Geodäsie (DGK) der Bayerischen Akademie der Wissenschaften
→ www.dgk.badw.de

Geoinformationsdienst der Bundeswehr
(Suchwort: Geoinformationsspezialist)
→ www.bundeswehrkarriere.de

Deutscher Dachverband für Geoinformation e.V.
→ www.ddgi.de

Deutscher Verband für Angewandte Geographie
→ www.geographie-dvag.de

MASCHINENBAU, MECHANIK

3.2.11 Maschinenbau, Mechanik

Der Maschinenbau mit dem Teilbereich Mechanik ist die größte Industriebranche Deutschlands und ein maßgeblicher Motor der technischen Weiterentwicklung. Er gehört daher zu den wichtigsten Ingenieurdisziplinen.

Das Studienfeld im Überblick

→ Finde Studiengänge:

Maschinenbauingenieur*innen entwickeln Maschinen und Anlagen, die in der industriellen Produktion zum Einsatz kommen: Sie konstruieren Fräs- und Schleifmaschinen, Förderanlagen, Kräne und Industrieroboter. Motoren, Pumpen oder Gebläse sind zudem in vielen Alltagsprodukten zu finden, etwa in Waschmaschinen oder Autos. Dies macht den Maschinenbau zu einem der führenden Industriezweige Deutschlands. Analog dazu ist das Studienfach Maschinenbau auch die größte Ingenieurdisziplin an den Hochschulen.

Studierende können aus zahlreichen Vertiefungsmöglichkeiten, die die gesamte Breite des Maschinenbaus abdecken, wählen – wie z.B. Anlagenbau, Fertigungstechnik, Energietechnik, Theoretischer Maschinenbau, Leichtbau oder Fahrzeugtechnik. Manche der Vertiefungsmöglichkeiten werden je nach Hochschule auch als eigenständiger Studiengang angeboten (siehe etwa Abschnitt 3.2.6 „Energietechnik, Energiemanagement" oder Abschnitt 3.2.8 „Fertigungstechnologien").

An zahlreichen Hochschulen kann Maschinenbau auch in Form eines ausbildungsintegrierenden dualen Studiums belegt werden.

Studienangebot

Zu den Studienfächern in diesem Feld zählen nicht nur der Maschinenbau und die Mechanik, häufig unter dem Begriff „Mechanical Engineering" zu finden, sondern etwa auch „Angewandte Mechanik" oder „Engineering".

Bereits im grundständigen Studium kann – je nach Hochschule und Studiengang – eine Spezialisierung erfolgen, z.B. in Energie- und Umwelttechnik, Fahrzeugtechnik oder Automatisierungstechnik.

Inhalte des Studiums

Im Bachelorstudium vermitteln Module die naturwissenschaftlichen, technischen und methodenorientierten Basiskompetenzen. Typische Fächer sind Mathematik, technische Mechanik, Werkstoffkunde und -prüfung, Konstruktionslehre, rechnergestütztes Konstruieren, Messtechnik, Thermodynamik, Fertigungs-, Verarbeitungs-, Verfahrenstechnik, Elektrizitätslehre, Technische Informatik, Experimentalphysik, Arbeits- und Betriebsorganisation.

Anschließend erfolgt die Erweiterung der Grundlagen sowie (je nach Angebot) die Wahl einer Vertiefungsrichtung wie Konstruktionstechnik, Produktions-/Fertigungstechnik, Produktentwicklung, Energie- und Verfahrenstechnik, Verbrennungsmotoren, Wärme-, Antriebs- und Fördertechnik, Werkzeugmaschinen, Flugantriebe und Strömungsmaschinen, Erdbau- und Landmaschinen, Transport- und Verkehrstechnik, Luft- und Raumfahrttechnik oder Kunststofftechnik.

Hinzu kommen Fachmodule wie Energietechnik, Fertigungstechnologie, Maschinenelemente, Strömungslehre, numerische Berechnungsverfahren, Regelungstechnik, Simulationstechnik, Industrieautomatisierung, Lichttechnik oder Qualitätsmanagement. Ergänzende Angebote gibt es z. B. zu Projektmanagement oder wirtschaftlichen und ökologischen Rahmenbedingungen.

Während des Studiums absolvieren die Studierenden in der Regel ein Industriepraktikum.

Zulassungskriterien & Studienbewerbung

Bei der Studienbewerbung ist häufig ein einschlägiges Vorpraktikum nachzuweisen.

Berufsmöglichkeiten nach dem Studium

Überall, wo Maschinen und Anlagen entwickelt, gebaut, betrieben und instand gesetzt werden, bestehen Beschäftigungsmöglichkeiten für Maschinenbauingenieur*innen. In Abhängigkeit vom jeweiligen Studienschwerpunkt sind sie z.B. in der Entwicklung, Projektierung, Konstruktion und Erprobung, Produktionsplanung und -überwachung, Fertigung und Arbeitsvorbereitung, Qualitätssicherung, Instandhaltung sowie in Service, Anwendungsberatung und im Vertrieb tätig.

→ **links**

Verein Deutscher Ingenieure (VDI)
→ www.vdi.de

Verband Deutscher Maschinen- und Anlagenbau (VDMA)
→ www.vdma.org

Fakultätentag für Maschinenbau und Verfahrenstechnik
→ www.ftmv.de

MECHATRONIK, MIKRO- UND OPTOTECHNIK

Darüber hinaus bestehen Beschäftigungsmöglichkeiten in Ingenieurbüros, bei Wirtschafts- und Berufsverbänden, in Forschung und Lehre, bei Technischen Überwachungsvereinen und im öffentlichen Dienst. Auch eine selbstständige Tätigkeit z.B. in der Planung und Konstruktion oder als Sachverständige*r ist möglich. ◼

3.2.12 Mechatronik, Mikro- und Optotechnik

Automatisiert in eine Parklücke einparken, das Handy per Fingerabdruck entsperren – das komplexe Zusammenwirken von Sensoren, Aktoren, Lasern, Radar und mehr spielt eine zunehmende Rolle in unserem Alltag. Damit das funktioniert, wirken mehrere technische Disziplinen zukunftsweisend zusammen: Mechatronik, Mikrotechnik und Optotechnik.

Das Studienfeld im Überblick

Studiengänge in diesem Studienfeld haben eines gemeinsam: An der Schnittstelle zwischen Elektronik, Informatik, Mechanik, Sensorik und Messtechnik beschäftigen sie sich mit Lösungen für technische und medizinische Probleme.

◼ Bei der **Mechatronik** verbinden sich Inhalte aus den klassischen Ingenieurdisziplinen Maschinenbau und Mechanik, Elektrotechnik und Elektronik sowie aus der Informatik. Interdisziplinäres und systemtechnisches Denken spielen hierbei eine große Rolle.

◼ Auch das Studium der **Mikrotechnik** verbindet Fachgebiete aus Informatik, Mikrooptik und -elektronik sowie der Mikromechanik und ist daher in hohem Maße interdisziplinär angelegt.

◼ Mit den Eigenschaften des Lichts und seinen Anwendungsmöglichkeiten, etwa in der optischen Messtechnik und Lasertechnik, beschäftigen sich die Studiengänge in den Bereichen **Optoelektronik, Optische Technologien und Photonik**. Hier unterscheiden sich die grundständigen Studiengänge vor allem nach den Disziplinen Augenoptik/Optometrie sowie Lasertechnik/Optische Systemtechnik/Optronik. Der Masterabschluss ist vertiefend im Studiengang Photonik (Optische Technologien) möglich.

Studienangebot

Studiengänge in diesem Bereich gibt es an Universitäten und Fachhochschulen. An den meisten Hochschulen besteht die Möglichkeit, das Studium mit einem Master fortzuführen.

Inhalte des Studiums

◼ Im Bachelorstudium **Mechatronik** vermitteln Module Basiskompetenzen aus den Fächern Mathematik und Physik sowie aus ingenieurwissenschaftlichen Fächern wie Technische Mechanik, Elektrotechnik, Elektronik und Elektronische Bauelemente, Schaltungstechnik, Informatik, Digitaltechnik, Steuerungstechnik, Signale und Systeme, Statik, Dynamik, Konstruktionstechnik, Systementwurf, Elektro-CAE (Computer Aided Engineering), Elektrische Antriebstechnik, Regelungstechnik, Signaltechnik, Sensortechnik, Messtechnik, Robotersysteme, Automation, Thermo- und Fluiddynamik, Werkstoffe, Technische Optik und Lichttechnik, Hydraulik und Pneumatik. Hinzu kommen z.B. Ergänzungsmodule in Englisch, Betriebswirtschaft/Rechnungswesen, Projektmanagement und Recht.

◼ In **Mikrotechnik** werden im Bachelorstudium Module zu Grundlagen in Mathematik, Physik, Chemie, Technische Mechanik, Elektrotechnik, Technische Optik, Werkstofftechnik, Technisches Konstruktionszeichnen/CAD, Bauelemente und Schaltungstechnik oder Technische Programmierung absolviert. Anschließend erfolgt die Vermittlung anwendungsbezogener Kenntnisse in Fächern wie Informatik, Elektronik, Mikroprozessortechnik, Signale und Systeme, Signalverarbeitung, Biomaterialien, Mess- und Regelungstechnik, Konstruktionsmethodik, Einführung in Modellbildung und Simulation, Produktionstechniken sowie Technische Optik.

◼ Zu den Studieninhalten der **Optotechnik** gehören Atom- und Molekülphysik, Chemie, Informatik, Programmierung, technische Optik, Mess- und Regelungstechnik, Sensortechnik, Biomedizin und physiologische Optik.

◼ Während des Studiums gibt es meist Praxisphasen, teilweise ein berufspraktisches Studiensemester.

Zulassungskriterien & Studienbewerbung

Manche Hochschulen verlangen ein mehrwöchiges Vorpraktikum. Für den Studiengang Augenoptik wird eine abgeschlossene Berufsaus- ▶

3

STUDIENFELDER & STUDIENINHALTE

MEDIEN-, VERANSTALTUNGSTECHNIK

bildung zum*zur Augenoptiker*in vorausgesetzt bzw. empfohlen.

Berufsmöglichkeiten nach dem Studium

Ingenieur*innen der **Mechatronik** arbeiten in allen wichtigen Branchen des Maschinen- und Anlagenbaus sowie der Elektrotechnik und Elektronik. Sie werden in Betrieben der Automobil- und Luftfahrtindustrie, der Fahrzeugtechnik, Automatisierungstechnik, Robotik, Mikrosystem- und Feinwerktechnik, Print- und Medientechnik, Audio- und Videoindustrie sowie der Medizintechnik gebraucht.

➔ Finde Studiengänge:

Ingenieur*innen des Fachbereichs **Mikrotechnik** arbeiten v.a. in Herstellerbetrieben für feinwerk- und mikrotechnische Produkte, z.B. für Geräte der Informationstechnik, Unterhaltungselektronik, Optik und Fototechnik, Mess-, Steuer- und Regelungstechnik, Sensortechnik, Medizintechnik, Fertigungs- und Montagetechnik, Haushaltsgerätetechnik, Sicherheitstechnik sowie im Fahrzeugbau.

Dank der Interdisziplinarität und Anwendungsbreite der **optischen Technologien** finden Absolvent*innen Beschäftigungsmöglichkeiten in Betrieben der Optikindustrie, der Medizin- und Umwelttechnik, der Informations- und Telekommunikationsbranche, der Automobilindustrie sowie bei zahlreichen weiteren Herstellern optischer Bauteile und Komponenten.

Die Absolvent*innen aller Bereiche können auch in Forschungseinrichtungen arbeiten. ■

> ➔ **links**
>
> **Cluster Mechatronik und Automation**
> ➔ www.cluster-ma.de
>
> **Studieninformationssystem**
> des Fakultätentages für Maschinenbau und Verfahrenstechnik (TMV)
> ➔ sis.ftmv.de
>
> **Photonikforschung**
> Infoportal des Bundesministeriums für Bildung und Forschung (BMBF) zur Forschung in den Optischen Technologien.
> ➔ www.photonikforschung.de
>
> **OptecNet Deutschland e.V.**
> Zusammenschluss der neun regionalen Kompetenznetze Optische Technologien in Deutschland.
> ➔ www.optecnet.de
>
> **IVAM Fachverband für Mikrotechnik**
> ➔ www.ivam.de
>
> **Deutsche Gesellschaft für Mechatronik (DGM)**
> ➔ dgmev.de

3.2.13 Medien-, Veranstaltungstechnik

Medien- und Veranstaltungstechniker*innen bereiten Künstler*innen, Kreativen, Politiker*innen oder Sportler*innen eine angemessene Bühne in Bild und Ton – live, aufgezeichnet, online und offline.

Das Studienfeld im Überblick

Das Studium der **Medien-, Multimediatechnik** vermittelt hauptsächlich die technischen Aspekte elektronischer Medien – vom Entwurf bis zur Produktion. Dazu zählen alle Technologien, die akustische und optische Signale kombinieren: Film, Video, Präsentationen, Streamings, Podcasts und die dazugehörige Übertragungstechnik etwa via Internet. Der interdisziplinäre Studiengang kombiniert ingenieurwissenschaftliche Fächer, Informationstechnologie sowie gestalterische Elemente. Im Gegensatz zu den klassischen Ingenieurberufen benötigen angehende Medieningenieur*innen eine besonders vielseitige Orientierung: Technik und Kunst, Produktion und Kommunikation, Informatik und Elektronik, aber auch Natur- und Sozialwissenschaften. Im Studium der **Veranstaltungstechnik** werden die Grundlagen vermittelt, um Events wie Messen, Konferenzen, Sportveranstaltungen oder Konzerte technisch zu planen und durchzuführen. Dazu gehören Auf- und Abbau der Ausstattung, Konzeption und Dekoration von Bühnen, die Verkabelung komplexer und vernetzter Anlagen – auch für unterschiedliche Übertragungstechniken, etwa Streamings im Internet sowie die Beherrschung von Technologien zur Umsetzung von Pyro-, Hologramm-, Laser-, Virtual Reality- oder anderen 3-D-Effekten. Auch die Entwicklung eigener mechanischer oder digitaler Lösungen gehört dazu.

Studienangebot

Hauptsächlich bieten Fachhochschulen, vereinzelt aber auch Universitäten und Kunsthochschulen, Bachelor- und Masterstudiengänge in diesem Bereich an. Die Studiengangsbezeichnungen sind beispielsweise auch „Sound and Music Production", „Audio and Acoustical

MEDIZINTECHNIK, TECHNISCHES GESUNDHEITSWESEN

Engineering" oder „Ton und Bild" sowie „Veranstaltungstechnik und -management".

Inhalte des Studiums

Im Bachelorstudium **Medien-, Multimediatechnik** werden Module zu den naturwissenschaftlich-technischen Grundlagen angeboten: Mathematik, Physik, Elektrotechnik, Nachrichtentechnik, Messtechnik, Informatik, Audio-/Videotechnik sowie Produktionstechnik. Je nach Studiengang kommen gestalterische Fächer wie z.B. Szenografie, Sounddesign, Grafikdesign oder Lichtgestaltung hinzu. Auch Medienlehre, Mediengestaltung, Medienrecht, Kommunikationsforschung, Wirtschaft und Projektmanagement sind mögliche Fächer.

Weitere Module – oft im Zusammenhang mit anwendungsorientierter Projektarbeit – erlauben ggf. im Rahmen eines Masterstudiums eine Schwerpunktbildung in den Bereichen Akustik, Digitalisierung, Medieninformatik, Film/Fernsehen, Hörfunk, Druck, Interaktive Medien. Eine Schwerpunktsetzung in Richtung Animation/Games-Engineering ist auch möglich.

Im Studium **Veranstaltungstechnik** gibt es Module zu den naturwissenschaftlich-technischen Grundlagen aus Mathematik, Physik, Elektrotechnik, Technischer Mechanik, Fertigungsverfahren, Antriebstechnik und Betriebswirtschaftslehre.

Weitere Module sind beispielsweise Hydraulik, Pneumatik, Baurecht, Betriebs- und Arbeitssicherheit, Konstruktion, Licht- und Beleuchtungstechnik, Tontechnik, Projektionstechnik. Veranstaltungsmanagement sowie Kosten und Leistungsrechnung. Vertiefende Wahlinhalte berücksichtigen auch aktuelle Entwicklungen wie 3-D-Visualisierung oder Netzwerk- und Kommunikationstechnik zur Digitalisierung von Inhalten.

Während des Studiums sind Praxisphasen möglich.

Zulassungskriterien & Studienbewerbung

An Fachhochschulen ist häufig ein mehrwöchiges Vorpraktikum im Medienbereich Pflicht. An Kunsthochschulen gibt es vorab eine Eignungsprüfung.

Berufsmöglichkeiten nach dem Studium

Absolvent*innen aus dem Bereich **Medien-, Multimediatechnik** können in Studios von Produktionsfirmen sowie Hörfunk- oder Fernsehsendern arbeiten – oder sie werden Projektleiter*in, Techniker*in, Konzeptioner*in oder Producer*in einer Online- oder Multimedia-Agentur, bei Werbeagenturen, Verlagen und anderen Unternehmen der Medienbranche.

Absolvent*innen aus dem Bereich **Veranstaltungstechnik** sind bei Eventagenturen, Messe- und Kongressveranstaltern, in kulturellen Einrichtungen von Kommunen sowie bei öffentlichen Veranstaltungsträgern gefragt. ■

➔ Finde Studiengänge:

➔ **links**

VPLT – Verband für Medien- und Veranstaltungstechnik
➔ www.vplt.org

Bundesverband Druck und Medien
➔ www.bvdm-online.de

ISDV e.V.
Interessengemeinschaft der selbstständigen Dienstleister*innen in der Veranstaltungswirtschaft ➔ www.isdv.net

Deutsche Theatertechnische Gesellschaft
➔ www.dthg.de

3.2.14 Medizintechnik, Technisches Gesundheitswesen

Operationsroboter, Beatmungsgeräte, Hörimplantate, Computertomografen – im Gesundheitswesen wimmelt es nur so von High-Tech-Produkten. Die Medizintechnik kombiniert all das medizinische, naturwissenschaftliche, ingenieur- und informationstechnische Fachwissen, das für die Entwicklung solcher Technologien notwendig ist.

Das Studienfeld im Überblick

Studierende in diesem Studienfeld beschäftigen sich allgemein mit Medizinischer Technik, mit Technologien für die Mundchirurgie, für ein besseres Hören oder Sehen oder zur Wiedererlangung der Beweglichkeit (Orthopädie oder Rehatechnik). Dabei decken die angebotenen Studiengänge ein großes Spektrum aus Forschung und Entwicklung ab, das von Verfahren und Gerätetechnik für schnelle und ▶

NANOWISSENSCHAFTEN

präzise Diagnose und schonende Therapie über Analyse, Modellierung und Simulation lebender Systeme und Teilsysteme bis hin zur Entwicklung von Biomaterialien und Organersatz reicht.

Dabei erarbeitet etwa die eher generalistisch angelegte **Medizintechnik** Lösungen für Anforderungen aus der medizinischen Praxis (Diagnose und Behandlung) und setzt diese in industrielle Produkte um. Beispiele dafür sind bildgebende Verfahren wie die Positronen-Emissions-Tomografie (PET), virtuelle Trainingssimulationen für die Ausbildung von Ärzt*innen, die Lasertherapie in der Augenheilkunde, neurotechnische Implantate, die Entwicklung biokompatibler Materialien oder endoskopischer Operationsmethoden. Zunehmend spielen auch Themen aus der Datenwissenschaft und Informatik eine Rolle.

➔ Finde Studiengänge:

In anderen Studiengängen des **technischen Gesundheitswesens** geht es um spezifische Technologien, um etwa bestimmte gesundheitliche Einschränkungen zu kompensieren, Krankheiten zu heilen oder Leistung zu steigern („*Optotechnik*", Abschnitt 3.2.12, oder „Orthobionik" beispielsweise).

Studienangebot

Die Bachelor- und Masterstudiengänge werden an Fachhochschulen und Universitäten angeboten. Studiengangsbezeichnungen sind: „Biomedical Engineering", „Sportmedizinische Technik", „Biomedizintechnik" oder „Dentaltechnologie". Im Masterstudium sind Spezialisierungen möglich, etwa „Medizinische Orthobionik", „Hörakustik und Audiologische Technik" oder „Mikromedizintechnik". An manchen Hochschulen ist auch ein praxisintegrierendes duales Studium möglich.

Inhalte des Studiums

Im Bachelorstudium werden Module aus Naturwissenschaft (Medizin) und Technik angeboten (Mathematik, Physik, Anatomie, Physiologie, Informatik, Werkstofftechnik, Technische Mechanik, Fertigungstechnik). Hinzu kommen betriebswirtschaftliches Grundwissen sowie Fremdsprachen. Außerdem können Inhalte z.B. aus dem sozialen Bereich sowie Praktika und Projektarbeiten auf dem Studienplan stehen.

Je nach inhaltlicher Ausrichtung kann ein Vertiefungsstudium folgen mit Modulen z.B. in Biomechanik, Medizinischer Mikrosystemtechnik, Regelungs- und Steuerungstechnik, Elektrotechnik, Medizinischem Gerätebau, Biotelemetrie, Leichtbau, Technischer Orthopädie und Rehatechnik, Hörakustik, Augenoptik, Biokompatiblen Werkstoffen, Kardiotechnik, Digitaler Bild- und Signalverarbeitung, Robotersystemen, Umwelt- und Hygienetechnik, Medizinischer Sicherheitstechnik, Qualitätsmanagement.

Sowohl an Fachhochschulen als auch an Universitäten sind Praktika fester Bestandteil des Studiums.

Zulassungskriterien & Studienbewerbung

An Fachhochschulen wird manchmal ein Vorpraktikum verlangt.

Berufsmöglichkeiten nach dem Studium

Ingenieur*innen für Medizintechnik arbeiten in der Medizin- und Gesundheitsindustrie, in Forschung und Entwicklung, Produktion, Montage, Service und Verkauf. Außerdem finden sie Beschäftigung in Krankenhäusern, Kliniken, Sanatorien und Laboren. Darüber hinaus gibt es Arbeitsplätze in Ingenieurbüros, Beratungsfirmen, Softwarehäusern oder auch bei Versicherungen. ■

➔ links

Bundesverband Medizintechnologie
➔ www.bvmed.de

Medizintechnik im Deutschen Industrieverband SPECTARIS
➔ www.spectaris.de/medizintechnik

VDI-Fachbereich Medizintechnik
➔ www.vdi.de/medizintechnik

VDMA – Arbeitsgemeinschaft Medizintechnik
➔ medtec.vdma.org/

3.2.15 Nanowissenschaften

Erkenntnisse aus einer Welt, die dem menschlichen Auge und oft auch der menschlichen Vorstellungskraft verborgen ist: Damit befasst sich die Nanotechnologie.

Das Studienfeld im Überblick

Nanotechnologie ist der Sammelbegriff für eine breite Palette von Technologien, die sich auf unterschiedlichste Weise mit der Analyse und Bearbeitung von Materialien beschäftigen, denen

PHYSIKALISCHE TECHNIK

eines gemeinsam ist: Ihre Größendimension beträgt ein bis einhundert Nanometer. Ein Nanometer ist ein Milliardstel Meter (ein menschliches Haar ist damit mehrere 10.000 Nanometer dick). Dies ist ein Grenzbereich, in dem quantenphysikalische Effekte eine wichtige Rolle spielen.

Sehr vereinfacht ausgedrückt: Die Nanotechnologie nutzt aus, dass Materialien und Strukturen allein aufgrund der geringen Größe einzelner Bestandteile zu neuen oder verbesserten Produkteigenschaften führen können. Somit ist man in der Lage, aus den Bausteinen der Natur – Atomen und Molekülen – neue Produkte mit maßgeschneiderten Eigenschaften aufzubauen. Beispiele dafür sind eine deutlich höhere Härte und Bruchfestigkeit von Materialien oder die selbstreinigenden Eigenschaften von Oberflächen.

Verschiedene Wissenschaftsbereiche, z.B. Chemie, Werkstoffwissenschaften, Physik, Biologie, Medizin und Informatik, sind daran beteiligt, Nanostrukturen zu erschließen. Die Nanotechnologie wird deshalb als Querschnittstechnologie begriffen. Ihre Erkenntnisse sind für eine große Zahl von Wissenschafts- und Technologiefeldern relevant.

Studienangebot
Studiengänge in diesem Feld werden vor allem an Universitäten, nur vereinzelt an Fachhochschulen angeboten. Die Studiengänge tragen Namen wie „Nanoscience", „Nanotechnologie" oder „Nanowissenschaften".

Inhalte des Studiums
Das Studium kann eine eher ingenieur- und materialwissenschaftliche Komponente besitzen oder den Schwerpunkt auf die physikalische Ausbildung legen. Im Bachelorstudium werden Kenntnisse in Mathematik, experimenteller und theoretischer Physik, Chemie, in den Ingenieurwissenschaften und der Nanotechnologie vermittelt.

In ingenieur- und materialwissenschaftlichen Modulen haben die Studierenden im Masterstudium die Möglichkeit, tiefergehende Kenntnisse in einer ausgewählten Anwendungsrichtung (z.B. Energietechnik, Elektronik, Biophysik) bzw. in einem Technologiefeld (z.B. Materialwissenschaften, Nanostrukturierungstechnologie, Bauelemente) zu erlangen. Praktika, Laboreinsätze und Fachexkursionen schlagen die Brücke zwischen theoretischen Kenntnissen und industrieller Anwendung.

Zulassungskriterien & Studienbewerbung
Je nach Hochschule ist ein mehrwöchiges Vorpraktikum vor Aufnahme des Studiums und/oder ein studienintegriertes zehn- bis zwölfwöchiges Industriepraktikum Pflicht.

Berufsmöglichkeiten nach dem Studium
Die Absolvent*innen arbeiten vor allem in Unternehmen und Einrichtungen, die Verfahren der Nanotechnologie erforschen oder anwenden. Dazu gehören neben der chemischen Industrie z.B. die Bereiche Informationstechnik, Energietechnik, Halbleiterproduktion, Biotechnologie, Pharmazie, Maschinenbau, Medizintechnik oder Gentechnik. Weitere Beschäftigungsmöglichkeiten bieten Forschungsinstitute und Hochschulen sowie Umweltbehörden. ■

➔ Finde Studiengänge:

➔ links
BMBF Projekt DaNa4.0
Daten und Wissen zu Nanomaterialien
➔ www.nanopartikel.info

cc-NanoBioNet
Netzwerk aus Hochschulen, Forschungsinstituten, Kliniken und Unternehmen, die sich mit Nanotechnologien beschäftigen
➔ www.nanobionet.de

3.2.16 Physikalische Technik

Die Physikalische Technik befasst sich damit, grundlegende Erkenntnisse und Forschungsergebnisse aus den Naturwissenschaften, insbesondere der Physik und Chemie, in technische Innovationen umzusetzen.

Das Studienfeld im Überblick
Die Physikalische Technik umfasst alle modernen Technologien z.B. aus den Bereichen Mikro- und Nanotechnologie, Halbleitertechnik und Elektronik, Oberflächen- und Dünnschichttechnik, Optik und Lasertechnik, Medizintechnik, Sensortechnik, Mess- und Analysentechnik. Dabei werden Ergebnisse der physikalisch-chemischen Grundlagenforschung aufgegriffen und in praktische Anwendungsfälle bzw. in technische Entwürfe überführt. Ziel ist es, nutzbringende umweltverträgliche und nachhaltige Produkte und Verfahren zu entwickeln. Das ▶

PRODUKTENTWICKLUNG, KONSTRUKTION

Studium der Physikalischen Technik vermittelt ein breit gefächertes physikalisch-chemisches Grundwissen sowie die Kompetenzen für interdisziplinäre, technische Problemlösungen. Begleitend werden Themen des Maschinenbaus, der Elektrotechnik und Elektronik sowie weiterer Ingenieurwissenschaften behandelt.

Studienangebot
Das Studium wird an Fachhochschulen und Universitäten angeboten. Die Studiengänge tragen unter anderem auch Bezeichnungen wie „Engineering Physics", „Energie- und Materialphysik" oder „Physikalische Technologien".

➔ Finde Studiengänge:

Inhalte des Studiums
Im Bachelorstudium vermitteln Module die allgemeinen mathematischen, physikalischen, chemischen, informationstechnischen und ingenieurwissenschaftlichen Basiskompetenzen. Fachspezifische Grundlagen werden in Bezug zum spezifischen Schwerpunkt der jeweiligen Hochschule in Veranstaltungen z.B. zur Werkstoffkunde, Strömungslehre und Thermodynamik, Festkörperphysik, Elektronik, Automatisierungstechnik, technische Optik, Laserphysik, technische Mechanik, Informatik und Konstruktionslehre gelehrt.

Die Fach- und Methodenkompetenz kann in anwendungsbezogenen Modulen, etwa in den Bereichen Mess-, Steuerungs- und Regelungstechnik, Vakuum- und Kryotechnik, Technische Optik, Nanostrukturen, Medizinphysik, Lasertechnologien, Spektroskopie, Technische Akustik oder Solartechnik vertieft werden.

Berufsmöglichkeiten nach dem Studium
Absolvent*innen der Physikalischen Technik (Physikingenieur*innen) arbeiten in allen Bereichen der naturwissenschaftlich-technologischen Entwicklungskette. Entsprechend der fachlichen Ausrichtung und Interessenlage umfasst dies Tätigkeiten in Forschungsinstituten, Entwicklungsabteilungen von Unternehmen, in der Produktion, der Planung, dem Vertrieb und Service. Physikingenieur*innen arbeiten z.B. aber auch in der Automobilindustrie und Luftfahrt, im Maschinen- und Anlagenbau, in der Halbleiterindustrie, der Kommunikationstechnik, der optischen Industrie oder in den Bereichen Lasertechnik und Medizintechnik. Viele dieser Branchen sind wichtig für die deutsche Wirtschaft, sodass gute Berufsaussichten mit interessanten Tätigkeiten bestehen. ∎

➔ **links**

Fachbereichstag Physikalische Technologien
➔ www.fachbereichstag-pht.de

Deutsche Physikalische Gesellschaft
➔ www.dpg-physik.de

Physikalische Technische Bundesanstalt
➔ www.ptb.de

3.2.17 Produktentwicklung, Konstruktion

Die Entwicklung und Konstruktion von industriellen Produkten stehen in diesem Studienfeld im Mittelpunkt. Dabei geht es um deren gesamten Produktlebenszyklus. Berücksichtigt werden neben Qualitätssicherungs- und Recyclingmaßnahmen auch betriebswirtschaftliche Aspekte.

Das Studienfeld im Überblick
Studierende in diesem Feld beschäftigen sich mit systematischen Schritten, die für die Entwicklung und Konstruktion neuer Produkte erforderlich sind. Der Weg von der Produktidee über das Konzept bis hin zur Realisierung erfolgt meist in Zusammenarbeit mit anderen Fachbereichen.

Dabei kommen mathematische Optimierungsverfahren, unternehmensspezifische Software-Lösungen sowie standardisierte Warenwirtschaftssysteme (ERP-Systeme) zum Einsatz. Berührungspunkte und zahlreiche Überschneidungen gibt es v.a. mit der Fertigungstechnologie (*Abschnitt 3.2.8*), der Informatik (*Abschnitt 3.3.5*) und mit dem Wirtschaftsingenieurwesen/ Technologiemanagement (*Abschnitt 3.2.25*).

Studienangebot
Bachelor- und Masterstudiengänge in diesem Bereich bieten sowohl Fachhochschulen und duale Hochschulen als auch Universitäten an. Häufig wird die Studienrichtung im Rahmen des Maschinenbaus angeboten. Mögliche grundständige Studiengänge sind etwa „Entwicklung und Konstruktion", „Konstruktionstechnik", „Maschinenbau/Produktentwicklung" oder „Technisches Design". Masterstudiengänge heißen „Leichtbau" oder „Produkt- und Systementwicklung".

QUALITÄTSMANAGEMENT

Inhalte des Studiums

Das Studium vermittelt mathematisch-naturwissenschaftliche Grundlagen sowie theoretisches und methodisches Fachwissen. Die Vorlesungen, Seminare und praktischen Übungen behandeln Themen wie Mathematik und Informatik, Physik, Technische Mechanik, Elektrotechnik, Thermodynamik, Konstruktionssystematik, CAD, Werkstoffkunde, Fertigungstechnik und BWL oder Arbeitswissenschaft.

Vertiefungsmöglichkeiten gibt es z.B. in Fabrikplanung, Produktionsplanung und -steuerung, Produktionsmittel und -logistik, Auslegung von Werkzeugmaschinen, Metallverarbeitung und CNC-Technik, Prozess-, Projekt- und Personalmanagement, Umformtechnik, Industrielle Logistik, Materialflusstechnik, Industrieroboter, angewandte Informatik, Qualitätsmanagement, Umweltschutz. Je nach Schwerpunktsetzung (z.B. in Produktionstechnik oder Produktionsmanagement) gibt es weitere technisch- oder managementorientierte Fächer.

Während des Studiums sind Praxisphasen von unterschiedlicher Dauer vorgesehen.

Zulassungskriterien & Studienbewerbung

Je nach Studiengang muss häufig ein mehrwöchiges Vorpraktikum z.B. in Produktionsbetrieben oder Ingenieurbüros nachgewiesen werden. Gegebenenfalls gibt es auch hochschulinterne Auswahlverfahren.

Berufsmöglichkeiten nach dem Studium

Absolvent*innen des Studienbereichs haben Zugang zu Aufgabenfeldern in verschiedenen Branchen, in denen Produkte industriell hergestellt werden. Beschäftigungsmöglichkeiten bieten sich z.B. im Maschinen- und Anlagenbau, im Kraftfahrzeugbau, in der Energieerzeugung, in der Elektroindustrie, feinmechanischen Industrie, Automobilindustrie, Textilindustrie, Papierindustrie oder Metallbearbeitungsindustrie.

Darüber hinaus werden sie in Ingenieurbüros, bei Wirtschafts- und Berufsverbänden und im öffentlichen Dienst z.B. in der Gewerbeaufsicht oder bei Arbeitsschutzämtern beschäftigt. Auch eine selbstständige Tätigkeit z.B. im Vertrieb oder in der Beratung ist möglich. ■

→ **Finde Studiengänge:**

3.2.18 Qualitätsmanagement

Qualitätsmanagement dient dazu, Produkte, Dienstleistungen und Prozesse zu verbessern, um die Wettbewerbsfähigkeit, Kundenzufriedenheit und -bindung zu erhöhen. Für Ingenieur*innen stehen in diesem Bereich insbesondere industrielle Produktionsprozesse im Fokus.

Das Studienfeld im Überblick

Qualitätsmanagement ist in allen Branchen relevant. Qualitätssichernde Maßnahmen durchzusetzen, Arbeitsabläufe nachhaltig effektiver und effizienter zu gestalten, Schwachstellen zu identifizieren, kontinuierliche Verbesserungen umzusetzen und neue Qualitätssysteme zu implementieren gehört zu den wesentlichen strategischen Wettbewerbsfaktoren. Das Studienfeld hat einen betriebswirtschaftlichen Hintergrund und bewegt sich an den Schnittstellen zur Sicherheitstechnik, Projekt- und Prozessplanung, Produktentwicklung, Konstruktion und Produktion. In der Regel erfolgt die Spezialisierung auf einen Themenbereich.

Studienangebot

Qualitätsmanagement ist ein reines weiterführendes Studienfach, das auf einem grundständigen ingenieurwissenschaftlichen Studium (etwa Sicherheitstechnik, siehe *Abschnitt 3.2.20*) aufbaut.

Inhalte des Studiums

Die Studieninhalte sind anwendungsbezogen und reichen von Methoden und Modellen der Qualitätssicherung, Risikoanalysen und Statistik, Auditierung und Normen, Qualitätstechniken bis hin zur Produkthaftung. Studierende lernen kunden- und prozessorientiert zu denken, komplexe Wirkungszusammenhänge zu erkennen und Qualitätsmethoden in konkreten Aufgabenstellungen zu beurteilen und anzuwenden. Auch Themen aus dem Bereich Management und Organisation werden je nach Studiengang abgedeckt.

Zulassungskriterien & Studienbewerbung

Es wird ein ingenieurwissenschaftlicher Studiengang, etwa Sicherheitstechnik, Prüftechnik ▶

3

STUDIENFELDER & STUDIENINHALTE

ROHSTOFFGEWINNUNG / HÜTTENWESEN

→ Finde Studiengänge:

oder Maschinenbau als Studienhintergrund erwartet, ggf. auch Berufspraxis.

Berufsmöglichkeiten nach dem Studium
Da Qualitätsmanagement in vielen Branchen eine Rolle spielt, sind die beruflichen Einsatzfelder breitgefächert. Absolvent*innen finden branchenübergreifend Beschäftigungsmöglichkeiten in Forschung und Lehre, Unternehmensführung, Unternehmensberatung, Projektplanung und -betreuung. ▪

3.2.19 Rohstoffgewinnung / Hüttenwesen

Metalle, Gesteine, Erdgase und -öle stehen hier im Mittelpunkt. Vermittelt werden Wissen und Methoden rund um das Auffinden, den Abbau, die Weiterverarbeitung und vor allem die Wiederverwertung von Rohstoffen, die zur Herstellung von Industriegütern benötigt werden.

Das Studienfeld im Überblick
Die nachhaltige Bereitstellung ausreichender Energiequellen und die umweltverträgliche Nutzbarmachung von endlichen Rohstoffen sind eine große Herausforderung. Für deren nachhaltige Gewinnung und das Recycling gilt es, verbesserte zukunftsfähige Strategien zu entwickeln. Hierfür braucht es technisch-naturwissenschaftliches Basiswissen. Ein Studium in diesem Bereich bereitet auf eine Tätigkeit in einer international ausgerichteten Branche vor.

Studienangebot
Das Studienangebot umfasst Bachelor- und Masterstudiengänge wie „Rohstoffingenieurwesen und nachhaltiges Ressourcenmanagement" und „Nachhaltige Rohstoffgewinnung und Recycling".

Inhalte des Studiums
Im Studium werden mathematisch-naturwissenschaftliche Kenntnisse, Grundlagen der Ingenieurwissenschaft, des Bauingenieurwesens, Rohstoffgewinnung und Prozesstechnik sowie betriebswirtschaftliche Themen vermittelt. Grundlagenwissen in fachbezogener Chemie und Mechanik, Metallkunde und Werkstoffwissenschaft spielt ebenfalls eine Rolle.

Belegt werden können Fächer wie Geowissenschaften, Geoinformation, Aufbereitungstechnik, Boden- und Felsmechanik, Gewinnungstechnik im Tage- und Tiefbau, Berg- und Umweltrecht, Grundlagen des Recyclings, Umwelttechnik.

Auch der Erwerb von Fremdsprachenkenntnissen und interkulturellen Kompetenzen ist in der international ausgerichteten Branche von Bedeutung.

Während des Studiums finden Laborpraktika und Exkursionen statt.

→ Finde Studiengänge

Zulassungskriterien und Studienbewerbung
Oft wird als Zulassungsvoraussetzung ein mehrwöchiges Vorpraktikum in der Industrie verlangt.

Berufsmöglichkeiten nach dem Studium
Beschäftigung finden Absolvent*innen dieser Studienrichtung in unterschiedlichen Industriezweigen, in der Anlagen-, Bau- und Bergbaumaschinenindustrie, in Betrieben der Gewinnungs- oder Sprengstofftechnik, in Betrieben der Erdgas- und Erdölgewinnung, in Steinbrüchen, bei Energieversorgern oder in Umweltbehörden, in der Prozessplanung, -steuerung oder im Vertrieb.

Wer im Bereich Kohleabbau tätig werden will, sollte bedenken, dass die Bundesregierung anstrebt, die Kohleverstromung in Deutschland bis 2038 zu beenden. ▪

→ **links**

Vereinigung Rohstoffe und Bergbau e.V.
→ v-r-b.de

Bundesanstalt für Geowissenschaften und Rohstoffe
→ www.bgr.bund.de

SICHERHEIT UND GEFAHRENABWEHR

3.2.20 Sicherheit und Gefahrenabwehr, Rettungsingenieurwesen

Erdbeben, Hochwasser, Brände, Brückeneinstürze, Chemieunfälle: In unserer Welt kommt es immer wieder zu Katastrophen. In solchen Fällen werden Expert*innen gebraucht, die einen kühlen Kopf bewahren, das Krisenmanagement übernehmen und geeignete Abwehrmaßnahmen ergreifen.

Das Studienfeld im Überblick
Studiengänge im Bereich **Sicherheit und Gefahrenabwehr** bilden Expert*innen aus, die dafür sorgen, dass Sicherheitsrisiken minimiert oder Dinge wieder unter Kontrolle gebracht werden, die außer Kontrolle geraten sind. Bei Feuerwehr und Polizei, im Sicherheitsmanagement in Unternehmen verschiedener Branchen sowie bei Staat und Regierung entwickeln sie Sicherheitstechnik und -konzepte sowie Ablaufpläne und sorgen nicht nur im Katastrophenfall dafür, dass diese auch eingehalten werden. Weil das Tätigkeitsfeld so breit ist, brauchen Sicherheitsfachkräfte spezifisches Wissen auf vielen Gebieten. Überschneidungen gibt es zu den Rechts-, Wirtschafts- und Sozialwissenschaften, aber auch zu Chemie, Physik und Psychologie. Das **Rettungsingenieurwesen** ist eine fachübergreifend ausgerichtete Disziplin, die ingenieurwissenschaftliche Fächer mit sozialwissenschaftlichen, wirtschaftswissenschaftlichen und fachspezifischen Fächern verbindet.

Studienangebot
Das Studienangebot im Bereich **Sicherheit und Gefahrenabwehr** umfasst sowohl generalistische Studiengänge als auch spezialisierte Angebote, z.B. im Bereich „Industrielle Sicherheit". Das Studium ist i.d.R. sowohl forschungs- als auch anwendungsorientiert und beinhaltet Praktika. Mögliche Studiengangsbezeichnungen sind „Gefahrenabwehr/Hazard Control", „Qualität, Umwelt, Sicherheit und Hygiene", „Risikoingenieurwesen","Security & Safety Engineering" oder „Sicherheitsmanagement".

Studiengänge im **Rettungsingenieurwesen** bieten derzeit nur die Technische Hochschule Köln (Bachelor und Master) sowie die Hochschule für angewandte Wissenschaften Hamburg (Bachelor).

Inhalte des Studiums
Im Studium setzen sich die Studierenden der **Sicherheit und Gefahrenabwehr** mit verschiedenen Disziplinen auseinander. Sie erlangen je nach Ausrichtung Grundlagenwissen u.a. aus den Bereichen Sicherheitstechnik, Arbeits-, Brand- und Umweltschutz, Chemie, Elektrotechnik, Grundlagen der Kommunikation, Konflikt und Kriminalität im gesellschaftlichen Prozess, Marketing und Management, Physik, Recht und BWL, Selbst- und Konfliktmanagement, Umweltschutz, Informatik, Verfahrenstechnik und Psychologie. Darüber hinaus können sie eigene Schwerpunkte setzen. Dazu zählen bspw. Hochwasser- oder Strahlenschutz, Löschtechnik und Öffentlichkeitsarbeit.

Studierende des **Rettungsingenieurwesens** erwerben zunächst naturwissenschaftliche und technische Grundlagen. Außerdem lernen sie, wie man Gefahren, Risiken und deren Zusammenhänge erkennt, sie einschätzt, ihnen vorbeugt und sie bekämpft. Sie beschäftigen sich u.a. mit der Bedarfsplanung in Rettungsdienst und Brandschutz, mit Chemie, Betriebswirtschaft, Humanbiologie, Ingenieurmathematik, Risikoanalyse, Notfallmedizin, Physik und Technischer Mechanik.

Zulassungskriterien & Studienbewerbung
Für ein Studium der Sicherheit und Gefahrenabwehr bzw. des Rettungsingenieurwesens können z.T. mehrwöchige Praktika bzw. Eignungsfeststellungsprüfungen Voraussetzung sein.

Berufsmöglichkeiten nach dem Studium
Absolvent*innen beider Fächer arbeiten u.a. bei Berufsfeuerwehren, in der Industrie, bei Brand-, Katastrophen- und Umweltschutzbehörden des Bundes, der Länder oder von Gemeinden, bei der Polizei, als Sachverständige bei Versicherungen, im Bauwesen oder bei Banken, in der Entwicklung oder Herstellung von Brandschutz- und Sicherheitstechnik.

➔ Finde Studiengänge:

TECHNIK, INGENIEURWISSENSCHAFTEN

3.2.21 Technik, Ingenieurwissenschaften (übergreifend)

Technische Systeme, Geräte und Anlagen werden in unseren modernen Zeiten um immer leistungsstärkere mechanische, elektronische oder informationstechnische Komponenten erweitert und dadurch komplexer. Vor diesem Hintergrund werden Fachkräfte gebraucht, die fit sind in der interdisziplinären Zusammenarbeit verschiedener ingenieurwissenschaftlicher Fachdisziplinen.

➔ Finde Studiengänge:

Das Studienfeld im Überblick

Das Studienfeld bündelt mehrere, methodenorientierte ingenieurwissenschaftliche Studiengänge, in denen die allgemeinen Ingenieurwissenschaften in Kombination mit den Naturwissenschaften, der Mathematik oder der Informatik vermittelt werden

Studienangebot

Das Studienangebot umfasst:
- rein generalistische ingenieurwissenschaftliche Studiengänge, bspw. „Allgemeine Ingenieurwissenschaften", „Internationale Ingenieurwissenschaften" „Engineering" oder „Interdisziplinäre Ingenieurwissenschaften"
- Studiengänge aus dem Bereich Kybernetik und Systemtechnik (bspw. „Systemtechnik und Technische Kybernetik" oder „Technische Kybernetik und Systemtheorie", „System Engineering", „Smart Systems", also der Entwicklung komplexer Maschinen oder Steuerung und Regelung von Maschinen (Robotik), Lebewesen und sozialen Organisationen anhand von Modellen und Simulationen (siehe auch Abschnitt 3.2.2. „Automatisierungs-, Produktionstechnik").
- Studiengänge des Patentingenieurwesens, das die ingenieurwissenschaftlichen Grundlagen um juristische Inhalte ergänzt.

Inhalte des Studiums

Im generalistischen Studium erfolgt zunächst eine Grundausbildung in den Fächern Ingenieurwissenschaften, Naturwissenschaften, Mathematik und Informatik. Gelehrt werden je nach Studiengang u.a. die Fächer Automatisierungstechnik, Elektrische Signalverarbeitung, Elektronische Systeme, Chemie, Konstruktion, Thermodynamik, Materialwissenschaften, Mathematik für Ingenieur*innen, Mikrotechnologie, Prozessinformatik, Recht und Betriebswirtschaftslehre.

Im Rahmen von Schwerpunkten und Vertiefungsrichtungen können die Studierenden anschließend fachspezifische Kenntnisse erwerben. Zu den Vertiefungsrichtungen zählen bspw. Maschinenbau, Mediziningenieurwesen, Optoelektronik, Energie- und Umwelttechnik, Elektro- und Informationstechnik sowie Bioverfahrenstechnik.

Studiengänge aus dem Bereich Kybernetik/Systemtechnik und Patentingenieurwesen thematisieren von Anfang an spezifische Aspekte etwa Simulation und Modellierung, Robotik bzw. Patentrecht.

Zulassungskriterien & Studienbewerbung

Teilweise werden Eignungsfeststellungstests bzw. mehrwöchige Praktika verlangt, die man i.d.R. bis zum Ende des dritten Semesters absolvieren kann. Die Studiengänge sind i.d.R. zulassungsbeschränkt. Die Bewerbung erfolgt über die Hochschule.

Berufsmöglichkeiten nach dem Studium

Die Aufgabenbereiche von Ingenieur*innen sind vielfältig und abhängig von der jeweiligen Studienrichtung bzw. dem Studienschwerpunkt. So arbeiten sie bspw. in Maschinenbauunternehmen, in der Biotechnologie, in der Luft- und Raumfahrt, in der Automobil-, Elektro- und chemischen Industrie, in Wissenschaft und Forschung von Hochschulen und privaten Instituten, in Handwerksbetrieben, Kanzleien, bei Patentämtern, Verbänden und Organisationen oder in der öffenlichen Verwaltung. ∎

➔ **links**

VDI – Verein Deutscher Ingenieure
➔ www.vdi.de

UMWELTTECHNIK, UMWELTSCHUTZ

3.2.22 Umwelttechnik, Umweltschutz

Studiengänge im Bereich Umwelttechnik und Umweltschutz befassen sich unter anderem damit, wie Ressourcen nachhaltig geschont und Schäden an der Umwelt vermieden oder rückgängig gemacht werden können.

Das Studienfeld im Überblick
Abfallbeseitigung, Luftreinhaltung, Gewässerschutz und eine nachhaltig produzierende Industrie sind Beispiele dafür, in welchen Bereichen sich Absolventen dieser Studienrichtung später für die Umwelt einsetzen können. Umweltbezogene Studieninhalte finden sich in vielen Studiengängen, z.B. im Maschinenbau (*Abschnitt 3.2.11*), in der Chemie (*Abschnitt 3.3.3*), der Physik (*Abschnitt 3.3.7*), den Agrarwissenschaften (*Abschnitt 3.1.1*), aber auch den Wirtschaftswissenschaften (*Kapitel 3.5*) oder den Rechts- und Sozialwissenschaften (*Kapitel 3.6*). Die Grundlagen für dieses anwendungsbezogene Studienfeld liefern die Ingenieur- und Naturwissenschaften.

Studienangebot
Studienangebote rund um Umwelttechnik und Umweltschutz lassen sich zwei Hauptrichtungen zuordnen:

- **Ingenieurwissenschaftlich-technische Ausrichtung:** Im Bereich Umweltschutztechnik wird Wissen aus den Ingenieurwissenschaften, etwa aus dem Maschinenbau, der Verfahrenstechnik oder dem Bauingenieurwesen sowie aus den Naturwissenschaften genutzt, um umwelttechnische Anlagen zu entwickeln. Eigenständige Studiengänge widmen sich menschlichen Lebensräumen, nachwachsenden Rohstoffen, dem Bodenschutz, der Luftreinhaltung, der Entsorgungstechnik, der Recyclingtechnik, der Wasser- und Abwassertechnologie oder der Entsorgungswirtschaft.
- **Planerisch-gestalterische Ausrichtung** im Bereich Umweltschutz: Hier kommen naturwissenschaftliche, sozioökonomische und gestaltende Fachgebiete zusammen. Beispiele hierfür sind die Studiengänge „Naturschutz und Landschaftsökologie" und „Naturschutz und Landschaftsplanung". Teilweise gibt es Überschneidungen zu den Geo-, Bio- und Umweltwissenschaften (siehe *Kapitel 3.3 „Mathematik und Naturwissenschaften"*) sowie zur Landschaftsarchitektur (siehe *Abschnitt 3.2.1 „Architektur, Raumplanung"*).

Die fachliche Spezialisierung kann bereits in den letzten Semestern des Bachelorstudiums erfolgen, ist aber insbesondere Ziel des Masterstudiums.

Inhalte des Studiums
Die Studieninhalte reichen – je nach fachlicher Ausrichtung – von naturwissenschaftlichen Fächern wie Mathematik, Biologie, Physik und Chemie und technischen wie Mechanik, Maschinenbau, Konstruktion, Energietechnik und Verfahrenstechnik über die Wirtschaftswissenschaften bis hin zu den Rechts- und Sozialwissenschaften.

→ Finde Studiengänge:

Berufsmöglichkeiten nach dem Studium
Absolvent*innen umweltbezogener Studiengänge können je nach Fachrichtung unterschiedliche berufliche Wege einschlagen:
Umwelttechnikingenieur*innen entwickeln umweltfreundliche Produktionsverfahren, überprüfen Anlagen und Betriebsstätten auf die Einhaltung von Umweltauflagen und erstellen Umweltbilanzen. Unter ihnen gibt es wiederum Spezialist*innen, wie zum Beispiel Ingenieur*innen für Abfall- und Entsorgungstechnik. Sie konstruieren, verkaufen und warten Anlagen für Recycling, Wasser- und Abwasserversorgung, Abfallentsorgung etc.

Ingenieur*innen dieser Fachrichtung arbeiten vorrangig bei Unternehmen, die eine besondere Umweltrelevanz haben, z.B. in der Energiewirtschaft, Chemischen Industrie, Papierindustrie, Galvanoindustrie, Baustoffindustrie sowie der Entsorgungs- und Abfallwirtschaft. Zudem sind sie tätig bei Behörden, z.B. bei kommunalen Umweltbehörden, Ver- und Entsorgungsbetrieben, Gewerbeaufsichtsämtern oder Bezirks-, Landes- und Bundesbehörden, Ministerien sowie für analysierende, beratende und gutachterliche Tätigkeitsschwerpunkte auch bei Beratungs- und Ingenieurbüros. ▶

→ **links**

BWK – die Umweltingenieure
→ bwk-bund.de

Umweltcluster Bayern
Netzwerk der bayerischen Umweltwirtschaft
→ www.umweltcluster.net

Bundesverband Beruflicher Naturschutz
→ www.bbn-online.de

VERFAHRENSTECHNIK

Ingenieur*innen für Landschaftsökologie und Naturschutz konzipieren u.a. die umweltschonende Nutzung der Land- und Forstwirtschaft oder von Freiflächen. Sie finden insbesondere Beschäftigung als Planer*innen in Ingenieur- und Architekturbüros, als Gutachter*innen im öffentlichen Dienst, z.B. bei Umweltämtern sowie Land-, Forst- und Wasserwirtschaftsbehörden, oder im Bereich Umweltbildung, z.B. bei Verbänden, in der Verwaltung von Schutzgebieten oder an Hochschulen. ■

3.2.23 Verfahrenstechnik

Wie kommt man vom (Roh-)Stoff zum fertigen Produkt? Vom Erz zum Eisen? Von der Baumwolle zum T-Shirt? Mit der Entwicklung und Durchführung solcher Prozesse, bei denen Stoffe durch chemische, physikalische und biologische Prozesse umgewandelt werden, beschäftigt sich die Verfahrenstechnik.

Das Studienfeld im Überblick

Im Studium der Verfahrenstechnik erwerben die Studierenden Kenntnisse über Stoffeigenschaften, biologische Zusammenhänge, Thermodynamik und Strömungslehre sowie über Aufbau und Funktionsweise von verfahrenstechnischen Maschinen, Anlagen und Apparaten. Die **Biotechnologie**, ein Spezialgebiet der Verfahrenstechnik, beschäftigt sich insbesondere damit, ob und wie kleinste Organismen oder deren Bestandteile in technischen Anwendungen zum Einsatz kommen können, etwa Bakterien als Energiespeicher, Enzyme als Beschleuniger von Herstellungsverfahren oder Werkzeuge der Gentechnik.

Interesse an Physik, Chemie, Biologie, Mathematik und Technik ist wichtig in diesem Studienfeld.

Die Studiengänge können mit unterschiedlichen thematischen Schwerpunkten angeboten werden, z.B. Energietechnik, Umwelttechnik, Biotechnologie oder Produktionstechnik, was sich auch in der unterschiedlichen Gewichtung naturwissenschaftlicher und technischer Inhalte niederschlägt. Schnittmengen zu Verfahrenstechnik haben die Chemietechnik (*siehe Abschnitt 3.2.4*) und die Fertigungstechnologien (*siehe Abschnitt 3.2.8*).

Studienangebot

Bachelor- und Masterstudiengänge in diesem Bereich gibt es an Universitäten und Fachhochschulen. Verfahrenstechnik und Biotechnologie werden in einigen Fällen auch kombiniert angeboten. Auch Kombinationen von Verfahrens- und Chemietechnik sind möglich. Außerdem gibt es eine Reihe Studiengänge mit unterschiedlichen Bezeichnungen aber verwandten Themen.

Inhalte des Studiums

Im Bachelorstudium vermitteln Module die naturwissenschaftlich-technische Basis, etwa Mathematik, Chemie, Mechanik, Werkstoffkunde, Thermodynamik, Fluiddynamik, Apparatebau, Anlagentechnik, Regelungstechnik und Systemdynamik.

Darauf bauen (ggf. auch erst im Masterstudium) Module zu den spezifischen Fachgebieten auf: Verfahrenstechnik, Bioverfahrenstechnik, Anlagen- und Apparatebau, Wasserqualität und Verfahrenstechnik zur Wasser-/Abwasserbehandlung, Prozessdynamik und Regelung, Prozessgestaltung, numerische Mathematik, Wärme- und Stoffübertragung.

Beim Fachhochschulstudium steht i.d.R. die Vermittlung verfahrenstechnischer Kenntnisse im Vordergrund. Diese erhalten eine Vertiefung in den Bereichen Prozess- und Anlagentechnik, Reaktionstechnik, industrielle Chemie, Sicherheits- und Umwelttechnik.

Teils ist ein erhöhter Anwendungsbezug in Gebieten und Branchen wie Kosmetik-, Pharma- oder Prozess- bzw. Naturstofftechnik, der Umwelt- und Biotechnik, des Lackingenieurwesens oder der Textilchemie möglich.

Zulassungskriterien & Studienbewerbung

Je nach Hochschule ist teilweise ein Vorpraktikum nötig.

Berufsmöglichkeiten nach dem Studium

Beschäftigungsmöglichkeiten für Ingenieur*innen der Verfahrenstechnik bzw. Biotechnologie bestehen vor allem bei:

■ Betreibern von verfahrenstechnischen Anlagen z.B. in der chemischen, pharmazeutischen und biotechnologischen Industrie, in der petrochemischen Industrie, der Eisen- und Stahlindustrie, der Kunststoffindustrie, der Holz- und Baustoffindustrie, der Glas- und keramischen Industrie, der Papier- und Zellstoffindustrie, der Textilindustrie, der Nahrungs- und Genussmittelindustrie,

WERKSTOFF-, MATERIALWISSENSCHAFTEN

in Ver- und Entsorgungsbetrieben sowie Energieerzeugungsbetrieben
- Planungs-, Hersteller- und Montagefirmen für verfahrenstechnische Maschinen und Anlagen
- Überwachungs- und Genehmigungsbehörden, Technischen Überwachungsvereinen
- (auch selbstständigen) Ingenieurbüros bzw. Sachverständigenbüros.

→ Finde Studiengänge:

3.2.24 Werkstoff-, Materialwissenschaften

Ingenieur*innen in diesem Feld erforschen moderne Materialien und entsprechende Werkstoffe, um neue und im besten Fall nachhaltigere Technologien zur Anwendung zu bringen.

Das Studienfeld im Überblick

Haifischhaut, Biokeramiken, Hitzeschutzschilde, Stadiondachkonstruktionen oder ultraleichte Autokarosserien – all das sind Themen, mit denen sich die Ingenieur*innen der Werkstoff- und Materialwissenschaft befasst haben. Ein Ziel bei der Entwicklung von neuen Werkstoffen oder Materialien ist es, Eigenschaften zu verbessern, um etwa im Sinne der Nachhaltigkeit Produkte, Produktionsverfahren oder Technologien zu optimieren. So senkt der Leichtbau den Energieverbrauch, andere neue Materialien sind biokompatibel, recyclebar und reagieren intelligent auf veränderte Betriebsbedingungen.

Materialwissenschaftler*innen sind aber auch Expert*innen für die physikalischen Eigenschaften lang erprobter Werkstoffe: Der modernen Technik stehen unzählige zur Verfügung. Zu den klassischen Werkstoffgruppen gehören z.B. Metalle, Keramiken, Gläser und Polymere. Werkstoffentwicklungen aus den Bereichen der Verbundwerkstoffe, Werkstoffmischungen, Halbleiter, Naturstoffe (Bionik) sowie den sogenannten „Smart Materials", die sich z.B. selbstständig äußeren Einflüssen anpassen können (Formgedächtnis). Auch ultramoderne Schlüsseltechnologien wie die Nano(struktur)technik sind im Bereich der Materialwissenschaft und Werkstofftechnik angesiedelt.

Studienangebot

Im Studium der **Werkstofftechnik** geht es um die ingenieurwissenschaftlichen Aspekte der Entwicklung, Herstellung, Verarbeitung und des Recyclings aller Arten von Werkstoffen. Es setzt v.a. technisches Interesse und eine Affinität zu mathematisch-naturwissenschaftlichen Phänomenen voraus.

Anzeige

Die **Materialwissenschaft** ist stärker naturwissenschaftlich orientiert. Hier untersucht man interdisziplinär den strukturellen Aufbau funktionaler Materialien (Metalle, Polymere, Gläser/Keramiken, Halbleiter, Verbundwerkstoffe, Kunststoffe) und die daraus resultierenden technischen Eigenschaften, die eine Herstellung maßgeschneiderter Materialien mit neuen oder verbesserten Eigenschaften erlauben.

Es gibt aber auch Studiengänge, die Materialwissenschaft und Werkstofftechnik miteinander vereinen oder sich bereits auf eine Werkstoffgruppe spezialisieren, etwa Baustoffingenieurwissenschaft oder Polymerwissenschaften.

Inhalte des Studiums

Zu Beginn des Studiums erfolgt eine breite Basisausbildung in den mathematisch-naturwissenschaftlichen und ingenieurwissenschaftlichen Fächern. Dazu gehören insbesondere Mathematik, Physik, Chemie, Mechanik, Werkstoffchemie, Kristallografie, Materialkunde, Werkstofftechnik, Werkstoffverarbeitung und analytische Methoden. Je nach Wahl des Studienganges unterscheidet sich die Schwerpunktlegung.

Im Laufe des Studiums werden die Kenntnisse der theoretischen, experimentellen und technologischen Aspekte der einzelnen Materialien und Werkstoffe sowie deren Herstellung und ▶

125

WIRTSCHAFTSINGENIEURWESEN

Verarbeitung erweitert. Dazu dienen vertiefende Module, die sehr spezifisch auf die individuellen Studien- und Berufsinteressen zugeschnitten sind und zwischen den Studiengängen variieren. Je nach Studiengang ermöglichen Wahlmodule so eine berufszielbezogene Profilbildung.

Zulassungskriterien & Studienbewerbung
Je nach Hochschule und Vorbildung sind teilweise Vorpraktika notwendig.

Berufsmöglichkeiten nach dem Studium
Werkstoffingenieur*innen werden in der industriellen Forschung und Entwicklung, in der Fertigung, dem Qualitätswesen, im technischen Vertrieb sowie im öffentlichen Dienst (Technische Überwachungsvereine, Bundesanstalt für Materialprüfung etc.) eingesetzt. Beschäftigungen bieten sich, z.T. abhängig vom Werkstoff, in allen Industriebereichen an.
Beispiele für relevante Branchen sind:
- Verkehrstechnik, Automobilbau, Bahn, Luft- und Raumfahrttechnik (z.B. Gewichtsreduzierung, Bremssysteme, Turbinen)
- Maschinenbau (z.B. verschleißfeste oder hochfeste Materialien)
- Chemische Industrie (z.B. Katalysatoren, Wärmetauscher)
- Umwelttechnik (z.B. Recycling, Ressourcenschonung)
- Energietechnik (z.B. Solarzellen, Brennstoffzellen)
- Mikroelektronik (z.B. Halbleiter, Sensoren)
- Nachrichtentechnik (z.B. Lichtleitfasern, Hochfrequenzsubstrate)
- Optische Industrie (z.B. vergütete Linsen, Wellenleiter, digitale Bildspeicherung)
- Medizintechnik (z.B. Implantate, Zahnersatz)
- Denkmalpflege (z.B. Restauration).

Beispiele für die verarbeitende Industrie sind:
- Erzbergbau und Hüttenindustrie (Eisen- und Nichteisenmetalle, Hochofen-, Stahl- und Warmwalzwerke)
- Gießereiindustrie
- Betriebe der Oberflächenveredlung (z.B. Korrosionsschutz)
- Stahl- und Leichtmetallbau
- Baustoffindustrie (z.B. Wärmedämmung, Sonnenschutzgläser)
- Glas- und Keramikindustrie. ■

Deutsche Gesellschaft für Materialkunde e.V. (DGM)
→ www.dgm.de
Studientag Materialwissenschaft und Werkstofftechnik e.V. (StMW)
→ stmw.de

3.2.25 Wirtschaftsingenieurwesen, Technologiemanagement

Um Prozesse an der Schnittstelle von Wirtschaft und Technik optimieren zu können, brauchen Betriebe und z.T. auch Verwaltungen Fachleute mit generalistischen, technischen und betriebswirtschaftlichen Kenntnissen.

Das Studienfeld im Überblick
Expert*innen aus dem Bereich Wirtschaftsingenieurwesen und Technologiemanagement kennen sich sowohl mit technischen Aspekten als auch mit betriebswirtschaftlichen Anforderungen aus. Sie vermitteln nicht nur zwischen den Themen, sondern auch zwischen unterschiedlichen Denk- und Arbeitsweisen.

Studienangebot
Studiengänge in diesem Bereich heißen vor allem „Wirtschaftsingenieurwesen", aber auch „Produktion und Management", „Projektmanagement, -ingenieurwesen", „Technischer Vertrieb" oder „Technologie & Technologiemanagement" sind möglich.
Im Studium werden oft gleichzeitig eine Ingenieurwissenschaft – seltener Naturwissenschaft oder Informatik – und Wirtschaftswissenschaften studiert. Dabei existieren zahlreiche Spezialisierungsmöglichkeiten, z.B. im Bauingenieurwesen, in der Elektro- und Informationstechnik, im Maschinenbau, in der Biotechnologie, in der Logistik oder im Produktmanagement.
Der Anteil der ingenieurwissenschaftlichen und betriebswirtschaftlichen Studieninhalte variiert von Standort zu Standort stark. Daher

WIRTSCHAFTSINGENIEURWESEN

sollten sich Bewerber*innen vor Studienbeginn detailliert über das jeweilige Profil des Studiengangs informieren. Im Anschluss an ein i.d.R. ingenieurwissenschaftliches Studium kann auch ein Aufbau- oder Zusatzstudium, das wirtschaftswissenschaftliche und teilweise auch weitere technische Fächer enthält, absolviert werden.

Inhalte des Studiums

Das Studium umfasst die Vermittlung wirtschafts- und sozialwissenschaftlicher Kenntnisse sowie die Ausbildung in der gewählten ingenieurtechnischen Richtung (z.B. Maschinenbau, Elektrotechnik, Bauingenieurwesen, Chemie- und Verfahrenstechnik, Verkehrswesen etc.). In der gewählten Ingenieurrichtung erwerben die Studierenden Kenntnisse der spezifischen ingenieur- und naturwissenschaftlichen Grundlagen. Hinzu kommen wirtschaftswissenschaftliche Modulangebote zu Mikro- und Makroökonomie, betriebliches Rechnungswesen, Marketing, Produktionsmanagement, Statistik, Wirtschaftsrecht und Logistik. Auch mathematische Module wie Analysis, Lineare Algebra sowie informationstechnische Inhalte sind oft Teil des Angebotes.

Zulassungskriterien & Studienbewerbung

Teilweise sind Vorpraktika im kaufmännischen oder technischen Bereich verpflichtend.

Berufsmöglichkeiten nach dem Studium

Als interdisziplinär ausgebildete Spezialist*innen an der Schnittstelle zwischen Technik und Ökonomie arbeiten Wirtschaftsingenieur*innen und Technologiemanager*innen in nahezu allen technisch-wirtschaftlichen Funktionsbereichen, wie z.B. in Vertrieb und Marketing, Logistik und Materialwirtschaft, Produktion und Fertigung, im Gebäudemanagement, im Qualitätswesen sowie im Finanz- und Rechnungswesen.

Beschäftigungsmöglichkeiten gibt es v.a. in größeren Produktionsbetrieben aller Branchen. Aber auch Handelsbetriebe, Consulting- und Wirtschaftsberatungsunternehmen sowie größere Verkehrsunternehmen bieten Arbeitsplätze. Dabei bestimmt die jeweilige ingenieurwissenschaftliche Fachrichtung in hohem Maß die Branche, in der sie tätig werden können. ■

➔ Finde Studiengänge:

➔ **links**

Verband deutscher Wirtschaftsingenieure
➔ www.vwi.org

MATHEMATIK, NATURWISSENSCHAFTEN

3.3 Studienbereich Mathematik, Naturwissenschaften

Die Naturwissenschaften beobachten, beschreiben und erforschen die Zusammenhänge natürlicher Gesetzmäßigkeiten. Dazu führen die Wissenschaftler*innen Experimente durch oder stellen anhand der Ergebnisse Modelle und Theorien auf.

Naturwissenschaftler*innen kümmern sich dabei vorwiegend um die Grundlagenforschung. Darauf bauen wiederum praxisorientierte Bereiche wie Medizin, Landwirtschaft oder Technik auf (siehe *Abschnitt 3.3.1 „Angewandte Naturwissenschaften"*). Zu den Naturwissenschaften, die sich vorwiegend mit der unbelebten Natur bzw. Materie befassen, gehören Physik, Chemie, Geologie und Astronomie. Hingegen untersuchen die biologischen Naturwissenschaften (Biologie, Genetik, Anthropologie, Physiologie) Phänomene der belebten Natur bzw. Materie.

Die wichtigste Hilfsdisziplin für die Naturwissenschaften ist die Mathematik. Sie befasst sich mit Problemen, die durch Zahlen und geometrische Figuren dargestellt werden können, und mit den von ihnen abgeleiteten formalen Strukturen und Systemen. Die Mathematik und Naturwissenschaften bilden die Grundlagen für die Ingenieurwissenschaften (*Kapitel 3.2*).

Die Methoden der Naturwissenschaftler*innen sind Beobachten, Beschreiben, Vergleichen, Ordnen, Zusammenfassen und Messen. Aus den so gewonnenen Daten entwickeln sie Hypothesen, Modelle und Theorien. Voraussetzungen für ein MINT-Studium (Mathematik, Informatik, Naturwissenschaft und Technik) sind daher logisches Denkvermögen sowie Freude am Erkunden und Untersuchen. Da die Sprache der Wissenschaft Englisch ist, sind gute Kenntnisse Voraussetzung für ein erfolgreiches Studium und an manchen Hochschulen sogar notwendig für die Zulassung.

Einige Hochschulen bieten Vorkurse in Chemie, Mathematik, Informatik oder Physik an, um Studienanfänger*innen Einblick in die Arbeitsweise während des Studiums zu geben und eventuelle Wissenslücken zu schließen. Über diese Angebote informieren die Studienberatungsstellen der Hochschulen.

Informationen zum Lehramtsstudium liefert das *Kapitel 3.10 „Lehramtsausbildung in den Bundesländern"*. ∎

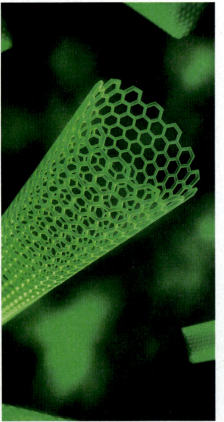

> **→ links**
>
> **„Lernort Labor" (LeLa)**
> Internetplattform mit vielfältigen Informationen zum Thema Labor und zu MINT-Fächern
> → www.lernort-labor.de
>
> **Informationen zum Studium der Ingenieur- und Naturwissenschaften**
> sowohl für Studieninteressierte als auch für Studierende bietet die Webseite des Bundesverbandes TU9
> → www.tu9.de
>
> **abi»**
> Spannende Reportagen zu diesem Studienfeld finden Sie auch auf abi.de:
> → www.abi.de > Studium > Was kann ich studieren > Mathematik, Naturwissenschaften

Nele (19), Studentin

Arbeite gemeinsam mit mir

IM AUFTRAG DER DEMOKRATIE!

Bewirb dich für eine Ausbildung oder ein duales Studium.

Ob im Innen- oder Außendienst – dich erwarten spannende Einsatzmöglichkeiten in allen Abteilungen des Verfassungsschutzes.

Scannen für Jobangebote

Bundesamt für Verfassungsschutz

WERDE VERFASSUNGSSCHÜTZER*IN.

Mehr Informationen unter
verfassungsschutz.de/karriere

Du bist auf der Suche nach einer abwechslungsreichen Tätigkeit und möchtest gleichzeitig unsere Demokratie schützen?

Dann bewirb dich für eine Ausbildung oder ein duales Studium beim Verfassungsschutz!

Ausbildung

- **Beginn:**
  Jährlich zum 1. März, 1. Juni und 1. September
- **Voraussetzungen u. a.:**
  Realschulabschluss oder Hauptschulabschluss mit abgeschlossener Berufsausbildung oder ein als gleichwertig anerkannter Bildungsstand sowie die deutsche Staatsangehörigkeit

Duales Studium

- **Beginn:**
  Jährlich zum 1. April und 1. Oktober
- **Voraussetzungen u. a.:**
  Abitur oder Fachabitur
  sowie die deutsche Staatsangehörigkeit

WERDE VERFASSUNGSSCHÜTZER*IN.
Mehr Informationen unter
verfassungsschutz.de/karriere

MATHEMATIK, NATURWISSENSCHAFTEN

Der Studienbereich auf einen Blick

STUDIENFELD	STUDIENFÄCHER, z.B.	STUDIENFELD	STUDIENFÄCHER, z.B.
Angewandte Naturwissenschaften	■ Angewandte Naturwissenschaft	Informatik	■ Bioinformatik ■ Datenwissenschaft, Data Science ■ IT-Management ■ Mensch-Maschine-Interaktion, Interfacedesign
Bio-, Umweltwissenschaften	■ Biologie ■ Biomechanik ■ Bionik ■ Umweltwissenschaft	Mathematik, Statistik	■ Biomathematik ■ Computermathematik ■ Finanz- und Wirtschaftsmathematik ■ Technomathematik
Chemie, Pharmazie	■ Biochemie ■ Lebensmittelchemie ■ Pharmazie ■ Wirtschaftschemie	Physik	■ Astrophysik* ■ Biophysik ■ Medizinische Physik ■ Wirtschaftsphysik
Geowissenschaften, -technologie	■ Geografie ■ Geoökologie ■ Meteorologie ■ Wasser- und Bodenmanagement, Wassertechnologie		

*nur weiterführend

Alternative Studienbereiche
- Agrar-, Forst-, Ernährungswissenschaften → Seite 88
- Ingenieurwissenschaften → Seite 95
- Wirtschaftswissenschaften → Seite 154

ANGEWANDTE NATURWISSENSCHAFTEN

3.3.1 Angewandte Naturwissenschaften

Wie können Mathematik, Physik, Chemie, Biologie oder Informatik die technologische oder medizinische Entwicklung voranbringen? Mit dieser Frage beschäftigen sich die Studierenden in den Angewandten Naturwissenschaften.

→ Finde Studiengänge:

Das Studienfeld im Überblick

Studierende in diesem Studienfeld lernen naturwissenschaftliche Erkenntnisse mithilfe von mathematischen Modellen oder Simulationen systematisch zu erfassen und Probleme aus dem Anwendungsbereich zu lösen.

Absolvent*innen sind insbesondere in der Entwicklung und Forschung tätig und arbeiten eng mit Ingenieur*innen zusammen. Fächerübergreifendes Denken ist hierbei von großer Bedeutung, denn Absolvent*innen der Angewandten Naturwissenschaften nutzen Methoden aus verschiedenen Disziplinen. Ebenso wichtig ist das Arbeiten in Teams.

Studienangebot

Im Studiengang „Angewandte Naturwissenschaften" erhalten Studierende eine grundlegende Ausbildung in allen Naturwissenschaften. Wer bereits einen Schwerpunkt setzen möchte, findet in diesem Studienfeld neben Studiengängen mit dem Titel „Angewandte Naturwissenschaften" auch Studienangebote wie „Angewandte Mathematik und Physik".

Eine am späteren Berufswunsch orientierte fachliche Vertiefung erfolgt im Masterstudium. Durch den hohen Anwendungsbezug werden einige dieser Studiengänge auch im dualen Studienmodell in Kooperation mit Unternehmen unterschiedlicher Branchen angeboten.

Inhalte des Studiums

Das stark forschungsorientierte Studium vermittelt zunächst Grundlagenwissen in den MINT-Fächern, das später mit hohem Anwendungsbezug vertieft wird. Wahlpflichtbereiche ermöglichen es, eigene Schwerpunkte zu setzen. Im Labor sammeln die Studierenden erste praktische Erfahrungen. Hinzu kommt das Erlernen von Methoden wie Datenerhebung und -analyse, Medien- und Sozialkompetenzen sowie Englisch.

Zulassungskriterien & Studienbewerbung

Bachelorstudiengänge der angewandten Naturwissenschaften sind meist zulassungsfrei, können aber ggf. örtlich zulassungsbeschränkt sein.

Berufsmöglichkeiten nach dem Studium

Naturwissenschaftler*innen mit Anwendungsbezug arbeiten an Schnittstellen zwischen Forschung, Entwicklung und technischer Anwendung. Sie sind etwa in entsprechenden Abteilungen der freien Wirtschaft tätig, für öffentliche Behörden wie Umweltämter, für Kliniken, Institute oder Labore sowie an Hochschulen. Für eine Tätigkeit an Universitäten ist die Promotion als Voraussetzung üblich.

Absolvent*innen sind auch als Gutachter*innen für Forschungsaufträge, als Datenanalyst*innen in der Banken- und Versicherungsbranche, im Bildungsbereich oder als Wissenschaftsjournalist*innen tätig. ■

3.3.2 Bio-, Umweltwissenschaften

Die Biologie ist die Wissenschaft der belebten Natur. Sie beschreibt und untersucht die Erscheinungsformen aller Lebewesen und ihr komplexes Zusammenspiel. Die Umweltwissenschaften dagegen beschäftigen sich mit den Auswirkungen menschlicher Einflüsse auf die Umwelt.

Das Studienfeld im Überblick

Die Biowissenschaften beschäftigen sich mit Prozessen oder Strukturen von Lebewesen.

Wie funktioniert der menschliche Körper? Wie unterscheidet sich das Verhalten verschiedener Tierarten voneinander? Und wie sind Pflanzen aufgebaut? Diesen und vielen weiteren Fragen widmen sich etwa Biolog*innen. Sie beobachten, dokumentieren, stellen mathematische Modellierungen und Hypothesen auf und experimentieren, um Erkenntnisse aus den Abläufen und Erscheinungen der Natur zu gewinnen. Eher interdisziplinär arbeiten Umweltwissenschaftler*innen, die z.B. durch den Menschen verursachte Belastungen des

BIO-, UMWELTWISSENSCHAFTEN

natürlichen Kreislaufs beobachten und untersuchen.

Dieses Studienfeld ist eng verbunden mit den anderen Naturwissenschaften. Aus gemeinsamen Grenzbereichen haben sich zum Beispiel die Biochemie, die Biophysik, die Biomathematik und die Bioinformatik gebildet. Auch in anderen Studiengängen findet man die Biowissenschaften als Grundlagenwissenschaft, z.B. in der Medizin, der Pharmazie, den Agrarwissenschaften oder der Ernährungswissenschaft.

Studienangebot

Prinzipiell gibt es vier große Studienbereiche rund um die Biologie:

- Die **klassische Biologie** erforscht die Entwicklung, den Bauplan sowie biochemische Prozesse von Lebewesen – von Mikroorganismen (Mikrobiologie) über Pflanzen (Botanik) und Tiere (Zoologie) bis hin zu den Menschen (Anthropologie). Eine mögliche Spezialisierung ist zum Beispiel die Meeresbiologie.
- Die **Biowissenschaften** umfassen mehrere Fächer und Disziplinen: Sie kombinieren biologische Inhalte mit Wissen aus anderen naturwissenschaftlichen Disziplinen, um Vorgänge und Naturgesetze zu beschreiben, die alle Lebewesen betreffen. Dazu zählen etwa die Zellbiologie, Biophysik, Biochemie, Pharmazie und Ernährungswissenschaften oder die Evolutionsbiologie, die die Entstehung und Entwicklung aller Lebewesen betrachtet.
- Die **Umweltwissenschaften**, auch „Life Sciences", werfen einen ganzheitlichen Blick auf unterschiedliche Ökosysteme. Speziell geht es hier um die Auswirkungen menschlichen Handelns auf die Natur und darum, wie Schäden vermieden beziehungsweise behoben werden können. Technische Lösungen dafür findet das Studienfeld „Umwelttechnik" (siehe Abschnitt 3.2.22).
- Die **Bioingenieurwissenschaften** verbinden die Biologie mit den Ingenieurwissenschaften. Dazu zählt etwa die Bionik, die technische Lösungen nach Vorbildern der Natur entwickelt, die Biomechanik, die Bewegungsapparate von Lebewesen nach den Gesetzmäßigkeiten der Mechanik untersucht, oder die Biotechnologie, bei der lebende Organismen durch technische Maßnahmen nutzbar gemacht werden sollen – beispielsweise durch die Gentechnik. Dank des hohen Anwendungsbezugs sind diese Bereiche für die Industrie oder etwa die Medizin von großer Bedeutung.

➔ Finde Studiengänge:

Inhalte des Studiums

Das biologische Bachelorstudium beinhaltet Module wie Zell- und Molekularbiologie, Botanik und botanische Systematik, Zoologie, biochemische und biophysikalische Grundlagen, Neurobiologie, Mikrobiologie, Zellbiologie, Genetik, Biodiversität der Tier- und Pflanzenwelt, Ökologie, Evolution und Systematik der Tiere und Pflanzen, Morphologie, Entwicklungsbiologie, Verhaltensbiologie, Physiologie und Biochemie der Pflanzen. Insbesondere in den interdisziplinär ausgerichteten Studiengängen werden die naturwissenschaftlichen Grundlagen in den Fächern Mathematik, Physik und Chemie sowie z.T. der Ingenieurwissenschaften oder der Informatik vermittelt.

Je nach Hochschule werden im Masterstudium Schwerpunkte wie Molekularbiologie/Zellbiologie, Biochemie/Biophysik, Bioinformatik, Biotechnologie, Biodiversität/Ökologie, Parasitologie/Virologie, Physiologie, Neurobiologie und Entwicklungsbiologie sowie Umweltwissenschaften angeboten.

Zulassungskriterien & Studienbewerbung

Rund zwei Drittel der Bachelorstudiengänge in Biologie sind örtlich zulassungsbeschränkt. Einige Hochschulen nutzen zur Vergabe ihrer begrenzten Studienplätze das Dialogorientierte Service-Verfahren (DoSV) der Stiftung für Hochschulzulassung. ▶

➔ info

Der **Studien- und Berufsführer** „Deine Zukunft: Biowissenschaften!" des Verbands Biologie, Biowissenschaften & Biomedizin in Deutschland (Hrsg.), 7. Auflage, Januar 2022, kann als PDF unter folgender Adresse kostenlos heruntergeladen werden:
➔ www.vbio.de/publikationen/zukunft-biowissenschaften

➔ links

Online-Studienführer „Bachelor in den Biowissenschaften"
des Verbands Biologie, Biowissenschaften und Biomedizin in Deutschland e.V. – VBIO, erreichbar unter:
➔ www.bachelor-bio.de

CHEMIE, PHARMAZIE

Berufsmöglichkeiten nach dem Studium

Biolog*innen ohne Lehramtsabschluss (zu den Lehrämtern siehe *Kapitel 3.10 „Lehramtsausbildung in den Bundesländern"*) finden überwiegend an Hochschulen und Forschungseinrichtungen Beschäftigung. Sie arbeiten auch in der pharmazeutischen Industrie (z.B. als Pharmaberater*in oder für die klinische Prüfung von Arzneimitteln), in der chemischen und Lebensmittelindustrie, in der Medizintechnik, im Brauwesen, bei Dienstleistern im Bereich Dokumentation und Recherche sowie bei Behörden, die sich mit Umwelt- und Gesundheitsschutzgesetzen befassen. Auch bei Medienunternehmen sowie in der Aus- und Weiterbildung können sie unterkommen. ■

3.3.3 Chemie, Pharmazie

Entwickelt die Industrie neue Kunststoffe, Pflanzenschutzmittel oder Medikamente, stammen die Grundlagen aus der chemisch-pharmazeutischen Forschung. Die klassische Chemie hingegen hat den Aufbau, die Eigenschaften, die Zusammensetzung und die Umwandlung von Stoffen allgemein zum Inhalt.

Das Studienfeld im Überblick

Chemiker*innen beschäftigen sich mit dem Aufbau, den Eigenschaften und der Umwandlung von Stoffen. Dabei analysieren sie die Zusammensetzung unterschiedlicher Verbindungen, um durch Synthese neue, nicht natürlich vorkommende Stoffe herzustellen. Die klassische Chemie widmet sich organischen oder anorganischen Verbindungen sowie Phänomenen, die der Chemie zugrunde liegen, etwa der Thermodynamik oder dem Ablauf chemischer Reaktionen. Die makromolekulare Chemie (Polymer-Chemie) befasst sich mit der Synthese neuer Kunststoffe.

Im Anwendungsbereich ist die Chemie essenziell etwa in der Pharmazie, der Lebensmittelchemie oder der Chemieindustrie.

Studienangebot

Studiengänge rund um Chemie lassen sich in folgende Kategorien einteilen:

- Studiengänge der **klassischen Chemie** vermitteln wissenschaftliches und praktisches Wissen, um chemische Stoffe zu untersuchen. Eine mögliche Spezialisierung ist etwa die Molekular- oder die Polymer-Chemie.
- Die **angewandte Chemie** macht wissenschaftliche Erkenntnisse aus der Chemie für viele Bereiche menschlicher Lebensbedürfnisse nutzbar. Dies geschieht durch die Entwicklung von Methoden zur industriellen Herstellung von Kunststoffen und Kunstfasern, mineralischen Düngern oder Schädlingsbekämpfungsmitteln. Hier gibt

es zahlreiche Übergänge zur Verfahrenstechnik bzw. zum Chemieingenieurwesen.

- Die **Pharmazie** beschäftigt sich mit Arzneimitteln und Medizinprodukten, deren Entwicklung, Herstellung, Prüfung und Qualitätssicherung. Außerdem geht es um Maßnahmen zum Schutz der Patient*innen und zur Versorgung der Bevölkerung sowie um sachgerechte Information für die am Gesundheitswesen Beteiligten. Auch kaufmännische und rechtliche Aspekte sind in das Studium einbezogen. Erst nach Ablegen der Pharmazeutischen Prüfung dürfen Pharmazie-Absolvent*innen als Apotheker*innen tätig sein. Es gibt aber auch grundständige Pharmazie-Studiengänge, die nicht auf die Pharmazeutische Prüfung (Staatsexamen) hinführen. Die **Pharmatechnik** dagegen befasst sich mit der Herstellung von Arzneimitteln.
- Gegenstand der **Lebensmittelchemie** sind Lebensmittel und ihre Inhaltsstoffe. Analysiert werden diese hinsichtlich der Zusammensetzung, Veränderung bei Lagerung und Verarbeitung. Daneben werden auch physikalische Eigenschaften, beispielsweise Farbe oder Konsistenz, geprüft. Die Lebensmittelchemie beschäftigt sich außerdem mit Zusatzstoffen, Tabakerzeugnissen, kosmetischen Erzeugnissen sowie mit Lebensmittelverpackungen. Sie ist nicht zu verwechseln mit der Lebensmitteltechnologie, die sich mit technischen Verfahren zur Herstellung und Verarbeitung von Lebensmitteln befasst. Der eigenständige universitäre Studiengang Lebensmittelchemie schließt entweder mit dem ersten Staatsexamen oder mit Bachelor und Master ab. Wer den Titel „Staatlich geprüfte*r Lebensmittelchemiker*in" tragen will, muss nach dem Praktischen Jahr das zweite Staatsexamen ablegen. Daneben gibt es die Möglichkeit,

---

3

STUDIENFELDER & STUDIENINHALTE

132

CHEMIE, PHARMAZIE

Lebensmittelchemie als Schwerpunkt im Rahmen der Studiengänge Chemie oder Pharmazie zu studieren.

- Chemie spielt auch in vielen Schnittstellenstudiengängen eine tragende Rolle. Darunter fällt z.B. die **Biochemie**, die einen Übergang von organischer Chemie zur Biologie bildet, die **Geochemie**, die sich mit der Chemie des Bodens und der Erdoberfläche beschäftigt, oder die **pharmazeutische Chemie**. Ein weiterer Teilbereich ist die (Öko-)Toxikologie, die Methoden zur Bestimmung von Umweltchemikalien in Ökosystemen und Grundlagen zur Abschätzung von chemischen Umweltrisiken entwickelt. Weitere Fachrichtungen sind die **Agro-, Bau-, Nuklear-, Elektro-, Textil-** oder **Waschmittelchemie**. Die **Chemieingenieurwissenschaften** kombinieren naturwissenschaftliches und technisches Wissen. Ein weiterer Schnittstellenstudiengang ist die **Wirtschaftschemie**, die zwischen der Chemie und den Wirtschaftswissenschaften angesiedelt ist.

Während beim Universitätsstudium die wissenschaftlichen Grundlagen und Methoden der Chemie in der Forschung und Entwicklung im Vordergrund stehen, befähigen die stärker technisch ausgerichteten und anwendungsbezogenen Chemie-Studiengänge an Fachhochschulen zur Mitarbeit im Labor sowie im produktions- und betriebstechnischen Bereich.

Inhalte des Studiums

Im Bachelorstudium **Chemie** vermitteln Module eine Basisausbildung in Fächern wie: allgemeine, organische, anorganische und physikalische Chemie, analytische Chemie und biologische Chemie. Hinzu kommen Mathematik und Physik für Chemiker*innen (z.B. Experimentalphysik), technische Chemie, Biochemie, makromolekulare Chemie und theoretische Chemie, Toxikologie, spektroskopische Methoden, Sicherheit und Recht. Die Schwerpunktsetzung erfolgt entsprechend den fachlichen Interessen, z.B. in theoretischer Chemie, Biochemie, Qualitätssicherung, Radiochemie, Umwelt- oder Wasserchemie oder aus dem Lehrangebot anderer Fachbereiche wie der Materialforschung, der Strukturbiologie oder Chemieinformation. Fachübergreifende Module gibt es zu Themen wie Ethik, Fremdsprachen, Betriebswirtschaft und Patentrecht.

Im Masterstudium erfolgt eine Profilbildung durch Wahlmodule oder Schwerpunktbildung in den Kernfächern (anorganische, organische, physikalische Chemie), darüber hinaus theoretische Chemie, Biochemie, Umweltchemie/Umwelttechnologie, Anlagentechnik, Polymerchemie, chemische/biologische Verfahrenstechnik, Textilchemie, Nuklearchemie, Materialwissenschaften oder Wirtschaftschemie.

Im **Pharmazie-Studium** werden Grundlagen der Chemie, der pharmazeutischen Biologie, der Humanbiologie, der Physik, der physikalischen Chemie, der Arzneiformenlehre sowie der pharmazeutischen Analytik vermittelt. Im Grundstudium ist während der veranstaltungsfreien Zeiten eine Famulatur von acht Wochen unter Leitung eines*einer Apotheker*in zu absolvieren. Der erste und zweite Prüfungsabschnitt der Pharmazeutischen Prüfung werden während des Hochschulstudiums absolviert. Der dritte ist nach Abschluss der praktischen Ausbildung abzulegen.

Studierende der **Pharmatechnik** erwerben fachübergreifende Kenntnisse in Chemie und Pharmakologie, in Biologie und Pharmazeutischer Technologie. Dazu kommen ingenieurwissenschaftliche Studieninhalte wie Betriebs- und Maschinentechnik sowie rechtliche und betriebswirtschaftliche Fächer.

Der Studiengang **Lebensmittelchemie** hat eine starke analytische Ausprägung und berücksichtigt auch biologische und mikrobiologische Methoden sowie lebensmittelrechtliche Aspekte. Studierende müssen häufig ein Praktikum während des Studiums absolvieren.

Zulassungskriterien & Studienbewerbung

Bei den Bachelorstudiengängen im Bereich Chemie sind etwa zwei Drittel zulassungsfrei. Einige Hochschulen verlangen ein mehrwöchiges, einschlägiges Praktikum vor dem Studium. Der Pharmazie-Studiengang, der mit der Pharmazeutischen Prüfung (Staatsexamen) abschließt, ist dagegen bundesweit zulassungsbeschränkt. Hier erfolgt die Bewerbung über das Bewerbungsportal von hochschulstart.de.

Berufsmöglichkeiten nach dem Studium

- **Chemiker*innen** arbeiten in erster Linie in Forschungsabteilungen der chemischen Industrie, bei Herstellern von Farben und Lacken, in der pharmazeutischen und Kosmetikindustrie sowie bei Herstellern von Düngeund Pflanzenschutzmitteln. Darüber hinaus finden sie Beschäftigung bei Klebstoffherstellern, Herstellern von Wasch- und Reinigungsmitteln, von Brandschutzmitteln, in der Nahrungsmittel- und Getränkeindustrie und ▶

→ Finde Studiengänge:

GEOWISSENSCHAFTEN, -TECHNOLOGIE

der Baustoff- und Zementindustrie. Auch Betriebe anderer Industriezweige kommen infrage, insbesondere die Papier-, Glas-, Keramik-, Mineralöl-, Galvanoindustrie u. Ä. Weitere mögliche Arbeitgeber sind Hersteller von Laborbedarfsartikeln, Hochschulen und Forschungsinstitute sowie chemische Untersuchungsämter. Auch bei Behörden, die mit dem Vollzug umweltgesetzlicher Vorschriften befasst sind, gibt es Arbeitsmöglichkeiten. Viele Chemiker*innen arbeiten freiberuflich als Gutachter*innen, Sachverständige und in beratender Funktion.

- Tätigkeitsfelder von **Apotheker*innen** sind insbesondere öffentliche Apotheken, Krankenhausapotheken, Krankenkassen sowie die Pharmaindustrie. Zunehmend kommen für Pharmazeut*innen auch Unternehmen als Arbeitgeber infrage, die sich mit der bio- und gentechnologisch basierten Entwicklung und Herstellung von Arzneimitteln befassen. Beschäftigungsmöglichkeiten gibt es zudem in Behörden, Institutionen und Verwaltungen, wie der Europäischen Kommission, dem Europarat oder der Weltgesundheitsorganisation. Darüber hinaus gibt es Betätigungsfelder in der Wissenschaft, in medizinischen Laboren, im Fachjournalismus und im Bereich der Unternehmensberatung.
- **Lebensmittelchemiker*innen** arbeiten hauptsächlich im Bereich der amtlichen Lebensmittelüberwachung, in der Lebensmittel- und Getränkeindustrie, der Kosmetikindustrie sowie in der Lebensmittelforschung. Daneben gibt es Beschäftigungsmöglichkeiten bei landwirtschaftlichen Forschungsanstalten und als vereidigte Sachverständige.

Übrigens: Der größte Teil der Chemiker*innen mit Masterabschluss schließt unmittelbar an das Studium die Promotion an, die insbesondere in Industrie und Forschung erwartet wird. ■

➔ **links**

Chemie studieren
Informationsportal der Gesellschaft Deutscher Chemiker (GDCh):
➔ www.chemie-studieren.de

Chemistry Views
Hier finden sich ein Fachbereichs- und ein Fachinformationsführer (kommentierte Sammlung ausgewählter und von Experten evaluierter digitaler Informationsquellen; Sprache: Englisch).
➔ www.chemistryviews.org

Approbationsordnung für Apotheker vom 19. Juli 1989, BGBl. I S. 1489, zuletzt geändert durch Artikel 1 der Verordnung vom 2. August 2013 (BGBl. I S. 3005), siehe:
➔ www.gesetze-im-internet.de/aappo

ABDA – Bundesvereinigung Deutscher Apothekenverbände
➔ www.apotheken-karriere.de

3.3.4 Geowissenschaften, -technologie

Die Geowissenschaften widmen sich unserem Planeten Erde, seiner Entstehung und der Beschaffenheit seiner Oberfläche. Wie diese geologischen Ressourcen genutzt werden können, ist wiederum Gegenstand der Geotechnologie.

Das Studienfeld im Überblick

Unter dem Begriff Geowissenschaften sind gleich mehrere Studiengänge zusammengefasst. Sie alle beschäftigten sich mit den Aspekten des Erdsystems, also Boden, Gesteinen, Wasser und der Atmosphäre, sowie damit, wie diese sich gegenseitig beeinflussen. Das Feld ist stark forschungsorientiert und interdisziplinär ausgerichtet, hat beispielsweise Berührungspunkte mit den Umweltwissenschaften (*Abschnitt 3.3.2*) oder der Umwelttechnik (*Abschnitt 3.2.22*). Ebenfalls an der Schnittstelle zu den Ingenieurwissenschaften bewegt sich die Geotechnologie.

Geowissenschaftler*innen sind gefragte Expert*innen in der Rohstoffgewinnung, im Umweltschutz, in der Abfalllagerung sowie in der Stadt- und Regionalplanung. In letzterem Gebiet gibt es Überschneidungen mit Studienfächern wie Bautechnik (*Abschnitt 3.2.3*) oder Stadt- und Regionalplanung (*Abschnitt 3.2.1*).

Studienangebot

Zu den Studiengängen „rund um Geo" zählen folgende Angebote:

- Die **Geowissenschaften** untersuchen die Erdschichten, die Gewässer und die Atmosphäre sowie ihre Wechselwirkungen untereinander.
- Die **Geografie** lässt sich in zwei große Teilbereiche einteilen: Die Humangeografie befasst sich vorwiegend mit dem Einfluss des Menschen auf den geografischen Raum, unter sozialen und wirtschaftlichen Aspekten. Die Physische Geografie

GEOWISSENSCHAFTEN, -TECHNOLOGIE

dagegen beschäftigt sich vorwiegend mit den Strukturen und den natürlichen sowie durch den Menschen verursachten Veränderungen der Erdoberfläche.

- Der Fokus in der **Geologie** oder **Mineralogie** liegt auf der Erdkruste. Studierende erfahren beispielsweise, wie sich Minerale und Gesteine bilden. Die praktische Forschung in Form von Feld- oder Laborarbeit spielt in diesem Studiengang eine große Rolle.
- Eine anwendungsbezogene Spezialisierung der Geologie ist die **Geotechnologie**, auch Georessourcenmanagement, Bergbau, Markscheidewesen bzw. Rohstoffingenieurwesen genannt. Sie beschäftigt sich mit dem Abbau bzw. mit der Gewinnung von Ressourcen wie Erdwärme, Wasser, Mineralien oder fossilen Brennstoffen.
- Die **Geoökologie** verbindet die Natur- mit den Umweltwissenschaften. Betrachtet werden Umweltsysteme sowie der Einfluss von Menschen auf diese.
- Aus physikalischer Sicht blickt die Fachrichtung **Geophysik** auf die Naturphänomene der Erde, zum Beispiel Erdbeben, Vulkanausbrüche oder Rohstoffvorkommen.
- Mit den physikalischen und chemischen Prozessen der Atmosphäre setzt sich die **Meteorologie** auseinander. Die Erkenntnisse dieses Fachgebiets kommen für Wettervorhersagen oder in der Klimaforschung zum Einsatz.
- Die **Hydrologie** oder **Wassertechnologie** beobachtet, wo und wie Wasser auf unserem Planeten vorkommt, wie es sich bewegt, welchen Einfluss die Lebewesen auf die Vorräte haben und welche physikalischen, chemischen und biologischen Eigenschaften Wasser hat.
- Ein eigenes Feld bildet die **Geoinformation** beziehungsweise das **Vermessungswesen**. Dabei werden Daten der Erde erfasst und ausgewertet, um sie zum Beispiel für Landkarten oder Navigationssysteme zu verwenden.

Inhalte des Studiums

In allen Studiengängen dieses Feldes erfolgt im **Bachelorstudium** zunächst eine geowissenschaftliche Basisausbildung mit Modulen aus Physik, Biologie, Chemie und Mathematik. Dazu gehören im Studiengang Geowissenschaften mineralogisches und petrologisches Grundwissen, Geoinformatik, Geochemie, Sedimentologie, Tektonik, Paläontologie und Erdgeschichte, Hydrogeologie und Geophysik.

Im **Master** erfolgt je nach Studiengang eine unterschiedliche Schwerpunktbildung:

- Im Studiengang **Geowissenschaften** z.B. gibt es Module in Gebieten wie Astrophysik, Geochemie, Geoinformatik, Geologie, Geophysik, Hydrogeologie/Umweltgeologie, Ingenieurgeologie/Geotechnik, Mineralogie, Petrologie/Lagerstättenforschung oder Paläontologie.
- Im Studiengang **Geografie** bieten sich unterschiedliche Vertiefungsmöglichkeiten an, z.B. Anthropogeografie (Humangeografie), physische Geografie oder Regionalanalyse.
- Im Studiengang **Geoökologie** steht die Landschaftsökologie, Bodenkunde, Hydrologie, Mineralogie/Geochemie und Bio-/Geoinformatik im Vordergrund.
- Die Ausbildung im Studiengang **Meteorologie** umfasst Module in theoretischer, experimenteller und angewandter Meteorologie inklusive der Klimatologie, mit experimentellen und numerischen Praktika sowie einem fachübergreifenden Wahlbereich.

→ Finde Studiengänge:

Zulassungskriterien & Studienbewerbung

Die geowissenschaftlichen Bachelorstudiengänge sind i.d.R. zulassungsfrei.

Berufsmöglichkeiten nach dem Studium

Beschäftigung finden **Geowissenschaftler*innen** überwiegend als Sachverständige im Consultingbereich. So benötigen geologische Beratungsunternehmen, Ingenieur- und Planungsbüros für den Umweltbereich (z.B. Altlastenbearbeitung, Sanierung von Boden, Grundwasser oder Baugrund) geowissenschaftlichen Sachverstand. Weiterhin gibt es Arbeitsmöglichkeiten im öffentlichen Dienst, insbesondere bei geologischen Landesämtern, bei der Bundesanstalt für Geowissenschaften und Rohstoffe, im Geoinformationsdienst der Bundeswehr, bei kommunalen Gebietskörperschaften (Kommunen, Landkreise) sowie bei Bergämtern der Länder oder bei Universitäten und außeruniversitären Forschungseinrichtungen.

Ferner beschäftigen Hersteller von geowissenschaftlichen Messeinrichtungen, die Bauindustrie sowie Software-Hersteller Geowissenschaftler*innen. ▶

INFORMATIK

Mineralog*innen finden darüber hinaus Arbeit in Unternehmen, die neue Materialien entwickeln oder diese verarbeiten, z.B. Hochleistungsmaterialien, Oberflächen und Beschichtungen, mineralische Baustoffe und Bindemittel. Zudem kümmern sie sich in der Industrie um die umweltgerechte Behandlung und Entsorgung mineralischer Rückstände oder um die Sanierung des Kulturerbes.

Meteorolog*innen arbeiten hauptsächlich in der Klima- und Umweltforschung an Forschungseinrichtungen sowie bei nationalen und internationalen Wetterdiensten; ferner in Ingenieurbüros und Industriebetrieben als Gutachter*in oder Umweltschutzbeauftragte*r oder bei Versicherungen in der Risikoabschätzung. Auch im Geoinformationsdienst der Bundeswehr werden Meteorolog*innen u.a. für die Wetterberatung oder im Bereich der Forschung und Weiterentwicklung (z.B. von Vorhersagemodellen) eingesetzt.

Geograf*innen arbeiten überwiegend in der Privatwirtschaft, etwa bei Luftbild- und Fernerkundungsunternehmen, in Fachverlagen, in der Immobilienwirtschaft, bei der Standortplanung größerer Unternehmen, in der Tourismus- und Fremdenverkehrswirtschaft, bei Beratungs- und Consulting-Unternehmen, bei Energieversorgungsunternehmen oder Umweltschutzorganisationen. Arbeitsfelder ergeben sich ferner in der öffentlichen Verwaltung (statistische Ämter, Kommunal- und Zweckverbände, Raumordnungs- und Umweltschutzämter), an Hochschulen, bei Verbänden, Kammern und Forschungseinrichtungen. ■

➔ **links**

Deutsche Gesellschaft für Geotechnik e.V.
➔ www.dggt.de

Berufsverband Deutscher Geowissenschaftler e.V. (BDG)
➔ www.geoberuf.de

Deutsche Geologische Gesellschaft – Geologische Vereinigung (DGGV)
➔ www.dggv.de

Verband für Geoökologie in Deutschland e.V. (VGöD)
➔ www.geooekologie.de

Deutscher Wetterdienst (DWD)
➔ www.dwd.de

Deutscher Verband für Angewandte Geographie e.V. (DVAG)
➔ www.geographie-dvag.de

Deutsche Gesellschaft für Geographie (DGfG) e.V.
➔ www.geographie.de

Deutscher Markscheider-Verein (DMV)
➔ www.dmv-ev.de

3.3.5 Informatik

Die Informatik ist sowohl eine Grundlagenwissenschaft als auch eine Ingenieurdisziplin. Sie liefert die theoretischen und methodischen Voraussetzungen, mit denen technische Lösungen geschaffen, Systeme gebaut und Produkte hergestellt werden können.

Anzeige

TSCHÜSS ABI.
Hallo IT-Studium.
www.flex-studium.de

Das Studienfeld im Überblick

Als Grundlagenwissenschaft ist die Informatik eng mit mathematischen Modellen verbunden, als Ingenieurdisziplin hat sie starken Bezug zu Elektrotechnik/Elektronik und beschäftigt sich mit technischen und organisatorischen Problemen bei der Entwicklung und Anwendung informationsverarbeitender Systeme.

Das Studienfeld erforscht zum einen die Informationsverarbeitung, zum anderen die Anwendung von Informationstechnologien (IT). Das heißt, die Informatik formuliert durch Abstraktion und Modellbildung allgemeine Gesetzmäßigkeiten. Daraus entwickelt sie Standardlösungen für die Praxis, z.B. bei der Bewältigung großer Daten- und Informationsmengen und der Steuerung komplexer Produktionsabläufe. Das anwendungsorientierte Informatikstudium befähigt dazu, Modelle zur Beschreibung komplexer Systeme zu entwickeln, die wesentlichen Einflussgrößen zu erkennen, für Detailprobleme algorithmische Lösungen zu finden und Anwendungssysteme zu entwickeln. Das erfordert analytische Fähigkeiten und fundierte Kenntnisse leistungsfähiger Programmiermethoden, ein breites Portfolio an Begriffen, Modellen und Verfahren aus Mathematik, Logik und auch theoretischer Informatik sowie Grundkenntnisse über den logischen und technischen Aufbau von Rechnern.

INFORMATIK

Die extrem hohe Innovationsgeschwindigkeit in der IT verlangt die ständige Anpassung der Kenntnisse sowie eine verstärkte Spezialisierung. Eine immer größere Rolle spielt zum Beispiel Künstliche Intelligenz, die spätestens seit der Veröffentlichung des Chatbots ChatGPT bereits jetzt im Alltag präsent ist. In Zukunft wird dieser Bereich durch neue Anwendungen aber noch viele Veränderungen mit sich bringen.

Studienangebot

Die Informatik teilt sich in vier Bereiche auf, die sich auch im Studienangebot widerspiegeln:

- Die **Theoretische Informatik** beschäftigt sich mit den abstrakten, mathematischen Grundlagen dieser Wissenschaft. Sie untersucht, was berechnet werden kann, wie Algorithmen gestaltet und formuliert werden können (z.B. Programmiersprachen). Entsprechende Studiengänge sind die Informatik, die Datenwissenschaften (Data Science) oder die Computervisualistik.
- In der **Technischen** oder **Ingenieurinformatik** geht es insbesondere um die Hardware, also etwa um die Herstellung und Architektur von Mikroprozessoren, Rechnern, eingebetteten Systemen sowie um ihre Steuerungssoftware. Die Computational Engineering Science beschäftigt sich dabei vor allem mit Computersimulationen.
- Das tatsächliche Programmieren und die Softwareentwicklung erlernen Studierende in der **Praktischen Informatik**. Die entsprechenden Studiengänge heißen häufig „Angewandte Informatik" oder „Allgemeine Informatik".
- Im Bereich der **Angewandten Informatik** finden sich auch Studiengänge mit Spezialisierung wie Mensch-Maschine-Kommunikation, IT-Sicherheit oder IT-Management ▶

Anzeige

Anzeige

INFORMATIK

sowie Schnittstellenstudiengänge. Zu letzteren zählen etwa Bioinformatik, Medieninformatik, Medizinische Informatik, Rechnergesteuerte Naturwissenschaften (Computational Science) oder Umweltinformatik. Der junge Studiengang „Mensch-Technik-Interaktion, Interfacedesign" beschäftigt sich mit der Kommunikation zwischen Mensch und Maschine sowie dem Benutzererlebnis.

➔ **Finde Studiengänge:**

Inhalte des Studiums

Im Grundlagenstudium (**Bachelor**) stehen Module zu den Kernbereichen der Informatik und den mathematischen Grundlagen im Vordergrund. Dazu zählen: Analysis, Lineare Algebra, Logik, Grundlagen der Stochastik und Statistik, Algorithmen, Datenstrukturen und Theoretische Informatik. In den eher anwendungsorientierten Studiengängen kommen weitere Module hinzu, wie Programmieren und Softwaretechnik, Technische Informatik, Betriebssysteme und Netzwerke, Datenbanken, Rechnerarchitektur, Betriebssysteme und IT-Sicherheit sowie Software-Engineering, Angewandte Informatik, Angewandte Analysis, elektrotechnische Grundlagen, Kommunikation, Digitaltechnik, Mikroprozessortechnik, Compilerbau oder Verteilte Informationssysteme.

Zusätzlich gibt es Software-Praktika, Projektarbeiten (auch als Betriebspraktikum) sowie überfachliche Lehrveranstaltungen, z.B. Gründung und Führung softwareorientierter Unternehmen.

Im **Master** erfolgt eine Vertiefung der erworbenen Kenntnisse oder eine Spezialisierung auf bestimmte Fachbereiche. Infrage kommt auch eine Profilbildung durch die Wahl von Nebenfächern, z.B. Physik, Mathematik, Biowissenschaften, Medizin, Maschinenbau, Betriebswirtschaft, Linguistik, Wirtschaftswissenschaften. Anwendungsorientierte Schwerpunkte sind etwa Softwaretechnik, Kommunikationstechnik, Bildverarbeitung, Datenbanksysteme, Signalverarbeitung, Simulation, Parallele und Verteilte Systeme, Medizinische Informatik, Robotik und Prozessinformatik.

Zulassungskriterien & Studienbewerbung

Rund zwei Drittel der Bachelorstudiengänge im Fachbereich Informatik sind zulassungsfrei. An Fachhochschulen ist je nach schulischer/beruflicher Vorbildung meist ein mehrwöchiges Vorpraktikum Pflicht.

Berufsmöglichkeiten nach dem Studium

Informatiker*innen arbeiten vor allem bei Unternehmen der Datenverarbeitungs-/Computertechnik (Hardware und Software), bei Herstellern von Systemen der Informations- und Telekommunikationstechnik (IT-Systemen), bei Unternehmen, die Systeme und Dienstleistungen der Informations- und Telekommunikationstechnik anbieten, z.B. bei System- und Softwarehäusern, datenverarbeitenden Beratungsunternehmen sowie in informationstechnischen Abteilungen von datenverarbeitenden Anwenderbetrieben, also in den IT-Abteilungen jeder Branche. Tätigkeitsfelder gibt es auch im öffentlichen Dienst.

Die Absolvent*innen übernehmen Aufgaben in unterschiedlichsten Bereichen, z.B. in Forschung und Entwicklung, bei der Produktionsplanung und -steuerung, der Betriebsorganisation und der Administration von Netzwerken und Datenbanken. Daneben spielen sie zunehmend im Gesundheitswesen (E-Health) und in der Verwaltung (E-Government) sowie in der Sicherheitstechnik eine Rolle. Da sich die Informatik ständig weiterentwickelt, entstehen immer wieder neue berufliche Einsatzmöglichkeiten. Neu dazu kamen in den vergangenen Jahren beispielsweise Chatbot- oder Blockchain-Entwickler*innen. ■

➔ **links**

Portal Informatik
➔ www.einstieg-informatik.de
Gesellschaft für Informatik
➔ www.gi.de
Bundesverband Informationswirtschaft, Telekommunikation und neue Medien (Bitkom)
➔ www.bitkom.org

Anzeige

B. Sc. Informatik
anwendungsorientiert | familiär | international

B. Sc. Internet Computing
fächerübergreifend | praxisnah

UNIVERSITÄT PASSAU
Top-Platzierung im CHE-Ranking!
www.uni-passau.de

3.3.6 Mathematik, Statistik

Seit mehr als 2.500 Jahren liefert die Mathematik der Menschheit Rechenmodelle, die die Welt begreifbar machen sollen. Sie gliedert sich in zwei große Teilbereiche: die Theoretische und die Angewandte Mathematik.

Das Studienfeld im Überblick

Es gibt kaum ein Produkt, in dem – wenn auch oft unsichtbar – nicht Mathematik steckt. Zudem ist die Mathematik Sprache und Handwerkszeug in zahlreichen anderen Wissenschaften, vor allem in den Naturwissenschaften. Im Kern stellt sie rechnerische Modelle bereit, mit denen sich die Wirklichkeit beschreiben lässt und mithilfe derer allgemeingültige Aussagen getroffen werden können. Ziel des Mathematikstudiums ist es also, mathematische Begriffe und Methoden zu erlernen und zu beherrschen. Die Fähigkeit zum abstrakten strukturellen Denken ist daher Voraussetzung für das Studium und den Beruf des*der Mathematiker*in.

Von ebenso großer Bedeutung ist die Bereitschaft zur interdisziplinären Zusammenarbeit. Das wird schon während des Studiums durch die obligatorische Wahl eines Nebenfachs berücksichtigt. Das gewählte Neben- oder Vertiefungsfach kann je nach Studienort eine Natur- oder Ingenieurwissenschaft, eine Wirtschaftswissenschaft oder die Informatik sein. Die Wahl anderer Nebenfächer ist an vielen Standorten aber nicht ausgeschlossen.

Studienangebot

- Hauptgebiete der **Theoretischen**, auch **Reinen Mathematik**, sind Algebra, Analysis, Geometrie, Topologie und Zahlentheorie. Die Reine Mathematik befasst sich mit abstrakten Strukturen und deren inneren Beziehungen, wobei sie bemüht ist, eine möglichst große Fülle von Aussagen aus wenigen Annahmen abzuleiten.
- Die **Angewandte Mathematik** hat zum Ziel, ein Instrumentarium bereitzustellen, um damit in den Natur- und Ingenieurwissenschaften Fragestellungen zu bearbeiten. Das Gleiche trifft auf die quantitativen, empirischen Methoden der Wirtschafts- und Sozialwissenschaften zu. Ihre Hauptgebiete sind die Numerik, die Optimierung und die Stochastik.
- Ein ausgegliederter Teilbereich und somit eine Spezialisierung ist die **Statistik**. Dabei geht es um die Planung, Durchführung und Auswertung umfangreicher Untersuchungen und Experimente mithilfe aufwendiger mathematischer Modelle. Ziel ist es, aus vorliegenden quantitativen Daten, etwa Messdaten, korrelative Zusammenhänge herzustellen.
- **Schnittstellenstudiengänge** wie etwa Wirtschaftsmathematik, Technomathematik, Finanzmathematik, Biomathematik, Computermathematik und andere kombinieren jeweils die Inhalte der Angewandten Mathematik mit Grundkenntnissen aus den entsprechenden Fächern. Meist geht es dabei um die Entwicklung mathematischer Modelle für die rechnerische Lösung technischer Probleme mithilfe von Softwareprogrammen.

→ Finde Studiengänge:

Inhalte des Studiums

Im **Bachelorstudium** werden vertiefende Grundlagen in Analysis (Differenzial- und Integralgleichungen, Funktionentheorie, Integrationstheorie), Lineare Algebra und Analytische Geometrie, Angewandte Mathematik/Stochastik (Wahrscheinlichkeitsrechnung und Statistik, Modellbildung), Numerik sowie Optimierung vermittelt. Bei anwendungsorientierten Studiengängen stehen zusätzlich Module zu den jeweils gewählten technischen, naturwissenschaftlichen, medizinischen oder wirtschaftswissenschaftlichen Anwendungsgebieten auf dem Stundenplan. Neben verschiedenen Methoden und Arbeitstechniken werden meist auch Grundlagen der Informatik und der Einsatz professioneller Software sowie höhere Programmiersprachen, einschließlich „Rechnerpraktika", angeboten.

Im **Masterstudium** erfolgt dann eine Vertiefung oder die Profilbildung, z.B. in der Reinen Mathematik oder in verschiedenen Anwendungsfächern, z.B. in Techno- oder Wirtschaftsmathematik.

Das Statistikstudium umfasst die Fächer Statistik, Mathematik, Informatik sowie ein oder mehrere Anwendungsgebiete. Modulangebote sind beispielsweise: Einführung und Grundlagen, lineare Methoden und Modelle, mathematische Statistik und Wahrscheinlichkeitsrechnung, Kerngebiete der angewandten Statistik, praktische Statistik mit Projekt- oder Fallstudien, mathematische Modulangebote zur Analysis, Vektor- und Matrizenrechnung, Numerik und Logik. Im Bereich der Informatik gibt es Modulangebote zu Datenanalyse, Programmierung, ▶

PHYSIK

Softwareentwicklung, Datenbank- und Informationssystemen sowie Statistik-Software. In der Angewandten Mathematik sind in der Regel Projektstudien und Praktika vorgesehen. Diese können zum Beispiel in Versicherungsstatistik, Sozialforschung, Biometrie, Psychometrie, Geowissenschaften und Meteorologie erfolgen.

Zulassungskriterien & Studienbewerbung
Nur selten sind Bachelorstudiengänge in Mathematik mit einer Zulassungsbeschränkung belegt. Meist müssen sich Studieninteressierte neben Mathematik zusätzlich für ein Haupt- bzw. Nebenfach entscheiden.

Berufsmöglichkeiten nach dem Studium
Mathematiker*innen arbeiten überwiegend in Unternehmen des Versicherungs- und Kreditgewerbes, bei Herstellern datenverarbeitender Technik, bei Software-Unternehmen sowie Unternehmensberatungen und Marktforschungsinstituten. Als Wirtschaftsmathematiker*innen (und nach Weiterbildung als Aktuar*innen) sind sie bei Versicherungsgesellschaften, Banken, Bausparkassen oder berufsständischen Versorgungseinrichtungen tätig.

Im Zuge der technologischen Entwicklung ergeben sich neue Aufgabenfelder in Bereichen wie Biotechnologie oder Medizintechnik. Daneben gibt es Beschäftigungsmöglichkeiten im öffentlichen Dienst, insbesondere bei statistischen Ämtern und Behörden sowie an Hochschulen. ■

➔ **links**

Deutsche Mathematiker-Vereinigung
Einen umfassenden Überblick zur Mathematik finden Sie unter:
➔ www.mathematik.de

Deutsche Aktuarvereinigung
➔ aktuar.de

3.3.7 Physik

Wie schnell sind Licht oder Schall? Warum fällt der Apfel nach unten? Fragen wie diese klärt die Physik. Wie kaum eine andere Wissenschaft hat sie unser Verständnis von grundlegenden Phänomenen der Natur geprägt. In der Praxis bilden die Forschungsergebnisse aus der Physik die Basis für unzählige technische Anwendungen.

Das Studienfeld im Überblick
Erkenntnisse über den Aufbau von Atomen, die Entdeckung Schwarzer Löcher oder die Zusammenhänge von Raum und Zeit – die Physik beobachtet Naturphänomene und beschreibt sie durch mathematische Modelle und Theorien.

Während sich die Experimentalphysik auf die Beobachtung und Messung spezialisiert hat, widmet sich die Theoretische Physik der Modell- und Theoriebildung. Die intensive Zusammenarbeit beider Bereiche führt zu einem fortschreitenden Verständnis der Natur und ermöglicht vielfältige Formen der Anwendung und Nutzung. Jüngere Beispiele für die Umsetzung physikalischer Forschung in technische Anwendungen sind die Halbleitertechnik, die Optoelektronik, die Nanotechnik sowie die Lasertechnik. Die Mathematik (siehe *Abschnitt 3.3.6*) ist die wichtigste Hilfswissenschaft für Physiker*innen.

Studienangebot
Das Studium der **Physik** vermittelt die theoretischen und experimentellen Grundlagen. Dabei werden die Studierenden an moderne Methoden der Forschung herangeführt und so zum selbstständigen wissenschaftlichen Arbeiten befähigt. Das versetzt die zukünftigen Physiker*innen in die Lage, physikalische Erkenntnisse und Methoden anzuwenden und weiterzuentwickeln. In den vergangenen Jahren sind im Bereich der **Angewandten Physik** eine Reihe interdisziplinärer Studiengänge entstanden, um fachliche Spezialisierungen zu ermöglichen.

- Die **Astrophysik** bildet mit der physikalischen Erforschung der Himmelskörper (Planetensystem, Sonne, Fixsterne, interstellare Materie) und des Weltraumes den Hauptschwerpunkt der Astronomie.
- Das interdisziplinäre Studium der **Biophysik** befasst sich mit der Anwendung physikalischer und physikalisch-chemischer Methoden zur Erforschung elementarer und komplexer Lebensvorgänge. Es kombiniert eine biologisch-chemische Grundausbildung mit einer physikalisch-mathematischen Ausbildung und beinhaltet auch die Grundlagen der Informatik.
- Die **Medizinische Physik** beschäftigt sich mit technischen Lösungen in Diagnostik und Therapie. Dazu zählen bildgebende Verfahren wie Röntgen,

MEDIZIN, GESUNDHEITSWISSENSCHAFTEN

Computertomografie (CT) oder Magnetresonanztomografie (MRT) sowie therapeutische Maßnahmen, etwa Strahlentherapie oder der Einsatz von Laser- und UV-Strahlen.

Inhalte des Studiums

Im **Bachelorstudium** erfolgt eine Grundausbildung in experimenteller und theoretischer Physik, in Mathematik und in weiteren physikalischen und nichtphysikalischen Fächern (zum Beispiel Chemie und Informatik). Hinzu kommen hochschulspezifische Vertiefungsgebiete sowie die Vermittlung experimenteller und theoretischer Arbeitsmethoden (z.B. Umgang mit physikalischen Geräten, Einsatz von Computern, Mess- und Auswertungsverfahren). Neben Vorlesungen stellen Übungen und Praktika die wichtigsten Vermittlungsformen dar.

Das **Masterstudium** bietet eine Spezialausbildung in mehreren Teilfächern der Physik. Es wird durch das wissenschaftliche Profil der Universität und des Fachbereichs Physik geprägt und gliedert sich in eine fachliche Vertiefungs- und eine Forschungsphase, in der eigenständig eine wissenschaftliche Fragestellung bearbeitet wird.

Berufsmöglichkeiten nach dem Studium

Physiker*innen arbeiten in Hochschul- und Forschungseinrichtungen sowie in der Industrie, etwa in der Materialforschung, in der Energietechnik, im Maschinen- und Gerätebau, in der Medizin(technik), in der Halbleiterindustrie oder in der optischen/optoelektronischen Industrie. Viele Physiker*innen sind auch in verwandten technisch-naturwissenschaftlichen Berufen tätig, etwa als Informatiker*in, Mathematiker*in oder als Ingenieur*in. Weitere Tätigkeitsfelder sind etwa das Patentwesen und der Wissenschaftsjournalismus.

Auch die freiberufliche Tätigkeit ist eine Option, insbesondere als Gutachter*innen und Sachverständige.

Astronom*innen arbeiten überwiegend im öffentlichen Dienst, insbesondere an astronomischen Forschungseinrichtungen (Universitätssternwarten mit angeschlossenen Instituten, Forschungsinstituten) sowie an Volkssternwarten und Planetarien.

Biophysiker*innen arbeiten an Universitäten und Forschungsinstituten sowie in Forschungsabteilungen der Industrie. Weitere Einsatzmöglichkeiten finden sie in Biotechnologie- und Pharmaunternehmen sowie bei Herstellern von medizintechnischen Geräten. ■

➜ Finde Studiengänge:

➜ **links**

Deutsche Physikalische Gesellschaft (DPG)
➜ www.dpg-physik.de

3.4 Studienbereich Medizin, Gesundheitswissenschaften, Psychologie, Sport

Mit dem menschlichen Geist und Körper setzen sich Mediziner*innen, Gesundheitswissenschaftler*innen, Psycholog*innen und Sportler*innen bzw. Sportwissenschaftler*innen auseinander. Sie heilen und lindern (psychische) Krankheiten oder Verletzungen bei Mensch und Tier – und beugen diesen vor. Sie erforschen deren Ursachen, neue Diagnose- und Behandlungsmethoden sowie Heilmittel und verfolgen individuelle Therapieansätze.

Dazu sind fundierte Kenntnisse der menschlichen (oder auch tierischen) Anatomie, Physiologie und Psyche erforderlich. Als Grundlagenwissenschaften spielen die Naturwissenschaften Biologie, Biochemie, Chemie und Physik eine große Rolle. In der empirisch angelegten Psychologie kommen außerdem sozialwissenschaftliche Methoden zum Einsatz.

Mediziner*innen und Psycholog*innen müssen dazu bereit sein, sich ständig an neue Entwicklungen in der medizinischen Forschung und Technik anzupassen und sich mit den ethischen Fragen des Berufs auseinanderzusetzen. Studierende sollten Interesse am (helfenden) Umgang mit Menschen (respektive Tieren) haben, müssen dabei aber Distanz und Objektivität wahren.

Ein Studium der Human-, Zahn- und Tiermedizin ist nur an Universitäten möglich.

Im Bereich **Gesundheitswissenschaften** werden Fachkenntnisse für Management- und Stabsfunktionen, insbesondere wissenschaftlich fundierte Pflege-, Leitungs- und Führungskompetenz sowie pädagogisch-didaktische Qualifikationen vermittelt. ▸

MEDIZIN, GESUNDHEITSWISSENSCHAFTEN

Der Studienbereich auf einen Blick

STUDIENFELD	STUDIENFÄCHER, z.B.	STUDIENFELD	STUDIENFÄCHER, z.B.
Biomedizin, Neurowissenschaften	▪ Biomedizin, Molekulare Medizin ▪ Neurowissenschaft	Psychologie	▪ Gesundheits-, Rehabilitationspsychologie ▪ Kognitionswissenschaft ▪ Kommunikationspsychologie ▪ Wirtschaftspsychologie
Gesundheitswissenschaften	▪ Hebammenkunde ▪ Medizin-, Pflegepädagogik ▪ Pflegemanagement, -wissenschaft ▪ Gerontologie	Sport	▪ Gesundheitssport ▪ Sportwissenschaft
Human-, Tier-, Zahnmedizin	▪ Humanmedizin ▪ Tiermedizin ▪ Zahnmedizin ▪ Komplementärmedizin	Therapien	▪ Ergotherapie ▪ Kunsttherapie ▪ Logopädie, Sprachtherapie ▪ Physiotherapie

Alternative Studienbereiche
- Erziehungs-, Bildungswissenschaften → Seite 179
- Mathematik, Naturwissenschaften → Seite 128
- Rechts-, Sozialwissenschaften → Seite 173

142

BIOMEDIZIN, NEUROWISSENSCHAFTEN

Das Studium der **Pflege- und Gesundheitswissenschaften** wird an Universitäten, Fachhochschulen und der Dualen Hochschule angeboten.

Mit allen Facetten des Phänomens Sport beschäftigt sich die **Sportwissenschaft**. Dazu zählen bspw. Physiologie, Bewegungs- und Trainingslehre, Sportdidaktik, Medizin, Sportrecht und -verwaltung. Studierende können aus einer Reihe von Spezialisierungsmöglichkeiten wählen und haben Karrierechancen als aktive Sportler*innen im Freizeit-, Leistungs- und Wettkampfsport, aber auch in der gesundheitlichen Prävention und Therapie. ■

> **info**
>
> Informationen zum Studium der **Pharmazie** finden Sie im *Abschnitt 3.3.3 „Chemie, Pharmazie"*.

3.4.1 Biomedizin, Neurowissenschaften

→ Finde Studiengänge:

Biomedizin und Neurowissenschaften beschäftigen sich in erster Linie mit molekularbiologischen Vorgängen. Hier kommen Methoden der DNA-Analytik genauso zum Einsatz wie computertomografische Verfahren, die neuronale Aktivitäten sichtbar machen.

Das Studienfeld im Überblick

Angesiedelt im Grenzbereich zwischen Medizin und Biologie erforscht die Biomedizin die molekularen und zellbiologischen Grundlagen des Lebens. Ziel ist, die Ursachen von Krankheiten zu erkennen, um diesen vorbeugen bzw. sie behandeln zu können. Als interdisziplinäres Teilgebiet der Humanbiologie vereint die Biomedizin Methoden der Molekularbiologie mit solchen der Zellbiologie und geht Fragen der experimentellen Medizin nach.

Im Zentrum der Neurowissenschaften steht die Erforschung von Nervensystemen. Untersucht werden verschiedene Zelltypen bspw. diffuser Nervensysteme von Hohltieren, des Strickleitersystems von Arthropoden (Gliederfüßern) oder des Zentralnervensystems von Wirbeltieren, um deren Zusammenschluss zu neuronalen Netzwerken zu erforschen. Neurowissenschaftler*innen arbeiten in der Praxis z.T. mit Vertreter*innen anderer Disziplinen wie Kognitionswissenschaft, Psychologie oder Philosophie zusammen.

Studienangebot

Das Angebot an reinen Biomedizin- bzw. Neurowissenschaftsstudiengängen ist begrenzt. In den Biowissenschaften gibt es Kombi-Angebote wie etwa Biomedizinische Chemie. Wer ein naturwissenschaftliches Bachelorstudium abgeschlossen hat, findet allerdings ein vergleichsweise breites Angebot an neurowissenschaftlichen Masterstudiengängen.

Inhalte des Studiums

Im Studium der **Biomedizin** werden zunächst naturwissenschaftliche Grundlagen in den Bereichen Biochemie, Physiologie und Anatomie des Menschen vermittelt. Im Wahlpflichtbereich können die Studierenden Praktika in verschiedenen Bereichen absolvieren. Im Studienverlauf erwerben sie Schlüsselkompetenzen u.a. in Gentechnik, Versuchstierkunde, Biometrie und biologischer Sicherheit. Ein Teil der Ausbildung kann gemeinsam mit Biologie- und Medizinstudierenden erfolgen.

Neurowissenschaftliche Bachelorstudiengänge vermitteln ebenfalls medizinisch-naturwissenschaftliche Grundlagen, bspw. in Chemie, Physik, Physiologie, Biochemie oder Neuroanatomie, beinhalten aber auch tiefergreifende Module wie kognitive Neurowissenschaften, Neurohistologie oder Neuroanatomie. Im Master vertiefen die Studierenden ihr Wissen und setzen ggf. Schwerpunkte. ▶

> → **links**
>
> Online-Studienführer „Bachelor in den Biowissenschaften" des Verbands Biologie, Biowissenschaften und Biomedizin in Deutschland e.V. – VBIO, erreichbar unter: → www.bachelor-bio.de

> **info**
>
> Der **Studien- und Berufsführer „Deine Zukunft: Biowissenschaften"** des Verbands Biologie, Biowissenschaften & Biomedizin in Deutschland (Hrsg.), 7. Auflage, Januar 2022, kann als PDF geladen werden unter → www.vbio.de/publikationen/zukunft-biowissenschaften

GESUNDHEITSWISSENSCHAFTEN

Berufsmöglichkeiten nach dem Studium

Absolvent*innen der **Biomedizin** arbeiten klassischerweise in der Forschung an Universitäten, in Forschungszentren oder in der pharmazeutischen und Biotech-Industrie, können aber auch in Umwelt- und Gesundheitsämtern, Kliniken, im Wissenschaftsmanagement oder im Patentwesen beschäftigt sein.

Neurowissenschaftler*innen finden Anstellung in der Lehre, in der forschenden Pharmaindustrie, im wissenschaftlichen Verlagswesen oder in der wissenschaftlichen Koordinationsarbeit von Organisationen. ■

3.4.2 Gesundheitswissenschaften

Die Studiengänge Pflege, Pflegepädagogik, Pflege- und Gesundheitsmanagement sowie Gesundheits- und Pflegewissenschaft sollen dem Mangel an qualifizierten Führungskräften in der Kranken-, Kinderkranken- und Altenpflege entgegenwirken. Zugleich soll damit eine wissenschaftliche Grundlage für die Qualifikationsanforderungen der Pflegefachberufe geschaffen werden.

Das Studienfeld im Überblick

Die Gesundheitswissenschaften sind ein relativ junges Studienfeld. Die ersten Studienmöglichkeiten gab es im Rahmen von dualen Studiengängen im Pflegebereich. Nötig geworden ist die Akademisierung der Pflege- und Gesundheitsberufe aufgrund des demografischen Wandels, epidemiologischer Veränderungen sowie des medizinischen Fortschritts. Sie überschneiden sich inhaltlich z.T. mit medizinischen Studiengängen, führen aber zu einem nichtärztlichen Beruf.

Studienangebot

Universitäten, Fachhochschulen und duale Hochschulen bieten die Studiengänge an und vermitteln Kenntnisse aus Pflege, Gesundheitswesen, Betriebswirtschaftslehre, Personalwesen, Pflegewissenschaft und Medizin. Die Studierenden lernen, Konzepte für die Kranken-, Kinderkranken- und Altenpflege zu entwickeln, einschließlich Pflegeprozess und Pflegedokumentation.

Das Studium erfolgt als Vollzeitstudium oder als berufsbegleitendes Studium. Auch die Möglichkeit eines Fernstudiums besteht.

Anzeige

Private staatlich anerkannte Hochschule
University of Applied Sciences

Studiere da, wo Du gerade bist!
Studium neben dem Beruf - flexibel von überall

- Ergotherapie (B.Sc.) · Logopädie (B.Sc.)
- Physiotherapie (B.Sc.)
- Medizinalfachberufe (B.A.)
- Gesundheitsmanagement (B.A./M.A.)
- Naturheilkunde & komplementäre Heilverfahren (B.Sc.)
- Psychologie (B.Sc./M.Sc.)
- Pharmamanagement und Pharmaproduktion (B.Sc.)

mehr Infos: **diploma.de**

Studienberatung: 05722 - 28699732

■ Die Studiengänge im Bereich **Pflege- und Gesundheitsmanagement** beschäftigen sich mit gesundheitsökonomischen Fragestellungen. Das Studium vermittelt breite Kenntnisse der betriebswirtschaftlichen und strukturellen Bedingungen des jeweiligen Branchen- und Dienstleistungsumfelds und qualifiziert für Managementaufgaben in der Gesundheitsversorgung. Ziel ist es, Ablaufprozesse im Gesundheitswesen so zu gestalten, dass bei gleicher oder gar verbesserter Qualität weniger Ressourcen verbraucht werden.

■ Der Studienbereich **Gesundheitsförderung/Gesundheitspädagogik** dagegen hat die Planung und Umsetzung von Maßnahmen der Gesundheitsförderung und dabei Aspekte der Prävention, Intervention und Rehabilitation zum Gegenstand.

■ Der Studiengang **Hebammenwissenschaften** vermittelt wissenschaftliche

Anzeige

FERNSTUDIUM – OHNE ABITUR!

Soziale Arbeit (B.A.) ▪ Ernährungsmanagement (B.Sc.)
Angewandte Psychologie (B.Sc.) – ohne NC! ▪ u. v. m.

apollon-hochschule.de   Ein Unternehmen der Klett Gruppe

GESUNDHEITSWISSENSCHAFTEN

und praktische Kompetenzen zu Schwangerschaft, Geburt und Kindergesundheit. Studierende erlangen Grundlagenwissen in Anatomie, Physiologie, Beratung, Geburtshilfe, Pädiatrie und Recht. Ziel ist es, auf die wissenschaftlich fundierte und situationsspezifische Betreuung von Schwangeren, Gebärenden oder Wöchnerinnen vorzubereiten.

- Studiengänge im Bereich **Pflegepädagogik** vermitteln Wissen in den Bereichen Bildungsmanagement, Ethik in Gesundheit und Medizin, Managementmethoden und -instrumente, Medizinische Psychologie und Soziologie sowie Pädagogische Psychologie. Außerdem erwerben die Studierenden pflege- und gesundheitswissenschaftliche Grundlagen.
- Die akademische Auseinandersetzung mit dem **Sanitäts- und Rettungswesen** beinhaltet wissenschaftliches und praktisches Wissen in Unfallmedizin, Akutdiagnostik und Akuttherapie sowie Rettungswesen und Katastrophenschutz.

Inhalte des Studiums

Im **Bachelorstudium** gibt es je nach fachlicher Ausrichtung des Studiengangs Modulangebote zu den Themen: Pflegewissenschaft und Pflegeforschung, Handlungsgrundlagen und Handlungskonzepte der Pflege und Geburtshilfe, medizinische, naturwissenschaftliche und gesellschaftliche Grundlagen der Pflege und Geburtshilfe, Epidemiologie, Psychologie, Theorien und Methoden der Pflegewissenschaft, Pädagogik für Gesundheitsberufe/Pflegepädagogik, Ökonomie des Gesundheitswesens, Gesundheitswissenschaften/Public Health, Gesundheitsmanagement, Prävention und Gesundheitsförderung, Beratung und Verhaltensmodifikation, rechtliche und betriebswirtschaftliche Grundlagen, Berufsethik der Pflege, Qualitätsmanagement im Gesundheitswesen, Personalentwicklung, betriebliche Steuerungsprozesse, Kosten und Leistungsrechnung, Statistik, EDV.

Im **Masterstudium** erfolgt eine Verbreiterung der Grundlagen oder eine Spezialisierung.

Zulassungskriterien & Studienbewerbung

Neben der Hochschul- bzw. Fachhochschulreife wird in den pflegewissenschaftlichen Studien- ▶

→ **Finde Studiengänge:**

Anzeige

HS Gesundheit BOCHUM

Frag' Pepper!

An der HS Gesundheit kannst du 17 innovative Bachelor- und Masterstudiengänge rund um das Thema Gesundheit studieren – von „Hebammenwissenschaft" über „Clinical Research Management", „Gesundheit und Diversity" bis hin zu „Nachhaltiges Management in der Gesundheitswirtschaft". Egal, für welchen Studiengang du dich entscheidest, neben unserer modernen Ausstattung und der persönlichen Studienatmosphäre wählst du ein Studium mit Sinn und Zukunftsperspektive.

Bei uns lernst du schon im Studium mit modernster Ausstattung.

#HauptSacheGesundheit
hs-gesundheit.de/hauptsachegesundheit

© Adobe Stock/Kaspars Grinvalds, Freepik/topntp26, Juliane Wink

HUMAN-, TIER-, ZAHNMEDIZIN

gängen häufig eine abgeschlossene einschlägige Berufsausbildung und ein- oder mehrjährige Berufserfahrung vorausgesetzt (vgl. auch *Abschnitt 2.4.4*). Daneben bestehen duale Studiengänge, die außer der Hochschul- bzw. Fachhochschulreife einen Ausbildungsvertrag voraussetzen. Zudem gibt es einige wenige primärqualifizierende Modellstudiengänge, wobei die Ausbildung an einer Hochschule stattfindet, ergänzt um praktische Inhalte, deren Anteil der gesetzlich vorgegebenen Stundenzahl für die staatliche Prüfung nach den Berufsgesetzen entspricht.

Berufsmöglichkeiten nach dem Studium
An Hochschulen aus- und weitergebildete **Pflegefachkräfte** finden vorrangig Beschäftigung als Pflegeexpert*innen in der Pflegedienstleitung in Krankenhäusern, Sanatorien, Pflegeheimen sowie bei ambulanten Diensten. Sie übernehmen Managementaufgaben bzw. die Unternehmensführung von Betrieben des Gesundheits- und Sozialwesens.

Pflegewissenschaftler*innen arbeiten überwiegend in der Forschung und Lehre sowie als Berater*innen bei Institutionen der Gesundheitsförderung, der Gesundheits- und Sozialpolitik, bei Ämtern und Verbänden, oder sie übernehmen Führungspositionen in Pflegeeinrichtungen.

Insbesondere Absolvent*innen der Studiengänge **Pflegepädagogik** finden ihren Arbeitsplatz an Berufsfachschulen und Schulen des Gesundheitswesens.

Der Studiengang **Gesundheitsmanagement** qualifiziert Absolvent*innen für Einsatzgebiete in der ambulanten und stationären Gesundheitsversorgung, bei Kranken- und Pflegeversicherungen, im Bereich der Gesundheitsförderung und -information sowie in der pharmazeutischen Industrie und im Arzneimittelhandel. ■

3.4.3 Human-, Tier-, Zahnmedizin

Die Medizin ist die Wissenschaft von den Ursachen, der Heilung, Linderung und Vorbeugung von Krankheiten.

Das Studienfeld im Überblick
Die ärztlichen Tätigkeiten erstrecken sich auf Erkennung (Diagnose) und Behandlung (Therapie) von Krankheiten, Leiden oder Körperschäden, auf gesundheitliche Vor- und Nachsorge sowie die Forschung. Die Ausbildung von Humanmediziner*innen, Tier- und Zahnärzt*innen ist bundeseinheitlich durch die jeweilige Verordnung zur Approbation geregelt.

Modellstudiengänge
Im Rahmen von **Modellstudiengängen in der Humanmedizin**, die derzeit die private Universität Witten-Herdecke, die private Medizinische Hochschule Brandenburg in Neuruppin und die staatlichen Universitäten Aachen, Augsburg, Berlin (Charité), Bielefeld, Dresden, Düsseldorf, Hamburg-Eppendorf, Hannover, Heidelberg (Fakultät für Medizin in Mannheim), Köln und Oldenburg anbieten, kann von den Vorgaben der Approbationsordnung für Ärzt*innen abgewichen und insbesondere die Trennung von vorklinischem und klinischem Studienabschnitt aufgehoben werden.

Studienangebot
Das Studium der Human-, Tier- oder Zahnmedizin ist in Deutschland bundesweit zulassungsbeschränkt (Informationen zur bundesweiten Zulassungsbeschränkung finden Sie in *Abschnitt 4.2.1*). Die Studiengänge werden nur an Universitäten angeboten.

Inhalte des Studiums
Humanmedizin
■ Neben der Vermittlung der wissenschaftlichen Grundlagen werden auch koordinierende, allgemeinmedizinische, pharmakotherapeutische und gesundheitsökonomische Fragestellungen behandelt.
■ Fächerübergreifender und fallbezogener Unterricht mit problemorientierter Vermittlung themenbezogener Inhalte, die sich an den Patient*innen ausrichten
■ Kurse z.B. in Schmerzmedizin, Palliativmedizin, Notfallmedizin
■ Praxisbezogener Unterricht am Krankenbett in Form von Patient*innendemonstrationen in Kleingruppen von maximal sechs, bei Patienten*innenuntersuchungen von höchstens drei Studierenden

Die Studierenden absolvieren eine viermonatige Famulatur (medizinisches Praktikum) während der unterrichtsfreien Zeit des Studiums zwischen dem ersten Abschnitt und dem zweiten Abschnitt der Ärztlichen Prüfung (nur schriftlich). Sie ist bei verschiedenen Einrichtungen mit festgelegten Mindestzeiten abzuleisten (Kranken-

HUMAN-, TIER-, ZAHNMEDIZIN

häuser, ärztliche Praxen, Einrichtungen der hausärztlichen Versorgung usw.).

Des Weiteren gibt es praktische Übungen und Blockpraktika von ein- oder zwei- bis sechswöchiger Dauer in den wichtigsten medizinischen Bereichen.

Am Ende des Medizinstudiums, nach dem Zweiten Abschnitt der Ärztlichen Prüfung, folgt eine zusammenhängende praktische Ausbildung von 48 Wochen (Praktisches Jahr) in einem Krankenhaus oder teilweise auch in geeigneten ärztlichen Praxen (Lehrpraxen). Abschließend ist der dritte Abschnitt der Ärztlichen Prüfung (nur mündlich) abzulegen.

Ärztliche Prüfung: Der erste Abschnitt der (staatlichen) Ärztlichen Prüfung erfolgt nach einem Studium von zwei Jahren. Die Universitäten überprüfen die erworbenen Qualifikationen in den klinischen Fächern und Querschnittsbereichen des darauffolgenden dreijährigen Studienabschnitts in Form benoteter Leistungsnachweise. Diese sind auch Voraussetzung für die Meldung zum Zweiten Abschnitt der Ärztlichen Prüfung nach einem Studium von fünf Jahren.

Daran schließt sich das praktische Jahr an, das Ausbildungsabschnitte von je 16 Wochen in Innerer Medizin, Chirurgie, Allgemeinmedizin oder einem weiteren klinisch-praktischen Fachgebiet beinhaltet. Der dritte Abschnitt der Ärztlichen Prüfung wird nach einem Studium von insgesamt sechs Jahren absolviert, einschließlich des Praktischen Jahres.

Ärzt*innen können unmittelbar nach dem Studium eine Assistenzärzt*innenstelle antreten bzw. eine Fachärzt*innenweiterbildung aufnehmen.

Weiterbildung: Nach der ärztlichen Approbation gibt es vielfältige Möglichkeiten der fachärztlichen Weiterbildung, die auf der Grundlage der Weiterbildungsordnungen der Landesärztekammern erfolgen.

➔ Finde Studiengänge:

Tiermedizin

Vorklinisches Studium (vier Semester): Vorlesungen und Praktika in Physik, Chemie, Zoologie, Botanik, Anatomie, Histologie, Embryologie, Physiologie, Biochemie, Tierzucht und Genetik.

Klinisches Studium (sechs Semester): Virologie, Bakteriologie und Mykologie, Parasitologie, Tierernährung, Tierhaltung und Tierhygiene, allgemeine Pathologie und spezielle pathologische Anatomie und Histologie, Innere Medizin, Chirurgie und Anästhesiologie, Radiologie, Reproduktionsmedizin, Geflügelkrankheiten, ▶

Anzeige

HUMAN-, TIER-, ZAHNMEDIZIN

Pharmakologie und Toxikologie, Tierschutz, Tierseuchenbekämpfung, Lebensmittelkunde, Milchkunde, Fleischhygiene, Arznei- und Betäubungsmittelrecht, Klinische Propädeutik und tierärztliches Berufs- und Standesrecht.

Der naturwissenschaftliche Abschnitt (Vorphysikum) der Tierärztlichen Vorprüfung findet bereits nach dem 1. oder 2. Semester statt, der anatomisch-physiologische Abschnitt (Physikum) nach dem 4. Semester. Das klinische Studium vom 5. bis 11. Semester wird begleitet von mehreren Teilabschnitten der Tierärztlichen Prüfung.

Die **Tierärztliche Prüfung** wird in mehreren Abschnitten, i.d.R. in den vorlesungsfreien Zeiten abgelegt, wobei die Prüfungen zeitnah zu den Unterrichtsveranstaltungen durchzuführen sind.

Weiterbildung: Eine Weiterbildung zum*zur Fachtierarzt*Fachtierärztin für einzelne Spezialgebiete ist möglich (Dauer: drei bis fünf Jahre).

- Während des Studiums müssen angehende Tiermediziner*innen verschiedene Praktika leisten: 70 Stunden in der Landwirtschaft, Tierzucht und Tierhaltung
- 150 Stunden in einer tierärztlichen Praxis oder Tierklinik (nach dem Physikum)
- 75 Stunden in der Hygienekontrolle und Lebensmittelüberwachung/-untersuchung
- 100 Stunden praktische Ausbildung in der Schlachttier- und Fleischuntersuchung
- 75 Stunden im öffentlichen Veterinärwesen
- 700 Stunden in einer tierärztlichen Praxis oder Tierklinik (ab dem 8. Semester)

Ein Teil davon kann in einem Wahlpraktikum in anderen Einrichtungen, z.B. in einem naturwissenschaftlichen Institut einer Universität oder einem wissenschaftlich geleiteten zoologischen Garten, abgeleistet werden.

Zahnmedizin

Zahnärztliche und kieferchirurgische Eingriffe erfordern Geschick im Umgang mit komplizierten Apparaturen und Instrumenten.

Das Studium der Zahnmedizin gliedert sich in einen vorklinischen und einen klinischen Abschnitt. Neben der theoretischen Unterweisung ist es stark auf die praktische Ausbildung zum*zur Zahnarzt*Zahnärztin ausgerichtet.

Vorklinisches Studium (5 Semester): Vorlesungen, Praktika und Kurse in Zoologie oder Biologie, Physik und Chemie, Anatomie, Physiologie und Biochemie, Werkstoffkunde, technischer Propädeutik und Zahnersatzkunde. Naturwissenschaftliche Vorprüfung nach dem 2. Semester, Zahnärztliche Vorprüfung nach dem 5. Semester.

Klinisches Studium (5 Semester): Theoretische und praktische Ausbildung in der Zahnheilkunde und weiteren zugehörigen medizinischen Fächern. Freiwillige Famulaturen im europäischen und außereuropäischen Ausland vermittelt der Zahnmedizinische Austauschdienst (ZAD).

Weiterbildung: Nach ihrer Approbation können sich Zahnärzt*innen in der Oralchirurgie, in der Kieferorthopädie, in der Parodontologie

➔ links

Approbationsordnung für Ärzte
vom 27. Juni 2002, (Bundesgesetzblatt I S. 2405), zuletzt geändert durch Artikel 2 der Verordnung vom 22. September 2021 (BGBl. I S. 4335) finden Sie unter:
➔ www.gesetze-im-internet.de/_appro_2002

Landkarte Hochschulmedizin
Informationen über alle medizinischen Fakultäten, die zugehörigen Universitätskliniken sowie die Studienbedingungen
➔ www.landkarte-hochschulmedizin.de

medizin-studieren
Das Online-Portal bietet Grundinformationen zum Medizinstudium und Berufseinstieg.
➔ www.aerzteblatt-studieren.de

Bundesärztekammer und Anschriften der Landesärztekammern
➔ www.bundesaerztekammer.de

Medizinischer Fakultätentag
➔ www.medizinische-fakultaeten.de

Verordnung zur Approbation von Tierärztinnen und Tierärzten
vom 27. Juli 2006 (BGBl. 2006, Teil I, S. 1827), zuletzt geändert durch Artikel 7 des Gesetzes vom 15. August 2019 (BGBl. I S. 1307), finden Sie unter:
➔ www.gesetze-im-internet.de/tappv

Bundestierärztekammer
Arbeitsgemeinschaft der Deutschen Tierärztekammern e.V.
➔ www.bundestieraerztekammer.de

Approbationsordnung für Zahnärzte und Zahnärztinnen
vom 8. Juli 2019 (BGBl. I S. 933), zuletzt geändert durch Artikel 1 der Verordnung vom 22. September 2021 (BGBl. I S. 4335) finden Sie unter: ➔ www.gesetze-im-internet.de/zappro/index.html

Bundeszahnärztekammer
Informationen zur zahnärztlichen Weiterbildung finden Sie unter:
➔ www.bzaek.de

Bundesverband der Zahnmedizin-studierenden in Deutschland (BdZM) e.V.
➔ www.bdzm.info

Infos rund um das Zahnmedizinstudium
bietet das Zahniportal unter:
➔ www.zahniportal.de

PSYCHOLOGIE

oder für das öffentliche Gesundheitswesen auf Grundlage der Weiterbildungsverordnungen der Landeszahnärztekammern weiterbilden (Dauer: i.d.R. vier Jahre). Vor und während des Studiums werden Praktika im zahntechnischen Labor empfohlen. Die zahnärztliche Prüfung wird nach Abschluss des klinischen Studiums innerhalb von sechs Monaten nach Semesterschluss abgelegt.

Zulassungskriterien & Studienbewerbung

Die Studienplätze in der Human-, Tier- und Zahnmedizin werden zentral über die Stiftung für Hochschulzulassung vergeben. Eine Bewerbung ist über das Portal hochschulstart.de möglich. Da es deutlich mehr Bewerber*innen als freie Studienplätze gibt, müssen Interessierte einen sehr guten Notendurchschnitt mitbringen. Aber auch notenunabhängige Kriterien, wie etwa Studieneignungstests und insbesondere der Test für medizinische Studiengänge (TMS), spielen eine Rolle bei der Zulassung.

Humanmedizin

Studieninteressierte müssen einen dreimonatigen Krankenpflegedienst sowie eine Ausbildung in Erster Hilfe vor dem Studium oder während der unterrichtsfreien Zeit bis spätestens vor der Meldung zum ersten Abschnitt der Ärztlichen Prüfung nach vier Semestern (Anrechnung von bestimmten Ausbildungen möglich) absolvieren.
Der Studienbeginn ist zum Winter- wie Sommersemester möglich.

Tiermedizin

Der Studienbeginn ist zum Winter- wie Sommersemester möglich.

Berufsmöglichkeiten nach dem Studium

Humanmedizin

Ärzt*innen arbeiten als niedergelassene Ärzt*innen in freier Praxis und in Krankenhäusern, Sanatorien, Kureinrichtungen sowie als Sanitätsoffiziere der Bundeswehr. Beschäftigungsmöglichkeiten bieten sich außerdem in Forschung und Lehre, in der öffentlichen Verwaltung (z.B. Gesundheitsämter), in betriebsärztlichen Diensten, in der pharmazeutischen Industrie sowie in der Sportmedizin.
Neben dem klinischen Bereich bieten sich für Mediziner*innen auch in anderen, nichtkurativen Berufsfeldern wie z.B. in der medizinischen Informatik, im Gesundheitsmanagement, im medizinischen Fachjournalismus oder in der Umweltmedizin Alternativen. Zusätzlich erworbene Kenntnisse u.a. in Betriebswirtschaft und EDV könnten dafür von Bedeutung sein.

Tiermedizin

Tierärzt*innen arbeiten selbstständig oder als Praxisassistent*innen überwiegend in Kleintier- und Großtierpraxen, in Tierkliniken, im amtstierärztlichen Dienst (Tierseuchenbekämpfung, Tierschutz, Schlachttier- und Fleischuntersuchung, Lebens- und Futtermittelüberwachung), bei Landes- und Bundesbehörden sowie in der Pharmazeutischen Industrie (z.B. Forschung, Technischer Service, Vertrieb und Marketing). Beschäftigungsmöglichkeiten – wenn auch in geringerem Umfang – bieten sich ferner in großen zoologischen Gärten und Tierheimen oder an Hochschulen und Forschungseinrichtungen im In- und Ausland.

Zahnmedizin

Zahnärzt*innen arbeiten überwiegend in freier Praxis, aber auch in Krankenhäusern, zahnmedizinischen Kliniken, Sanatorien und Kureinrichtungen, in Forschung und Lehre sowie als Sanitätsoffiziere der Bundeswehr. Daneben bieten sich Beschäftigungsmöglichkeiten in eher beratender, verwaltender Funktion bei Sozialversicherungsträgern, in der Pharmazeutischen Industrie, der Medizintechnik, bei Zahnärztekammern, kassenärztlichen Vereinigungen sowie bei Berufs- und Fachverbänden. ■

3.4.4 Psychologie

Psychologie ist die Wissenschaft vom Erleben, Verhalten und Handeln des Menschen.

Das Studienfeld im Überblick

Die wissenschaftliche Psychologie entwickelt ihr Wissen aus geisteswissenschaftlichen, sozialwissenschaftlichen und naturwissenschaftlichen Denkmodellen und Forschungsstrategien. Sie ist eine empirische Wissenschaft, d.h. alle Aussagen werden auf Beobachtungen und Experimente gestützt. Die Ergebnisse werden mit Hilfe mathematisch-statistischer Methoden verarbeitet. Die Psychologie hat interdisziplinäre Züge und besitzt Überschneidungen zu Wissenschaftsgebieten wie den Biowissenschaften, Soziologie, Pädagogik, Philosophie, zu den Sprachwissenschaften, Wirtschaftswissen- ▶

3 STUDIENFELDER & STUDIENINHALTE

149

PSYCHOLOGIE

schaften (v.a. Marketing und experimentelle Wirtschaftsforschung) oder zur Informatik.

Die Psychologie gliedert sich in eine Reihe von Teildisziplinen, darunter als **Grundlagenfächer** die Allgemeine Psychologie, die Differentielle Psychologie und Persönlichkeitspsychologie, die Biologische Psychologie, die Entwicklungspsychologie und die Sozialpsychologie. **Anwendungsfächer** sind etwa die Klinische Psychologie und Psychotherapie, die Arbeits- und Organisationspsychologie und die Pädagogische Psychologie. Zum Teil arbeiten diese Disziplinen in einem interdisziplinären Umfeld und **kooperieren** z.B. mit den Neurowissenschaften, der Medizin oder auch den Sozial- und Wirtschaftswissenschaften:

➜ **Finde Studiengänge:**

- Die **Allgemeine Psychologie** befasst sich mit den grundlegenden Funktionsformen menschlichen Erlebens und Verhaltens (Lernen, Gedächtnis, Sprache, Emotion, Motivation u.a.).
- Bei der **Differentiellen Psychologie/ Persönlichkeitspsychologie** stehen die individuellen und gruppenspezifischen Unterschiede in den Funktionsbereichen, die in der Allgemeinen Psychologie angesprochen werden, im Vordergrund der Betrachtung.
- Die **Entwicklungspsychologie** beschäftigt sich mit alters- oder lebensabschnittsabhängigen Veränderungen des Verhaltens und Erlebens. Ihre Ergebnisse sind v.a. für die Pädagogische und Klinische Psychologie bedeutsam.
- Gegenstand der **Sozialpsychologie** sind die vielfältigen Bedingungen und Wirkungen für das soziale Verhalten und die Interaktionen zwischen Individuen und Gruppen.
- In der **Biologischen Psychologie** und der **Neuropsychologie** wird die gegenseitige Bedingtheit psychischer und körperlicher Prozesse (z.B. im Nervensystem) untersucht.

Studienangebot

Psychologie wird als Bachelor- und Masterstudiengang unter der Bezeichnung Psychologie angeboten, kann aber auch als sogenanntes Bindestrich-Fach mit Schwerpunkt studiert werden, bspw. Wirtschaftspsychologie oder Arbeits- und Organisationspsychologie.

Inhalte des Studiums

Im **Grundlagenstudium** vermitteln Module eine Einführung in die Psychologie und Erkenntnistheorie sowie wissenschaftliche Basistechniken und Forschungsmethoden (z.B. Versuchsplanung, Empirie, Statistik, computergestützte Datenanalyse). Hinzu kommen Module zur allgemeinen und differenziellen Psychologie, zur Sozial-, Entwicklungs- und Biopsychologie, zur psychologischen Diagnostik und Testtheorie sowie zu relevanten Anwendungsgebieten (pädagogische Psychologie, Gesundheitspsychologie, Grundlagen der klinischen Psychologie, Arbeits- und Organisationspsychologie).

Im **Vertiefungsstudium** ermöglichen Module die Erweiterung oder Spezialisierung des Grundlagen- und Anwendungswissens sowie die Bildung von Schwerpunkten, z.B. Kognitionspsychologie oder Business Psychology.

Zulassungskriterien & Studienbewerbung

Aufgrund der hohen Nachfrage nach Studienplätzen können i.d.R. nicht alle Interessierten zum Psychologiestudium zugelassen werden. Der Numerus clausus ist von Hochschule zu Hochschule unterschiedlich und lag in der Vergangenheit meistens zwischen 1,0 und 2,0.

Hinweis: Zum Wintersemester 2023/24 bietet die Deutsche Gesellschaft für Psychologie erstmals einen Studieneignungstest für den Bachelorstudiengang Psychologie an. Weitere Informationen finden Sie unter: www.dgps.de/psychologie-studieren/infos-zum-studium/studieneignungstest-psychologie/

Berufsmöglichkeiten nach dem Studium

Die Beschäftigungsmöglichkeiten für Psycholog*innen sind sehr unterschiedlich und v.a. vom jeweiligen Studienschwerpunkt abhängig. Mögliche Tätigkeitsbereiche sind:

- Klinisch-psychologische Praxen, Psychotherapeutische Praxen
- Psychologische Beratungsstellen in kommunaler, kirchlicher oder freier Trägerschaft
- Psychosomatische Kliniken und Psychiatrie-Krankenhäuser, Rehabilitations- und Kureinrichtungen
- Behinderten- und Seniorenheime, Heime und Institutionen für Sozial- und Sonderpädagogik
- Psychologischer Dienst in der Bundesagentur für Arbeit und den einzelnen Agenturen für Arbeit
- Psychologische Dienste von Behörden, Gebietskörperschaften, bei Justizbehörden, Polizeiverwaltungen und Jugendämtern,

SPORT

schulpsychologische Dienste bei Ländern und Kommunen sowie der Bundeswehr
- Lehr- und Forschungseinrichtungen, Einrichtungen der Erwachsenenbildung, Schulen und vorschulpädagogische Einrichtungen
- In großen Unternehmen z.B. in betriebspsychologischen Diensten, im Personalwesen und Coaching, in der innerbetrieblichen Aus- und Weiterbildung sowie bei der Moderation internationaler Teams
- Markt- und Meinungsforschungsinstitute, PR- und Werbeagenturen, Verlage.

Das größte Einsatzgebiet für Psycholog*innen eröffnet sich nach wie vor im klinischen Sektor. Daneben gewinnen neue Betätigungsfelder z.B. in der Umwelt- und Verkehrspsychologie, der Moderation internationaler Teams in global operierenden Unternehmen, in der Notfallpsychologie, Senior*innenarbeit oder Sport- und Freizeitpsychologie an Bedeutung.

Das Psychotherapeut*innengesetz bindet bundeseinheitlich die Führung der Berufsbezeichnung „Psychologische*r Psychotherapeut*in" sowie „Kinder- und Jugendlichenpsychotherapeut*in" an eine entsprechende Approbation. Voraussetzung für die Erteilung dieser Approbation ist das Bestehen einer staatlichen psychotherapeutischen Prüfung (Anerkennung durch den Wissenschaftlichen Beirat Psychotherapie der Bundesärztekammer) auf der Grundlage eines abgeschlossenen Psychologiestudiums, das aus einem polyvalenten dreijährigen Bachelorstudium und einem zweijährigen Masterstudium bestehen muss.

→ links

Deutsche Gesellschaft für Psychologie e.V. (DGPs)
→ www.dgps.de

Berufsverband Deutscher Psychologinnen und Psychologen (BDP) e.V.
→ www.bdp-verband.org

Deutsche Psychotherapeutenvereinigung e.V.
→ www.deutschepsychotherapeutenvereinigung.de

Bundespsychotherapeutenkammer
Eine Übersicht der Landeskammern der Psychologischen Psychotherapeut*innen und der Kinder- und Jugendlichenpsychotherapeut*innen finden Sie unter:
→ www.bptk.de

Gesetz über den Beruf der Psychotherapeutin und des Psychotherapeuten
vom 15. November 2019 (BGBl, I S. 1604), das durch Artikel 17 des Gesetzes vom 19. Mai 2020 (BGBl. I, S. 1018) geändert worden ist, finden Sie unter: → www.gesetze-im-internet.de/psychthg_2020/BJNR160410019.html

3.4.5 Sport

Das Studium des Sports und der Sportwissenschaft ist auf die spätere Tätigkeit als Sportlehrer*in sowie auf sportbezogene Berufsfelder, z.B. bei Organisationen im Freizeit- und Gesundheitssport oder im Leistungs- und Wettkampfsport, vereinzelt auch auf eine wissenschaftliche Tätigkeit, ausgerichtet.

Das Studienfeld im Überblick

Neben einer praktisch-methodischen Ausbildung in den wesentlichen Sportarten (Leichtathletik, Geräteturnen, Gymnastik/Tanz, Schwimmen, Ballsportarten usw.) steht die theoretisch-wissenschaftliche Beschäftigung mit Fächern wie Pädagogik, Didaktik, Psychologie, Medizin, Soziologie und Geschichte des Sports, Bewegungs- und Trainingslehre, Sportstättenbau, Sportverwaltung, -publizistik und -recht im Vordergrund des Studiums.

Studienangebot

Das Feld Sport umfasst in erster Linie die Studiengänge Gesundheitssport und Sportwissenschaft.

Anzeige

Das Fach ist aber auch im Rahmen eines Lehramtsstudiums belegbar. Dann ist i.d.R. ein zweites, wissenschaftliches Unterrichtsfach vorgeschrieben (siehe *Kapitel 3.10 „Lehrämter"*). Die Studiengänge im Bereich **Sportwissenschaften** umfassen Theorie und Praxis von Sportarten sowie sportwissenschaftliche Inhalte (Trainingslehre, Sportmedizin, -biologie, -pädagogik) ▶

151

THERAPIEN

einerseits, wirtschaftswissenschaftliche Zusammenhänge (Marketing, Unternehmensrechnung, Organisation und Personalwesen) und Themen aus dem Bereich Rechtswissenschaft (Sportrecht, Steuerrecht im Sport) andererseits; siehe hierzu auch *Abschnitt 3.5.14 „Tourismuswirtschaft, Sport- und Eventmanagement"*.

Inhalte des Studiums

Im **Bachelorstudium** gibt es Module wie didaktisch-methodische Grundlagen der Bewegungsarten, Sportspiele und Sportarten, Sportbiomechanik, Sportmedizin (anatomisch-physiologische Grundlagen), Trainingswissenschaft, Sportpsychologie/Sportsoziologie, Sport und Bewegung im Erziehungs- und Bildungsprozess, Sportrecht und -verwaltung, Sport und Medien.

Im **Masterstudium** erfolgt eine Profilbildung durch themenorientierte Vertiefung und Schwerpunktsetzung in Bereichen wie: Freizeit- und Gesundheitssport, Leistungs- und Wettkampfsport, Prävention und Rehabilitation, Sport im Erwachsenen- und Senior*innenalter, Natursport und Sporttourismus, Sportökonomie und Management, Medien und Kommunikation.

➔ Finde Studiengänge:

Zulassungskriterien & Studienbewerbung

Wer Sport studieren möchte, muss i.d.R. ein Gesundheitszeugnis vorlegen. An den meisten Hochschulen wird außerdem zum Nachweis der sportlichen Leistungsfähigkeit eine Eingangsprüfung vorgenommen.

Berufsmöglichkeiten nach dem Studium

Sportlehrer*innen und Sportwissenschaftler*innen arbeiten überwiegend im öffentlichen und privaten Schulwesen sowie (angestellt oder freiberuflich) bei Sportverbänden und -vereinen, bei professionellen Sportveranstaltern, im Behindertensport, in Kliniken und Rehabilitationseinrichtungen, im kommerziellen Freizeitsport (Tourismus, Fremdenverkehr, Fitness-Bereich) sowie bei Medienunternehmen. ■

➔ **links**

Deutsche Vereinigung für Sportwissenschaft e.V. (dvs)
➔ www.sportwissenschaft.de

Deutscher Olympischer Sportbund
➔ www.dosb.de

3.4.6 Therapien

Wer anderen Menschen helfen möchte, dem bieten sich auch in der nichtärztlichen Therapie verschiedene Berufsziele. Zu nennen sind z.B. die Ergotherapie, die Physiotherapie, die Logopädie sowie die Musik- oder Kunsttherapie.

Das Studienfeld im Überblick

Kennzeichnend für diesen Studienbereich ist, dass sich alle Studiengänge damit beschäftigen, Menschen bei der Erhaltung oder Wiederherstellung ihrer Gesundheit zu helfen. Vielfach werden den Studierenden neben den spezifischen therapeutischen und medizinischen Kenntnissen auch solche in Psychologie sowie in rechtlichen und sozialen Grundlagen nähergebracht.

Studienangebot

■ Die interdisziplinär ausgerichtete **Therapiewissenschaft** beschäftigt sich mit Prävention, Kuration und Rehabilitation. Außerdem erlernen die Studierenden Basiswissen in Management sowie fachspezifischer Betriebswirtschaftslehre und IT.

Anzeige

**DUALES BACHELOR-STUDIUM
STUDIEREN MIT GEHALT**

● Sport- und Bewegungstherapie
● Sport-/Gesundheitsinformatik
● Fitnessökonomie
● Sportökonomie
● Gesundheitsmanagement
● Fitnesstraining
● Ernährungsberatung

Deutsche Hochschule für Prävention und Gesundheitsmanagement
University of Applied Sciences

dhfpg.de

■ In der **Logopädie** (Sprach-/Sprechtherapie), der Klinischen Linguistik bzw. Patholinguistik geht es um die Behandlung von Hör-, Stimm-, Sprach- und Schluckstörungen, z.B. beim Spracherwerb im Kindesalter oder nach Schlaganfällen.
■ In der **Ergotherapie** wird ein breites Spektrum von ergotherapeutischen Methoden angewendet, um Menschen jedes Alters,

THERAPIEN

die in ihrer Handlungsfähigkeit eingeschränkt sind, dabei zu unterstützen, bedeutungsvolle Betätigungen durchzuführen und somit eine Handlungsfähigkeit und Partizipation im Alltag zu gewährleisten.
- Die **Physiotherapie** befasst sich vorwiegend mit Prävention, Beratung und Therapie hinsichtlich von Funktions- und Entwicklungsstörungen des Bewegungsapparates.
- Die **Musiktherapie** behandelt mit dem Hören diagnosegerecht ausgewählter Musik (passive Musiktherapie) und mit dem aktiven Nutzen musikalischer Ausdrucksmittel (aktive Musiktherapie), wie etwa dem Verwenden von Perkussions- oder Orff-Instrumenten, Kranke und Menschen mit Behinderung. Sie bahnt damit z.B. Menschen mit autistischen Störungen erste Kommunikationswege. Hinweis: Dieses Arbeitsgebiet überschneidet sich z.T. mit der Rhythmik und der Allgemeinen Musikerziehung (AME), siehe *Abschnitt 3.9.4 „Musik"*.
- Ähnliche Aufgaben nimmt die **Kunsttherapie** wahr, die ihren Patient*innen mit verschiedensten Artikulationsmöglichkeiten der Bildenden Kunst hilft, z.B. Probleme oder Prozesse bildnerisch auszuarbeiten und „bildhaft" zu machen und damit eine „sichtbare" Grundlage zu schaffen, um sich wirklich damit auseinanderzusetzen.

Für die Therapieberufe gibt es duale Studienmöglichkeiten. Außerdem haben die Bundesländer die Möglichkeit, probeweise primärqualifizierende Hochschulstudiengänge in Physiotherapie, Ergotherapie und Logopädie einzurichten. Absolvent*innen dieser Studiengänge können dann die Berufsbezeichnung z.B. Physiotherapeut*in oder Ergotherapeut*in führen und haben gleichzeitig den Bachelorabschluss erworben. Diese Studiengänge ergänzen das vielfältige Spektrum der Berufsfachschulausbildungen in einigen Therapiefächern

Inhalte des Studiums

Im Rahmen des Studiums sind bis zu drei Praktika obligatorisch. Sie dauern zwischen sechs Wochen und drei Monaten (Praxissemester) und sind i.d.R. an eine therapeutische Praxis angebunden.

In allen grundständigen Therapie-Studiengängen findet im Grundlagenstudium (**Bachelor**) die biomedizinische, diagnostische und therapeutische Basisausbildung statt.
- Dazu gehören z.B. Modulangebote in verschiedenen psychologischen und medizinischen Disziplinen sowie in musikalischen bzw. bildkünstlerischen Grundlagenfächern und ihrer therapeutischen Anwendung in den musik- und kunsttherapeutischen Studiengängen.
- Psychologische, neurologische, linguistische und audiologisch-phoniatrische Studien füllen die ersten Semester in den sprachtherapeutischen Studiengängen.
- In der Musiktherapie kommt z.B. Selbsterfahrung für Musiktherapeut*innen sowie Supervision hinzu, in der Kunsttherapie Kunsttheorie.

Das **Masterstudium** führt Themengebiete i.d.R. fort, vertieft und erweitert sie und vermittelt Praxiskenntnisse auf Fortgeschrittenenniveau. Hinzu kommen Module zur Qualitätssicherung und zum Sozial- und Gesundheitssystem.

→ Finde Studiengänge:

Zulassungskriterien & Studienbewerbung

In Logopädie, Ergotherapie und Physiotherapie gibt es u.a. duale Studiengänge, bei denen die Berufsfachschulausbildung in einem entsprechenden Beruf und ein grundständiges Fachhochschulstudium parallel erfolgen und aufeinander bezogen sind; z.T. wird aber auch zum Zeitpunkt des Studienbeginns eine abgeschlossene Erstausbildung in einem entsprechenden Beruf vorausgesetzt.

Für die künstlerischen Therapiestudiengänge braucht man außer dem Schulabschluss entsprechende Eignungsnachweise, z.B. eine bestandene Aufnahmeprüfung.

Berufsmöglichkeiten nach dem Studium

Nichtärztliche Therapeut*innen behandeln i.d.R. auf ärztliche Verordnung hin selbstständig Kranke und Menschen mit Behinderungen mit den Methoden ihres jeweiligen Fachgebiets. Sie arbeiten in Kliniken, Rehabilitationseinrichtungen, Ausbildungseinrichtungen des Gesundheitswesens und freiberuflich/selbstständig oder in eigener Praxis. ■

> → **info**
>
> In diesem Studienfeld gibt es auch einige, meist kostenpflichtige, Masterstudiengänge für Berufserfahrene.
> Auf → www.arbeitsagentur.de/studiensuche sowie → www.hochschulkompass.de können Sie nach entsprechenden Studiengängen suchen.

3 STUDIENFELDER & STUDIENINHALTE

153

WIRTSCHAFTSWISSENSCHAFTEN

3.5 Studienbereich Wirtschaftswissenschaften

Die Wirtschaftswissenschaften vereinen die Volkswirtschaftslehre (VWL) und die Betriebswirtschaftslehre (BWL). Beide Disziplinen beschäftigen sich mit wirtschaftlichen Vorgängen, entweder innerhalb eines Unternehmens oder mit Blick auf eine ganze Gesellschaft.

Ein Unternehmen managen, Märkte analysieren, Kosten überwachen oder Prozesse optimieren – all das sind Aufgaben von Wirtschaftswissenschaftler*innen. Als Expert*innen für wirtschaftliche Zusammenhänge behalten sie in mittelständischen Industrieunternehmen, Weltkonzernen, Banken und Versicherungen sowie bei Behörden, Verbänden und Institutionen Wertschöpfungsketten im Blick und suchen nach Optimierungsmöglichkeiten.

Studierende der Wirtschaftswissenschaften sollten deshalb eine gute Allgemeinbildung, gute Kenntnisse in Mathematik und modernen Fremdsprachen sowie Interesse an wirtschaftlichen, sozialen, politischen und historischen Fragen mitbringen. Außerdem sollten sie analytisch denken und methodisch vorgehen können, sozialkompetent und teamfähig sein sowie selbstständig und theoretisch arbeiten können.

Neben generalistischen BWL- und VWL-Studiengängen gibt es auch solche, die einen Industrie- oder Dienstleistungszweig in den Fokus rücken oder die interdisziplinär Inhalte anderer Fachgebiete kombinieren, z.B. mit den Ingenieurwissenschaften, der Mathematik, der Informatik, den Rechtswissenschaften, den Gesellschafts- und Sozialwissenschaften und den Sprach- und Kulturwissenschaften. Beispiele hierfür sind Wirtschaftsingenieurwesen, Wirtschaftsinformatik und Wirtschaftsrecht (siehe dazu auch *Kapitel 3.2 „Ingenieurwissenschaften"* sowie *Kapitel 3.6 „Rechts-, Sozialwissenschaften"*). In diesem Studienfeld haben die Veränderungen der politischen und wirtschaftlichen Rahmenbedingungen, z.B. die Globalisierung und Internationalisierung der Märkte, wachsender Kapitalexport, Verlagerung und Ausgliederung von Betriebsteilen u.Ä. zu mehr europäischen und international ausgerichteten Studiengängen sowie integrierten Austauschprogrammen geführt.

Mit einem wirtschaftswissenschaftlichen Bachelorabschluss ist i.d.R. ein Karriereeinstieg z.B. im mittleren Management möglich, während für Führungspositionen und Aufgaben im höheren Management im Allgemeinen ein Masterabschluss Voraussetzung ist. ■

➔ links

Studiensuche der Bundesagentur für Arbeit
Weitere Informationen zu Studiengängen in diesem Bereich finden Sie auch in der Studiensuche der Bundesagentur für Arbeit.
➔ www.arbeitsagentur.de/studiensuche

Bundesverband Deutscher Volks- und Betriebswirte (BDVB)
➔ www.bdvb.de

abi»
Spannende Reportagen zu diesem Studienfeld finden Sie auch auf abi.de:
➔ www.abi.de > Studium > Was kann ich studieren? > Wirtschaftswissenschaften

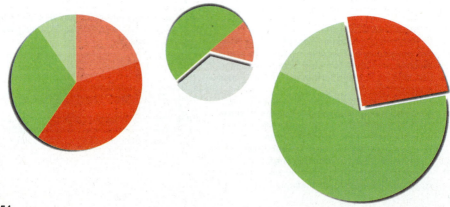

WIRTSCHAFTSWISSENSCHAFTEN

Der Studienbereich auf einen Blick

STUDIENFELD	STUDIENFÄCHER, z.B.	STUDIENFELD	STUDIENFÄCHER, z.B.
Automobil-wirtschaft	Automobilwirtschaft, Automotive Management	**Internationale Wirtschaft**	Internationale Wirtschaft
Bau-, Immobilien-wirtschaft	Baubetriebswirtschaft, Baumanagement Immobilienwirtschaft	**Logistik, Verkehr**	Logistik, Supply-Chain-Management Luftverkehrsmanagement Schiffs-, Reederei-management, Hafenwirtschaft Verkehrsbetriebswirtschaft
Betriebs-wirtschaft	Betriebswirtschafts-lehre, Business Administration	**Management**	Dienstleistungs-, Servicemanagement Innovationsmanagement Nachhaltigkeitsmanagement Unternehmensberatung
Finanz- und Rechnungswe-sen, Control-ling, Steuern	Finanz- und Rech-nungswesen, Controlling Steuern, Prüfungswesen	**Marketing, Vertrieb**	Marketing, Vertrieb
Finanzdienst-leistungen, Versicherungs-wirtschaft	Bank, Finanzdienstleistungen Versicherungsbe-triebswirtschaft Risikomanagement*	**Medienwirt-schaft, -management**	Medienwirtschaft, -management
Gesundheits-management, -ökonomie	Gesundheitsmanage-ment, -ökonomie	**Öffentliche Verwaltung** (Kap 3.11)	Sozialversicherung
Handel, Industrie, Handwerk	Buchhandel, Verlagswirtschaft Handelsbetriebswirt-schaft Handwerksmanagement Industriebetriebswirt-schaft	**Personal-management, -dienst-leistung**	Personalmanagement, -dienstleistung

3 STUDIENFELDER & STUDIENINHALTE

155

WIRTSCHAFTSWISSENSCHAFTEN

STUDIENFELD	STUDIENFÄCHER, z.B.	STUDIENFELD	STUDIENFÄCHER, z.B.
Tourismuswirtschaft, Sport- und Eventmanagement	■ Event-Management ■ Hotelmanagement ■ Tourismusmanagement ■ Sportmanagement	Wirtschaftswissenschaften, Volkswirtschaft	■ Sozialökonomie ■ Volkswirtschaftslehre ■ Wirtschaftswissenschaften
Wirtschaftsinformatik	■ Internetbasierte Systeme, E-Services ■ Verwaltungsinformatik ■ Wirtschaftsinformatik		

* nur weiterführend

Alternative Studienbereiche
- Rechts-, Sozialwissenschaften → Seite 173
- Sprach-, Kulturwissenschaften → Seite 181

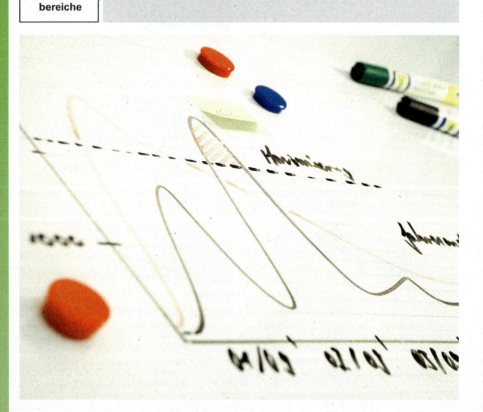

AUTOMOBILWIRTSCHAFT

3.5.1 Automobilwirtschaft

Wer über eine Leidenschaft für Automobile verfügt und die wirtschaftlichen Aspekte einer mobilen Zukunft im Blick hat, ist in diesem Studienfeld gut aufgehoben.

Das Studienfeld im Überblick
Die Studiengänge in diesem Feld beschäftigen sich speziell mit den wirtschaftlichen Aspekten der Automobil- und Zulieferindustrie. Neben allgemeinen betriebswirtschaftlichen und rechtlichen Kenntnissen werden spezielle Fachkompetenzen für den Automotive-Bereich vermittelt. Dazu gehören die praxisorientierte Beschäftigung mit Beschaffungs- und Wertschöpfungsprozessen in der Automobilwirtschaft, Nutzungs- und Vermarktungsstrategien, Brand Management und Automobilmarketing, Servicemanagement sowie das Management von Automobilhandelsgruppen. Auch technische Zusammenhänge und Entwicklungstrends im Automobilbereich werden thematisiert. Spezielle Fremdsprachenangebote vermitteln interkulturelle Kompetenzen für das international geprägte Umfeld.

Studienangebot
Die Studiengänge werden (auch dual) vor allem an Fachhochschulen angeboten. An einigen Hochschulen kann auch im Rahmen des Wirtschaftsingenieurwesens ein Schwerpunkt in der Automobilwirtschaft gesetzt werden.

Inhalte des Studiums
Das Bachelorstudium vermittelt wissenschaftliches und praktisches Grundlagenwissen in Produktion und Logistik, Fahrzeugtechnik, technischem Einkauf und Controlling sowie Produktmanagement.

Mögliche Module sind Fahrwerks- und Karosserietechnik, Autohausmanagement, Marketing in der Automobilindustrie, Elektromobilität, Vermarktungsprozesse, Beschaffungs- und Wertschöpfungsprozesse, Mathematik, Rechtsgrundlagen in der Automobilwirtschaft, Strategisches Management, Werkstatt- und Teilemanagement, Wertschöpfungsstrukturen und -prozesse sowie Wettbewerbs- und Wirtschaftsrecht.

Berufsmöglichkeiten nach dem Studium
Absolvent*innen bieten sich unterschiedliche Tätigkeitsfelder in Unternehmen der Fahrzeugindustrie sowie in Zulieferbetrieben, z.B. in Einkauf, Beschaffung, Vertrieb, Verkauf oder Management. ∎

→ Finde Studiengänge:

3.5.2 Bau-, Immobilienwirtschaft

In diesem Studienfeld geht es vorrangig um die betriebswirtschaftliche Seite vom Bau und die Vermarktung von Gebäuden, sowohl von Wohngebäuden als auch Gewerbeobjekten.

Das Studienfeld im Überblick
Im Bereich Bau- und Immobilienwirtschaft haben sich zunehmend eigenständige Studiengänge etabliert, die vorher nur als Schwerpunkt in betriebswirtschaftlichen Studiengängen angeboten wurden. Sie verbinden technische und betriebswirtschaftliche Aspekte und beschäftigen sich mit Fragen der Immobilieninvestition und -finanzierung, der Projektentwicklung und -steuerung sowie der Gebäudelehre und -technik. In der **Bauwirtschaft** steht die betriebswirtschaftliche Seite bei der Planung und Errichtung von Bauwerken im Mittelpunkt. Die **Immobilienwirtschaft** konzentriert sich auf die Bewertung, Bewirtschaftung und Vermarktung von Immobilien. Dabei kann es sich um Gewerbeimmobilien, Wohnungen oder Häuser handeln. Kaufmännisches Denken, Organisationsfähigkeit sowie kommunikative Fähigkeiten sind dafür gute Voraussetzungen.

Studienangebot
Die Bachelorstudiengänge „Immobilienwirtschaft", „Baumanagement", „Baubetriebswirtschaft, „Real Estate" oder „Immobilien- und Facilitymanagement" werden vorwiegend von Fachhochschulen angeboten – auch dual. An einigen Hochschulen gibt es die Möglichkeit, das Studium mit einem Master fortzuführen.

Bei entsprechender Schwerpunktsetzung ist je nach Hochschule auch ein Studium im Rahmen der Betriebswirtschaft oder des Wirtschaftsingenieurwesens möglich. ▶

157

BETRIEBSWIRTSCHAFT

Inhalte des Studiums
- Im Bachelorstudium **Bauwirtschaft** erhalten die Studierenden ein wissenschaftliches und praktisches Grundlagenwissen in der kaufmännischen und technischen Bauplanung sowie in der Bauauftragsabwicklung. Das Studium enthält Module wie Baubetriebswirtschaftslehre, Baukonstruktion und -mechanik, Baustatik, Bodenmechanik und Erdbau, Geoinformation, Rechnungswesen, Vergabe- und Vertragswesen, Verkehrsanlagen und Baustofflogistik.
- Das Bachelorstudium **Immobilienwirtschaft** vermittelt Grundlagenwissen in Betriebswirtschaftslehre, Recht sowie Bau- und Haustechnik in Modulen wie Bautechnik, Gebäudelehre, Immobilienmanagement und -marketing, Immobilienbesteuerung und -finanzierung, Immobilienrecht, Projektentwicklung, Rechnungswesen und Controlling sowie Software für Real Estate.

➔ Finde Studiengänge:

Berufsmöglichkeiten nach dem Studium
Absolvent*innen arbeiten in Unternehmen der Bau-, Immobilien- und Gebäudewirtschaft, bei Immobilienverwaltungen und Makler*innen, bei Bauträger-, Wohnungsbau- und Immobiliengesellschaften, in bautechnischen Ingenieurbüros oder in der öffentlichen Verwaltung, wie z.B. bei Liegenschaftsämtern. ■

3.5.3 Betriebswirtschaft

Die Betriebswirtschaft befasst sich mit wirtschaftlichen Zusammenhängen und Gesetzmäßigkeiten einzelner Betriebe und Unternehmen mit dem Ziel, Entscheidungsprozesse konkret zu unterstützen.

Das Studienfeld im Überblick
Die Studiengänge des Studienfeldes Betriebswirtschaft gehören seit Jahren zu den beliebtesten an den deutschen Hochschulen – und zwar für Frauen und Männer gleichermaßen.

Anzeige

ZUKUNFTSORIENTIERT UND NACHHALTIG –
WIRTSCHAFTSWISSENSCHAFTEN AN DER UNI OSNABRÜCK

Bachelor Wirtschaftswissenschaft (BWL und VWL) mit Schwerpunkten:
Nachhaltigkeit, Verhalten und Umweltpolitik ■ Management ■ Wirtschaftsinformatik ■ Geld- und Finanzmärkte ■ Rechnungswesen, Finanzen und Steuern ■ Quantitative Betriebswirtschaftslehre

Bachelor Wirtschaftsinformatik
Informationssysteme in Unternehmen gestalten, Big Data nutzen und künstliche Intelligenz einsetzen

Wirtschaftsstudium auch kombiniert mit anderen Fächern:
z. B. mit Chemie, Geographie, Informatik, Politik- oder Umweltsystemwissenschaft

Warum bei uns?
- Den Durchblick behalten: Mit direktem Kontakt zu Professor*innen lernen
- Forschung erleben: Nah an der Wissenschaft studieren
- Den Horizont erweitern: Ein optionales Auslandssemester ins Studium integrieren
- Den Weg in den Beruf finden: Im Praktikum Kontakte zu Unternehmen knüpfen
- Das Studium bezahlen können: Gut studieren und leben bei niedrigen Lebenshaltungskosten
- Von Studierenden empfohlen: Unter den Top 10 Studiengängen im aktuellen CHE-Ranking

Infos zu den Studiengängen: www.wiwi.uos.de/info Gut studieren und leben in Osnabrück.

#STUDIERENLEBEN IN OSNABRÜCK

BETRIEBSWIRTSCHAFT

Die Betriebswirtschaft ist ein Teilgebiet der Wirtschaftswissenschaften. Hier stehen einzelne Unternehmen mit ihren wirtschaftlichen Zusammenhängen, Abläufen und Gesetzmäßigkeiten im Fokus. Das Fach vermittelt allgemeine Wirtschaftskenntnisse im Rahmen eher generalistisch ausgerichteter Studiengänge, die häufig auch Möglichkeiten zur Schwerpunktsetzung bieten, etwa für das Finanz- und Rechnungswesen, das Marketing oder die internationalen Aspekte der Unternehmenstätigkeit. Darüber hinaus gibt es eigenständige Studiengänge, die sich noch spezialisierter mit Fragestellungen aus einzelnen Funktionsbereichen oder Industrien bzw. Branchen auseinandersetzen. Diese werden in gesonderten Abschnitten behandelt.

Anzeige

Studienangebot
Bachelorstudiengänge in diesem Bereich gibt es vor allem an Fachhochschulen, aber auch an einigen Universitäten. Die Studiengangsbezeichnungen lauten üblicherweise „Betriebswirtschaftslehre" oder „Betriebswirtschaft", „Corporate Management" oder „Business Administration".

→ Finde Studiengänge:

Inhalte des Studiums
Das Studium vermittelt die Grundlagen der Betriebs- und teilweise der Volkswirtschaftslehre sowie Kenntnisse auf Gebieten wie Unternehmensführung, Unternehmensbesteuerung, Personalwirtschaft, Wirtschaftsmathematik und Statistik, Buchführung und Bilanzierung, Kosten- und Leistungsrechnung, Beschaffung, Produktion und Logistik, Wirtschaftsrecht, Personalführung sowie Außenhandel und Internationales Recht.

Berufsmöglichkeiten nach dem Studium
Absolvent*innen haben viele Möglichkeiten, z.B. in Wirtschafts- und Personalberatungen, in der Industrie, in Handel und Dienstleistung, in der Kredit-, Versicherungs- und Verkehrswirtschaft oder in der EDV-Beratungs- und Softwarebranche. Aber auch in der öffentlichen Verwaltung und Wirtschaft, bei Verbänden und nationalen wie internationalen Behörden eröffnen sich Tätigkeitsfelder. ■

→ links
BERUFE.TV
→ www.berufe.tv
(Stichwort: Betriebswirtschaftslehre)

Bundesverband Deutscher Volks- und Betriebswirte (BDVB)
→ www.bdvb.de

Verband der Hochschullehrer für Betriebswirtschaft (VHB)
→ www.vhbonline.org

3.5.4 Finanz- und Rechnungswesen, Controlling, Steuern

Wie entwickeln sich der Wettbewerb und die Märkte? Unternehmen sind auf betriebswirtschaftliche Kennzahlen angewiesen, um zielführend und effizient reagieren zu können. Genau damit beschäftigt sich das Studienfeld Finanz- und Rechnungswesen, Controlling und Steuern.

Das Studienfeld im Überblick
Das **Finanzwesen** sorgt dafür, dass die Leistungsfähigkeit von Unternehmen erhalten bleibt, indem es etwa die Chancen und Risiken von geschäftlichen Finanzierungen und Investitionen abwägt und die Liquiditätsversorgung sicherstellt. Um sämtliche Vorgänge in allen betrieblichen Bereichen plan- und steuerbar zu machen, nutzen Unternehmen die Instrumente des Rechnungswesens und des Controllings. Eng damit verbunden ist das Steuer- und Prüfungswesen. Das **Rechnungswesen** erfasst und dokumentiert regelmäßig Geschäftsvorfälle wie z.B. Jahresabschlüsse und Bilanzen und bildet ▶

FINANZEN, FINANZDIENSTLEISTUNGEN

somit die Basis für die Planungs-, Informations-, Steuerungs- und Koordinationsaufgaben des Controllings.

Das **Controlling und Finanzwesen** erstellt daraus Kennzahlen, Reports und Prognosen, die wiederum als ein betriebswirtschaftliches Instrumentarium dienen, mit dem sich Unternehmen güter- und finanzwirtschaftlich steuern lassen.

Das **Steuerwesen** ermittelt schließlich die Höhe und den Einfluss der hierbei entstehenden Steuerbelastungen.

Studienangebot
Bachelorstudiengänge in diesem Bereich gibt es vor allem an Fachhochschulen, aber auch an einigen Universitäten. Mögliche Studiengangsbezeichnungen lauten etwa „Finanzmanagement", „Controlling", „Betriebliches Ressourcenmanagement", „International Finance", „Rechnungswesen, Steuern, Wirtschaftsrecht" oder „Steuerlehre". Das Studium wird auch im Rahmen einer Laufbahn im gehobenen Dienst angeboten.

→ Finde Studiengänge:

Inhalte des Studiums
Das Studium vermittelt ein umfassendes betriebswirtschaftliches Grundlagenwissen, das um spezifische Fach- und Methodenkenntnisse aus den verschiedenen Bereichen des internen und externen Rechnungswesens bzw. des Steuerrechts erweitert wird. Dazu zählen z.B. Kenntnisse über den Aufbau geeigneter Kostenrechnungssysteme und ein umfassendes Verständnis der nationalen und internationalen Rechnungslegung, einschließlich der entsprechenden steuerlichen Auswirkungen.

Folgende Unterrichtsmodule können Inhalt des Studiums sein: Investition und Finanzierung, Spezialgebiete des Controllings, Statistik, Unternehmensstrategie, Kostenrechnung und Produktionswirtschaft, Wirtschaftsinformatik, Betriebswirtschaftliche Steuerlehre, Prüfungswesen, Rechnungswesen, Wirtschaftsrecht und Steuerrecht.

Berufsmöglichkeiten nach dem Studium
Absolvent*innen dieser Bereiche eröffnen sich Berufsfelder in den entsprechenden Funktionen und Abteilungen von Unternehmen aller Branchen, in Steuerberatungs- und Wirtschaftsprüfungsgesellschaften, in Unternehmensberatungen oder in der öffentlichen Verwaltung. ∎

3.5.5 Finanzdienstleistungen, Versicherungswirtschaft

Die Studiengänge dieses Studienfeldes bereiten auf Managementaufgaben bei Kreditinstituten und Versicherungsunternehmen vor.

Das Studienfeld im Überblick
Das Studienfeld bietet eine akademische Ausbildung im Versicherungs-, Bank- und Finanzwesen. Aufbauend auf einer betriebswirtschaftlichen Grundlagenausbildung, bei der auch Kenntnisse der Finanzmathematik und Statistik vermittelt werden, erwerben die Studierenden die für eine Tätigkeit in der Bank- und Versicherungswirtschaft spezifischen Branchenkenntnisse.

In der **Banken- und Finanzbranche** wird zwischen Privatkund*innen- und Firmenkundengeschäft unterschieden. Die Branche kümmert sich darum, dass Unternehmen und Privatpersonen liquide bleiben. Außerdem streben Banken danach, den eigenen Gewinn zu maximieren. Dabei dreht sich alles um das Börsen- und Wertpapiergeschäft, um den Handel mit Rohstoffen, das Kreditwesen sowie um Darlehen, Kapitalanlagen und mehr.

Die **Versicherungswirtschaft** dagegen sichert Privatpersonen und Unternehmen gegen mögliche Risiken ab. Die Internationalisierung des Marktes und Vertriebsformen wie z.B. Direktversicherungen spielen dabei eine große Rolle. Um diesen Aufgaben gerecht zu werden, müssen Beschäftigte eine solide spezifische Qualifikation v.a. in den Bereichen Risikomanagement, Marketing- und Vertriebsmanagement, Controlling sowie internationale Finanzmärkte mitbringen.

Studienangebot
Bachelorstudiengänge in diesem Bereich gibt es vor allem an Fachhochschulen, aber auch an einigen Universitäten. Der Studiengang wird

→ Finde Studiengänge

GESUNDHEITSMANAGEMENT, -ÖKONOMIE

zudem häufig dual oder berufsbegleitend angeboten. Mögliche Studiengangsbezeichnungen lauten „Bank- und Versicherungswesen", „Banking and Finance", „Finanzdienstleistungen", „Versicherungswirtschaft" oder „Risk and Insurance".

Inhalte des Studiums

Aufbauend auf einer betriebswirtschaftlichen Grundlagenausbildung erhalten die Bachelorstudierenden fach- und branchenspezifisches Wissen, z.B. rechtliche, mathematische und spartenbezogene Kenntnisse des Bank- und Versicherungsgeschäfts. Beispielhafte Module sind Grundlagen der Betriebswirtschaft, Grundlagen von Finanzdienstleistungen, Bank- und Finanzmanagement, Kreditgeschäft, Vertrieb von Finanzdienstleistungsprodukten, Wirtschaftsrecht, Statistische Methoden der Versicherungswirtschaft, Versicherungsgeschäft, Versicherungsrecht, Risiko- und Entscheidungstheorie sowie Wirtschaftsmathematik. In zahlreichen Studiengängen setzen die Studierenden in höheren Semestern Schwerpunkte.

Berufsmöglichkeiten nach dem Studium

Für Absolvent*innen bieten sich unterschiedliche Tätigkeitsfelder bei Banken, Versicherungen und Finanzdienstleistungsunternehmen an, aber auch in der Industrie und in Dienstleistungsunternehmen, z.B. im Bereich Controlling oder Finanz- und Rechnungswesen. ■

→ links

Deutsches Institut für Bankwirtschaft
→ www.deutsches-institut-bankwirtschaft.de

Bundesverband deutscher Banken
→ www.bankenverband.de

GDV – Die Deutschen Versicherer
→ www.gdv.de

3.5.6 Gesundheitsmanagement, -ökonomie

Um Standards in der Gesundheitsversorgung zu sichern und weiterzuentwickeln, müssen die Akteure des Gesundheitswesens wie Krankenkassen, Einrichtungen der ambulanten und stationären Versorgung (z.B. Krankenhäuser, Arztpraxen), Pharma- und Medizinproduktehersteller effizient wirtschaften. Damit dies gelingt, bereitet dieses Studienfeld auf Managementaufgaben im Gesundheitswesen vor.

Das Studienfeld im Überblick

Die zentralen Inhalte der Studiengänge Gesundheitsökonomie und Gesundheitsmanagement beschäftigen sich mit ökonomischen Gesichtspunkten im Gesundheitswesen. Das Studium vermittelt deshalb breite Kenntnisse der betriebswirtschaftlichen und strukturellen Bedingungen im Bereich und qualifiziert für Managementaufgaben in der Gesundheitsversorgung. Betriebswirtschaftliche Inhalte werden durch gesundheitswissenschaftliche, medizinische, pharmazeutische, sozialrechtliche und gesundheitspolitische Inhalte ergänzt. Darüber hinaus werden Fragen der Leistungsmessung im Gesundheitswesen, der Personalentwicklung sowie des Qualitäts- und Dienstleistungsmanagements thematisiert. Ziel ist es, Ablaufprozesse im Gesundheitswesen so zu gestalten, dass bei gleicher oder gar verbesserter Qualität weniger Kosten entstehen. ▶

Anzeige

Anzeige

HANDEL, INDUSTRIE, HANDWERK

→ Finde Studiengänge:

Studienangebot
Bachelor- und Masterstudiengänge in diesem Studienfeld gibt es vor allem an Fachhochschulen, auch als duales Studium, aber ebenso an einigen Universitäten. Mögliche Studiengangsbezeichnungen sind etwa „Gesundheitsmanagement", „Health Care Management", „Gesundheitsökonomie und Gesundheitspolitik" oder „Betriebswirtschaft im Gesundheitswesen".

Inhalte des Studiums
Im Bachelorstudium wird wissenschaftliches und praktisches Grundlagenwissen in Wirtschaftswissenschaften, Gesundheitswissenschaft und Medizinmanagement vermittelt. Mögliche Module sind Grundlagen der Gesundheitswissenschaften, Betriebliches Gesundheitsmanagement, Strukturen der Gesundheitsversorgung, Management und Personalführung in Gesundheitsorganisationen oder Unternehmerisches Denken und Handeln in Organisationen des Gesundheitswesens.

Zulassungskriterien & Studienbewerbung
Je nach Hochschule kann ein hochschulinternes Auswahlverfahren stattfinden. Eventuell muss ein Vorpraktikum oder eine abgeschlossene Ausbildung in einem Gesundheitsberuf nachgewiesen werden.

Berufsmöglichkeiten nach dem Studium
Studiengänge im Bereich Gesundheitsmanagement und -ökonomie qualifizieren für Einsatzgebiete in der Verwaltung von Arztpraxen, in Krankenhäusern, bei Kranken- und Pflegeversicherungen, im Bereich der Gesundheitsförderung und -information sowie in der pharmazeutischen Industrie und im Arzneimittelhandel. ■

3.5.7 Handel, Industrie, Handwerk

Handel, Industrie und Handwerk sind heute von Globalisierung und Digitalisierung geprägt. Was das für die Wertschöpfung, Logistik und Produktion bedeutet, lernen zukünftige Führungskräfte in diesem Studienfeld.

→ Finde Studiengänge:

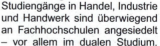

Das Studienfeld im Überblick
Das Studienfeld umfasst Studiengänge, die Managementqualifikationen für die spezifischen Handlungs- und Entscheidungsfelder von Handel, Industrie und Handwerk vermitteln. Aufbauend auf einer grundlegenden betriebswirtschaftlichen Ausbildung werden unter anderem Fragen des Rechnungswesens sowie zu den Instrumenten des Marketings behandelt.

Zum Bereich **Handel** gehören beispielsweise Module wie Handelslogistik, Handelscontrolling oder Strategisches Handelsmanagement. In Studiengängen mit Spezialisierung etwa auf Mode und Marken, E-Commerce oder Buchhandel ergänzen fachspezifische Module wie Trendmanagement, digitale Geschäftsmodelle oder Medienwirtschaft das Studium.

Fokussiert auf die Aufgabenstellungen in der **Industrie** sind Studiengänge mit Themen wie Industriellem Controlling, Industriellen Prozessen und Wertschöpfung sowie angewandter Produktions- und Logistikoptimierung.

Das Studium **Handwerksmanagement** bereitet mit Lehrveranstaltungen wie Operativem und Strategischem Handwerksmanagement oder Unternehmensgründung auf Führungsaufgaben im Handwerk vor.

Studienangebot
Studiengänge in Handel, Industrie und Handwerk sind überwiegend an Fachhochschulen angesiedelt – vor allem im dualen Studium. Mögliche Bezeichnungen sind „Betriebswirt – Handel und E-Commerce", „Internationales Handelsmanagement", „Industriemanagement", „Modemanagement", „Handwerksmanagement", „Industriemanagement", „Industriewirtschaft" oder „Industrial and Digital Management".

Inhalte des Studiums
Im Bachelorstudium erhalten die Studierenden wissenschaftliches und praktisches Grundlagenwissen in Betriebswirtschaftslehre, Marketing und Rechnungswesen, das im Bereich **Industrie** durch Module wie Bilanzierung/Steuern, Materialwirtschaft und Logistik, Organisation und Personalmanagement vertieft wird.

Im Bereich **Handel** vermitteln Module wie Handelsmanagement, Handelsmarketing, Marktforschung und -psychologie, Kommunikations- und Distributionspolitik sowie Statistik das notwendige Know-how.

INTERNATIONALE WIRTSCHAFT

Der Bereich **Handwerk** ist eher praxisorientiert ausgerichtet. Beispielhafte Module sind Betriebsorganisation und -planung, Innovationsmanagement, Leistungserstellungsprozesse, Strategisches Handwerksmanagement oder Teammanagement.

Berufsmöglichkeiten nach dem Studium
Tätigkeitsfelder für Absolvent*innen bieten sich in der freien Wirtschaft, z.B. in den Bereichen Betriebsorganisation oder -planung, Einkauf, Beschaffung oder Management, Vertrieb, Verkauf oder Unternehmensführung. ■

3.5.8 Internationale Wirtschaft

Globales Denken und Handeln ist für mittelständische Unternehmen in gleicher Weise von strategischer Bedeutung wie für multinationale Konzerne. Benötigt werden Fach- und Führungskräfte, die über vertiefte Kenntnisse der globalen wirtschaftlichen Zusammenhänge verfügen.

Das Studienfeld im Überblick
Im Studium werden neben einer breiten betriebswirtschaftlichen Ausbildung vertiefte Kenntnisse des globalen Handelns sowie interkulturelle Kompetenzen vermittelt. Dazu gehört Fachwissen über die verschiedenen globalen Wirtschafts-, Rechts- und Steuersysteme, wobei Studiengänge in diesem Bereich die internationalen Aspekte der Wirtschaftswissenschaften betonen. Sie werden üblicherweise ohne besondere fachliche Spezialisierung angeboten.

→ **Finde Studiengänge:**

Studienangebot
Die Studiengänge in diesem Studienfeld gibt es vor allem an Fachhochschulen, aber auch an einigen Universitäten. Mögliche Studiengangsbezeichnungen sind „Internationale Betriebswirtschaftslehre", „Europäische Betriebswirtschaft", „Global Business and Economics" oder „International ▶

Anzeige

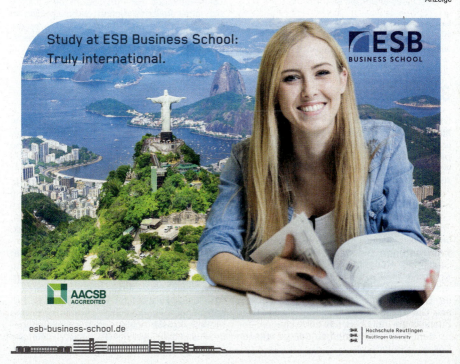

Study at ESB Business School: Truly international.

esb-business-school.de

INTERNATIONALE WIRTSCHAFT

Anzeige

B. Sc. Business Administration and Economics
BWL | VWL | Flexible Schwerpunktwahl

B. A. Kulturwirtschaft
Kultur | Wirtschaft | Sprache

Wirtschaft international studieren!
www.uni-passau.de

Anzeige

Module in Bereichen wie Allgemeine Betriebswirtschaftslehre, Rechnungswesen, Controlling, Marketing und Vertrieb sowie die quantitativen Methoden der Wirtschaftswissenschaft wie Statistik und Mathematik.

Auf die Besonderheiten der internationalen Geschäftswelt werden die Studierenden in Lehrveranstaltungen wie Internationale Rechnungslegung, International Finance, International Economics oder Internationales Wirtschaftsrecht vorbereitet.

Fremdsprachige Lehrveranstaltungen, integrierte Auslandssemester oder internationale Praktikumsphasen sind i.d.R. feste Bestandteile. Die Studierenden erwerben bzw. vertiefen darüber hinaus ihre Fremdsprachenkenntnisse.

Management". Häufig ist die Unterrichtssprache Englisch.

An einigen Hochschulen kann in Kooperation mit ausländischen Partnerhochschulen ein Doppelabschluss erworben werden.

Inhalte des Studiums
Das Studium vermittelt zunächst die wirtschaftswissenschaftlichen Grundlagen. Dazu gehören

Berufsmöglichkeiten nach dem Studium
Tätigkeitsfelder für Absolvent*innen bieten sich in der freien Wirtschaft, beispielsweise im Finanz- und Rechnungswesen, in Marketing, Werbung, Management oder Unternehmensführung. ∎

3.5.9 Logistik, Verkehr

Die Welt rückt zusammen. Güter und Menschen werden heute zu jeder Zeit an jeden Ort rund um den Globus transportiert. Ob Reise, Business oder Warenhandel – dies stellt besondere Anforderungen an Logistik und Verkehr.

Das Studienfeld im Überblick
Logistik bedeutet viel mehr als den bloßen Transport, Umschlag oder die Lagerhaltung von Waren. Heute umfasst die **Logistik in Unternehmen** die ganzheitliche Planung, Steuerung, Koordination, Durchführung und Kontrolle aller unternehmensinternen und -übergreifenden Güter- und Informationsflüsse. Die Logistik stellt sicher, dass das richtige Gut in der richtigen Menge im richtigen Zustand am richtigen Ort zur richtigen Zeit für den richtigen Kunden zu den passenden Kosten vorhanden ist.

Dafür benötigen Logistikunternehmen eine entsprechend gut funktionierende Infrastruktur sowie fundiertes Know-how in der Steuerung von Verkehrsströmen. Nur so kann man dem zunehmenden Konkurrenzdruck und den gestiegenen Kundenerwartungen gerecht werden.

Die Studiengänge im Bereich Logistik und Verkehr verstehen sich als Querschnittsdisziplin. Denn es sind viele Akteure nötig, um den Transport von Rohstoffen und Waren präzise zu steuern.

Die **Logistik** integriert die Prozesse von der Rohstoffbeschaffung bis zum Verkauf an den Endkunden unternehmensübergreifend zu Wertschöpfungsketten (Supply Chain Management) bzw. diese zu globalen Netzwerken. Die Beschaffungs-, Produktions-, Distributions- und Verkehrslogistik sowie das Wissensmanagement sind dabei wichtige Teilgebiete, die in alle Prozessketten und -kreisläufe einfließen. Auch

LOGISTIK, VERKEHR

die Abfallentsorgung und das Recycling gehören dazu. Bei entsprechender Schwerpunktsetzung können unterschiedliche Verkehrsarten wie Seeverkehr, Luftfahrt oder Sparten, beispielsweise Handel, Chemie oder Transportwesen im Fokus stehen.

Studienangebot
Bachelorstudiengänge in Logistik und Verkehr werden vorwiegend an Fachhochschulen, aber auch an Universitäten angeboten. Mögliche Bezeichnungen für die Studiengänge sind „Produktion und Logistik", „Transportwesen", „Internationales Logistikmanagement", „Logistik", „Luftverkehrsmanagement", „Supply Chain Management" oder „Verkehrsbetriebswirtschaft".

Inhalte des Studiums
Das Bachelorstudium bietet eine interdisziplinär angelegte und praxisorientierte Ausbildung. Dabei ist meist eine Vertiefung im wirtschaftlichen oder (informations-)technischen Bereich möglich. Zum Bachelorstudium gehören mathematisch-naturwissenschaftliche und ingenieurwissenschaftliche Grundlagen und Methoden, Betriebswirtschaft, Produktionslogistik (Materialflussplanung, Produktionsplanung und -steuerung), Informationstechnik, Distributionsmanagement, Transport und Verkehr, Logistik-Management (Unternehmensplanung, Logistik-Controlling), internationale Logistik, Supply Chain Management und Recht. Hinzu kommen Industriepraktika, Exkursionen und Projektarbeiten (auch im Ausland).

Berufsmöglichkeiten nach dem Studium
Akademisch ausgebildete Spezialist*innen arbeiten bei in- und ausländischen Logistik- oder Industrieunternehmen aller Wirtschaftszweige, z.B. in der Luftfahrt-, Automobil- oder Investitionsgüterindustrie, in Handels- und Dienstleistungsunternehmen, in Speditionsunternehmen, bei Fluggesellschaften und Reedereien, bei Fahrzeugverleihfirmen oder in Consultingunternehmen. ■

➜ **Finde Studiengänge:**

> ➜ **links**
>
> **Logistik-Studiengänge und Fachbereiche**
> ➜ www.logistik-studium.de
>
> **Bundesvereinigung Logistik**
> ➜ www.bvl.de
>
> **Jobsource BME – Jobportal für Einkauf, SCM und Logistik**
> ➜ jobsource.bme.de/studiengaenge

Auch spannend: Die abi» Blogger berichten von ihrer persönlichen Berufs- und Studienwahl. Interessante Infos gibt's auch in den abi» Videos. Das und mehr unter **www.abi.de/interaktiv**

MANAGEMENT

Anzeige

3.5.10 Management

Personalwesen und Mitarbeiterführung, Marketing und Vertrieb, Finanzierung und Controlling, Produktion und Logistik: Das sind nur einige Aufgaben von Führungskräften in Unternehmen. Sie managen, organisieren und halten Teams zusammen.

Das Studienfeld im Überblick

Manager*innen führen Unternehmen oder Abteilungen, konzipieren Unternehmensstrategien oder setzen Unternehmensziele und koordinieren weitere Aktivitäten, die das Unternehmen zum Erfolg führen sollen. Zudem entwickeln und planen sie Kontrollinstrumente zur Überprüfung wirtschaftlicher Ziele.

Das Management-Studium ähnelt dem der Betriebswirtschaftslehre, ist aber praxisorientierter. Es erfolgt je nach Hochschule entweder generalistisch oder ist auf spezifische Aufgabenfelder in der Berufspraxis zugeschnitten. Bei generalistisch gestalteten Studiengängen werden grundsätzliche Kompetenzen für die Unternehmensführung vermittelt; spezifische Aufgabenfelder können etwa auf eine Unternehmensgründung bzw. Führungsaufgaben in Dienstleistungsunternehmen, im Handel oder Mittelstand vorbereiten. Darauf aufbauend können Studierende Schwerpunkte setzen, etwa auf verwaltungswirtschaftliche, rechtliche, ökonomische, politische und sozialwissenschaftliche Fragestellungen.

Studienangebot

Management-Studiengänge werden vor allem von privaten Hochschulen, aber auch von staatlichen Fachhochschulen und Universitäten angeboten. Die Studiengänge sind z.B. unter diesen Bezeichnungen zu finden: „Innovationsmanagement", „Entrepreneurship", „Mittelstandsmanagement", „Management", „Unternehmensführung" oder „Nachhaltigkeitsmanagement".

Inhalte des Studiums

Das Bachelorstudium beinhaltet eine Einführung in die klassischen betriebswirtschaftlichen Grundlagen und Arbeitsmethoden. Dazu gehören z.B. Buchführung und Bilanzierung, Statistik, Kosten- und Leistungsrechnung, Marketing, Unternehmens- und Mitarbeitendenführung. Hinzu kommen die Vertiefung oder Spezialisierung in den verschiedenen Managementschwerpunkten sowie Fremdsprachen. Im Masterstudium können die gewählten Schwerpunkte vertieft werden.

MARKETING, VERTRIEB

Berufsmöglichkeiten nach dem Studium

Absolvent*innen im Bereich Management finden Anstellungen in der Industrie oder in Dienstleistungsunternehmen. Sie arbeiten in der freien Wirtschaft in der Unternehmensführung, in der Unternehmensberatung, Betriebsorganisation, -planung oder in der Werbung, im Controlling, Verkauf, Vertrieb und Marketing. Auch in der öffentlichen Verwaltung bieten sich Stellen, etwa in der Wirtschaftsförderung. ■

→ Finde Studiengänge:

3.5.11 Marketing, Vertrieb

Fragen des Marketings und Vertriebs werden nicht erst dann interessant, wenn Produkte fertig zum Verkauf stehen. Bereits zu Beginn der Produktentwicklung liefern Fachleute aus Marketing und Vertrieb wichtige Hinweise für den späteren Markterfolg eines Produktes oder einer Dienstleistung. Deshalb spielt das Marketing eine entscheidende Rolle für den Unternehmenserfolg.

Das Studienfeld im Überblick

Je nach Definition umfasst das Marketing bzw. der Vertrieb alle Maßnahmen, die darauf abzielen, Märkte zu erschließen, Produkte oder Dienstleistungen zu verkaufen oder bekannt zu machen. Fachleute im Marketing und Vertrieb analysieren dafür Märkte, Wettbewerber und Zielgruppen und schaffen Vertriebswege sowie Absatzstrategien an der Schnittstelle zwischen Preisgestaltung, Markenpositionierung, Produktkommunikation, Öffentlichkeitsarbeit, Werbung und Unternehmensstrategie.

→ Finde Studiengänge:

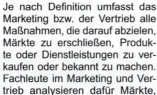

Studienangebot

Marketing-Studiengänge werden vor allem von Fachhochschulen, aber auch von einzelnen Universitäten angeboten. Die Bezeichnungen der Studiengänge lauten beispielsweise: „Brand Management", „Digital Marketing and Communication Management", „Internet- und Online-Marketing", „Internationales Marketingmanagement".

Kenntnisse in Marketing und Vertrieb können an zahlreichen Hochschulen auch im Rahmen allgemeiner betriebswirtschaftlicher Studiengänge als Schwerpunkt oder Vertiefung erworben werden.

Inhalte des Studiums

Aufbauend auf eine betriebswirtschaftliche Grundausbildung erwerben die Studierenden Qualifikationen für verschiedene strategische und operative Handlungsbereiche wie z.B. Angebotsmanagement, Customer Relationship Marketing, E-Commerce, Brand Management, Marktforschung, Kommunikationsmanagement, Konzeptionelles Marketing oder das Vertriebsmanagement. Darüber hinaus werden branchenspezifische Spezialisierungen wie Sportmarketing, Modemarketing, Multimedia Marketing oder für das Internationale Marketing angeboten.

Berufsmöglichkeiten nach dem Studium

Absolvent*innen können in Werbung, Marketing und Vertrieb in zahlreichen Branchen der freien Wirtschaft arbeiten. ■

3.5.12 Medienwirtschaft, -management

Die Medienbranche ist ein international verknüpfter Markt mit vielseitigen Medienformaten der unterschiedlichsten Gattungen (Print, Rundfunk, online, mobile), der von einer hohen Dynamik geprägt ist.

Das Studienfeld im Überblick

Das Studium der Medienwirtschaft bzw. des Medienmanagements bereitet darauf vor, Medienprodukte von der Konzeption bis zur gestalterischen und technischen Umsetzung zu begleiten, wirtschaftlich rentabel zu managen und zu vermarkten. Die Studierenden werden darüber hinaus befähigt, auf künftige Entwicklungen im Mediennutzungsverhalten frühzeitig zu reagieren, technische Innovationen zu entwickeln und zukunftsfähige ▶

MEDIENWIRTSCHAFT, -MANAGEMENT

Anzeige

➔ Finde Studiengänge:

Geschäftsmodelle für die Medien-, Kultur- und Kreativwirtschaft mitzugestalten.

Studienangebot
Bachelor- und Masterstudiengänge in Medienwirtschaft und -management werden an Fachhochschulen und Universitäten angeboten sowie in Form eines dualen Studiums.

Inhalte des Studiums
Das Studium umfasst wirtschaftliche, rechtliche, z.T. technische, medien- und kommunikationswissenschaftliche sowie teilweise gestalterische Aspekte. Das Bachelorstudium beinhaltet Modulangebote zu betriebs- und volkswirtschaftlichen Grundlagen sowie zur Kommunikationsforschung, Medienrecht, Medienwirkung sowie empirische Sozialforschung.
Im Masterstudium kann eine Spezialisierung auf bestimmte Medien stattfinden, etwa auf digitale Medien oder Design. Zudem ist eine Vertiefung von Teilaspekten des Medienmanagements möglich.
Ein Beispiel wäre die crossmediale Kommunikation oder das Medienrecht. Typische Studiengangsbezeichnungen sind: „Medien- und Kommunikationswirtschaft", „Medienmanagement und Digitales Marketing", „Media Management" oder „Kommunikation & Medienmanagement".

Zulassungskriterien & Studienbewerbung
Teilweise führen die Hochschulen hochschulinterne Auswahlverfahren mit Eignungsprüfungen durch. Bei dualen Studiengängen wird i.d.R. ein Ausbildungs-, Praktikums- oder Arbeitsvertrag mit einem geeigneten Unternehmen (sog. Praxispartner) vorausgesetzt.

Anzeige

PERSONALMANAGEMENT, -DIENSTLEISTUNG

Berufsmöglichkeiten nach dem Studium

Absolvent*innen können in unterschiedlichen Bereichen tätig werden, etwa in der Medienproduktion, in der Theater-, Film- und Fernsehproduktion oder im Kunst- und Kulturmanagement. Beschäftigungsmöglichkeiten gibt es in Verlagen, bei Hörfunk-, Fernseh- und Filmproduktionen sowie in Werbe- und PR-Agenturen, in Marketingabteilungen industrieller Unternehmen, bei Meinungsforschungsinstituten oder im E-Commerce. ∎

3.5.13 Personalmanagement, -dienstleistung

Qualifiziertes Personal zu gewinnen und zu binden, ist für Unternehmen, Organisationen und Institutionen ein entscheidender Erfolgsfaktor. Angesichts des demografischen Wandels, der Herausforderungen des mobilen Arbeitens und flexiblerer Arbeitszeitmodelle werden zukunftsorientierte Personalstrategien immer wichtiger.

Das Studienfeld im Überblick

Das Personalmanagement, klassisch als Personalwesen bezeichnet, beschäftigt sich aus der betriebswirtschaftlichen Perspektive mit dem Faktor „menschliche Arbeitskraft". Ziel eines modernen Personalmanagements ist der nachhaltige unternehmerische Erfolg, auch unter Berücksichtigung persönlicher, sozialer und ethischer Aspekte. In den vergangenen Jahren hat sich hierbei der Begriff Corporate Governance etabliert, der nicht nur die monetäre Wertschöpfung im Blick hat, sondern auch die ideellen Unternehmenswerte, die nach innen und außen image- und wertsteigernd wirken. Aufgabe eines nachhaltigen Personalmanagements ist es deshalb, auch für eine Unternehmenskultur zu sorgen, die die Bedürfnisse aller Beteiligten in einem unternehmerischen Prozess berücksichtigt. Teilaspekte, die dabei eine Rolle spielen, sind z.B. Personalplanung, Personalbedarfsdeckung, Personalführung, Personalentwicklung, Entgeltgestaltung und Personalverwaltung.

Studienangebot

Das Studium wird überwiegend an Fachhochschulen, aber auch an einigen Universitäten angeboten, meist in Masterstudiengängen, grundständig zum Teil auch als duales Modell.

Neben spezifischen Studiengängen im Bereich Personalwesen bzw. -management kann dieser Schwerpunkt auch in allgemeinen betriebswirtschaftlichen Studiengängen gewählt werden. Zudem stehen international ausgerichtete Studiengänge (Internationales Personalmanagement) zur Auswahl. Studiengangsbezeichnungen sind etwa „Personalmanagement", „Personalwirtschaft", „Personal & Arbeit" oder „Management und Personalwesen".

→ Finde Studiengänge:

Inhalte des Studiums

Studierende im Bereich Personalmanagement erwerben zusätzlich zu den betriebswirtschaftlichen Grundlagen spezifische Kenntnisse, etwa in Personalführung und -entwicklung, Personalmarketing und -controlling, Strategie- und Veränderungsorganisation („Change Management"), Anlage und Steuerung begleitender Kommunikationsprozesse, Konfliktmanagement, Arbeits- und Sozialversicherungsrecht oder Personalpsychologie und -ethik. Zum Teil überlappen sich die Inhalte und Berufsmöglichkeiten mit Studiengängen zur Arbeits- und Organisations- bzw. Wirtschaftspsychologie (siehe dazu auch *Abschnitt 3.4.4. „Psychologie"*).

Berufsmöglichkeiten nach dem Studium

Absolvent*innen können Aufgaben im Personalmanagement und der Betriebsorganisation von Unternehmen aller Branchen und Organisationen übernehmen, z.B. im Personalmanagement oder als Fachkräfte in der Personalentwicklung. ∎

TOURISMUSWIRTSCHAFT

3.5.14 Tourismuswirtschaft, Sport- und Eventmanagement

Ein verändertes Freizeitverhalten, ein gestiegenes Interesse an nachhaltigem, sozialem und gesundem Tourismus, die zunehmende Bedeutung von körperlicher Fitness und Gesundheitsvorsorge in weiten Teilen der Bevölkerung – damit beschäftigen sich Akteure wie Reiseveranstalter, Hotels, Tourismusorganisationen sowie Veranstalter im Sport-, Messe- und Eventbereich.

→ Finde Studiengänge:

Das Studienfeld im Überblick
In diesem Studienfeld werden Fach- und Führungskräfte ausgebildet, die sowohl über detailliertes fachliches Know-how als auch über fundiertes wirtschaftswissenschaftliches Wissen verfügen. Die Studierenden lernen außerdem, wie sie Events, Sport- und Kulturveranstaltungen oder Dienstleistungen im Tourismus planen, organisieren, vermarkten und finanzieren.

Studienangebot
Bachelor- und Masterstudiengänge im Bereich Tourismuswirtschaft, Sport- und Eventmanagement werden überwiegend an Fachhochschulen angeboten. An Universitäten finden sich einige Studiengänge rund um das Sportmanagement. Manche sind eher interdisziplinär ausgerichtet, z.B. „Betriebswirtschaft und Kultur-, Freizeit-, Sportmanagement" oder „Gesundheits- und Tourismusmanagement", während spezialisierte Studiengänge einen Teilbereich beleuchten, etwa „Sportökonomie", „Hotel Management", „Eventmanagement" oder „Culinary Management".

Inhalte des Studiums
Neben betriebs-, volkswirtschaftlichen und rechtlichen Kenntnissen vermitteln die Studiengänge branchenspezifische Qualifikationen, z.B. im Bereich **Tourismus- und Hotelmanagement**, Destinationsmanagement, Tourismusmarketing, Kreuzfahrttourismus, Hotel- und Hospitality-Management oder Geschäftsreisen. Oftmals finden einzelne Lehrveranstaltungen in verschiedenen Fremdsprachen statt. Auslandssemester können in den Studienplan integriert sein. Im Bereich **Eventmanagement** bzw. Messe- und Kongresswirtschaft spielen auch Inhalte wie Kommunikation und Kreation

sowie Konzeption eine große Rolle, während im **Sportmanagement** auch medizinisches bzw. biologisches Basis-Know-how vermittelt wird.

Zulassungskriterien & Studienbewerbung
Für die Zulassung zu Studiengängen im Bereich Sportmanagement und -ökonomie muss gegebenenfalls eine Sporteignungsprüfung bestanden werden. Bei Eventmanagement sowie Hotel- und Tourismusmanagement kann ein Nachweis über Englischkenntnisse verlangt werden.

Berufsmöglichkeiten nach dem Studium
- **Touristikmanager*innen** finden z.B. Beschäftigung bei Touristik- und Hotelunternehmen, bei Reiseveranstaltern und -anbietern, im Destinationsmanagement, bei Tourismusverbänden und Verkehrsträgern.

Anzeige

DUALES BACHELOR-STUDIUM STUDIEREN MIT GEHALT
- Sport- und Bewegungstherapie
- Sport-/Gesundheitsinformatik
- Fitnessökonomie
- Sportökonomie
- Gesundheitsmanagement
- Fitnesstraining
- Ernährungsberatung

Deutsche Hochschule für Prävention und Gesundheitsmanagement
University of Applied Sciences
dhfpg.de

Anzeige

STUDIEREN BEIM BRANCHENEXPERTEN
Tourismus Management
Hotel Management
Eventmanagement
AUCH DUAL!
www.ist-hochschule.de
IST HOCHSCHULE für Management

170

WIRTSCHAFTSINFORMATIK

Mögliche Tätigkeitsfelder sind operatives Management, Marketing, Produktmanagement, Rechnungswesen und Controlling.

■ **Sportmanager*innen und -ökonom*innen** arbeiten in Sportorganisationen und -vereinen, in der Sport(artikel)branche, bei Sportvermarktungsagenturen und Sportreiseagenturen, im Gesundheits-, Tourismus- und Fitnessbereich sowie in der öffentlichen Sportverwaltung. Dort übernehmen sie verschiedene Aufgaben, kontrollieren etwa die Finanzen, führen Mitarbeitende, suchen nach Sponsoren und Kooperationsmöglichkeiten, verhandeln mit Medienpartnern oder organisieren Sportevents.

■ **Eventmanager*innen** wiederum sind z.B. bei Veranstaltungsagenturen, Messe-, Ausstellungs- oder Konzertveranstaltern, Kongressagenturen oder in der öffentlichen Verwaltung bei Kulturämtern oder im Stadtmarketing beschäftigt, wo sie Events von der Konzeption bis zur Nachbereitung organisieren und koordinieren. Dabei behalten sie sowohl die Vorstellungen der Auftraggeber als auch das Budget im Auge. ■

> ➔ **info**
>
> Informationen zum Studienfeld **Sport** finden Sie im *Abschnitt 3.4.5*.

3.5.15 Wirtschaftsinformatik

Anzeige

Die Wirtschaftsinformatik beschäftigt sich mit Fragen an der Schnittstelle zwischen Informatik und Betriebswirtschaftslehre, etwa mit dem Ziel, Geschäftsprozesse in Unternehmen und Verwaltungen digital abzubilden und so wirksam zu unterstützen.

Das Studienfeld im Überblick

Wirtschaftsinformatiker*innen entwickeln und integrieren IT-Anwendungssysteme für spezifische Verwaltungsaufgaben innerhalb eines Betriebs. Dazu zählen z.B. sogenannte Enterprise Resource Planning (ERP) Systeme zur Auftragsabwicklung, Beschaffungswesen, Lager- und Materialflussüberwachung, Kostenrechnung oder Lohn- und Gehaltsabrechnungen. Außerdem übernehmen sie koordinierende, beratende und strategische Aufgaben wie etwa Projektmanagement, Prozessanalyse oder unterstützende Produktionsplanung. Sie verfügen über ein breites betriebswirtschaftliches Wissen und kennen den Aufbau und die Struktur von Systemsoftware, z.B. Betriebssysteme und Datenbanken, sowie von lokalen und weltweiten Kommunikationssystemen und Netzwerken (siehe dazu auch *Abschnitt 3.3.5 „Informatik"*).

Studienangebot

Bachelor- und Masterstudiengänge in diesem Bereich werden vor allem von Fachhochschulen, aber auch von einzelnen Universitäten angeboten. Mögliche Studiengangsbezeichnungen sind z.B. auch „IT-Management", „Verwaltungsinformatik" oder „Digitales Produktmanagement". Wirtschaftsinformatik kann an manchen Hochschulen auch im Rahmen eines betriebswirtschaftlichen Studiums oder eines Informatik-Studiengangs als Schwerpunkt oder Vertiefung studiert werden.

Inhalte des Studiums

Das interdisziplinär ausgerichtete Studium vermittelt zum einen die Grundlagen der Betriebswirtschaftslehre, einschließlich Mathematik und ▶

WIRTSCHAFTSWISSENSCHAFTEN, VOLKSWIRTSCHAFT

Statistik. Zum anderen werden anwendungsbezogene Kenntnisse in der Informatik erworben. Dazu gehören Fachgebiete wie Informationssysteme, Software-Programmierung, Rechnerkommunikation, Datenbanken, Datennetze und IT-Sicherheit sowie die aktuellen Entwicklungen im Bereich Mobile Media.

→ Finde Studiengänge:

Berufsmöglichkeiten nach dem Studium
Die Beschäftigungsmöglichkeiten für Wirtschaftsinformatiker*innen sind vielseitig und finden sich in nahezu allen Wirtschaftszweigen, von Softwarehäusern, Unternehmensberatungen und Computerherstellern über das verarbeitende/produzierende Gewerbe, Kreditinstitute und Versicherungen bis hin zu Dienstleistungs- und Beratungsunternehmen. Es dominieren qualifizierte Tätigkeiten und Führungsaufgaben im IT- oder im betriebswirtschaftlichen Bereich, vorzugsweise in den Feldern Organisation/Systemanalyse, Programmierung/Softwareentwicklung sowie Beratung und Vertrieb. ■

> → **links**
>
> **Arbeitskreis Wirtschaftsinformatik an Fachhochschulen (AKWI)**
> Aktuelle Übersicht über deutschsprachige Studienmöglichkeiten der Wirtschaftsinformatik an Fachhochschulen
> → www.akwi.de

3.5.16 Wirtschaftswissenschaften, Volkswirtschaft

Das Studienfeld beschäftigt sich mit dem ökonomischen Verhalten der wirtschaftlichen Akteure und dessen einzel- und gesamtwirtschaftlichen Auswirkungen. Es vermittelt die nötigen Kenntnisse, um komplexe wirtschaftliche Zusammenhänge und Gesetzmäßigkeiten in einer globalisierten Welt mit ihren zahlreichen Verflechtungen zu verstehen.

Das Studienfeld im Überblick
Das Studienfeld untersucht beispielsweise, welche wirtschaftlichen, politischen oder institutionellen Rahmenbedingungen zu bestimmten wirtschaftlichen Handlungsweisen führen. Darüber hinaus werden das Zusammenspiel vieler einzelwirtschaftlicher Entscheidungen und ihre Effekte auf die Märkte analysiert. Denn Unternehmen und Organisationen benötigen akademische Fachkräfte, die global denken und entsprechend entscheiden und/oder handeln. Es sind Expert*innen gefragt, die weltwirtschaftliche Zusammenhänge erkennen und verstehen, nationale und internationale Märkte untersuchen und länderspezifische Probleme bzw. Besonderheiten einbeziehen. Dafür sind gute Sprachkenntnisse wichtig.

Dazu werden in den **Wirtschaftswissenschaften** zunächst sowohl betriebs- als auch volkswirtschaftliches Wissen sowie Zusammenhänge zwischen beiden Disziplinen vermittelt. Die **Volkswirtschaft** dagegen versucht, Gesetzmäßigkeiten zu finden, und leitet daraus Handlungsempfehlungen ab, etwa zu Ursachen von Arbeitslosigkeit, der Funktionsweise von Märkten oder zu internationalen Wirtschaftsbeziehungen.

Studienangebot
Das Studium wird überwiegend an Universitäten angeboten. Die Studierenden können sich beispielsweise auf Finanzwissenschaft, Wirtschaftspolitik, Entwicklungsökonomie und Industrie-/Wettbewerbspolitik spezialisieren. Studiengangsbezeichnungen lauten auch „Volkswirtschaftslehre" bzw. „Wirtschaft" und „Sozialökonomie" sowie „Politik und Wirtschaft".

Inhalte des Studiums
Zu den Pflichtmodulen im Bachelorstudium **Wirtschaftswissenschaften** gehören etwa Grundlagen der Betriebs- und der Volkswirtschaftslehre, Handelsrecht, Rechnungswesen, Stochastik und Wirtschaftsstatistik. Außerdem können beispielsweise Module aus den Bereichen Arbeits- und Organisationspsychologie, Mathematik, Informatik und Wirtschaftsethik hinzukommen.

In **Volkswirtschaft** geht es beispielsweise um Mikro- und Makroökonomik, Statistik, Einführung in die Theorie der Unternehmung, Theorie der Geldpolitik oder Währungstheorie.

> → **info**
>
> Informationen zum Studienbereich „**Öffentliche Verwaltung**" finden Sie in *Kapitel 3.11*.

RECHTS-, SOZIALWISSENSCHAFTEN

Berufsmöglichkeiten nach dem Studium

- Absolvent*innen der **Wirtschaftswissenschaften** übernehmen oftmals Aufgaben im mittleren Management von Wirtschaftsunternehmen, bei Banken und Versicherungen, Forschungsinstituten, Parteien, Verbänden, Kammern, nationalen oder internationalen Organisationen, aber auch in der öffentlichen Verwaltung.
- Die Studiengänge der **Volkswirtschaft** qualifizieren für planende, analysierende und beratende Tätigkeiten z.B. in Behörden, Ministerien, internationalen Organisationen, Kammern und Verbänden, in internationalen Konzernen und nationalen Unternehmen mit globalem Bezug, bei Banken und Versicherungen sowie in der Unternehmens- und Politikberatung. ■

→ Finde Studiengänge:

3.6 Studienbereich Rechts-, Sozialwissenschaften

Sowohl die Rechtswissenschaften (Jura) als auch die Sozialwissenschaften beschäftigen sich mit dem gesellschaftlichen (Zusammen-)Leben der Menschen. Wo die Sozialwissenschaften soziale Systeme und Bedingungen in den Blick nehmen, geht es in den Rechtswissenschaften um gesetzliche Regelungen des Miteinanders.

Die **Rechtswissenschaften (Jura)** beschäftigen sich mit der Ordnung, die das gesellschaftliche Zusammenleben regelt, also mit Gesetzen und Verordnungen sowie der jeweils gültigen Rechtsprechung. Das Studium der Rechtswissenschaften schließt an Universitäten mit der ersten juristischen Prüfung (bestehend aus universitärer Schwerpunktbereichs- und staatlicher Pflichtfachprüfung) ab. Diese ist Voraussetzung für den zweijährigen Vorbereitungsdienst als Rechtsreferendar*in. Abgeschlossen wird die Ausbildung mit der zweiten juristischen Prüfung, die für die klassischen Laufbahnen als Volljurist*in (insb. Richter*in, Staatsanwalt*Staatsanwältin, Rechtsanwalt*Rechtsanwältin, Notar*in) qualifiziert.

Daneben werden an Universitäten und zum Teil Fachhochschulen vereinzelt die Abschlüsse Bachelor und Master angeboten. Diese bereiten, ebenso wie Schnittstellenstudiengänge (z.B. Wirtschaftsrecht, Immobilienrecht, Medienrecht), auf eine Tätigkeit außerhalb der klassischen Berufsfelder von Volljurist*innen in Wirtschaft und Verbänden vor.

Studierende der Rechtswissenschaften sollten logisch denken, mit abstrakt gefassten Texten (Gesetzestexte, Kommentare, Gerichtsurteile) umgehen und sich schriftlich wie mündlich gut ausdrücken können. Darüber hinaus erfordert das Studium eine gute Allgemeinbildung. Nützlich sind historische und wirtschaftliche Kenntnisse sowie betriebswirtschaftliches Grundwissen.

Als **Sozialwissenschaften** werden die Fächer bezeichnet, die sich mit dem gesellschaftlichen Leben der Menschen beschäftigen. Oft wird der Begriff Gesellschaftswissenschaften als Synonym verwendet.

Das Studienfeld enthält unterschiedliche wissenschaftliche Einzeldisziplinen, etwa Arbeitsmarktmanagement, Politologie/Politikwissenschaften, Sozialwesen, Sozialwissenschaften und Soziologie.

Studierende der Sozialwissenschaften sollten großes Interesse an Menschen und deren sozialen, wirtschaftlichen und individuellen Lebensbedingungen mitbringen. Allgemeinbildung, Kontaktfähigkeit, Einfühlungsvermögen und Geschick im Umgang mit Menschen sind ebenfalls wichtig. Darüber hinaus werden analytisches Denkvermögen sowie – je nach Studienfach und eigenem Schwerpunkt – entweder eher forschend-distanziertes Verhalten oder aber Freude an einer praktischen, pädagogisch-anleitenden Funktion vorausgesetzt.

Die Berufsfelder für Sozialwissenschaftler*innen sind im Gegensatz zu denen von Jurist*innen oft nicht eindeutig festgelegt. Deshalb sollten Studierende rechtzeitig überlegen, wie sie bereits während des Studiums Weichen stellen können. Das können etwa gesellschaftswissenschaftliche Zusatzfächer, unterschiedliche Studienorte (auch im Ausland) oder geeignete Praktika sein. Die Teilnahme an außeruniversitären Weiterbildungsmöglichkeiten oder das Anfertigen einer berufsfeldnahen Abschlussarbeit können den Übergang ins Berufsleben ebenfalls erleichtern. Ein hoher Stellenwert wird Fremdsprachenkenntnissen beigemessen ■

RECHTS-, SOZIALWISSENSCHAFTEN

Der Studienbereich auf einen Blick

STUDIENFELD	STUDIENFÄCHER, z.B.	STUDIENFELD	STUDIENFÄCHER, z.B.
Arbeitsmarktmanagement (Kap. 3.11.2)	■ Arbeitsmarktmanagement ■ Beratung für Bildung, Beruf und Beschäftigung	Sozialwesen	■ Coaching, Beratung, Supervision ■ Soziale Arbeit ■ Sozialmanagement
Politikwissenschaften	■ Humanitäre Hilfe ■ Entwicklungsforschung, -politik* ■ Staats-, Verwaltungswissenschaft	Sozialwissenschaften, Soziologie	■ Gender Studies ■ Sozialwissenschaften ■ Soziologie ■ Kriminologie*
Rechtswissenschaften	■ Öffentliches Recht ■ Rechtswissenschaft ■ Wirtschaftsrecht		

* nur weiterführend

Alternative Studienbereiche
- Erziehungs-, Bildungswissenschaften → Seite 179
- Öffentliche Verwaltung → Seite 257
- Wirtschaftswissenschaften → Seite 154

POLITIKWISSENSCHAFTEN

3.6.1 Politikwissenschaften

Die Politikwissenschaften (Politologie) befassen sich mit den Institutionen von Staat und Gesellschaft, mit politischen Systemen, ihren Auswirkungen auf Wirtschaft und Gesellschaft sowie mit internationalen Beziehungen.

Das Studienfeld im Überblick

Die Politikwissenschaften untersuchen, wie politische und soziale Ideen organisatorisch und rechtlich in Staat, Institutionen und Parteien, aber auch in internationalen Beziehungen umgesetzt werden. Sie befassen sich damit, wie Interessengruppen Einfluss geltend machen und in welchen Formen die politische Willensbildung verläuft.

Wichtige Hilfs- und Nebenfächer sind Geschichtswissenschaften, Sozialwissenschaften, Staatsrecht und Wirtschaftswissenschaften. Fremdsprachenkenntnisse, v.a. Englisch, sind unentbehrlich, ebenso Kenntnisse in Datenverarbeitung und Statistik.

→ Finde Studiengänge:

Studienangebot

Zu den Studienfächern in diesem Bereich zählen nicht nur die Politikwissenschaften, sondern etwa auch „Internationale Beziehungen", „Staats- und Sozialwissenschaften" sowie spezialisierte Masterstudiengänge im Bereich Entwicklungspolitik und „Friedens- und Konfliktforschung".

Inhalte des Studiums

Im Bachelor gibt es v.a. fachwissenschaftliche und methodenorientierte Module zu Teilgebieten wie: Politische Theorie und Ideengeschichte, politische Institutionen und Systeme, Innenpolitik, internationale und europäische Politik, politische Soziologie und politische Sozialstrukturanalyse, politische Bildung und Didaktik der Politik, Methoden empirischer Sozialforschung/Statistik, Wirtschaft und Politik, Verfassungsrecht, Verwaltungswissenschaft.

Je nach Hochschule werden z.T. im Masterstudium Ergänzungsmodule in Fächern wie Geschichte, Kommunikationswissenschaft, Philosophie, Rechtswissenschaft, Wirtschaftswissenschaft oder Soziologie angeboten. ▶

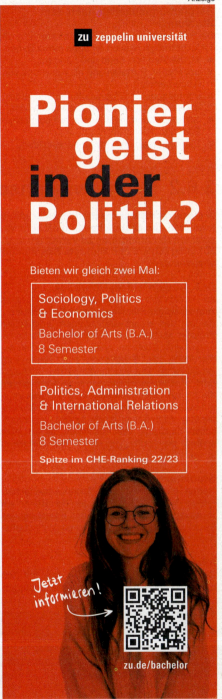

Anzeige

RECHTSWISSENSCHAFTEN

Berufsmöglichkeiten nach dem Studium
Die Bandbreite möglicher Einsatzfelder ist groß; Tätigkeitsmöglichkeiten ergeben sich z.B. bei:
- Ministerien von Bund und Ländern
- politischen Parteien und als Assistenz von Abgeordneten
- internationalen Organisationen und in der entwicklungspolitischen Zusammenarbeit
- Stiftungen und Institutionen zur politischen Bildung
- Einrichtungen der Erwachsenenbildung
- Medienunternehmen
- Gewerkschaften, Unternehmerverbänden
- Unternehmensberatungen
- Bibliotheken, Archiven, Dokumentationsstellen
- Wahl- und Meinungsforschungsinstituten. ■

> ➔ **links**
> Deutsche Vereinigung für Politikwissenschaft ➔ www.dvpw.de

3.6.2 Rechtswissenschaften

In einem rechtswissenschaftlichen Studium lernt man, die zahlreichen und oft sehr abstrakten Rechtsnormen zu verstehen und auf unterschiedliche konkrete Situationen anzuwenden.

Das Studienfeld im Überblick
Im Bereich der Rechtswissenschaften gibt es zum einen die Studiengänge an Universitäten, die mit der ersten und zweiten juristischen Prüfung abschließen. Nach einem Vorbereitungsdienst (Referendariat) erwerben die Studierenden die Befähigung zum Richteramt (Volljurist*in). Die Studiengänge mit Bachelor- oder Masterabschluss hingegen kombinieren die für die Unternehmens- oder Verwaltungspraxis relevanten Elemente der juristischen Ausbildung mit Inhalten eines betriebswirtschaftlichen Studiums. Die Ausbildung ist auf eine spätere praktische Tätigkeit in der Wirtschaft ausgerichtet.

Studienangebot
Neben den klassischen Rechtswissenschaften gehören Studienfächer aus den Bereichen „Business Law", „Deutsches und Französisches Recht", „Öffentliches Recht" sowie „Wirtschaftsrecht" zu diesem Studienfeld.

Inhalte des Studiums
Die Studierenden beschäftigen sich mit den unterschiedlichen Rechtsgebieten wie Bürgerlichem Recht, Strafrecht, Öffentlichem Recht und Verfahrensrecht. In den Studiengängen aus dem Bereich Wirtschaftsrecht kommen beispielsweise Module zu den Themen Unternehmensrecht, Steuerrecht, Betriebliches Rechnungswesen sowie Wirtschaftsinformatik dazu.

Vertiefungsmöglichkeiten und Schwerpunktsetzungen gibt es etwa in den Bereichen europäisches oder internationales Privat- und Verfahrensrecht, Kriminologie, Arbeitsrecht und Personalwirtschaft, Unternehmensrecht, Handels- und Gesellschaftsrecht, Medien- und Telekommunikationsrecht, Finanzdienstleistungen, gewerblicher Rechtsschutz, Baurecht und Immobilienwirtschaft, aber auch Wettbewerbs- und Insolvenzrecht. Exkursionen, Fallstudien und überfachliche Modulangebote wie Projektplanung, Wirtschaftsenglisch, Rhetorik und Präsentationstechniken oder Teamarbeit ergänzen das Studium.

Voraussetzung für die Befähigung zum Richteramt und eine Tätigkeit als Richter*in oder Staatsanwalt*Staatsanwältin sind der Abschluss eines rechtswissenschaftlichen Studiums an einer Universität mit der ersten juristischen Prüfung und des anschließenden Vorbereitungsdienstes mit der zweiten Staatsprüfung (Volljurist*in). Dies gilt auch für die Zulassung als Rechtsanwalt*Rechtsanwältin und Notar*in sowie für den höheren Verwaltungsdienst (außer Auswärtiges Amt).

Anzeige

SOZIALWESEN

Hinweis: Mit einem Bachelor- oder Masterabschluss ist kein Zugang in den Vorbereitungsdienst möglich und somit auch keine Tätigkeit als Richter*in, Staatsanwalt*Staatsanwältin, Rechtsanwalt*Rechtsanwältin, Notar*in oder im höheren Verwaltungsdienst.

Berufsmöglichkeiten nach dem Studium

Jurist*innen mit erster juristischer Prüfung und zweiter Staatsprüfung (Volljurist*innen) können als Rechtsanwält*innen, Richter*innen oder Staatsanwält*innen und im höheren Verwaltungsdienst tätig werden. Für Anwält*innen ist eine freiberufliche Tätigkeit die Regel. Aber auch im Notariatswesen, in der öffentlichen Verwaltung oder in der Wirtschaft (z.B. bei Banken, Versicherungen, großen Industrie- und Handelsunternehmen), in der Wirtschaftsberatung sowie bei Verbänden können Jurist*innen tätig sein.

Wirtschaftsjurist*innen arbeiten nicht nur in Rechtsabteilungen, sondern auch in Finanz-, Vertriebs-, Beschaffungs- und Personalabteilungen von Unternehmen. Außerdem im Handel, bei Banken, Versicherungen, Unternehmensberatungen, Steuerberatungs- und Wirtschaftsprüfungsgesellschaften. Das Dienstleistungsgewerbe und Wirtschaftsverbände kommen für eine Tätigkeit ebenfalls in Betracht. ■

➔ **Finde Studiengänge:**

➔ **links**

Bundesverband der Wirtschaftsjuristen
➔ www.wjfh.de

Wirtschaftsjuristische Hochschulvereinigung (WHV)
➔ www.wirtschaftsrecht-fh.de

3.6.3 Sozialwesen

Das Sozialwesen beschäftigt sich damit, wie Menschen in schwierigen Lebenssituationen geholfen werden kann und wie man sozialen Notlagen vorbeugt.

Das Studienfeld im Überblick

Die Studierenden lernen Methoden wie Einzelfallhilfe, Streetwork oder Supervision. Auch das Management von sozialen Einrichtungen wird im Studium vermittelt. Die theoretischen Grundlagen stammen aus den Bereichen der Pädagogik, der Psychologie, der Sozialwissenschaften, der Betriebs-, Rechts- und Verwaltungswissenschaften.

➔ **Finde Studiengänge:**

Studienangebot

Die Studiengänge im Bereich Sozialwesen werden überwiegend an Fachhochschulen angeboten. Dazu gehören etwa „Soziale Arbeit", „Sozialpädagogik und -management" oder auch „Sozialmanagement".

Inhalte des Studiums

Im Bachelorstudium belegen die Studierenden u.a. Module aus den Erziehungswissenschaften, aus Pädagogik, Soziologie, Psychologie, Betriebs-, Rechts- und Verwaltungswissenschaften. Im Vertiefungsstudium sind Schwerpunktsetzungen möglich, etwa in den Bereichen Elementarerziehung, Erziehungshilfe, Familienhilfe, Jugendarbeit, Rehabilitation und Gesundheit, Altenarbeit, interkulturelle Soziale Arbeit, Erwachsenenbildung, betriebliche Sozialarbeit, Freizeitpädagogik, Drogenhilfe, Resozialisierung, Stadtteilarbeit oder Sozialmanagement.

Häufig ist ein verpflichtendes Praktikum Teil des Studiums.

Berufsmöglichkeiten nach dem Studium

Beschäftigungsmöglichkeiten für Sozialarbeiter*innen bestehen bei Organisationen, Verbänden, Selbsthilfegruppen und öffentlichen Trägern, z.B. den Gemeinden und bei einer Vielzahl von freien Trägern wie Kirchen, Wohlfahrtsverbänden und Stiftungen.

Sozialarbeiter*innen und Sozialpädagog*innen arbeiten v.a. in der Jugend-, Familien-, Gesundheits-, Alten- und Sozialhilfe, in der Strafrechtspflege, in Heimen und in Wohn- und Selbsthilfegruppen, in Beratungsstellen, in Kliniken und Rehabilitationszentren, bei sozialpsychiatrischen Diensten in Jugend- und Erwachsenenbildungsstätten sowie in der Flüchtlingshilfe. ■

➔ **links**

Deutscher Berufsverband für Soziale Arbeit (DBSH) e.V.
➔ www.dbsh.de

3.6.4 Sozialwissenschaften, Soziologie

Die Sozialwissenschaften und die Soziologie untersuchen das Zusammenleben von Menschen in Gesellschaften. Sie befassen sich mit Zweck und Struktur sozialer Gebilde sowie mit ihrer Entstehung und Veränderung.

→ Finde Studiengänge:

Das Studienfeld im Überblick

Die Sozialwissenschaften gehen der Frage nach, wie das Zusammenspiel von sozialen, ökonomischen, kulturellen und politischen Bedingungen die Strukturen schafft, die dafür sorgen, dass soziale Systeme funktionieren. Dabei gehen sie sowohl empirisch als auch systematisch vor. So bewirken sie eine möglichst genaue, weitgehend quantitative Erforschung konkreter Gegebenheiten sowie allgemein gültige Formulierungen von Erkenntnissen und sozialphilosophischen Theorien. Als eigenständige Wissenschaften stehen sie mit anderen Disziplinen, etwa mit der Wirtschaftswissenschaft, der Politikwissenschaft, der Philosophie, der Ethnologie, der Psychologie und der Pädagogik, in enger Beziehung. An manchen Universitäten werden Studiengänge mit soziologischem Schwerpunkt, z.B. in den Wirtschaftswissenschaften, angeboten.

Studienangebot

Zu den Studienfächern in diesem Bereich gehören neben Soziologie und Sozialwissenschaften auch Gender Studies und Kriminologie.

Inhalte des Studiums

Im Bachelorstudium belegen die Studierenden Module in Kernfächern wie Empirische Sozialforschung (einschl. EDV und Statistik), Politikwissenschaft und Soziologie (einschl. Sozioökonomie), Sozialstrukturen und Sozialstrukturanalyse. Ergänzende Module gibt es etwa zu Mediationsverfahren oder Konfliktmanagementstrategien.

Im Masterstudium können beispielsweise folgende Schwerpunkte gewählt werden: Jugend-, Familien- und Bildungssoziologie, Industrie- und Betriebssoziologie, Soziologie des Geschlechterverhältnisses, Medizinsoziologie, Arbeits- und Organisationssoziologie, Friedens- und Konfliktforschung, Empirische Sozialforschung.

Berufsmöglichkeiten nach dem Studium

Für Sozialwissenschaftler*innen und Soziolog*innen gibt es kein klar definiertes Aufgabengebiet, dementsprechend breit sind die Einsatzmöglichkeiten. Tätig sind Soziolog*innen z.B.

- in der Forschung an Hochschulen und staatlichen Forschungseinrichtungen,
- bei Markt- und Meinungsforschungsinstituten, Multimedia- und Werbeagenturen,
- in Lehre und Unterricht, z.B. in der Erwachsenenbildung und an (Hoch-)Schulen,
- in der öffentlichen Verwaltung, z.B. bei Stadtplanungsämtern, in der Sozialarbeit, in der Jugendhilfe, im Strafvollzug, bei Bundes- und Länderministerien, im Gesundheitswesen,
- in Unternehmen, z.B. in den Bereichen Personalwesen, Aus- und Weiterbildung, Statistik und Marktforschung, Öffentlichkeitsarbeit,
- bei Verbänden und Organisationen des Wirtschafts- und Arbeitslebens, in politischen Parteien, bei kirchlichen Einrichtungen und Hilfsorganisationen,
- im Medienbereich bei Hörfunk- und Fernsehanstalten, bei Verlagen. ■

→ **links**

Berufsverband Deutscher Soziologinnen und Soziologen e.V. (BDS)
→ www.bds-soz.de

Deutsche Gesellschaft für Soziologie (DGS)
→ www.soziologie.de

ERZIEHUNGS-, BILDUNGSWISSENSCHAFTEN

3.7 Studienbereich Erziehungs-, Bildungswissenschaften

Die Erziehungs- und Bildungswissenschaften befassen sich damit, wie Menschen selbstständig und eigenverantwortlich handeln. Dabei betrachten sie sowohl Familien und Gesellschaft als auch Schulen und pädagogische Einrichtungen.

Der Studienbereich im Überblick

Hauptaufgabe von Erziehungs- und Bildungswissenschaftler*innen ist neben dem Beraten von Einzelpersonen und Gruppen in verschiedensten Lebensbereichen die konzeptionelle Arbeit in der Aus- und Weiterbildung. Dazu entwickeln und erproben sie Theorien sowie zielgruppenspezifische Angebote. Sie werden in der Erziehungs-, Unterrichts- und Beratungsarbeit (einschließlich der Verwaltung bzw. Leitung entsprechender Einrichtungen) auch selbst praktisch tätig.

Das Studium vermittelt ein grundlegendes Verständnis der pädagogischen Denkweisen, Fragestellungen und methodischen Grundlagen sowie der gesellschaftlichen Voraussetzungen von Erziehung.

Im fortgeschrittenen Studium stehen unter anderem quantitative Forschungsmethoden, Lernprozesse sowie die Organisation und Planung von Bildungsprozessen im Vordergrund. Je nach angestrebter Spezialisierung, wie Pädagogik der frühen Kindheit, Rehabilitations- und Sonderpädagogik, Betriebspädagogik oder Personalentwicklung, Erwachsenenbildung, Bildungsmanagement und Weiterbildung, erwerben die Studierenden auch entsprechende berufsfeldbezogene Handlungskompetenzen.

Auch das Lehramtsstudium umfasst in der Regel bildungswissenschaftliche Inhalte und beschäftigt sich neben didaktischen Prinzipien auch mit Erziehungsprozessen sowie mit Bildungssystemen (siehe *Kapitel 3.10 „Lehramtsausbildung in den Bundesländern"*). Ebenfalls artverwandt ist das Feld Sozialwesen/Sozialpädagogik/Soziale Arbeit (siehe *Kapitel 3.6 „Rechts-, Sozialwissenschaften"*)

Studienangebot

Fachhochschulen und Universitäten bieten Bachelor- und Masterstudiengänge in Erziehungs- und Bildungswissenschaften an.

Mögliche Studiengangsbezeichnungen sind unter anderem „Pädagogik", „Kindheitspädagogik", „Erziehungswissenschaft", „Erziehung- und Bildungswissenschaft" oder „Bildungswissenschaften". Studiengänge, die sich mit konkreten Handlungsfeldern auseinandersetzen, heißen z.B. „Bildungsmanagement", „Frühpädagogik", „Abenteuer- und Erlebnispädagogik" und „Medienpädagogik". Studiengänge mit den Titeln „Berufs- und Wirtschaftspädagogik", „Ingenieurpädagogik" oder „Erwachsenenbildung" fokussieren dabei die Bildungsarbeit mit Erwachsenen, während „Rehabilitationspädagogik", „Sonderpädagogik" oder „Heilpädagogik" sowohl medizinische als auch entwicklungspsychologische Aspekte berücksichtigen.

Im Masterstudium erfolgt die Spezialisierung oder Vertiefung und Profilbildung durch forschungs- und anwendungsbezogene Module wie etwa in Bildungstheorie und Bildungsprozesse, internationale Bildungsforschung, Erwachsenenbildung, Mediendidaktik, Migration und interkulturelle Pädagogik, außerschulische Jugendbildung, Pädagogik der frühen Kindheit, Kulturpädagogik, Bildungs- und Lernberatung, Bildungsökonomie und -planung, Organisationsentwicklung.

Inhalte des Studiums

Im Bachelorstudium werden erziehungswissenschaftliche Grundlagen vermittelt, durch Module wie beispielsweise Grundfragen und Grundbegriffe der Erziehungswissenschaft, Bildungs-, Erziehungs- und Lernprozesse sowie -theorien, Medien und pädagogische Kommunikation, lebenslanges Lernen und lebensbegleitende Bildung, Methoden der Empirischen Bildungs- und Sozialforschung, Qualitative und quantitative Datenanalyse in der Bildungs- und Sozialforschung, pädagogische Psychologie, Qualitätsmanagement in der Aus- und Weiterbildung. Begleitend dazu stehen Inhalte aus Bezugswissenschaften, wie beispielsweise der Psychologie und den Sozialwissenschaften, auf dem Lehrplan.

In der **Berufspädagogik** werden zudem Module zur beruflichen Orientierung, Didaktik beruflicher Bildung, Einführung in die Berufspädagogik, Entwicklung von Institutionen beruflicher Bildung angeboten.

In der **Kultur- und Medienpädagogik** werden auch Grundlagen der Kultur- und Medienbildung, Kultursoziologische und interkulturelle ▶

→ Finde Studiengänge:

ERZIEHUNGS-, BILDUNGSWISSENSCHAFTEN

Der Studienbereich auf einen Blick

 STUDIENFELD **STUDIENFÄCHER, z.B.**

Erziehungs-, Bildungswissenschaften
- Berufspädagogik
- Heilpädagogik
- Kultur-, Medienpädagogik
- Wirtschaftspädagogik

STUDIENFELD **STUDIENFÄCHER, z.B.**

Lehrämter (Kap. 3.10)
- Lehramt Gymnasien
- Lehramt Grundschulen

Alternative Studienbereiche
- Medizin, Gesundheitswissenschaften, Psychologie, Sport → Seite 141
- Rechts-, Sozialwissenschaften → Seite 173

Grundlagen, theoretische und historische Aspekte der Kultur- und Medienwissenschaften vermittelt.

In der **Rehabilitationspädagogik** bzw. **Heilpädagogik** sind beispielsweise Psychodiagnostik und Intervention, psychologische und soziologische Grundlagen der Rehabilitation sowie Recht wichtige Fächer.

An Fachhochschulen sind zwei bis drei Monate praktische Tätigkeit in Schulen und Einrichtungen der Erwachsenenbildung, der Sozialpädagogik, des betrieblichen Ausbildungswesens o.Ä. Teil des Studiums.

Berufsmöglichkeiten nach dem Studium

Die Tätigkeitsfelder von Erziehungs- und Bildungswissenschaftler*innen liegen im Bildungs- und Erziehungswesen in der Regel außerhalb der allgemeinbildenden Schule. Beschäftigungsmöglichkeiten gibt es z.B. in:
- Einrichtungen der Erwachsenenbildung
- Einrichtungen für Menschen mit Behinderungen
- Beratungseinrichtungen, z.B. Erziehungsberatung oder Schwangerschaftskonfliktberatung
- Freizeit-, Erholungs- und Sportzentren
- Seniorenheimen, altenpädagogischen Einrichtungen

SPRACH-, KULTURWISSENSCHAFTEN

- pädagogischen Einrichtungen von Städten und Landkreisen, z.B. Jugendzentren
- Bildungsträgern (z.B. Bewerbungstraining, Coaching, berufliche Integration, Betreuung berufsvorbereitender Maßnahmen, Unterrichtstätigkeit)
- Kindertagesstätten und vorschulpädagogischen Einrichtungen.
- Die Aufgabenschwerpunkte der Heil-, Rehabilitations- und Sonderpädagogik liegen im Bereich der Frühförderung und in der Beratung und Unterstützung von Menschen mit Behinderungen. Sie sind z.B. tätig in Kinderhäusern, schulvorbereitenden Einrichtungen, in heilpädagogischen Tagesstätten, Kindergärten und Heimen, in Werkstätten und -wohnheimen, in Erziehungsberatungsstellen, in kinder- und jugendpsychiatrischen Kliniken und in Rehabilitationszentren.
- Wirtschafts-, Berufs- und Ingenieurpädagog*innen finden unter anderem Anstellung in Berufs(fach)schulen oder übernehmen pädagogische Aufgaben in Unternehmen und nichtstaatlichen Institutionen, etwa die Planung und Organisation der innerbetrieblichen Aus- und Weiterbildung, das betriebliche Bildungs- und Personalwesen, die Erwachsenenbildung, die Bildungsverwaltung und -beratung oder die Personal- und Organisationsentwicklung. ■

links

Berufs- und Fachverband der Heilpädagogen (BHP) e.V.
→ www.bhponline.de

Berufsverband der Erziehungswissenschaftlerinnen und Erziehungswissenschaftler
Der Verband informiert auf seiner Webseite über die verschiedenen erziehungswissenschaftlichen Studiengänge in Deutschland.
→ www.bv-paed.de

Berufsverband Deutscher Diplom-Pädagogen und Diplom-Pädagoginnen
→ www.bddp.de

Deutsche Gesellschaft für Bildungsverwaltung (DGBV)
→ www.dgbv.de

Gewerkschaft Erziehung und Wissenschaft
→ www.gew.de

3.8 Studienbereich Sprach-, Kulturwissenschaften

Studierende in diesem Bereich befassen sich mit der Auslegung und Deutung von sogenannten Kulturleistungen des Menschen wie z.B. Sprache, Literatur, Philosophie, Religion, Moral sowie mit Institutionen wie Familie oder Staat.

In dieser Fächergruppe finden sich unterschiedliche Fächer wie Germanistik, Geschichte, alte und neue Philologien, aber auch anwendungsbezogene Fächer wie Kommunikation und Medien oder Dolmetschen und Übersetzen.

Bei allen Unterschieden haben Absolvent*innen der Sprach- und Kulturwissenschaften innerhalb ihres Aufgabenbereiches dennoch recht ähnliche Aufgaben. Betrachtet man beispielsweise Arabist*innen und Philosoph*innen, wird klar: Beide fungieren als kulturelle Vermittler – Arabist*innen erforschen, analysieren und dokumentieren arabische Sprache und Literatur in all ihren gegenwärtigen und historischen Erscheinungsformen, Philosoph*innen versuchen die Welt und die menschliche Existenz zu ergründen, zu deuten und zu verstehen.

Studierende aus dem Bereich **Sprach- und Kulturwissenschaften** sollten sich gerne mit Texten, Theorien und Methoden auseinandersetzen. Angesichts der Menge der zu bewältigenden Primär- und Sekundärliteratur dürfen sie nicht den Blick für das Wesentliche verlieren und sollten über kritisches Urteilsvermögen verfügen. Ein differenzierter Wortschatz, gutes Sprachverständnis und Sprachgefühl sowie ▶

links

Bundesverband freiberuflicher Kulturwissenschaftler e.V.
→ www.b-f-k.de

Deutscher Philologenverband (DPhV)
→ www.dphv.de

Deutsche Gesellschaft für Sprachwissenschaft (DGfS)
→ www.dgfs.de

abi»
Spannende Reportagen zu diesem Studienfeld finden Sie auch auf abi.de > Studium > Was kann ich studieren? > Sprach-, Kulturwissenschaften

SPRACH-, KULTURWISSENSCHAFTEN

Der Studienbereich auf einen Blick

STUDIENFELD	STUDIENFÄCHER, z.B.	STUDIENFELD	STUDIENFÄCHER, z.B.
Ältere europ. Sprachen und Kulturen	Keltologie* Klassische Philologie - Gräzistik Klassische Philologie - Latinistik Neogräzistik	Kleinere europ. Sprachen und Kulturen	Baltistik Finnougristik
Altertumswissenschaften, Archäologie	Ägyptologie Altertumswissenschaften Archäologie Orientalistik	Kommunikation und Medien	Informationsmanagement Interkulturelle Kommunikation Journalistik Kommunikationswissenschaft
Anglistik, Amerikanistik	Anglistik, Amerikanistik	Kulturwissenschaften	Ethnologie Interkulturelle Studien Kulturmanagement Museologie
Archiv, Bibliothek, Dokumentation	Archivwissenschaft Bibliotheks-, Informationswissenschaft Buchwissenschaft	Liberal Arts	Liberal Arts
Außereuropäische Sprachen und Kulturen	Afrikanistik Arabistik Islamwissenschaft Japanologie	Philosophie, Theologie, Religionspädagogik	Philosophie, Ethik Religionswissenschaft Evangelische Theologie Katholische Theologie
Germanistik	Deutsch als Zweit-/Fremdsprache Germanistik Niederlandistik Skandinavistik	Regionalwissenschaften	Regionalwissenschaft - Afrika Regionalwissenschaft - Asien Regionalwissenschaft - Europa Regionalwissenschaft - Nordamerika
Geschichtswissenschaften	Geschichte Mediävistik	Romanistik	Romanistik - Französisch Romanistik - Italienisch Romanistik - Portugiesisch Romanistik - Spanisch
Jüdische Studien, Judaistik	Jüdische Studien, Judaistik		

3

STUDIENFELDER & STUDIENINHALTE

182

SPRACH-, KULTURWISSENSCHAFTEN

STUDIENFELD	STUDIENFÄCHER, z.B.	STUDIENFELD	STUDIENFÄCHER, z.B.
Slawistik	■ Slawistik - Ostslawistik ■ Slawistik - Südslawistik ■ Slawistik - Westslawistik	Sprach-, Literaturwissenschaften, Dolmetschen u. Übersetzen	■ Computerlinguistik ■ Fremdsprachendidaktik ■ Rhetorik, Sprechwissenschaft

*nur weiterführend

Alternative Studienbereiche	■ Kunst, Musik ➔ Seite 199 ■ Lehramt ➔ Seite 208 ■ Rechts-, Sozialwissenschaften ➔ Seite 173

eine exakte Arbeitsweise sind wichtige Voraussetzungen für ein erfolgreiches Studium.

Geistes- und kulturwissenschaftliche Bachelorstudiengänge werden oft als **Kombinationsstudiengänge** angeboten. Das Studium umfasst dabei i.d.R. zwei Teilstudiengänge, die entsprechend den hochschulspezifischen Kombinationsvorschriften zu wählen sind (2-Fach-Bachelor). ■

ALTERTUMSWISSENSCHAFTEN, ARCHÄOLOGIE

3.8.1 Altertumswissenschaften, Archäologie

Die Altertumswissenschaften befassen sich mit der kulturhistorischen Erforschung der griechisch-römischen Antike sowie des Vorderen Orients und des Mittelmeerraums. Und auch die Archäologie blickt in die Vergangenheit, um vergangene und bestehende Kulturen zu studieren.

→ Finde Studiengänge:

Das Studienfeld im Überblick

Altertumswissenschaftler*innen beschäftigen sich mit der Erforschung verschiedener Kulturen. Während bei klassischen Altertumswissenschaftler*innen die griechisch-römische Antike im Zentrum steht, gibt es auch Forscher*innen, die sich zum Beispiel auf das alte Ägypten oder auf den Vorderen Orient spezialisieren.

Überschneidungen gibt es zur **Archäologie**, einer Wissenschaft, die sich in erster Linie für die Bodenfunde jener Völker interessiert, über die wir keine schriftlichen Quellen besitzen. Durch die materiellen Hinterlassenschaften ziehen Archäolog*innen Rückschlüsse auf deren Lebensweise und Kultur.

Studienangebot

Fächer im Bereich Altertumswissenschaften und Archäologie werden vor allem an Universitäten, vereinzelt auch an Fachhochschulen angeboten. Während sich beispielsweise der grundständige Studiengang „Altertumswissenschaften" mit der griechischen und römischen Antike beschäftigt, kann man sich mit einem Studiengang wie „Vorderasiatische Altertumskunde" auch auf eine bestimmte Region konzentrieren. Archäologie ist häufig ein Bestandteil der Altertumswissenschaften, kann aber auch als eigenständiges Fach studiert werden.

Mit einem anschließenden Masterstudiengang können die erworbenen Kenntnisse ausgebaut oder spezifiziert werden.

Zulassungskriterien & Studienbewerbung

Die meisten Studiengänge sind ohne Zulassungsbeschränkung oder unterliegen örtlichen Auswahlverfahren. Häufig werden Sprachkenntnisse, etwa Latein oder ggf. auch Altgriechisch, gefordert. Allerdings besteht in der Regel die Möglichkeit, diese an der Hochschule nachzuholen.

Inhalte des Studiums

Die Studieninhalte richten sich je nach Wahl des Schwerpunkts oder der Spezifikation. In der Regel wird ein breiter Überblick über die Zeitgeschichte, über Epochen und Gattungen vermittelt. Auch praktische Kompetenzen in den Bereichen Grabungstechniken, Konservierung und Restaurierung sowie Museumsarbeit gehören zum Studium.

Berufsmöglichkeiten nach dem Studium

Absolvent*innen der Altertumswissenschaften sowie der Archäologie können im Ausstellungsmanagement, bei archäologischen Ausgrabungen, in der Erwachsenenbildung, im Kulturmanagement oder im Journalismus Beschäftigung finden. ■

> → **links**
>
> **Norddeutscher Verband für Altertumsforschung**
> → www.nwva.de
>
> **West- und Süddeutscher Verband für Altertumsforschung**
> → www.wsva.net
>
> **Deutscher Verband für Archäologie (DVA)**
> → www.dvarch.de

3.8.2 Anglistik, Amerikanistik

Die Anglistik und die Amerikanistik befassen sich mit Sprache und Literatur der englischsprachigen Welt.

Das Studienfeld im Überblick

Im Vordergrund des Studienfelds stehen Großbritannien (Anglistik im engeren Sinne) und Nordamerika (Amerikanistik, vereinzelt auch Kanadistik). Es werden aber auch andere Länder und Kulturräume miteinbezogen, in denen die englische Sprache eine gewichtige Rolle spielt. Die Alt-Amerikanistik beschäftigt sich mit Sprache, Kultur und Geschichte der vergangenen Hochkulturen Süd-, Mittel- und Nordamerikas (z.B. Azteken, Maya, Inka).

ARCHIV, BIBLIOTHEK, DOKUMENTATION

Studienangebot
Anglistik und Amerikanistik werden an zahlreichen Universitäten, zum Teil als Kombinationsfach, angeboten.

Je nach Hochschule gibt es unterschiedliche fachliche Ausrichtungen oder Spezialisierungen. Einige Studiengänge wie „British Studies" fokussieren sich auf Großbritannien, während in der Amerikanistik die Vereinigten Staaten von Amerika im Zentrum stehen. Viele Studiengänge vereinen beides.

Inhalte des Studiums
Die Studierenden setzen sich vor allem mit den sprachlichen, kulturellen, geschichtlichen, politischen oder geografischen Gegebenheiten des englischsprachigen Raums auseinander. Auch Theater, Film und Fernsehen sowie Kunst und Musik sind von Interesse. Da die Erweiterung der Sprachkompetenzen einen hohen Stellenwert einnimmt, finden Vorlesungen und Veranstaltungen häufig auf Englisch statt. Zudem ist es üblich, einen Auslandsaufenthalt zu absolvieren.

Zulassungskriterien & Studienbewerbung
Einige Hochschulen führen einen Eignungstest durch, um Sprachbegabung sowie Motivation zu prüfen.

Berufsmöglichkeiten nach dem Studium
Anglist*innen bzw. Amerikanist*innen finden Beschäftigung im Bereich Journalismus, Medien und TV, Verlagswesen, Bildung, kulturelle Einrichtungen, Museen oder auch in der Unternehmensberatung. ∎

→ Finde Studiengänge:

3.8.3 Archiv, Bibliothek, Dokumentation

Im Fokus dieser Studienfächer steht die Gewinnung, Systematisierung, Aufbereitung, Verbreitung und Bewahrung von Informationen.

Das Studienfeld im Überblick
- In **Archiven** werden Schrift-, Bild-, Ton- und Filme sowie Karten, Pläne und sonstige Unterlagen aufbewahrt. Das Archivgut wird geordnet und durch Inventare erschlossen, damit es für die Verwaltung, Forschung oder die Öffentlichkeit bereitsteht. Studiengänge in diesem Bereich vermitteln Wissen in Informationswissenschaft und Archivmanagement. Die Digitalisierung verlangt zudem zunehmend Kompetenzen auf den Gebieten der digitalen Langzeitarchivierung und der Präsentation von Informationen im Internet.
- In **Bibliotheken** erhalten die Benutzer*innen freien Zugang zu Informationen. Neben gedruckten Medien werden zunehmend auch digitale Medien zur Verfügung gestellt. Unterschieden wird in der Regel zwischen öffentlichen und wissenschaftlichen Bibliotheken. Ein Studium im Bibliothekswesen vermittelt Kenntnisse in den Bereichen Beschaffung, Präsentation, Erschließung und Informationsvermittlung.
- Unter **Dokumentation** versteht man die Zusammenstellung und Nutzbarmachung von Dokumenten zu bestimmten Themen (handschriftlich oder maschinengeschrieben, gedruckt, gezeichnet oder gestanzt, auf Bild- und Tonträgern oder elektromagnetisch gespeichert). Dokumentar*innen werden in der Regel an Fachhochschulen ausgebildet.
- **Informationstechnologien**, immer spezifischere Kundenwünsche sowie der Übergang zur globalisierten Informations- und Wissensgesellschaft stellen erhöhte Ansprüche an Gewinnung, Selektion, Aufbereitung, Vermittlung und Präsentation von Informationen aus allen Bereichen. Informationswirt*innen bzw. Informationswissenschaftler*innen konzipieren z.B. benutzerfreundliche Datenbankanwendungen im Internet, gestalten Informations- und Content-Management-Systeme (CMS), entwickeln elektronische Marktplätze, Online-Shops oder andere E-Commerce-Lösungen und beschäftigen sich mit Informations- und Wissensmanagement in Unternehmen und Organisationen. Hierfür werden informationstechnische, rechtliche und ökonomische Methoden, Theorien und Werkzeuge verwendet.

Studienangebot
Die meisten Bachelorstudiengänge, die für den Bibliotheks- und Informationsbereich ausbilden, werden von Fachhochschulen angeboten, vereinzelt aber auch von Universitäten. Die ▶

AUSSEREUROPÄISCHE SPRACHEN UND KULTUREN

Studiengänge heißen etwa „Bibliotheks- und Informationswissenschaft", „Information Science", „Buchwissenschaft" oder „Editions- und Dokumentwissenschaft". Es ist auch möglich, Archivwesen für eine Karriere im öffentlichen Dienst zu studieren (siehe *Abschnitt 3.11.3 „Archivwesen"*).

Inhalte des Studiums

- In den Anfangssemestern im Bereich **Archiv** vermitteln Module neben Schlüsselqualifikationen breite EDV-Kenntnisse sowie die theoretischen, praktischen und methodischen Grundkompetenzen der Informationswissenschaft. Darauf aufbauend werden Aspekte der Archivwissenschaft und des Archivmanagements vertieft. Hinzu kommt ein breiter Überblick über die deutsche Geschichte sowie praktische Übungen in den historischen Grundwissenschaften. Weitere Schwerpunkte des Studiums sind die historische Bildungsarbeit, digitale Publikationen, Projekt- und Wissensmanagement.
- Im Bereich **Bibliothek** werden Strukturen des Bibliothek- und Informationswesens, Bibliotheksmanagement, IT-Kompetenz und -vermittlung, Bibliotheksbau und -technik, Bestandsmanagement, Datenmanagement, Medien- und Informationserschließung, Publikationen- und Medienkunde, Bibliotheksgeschichte sowie bibliotheksrelevantes Recht vermittelt.
- Studierende der **Informationswissenschaft** lernen unter anderem Informatik, Mathematik, Wissensmanagement, Informationssysteme/-rezeption, Recht, Kommunikation und Medien sowie Marketing und Qualitätsmanagement.
- Betriebslehre, Medien- und Informationsbeschaffung stehen auf dem Stundenplan in den Studiengängen des **Dokumentationswesens**, außerdem Datenbankentwicklung, Knowledge Engineering, Information Retrieval und Fachinformation, Projekt- und Wissensmanagement sowie digitale Publikationen. In der medizinischen Dokumentation sind Techniken der Datenstrukturierung, Datenverarbeitung und der statistischen Datenanalyse neben Fachkenntnissen in Biologie und Medizin weitere Ausbildungsschwerpunkte.

Berufsmöglichkeiten nach dem Studium

Bibliothekar*innen, Dokumentar*innen, Archivar*innen und Absolvent*innen aus dem Bereich Informationswirtschaft bzw. -wissenschaft haben je nach Abschluss unterschiedliche Beschäftigungsmöglichkeiten: Sie arbeiten in öffentlichen und wissenschaftlichen Bibliotheken, an Instituts- und Behördenbibliotheken sowie an Betriebs- oder Werksbibliotheken großer Unternehmen, bei Zeitungen, Zeitschriften, Verlagen und Verbänden, in Archiven, bei Datenbank-Informationsdiensten und Research Centers, in Hörfunkanstalten oder bei Fernsehsendern. Je nach Einsatzgebiet ist dabei spezielles Fachwissen nötig.

➔ **Finde Studiengänge:**

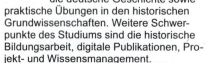

> ➔ **links**
>
> **Bibliothek & Information Deutschland**
> ➔ www.bideutschland.de
> **Deutscher Bibliotheksverband**
> ➔ www.bibliotheksportal.de
> **Berufsverband Information Bibliothek e.V.**
> ➔ www.bib-info.de

3.8.4 Außereuropäische Sprachen und Kulturen

Zum Studienfeld der außereuropäischen Sprachen und Kulturen zählen unter anderem die Afrikanistik, die Japanologie und die Turkologie.

Das Studienfeld im Überblick

Die arabisch-islamische Welt, der afrikanische Kontinent, die Kulturen Asiens – das Studienfeld umfasst in Abgrenzung an die kleinen europäischen Sprachen und Kulturen größere Regionen außerhalb Europas. Die einzelnen Disziplinen haben auf den ersten Blick kaum etwas miteinander gemeinsam, doch sie alle beschäftigen sich mit der Sprache, Kultur, Geschichte und Religion der jeweiligen Region.

Studienangebot

Von Afrikanistik über Indologie bis hin zur Turkologie: Studiengänge zu außereuropäischen Sprachen und Kulturen gibt es in Deutschland

GERMANISTIK

→ Finde Studiengänge:

in unterschiedlichster Form an zahlreichen Hochschulen – meist als einzelne Disziplin, teilweise auch im Rahmen von Kombinationsstudiengängen.

Inhalte des Studiums
Ziel dieser Studiengänge ist es, die Fähigkeit zum selbstständigen wissenschaftlichen Arbeiten sowie umfangreiche Kenntnisse zu Kultur, Geschichte und regionalen Besonderheiten zu erwerben. In der Regel bildet eine fundierte Sprachausbildung die Basis für das Verständnis hierfür.

Berufsmöglichkeiten nach dem Studium
Absolvent*innen finden Beschäftigung in Wissenschaft, im Diplomatischen Dienst und Kulturaustausch sowie bei Medien und Behörden. ■

→ **links**

Deutsche Morgenländische Gesellschaft
→ www.dmg-web.de

Fachverband Arabisch
→ www.fachverband-arabisch.de

Fachverband Afrikanistik
→ www.fachverband-afrikanistik.de

3.8.5 Germanistik

Deutsche Sprache und Literatur sind die Hauptgegenstände der Germanistik. Sie werden in sprachwissenschaftlicher, literaturwissenschaftlicher und kulturwissenschaftlicher Hinsicht untersucht.

Das Studienfeld im Überblick
Die Germanistik beschäftigt sich nicht nur mit den Zeugnissen gegenwärtiger Sprache und Literatur (seit 1500, „Neuzeit") sondern auch mit den früheren Formen (z.B. Alt- oder Mittelhochdeutsch). Ziel des Germanistikstudiums ist die eingehende Kenntnis der Entwicklung der deutschen Sprache und der wichtigsten Strömungen der deutschen Literatur.

→ Finde Studiengänge:

Eng verwandt ist die Germanistik mit der Skandinavistik (auch Nordistik, Nordische/Nordgermanische/Skandinavische Philologie oder Nordeuropa-Studien genannt), die sich mit den skandinavischen Sprachen (Dänisch, Färöisch, Isländisch, Norwegisch und Schwedisch), Literaturen und Gesellschaften beschäftigt.

Studienangebot
Das Studienfach Germanistik wird ausschließlich an Universitäten angeboten. Zu diesem Studienfeld gehören auch Studienfächer aus dem Bereich „Niederlandistik" und „Skandinavistik".

Inhalte des Studiums
Das Germanistik-Studium ist in drei Teilbereiche gegliedert:
■ Die **germanistische Sprachwissenschaft** (Linguistik) widmet sich unter Betonung sprachwissenschaftlicher Elemente der systematischen Untersuchung der deutschen Sprache.
■ Die **Neuere deutsche Literaturwissenschaft** beschäftigt sich mit der deutschen Literatur vom 16. Jahrhundert bis in unsere Gegenwart. Sie analysiert Literaturgattungen, unterscheidet Perioden bzw. Epochen und vermittelt intensiv Kenntnisse zu unterschiedlichen Zugangswegen und Interpretationsansätzen.
■ Die **Germanistische Mediävistik** befasst sich mit sprach- und literaturwissenschaftlichen Untersuchungen der deutschen Literatur von ihren Anfängen um 800 bis in die Frühe Neuzeit. Auch „Mittelhochdeutsch" wird dabei vermittelt.

Neben dem germanistischen Kernfach muss meist ein wissenschaftliches Ergänzungs- oder Nebenfach aus dem kultur- oder sozialwissenschaftlichen Bereich studiert werden.

Im Masterstudium erlauben dann je nach Hochschule und Schwerpunkt Module in Bereichen wie Literatur- und Gattungsgeschichte, synchrone und diachrone Sprachwissenschaft, Sprach- und Literaturvermittlung oder Deutsch als Zweit- und Fremdsprache eine Spezialisierung. Zusatzkompetenzen vermitteln Module wie Textproduktion, interkulturelle Germanistik, Medienästhetik, Medien/Kommunikation oder Technikkommunikation.

Berufsmöglichkeiten nach dem Studium
Außerhalb des Lehramts finden Germanist*innen Beschäftigungsmöglichkeiten im Verlagswesen bzw. als Redakteur*innen in Presse, Funk und Fernsehen oder in der Öffentlich- ▶

GESCHICHTSWISSENSCHAFTEN

keitsarbeit, Werbung sowie im Bibliotheks- und Dokumentationswesen. Weiterhin können sie in der Erwachsenenbildung, an Hochschulen und anderen Forschungseinrichtungen oder als Dramaturg*innen an Theatern sowie bei Fernseh- und Hörfunkanstalten tätig sein. Aufgrund ihrer Fähigkeiten im Kommunizieren und Präsentieren finden sie darüber hinaus oft Aufgaben im Personalwesen, als Projektleiter*innen oder Unternehmensberater*innen. ■

> **➔ links**
>
> **Deutscher Germanistenverband (DGV)**
> Informationen zu Studium und Beruf unter:
> ➔ www.germanistenverband.de

3.8.6 Geschichtswissenschaften

Die Geschichtswissenschaft erforscht die Entwicklung des Menschen als soziales und handelndes Wesen. Sie versucht, das Geschehene anhand gesicherter Quellen zu rekonstruieren und kritisch zu deuten.

Das Studienfeld im Überblick

Die traditionellen Teilgebiete der Geschichtswissenschaften sind Altertum, Mittelalter und Neuzeit. Darüber hinaus haben sich teils einzelne Disziplinen entwickelt, z.B. Ägyptologie, Assyriologie oder Byzantinistik (Geschichte und Kultur des Oströmischen Reiches), teils wurden Inhalte auch einzelnen Fachwissenschaften zugeordnet (Kirchen- und Religionsgeschichte, Literatur- und Kunstgeschichte, etc.). Auch eigene Fächer haben sich entwickelt, z.B. zur Geschichte des Judentums (siehe *Abschnitt 3.8.7 „Jüdische Studien, Judaistik"*).

Als Reaktion auf die Industrialisierung entstanden die Wirtschafts- und Sozialgeschichte sowie die Technikgeschichte. Aus der Untersuchung einzelner Räume entwickelten sich Regional-, Landes-, Stadtgeschichte sowie Bevölkerungsgeschichte. Überschneidungen gibt es zum Studienfeld „Altertumswissenschaften, Archäologie" (siehe *Abschnitt 3.8.1*).

Studienangebot

Geschichtswissenschaften werden hauptsächlich an Universitäten angeboten. Die Vielfalt der Studienfächer reicht von „Alte Geschichte" über „Geschichtswissenschaften" und „Europäische Geschichte" bis hin zu weiteren Spezialisierungen wie „Geschichte in Wissenschaft und Praxis" oder „Geschichte der Naturwissenschaften". Hilfswissenschaften der Geschichte sind Paläografie (Schriftkunde), Diplomatik (Urkundenlehre), Chronologie (Zeitrechnung), Genealogie (Abstammungslehre), Sphragistik (Siegelkunde), Numismatik (Münzkunde), Heraldik (Wappenkunde); ferner Soziologie, Wirtschaftswissenschaften und Statistik. Nicht an jeder Hochschule sind alle Richtungen vertreten.

Inhalte des Studiums

Module zu verschiedenen Epochen vermitteln im Bachelorstudium zunächst die Grundlagen der historischen Forschung, der Arbeitstechniken und Methoden:

- Die **Alte Geschichte** steht in enger Verbindung zur Klassischen Philologie und zur Archäologie.
- Die Erforschung des **Mittelalters** ist primär auf handschriftliche Überlieferung angewiesen. Wichtige Bei- und Ergänzungsfächer sind hier Kunst- und Kirchengeschichte, Mittellateinische Philologie sowie die historischen Hilfswissenschaften.
- Die **Neuere Geschichte** setzt mit gedruckten Quellen im frühen 16. Jahrhundert ein.
- Ab 1789 sprechen wir von der Neuesten Geschichte.
- Mit den historischen Ereignissen nach dem Zweiten Weltkrieg befasst sich die **Zeitgeschichte**, die ihrerseits wieder in engem Zusammenhang mit der Politikwissenschaft steht.

Darauf aufbauend werden die Kenntnisse in Teilepochen und in ausgewählten Problemfeldern vertieft, wobei i.d.R. eine Profilbildung bzw. Spezialisierung erfolgt.

Hinzu kommen Module in den Teilfächern der Geschichtswissenschaft wie Verfassungs-, Wirtschafts- und Sozialgeschichte, historischen Hilfswissenschaften, Landesgeschichte sowie in Schlüsselqualifikationen wie Übersetzen von Quellen und Fachtexten, Informationsbeschaffung u.Ä.

Zulassungskriterien & Studienbewerbung

An einigen Hochschulen werden Fremdsprachenkenntnisse, etwa in Französisch und Englisch vorausgesetzt. Latein kann in der Regel während des Studiums nachgeholt werden, falls verlangt.

JÜDISCHE STUDIEN, JUDAISTIK

→ links

Verband der Historikerinnen und Historiker Deutschlands
→ www.historikerverband.de

Gesamtverein der deutschen Geschichts- und Altertumsvereine
→ www.gesamtverein.de

Berufsmöglichkeiten nach dem Studium
Historiker*innen finden Beschäftigung in der Erwachsenen- und politischen Bildung, an Forschungsinstituten, in Museen, Archiven und Bibliotheken, im Auswärtigen Dienst, bei Verbänden, Stiftungen und Parteien sowie im Medienbereich und in der Presse- und Öffentlichkeitsarbeit. Daneben ist ein Hauptbetätigungsfeld der Historiker*innen das Unterrichten an Schulen; das Studium wird hierfür mit der Lehramtsprüfung abgeschlossen (siehe *Kapitel 3.10 „Lehrämter"*). ■

→ Finde Studiengänge:

3.8.7 Jüdische Studien, Judaistik

In den Studiengängen Jüdische Studien und Judaistik geht es um die Vermittlung und die Erforschung der über 3.000-jährigen Geschichte, Religion und Kultur des jüdischen Volkes in Orient und Okzident.

Das Studienfeld im Überblick
Die Judaistik (auch Jüdische Studien genannt oder Jiddische Kultur, Sprache und Literatur) ist eine wissenschaftliche Disziplin, die sich allen Aspekten des Judentums widmet. Erforscht werden je nach Fachbereich die jüdische Religion, die Geschichte und die Entwicklungen des modernen Judentums. Ziel des Studiums ist es, historische und moderne Quellentexte selbstständig zu übersetzen, zu analysieren und in den richtigen Kontext einordnen zu können. Auch Studiengänge wie „Antike Sprachen und Kulturen" setzen sich mit der jüdischen, auch jiddischen, Geschichte, Sprache und Kultur auseinander.

→ Finde Studiengänge:

Studienangebot
Das Studium wird an den Universitäten häufig in Form von Kombinations-Bachelorstudiengängen angeboten. Darauf aufbauende Masterstudiengänge decken ein breites Spektrum der Judaistik ab.

Inhalte des Studiums
Studieninhalte sind die Sprachausbildung (Hebraicum, je nach Hochschule auch Aramaicum, Jiddicum und Judenspanisch), Lehrveranstaltungen zur jüdischen heiligen Schrift (Tora) und deren Auslegung. Ebenfalls betrachtet werden die rabbinische Literatur, Halacha und Liturgie, jüdische Philosophie und Geistesgeschichte, die hebräische Sprachwissenschaft und Literatur, die Geschichte des jüdischen Volkes, deutsch-jüdische Literatur und Kultur sowie die jiddische Sprache und Literatur.

Zulassungskriterien & Studienbewerbung
Alle Studiengänge stehen Bewerber*innen unabhängig von ihrer Religionszugehörigkeit offen.

Berufsmöglichkeiten nach dem Studium
Für Absolvent*innen im Bereich Jüdische Studien, Judaistik bieten sich Tätigkeiten im Verlagswesen bzw. als Redakteur*innen in Presse, Funk und Fernsehen oder in der Öffentlichkeitsarbeit, in der Werbung, in der Verbandsarbeit sowie im Bibliotheks- und Dokumentationswesen. Weiterhin können sie in der Erwachsenenbildung, an Hochschulen und anderen Forschungseinrichtungen tätig werden. ■

KLEINERE EUROP. SPRACHEN UND KULTUREN

3.8.8 Kleinere europ. Sprachen und Kulturen

Im Studienfeld „Kleinere europäische Sprachen und Kulturen" sind die modernen Philologien Finnougristik und Baltistik zusammengefasst.

Das Studienfeld im Überblick

Die Fennistik bzw. Finnougristik (Uralistik) befasst sich mit den Sprachen und Literaturen Finnlands, Ungarns, Estlands und einiger kleinerer Sprachen in Russland sowie mit deren Kulturen. Ihnen gemein ist, dass sie keinerlei Verwandtschaft mit den anderen Sprachen Europas besitzen.

→ Finde Studiengänge:

Die Baltistik beschäftigt sich mit den baltischen Sprachen Lettisch und Litauisch bzw. mit den kaukasischen Sprachen (Kaukasiologie).

Studienangebot

Studiengänge im Bereich Fennistik werden an verschiedenen Universitäten angeboten, zum Teil in Kombination mit der Skandinavistik.

Als einzige Hochschule in Deutschland bietet die Universität Greifswald den Studiengang Baltistik an.

Inhalte des Studiums

Das Studium vermittelt umfassende fachliche Kenntnisse, Methoden und Fähigkeiten im Bereich der finnougrischen Sprachen und Kulturen. Dazu gehören linguistische Grundlagen, ggf. das Erlernen der beiden Sprachen Finnisch und Ungarisch, Landeskunde sowie grundlegende wissenschaftliche Arbeitstechniken und Kompetenzen.

Das in Deutschland einzigartige Studienfach „Baltistik" beschäftigt sich mit der baltischen Philologie. Der philologische Blick auf das Baltikum umfasst dabei die sprachlichen, literarischen und kulturellen Entwicklungen Lettlands und Litauens. Dabei werden auch Sprachkenntnisse in mindestens einer der beiden Sprachen erworben.

Berufsmöglichkeiten nach dem Studium

Absolvent*innen werden in kulturellen, wirtschaftlichen und politischen Einrichtungen tätig, gerade unter dem Aspekt des zusammenwachsenden Europas. ■

3.8.9 Kommunikation und Medien

Die Studiengänge in diesem Studienfeld bereiten auf eine berufliche Tätigkeit in den Bereichen Redaktion, Journalistik, Presse- und Öffentlichkeitsarbeit sowie Kommunikation oder Informationsmanagement vor.

Das Studienfeld im Überblick

Im Studienfeld Kommunikation und Medien findet sich eine Vielfalt an Möglichkeiten – sowohl was die Studiengänge als auch die späteren Berufsmöglichkeiten betrifft. Häufig ist durch die Wahl des Studienfaches noch nicht klar, wo später der berufliche Weg einmündet. Durch mobile und digitale Technologien stehen diese Disziplinen stets vor neuen Herausforderungen. Dies erklärt, warum in den vergangenen Jahren in diesem Bereich viele neue Studiengänge entstanden sind.

- Die **Kommunikationswissenschaft** untersucht den Kommunikationsprozess in all seinen Auswirkungen, die Funktionsweise von Massenmedien und deren Wirkung auf die Öffentlichkeit.
- Unter dem Oberbegriff **Medien** finden sich zum einen theoretisch orientierte Studiengänge, die auf eine Tätigkeit in Journalismus und Redaktion sowie in Presse- und Öffentlichkeitsarbeit vorbereiten. Voraussetzungen sind neben einem kreativen und sicheren Umgang mit Sprache die Fähigkeit, komplexe Sachverhalte und Zusammenhänge allgemein verständlich wiederzugeben, sowie Interesse an vielfältigen Kontakten. Die produktionsorientierten Studiengänge wie **Medientechnik** oder Informationsmanagement vermitteln zum anderen eher das praktische Wissen um die Medienproduktion und -verwaltung.

Studienangebot

Die Bachelorstudiengänge werden an Universitäten und Fachhochschulen angeboten und tragen entsprechend der Breite des Studienfeldes beispielsweise folgende Studiengangs-

KULTURWISSENSCHAFTEN

bezeichnungen: Informationsmanagement, Interkulturelle Kommunikation, Journalistik oder Journalismus, Medienwissenschaft, Kommunikationswissenschaft, Sprache und Kommunikation, Digitale Medienproduktion, Public Relations oder Marketingkommunikation.

Im Masterstudium ist eine Spezialisierung oder Verbreiterung der Kenntnisse möglich, z.B. in Bereichen wie Literatur und Medienpraxis.

Inhalte des Studiums
Je nach Schwerpunkt und Ausrichtungen des gewählten Studiengangs werden unterschiedliche Grundlagen in Theorie und Praxis vermittelt, z.B. Begriffs- und Methodenwissen, journalistisches Schreiben, Produktions- oder Medientechnik, Gestaltung und Ästhetik, Management- oder Informatikkenntnisse, Medien- bzw. Informationsrecht, Datenbanken und dynamische Webseiten, interkulturelle Kommunikation, Kommunikations- und Mediengeschichte, psychologisch-qualitative oder quantitative Marktforschung, digitale Medien, Medienpraxis, Mediengeschichte, Printmedien, Rundfunk, Content Management, Medienethik, PR-Praxis, Webseitenerstellung, Online-Dokumentation, Technical English, visuelle Gestaltung, Beschreibungen, Werbetext, Online-Medien und E-Commerce.

Zulassungskriterien & Studienbewerbung
Für Journalistikstudiengänge werden an manchen Hochschulen zwei bis drei Monate Vorpraktikum in einem Verlag, einer Redaktion oder in der Presseabteilung eines Unternehmens vorausgesetzt.

Berufsmöglichkeiten nach dem Studium
Absolvent*innen aus dem Bereich Medien können in Produktionsstudios von Hörfunk- oder Fernsehsendern arbeiten, in einer Multimedia-Agentur, bei Werbeagenturen, Verlagen und anderen Unternehmen der Medienbranche, in Meinungsforschungsinstituten oder in der Presse- und Öffentlichkeitsarbeit von Unternehmen oder Institutionen.

➔ Finde Studiengänge:

Absolvent*innen eines journalistischen Studienganges sind – in der Regel nach Abschluss eines ein- bis dreijährigen Volontariats nach dem Studium – tätig als Redakteur*innen, Korrespondent*innen, Moderator*innen, Fachlektor*innen, Reporter*innen, Bildjournalist*innen sowie Presse- und Medienreferent*innen. Beschäftigung finden sie im Online- und Multimediabereich sowie bei Tages- und Wochenzeitungen, Zeitschriften, Anzeigenblättern, bei Fernsehen und Hörfunk, bei Pressestellen, Agenturen und Pressebüros; zunehmend auch im Bereich Public Relations/Öffentlichkeitsarbeit und Corporate Publishing, wobei es hier vielfältige Überschneidungen zu den Bereichen Werbung und Marketing gibt.

Technische Redakteur*innen arbeiten in der technischen Dokumentation für Industrieunternehmen oder für Fachzeitschriften.

➔ **links**
Deutscher Medienverband
➔ www.dmv-verband.de

3.8.10 Kulturwissenschaften

Studienangebote in diesem Studienfeld, sind multidisziplinär angelegt, vereinen also Studieninhalte aus unterschiedlichen Fachdisziplinen. Die Ethnologie etwa erforscht und vergleicht die Kulturen von Völkern und ethnischen Gruppen weltweit, während sich die Volkskunde auf europäische Gesellschaften beschränkt.

Das Studienfeld im Überblick
Im Mittelpunkt des Studiums steht die wissenschaftlich-theoretische Auseinandersetzung mit „Kultur" im weitesten Sinne. Wie entstehen Kulturen und welche Bedeutung hat Kultur für und in einer Gesellschaft? Je nach Ausrichtung beinhalten sie auch die kulturellen Aspekte von Ethnologie und Sprachwissenschaften. Kulturen, deren historische Entwicklung sowie einzelne Kulturleistungen und -techniken werden untersucht und miteinander verglichen. Die Studierenden setzen sich aber nicht nur theoretisch mit kulturwissenschaftlichen Inhalten auseinander, sondern beschäftigen sich in der Denkmalpflege oder den Konservierungs- und Restaurierungswissenschaften auch mit dem Erhalten oder Rekonstruieren von Architekturen und archäologischen Funden. Auf Tätigkeiten in Museen und anderen kulturellen Einrichtungen bereiten Studiengänge im Bereich Kulturmanagement und Museologie vor. Dort werden auch Aspekte wie Kulturfinanzierung, Controlling, Marketing, Management und Logistik ▶

LIBERAL ARTS

oder die anwendungsbezogene Orientierung über mögliche Berufsfelder behandelt. Teilweise handelt es sich dabei um internationale Studiengänge.

Ethnolog*innen betreiben auch empirische Feldforschung und nehmen zeitweise am Leben von Gruppen teil, die sie untersuchen. Dadurch erhalten sie tiefe Einblicke. Von Studieninteressierten wird entsprechend eine große Offenheit für den direkten Kontakt mit (fremden) Menschen erwartet sowie hohes Interesse an gesellschaftlichen Entwicklungen.

➔ Finde Studiengänge:

Je nach Ausrichtung sind für den Studienerfolg unterschiedliche Fähigkeiten wichtig. Ausgeprägtes Sprachvermögen und interkulturelle Kompetenz sind wesentliche Grundlagen für alle diese Studiengänge.

Studienangebot

Die Bachelorstudiengänge werden meist an Universitäten, selten auch an Fachhochschulen, angeboten. Sie können Bezeichnungen tragen wie Empirische Kulturwissenschaft, Social and Cultural Anthropology, Ethnologie, Volkskunde/ Europäische Ethnologie, Kulturgeschichte, Deutsch-Französische Studien/Études Franco-Allemandes, Kulturmanagement, Museologie, Sozial- und Kulturanthropologie.

Inhalte des Studiums

Allen kulturwissenschaftlichen Studiengängen gemein sind Veranstaltungen zu Kulturtheorie und -geschichte. Daneben vermitteln Module, je nach Hochschule, Kenntnisse aus einem breiten Spektrum an wählbaren Fachdiszipli-

nen. Das Veranstaltungsangebot umfasst die Auseinandersetzung mit Fragen der wissenschaftlichen Methodik und Interdisziplinarität, wirtschafts- und rechtswissenschaftliche sowie künstlerische und ästhetische, zum Teil auch kultur- und kunstpraktische oder technische Studieninhalte, bis hin zu Einführungen in die Datenverarbeitung und Sprachkurse.

Berufsmöglichkeiten nach dem Studium

Kulturwissenschaftler*innen nehmen in erster Linie kommunikative und integrative Aufgaben im kulturellen Sektor wahr. Als Angestellte oder freiberuflich Tätige sind sie beratend tätig, etwa in der Politik, organisieren im Auftrag privater oder öffentlicher Kulturveranstalter Ausstellungen, Stadtfeste, Theater- oder Filmfestivals und mehr. Sie arbeiten außerdem als Museumspädagog*innen und Museolog*innen oder als Journalist*innen bei Presse, Rundfunk und Fernsehen. Beschäftigungsmöglichkeiten finden sich auch in den Bereichen Kulturmanagement, Tourismus, Werbung, Marketing, Öffentlichkeitsarbeit, Medien, Handel, Wissenschaft und Forschung sowie in der Kinder-, Jugend- und Seniorenarbeit.

Neben Hochschulen, Forschungseinrichtungen und Museen bieten sich den Absolvent*innen ethnologischer Studiengänge Beschäftigungsmöglichkeiten in Bereichen an, in denen interkulturelle Kompetenzen und ein kulturell ausgerichtetes Regionalwissen gefragt sind. Dazu gehören die Entwicklungszusammenarbeit, Beschäftigungen in internationalen Organisationen und in Bereichen, die sich mit Migration befassen. ∎

3.8.11 Liberal Arts

In diesem noch jungen Studienfeld soll eine breite und an persönlichen Interessen orientierte wissenschaftliche Ausbildung erfolgen.

Das Studienfeld im Überblick

Während die deutschen Universitäten heute zumeist disziplinär ausgerichtet sind, dienen die Liberal Arts, auch Liberal Education, der Ausbildung versierter Generalisten nach angelsächsischem Vorbild.

Das Studium ist daher interdisziplinär angelegt und bezieht Wissen aus den Bereichen Naturwissenschaft, Ingenieurwissenschaft, Politik

und Gesellschaft, Umwelt, Recht, Wirtschaft und Kultur ein.

Der Bachelorstudiengang richtet sich an Studierende, denen ein Fachstudium als zu enger Horizont erscheint. Im Rahmen des Studiums soll anhand realer Problemstellungen disziplinübergreifendes Denken erlernt werden. Die erworbenen Problemlösungsstrategien werden auf komplexe Fragen aus Wissenschaft und Praxis angewendet und geübt.

Studienangebot

Der Bachelorstudiengang wird bisher nur an vier Universitäten in Deutschland angeboten. Die Studiengangsbezeichnungen lauten beispiels-

192

PHILOSOPHIE, THEOLOGIE, RELIGIONSPÄDAGOGIK

weise Liberal Arts and Sciences oder Studium Individuale. Einen Masterstudiengang gibt es derzeit noch nicht.

Inhalte des Studiums
Der Bachelorstudiengang Liberal Arts vermittelt breit angelegtes, interdisziplinäres wissenschaftliches Grundlagenwissen. Inhaltliche Schwerpunkte können z.B. in den Bereichen Gesellschaft, Wirtschaft, Kultur oder Naturwissenschaften gesetzt werden. Mögliche Studienmodule sind beispielsweise: Anthropologie und Erfahrung, Kontexte des Wissens, Kultur und Kommunikation, Umgang mit Zahlen, Statistiken und Modellen.

Berufsmöglichkeiten nach dem Studium
Absolvent*innen bieten sich unterschiedliche Tätigkeitsfelder in der freien Wirtschaft und in Institutionen, z.B. im Bereich Presse- und Öffentlichkeitsarbeit, Erwachsenenbildung, Kunst- oder Kulturmanagement, Journalismus oder Redaktion. ∎

→ Finde Studiengänge:

3.8.12 Philosophie, Theologie, Religionspädagogik

Wie orientieren wir uns in der Welt? Welche Werte und Grundsätze geben Halt und weisen den Weg? Diese Fragen stehen im Mittelpunkt der Studiengänge im Bereich Philosophie, Theologie und Religionspädagogik.

Das Studienfeld im Überblick
Die Blickwinkel in den einzelnen Studiengängen sind unterschiedlich: Während die Philosophie sich unter anderem mit dem Erkenntnisgewinn des Menschen und Sinnfragen beschäftigt, erforschen Theologie und Religionswissenschaften verschiedene Glaubensrichtungen empirisch, historisch und systematisch. Für Theolog*innen ist der Berufsweg meist recht klar vorgezeichnet, während Philosoph*innen und Religionswissenschaftler*innen breitere berufliche Möglichkeiten vorfinden.

Die **Philosophie** widmet sich ganz dem Menschen. Sie beleuchtet sein Denken und seine Stellung in der Welt, hinterfragt sein Handeln und diskutiert seine Probleme.

Während das Studium der **Religionspädagogik** für eine Tätigkeit als Religionslehrer*in an Schulen und für die kirchliche Gemeindearbeit qualifiziert, beschäftigt sich die **Religionswissenschaft** mit der Entstehung, der Vielfalt und der Unterschiede der Religionen aus Vergangenheit und Gegenwart.

Theologische Studiengänge (evangelisch, katholisch, jüdisch und islamisch) erkunden wissenschaftlich die unterschiedlichen Glaubenslehren und legen diese aus.

Studienangebot
Neben dem generalistischen Philosophiestudium werden spezialisierte Studiengänge wie Philosophy & Economics, Angewandte Philosophie und Antike Philosophie angeboten. Inhalte der Religionspädagogik werden auch unter Studiengangsbezeichnungen wie Gemeindepädagogik und Diakonie oder Praktische Theologie vermittelt. Bei den Religionswissenschaften ist die Auswahl groß: Sie erstreckt sich von Interreligiösen Studien über Christentum und Kultur bis hin zur Vergleichenden Kultur- und Religionswissenschaft. Wer sich für Theologie interessiert, findet den gewünschten Studiengang i.d.R. auch unter diesem Begriff – ergänzt um die jeweilige Glaubenslehre.

Inhalte des Studiums
Teilgebiete des **Philosophiestudiums** sind unter anderem Metaphysik, Ontologie, Erkenntnistheorie, Logik, Ethik und Ästhetik. Verbindungen zu anderen Fächern bilden etwa die Rechts-, Geschichts-, Sozial- und Sprachphilosophie.

Das Studium der **Religionspädagogik** beinhaltet zum Beispiel Module zu Grundproblemen der Religionswissenschaft, Religionsgeschichte, empirische Religionsforschung, Religionspädagogik sowie Literaturen der Religionen und Sprachen. Außerdem werden bei der christlichen Religionspädagogik Kenntnisse in folgenden Bereichen vermittelt: Biblische und systematische Theologie (Dogmatik, Ethik), Religionswissenschaft, Theologie der Religionen sowie Kirchengeschichte. Hinzu kommen Pädagogik, psychosoziale Grundlagen, Soziologie, Medienpädagogik, Rechtskunde, Religionspädagogik, Gemeindepädagogik und kirchliche Bildungsarbeit.

Im interdisziplinären und kulturwissenschaftlich ausgerichteten Bachelorstudiengang **Religionswissenschaft** stehen Religionsgeschichte ▶

REGIONALWISSENSCHAFTEN

im kulturwissenschaftlichen Kontext, inter- und transdisziplinäre Religionsforschung, Judentum, Islam und asiatische Religionen, antike Religionen und Christentum, methodische Kompetenzen in der Interpretation religiöser Quellen, qualitative Religionsforschung sowie empirische Sozialforschung auf dem Studienplan. Vertiefungsmöglichkeiten ergeben sich in Bereichen wie europäischer und außereuropäischer Religionsgeschichte, religiöser Gegenwartskultur, musealer Präsentation von Religionen, europäischer Ethnologie/Kulturwissenschaft und Völkerkunde.

→ Finde Studiengänge:

Studierende der **Theologie** befassen sich, je nach gewählter Glaubenslehre, mit heiligen Schriften, Kirchengeschichte, systematischer und praktischer Theologie. Hinzu kommen verschiedene Sprachmodule. Auch Fächer wie Anthropologie, Ethik, Metaphysik, Psychologie, Dogmatik, Moraltheologie, Kirchenrecht, Liturgik, Katechetik, Religionspädagogik und Pastoraltheologie spielen eine Rolle. Der Studiengang Islamische Theologie legt zudem den Fokus auf theoretische und empirische Analysen des Islam in Deutschland sowie auf seine Reflexion im Kontext bisheriger theologischer Wissenschaftstraditionen. Gegenstand der Jüdischen Theologie ist die jüdische Religion in ihren historischen und gegenwärtigen Erscheinungsformen.

Berufsmöglichkeiten nach dem Studium

Für Absolvent*innen des Studiums der **Philosophie** sowie der **Religionswissenschaft** bieten sich außerhalb von Schule und Hochschule weitere Beschäftigungsmöglichkeiten, etwa im Verlags- und Pressewesen, bei Hörfunk und Fernsehen, in Bibliotheken und Archiven, in internationalen Organisationen, in Beratungs- und Sachverständigenstellen, in der Erwachsenenbildung sowie im Bereich der Lebensberatung im Rahmen philosophischer Praxen.

Religionspädagog*innen sind v.a. in der regionalen Gemeindearbeit, auf überregionaler Ebene in Kirchenkreisen, bei den Landeskirchen, bei Dekanaten und Diözesen und als Religionslehrer*in tätig. Ihre Aufgaben dort liegen z.B. in der Jugend- und Altenarbeit, Seelsorge, Erwachsenenbildung sowie der Organisation und Durchführung von Kinder- und Schulgottesdiensten.

Theolog*innen arbeiten überwiegend als Pfarrer*innen (Pastor*innen), Priester*innen, Pastoralreferent*innen und Rabbiner*innen. Absolvent*innen der Islamischen Theologie bilden einerseits den wissenschaftlichen Nachwuchs in diesem Bereich aus und haben andererseits Berufsperspektiven als Fachkräfte für theologische, religions- und gemeindepädagogische sowie seelsorgerische Tätigkeiten in Moscheegemeinden. ■

3.8.13 Regionalwissenschaften

Die Welt ist ein Dorf – und dennoch äußerst vielfältig. Je nach Region unterscheiden sich Gesellschaft, Kultur und Geschichte ganz erheblich. Hierauf blicken die Regionalwissenschaften.

Das Studienfeld im Überblick

Studiengänge der Regionalwissenschaften beschäftigen sich nicht nur mit der Geschichte, Sprache, Kunst und Kultur in unterschiedlichen Regionen und Kulturräumen, sondern auch mit den gesellschaftlichen und ökonomischen Gegebenheiten und Prozessen. Dabei werden den Studierenden etwa landeskundliche Kenntnisse und interkulturelle Kompetenzen vermittelt.

Regionalwissenschaftler*innen setzen sich unter anderem mit religions- und kulturwissenschaftlichen, linguistischen und sozialwissenschaftlichen Fragen auseinander. Sie untersuchen die jeweilige Region mit wissenschaftlichen Methoden. Geografische Schwerpunkte liegen zum Beispiel auf Asien, Afrika, Nord- und Lateinamerika sowie Mittel- und Osteuropa.

Studienangebot

Das Studienfach Regionalwissenschaft wird grundständig und weiterführend angeboten. Typische Studiengangsbezeichnungen lauten z.B. Regionalstudien Asien/Afrika, Südostasienwissenschaft, Afrikastudien, Ostasienwissenschaften, Integrierte Europastudien, Interdisziplinäre Russlandstudien, Europäische Studien, Lateinamerika- und Altamerikastudien, American Studies und Nordamerikastudien.

Zulassungskriterien & Studienbewerbung

Je nach Hochschule kann ein örtliches Auswahlverfahren zum Einsatz kommen. Zum Teil werden Sprachkenntnisse in einer oder mehreren Fremdsprachen vorausgesetzt.

ROMANISTIK

Inhalte des Studiums
Neben Sprachkursen, geschichtlichen sowie politikwissenschaftlichen Fächern stehen unter anderem ethnologische und kulturelle Inhalte auf dem Studienplan. In wirtschaftswissenschaftlichen Modulen beschäftigen sich die Studierenden unter anderem mit der industriellen Ausprägung der jeweiligen Region. Aber auch die Literatur- sowie Medienlandschaft wird mitunter beleuchtet – z.B. in weiterführenden Studienangeboten mit entsprechenden Schwerpunkten. Fächerbezeichnungen sind beispielsweise American History, Culture and Society, Geschichte Lateinamerikas und Interkulturalität.

Berufsmöglichkeiten nach dem Studium
Regionalwissenschaftler*innen arbeiten nach ihrem Studium z.B. in der wissenschaftlichen Forschung oder übernehmen Lehrtätigkeiten an Hochschulen. Darüber hinaus finden sie in der Presse- und Öffentlichkeitsarbeit, im Bereich Redaktion, Journalismus und Lektorat, im Kunst- und Kulturmanagement sowie in der Erwachsenenbildung Betätigungsfelder. ∎

→ Finde Studiengänge:

3.8.14 Romanistik

Die Romanistik beschäftigt sich mit den romanischen Sprachen, also jenen Sprachen, die sich aus dem Lateinischen entwickelt haben. Dazu zählen in erster Linie das Französische, das Italienische, die iberoromanischen Sprachen (Spanisch, Portugiesisch, Katalanisch), sowie das Rumänische und Rätoromanische.

Das Studienfeld im Überblick
Aufgabe der Romanistik ist es, die Entstehung der romanischen Sprachfamilie zu untersuchen sowie Gemeinsamkeiten und Differenzen der einzelnen Sprachen zu erfassen. Die Romanistik war ursprünglich eine rein historisch-vergleichende Sprachwissenschaft, die ihr Augenmerk hauptsächlich auf das sehr gut dokumentierte Lateinische legte. In Deutschland entwickelte sie sich als Wissenschaft weiter, die ursprünglich mehrere Sprachen gleichzeitig behandelte, während sich v.a. in romanischen Ländern einzelne Philologien herauskristallisierten. Auch deshalb tritt die Beschäftigung mit allen romanischen Sprachen heutzutage zunehmend in den Hintergrund.

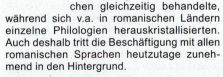

→ Finde Studiengänge:

Studienangebot
In der Romanistik werden generalistische Studiengänge angeboten, aber auch solche, die die Spezialisierung bereits im Namen tragen. Zu Letzteren gehören bspw., Frankoromanistik oder Hispanistik. Romanistische Studiengänge werden ausschließlich an Universitäten angeboten.

Inhalte des Studiums
Die Studierenden beschäftigen sich neben dem Erlernen der Sprache auch mit den geografischen, geschichtlichen, kulturellen und politischen Gegebenheiten der Länder, in denen die Sprache gesprochen wird. Sie können den Fokus der Ausbildung individuell wählen und sich bspw. auf Literaturwissenschaft spezialisieren. Die Pflichtmodule sind entsprechend Literaturwissenschaft, Sprachwissenschaft, Kulturwissenschaft und Sprachpraxis. Zu den Wahlpflichtmodulen gehören Sprachpraxis in einer weiteren romanischen Sprache, Einführung in die Regional- und Kulturwissenschaft, Translation, Mediale Kommunikation sowie Medien und Gesellschaft. Praktika und Auslandsaufenthalte sind i.d.R. obligatorisch.

Zulassungskriterien & Studienbewerbung
Je nach Hochschule kann ein örtliches Auswahlverfahren zum Einsatz kommen. Teilweise werden Sprachkenntnisse vorausgesetzt.

Berufsmöglichkeiten nach dem Studium
Die Absolvent*innen können Sprachunterricht geben, im Kunst- und Kulturmanagement tätig oder bei Unternehmensberatungen angestellt sein. Weitere Tätigkeitsfelder sind Presse- und Öffentlichkeitsarbeit, Redaktion, Journalismus und Lektorat, Medienproduktion sowie die Erwachsenenbildung. ∎

SLAWISTIK

3.8.15 Slawistik

Gegenstand der Slawistik sind die Sprachen, Literaturen und Kulturen der mittel-, ost- und südosteuropäischen Völker.

Das Studienfeld im Überblick
Die Slawistik wird in drei Gruppen unterteilt: die **Ostslawistik** (Russinisch/Ruthenisch, Russisch, Ukrainisch und Weißrussisch), die **Westslawistik** (Kaschubisch, Nieder-/Obersorbisch, Polnisch, Slowakisch und Tschechisch) und die **Südslawistik** (Bulgarisch, Burgenländisch-Kroatisch, Makedonisch, Serbo-Kroatisch/Bosnisch und Slowenisch). Außerdem gehört das **Altkirchenslawische** in diese Gruppe, das sprachgeschichtlich eine große Bedeutung hat.

Die Slawistik beschäftigt sich mit den Sprachen der jeweiligen Regionen genauso wie mit der Literatur, der Kultur und Geschichte.

➔ Finde Studiengänge:

Studienangebot
Slawistik-Studiengänge werden in Deutschland ausschließlich an Universitäten angeboten. Neben Studiengängen wie „Russisch" oder „Polonistik" gibt es auch solche, die unter den Bezeichnungen Slawische Sprachen, Sorabistik oder Südslavische Philologie laufen.

Inhalte des Studiums
Im Slawistikstudium erlangen die Studierenden einerseits sprachwissenschaftliches Wissen über die jeweilige Sprachgruppe. Andererseits beschäftigen sie sich mit der jeweiligen Kultur und Literatur. Zudem belegen sie i.d.R. sprachpraktische Module. Zur Wahl stehen ihnen bspw. Spezialisierungen in den Bereichen „aktuelle Probleme der slawistischen Sprachwissenschaft", „synchrone slawistische Sprachwissenschaft" oder weitere slawische Sprachen wie Polnisch, Tschechisch oder Serbisch/Kroatisch. Auslandsaufenthalte und Praktika sind i.d.R. obligatorisch.

Zulassungskriterien & Studienbewerbung
Je nach Hochschule kann ein örtliches Auswahlverfahren zum Einsatz kommen. Teilweise werden Sprachkenntnisse vorausgesetzt.

Berufsmöglichkeiten nach dem Studium
Die Absolvent*innen haben Arbeitsmöglichkeiten in der Presse- und Öffentlichkeitsarbeit, in Unternehmensberatungen, im Kunst- und Kulturmanagement, im Bereich Redaktion, Journalismus, Lektorat, in der Erwachsenenbildung, in der Medienproduktion (Print, Online, Multimedia) oder im Bereich Sprachunterricht. ■

3.8.16 Sprach-, Literaturwissenschaften, Dolmetschen und Übersetzen

Studiengänge aus dem Feld Sprach-, Literaturwissenschaften, Dolmetschen und Übersetzen befassen sich mit unterschiedlichen Bereichen von Sprache.

Das Studienfeld im Überblick
Im Gegensatz zu Studiengängen, die sich mit einer Sprache beschäftigen, geht es bei diesem Studienfeld nicht um eine einzelne Sprachgruppe, sondern um einen transnationalen oder vergleichenden Ansatz. Studiengänge dieses Bereichs sind auf bestimmte Themen innerhalb der Sprach- und Literaturwissenschaften spezialisiert oder befassen sich wie das Dolmetschen mit der inhaltsgetreuen Übertragung von einer Sprache in die andere.

Studienangebot
Meist werden die Studiengänge dieses Studienfeldes grundständig und weiterführend angeboten. Studiengangsbezeichnungen lauten u.a. „Allgemeine Sprachwissenschaft", „Komparatistik", „Phonetik", „Language Sciences", „Linguistik", „Indogermanistik", „Computerlinguistik", „Internationale Kommunikation und Übersetzen", „Fachübersetzen", „Übersetzungswissenschaft" oder „Rhetorik". Einige Studiengänge werden auch in Form von Kombinationsstudiengängen angeboten.

Enge Wechselbeziehungen haben Sprach- und Sprechwissenschaften zu den jeweiligen Nachbardisziplinen Pädagogik, Anthropologie, Ethnologie, Logik, Philosophie, Informatik, Psychologie sowie zu therapeutisch ausgerichteten Studiengängen.

SPRACH-, LITERATURWISSENSCHAFTEN

Inhalte des Studiums

- Die **historisch-vergleichende Sprachwissenschaft** befasst sich meist mit einem Vergleich der indoeuropäischen Sprachenfamilie oder mit der Rekonstruktion und Korrektur defekter Textüberlieferungen, die als Quelle für andere Disziplinen dienen. Beispiele hierfür sind Studiengänge wie Historische Linguistik sowie Indogermanistik.
- In der **allgemeinen Sprachwissenschaft** geht es i.d.R. um lebende Sprachen sowie die gegebenen Sprachsysteme in phonologischer, morphologischer, syntaktischer, semantischer, pragmatischer und textkritischer Hinsicht. Eine wichtige Disziplin ist dabei die Kommunikationsforschung, die sich mit der zwischenmenschlichen Kommunikation befasst. Als besondere Forschungsbereiche haben sich die Psycholinguistik, die Soziolinguistik und die Pragmalinguistik herausgebildet.
- Studiengänge wie **Computerlinguistik** behandeln die Verarbeitung natürlicher Sprache in Computersystemen. Hier gibt es Überschneidungen mit der Informatik und der Informationswissenschaft. Die Texttechnologie hat u.a. die technologische Aufbereitung sowie die Informationsanreicherung von Texten zum Gegenstand.
- Sprachlehrforschung, z.B. der Studiengang **Fremdsprachendidaktik**, beschäftigt sich mit den Bedingungen und Möglichkeiten des Lernens und Lehrens von Fremdsprachen sowie deren kommunikativer Verwendung.
- **Sprechwissenschaft, Rhetorik und Phonetik** befassen sich mit den Bedingungen menschlicher Kommunikation unter dem Gesichtspunkt lautsprachlicher Äußerungen, also mit dem menschlichen Sprechen und Hören sowie mit pädagogischen, kommunikationstheoretischen oder sprachheilpädagogischen Aspekten des Sprechens.
- In Studiengängen aus dem Bereich **Übersetzen und Dolmetschen** geht es um die inhaltsgetreue Übertragung von Reden, Gesprächen oder geschriebenen, auch literarischen Texten in andere Sprachen. In der Regel entscheidet man sich bei diesen Studiengängen für eine Kombination aus zwei Fremdsprachen.

→ Finde Studiengänge:

Zulassungskriterien & Studienbewerbung

Je nach Hochschule kann ein örtliches Auswahlverfahren zum Einsatz kommen. Erforderlich sind i.d.R. Kenntnisse in mehreren Fremdsprachen, davon mindestens zwei lebende Sprachen sowie ausreichende Lateinkenntnisse, die z.T. durch schriftliche Tests belegt werden müssen.

Berufsmöglichkeiten nach dem Studium

Sprach- und Sprechwissenschaftler*innen finden Beschäftigungsmöglichkeiten in Forschung und Lehre, Bibliotheken, Archiven, Dokumentationsstellen, bei Verlagen, Rundfunk- und Fernsehanstalten, in Ministerien (Bund und Länder), internationalen Behörden, Einrichtungen der Erwachsenenbildung, bei entsprechendem Studienschwerpunkt auch in therapienahen Arbeitsbereichen oder im Umfeld der Darstellenden Künste.

Computerlinguist*innen arbeiten darüber hinaus in Softwareentwicklungsunternehmen und Übersetzungsbüros.

Dolmetscher*innen und Übersetzer*innen arbeiten vorrangig in Dolmetscher- und Über- ▶

Anzeige

Anzeige

3 STUDIENFELDER & STUDIENINHALTE

197

ÄLTERE EUROP. SPRACHEN UND KULTUREN

setzungsbüros oder größeren Unternehmen aller Wirtschaftszweige. Neben der reinen Übersetzertätigkeit übernehmen sie dabei häufig Aufgaben im Projektmanagement, in der Auftragssachbearbeitung, in der Unternehmenskommunikation oder in der Kundenpflege. Arbeitsmöglichkeiten gibt es ferner bei internationalen Organisationen, Verwaltungen, Behörden, Dolmetscherschulen, Sprachvereinen, Einrichtungen der Erwachsenenbildung sowie (i.d.R. freiberuflich) als Literaturübersetzer*in. ■

3.8.17 Ältere europ. Sprachen und Kulturen

→ Finde Studiengänge:

Dieses Studienfeld widmet sich vor allem der altgriechischen und lateinischen Sprache, Literatur, Rhetorik, Geschichtsschreibung und Philosophie. Auch die Neugriechische Philologie gehört in diesen Bereich.

Das Studienfeld im Überblick
Als ein zentrales Fundament unserer Kultur werden in diesem Studienfeld Sprache und Literatur der griechischen und römischen Antike erforscht. Wichtige Hilfs- und Nebenfächer der Klassischen Philologie sind neben den Sprachwissenschaften die Alte Geschichte, Klassische Archäologie, Altertumswissenschaft, Kunstgeschichte, Philosophie sowie die Religionswissenschaft. Eng an die **Klassische Philologie** angelehnt ist das Fach **Mittellateinische Philologie**, das sich mit der lateinischen Sprache und Literatur des europäischen Mittelalters beschäftigt. Keltologie ist die Auseinandersetzung mit Sprache und Literatur der keltischen Völker.

Studienangebot
Die Studienfächer dieses Bereichs sind vor allem an den traditionellen Universitäten vertreten. In der Klassischen Philologie wählen Studierende mit dem Studiengang meist einen der Schwerpunkte Altgriechisch/Gräzistik oder Latein/Latinistik. Auch Studiengänge der Keltologie können sowohl grundständig als auch weiterführend studiert werden. Neogräzistik (Neugriechische Philologie) wird im Bachelor und im Master angeboten.

Inhalte des Studiums
In Fächern wie **Latinistik/Latein, Klassische Philologie, Griechische Philologie** und **Gräzistik** bildet die Lektüre der wichtigsten antiken Autoren im Original sowie der hierfür relevanten Kommentare das Kernstück des gesamten Studiums. Die fachlichen und methodischen Kompetenzen werden dabei nach und nach erweitert. Dazu dienen sprach-, literatur- und altertumswissenschaftliche Module. Aufbauend auf den am Gymnasium erworbenen Sprachkenntnissen vermitteln Basismodule die zentralen Inhalte und Methoden des Faches. Dazu gehören Übersetzungs-, Grammatik- und Stilübungen, Kenntnisse zur Kultur der Antike sowie die Aneignung wissenschaftlicher Arbeitsweisen und literaturtheoretischer Konzepte/Ansätze.

Das Studium der **Neogräzistik** erstreckt sich auf Literatur, Sprache und Landeskunde des Neuen Griechenland (ab dem Beginn des 19. Jahrhunderts).

Im Rahmen des **Lehramtsstudiums** kommen pädagogische und fachdidaktische Module hinzu. Reisen/Exkursionen in die Länder und Landschaften der antiken Kultur dienen der Vertiefung landeskundlicher Kenntnisse.

Zulassungskriterien & Studienbewerbung
Voraussetzung für die meisten Studiengänge dieses Bereichs sind gute Latein- und Griechisch-Kenntnisse. Für die Lektüre der Sekundärliteratur werden oftmals auch Englisch-, Französisch- und Italienischkenntnisse erwartet. Wegen der engen Verflechtung der lateinischen und griechischen Literatur und Geistesgeschichte müssen die Studierenden i.d.R. auch Kenntnisse der jeweils anderen Sprache nachweisen oder während des Studiums erwerben (Graecum bzw. Latinum).

Berufsmöglichkeiten nach dem Studium
Klassische Philolog*innen arbeiten in erster Linie im Schuldienst. Weitere Tätigkeitsfelder bieten Hochschulen, Museen für Altertumskunde, Sonderforschungseinrichtungen, Bibliotheken, Schulbuchverlage und der sonstige Medienbereich sowie in Ausnahmefällen der Tourismus (Fremdenführungen). ■

→ **links**

Deutscher Altphilologenverband
→ www.altphilologenverband.de

KUNST, MUSIK

3.9 Studienbereich Kunst, Musik

Möglichkeiten, sich künstlerisch auszuleben, gibt es viele – sei es auf der Bühne, am Rechner, mit einem Instrument oder dem Pinsel in der Hand. Wer kreative Ideen umsetzen, sich künstlerisch entfalten und seinen eigenen Stil entwickeln möchte, findet im Studienbereich Kunst und Musik zahlreiche Angebote.

Der Bereich umfasst Studiengänge, in denen künstlerisches Potenzial und Talent gefragt sind. Dazu zählen Studiengänge, die sich mit Kunst und Musik, Theater oder Film wissenschaftlich-theoretisch oder pädagogisch auseinandersetzen. Daneben gibt es solche, bei denen das eigene künstlerische und gestalterische Schaffen im Mittelpunkt steht.

Zu den künstlerischen Studiengängen gehören Bildende Künste, Darstellende Künste, Film, Fernsehen, Schauspiel, Gestaltung, Grafik, Design, Theaterwissenschaft, Musik, Musikwissenschaft, -pädagogik, Kunstwissenschaft, -geschichte, -pädagogik.

Gefragt sind neben einer ausgeprägten künstlerisch-kreativen Begabung Eigeninitiative, Motivation, Flexibilität, Belastbarkeit, Durchhaltevermögen und Spaß am Netzwerken. Nicht selten mündet ein Studium in diesem Bereich in eine freiberufliche Tätigkeit.

Die Eignung für ein Studium wird häufig durch Auswahlverfahren festgestellt. Meist finden Eignungsprüfungen statt. Es kann aber auch eine Mappe mit künstlerischen Arbeitsproben gefordert werden, beispielsweise im Bereich Design. In der Musik gibt es Vorspiel-, am Theater Vorsprechtermine. ■

→ **links**

abi»
Spannende Reportagen zu diesem Studienfeld finden Sie auch auf abi.de:
→ www.abi.de > Studium > Was kann ich studieren? > Kunst, Musik

BÜHNENBILD, SZENOGRAFIE

Der Studienbereich auf einen Blick

STUDIENFELD	STUDIENFÄCHER, z.B.	STUDIENFELD	STUDIENFÄCHER, z.B.
Bühnenbild, Szenografie	▪ Bühnen-, Kostümbild ▪ Szenografie	**Musik**	▪ Dirigieren, Chorleitung ▪ Gesang ▪ Instrumentalmusik ▪ Musikwissenschaft
Gestaltung, Design	▪ Fotografie ▪ Kommunikationsdesign, visuelle Kommunikation ▪ Mediendesign,-kunst ▪ Produkt-, Industriedesign	**Schauspiel, Tanz, Film, Fernsehen**	▪ Dramaturgie ▪ Maskenbild ▪ Regie ▪ Theaterpädagogik
Kunst	▪ Bildende Künste ▪ Kunstgeschichte ▪ Kunstpädagogik ▪ Kunstwissenschaft		

Alternative Studienbereiche

- ▪ Erziehungs-, Bildungswissenschaften → Seite 179
- ▪ Lehramt → Seite 208
- ▪ Sprach-, Kulturwissenschaften → Seite 181

3.9.1 Bühnenbild, Szenografie

Für Theater-, Film- und Fernsehproduktionen Szenerien, Räume, Figuren und Dekorationen entwerfen und gestalten: Wer sich dafür interessiert, kann einen Studiengang rund um Bühnenbild und Szenografie wählen.

Das Studienfeld im Überblick

Die praxisnahen und projektorientierten Studiengänge sind angesiedelt im Bereich Bühne, Dramaturgie, Regie, Kostümbild und neue Medienformen. Die optische Umsetzung eines Theater-, Film- oder Fernsehstoffes in (Bühnen-)Räumen mit den entsprechenden Dekorationen und Kostümen steht dabei im Mittelpunkt. Beschäftigte in diesem Bereich arbeiten eng

mit Regisseur*innen und Choreograf*innen zusammen.

Neben wissenschaftlichem Grundlagenwissen stehen künstlerisch-gestalterische Fertigkeiten in Gestaltung und bildender Kunst, Theaterwissenschaft sowie Kunst- und Stilgeschichte im Fokus.

Studienangebot

Die Bachelor- und Diplomstudiengänge werden an Kunsthochschulen, Universitäten und Fachhochschulen angeboten. Grundständige Studiengänge finden sich etwa unter folgenden Bezeichnungen: Bühnenbild, Bühnen- und Kostümbild, Kostümbild, Szenografie, Theaterausstattung, -malerei, -plastik.

3

STUDIENFELDER & STUDIENINHALTE

200

GESTALTUNG, DESIGN

Inhalte des Studiums
Das Studium vermittelt dramaturgische, bildnerische, organisatorische und betriebswirtschaftliche Kenntnisse. Mögliche Studieninhalte sind bildnerisches Gestalten, Bühnen- und Kostümbild, Dramaturgie und Entwurf, Entwurfstechniken, Schnittkunde, Kunst- und Theaterwissenschaft.

Hinzu kommen Module wie Kommunikation und Präsentation, Bildgestaltung, szenografische Grundlagen, Film- und Mediengeschichte, Literatur oder visuelle Effekte.

Zulassungskriterien & Studienbewerbung
In vielen Fällen müssen Studieninteressierte hochschulinterne Auswahlverfahren und Eignungsprüfungen absolvieren bzw. durch die Vorlage einer Mappe ihre künstlerische Neigung nachweisen.

Berufsmöglichkeiten nach dem Studium
Absolvent*innen des Studienfelds können freiberuflich oder festangestellt bei Film, Fernsehen, an Opernhäusern, Theatern und für Video- und Internetproduktionen arbeiten. Auch im Ausstellungsmanagement, bei Konzertveranstaltern oder Museen finden sich Beschäftigungsmöglichkeiten. ■

→ Finde Studiengänge:

3.9.2 Gestaltung, Design

→ Finde Studiengänge:

Gutes Design ist in vielen Branchen gefragt. Entsprechend vielfältige Studienmöglichkeiten gibt es: Kommunikations-, Medien-, Produkt- oder Industriedesign sowie Gamedesign und visuelle Kommunikation stehen zur Wahl.

Anzeige

Anzeige

Das Studienfeld im Überblick
Ideen eine Form zu geben ist das zentrale Anliegen des Bereichs Gestaltung/Design, der im Wesentlichen das Produkt- bzw. Industriedesign sowie das Kommunikationsdesign umfasst.

- Zum **Industrie- oder Produktdesign** gehört die Gestaltung von Konsumgütern (z.B. Mode, Schmuck, Hausrat, Möbel, Verpackung, Verbrauchsgüter), Investitionsgütern (z.B. Maschinen, Anlagen, Werkzeug, medizinisches Gerät, Arbeitsmittel) und Fahrzeugen (z.B. Pkw, Schienenfahrzeuge, Schiffe, Flugzeuge).
- Zum Bereich **Kommunikationsdesign** zählt die Gestaltung von Kommunikationsmitteln wie Zeitungen, Zeitschriften, Prospekten, Verpackungen, Displays und Multimedia. Hierzu gehört etwa die Herstellung von Druckvorlagen für Werbung, Kataloge, Kundeninformationen, Gebrauchsanleitungen und Presseerzeugnisse. Ebenso relevant sind die Konzeption, Gestaltung und Erstellung von Corporate Designs und Medien (z.B. Werbevideos, Spiele und Lehrfilme). Neben zahlreichen weiteren Ausbildungsrichtungen geht es darüber hinaus um die Gestaltung von Internetseiten oder von elektronischen Informations- und Lernsystemen. ▶

Anzeige

We	analyse,	shape,	debate,	and	design	what is to come.
	shape,	debate,	design,		analyse	
	debate,	design,	analyse,		shape	HfG Karlsruhe
	design,	analyse,	shape,		debate	hfg-karlsruhe.de

GESTALTUNG, DESIGN

Anzeige

Insgesamt spielen neben gestalterischen und handwerklich-technischen Aspekten auch funktionale sowie wirtschaftliche Fragen eine Rolle. Digitale Technologien sorgen dafür, dass die Gestaltungsmöglichkeiten von Designer*innen immer vielfältiger werden.

Anzeige

Studienangebot

Das Studienangebot in diesem Bereich ist äußerst breit gefächert und reicht von Audiodesign, Gamedesign über Fotografie, Kommunikationsdesign, Mediendesign, Modedesign, Produktdesign, Industriedesign und Schmuckdesign bis hin zu Textildesign.

Inhalte des Studiums

- Die Studieninhalte unterscheiden sich je nach Studiengang mitunter erheblich. Im grundständigen Studienfach **Produkt-, Industriedesign** stehen etwa folgende Module auf dem Studienplan: Darstellungstechniken; Designgeschichte; Farbe, Form, Komposition; Kunstgeschichte; Material- und Herstellungstechnik, Medientechniken CAD und DTP; Technische Kommunikation sowie zeichnerische Grundlagen.
- Im Studienfach **Kommunikationsdesign/visuelle Kommunikation** wird Folgendes behandelt: audiovisuelle Sprache; Farbe, Form, Komposition; Fotografie; Grundlagen des Kommunikationsdesigns; Interaction/Interface; Kunst-, Kultur- und Designgeschichte; Typografie; visuelle Sprache; zeichnerische Grundlagen.

Im Vertiefungsstudium können die Kenntnisse und Fähigkeiten entsprechend erweitert und spezialisiert werden.

Zulassungskriterien & Studienbewerbung

Häufig sind künstlerisch-gestalterische Arbeitsproben z.B. in Form einer künstlerischen Mappe verpflichtend. Manchmal gibt es außerdem Feststellungsverfahren, um die persönliche Eignung zu prüfen, oder hochschulinterne Auswahlverfahren. Einige Hochschulen verlangen auch einschlägige Vorpraktika von unterschiedlicher Dauer.

Berufsmöglichkeiten nach dem Studium

Designer*innen arbeiten in Designateliers und -büros, in Werbe-, Medien- und Multimedia-Agenturen sowie in Entwicklungs- bzw. Konstruktionsabteilungen von Unternehmen. Medien- bzw. Kommunikationsdesigner*innen sind vorwiegend in der Werbung und Öffentlichkeitsarbeit, aber auch in den Neuen Medien tätig. Industrie- bzw. Produktdesigner*innen finden Beschäftigung in der Konsum- und Investitionsgüterindustrie.

Darüber hinaus können Designer*innen auch bei Zeitungen, Zeitschriften oder Verlagen, Film und Fernsehen sowie Softwareanbietern tätig sein. ■

KUNST

3.9.3 Kunst

Wer kreativ ist, den Kopf voller Ideen hat, sein künstlerisches Können mit unterschiedlichen Materialien auszudrücken vermag oder sich einfach für die Wirkung von Kunst interessiert, findet in diesem Studienfeld eine breite Palette an Möglichkeiten.

Das Studienfeld im Überblick

Die Bildenden Künste, die Kunstwissenschaft bzw. -geschichte und die Kunstpädagogik bilden die drei Säulen dieses Studienfelds.

- Die **Bildende Kunst** gliedert sich in zwei Hauptbereiche: die freie und die angewandte Kunst. Zur freien Kunst zählen Malerei, Grafik, Bildhauerei oder Fotografie einschließlich aller dreidimensionalen Arbeiten wie Objekte und Installationen. Zum Bereich der angewandten Kunst gehören Gold- und Silberschmieden, Keramik, Textilkunst und Bühnenbild, wobei es zahlreiche Überschneidungen mit dem Bereich Grafikdesign, Medienkunst, Textildesign, Produktdesign etc. gibt. Auch der Übergang zu den freien Künsten ist mitunter fließend.
- **Kunstgeschichte, -wissenschaft** befasst sich im Wesentlichen mit der historischen Entwicklung der bildenden Künste von der Antike bis zur Gegenwart. Sie umfasst Werke aus den Bereichen Architektur, Plastik, Malerei, Grafik, Ornamentik und Kunstgewerbe einschließlich der technischen Bildmedien. Sie beschäftigt sich mit den Darstellungsinhalten der Kunstwerke und ihrer zeitlichen und räumlichen Einordnung sowie der Interpretation von Kunstwerken nach historischen, ästhetischen, stilistischen, soziologischen, ökonomischen und psychologischen Gesichtspunkten.
- Im Zentrum der **Kunstpädagogik** steht die Vermittlung der Kunst und der ästhetischen Phänomene des alltäglichen Lebens in unserer Gesellschaft. Der Studiengang kombiniert zu diesem Zweck ein kunstwissenschaftliches Studium mit einer gestalterisch-praktischen und einer fachdidaktischen Ausbildung, wobei die Erarbeitung der Fachtheorie und eigene künstlerische Arbeit dabei stets in Bezug zueinander stehen.

Studienangebot

Das grundständige Studium ist an Kunsthochschulen, Universitäten, Pädagogischen Hochschulen und an einigen Fachhochschulen möglich. Es werden grundständige und weiterführende Studienfächer in den Feldern Bildende Künste, Kunstgeschichte, Kunstpädagogik und Kunstwissenschaft angeboten – teilweise in Form von Kombinations-Bachelorstudiengängen (z.B. Kunstpädagogik), zum Teil in Diplomstudiengängen. Die Studiengänge heißen beispielsweise Freie Kunst, Illustration, Malerei/Grafik, Bild- und Kunstgeschichte, Europäische Kunstgeschichte und Bildende Kunst.

→ Finde Studiengänge:

Inhalte des Studiums

Das grundständige Studienfach der **Bildenden Künste** vermittelt wissenschaftliches und praktisches Grundlagenwissen in Kunst, Kunstgeschichte, Kunsttheorie sowie in der Gestaltung mit bildnerischen, plastischen oder digitalen Methoden. Mögliche Module sind beispielsweise Bildhauerei, Malerei, Zeichnen, Grafik, Design, Fotografie, Drucktechniken, Video.

In **Kunstgeschichte** liegt der Fokus auf wissenschaftlichem und praktischem Grundlagenwissen über Architektur, Skulptur und Bildkunstwerke aus verschiedenen Epochen. Mögliche Module sind beispielsweise Bildende Kunst und Architektur, Kunstgeschichte der Moderne, Kunstgeschichte des Mittelalters, Christliche Archäologie.

Wissenschaftliches und praktisches Grundlagenwissen, z.B. über Pädagogik und Didaktik, Kunstgeschichte und Kunstvermittlung, spielen in **Kunstpädagogik** eine Rolle. Mögliche Module sind beispielsweise Künstlerische Aktion und Interaktion, Gestaltete Umwelt, Erkundungen ▶

Anzeige

Hochschule der Künste Bern
hkb.bfh.ch/infotage

Die Bachelorstudiengänge
— Fine Arts
— Vermittlung in Kunst und Design
— Visuelle Kommunikation
— Multimedia Production
— Konservierung
— Literarisches Schreiben

MUSIK

und Experimente zu Farbe, Form und Material, Künstlerische Arbeit mit modernen Medien, Kunstpädagogische Arbeit mit gesundheitlich oder sozial Benachteiligten.

Zulassungskriterien & Studienbewerbung

Um zum Kunststudium zugelassen zu werden, müssen Interessierte neben der Hochschulreife/Fachhochschulreife künstlerisch-gestalterische Arbeitsproben einreichen und im Rahmen von Auswahl- oder Eignungsprüfungsverfahren eine besondere auf den Studiengang bezogene künstlerische Befähigung/Eignung nachweisen. Kriterien für die Auswahl sind eine Mappe mit eigenständigen künstlerischen Arbeiten, Klausuren und i.d.R. ein Auswahlgespräch. Ein Studium ohne Hochschulreife ist bei herausragender künstlerischer Begabung ebenfalls möglich. Dies gilt allerdings nicht für Studiengänge, die mit der Ersten Staatsprüfung für ein Lehramt abschließen.

Angehende Kunstpädagog*innen müssen ggf. auch einen Nachweis über Fremdsprachenkenntnisse erbringen.

Berufsmöglichkeiten nach dem Studium

Absolvent*innen der **Bildenden Künste** können in den Bereichen Bildhauerei, Malerei oder künstlerisches Zeichnen tätig werden. Sie arbeiten häufig freiberuflich.

Ein Studium der **Kunstgeschichte** führt in folgende Tätigkeitsfelder: Ausstellungsmanagement, -planung, Kunst-, Kulturmanagement oder Vertrieb, Verkauf (Kunst-, Antiquitätenhandel). Kunsthistoriker*innen sind vorwiegend in Museen, Galerien, im Kunst-/Antiquitätenhandel, in Forschung und Lehre sowie in wissenschaftlichen Einrichtungen angestellt.

Kunstpädagog*innen arbeiten in der Erwachsenenbildung, Kunsterziehung oder Medien-, Kulturpädagogik. ■

3.9.4 Musik

Wer Musik studieren möchte, findet an Musik- und Kunsthochschulen, teilweise auch an Universitäten und Pädagogischen Hochschulen, ein vielfältiges Angebot.

Das Studienfeld im Überblick

Der Studienbereich Musik gliedert sich in drei Bereiche: musikpraktische oder künstlerische, musikpädagogische sowie -wissenschaftliche Studiengänge. Ziel der praktisch-künstlerischen und der pädagogischen Ausbildung ist es, auf die Ausübung eines künstlerischen oder musikpädagogischen Berufs vorzubereiten und dafür die erforderlichen fachlichen Kenntnisse, Fähigkeiten und Methoden zu vermitteln. Im Unterschied dazu umfasst die Musikwissenschaft vorrangig die theoretischen und historischen Aspekte der Musik.

- In den **künstlerischen Studiengängen** Instrumentalmusik (Solo-, Orchester- und Kammermusik) sowie in den Studiengängen Kirchenmusik, Gesang (Solo, Chor) und Dirigieren (Chor- und Orchesterleitung) geht es in erster Linie um die Entwicklung der musikpraktischen Fähigkeiten am jeweiligen Instrument, an Stimme oder Dirigat. Wie bei den Studiengängen Korrepetition (Einstudierung und Begleitung am Klavier) und Komposition werden ferner Gehörbildung und musiktheoretische Fächer wie Musikgeschichte und Harmonielehre vermittelt.

- In der sozialen Arbeit werden zunehmend Fachkräfte benötigt, die musikalisch-soziale Bildungsangebote gestalten, begleiten und initiieren können. Die **musikpädagogischen Studiengänge** vermitteln deshalb nicht nur musikwissenschaftliches und musikpraktisches, sondern auch sozialpädagogisches Fachwissen. Das heißt, man erlangt neben theoretischen auch praktische Kenntnisse. Außer Gehörbildung oder Musikgeschichte werden Methoden und Kompetenzen vermittelt, wie

Anzeige

Hochschule der Künste Bern
hkb.bfh.ch/infotage

Die Bachelorstudiengänge
— Musik Klassik
— Jazz
— Sound Arts
— Musik und Bewegung
— Theater

MUSIK

man Kinder und Erwachsene an die Musik heranführt.

- Der **historisch-wissenschaftliche** Bereich gliedert sich in Musikgeschichte, systematische Musikwissenschaft sowie musikalische Volks- und Völkerkunde – wie etwa Musikethnologie, Ethnomusikologie, Weltmusik.
- Die Ausbildung für das **Lehramt** an allgemeinbildenden Schulen ist ebenfalls Aufgabe der Hochschulen. Daneben bilden diese, wie auch Musikakademien und Konservatorien, Lehrer*innen an Musikschulen und selbstständige Musiklehrer*innen aus. Sowohl an staatlichen wie an kirchlichen Musikhochschulen ist auch das A- und B-Studium der Kirchenmusik möglich.

Studienangebot

Die künstlerisch und pädagogisch ausgerichteten Bachelorstudiengänge finden in der Regel an Kunst- und Musikhochschulen, teilweise an Pädagogischen Hochschulen statt, die musikwissenschaftlichen Studiengänge an Universitäten. Mögliche Bezeichnungen für die Studiengänge sind: Alte Musik, Historische Instrumente, Chorleitung, Dirigieren, Orchesterdirigieren, Gesang, Instrumentalmusik (z.B. Akkordeon, Blasinstrumente, Schlagzeug, Gitarre, Holzblasinstrumente, Klavier, Streichinstrumente), Jazz, Pop- und Weltmusik, Volksmusik, Kirchenmusik, Komposition, Filmmusik, Korrepetition, Gesangspädagogik, Instrumentalpädagogik, Musikpädagogik, Musikerziehung Instrument/Gesang, Musical, Musikforschung und Medienpraxis, Musiktheorie und Gehörbildung, Angewandte Musikwissenschaft.

Inhalte des Studiums

Für das **praktisch-künstlerische** Musikstudium werden je nach Studiengang beispielsweise folgende Inhalte angeboten:

- **Dirigieren, Chorleitung:** Chordirigieren, Orchesterdirigieren, Korrepetition für Dirigent*innen, Partiturspiel, Werkanalyse
- **Gesang:** Gesangsdidaktik und -methodik, Atem- und Bewegungstechnik, Sprecherziehung, Gesang, Hochschul- und Kammerchor
- **Instrumentalmusik:** Streichinstrumente, Blasinstrumente, Klavier, Harfe, Schlagzeug, Musikalische Analyse, Hörschulung, Ensemble, Musikgeschichte, Musiktheorie
- **Komposition:** Instrumentale Komposition, Elektronische Komposition, Musiktheorie, Musikgeschichte

In **musikpädagogischen** Studiengängen stehen beispielsweise diese Inhalte auf dem Lehrplan: Rhythmik, Fachdidaktik, Instrumentalkunde (z.B. Gitarre oder Klavier), sozialpädagogische Grundlagen, Musikvermittlung, Sprecherziehung, Körperschulung, Musikpsychologie.

Der **historisch-wissenschaftliche** Bereich gliedert sich in die Grundlagen und Methoden der Musikwissenschaft, Musikgeschichte bzw. in historische Musikwissenschaft, systematische Musikwissenschaft, Musik und Medialität, Notations- und Quellenkunde sowie musikalische Volks- und Völkerkunde.

→ Finde Studiengänge:

Zulassungskriterien & Studienbewerbung

Eine auf den Studiengang bezogene künstlerische Eignung muss im Rahmen von Prüfungen nachgewiesen werden. Erwartet werden v.a. eine bildungsfähige Sing- und Sprechstimme, das Beherrschen eines Haupt- und Nebeninstruments, gutes Gehör und Kenntnisse der allgemeinen Musik- und Harmonielehre. Bei Nachweis einer herausragenden künstlerischen Begabung ist – soweit es sich nicht um Studiengänge handelt, die mit der Ersten Staatsprüfung für ein Lehramt abschließen – der Nachweis der Hochschulreife nicht erforderlich.

Für die Ausbildung zum*zur selbstständigen Musiklehrer*in gelten in Einzelfällen Sonderregelungen.

Berufsmöglichkeiten nach dem Studium

Absolvent*innen des Studienfelds können in den Tätigkeitsfeldern Musik, Gesang, Komposition, Musikerziehung oder Redaktion, Journalismus und Lektorat arbeiten.

Auch im Bereich Schauspiel, Tanz, Bewegungskunst oder Theater-, Film- und Fernsehproduktion finden sich Beschäftigungsmöglichkeiten.

Musiklehrer*innen für allgemeinbildende Schulen finden außerhalb des Schuldienstes nur eingeschränkte Beschäftigungsmöglichkeiten, z.B. in Medienunternehmen oder Musikverlagen.

Hochbegabte und gut ausgebildete Absolvent*innen eines Musikstudiums arbeiten als Sänger*innen, Musiker*innen, Dirigent*innen, Chorleiter*innen und Kapellmeister*innen an Opernhäusern, Musiktheatern, staatlichen und privaten Orchestern oder als Musiklehrer*innen und Privatmusiklehrer*innen. Professionelle Musiker*innen werden auch für die Bereiche Laienmusizieren und Unterhaltungsmusik benötigt. ■

SCHAUSPIEL, TANZ, FILM, FERNSEHEN

3.9.5 Schauspiel, Tanz, Film, Fernsehen

In diesem Studienfeld zählt neben der Freude, gerne in andere Rollen zu schlüpfen und Menschen zu begeistern, auch die Bereitschaft, im Rampenlicht zu stehen, die Kamera zu führen oder hinter den Kulissen „die Strippen zu ziehen".

➜ Finde Studiengänge:

Das Studienfeld im Überblick

Das Studium der **Theater-** bzw. **Film-** und **Fernsehwissenschaft** bereitet auf leitende Tätigkeiten am Theater, bei Film und Fernsehen sowie im allgemeinen kulturellen Leben vor.

Schauspieler*innen verkörpern durch den Einsatz von Sprache, Mimik und Gestik auf der Bühne oder bei Film und Fernsehen verschiedene, in Text und durch Regie angelegte Rollen; meist geschieht dies innerhalb eines Ensembles.

Musicaldarsteller*innen vereinen in ihrer Kunst Gesang, Tanz und darstellendes Spiel. Hierfür sollten sie neben einer bildungsfähigen Singstimme und ausgeprägter Musikalität über darstellerische Fähigkeiten und eine gute körperliche Konstitution verfügen.

Bühnentänzer*innen gestalten klassische und moderne Tanzrollen, z.B. in Ballett- und Musicalinszenierungen.

Aufgabe der **Choreograf*innen** ist es, Tanzinszenierungen zu entwickeln und zu bearbeiten. Tänzerische Begabung, künstlerisches Feingefühl, Ausdrucks- und Gestaltungsfähigkeit, physische Belastbarkeit und Kondition sind wichtige Voraussetzungen dafür.

Theaterwissenschaftler*innen befassen sich mit allen Erscheinungsformen des Theaters, wie der Schauspielkunst, Musik, Dramaturgie, Bühnentechnik, Theaterbau, Publikumsverhalten oder Kritik.

Regiestudiengänge vermitteln die szenische Umsetzung von Theater-, Film-, Fernseh- oder Hörspielstoffen.

Maskenbildner*innen entwickeln im Dialog mit Regie und Ausstattung eigenständige Maskenkonzepte und setzen diese um. Hierzu werden unter anderem wissenschaftliches und praktisches Grundlagenwissen vermittelt sowie Maskenbau und Perückengestaltung.

Theaterpädagog*innen ermöglichen Menschen jedes Alters den aktiven Zugang zur Welt des Theaters, vermitteln Kenntnisse über das Theater und leiten sie zur künstlerischen Selbstdarstellung an.

Studienangebot

- Die Ausbildung **zum*zur Schauspieler*in** erfolgt an Musik- und Theaterhochschulen, daneben an staatlichen oder privaten Schauspielschulen.
- **Bühnentänzer*innen** werden an Musikhochschulen ausgebildet, im nichtuniversitären Bereich an staatlichen oder privaten Ballettschulen. Für die Ausbildung zum*zur Bühnentänzer*in oder Musicaldarsteller*in ist gesetzlich kein bestimmter formaler Bildungsabschluss vorgeschrieben, wobei eine tänzerische Früherziehung jedoch vorausgesetzt wird.
- **Theaterpädagogik** kann als Bachelorstudiengang sowie im Rahmen von Lehramtsstudiengängen studiert werden. Teilweise wird das Fach in Form von Kombinations-Bachelorstudiengängen angeboten.

Die Studiengänge in diesem Studienfeld lauten beispielsweise: Drehbuch, Dramaturgie, Figurentheater, Cinematography, Kamera, Animation, Motion Pictures, Kino- und Fernsehfilm, Fernsehproduktion, Regie, Tanz, Theater-, Film- und Medienwissenschaft.

Inhalte des Studiums

Darstellende Künste: Grundlagen der instrumentellen Mittel wie Körper und Stimme, Tanzen, Sprechen, Ensemblearbeit, Grundlagen von Darstellung und Spiel für Bühne/Film/TV, Bühnen- und Vertragsrecht, Geschichte, Dramaturgie und Ästhetik in den Medien der Darstellung, Spielen unter Praxisbedingungen durch Werkstattinszenierungen und Aufführungen, Musiklehre für Tänzer*innen, Körperarbeit, Tanztechnik, Internationale Tanzformen

Theater-, Film- und Fernsehwissenschaften: Theatergeschichte, Grundlagen der Textproduktion für Film, Fernsehen und Theater, Auseinandersetzung mit Geschichte, Ästhetik und Theorie sowie Entstehungs- und Wirkungsbedingungen, klassische und moderne Filmtheorien, Filmgeschichte, Fernsehtheorien

Gestalterische Studiengänge: Drehbuch schreiben, Bühnentechnik, Bühnenbild, Beleuchtung, Einführung in die Videotechnik, Kostümkunde, Dramaturgie, Regie, Schauspiel/Bewegung, Entwicklung einer Theater- bzw. Filmfigur, Maskengestaltung, Stil- und Kostümkunde, Spezialeffekte, Kamera- und Schnitttechnik, Auditive

SCHAUSPIEL, TANZ, FILM, FERNSEHEN

Gestaltung, Angewandte Bildgestaltung, Studioproduktion, Organisation und Management

Anzeige

Schauspiel, Musiktheater/Operngesang, Musical, Regie, Dramaturgie, Bühnenbild und -kostüm, Maskenbild, Kulturjournalismus

Studieren am Theater

theater akademie august everding

Zulassungskriterien & Studienbewerbung

Die Zulassung zu Studiengängen in diesem Bereich erfordert neben der Hochschulreife das Bestehen einer Eignungsprüfung (Ausnahme: Theater-, Film- und Fernsehwissenschaften an Universitäten). Verfügt jemand über eine außergewöhnliche künstlerische Begabung, kann auf den Nachweis der Hochschulreife verzichtet werden.

Berufsmöglichkeiten nach dem Studium

Absolvent*innen der Studiengänge Bühnentanz, Choreografie, Musical, Schauspiel, Regie und Maskenbild arbeiten bei öffentlichen und privaten Theatern, bei Tourneetheatern und freien Theatergruppen, manchmal auch für Film und Fernsehen.

Theaterpädagog*innen sind an Theatern und verschiedenen Bildungseinrichtungen wie Kindergärten und Schulen zu finden.

Theater-, Film- und Fernsehwissenschaftler*innen arbeiten (freiberuflich oder angestellt) an Theatern und Opernhäusern vorwiegend als Dramaturg*innen oder im Bereich der Öffentlichkeitsarbeit. Bei Filmstudios, Fernseh- und Rundfunkanstalten sind sie in vielen Funktionen tätig, z.B. als Dramaturg*innen, Redakteur*innen, Lektor*innen, Produzent*innen, in der Medienwirkungsforschung, als freie Publizist*innen usw. Weitere Tätigkeitsfelder finden sich in Bibliotheken und Archiven, an Universitäten, Akademien und (Kunst-)Hochschulen, in Einrichtungen der Erwachsenenbildung, Kunstvereinen, in öffentlichen oder privaten Kulturverwaltungen, bei Verlagen, Zeitungen und Zeitschriften. ■

3.10 Lehramtsausbildung in den Bundesländern

Sie möchten Lehrer*in werden? Auf den folgenden Seiten erfahren Sie alles Wesentliche über die Ausbildung, Studienvoraussetzungen und Inhalte eines Lehramtsstudiums und können sich über die unterschiedlichen Regelungen zur Lehramtsausbildung in den 16 Bundesländern informieren.

Da die Ausbildungsgänge in den einzelnen Bundesländern unterschiedlich sind, werden die Lehrämter sowie Einzelheiten über das Studium, die Prüfungen usw. in den folgenden Abschnitten nach Ländern getrennt dargestellt.

In der Einführung können Sie sich zunächst grundsätzlich über die unterschiedlichen Lehramtstypen, die Zugangsvoraussetzungen, die Ausbildung sowie die zu erwartenden Berufsaussichten informieren.

Einführung

Die Lehrerbildung in Deutschland umfasst für alle Lehrämter mehrere Ausbildungsphasen: das Studium, den Vorbereitungsdienst sowie die berufsbegleitende Fort- und Weiterbildung für Lehrer*innen im Schuldienst.

Die Kultusministerkonferenz (KMK) hat Eckpunkte für die gegenseitige Anerkennung von Abschlüssen in Lehramtsstudiengängen festgelegt. Bewerber*innen, die ein Lehramtsstudium gemäß den Vorgaben der KMK absolviert haben, erhalten – unabhängig vom Bundesland, in dem der Abschluss erworben wurde – gleichberechtigten Zugang zum Vorbereitungsdienst für den ihrem Abschluss entsprechenden Lehramtstyp. Dennoch kann es aufgrund der unterschiedlichen Schulformen und Lehramtsausbildungen in den Ländern von Vorteil sein, wenn das Studium und der Vorbereitungsdienst in dem Bundesland absolviert werden, in dem eine spätere Anstellung im Schuldienst angestrebt wird. Dies sollte bei der Wahl der Hochschule bedacht werden.

Zugangsvoraussetzungen

Grundsätzlich ist die allgemeine Hochschulreife oder eine als gleichwertig anerkannte Zugangsberechtigung erforderlich. Bei bestimmten Fächerverbindungen und Studiengängen genügt die fachgebundene Hochschulreife. Bei den Fächern Kunst, Musik und Sport sowie z.T. auch bei den neueren Fremdsprachen findet außerdem eine Eignungsprüfung statt.

Für das Lehramt an beruflichen Schulen ist zudem eine auf die berufliche Fachrichtung bezogene einschlägige fachspezifische Tätigkeit von mindestens einjähriger Dauer bis zum Eintritt in den Vorbereitungsdienst nachzuweisen. Der Abschluss einer einschlägigen Berufsausbildung gilt als Nachweis der fachspezifischen Tätigkeit.

Genauere Informationen erhalten Sie bei den jeweiligen Hochschulen.

Persönliche Anforderungen

Die wichtigsten Voraussetzungen für diesen Beruf sind: Sie sollten gut erklären können, gerne mit jungen Menschen umgehen, belastbar sein und über Durchsetzungsvermögen verfügen.

Viele Universitäten bieten Unterstützung bei der Eignungsabklärung vor und während des Studiums an.

Quereinstieg in den Vorbereitungsdienst

Je nach Einstellungsbedarf kann Absolvent*innen bestimmter, meist technisch-naturwissenschaftlicher Studiengänge der Zugang zum Vorbereitungsdienst für ein Lehramt – v.a. an beruflichen Schulen – gewährt werden. Auskünfte hierzu erteilen die zuständigen Ministerien der Länder.

Schularten

Die Gliederung der Lehrämter entspricht mehrheitlich der Gliederung des Schulwesens nach Schularten/Schulformen in den einzelnen

ZUKUNFT STARTEN UND GENERATIONEN BEWEGEN.

🔍 Lehramt **in Mecklenburg-Vorpommern**

Nach der Vorlesung einfach an den Strand, nach dem Abschluss sicher in den Schuldienst: Wer Lehramt in Greifswald, Rostock und Neubrandenburg studiert, ist dem Wasser und dem Traumjob ganz nah.

Tolle Studienbedingungen
_ moderne Hochschulen mit langer Tradition
_ lebendige, junge Hochschulstädte
_ kurze Wege an den Strand oder See

Beste Karriereaussichten
_ viele Gestaltungsmöglichkeiten
_ A13/E13 in allen Schularten
_ Zuschlag für MINT-Lehrkräfte an ländlichen Regionalen Schulen

Viel Spaß
_ 1.900 Kilometer Küste zum Surfen und Baden
_ 2.000 Seen zum Paddeln, Angeln und Chillen
_ grandiose Natur für Outdoor-Abenteuer

Infos und Einblicke auf

Lehrer-in-MV.de

LEHRAMTSAUSBILDUNG

Ländern (z.B. Grund- und Hauptschulen, Mittel- oder Realschulen, Gymnasien, berufliche Schulen und Förder-/Sonderschulen).

Grundschulen (Primarstufe)
Das Studium findet an Universitäten oder Pädagogischen Hochschulen (nur Baden-Württemberg) statt.

Realschulen, Hauptschulen, Mittelschulen (Sekundarstufe I)
Das Studium findet an Universitäten oder Pädagogischen Hochschulen (nur Baden-Württemberg) statt, für musisch-künstlerische Fächer auch an Kunst- und Musikhochschulen. Teilweise erfolgt die Ausbildung schulart- bzw. schulstufenübergreifend (z.B. für das Lehramt an Grund-, Haupt- und Realschulen und den entsprechenden Jahrgangsstufen der Gesamtschulen.)

Gymnasien (Sekundarstufe II)
Das Studium findet an Universitäten statt, für die künstlerischen Fächer auch an Hochschulen für Musik oder bildende Künste. In den meisten Bundesländern orientiert sich die Lehramtsausbildung an der Schulform und bildet für den Unterricht in allen Jahrgangsklassen aus.

Berufliche/berufsbildende Schulen, Berufskollegs
Im beruflichen Schulwesen gibt es eine Vielfalt von Schulformen, die teilweise in den Ländern unterschiedliche Bezeichnungen tragen: Berufsschule, Berufsfachschule, Berufsaufbauschule, Fachschule, Fachakademie, Fachoberschule, Berufsoberschule, Kolleg, Fachgymnasium und berufliches Gymnasium; diese wiederum gliedern sich in eine Vielzahl von Bildungsgängen innerhalb der verschiedenen Berufsfelder. Das Studium findet an Universitäten oder Pädagogischen Hochschulen (nur Baden-Württemberg) statt, teilweise auch in Kooperation mit Fachhochschulen.

Aufgabe der Lehrkräfte an diesen Schulen ist die Vermittlung einer vertieften und erweiterten Allgemeinbildung im Zusammenhang mit dem zukünftigen Beruf sowie jener Kenntnisse und Fertigkeiten, die für diese Berufe erforderlich sind. Während Letzteres überwiegend Aufgabe der Lehrer*innen für Fachpraxis und der Fachlehrer*innen ist, die dem gehobenen Dienst angehören, gibt es für die erstgenannte Tätigkeit den Zugang über ein neun- bis zehnsemestriges Studium für ein Lehramt an beruflichen Schulen, eine einjährige betriebspraktische Tätigkeit und einen – je nach Bundesland – 12- bis 24-monatigen Vorbereitungsdienst.

Förder-/Sonderschulen, Sonderpädagogik
Hier handelt es sich i.d.R. um ein mindestens achtsemestriges grundständiges Studium. Das Studium wird an Universitäten oder Pädagogischen Hochschulen (nur Baden-Württemberg) angeboten. Daneben ist in einigen Ländern auch ein Zusatz- oder Aufbaustudium im Anschluss an die Ausbildung für ein allgemeines Lehramt möglich.

An Sonderschulen/Förderschulen werden Kinder und Jugendliche mit Förderbedarf in geistiger Entwicklung, Hören, Sehen, Lernen und Sprache bzw. solche, die in ihrer geistigen, körperlichen und motorischen oder sozialen und emotionalen Entwicklung beeinträchtigt sind, unterrichtet. Die pädagogischen und psychischen Anforderungen an Lehrkräfte dieser Schulen sind sehr hoch.

In den meisten Ländern können Kinder mit Behinderungen an allgemeinbildenden Schulen unterrichtet werden – mit sonderpädagogischer Unterstützung. Angehende Sonderpädagog*innen sollten sich deshalb darauf einstellen, später in allgemeinbildenden

---

Anzeige

KANN ERZIEHUNG KUNST SEIN?

Studieninfotage, alle Informationen u.v.m.
studium-mit-sinn.de
Studieninfo-Hotline: 0711-210 94-32

facebook.com/FreieHochschule / youtube.com
instagram.com/freiehochschulestuttgart
freie-hochschule-stuttgart.de

Werde Waldorflehrer*in!
Deine Persönlichkeit zählt:
Wie sieht sie aus, die gute Schule von morgen?
Gemeinsam Zukunft gestalten!

LEHRAMT IN BADEN-WÜRTTEMBERG

Schulen in Kooperation mit den dort unterrichtenden Lehrkräften die Kinder mit Beeinträchtigungen zu fördern und Lehrer*innen dieser Schulen zu beraten.

Waldorfschulen

Die Hochschulausbildung für das Lehramt an Waldorfschulen verfolgt einen speziellen Ansatz, der auf die besonderen Anforderungen und Bedürfnisse der Waldorfpädagogik ausgerichtet ist. Im Gegensatz zum herkömmlichen Lehrer*innenberuf soll den Schüler*innen eine individuelle und kreative Entwicklung ermöglicht werden. Dazu rücken neben fachlichen auch soziale und emotionale Kompetenzen ins Zentrum. Je nach Studienangebot werden in acht bis zwölf Semestern theoretische Grundlagen der Waldorfpädagogik, der Anthroposophie sowie Grundlagen der kindlichen Entwicklung vermittelt.

Fachlehrer*in

Neben dem Regelfall der Lehrerausbildung durch Hochschulstudium und Vorbereitungsdienst gibt es spezielle Ausbildungsgänge zum*zur Fachlehrer*in ohne Hochschulstudium. Derzeit bilden nur Baden-Württemberg, Bayern, Hessen und Nordrhein-Westfalen diese aus.

Berufsaussichten für Lehrer*innen – ein Überblick

Lehrer*innen werden in vielen Bundesländern gebraucht – das ist das Ergebnis fast aller Prognosen zum Lehrerbedarf in den kommenden Jahren. Doch trotz der Prognosen gilt: Eine automatische oder pauschale Jobgarantie für Abiturient*innen, die jetzt ihr Lehramtsstudium beginnen und sich in fünf bis acht Jahren um eine Einstellung bewerben, gibt es nicht. Das liegt v.a. daran, dass der Lehrkräftebedarf von Bundesland, Schulform und Fächerkombination abhängig ist.

Fazit

Vor der Entscheidung für ein Lehramtsstudium ist es deshalb ratsam, die spezifischen Berufsaussichten für einzelne Fächer, Schultypen/-stufen und Bundesländer genauer anzuschauen. Örtliche Flexibilität, eine breit gefächerte Qualifizierung und eine sorgfältig überlegte Fächerkombination erhöhen die künftigen Einstellungschancen. ■

→ info

Lehrkräftebedarf
Überblick der Kultusministerkonferenz (KMK) über die voraussichtliche Entwicklung des Lehrereinstellungsbedarfs und -angebots:
→ www.kmk.org/dokumentation-statistik/statistik/schulstatistik/lehrkraefteeinstellungsbedarf-und-angebot.html

Einblicke in die Praxis
Reportagen zu verschiedenen Lehramtstypen sowie ein Interview mit einem Vertreter des Deutschen Lehrerverbandes finden Sie unter: → www.abi.de/studium/studienbereiche/erziehungs-bildungswissenschaften-lehramt/lehraemter

→ links

„CCT – internetgestützte Laufbahnberatung für (angehende) Lehrer*innen"
Tests rund um die persönlichen Voraussetzungen für den Lehrerberuf
→ www.cct-germany.de

3.10.1 Lehramtsausbildung in Baden-Württemberg

In Baden-Württemberg erfolgt die Lehrer*innenausbildung für folgende Lehramtstypen: Lehramt Grundschule, Lehramt Sekundarstufe I, Lehramt Gymnasium, Lehramt Sonderpädagogik, Höheres Lehramt an beruflichen Schulen.

Struktur der Lehramtsausbildung

Bevor Studieninteressierte in Baden-Württemberg ein Lehramtsstudium aufnehmen können, müssen sie nachweisen, dass sie am Lehrerorientierungstest (Career Counselling for Teachers), der Fragen zur Eignung und zum Interesse am Lehrerberuf umfasst, teilgenommen haben (Link zum Online-Test: www.cct-germany.de).

Das Lehramtsstudium in Baden-Württemberg erfolgt über ein zweistufiges System. Die Studierenden absolvieren zunächst einen lehramtsbezogenen Bachelorstudiengang, dem ein lehramtsbezogener Masterstudiengang folgt. Ein 18-monatiger Vorbereitungsdienst rundet die Ausbildung ab. ▶

3

STUDIENFELDER & STUDIENINHALTE

LEHRAMT IN BADEN-WÜRTTEMBERG

Schulpraktische Erfahrungen sammeln die Lehramtsstudierenden im Bachelor- und Masterstudiengang sowie gegebenenfalls in weiteren Praktika im Masterstudiengang, die auch im Ausland stattfinden können.

Lehramt Grundschule

Studienorte: Pädagogische Hochschulen Freiburg, Heidelberg, Karlsruhe, Ludwigsburg, Schwäbisch Gmünd, Weingarten.

Ausbildungsdauer: 8 Semester Regelstudienzeit (davon 6 Semester Bachelorstudiengang, 2 Semester Masterstudiengang plus Anrechnung von 60 ECTS aus dem 18-monatigen Vorbereitungsdienst auf den Abschluss Master of Education); das gilt auch für das Europalehramt

→ Finde Studiengänge:

Schulpraktische Studien: begleitetes Orientierungspraktikum (in der Regel 3 Wochen) bis spätestens zum Beginn des 3. Semesters des Bachelorstudiengangs, Integriertes Semesterpraktikum (in der Regel mind. 12 Wochen) nicht vor dem 3. Semester und ggf. weitere Praktika.

Fächer und Kombinationen

Das Studium umfasst die Grundbildung in Deutsch oder Mathematik, zwei Fächer, wobei eines Deutsch oder Mathematik sein muss, außerdem Studienanteile in Deutsch als Zweitsprache, Bildungswissenschaften und schulpraktische Studien.

Als **zweites Fach** kann gewählt werden: Englisch, Evangelische Theologie/Religionspädagogik, Französisch, Islamische Theologie/Religionspädagogik, Katholische Theologie/Religionspädagogik, Kunst, Musik, naturwissenschaftlich-technischer Sachunterricht (mit Schwerpunkt in Alltagskultur und Gesundheit, Biologie, Chemie, Physik oder Technik), sozialwissenschaftlicher Sachunterricht (mit Schwerpunkt in Geografie, Geschichte, Politikwissenschaft oder Wirtschaftswissenschaft) oder Sport.

Ein zusätzliches Fach kann als **Erweiterungsfach** in einem ergänzenden Masterstudiengang mit 60 ECTS-Punkten, davon mindestens 50 ECTS-Punkte im Fach, studiert werden. Die Hochschulen ermöglichen durch entsprechende Studienorganisation den Erwerb von Studienleistungen im Erweiterungsfach ab Beginn des Studiums.

Hinweise:

■ Zu den Bildungswissenschaften gehören Erziehungswissenschaft, Psychologie und Soziologie.

■ Die Fächer **Evangelische Theologie/ Religionspädagogik** oder **Katholische Theologie/Religionspädagogik** kann im Hinblick auf eine Zulassung zum Vorbereitungsdienst in Baden-Württemberg nur wählen, wer der jeweiligen Konfession angehört. Für die Ausbildung im Vorbereitungsdienst im Fach **Islamische Religionslehre** ist die Zugehörigkeit zum Islam sunnitischer Prägung Voraussetzung.

■ Die Pädagogischen Hochschulen legen die zeitliche Einfügung des **Integrierten Semesterpraktikums** in den Studienablauf fest. Es wird in der Regel in einem zusammenhängenden Zeitraum absolviert. Ein Anspruch auf einen Praktikumsplatz an einer bestimmten Schule besteht nicht. Das Integrierte Semesterpraktikum wird von den Schulpraxisämtern der Pädagogischen Hochschulen organisiert. Es umfasst Unterricht (Hospitation und angeleiteter eigener Unterricht im Umfang von in der Regel 130 Unterrichtsstunden, davon insgesamt angeleiteter eigener Unterricht im Umfang von mindestens 30 Unterrichtsstunden) und Teilnahme an möglichst vielen Arten von Konferenzen, Besprechungen, Beratungsgesprächen und weiteren schulischen und außerschulischen Veranstaltungen auch in Kooperation mit anderen schulischen und außerschulischen Partnern und mit den Eltern. Eingeschlossen ist die Teilnahme an den regelmäßig stattfindenden begleitenden Ausbildungsveranstaltungen der Pädagogischen Hochschule.

■ Der **Integrierte Studiengang** für das Lehramt Grundschule wird an der Pädagogischen Hochschule Freiburg und der Université de Haute-Alsace in Mulhouse auf der Basis des deutsch-französischen Kooperationsvertrags in der jeweils geltenden Fassung studiert.

■ Das Lehramt Grundschule mit der **Profilierung Europalehramt** (PH Freiburg, PH Karlsruhe) verbindet das Studium für das Lehramt Grundschule mit bilingualem Lehren und Lernen sowie mit kultureller Diversität und schließt ein verbindliches Auslandssemester ein. Verpflichtend zu wählen sind die Grundbildung Deutsch und Deutsch als Zweitsprache oder die Grundbildung Mathematik sowie das Fach Englisch oder Französisch und ein bilinguales Sachfach (Evangelische Theologie/ Religionspädagogik, Islamische Theologie/Religionspädagogik, Katholische Theologie/Religionspädagogik, Kunst,

LEHRAMT IN BADEN-WÜRTTEMBERG

Musik, naturwissenschaftlich-technischer Sachunterricht, sozialwissenschaftlicher Sachunterricht oder Sport) entsprechend der Studien- und Prüfungsordnung der Hochschule.

- An der PH Freiburg wird im **Integrierten Masterstudiengang** Lehramt Primarstufe, der abwechselnd an der PH Freiburg (1. Jahr) und dem Institut Supérieur du Professorat et de l'Éducation (INSPÉ) der Académie de Strasbourg mit Sitz in Colmar (2. Jahr) studiert wird, die Lehrbefähigung für Grundschulen im Elsass und in Baden-Württemberg erreicht. Dabei ist bereits das zweite Studienjahr im Master mit dem Vorbereitungsdienst in Baden-Württemberg verzahnt, der jedes Jahr im Februar an den Seminaren für Ausbildung und Fortbildung der Lehrkräfte in Lörrach oder Offenburg beginnt. Am Ende des zweiten Masterjahres wird in Colmar der Concours de Recrutement des Professeurs des Écoles abgelegt.

Lehramt Sekundarstufe I

Studienorte: Pädagogische Hochschulen Freiburg, Heidelberg, Karlsruhe, Ludwigsburg, Schwäbisch Gmünd, Weingarten.

Ausbildungsdauer: 10 Semester Regelstudienzeit (davon 6 Semester Bachelorstudiengang, 4 Semester Masterstudiengang); nach dem Masterabschluss 18 Monate Vorbereitungsdienst. Das gilt auch für das Europalehramt.

Schulpraktische Studien: in der Regel 3-wöchiges begleitetes Orientierungspraktikum bis spätestens zum Beginn des 4. Semesters des Bachelorstudiengangs, Integriertes Semesterpraktikum (in der Regel mind. 12 Wochen zu Beginn des Masterstudiengangs) und ggf. weitere Praktika.

Fächer und Fächerkombinationen

Das Studium umfasst zwei Fächer, Bildungswissenschaften und schulpraktische Studien. **Fächer** (Fachwissenschaft und Fachdidaktiken) sind:

Alltagskultur und Gesundheit, Biologie, Chemie, Deutsch mit Studienanteilen Deutsch als Zweitsprache, Englisch, Ethik, Evangelische Theologie/Religionspädagogik, Französisch, Geografie, Geschichte, Informatik, Islamische Theologie/Religionspädagogik, Katholische Theologie/Religionspädagogik, Kunst, Mathematik, Musik, Physik, Politikwissenschaft, Sport, Technik sowie Wirtschaftswissenschaft.

Ein zusätzliches Fach kann als **Erweiterungsfach** in einem ergänzenden Masterstudiengang mit 90 ECTS-Punkten studiert werden. Die Hochschulen ermöglichen durch entsprechende Studienorganisation den Erwerb von Studienleistungen im Erweiterungsfach ab Beginn des Studiums.

Hinweise:

- Zu den Bildungswissenschaften gehören Erziehungswissenschaft, Psychologie und Soziologie.
- Für die Zulassung zum Vorbereitungsdienst in Baden-Württemberg ist die Kombination von Katholischer Theologie/Religionspädagogik oder Evangelischer Theologie/Religionspädagogik oder Islamischer Theologie/Religionspädagogik oder Ethik untereinander ausgeschlossen.
- Die **Fächer Evangelische Theologie/Religionspädagogik** oder **Katholische Theologie/Religionspädagogik** kann im Hinblick auf eine Zulassung zum Vorbereitungsdienst in Baden-Württemberg nur wählen, wer der jeweiligen Konfession angehört. Für die Ausbildung im Vorbereitungsdienst im Fach Islamische Religionslehre ist die Zugehörigkeit zum Islam sunnitischer Prägung Voraussetzung.
- Die Pädagogischen Hochschulen legen die zeitliche Einfügung des **Integrierten Semesterpraktikums**, das an Werkreal- und Hauptschulen sowie Realschulen und an Gemeinschaftsschulen absolviert werden kann, in den Studienablauf des Masterstudiengangs fest. Es wird in der Regel in einem zusammenhängenden Zeitraum absolviert. Ein Anspruch auf einen Praktikumsplatz an einer bestimmten Schule besteht nicht. Das Integrierte Semesterpraktikum wird von den Schulpraxisämtern der Pädagogischen Hochschulen organisiert. Wer sein Integriertes Semesterpraktikum absolviert, nimmt unter kontinuierlicher Beratung des oder der beauftragten Ausbildungsberaters oder -beraterin am gesamten Schulleben teil. Dies umfasst Unterricht (Hospitation und angeleiteter eigener Unterricht im Umfang von in der Regel 130 Unterrichtsstunden, davon insgesamt angeleiteter eigener Unterricht im Umfang von mindestens 30 Unterrichtsstunden) und Teilnahme an möglichst vielen Arten von Konferenzen, Besprechungen, Beratungsgesprächen und weiteren schulischen und außerschulischen Veranstaltungen, auch in Kooperation mit anderen schulischen und außerschulischen Partnern und mit den Eltern. Eingeschlossen ist die Teilnahme an den ▶

3 STUDIENFELDER & STUDIENINHALTE

213

LEHRAMT IN BADEN-WÜRTTEMBERG

regelmäßig stattfindenden begleitenden Ausbildungsveranstaltungen der Pädagogischen Hochschule.

- Das Lehramt Sekundarstufe I mit der **Profilierung Europalehramt** verbindet das Studium für das Lehramt Sekundarstufe I mit bilingualem Lehren und Lernen sowie mit kultureller Diversität auf der Grundlage der Zielsprache Englisch oder Französisch und schließt ein verbindliches Auslandssemester ein. Zu wählen sind als Fach Englisch oder Französisch und ein bilinguales Sachfach (Alltagskultur und Gesundheit, Biologie, Chemie, Ethik, Evangelische Theologie/Religionspädagogik, Geografie, Geschichte, Informatik, Islamische Theologie/Religionspädagogik, Katholische Theologie/Religionspädagogik, Kunst, Mathematik, Musik, Physik, Politikwissenschaft, Sport, Technik oder Wirtschaftswissenschaft) entsprechend der Studien- und Prüfungsordnung der Hochschule.
- An der PH Freiburg wird im **Integrierten Masterstudiengang** Lehramt Sekundarstufe I, der abwechselnd an der Université de Côte d'Azur, Nizza (1. Jahr) und der PH Freiburg (2. Jahr) studiert wird, die Lehrbefähigung für die Sekundarstufe I in Frankreich und in Baden-Württemberg erreicht. Danach folgt der Vorbereitungsdienst in Baden-Württemberg, der jedes Jahr im Februar am Seminar für Ausbildung und Fortbildung der Lehrkräfte (Sek I) in Freiburg beginnt.

Lehramt Gymnasium

Studienorte: alle staatlichen Universitäten in Baden-Württemberg, dazu die Kunst- und Musikhochschulen und die Hochschule für Jüdische Studien Heidelberg.

Ausbildungsdauer: 10 Semester Regelstudienzeit (davon 6 Semester Bachelorstudiengang, 4 Semester Masterstudiengang), in Fächerverbindungen mit Musik oder Kunst 12 Semester Regelstudienzeit (davon 8 Semester Bachelorstudiengang, 4 Semester Masterstudiengang); nach dem Masterabschluss 18 Monate Vorbereitungsdienst.

Schulpraktische Studien: in der Regel 3-wöchiges begleitetes Orientierungspraktikum im Bachelorstudiengang, in der Regel 12-wöchiges Schulpraxissemester in einem Wintersemester des Masterstudiengangs.

Eine vergleichbare sonstige Schulpraxis als Fremdsprachenassistent*in in einer deutschen Schule im Ausland oder in einem Vorbereitungsdienst aus einem anderen Lehramt kann von der Hochschule auf entsprechenden Antrag als Ersatz für maximal acht Wochen des Schulpraxissemesters anerkannt werden. Die letzten vier Wochen des Schulpraxissemesters müssen an einem baden-württembergischen Gymnasium absolviert werden.

Fächer und Kombinationen

Das Studium umfasst **zwei Fächer (Fachwissenschaft und Fachdidaktik)**, außerdem Bildungswissenschaften und schulpraktische Studien. Folgende Fächer können gewählt werden: Bildende Kunst, Biologie, Chemie, Chinesisch, Deutsch mit Studienanteilen Deutsch als Zweitsprache, Englisch, Evangelische Theologie, Französisch, Geografie, Geschichte, Griechisch, Informatik, Italienisch, Islamische Religionslehre, Jüdische Religionslehre, Katholische Theologie, Latein, Mathematik, Musik, Naturwissenschaft und Technik (NwT), Philosophie/Ethik, Physik, Politikwissenschaft, Russisch, Spanisch, Sport und Wirtschaftswissenschaft.

Ein zusätzliches Fach kann als **Erweiterungsfach** in einem ergänzenden Masterstudiengang mit 90 ECTS-Punkten oder mit 120 ECTS-Punkten studiert werden. Die Hochschulen ermöglichen durch entsprechende Studienorganisation den Erwerb von Studienleistungen im Erweiterungsfach ab Beginn des Studiums.

Hinweise:

- Zu den Bildungswissenschaften gehören Erziehungswissenschaft, Psychologie und Soziologie.
- Die Fächer **Bildende Kunst** und **Musik** können mit allen genannten Fächern verbunden werden, nicht jedoch untereinander. In Kombination mit dem Fach Bildende Kunst oder Musik kann als zweites Fach eine Fachwissenschaft gewählt werden. In Kombination mit dem Fach Musik kann das Verbreiterungsfach Musik/Jazz und Popularmusik gewählt werden. In Kombination mit dem Fach Bildende Kunst und einer Fachwissenschaft kann das Erweiterungsfach Bildende Kunst/Intermediales Gestalten im Umfang von 90 ECTS-Punkten nach dem Abschluss Master of Education im Fach Bildende Kunst studiert werden.
- Die Zulassung zum **Musikstudium** (Bachelor of Music) oder zum **Kunststudium** (Bachelor of Fine Arts) für das Lehramt Gymnasium erfolgt durch eine künstlerische Eignungsprüfung vor Beginn des Studiums. Bei Bestehen des Bachelorabschlusses in Musik oder Bildender Kunst mit Lehramtsanteilen und einem Weiterstudium des Masterstudiengangs mit Abschluss Master

LEHRAMT IN BADEN-WÜRTTEMBERG

of Education in Musik oder Bildender Kunst erfolgt keine neuerliche Eignungsprüfung. Der bestandene Bachelorabschluss in Musik oder Bildender Kunst ersetzt diese. Zum Eintritt in einen Masterstudiengang mit dem Abschluss Master of Education in den Fächern Bildende Kunst oder Musik erfolgen künstlerische Eignungsprüfungen, wenn ein Neueintritt in die Hochschule oder in den Studiengang erfolgt.

- Das Fach **Naturwissenschaft und Technik (NwT)** kann nur in Verbindung mit einem der Fächer Biologie, Chemie, Physik oder Geografie mit Schwerpunkt Physische Geografie studiert werden.
- Die Fächer **Evangelische Theologie** oder **Katholische Theologie** kann im Hinblick auf eine Zulassung zum Vorbereitungsdienst in Baden-Württemberg nur wählen, wer der jeweiligen Konfession angehört. Für die Ausbildung im Vorbereitungsdienst im Fach **Islamische Religionslehre** ist die Zugehörigkeit zum Islam sunnitischer Prägung Voraussetzung.
- Für die Zulassung zum Vorbereitungsdienst in Baden-Württemberg ist die Kombination von Katholischer Theologie oder Evangelischer Theologie oder Jüdischer Theologie oder Islamischer Religionslehre oder Philosophie/Ethik untereinander ausgeschlossen.
- Das Schulpraxissemester kann an allgemeinbildenden Gymnasien und an beruflichen Schulen in Baden-Württemberg absolviert werden. Das Schulpraxissemester ermöglicht ein fundiertes Kennenlernen des gesamten Tätigkeitsfeldes Schule unter professioneller Begleitung von Schulen und Seminaren für Ausbildung und Fortbildung der Lehrkräfte (Gymnasien beziehungsweise Berufliche Schulen). Dies umfasst Unterricht (Hospitation und angeleiteter eigener Unterricht im Umfang von in der Regel 120 Unterrichtsstunden, davon insgesamt angeleiteter eigener Unterricht im Umfang von mindestens 30 Unterrichtsstunden), Teilnahme an möglichst vielen Arten von Dienstbesprechungen, Konferenzen und schulischen Veranstaltungen und Teilnahme an regelmäßig stattfindenden Ausbildungsveranstaltungen der beauftragten Ausbildungslehrkräfte.

Lehramt Sonderpädagogik

Studienorte: Pädagogische Hochschulen Heidelberg, Freiburg und Ludwigsburg.

Ausbildungsdauer: 10 Semester Regelstudienzeit (davon 6 Semester Bachelorstudiengang, 4 Semester Masterstudiengang), anschließend 18 Monate Vorbereitungsdienst.

Schulpraktische Studien: begleitetes Orientierungspraktikum (in der Regel 3 Wochen) bis spätestens zum Beginn des 3. Semesters des Bachelorstudiengangs, Integriertes Semesterpraktikum (in der Regel mind. 12 Wochen) nicht vor dem 3. Semester, Blockpraktikum (in der Regel 4 Wochen) oder Schulpraxisveranstaltungen mit Praxisanteilen in der zweiten sonderpädagogischen Fachrichtung im Masterstudiengang, ggf. zusätzlich weitere Praktika. Interessierte Studienbewerber*innen sollten sich vor Stellung eines Zulassungsantrages im Einzelfall bei der infrage kommenden PH beraten lassen

1. Studiengang für das Lehramt Sonderpädagogik (grundständig)

Das Studium umfasst **Grundbildung** Deutsch oder Grundbildung Mathematik aus dem Studiengang Lehramt Grundschule, **ein Fach** aus dem Studiengang Lehramt **Sekundarstufe I**, Studienanteile Deutsch als Zweitsprache, Bildungswissenschaften, sonderpädagogische Grundlagen, sonderpädagogische Handlungsfelder, **zwei sonderpädagogische Fachrichtungen** und schulpraktische Studien.

Sonderpädagogische Fachrichtungen sind: Lernen, Sprache, Emotional-soziale Entwicklung, Geistige Entwicklung, Körperliche und motorische Entwicklung, Lernen bei Blindheit und Sehbehinderung sowie Hören.

Sonderpädagogische Handlungsfelder sind: Sonderpädagogischer Dienst/Kooperation/inklusive Bildungsangebote; Frühförderung sowie frühkindliche Bildung und Erziehung von Kindern mit Behinderungen; Ausbildung, Erwerbsarbeit und Leben; Religiöse Bildung in der Sonderpädagogik; Kulturarbeit, Gestalten und Lernen; Pädagogik bei Krankheit; Leiblichkeit, Bewegung und Körperkultur; Sprache und Kommunikation.

Hinweise:

- Das Handlungsfeld Sonderpädagogischer Dienst/Kooperation/inklusive Bildungsangebote ist für alle Studierenden verbindlich.
- Zwei weitere Handlungsfelder werden gewählt.
- Das **Handlungsfeld Sprache und Kommunikation** gliedert sich in die Schwerpunkte Sprachwissenschaften, Unterstützte Kommunikation, Brailleschrift und Gebärdensprache. Von den Studierenden sind ein bis zwei dieser Schwerpunkte zu wählen. ▶

3 STUDIENFELDER & STUDIENINHALTE

215

LEHRAMT IN BADEN-WÜRTTEMBERG

- Für Studierende der Fachrichtung Sprache ist das Handlungsfeld Sprache und Kommunikation mit dem Schwerpunkt Sprachwissenschaften verbindlich, für Studierende der Fachrichtung Hören das Handlungsfeld Sprache und Kommunikation mit dem Schwerpunkt Gebärdensprache.
- Weiterführende Regelungen können in den Studienordnungen getroffen werden.
- Die Fächer **Evangelische Theologie/Religionspädagogik, Katholische Theologie/Religionspädagogik** oder **Islamische Theologie/Religionspädagogik** kann im Hinblick auf eine Zulassung zum Vorbereitungsdienst in Baden-Württemberg nur wählen, wer der jeweiligen Konfession angehört. Für die Ausbildung im Vorbereitungsdienst im Fach Islamische Religionslehre ist die Zugehörigkeit zum Islam sunnitischer Prägung Voraussetzung.
- Zu den Bildungswissenschaften gehören Erziehungswissenschaft, Psychologie und Soziologie.

Die Pädagogischen Hochschulen legen die zeitliche Einfügung des Integrierten Semesterpraktikums in den Studienablauf des Bachelorstudiengangs fest. Es wird in der Regel in einem zusammenhängenden Zeitraum absolviert. Im Zentrum des Integrierten Semesterpraktikums, das in der Regel in Baden-Württemberg absolviert wird, steht die von den Studierenden gewählte erste sonderpädagogische Fachrichtung sowie die Fachdidaktik des studierten Faches. Das Integrierte Semesterpraktikum wird von der Pädagogischen Hochschule, einer Sonderschule oder einer Schule mit inklusivem Bildungsangebot, welche die Betreuung durch eine Sonderschullehrkraft gewährleistet, verantwortlich begleitet. Ein Anspruch auf einen Praktikumsplatz an einer bestimmten Schule besteht nicht. Das Integrierte Semesterpraktikum wird von den Schulpraxisämtern der Pädagogischen Hochschulen organisiert. Es umfasst Unterricht (Hospitation und angeleiteter eigener Unterricht im Umfang von in der Regel 130 Unterrichtsstunden, davon insgesamt angeleiteter eigener Unterricht im Umfang von mindestens 30 Unterrichtsstunden) sowie die Übernahme von Aufgaben in kooperativen Arbeitsfeldern und Teilnahme an Beratungsgesprächen, Besprechungen, Konferenzen, schulischen und außerschulischen Veranstaltungen, auch in Kooperation mit anderen schulischen und außerschulischen Partnern und mit den Eltern. Eingeschlossen ist die Teilnahme an den regelmäßig stattfindenden begleitenden Ausbildungsveranstaltungen der Pädagogischen Hochschule. Ein **zusätzliches Fach** mit 60 ECTS-Punkten (davon mindestens 50 ECTS-Punkte im Fach) oder mit 90 ECTS-Punkten oder eine weitere sonderpädagogische Fachrichtung mit 60 ECTS-Punkten (einschließlich sonderpädagogischer Grundlagen, Handlungsfelder bezogen auf diese Fachrichtung) kann als Erweiterungsfach in einem ergänzenden Masterstudiengang studiert werden. Die Hochschulen ermöglichen durch entsprechende Studienorganisation den Erwerb von Studienleistungen im Erweiterungsfach ab Beginn des Studiums.

2. Aufbaustudium für das Lehramt Sonderpädagogik

Wer erfolgreich einen auf ein Lehramt bezogenen Masterstudiengang (Master of Education; mindestens 240 ECTS-Punkte) oder die Staatsprüfung für ein Lehramt absolviert hat, kann den Abschluss Master of Education Sonderpädagogik auch über ein **viersemestriges Aufbaustudium** erwerben.

Das Aufbaustudium umfasst sonderpädagogische Grundlagen, ein sonderpädagogisches Handlungsfeld sowie die erste und zweite sonderpädagogische Fachrichtung. Die schulpraktischen Studien haben in der Regel einen Umfang von acht Wochen. Die erste und die zweite sonderpädagogische Fachrichtung müssen hierbei gleichermaßen Berücksichtigung finden.

Die schulpraktischen Studien können auf zwei Praktika verteilt werden, um schulpraktische Studien sowohl in der ersten als auch in der zweiten sonderpädagogischen Fachrichtung zu ermöglichen. Wer vor dem Aufbaustudium die Staatsprüfung für ein Lehramt bestanden hat, erwirbt mit dem Abschluss Master of Education Sonderpädagogik zugleich die Befähigung für die Laufbahn des gehobenen Schuldienstes für das Lehramt Sonderpädagogik. Wer eine Erste Staatsprüfung für ein Lehramt bestanden oder erfolgreich einen Abschluss eines auf ein Lehramt bezogenen Masterstudiums vorweisen kann, erwirbt die Befähigung für die Laufbahn des gehobenen Schuldienstes für das Lehramt Sonderpädagogik mit der den Vorbereitungsdienst abschließenden Staatsprüfung.

Höheres Lehramt an beruflichen Schulen

Studienorte: HS Aalen/PH Schwäbisch Gmünd, HS Esslingen/PH Ludwigsburg, U Heidelberg, U Hohenheim, HS Karlsruhe/PH Karlsruhe, Karlsruher Institut für Technologie (KIT), U Konstanz, U Mannheim, HS Mannheim/PH Heidelberg, HS Offenburg/PH Freiburg,

LEHRAMT IN BADEN-WÜRTTEMBERG

HS Ravensburg-Weingarten/PH Weingarten, U Stuttgart, U Tübingen.

Ausbildungsdauer: 10 Semester Regelstudienzeit; nach dem Studienabschluss 18 Monate Vorbereitungsdienst (Referendariat).

Praktika: Innerhalb der Regelstudienzeit werden schulpraktische Studien im Bachelor- und im Masterstudiengang absolviert. Je nach Studiengang ist ein Betriebspraktikum erforderlich.

Fächer und Kombinationen:

Bei den beruflichen Schulen werden drei verschiedene Bereiche unterschieden: gewerbliche Schulen, kaufmännische Schulen sowie hauswirtschaftliche, pflegerische, sozialpädagogische und landwirtschaftliche Schulen.

Gewerbliche Schulen

Das Studium Technikpädagogik an der Universität Stuttgart besteht aus einem Hauptfach (Maschinenbau, Elektrotechnik, Bautechnik oder Informatik, der Erziehungswissenschaft und einem Wahlpflichtfach (Chemie, Deutsch, Englisch, Ethik, Politik, Sport, evangelische Theologie, katholische Theologie, Wirtschaftswissenschaften, Mathematik, Physik, Information oder einer Vertiefung des Hauptfaches).

Am Karlsruher Institut für Technologie (KIT) besteht das Studium Ingenieurpädagogik aus einem ersten Studienfachgebiet (Metalltechnik, Elektrotechnik oder Bautechnik) und einem zweiten Studienfachgebiet (beim Hauptfach Metalltechnik eine Vertiefungsrichtung, bei allen anderen Fächern Mathematik, Physik, Sport, Wirtschaftskunde oder Gemeinschafts- und Sozialkunde).

Die Bachelor- und Masterabschlüsse Technikpädagogik der Uni Stuttgart sowie Ingenieurpädagogik des KITs werden als Voraussetzung für die Zulassung zum Vorbereitungsdienst anerkannt. Die Voraussetzung für die Zulassung zum Vorbereitungsdienst erfüllen neben den oben genannten Studiengängen auch weitere kooperative Bachelor-/Masterstudiengänge im gewerblich-technischen Bereich an der HS Aalen/PH Schwäbisch Gmünd, der HS Karlsruhe/PH Karlsruhe, der HS Ravensburg-Weingarten/PH Weingarten, der HS Mannheim/PH Heidelberg, der HS Offenburg/PH Freiburg und der HS Esslingen/PH Ludwigsburg.

Kaufmännische Schulen

An den Standorten Mannheim, Hohenheim und Konstanz werden die Bachelor-/Masterstudiengänge Wirtschaftspädagogik bzw. wirtschaftswissenschaftliche Studiengänge mit pädagogischem Profil angeboten. Diese Abschlüsse werden als Voraussetzung für die Zulassung zum Vorbereitungsdienst anerkannt. Die Allensbach Hochschule bietet einen Masterstudiengang im Fernstudium an. Dieser führt bei Erfüllung bestimmter Mindeststudienleistungen ebenfalls zur Zulassung zum Vorbereitungsdienst.

Sozialpädagogische, pflegerische, hauswirtschaftliche und landwirtschaftliche Schulen

Die Uni Tübingen bietet den Bachelor-/Masterstudiengang Sozialpädagogik/Pädagogik an. Neben dem beruflichen Fach Sozialpädagogik/Pädagogik wird ein allgemeinbildendes Fach studiert. Mögliche Zweitfächer sind Chemie, Deutsch, Englisch, Evangelische Theologie, Französisch, Geschichte, Informatik, Islamische Religionslehre, Katholische Theologie, Mathematik, Philosophie/Ethik, Physik, Politikwissenschaft, Spanisch und Sport.

Der viersemestrige Master-Studiengang „Berufliche Bildung – Sozialpädagogik/Pädagogik und Psychologie an sozialpädagogischen Schulen" an der PH Freiburg baut primär auf den Bachelorstudiengängen Erziehungswissenschaft und Kindheitspädagogik der PH Freiburg auf.

An der Uni Heidelberg kann der Bachelor- und Masterstudiengang „Gerontologie, Gesundheit & Care" studiert werden. Das Studium umfasst Berufspädagogik und Bildungswissenschaften, Fachwissenschaften und -didaktiken und schulpraktische Studien sowie ein allgemein bildendes Zweitfach (Chemie, Deutsch mit Studienanteilen Deutsch als Fremdsprache, Englisch, evangelische Theologie, Französisch, Geschichte, Informatik, Jüdische Religionslehre an der HS für Jüdische Studien Heidelberg, Katholische Theologie, Mathematik, Philosophie/Ethik, Physik, Politikwissenschaft, Spanisch oder Sport). Mit Blick auf eine zukünftige Tätigkeit im Bereich Pflege an beruflichen Schulen wird für den Bachelorstudiengang „Gerontologie, Gesundheit und Care" entweder eine dreijährige erfolgreich abgeschlossene Pflegefachausbildung bzw. eine einjährige Berufsausbildung in der Pflege oder eine abgeschlossene Ausbildung zum*zur Heilerziehungspfleger*in bzw. ein Nachweis über das absolvierte erste Ausbildungsjahr in einer Pflegefachausbildung mit Versetzungsnachweis in das zweite Ausbildungsjahr vorausgesetzt. Darüber hinaus ist der Nachweis über eine gültige Ausbildungsvereinbarung mit einer Ausbildungsstätte, die einen Kooperationsvertrag mit der Universität Heidelberg zur Durchführung des Studienganges abgeschlossen hat, zu erbringen.

Der Masterstudiengang „Berufliche Bildung – Pflege/Wirtschafts- und Sozialmanagement" kann an der PH Freiburg studiert werden. Das ▶

LEHRAMT IN BADEN-WÜRTTEMBERG

Studium umfasst die Bereiche Fachwissenschaft des Unterrichtsfachs Wirtschafts- und Sozialmanagement, Bildungswissenschaften mit Schwerpunkt Berufs- und Wirtschaftspädagogik, Fachdidaktik der beruflichen Fachrichtung des Unterrichtsfachs sowie Schulpraktika. Zulassungsvoraussetzung zum Master ist u.a. ein fachlich einschlägiges Studium von mindestens sechs Semestern und Studienanteilen der Fachwissenschaft der beruflichen Fachrichtung Pflege (erstes Fach), des Wirtschafts- und Sozialmanagements (Unterrichtsfach) sowie der Bildungswissenschaften. Außerdem ist der Nachweis über eine erfolgreich abgeschlossene Berufsausbildung in einem der folgenden Ausbildungsberufe Voraussetzung für die Zulassung zum Studium: Gesundheits- und Krankenpfleger*in oder Kinderkrankenpfleger*in oder Altenpfleger*in.

Für die weiteren Schultypen gibt es keine spezifischen Lehramtsstudiengänge. Bei Bedarf können Absolvent*innen folgender Studiengänge zum Vorbereitungsdienst zugelassen werden:

Im Bereich **Hauswirtschaftliche Schulen:** Ernährungswissenschaft oder Biotechnologie;

Im Bereich **Landwirtschaftliche Schulen:** Agrarwissenschaften (mit Vertiefungsrichtung Tier- oder Pflanzenwissenschaften), Forstwissenschaft oder Gartenbauwissenschaft.

Hinweise:

■ Der Masterabschluss im Lehramt Gymnasium (Master of Education) in allgemeinbildenden Fächern berechtigt zum Vorbereitungsdienst an den beruflichen Schulen, wenn ein einschlägiges Betriebspraktikum von drei Monaten Dauer nachgewiesen wird.

■ Das im Studium absolvierte Schulpraxissemester wird in den LA-Studiengängen mit berufl. Fächern auf das Betriebspraktikum von mindestens einem Jahr angerechnet; eine einschlägige Ausbildung ersetzt die Betriebspraxis, nicht aber das Schulpraxissemester.

Lehramtsausbildung ohne Studium

In Baden-Württemberg sind spezielle Ausbildungswege zum Lehrer*innenberuf an öffentlichen Schulen auch ohne Hochschulstudium möglich. Voraussetzung für diese Ausbildungsgänge sind in der Regel ein mittlerer Bildungsabschluss und eine abgeschlossene Berufsausbildung. An allgemeinbildenden Schulen können Fachlehrkräfte in musischen oder technischen Fächern eingesetzt werden. Der Ausbildungsschwerpunkt liegt dabei auf einer späteren Tätigkeit an einer Schule der Sekundarstufe I.

An beruflichen Schulen arbeiten Technische Lehrer*innen an gewerblichen, landwirtschaftlichen, kaufmännischen und hauswirtschaftlichen Schulen entsprechend der jeweiligen Fachrichtung z.B. als Werkstattleiter*innen an gewerblichen Schulen oder als Lehrer*in für Textverarbeitung und Bürokommunikation.

Fachlehrkräfte Sonderpädagogik, Förderschwerpunkt geistige Entwicklung, Fachlehrkräfte Sonderpädagogik, Förderschwerpunkt körperliche und motorische Entwicklung sowie Technische Lehrkräfte Sonderpädagogik, Förderschwerpunkt geistige Entwicklung werden an Sonderpädagogischen Bildungs- und Beratungszentren sowie an Schulen im Rahmen inklusiver Beschulung eingesetzt.

Hinweise und Besonderheiten

Aktuelle Informationen zur Lehramtsausbildung und zu den voraussichtlich künftigen Einstellungschancen in Baden-Württemberg sind im Internet abrufbar unter www.lieber-lehramt.de oder unter www.km-bw.de ("Schule – Berufsziel Lehrerin und Lehrer") und www.lehrer-online-bw.de.

Unter www.cct-germany.de können Sie einen Selbst-Test absolvieren, um zu überprüfen, ob der Beruf Lehrer*in zu Ihnen passt. Am Ende des Tests erhalten Sie ein Zertifikat, welches für alle Lehrämter als Zulassungsvoraussetzung für eine Bewerbung um einen Studienplatz in Baden-Württemberg vorgelegt werden muss.

Hinweise für Lehramtsstudieninteressierte mit Behinderung

Die Hochschulen haben die Aufgabe die gleichberechtigte Teilhabe an Studium, Forschung und Lehre für alle Mitglieder unabhängig einer Behinderung zu ermöglichen (LGH § 2 (4)). Wir möchten hiermit Lehramtsstudieninteressierten Mut machen, ein Lehramtsstudium aufzunehmen.

> **→ links**
>
> **Studieninformation Baden-Württemberg**
> → www.studieninfo-bw.de
>
> **Kultusportal Baden-Württemberg**
> → www.km-bw.de
> (Rubrik: Schule > Beruf der Lehrkraft)
>
> **Lieber Lehramt →** www.lieber-lehramt.de
>
> **Studieren mit Behinderung**
> → www.studierendenwerke.de/themen/
> studieren-mit-behinderung/handbuch-studium-
> und-behinderung
>
> → sbv-schule.kultus-bw.de/,Lde/Startseite/
> Einstellung+_+Versetzung/
> Schwerbehinderteneinstellungs_verfahren

LEHRAMT IN BAYERN

Allgemeine Fragen zum Studium mit Behinderung finden Sie im **Handbuch „Studium und Behinderung"** des Deutschen Studierendenwerks. Kann ich mit einer Behinderung verbeamtet werden? Das ist die Frage, die sich Studieninteressierte mit Behinderung vor der Aufnahme eines Studiums stellen. Eine Antwort darauf finden Sie in der Verwaltungsvorschrift des Kultusministeriums: Schwerbehinderte und gleichgestellte Bewerbergruppen als Lehrkraft an Schulen. ■

3.10.2 Lehramtsausbildung in Bayern

In Bayern erfolgt die Lehrer*innenausbildung für folgende Lehramtstypen: Lehramt an Grundschulen, Lehramt an Mittelschulen, Lehramt an Realschulen, Lehramt an Gymnasien, Lehramt an beruflichen Schulen, Lehramt für Sonderpädagogik.

Struktur der Lehramtsausbildung

Das Lehramtsstudium ist modularisiert und mit einem Leistungspunktesystem versehen. Es umfasst von Anfang an die miteinander verzahnten Bereiche Fachwissenschaften, Fachdidaktik, Erziehungswissenschaften und Schulpraktika. An einigen Universitäten erlangen Studierende nach dem sechsten Semester einen dem jeweiligen Fachstudium entsprechenden Bachelorgrad: Bachelor of Arts (B.A.), Bachelor of Science (B.Sc.) oder Bachelor of Education (B.Ed.). Dieser wird nach dem Erwerb von 180 Leistungspunkten (LP) verliehen. Die Erste Lehramtsprüfung besteht aus zwei Teilen, einem universitären Prüfungsteil – den studienbegleitend abzulegenden Modulprüfungen – und der Ersten Staatsprüfung unter staatlicher Aufsicht. Die Erste Staatsprüfung für ein Lehramt an öffentlichen Schulen wird – mit Ausnahme des Lehramts an beruflichen Schulen – durch die von den Hochschulen zu verleihenden Bachelor- und Masterabschlüsse nicht ersetzt!

An mehreren Universitäten des Landes sind die Lehramtsstudiengänge in bestimmten Fächerkombinationen nach dem Bachelor-Master-Modell neu strukturiert. Die Studierenden erwerben nach sechs Semestern zunächst den nur für den außerschulischen Bereich berufsqualifizierenden Grad „Bachelor of Education". Nach weiteren ein bis drei Semestern besteht die Möglichkeit, das Studium mit der Ersten Staatsprüfung für das betreffende Lehramt abzuschließen. Zusätzlich kann nach entsprechendem Studium ein Mastergrad erworben werden (M.Ed., M.A., M.Sc.).

Anzeige

Lehramt an Grundschulen, Lehramt an Mittelschulen

Studienorte: alle bayerischen Universitäten außer Bayreuth U und München TU; Hochschulen für Musik in München und Würzburg.

Ausbildungsdauer: 7 Semester Regelstudienzeit; nach der Ersten Lehramtsprüfung 2 Jahre Vorbereitungsdienst.

Praktika: ein 8-wöchiges Betriebspraktikum, ein Orientierungspraktikum (3-4 Wochen), ein pädagogisch-didaktisches Schulpraktikum (i.d.R. im Laufe von zwei aufeinanderfolgenden Schulhalbjahren abzuleisten), ein studienbegleitendes fachdidaktisches Praktikum, das sich auf eines der gewählten Fächer (und nicht auf die Erweiterung des Studiums begründendes ▶

LEHRAMT IN BAYERN

Fach) bezieht sowie ein zusätzliches studienbegleitendes Praktikum im Zusammenhang mit dem Studium der Didaktik der Grundschule bzw. ein zusätzliches studienbegleitendes Praktikum im Zusammenhang mit dem Studium der Didaktiken einer Fächergruppe der Mittelschule.

Fächer und Kombinationen
Als Unterrichtsfächer können gewählt werden:
- Beruf und Wirtschaft (nur für das Lehramt an Mittelschulen), Biologie, Chemie, Deutsch, Deutsch als Zweitsprache, Englisch, Ethik, Geografie, Geschichte, Informatik (nur für Lehramt an Mittelschulen), Kunst, Mathematik, Musik, Physik, evangelische Religionslehre, katholische Religionslehre, Politik und Gesellschaft, Sport.
- Zusätzlich zu jeder Fächerverbindung ist das Fach Didaktik der Grundschule bzw. Didaktiken einer Fächergruppe der Mittelschule (einschließlich der fachwissenschaftlichen Grundlagen) zu studieren. Hinzu kommt ein Erziehungswissenschaftliches Studium, das allgemeine Pädagogik, Schulpädagogik, Psychologie sowie eines der folgenden Gebiete: Politikwissenschaft, Soziologie, Volkskunde; ergänzend Theologie oder Philosophie beinhaltet.
- An der Universität Regensburg wird das Didaktikfach „Naturwissenschaft und Technik" (NwT) angeboten, um eine naturwissenschaftlich-technische Profilierung des Lehramtsstudiums zu erreichen.

Erweiterung:
- An die Stelle des Studiums eines der genannten Unterrichtsfächer kann in Erweiterung des Studiums das Studium der Psychologie mit schulpsychologischem Schwerpunkt treten (Regelstudienzeit 9 Semester). Das ist aber nur an folgenden Studienorten möglich: Bamberg U, Eichstätt-Ingolstadt KU, München U.
- Das Studium für das Lehramt an Grundschulen und für das Lehramt an Mittelschulen kann erweitert werden durch das Studium eines weiteren Unterrichtsfachs, des Fachs Islamischer Unterricht, oder durch das Studium, das zu einer sonderpädagogischen Qualifikation oder der pädagogischen Qualifikation als Beratungslehrkraft führt.
- Das Studium für das Lehramt an Grundschulen kann ferner durch das Studium der Didaktiken einer Fächergruppe der Mittelschule, das Studium für das Lehramt an Mittelschulen durch das Studium

der Didaktik der Grundschule erweitert werden.
- Nachträglich kann die Ausbildung erweitert werden durch das Studium: des Islamischen Unterrichts, einer fremdsprachlichen Qualifikation, der Medienpädagogik, des Darstellenden Spiels oder des Faches „Individuelle Förderung von Schülerinnen und Schülern" (nur an Augsburg U und Bamberg U).

Lehramt an Realschulen
Studienorte: alle bayerischen Universitäten sowie die Hochschulen für Musik in München und Würzburg (Fach: Musik).

Ausbildungsdauer: 7 Semester Regelstudienzeit; nach der Ersten Lehramtsprüfung 2 Jahre Vorbereitungsdienst.

Praktika: ein 8-wöchiges Betriebspraktikum, ein Orientierungspraktikum (3-4 Wochen), ein pädagogisch-didaktisches Schulpraktikum (i.d.R. im Laufe von zwei aufeinanderfolgenden Schulhalbjahren abzuleisten) und ein studienbegleitendes fachdidaktisches Praktikum, das sich auf eines der gewählten Fächer (und nicht auf ein die Erweiterung des Studiums begründendes Fach) bezieht.

Erziehungswissenschaftliches Studium: Allgemeine Pädagogik, Schulpädagogik, Psychologie.

Fächer und Kombinationen
Neben dem Studium der Erziehungswissenschaften (Pädagogik und Psychologie) werden zwei Unterrichtsfächer (Umfang 72 LP je Fach, inkl. Fachdidaktik) gewählt.
- Biologie mit Chemie, Englisch, Informatik oder Physik
- Chemie mit Englisch, Mathematik oder Physik
- Deutsch mit Englisch, Französisch, Geografie, Geschichte, Kunst, Mathematik, Musik, Physik, Religionslehre oder Sport
- Englisch mit Ethik, Französisch, Geografie, Geschichte, Informatik, Kunst, Mathematik, Musik, Physik, Religionslehre, Sport oder Wirtschaftswissenschaften
- Ethik mit Mathematik
- Französisch mit Geografie
- Geografie mit Wirtschaftswissenschaften
- Informatik mit Mathematik, Physik oder Wirtschaftswissenschaften
- Kunst mit Mathematik
- Mathematik mit Musik, Physik, Religionslehre, Sport oder Wirtschaftswissenschaften
- Musik mit Physik, Religionslehre oder Sport

LEHRAMT IN BAYERN

- Politik und Gesellschaft mit Wirtschaftswissenschaften
- Sport mit Wirtschaftswissenschaften.

Erweiterung:
Das Studium dieser Fächerverbindungen kann erweitert werden durch:
- das Studium eines dritten Unterrichtsfachs aus den oben aufgeführten Fächern
- das Studium des Unterrichtsfachs Tschechisch oder des Islamischen Unterrichts
- das Studium, das zu einer pädagogischen oder sonderpädagogischen Qualifikation führt.

Ferner ist in Verbindung mit dem Fach Englisch, dem Fach Mathematik oder dem Fach Informatik eine Erweiterung des Studiums mit dem Fach Psychologie mit schulpsychologischem Schwerpunkt, das an die Stelle des zweiten Fachs der Fächerverbindung tritt, möglich.

Lehramt an Gymnasien

Studienorte: alle bayerischen Universitäten sowie die Musikhochschulen in München und Würzburg (Fach: Musik) und die Akademien der bildenden Künste in Nürnberg und München (Fach: Kunst).

Ausbildungsdauer: 9 Semester Regelstudienzeit (10 Semester in einer Fächerverbindung mit Psychologie mit schulpsychologischem Schwerpunkt); nach der Ersten Lehramtsprüfung 2 Jahre Vorbereitungsdienst.

Praktika: ein 8-wöchiges Betriebspraktikum, ein Orientierungspraktikum (3-4 Wochen), ein pädagogisch-didaktisches Schulpraktikum (i.d.R. im Laufe von zwei aufeinanderfolgenden Schulhalbjahren abzuleisten) und ein studienbegleitendes fachdidaktisches Praktikum, das sich auf vertieft studierte Fächer bezieht (nicht auf ein die Erweiterung des Studiums begründendes Fach und nicht auf das Fach Psychologie mit schulpsychologischem Schwerpunkt).

Erziehungswissenschaftliches Studium: Allgemeine Pädagogik, Schulpädagogik, Psychologie.

Fächer und Kombinationen

Neben dem Studium der Erziehungswissenschaften (Pädagogik und Psychologie) werden i.d.R. zwei vertieft studierte Fächer (Umfang 102 LP je Fach, inkl. Fachdidaktik) oder als Doppelfach auch Kunst oder Musik gewählt.
- Biologie mit Chemie, Englisch, Informatik oder Physik
- Chemie mit Englisch, Geografie, Informatik, Mathematik oder Physik
- Deutsch mit Englisch, Französisch, Geografie, Geschichte, Latein, Mathematik, Musik, Religionslehre, Philosophie/Ethik, Politik und Gesellschaft oder Sport
- Englisch mit Französisch, Geografie, Geschichte, Informatik, Italienisch, Latein, Mathematik, Musik, Philosophie/Ethik, Physik, Psychologie mit schulpsychologischem Schwerpunkt, Religionslehre, Russisch, Politik und Gesellschaft, Spanisch, Sport oder Wirtschaftswissenschaften
- Französisch mit Geografie, Geschichte, Latein oder Spanisch
- Geografie mit Physik oder Wirtschaftswissenschaften
- Geschichte mit Latein
- Griechisch mit Latein
- Informatik mit Mathematik, Physik oder Wirtschaftswissenschaften
- Kunst (Doppelfach)
- Latein mit Mathematik, Musik, Philosophie/Ethik, Psychologie mit schulpsychologischem Schwerpunkt, Religionslehre oder Sport
- Mathematik mit Musik, Philosophie/Ethik, Physik, Psychologie mit schulpsychologischem Schwerpunkt, Religionslehre, Sport oder Wirtschaftswissenschaften
- Musik (Doppelfach)
- Religionslehre mit Sport.

Erweiterung:
Sämtliche Fächerverbindungen können um ein drittes vertieft studiertes Fach aus den oben aufgeführten Fächern erweitert werden. Als Erweiterungsfach kann auch Chinesisch, Polnisch, Tschechisch oder Türkisch gewählt werden. Eine Erweiterung ist außerdem möglich durch das Studium der Psychologie mit schulpsychologischem Schwerpunkt (soweit dieses Studium nicht schon im Rahmen der Fächerverbindung gewählt worden ist) sowie in einer sonderpädagogischen Qualifikation oder in der pädagogischen Qualifikation als Beratungslehrkraft. In einer Fächerverbindung mit dem Fach Musik ist eine Erweiterung mit dem Doppelfach Musik ausgeschlossen; ebenso ist in der Fächerverbindung Musik (Doppelfach) eine Erweiterung mit dem Fach Musik ausgeschlossen.

Eine nachträgliche Erweiterung ist darüber hinaus möglich durch das Studium des Fachs Deutsch als Zweitsprache, einer fremdsprachlichen Qualifikation, der Medienpädagogik, des Darstellenden Spiels oder des Fachs „Individuelle Förderung von Schülerinnen und Schülern" (nur an Augsburg U und Bamberg U) ▶

→ Finde Studiengänge:

LEHRAMT IN BAYERN

Lehramt an beruflichen Schulen

Studienorte: Bamberg U, Bayreuth U, Erlangen-Nürnberg U, München TU, München U.

Ausbildungsdauer: Bachelor-/Masterstudiengang 10 Semester; 2 Jahre Vorbereitungsdienst.

Praktika: laut Prüfungsordnung der jeweiligen Universität müssen in der beruflichen Fachrichtung, im Unterrichtsfach (Zweitfach) und in den Sozial- und Bildungswissenschaften begleitende schulpraktische Studien absolviert werden. Darüber hinaus muss bis zum Eintritt in den Vorbereitungsdienst ein Berufspraktikum (48 Wochen) absolviert werden. Dieses kann durch eine einschlägige abgeschlossene Berufsausbildung ersetzt werden. Nicht einschlägige Berufsausbildungen und weitere einschlägige Tätigkeiten (z.B. fachpraktische Ausbildung in der 11. Jahrgangsstufe der Fachoberschule) können zum Teil auf das Berufspraktikum angerechnet werden.

Fächer und Kombinationen

Neben dem Studium einer beruflichen Fachrichtung studieren angehende Lehrkräfte an beruflichen Schulen ein allgemeinbildendes Unterrichtsfach (Zweitfach). Darüber hinaus sind Erziehungswissenschaften (Allgemeine Pädagogik, Schulpädagogik, Psychologie, Gesellschaftswissenschaften, Berufs- und Arbeitskunde) wesentliche Studieninhalte.

Berufliche Fachrichtungen: Metalltechnik, Elektrotechnik und Informationstechnik, Bautechnik, Ernährungs- und Hauswirtschaftswissenschaft, Agrarwirtschaft, Sozialpädagogik, Gesundheits- und Pflegewissenschaft, Wirtschaftspädagogik.

Fächer: Je nach Studienort kann aus folgenden Unterrichtsfächern (Zweitfach) gewählt werden: Deutsch, Berufssprache Deutsch, Mathematik, Physik, Chemie, Biologie, Politik und Gesellschaft, Englisch, Religionslehre, Ethik, Sport, Kunst, Musik, Informatik, Wirtschaftsinformatik, Mechatronik, Französisch, Spanisch, Geografie, Sonderpädagogik.

Anstelle des Unterrichtsfachs kann an der TU München der Teilstudiengang Schulpsychologie gewählt werden.

Erweiterung:

Die Fächerverbindungen können durch das Studium eines dritten Unterrichtsfachs, einer sonderpädagogischen Qualifikation (z.B. Gehörlosenpädagogik, Körperbehindertenpädagogik, usw.), in Psychologie mit schulpsychologischem Schwerpunkt oder in den pädagogischen Qualifikationen als Beratungslehrkraft, Medienpädagogik usw. erweitert werden.

Hinweise:

Der Masterabschluss in Wirtschaftspädagogik oder Berufspädagogik entspricht der Ersten Lehramtsprüfung für das Lehramt an beruflichen Schulen, wenn er den Anforderungen des Lehramts genügt und daneben das erforderliche Berufspraktikum nachgewiesen wird.

Lehramt für Sonderpädagogik

Studienorte: München U, Würzburg U, Regensburg U.

Ausbildungsdauer: 9 Semester Regelstudienzeit; nach der Ersten Lehramtsprüfung 2 Jahre Vorbereitungsdienst.

Praktika: ein 8-wöchiges Betriebspraktikum, ein Orientierungspraktikum (4 Wochen), ein pädagogisch-didaktisches Schulpraktikum (i.d.R. im Laufe von zwei aufeinanderfolgenden Schulhalbjahren abzuleisten), ein sonderpädagogisches Blockpraktikum an einer Förderschule der vertieft studierten Fachrichtung (4 Wochen mit mindestens 100 Unterrichtsstunden), ein sonderpädagogisches Blockpraktikum an einer Förderschule der Fachrichtung des Qualifizierungsstudiums (2 Wochen) sowie ein zusätzliches studienbegleitendes sonderpädagogisches Praktikum.

Erziehungswissenschaftliches Studium: Allgemeine Pädagogik, Schulpädagogik, Psychologie.

Fächerverbindungen:

Das Studium der sonderpädagogischen Fachrichtungen umfasst das vertiefte Studium (Umfang 90 LP) und das Qualifizierungsstudium (Umfang 30 LP) je einer sonderpädagogischen Fachrichtung.

Die Erste Staatsprüfung kann in folgenden Kombinationen sonderpädagogischer Fachrichtungen abgelegt werden:

- Gehörlosenpädagogik (vertieft studiert) mit Schwerhörigenpädagogik (Qualifizierungsstudium)
- Geistigbehindertenpädagogik (vertieft studiert) mit Gehörlosenpädagogik, Körperbehindertenpädagogik, Schwerhörigenpädagogik, Sprachheilpädagogik oder Pädagogik bei Verhaltensstörungen (jeweils Qualifizierungsstudium)
- Körperbehindertenpädagogik (vertieft studiert) mit Geistigbehindertenpädagogik, Lernbehindertenpädagogik, Sprachheilpädagogik oder Pädagogik bei Verhaltensstörungen (jeweils Qualifizierungsstudium)
- Lernbehindertenpädagogik (vertieft studiert) mit Gehörlosenpädagogik, Körperbehindertenpädagogik, Schwerhörigenpädagogik, Sprachheilpädagogik oder

LEHRAMT IN BERLIN

Pädagogik bei Verhaltensstörungen (jeweils Qualifizierungsstudium)
- Schwerhörigenpädagogik (vertieft studiert) mit Gehörlosenpädagogik (Qualifizierungsstudium)
- Sprachheilpädagogik (vertieft studiert) mit Gehörlosenpädagogik, Geistigbehindertenpädagogik, Körperbehindertenpädagogik, Lernbehindertenpädagogik, Schwerhörigenpädagogik oder Pädagogik bei Verhaltensstörungen (jeweils Qualifizierungsstudium)
- Pädagogik bei Verhaltensstörungen (vertieft studiert) mit Geistigbehindertenpädagogik, Gehörlosenpädagogik, Körperbehindertenpädagogik, Lernbehindertenpädagogik, Schwerhörigenpädagogik oder Sprachheilpädagogik (jeweils Qualifizierungsstudium).

Das Studium der sonderpädagogischen Fachrichtungen ist mit dem Studium der Didaktik der Grundschule oder mit dem Studium der Didaktiken einer Fächergruppe der Mittelschule zu verbinden.

Erweiterung:
Das Studium für das Lehramt an Sonderschulen kann erweitert werden durch das Studium einer sonderpädagogischen Qualifikation, das Studium der Didaktik der Grundschule oder der Didaktiken einer Fächergruppe der Mittelschule oder das Studium eines geeigneten Unterrichtsfachs.

Eine nachträgliche Erweiterung ist darüber hinaus auch durch das Studium der pädagogischen Qualifikation als Beratungslehrkraft, durch das Studium der Psychologie mit schulpsychologischem Schwerpunkt, durch das Studium des Islamischen Unterrichts, durch das Studium einer fremdsprachlichen Qualifikation, durch das Studium der Medienpädagogik oder durch das Studium des Darstellenden Spiels möglich. ■

> → **links**
>
> **Bayerisches Staatsministerium für Unterricht und Kultus**
> → www.km.bayern.de/lehrer/lehrerausbildung.html
>
> **Selbsterkundungsprogramm „SeLF"**
> des Münchner Zentrums für Lehrerbildung der Ludwig-Maximilian-Universität
> → www.self.mzl.lmu.de

3.10.3 Lehramtsausbildung in Berlin

In Berlin werden Lehrkräfte für folgende Lehrämter ausgebildet: **Lehramt an Grundschulen, Lehramt an Integrierten Sekundarschulen und Gymnasien, Lehramt an beruflichen Schulen.**

Struktur der Lehramtsausbildung

Das modular aufgebaute **Bachelorstudium mit Lehramtsoption** führt nach einer Studienzeit von sechs Semestern (180 LP) zum Abschluss Bachelor of Science (B.Sc.) oder Bachelor of Arts (B.A.). Je nach angestrebtem Lehramt werden zwei bis drei Fächer bzw. Fachrichtungen sowie Bildungswissenschaften einschließlich eines berufsfeldschließenden Praktikums studiert.

Die Dauer des anschließenden **Masterstudiums** beträgt vier Semester (120 LP). Der lehramtsbezogene Masterabschluss (Master of Education) berechtigt zum Vorbereitungsdienst.

Im Sinne eines inklusiven Schulsystems hat Berlin das **Lehramt für Sonderpädagogik** aufgegeben. Stattdessen können Lehramtsstudierende bei allen drei Lehrämtern ein Studienfach durch das Fach Sonderpädagogik, d.h. zwei sonderpädagogische Förderschwerpunkte, ersetzen.

Im Rahmen von Modellversuchen wurden zusätzlich für ausgewählte Fächer Masterstudiengänge für den Quereinstieg („Q-Master") im Umfang von vier Semestern implementiert. Mittlerweile gibt es an allen lehrkräftebildenden Universitäten Q-Master-Studiengänge.

Inklusion und Sprachbildung sind als Querschnittsthemen **integraler Bestandteil aller lehramtsbezogenen Studiengänge**.

Lehramt an Grundschulen

Studienorte: HU Berlin, FU Berlin, UdK Berlin.
Ausbildungsdauer: 6 + 4 Semester; nach dem Masterabschluss 18-monatiger Vorbereitungsdienst.
Praktika: ein berufsfeldschließendes Praktikum (6 Wochen) im Bachelorstudium, ein Praxissemester im Masterstudium.

Fächer und Kombinationen

Das Studium für das Lehramt an Grundschulen umfasst neben den Bildungswissenschaften und der allgemeinen Grundschulpädagogik ▶

LEHRAMT IN BERLIN

grundsätzlich die Fächer Deutsch und Mathematik an der FU oder HU Berlin. Als drittes Fach können Studierende wählen zwischen: Englisch (nur FU Berlin), Französisch (nur FU Berlin), Kunst (nur UdK Berlin), Musik (nur UdK Berlin), Sachunterricht in Verbindung mit Gesellschaftswissenschaften (nicht UdK Berlin), Sachunterricht in Verbindung mit Naturwissenschaften (nicht UdK Berlin), Sport (nur HU Berlin), Evangelische Theologie (nur HU Berlin), Katholische Theologie (nur HU Berlin) und Islamische Theologie (nur HU Berlin).

Anstatt der Fächer Deutsch, Mathematik oder dem frei wählbaren dritten Fach kann das Fach Sonderpädagogik, d.h. zwei sonderpädagogische Förderschwerpunkte, gewählt werden (nur FU und HU Berlin). Folgende Förderschwerpunkte stehen zur Auswahl:

- Sehen (nur HU)
- Geistige Entwicklung (nur HU)
- Körperliche und motorische Entwicklung (nur HU)
- Lernen/Emotionale und soziale Entwicklung
- Sprache/Emotionale und soziale Entwicklung
- Hören (nur HU)
- Gebärdensprachenpädagogik (nur HU).

Lehramt an Integrierten Sekundarschulen und Gymnasien

Studienorte: HU Berlin, FU Berlin, UdK Berlin, TU Berlin.

Ausbildungsdauer: 6 + 4 Semester; nach dem Masterabschluss 18-monatiger Vorbereitungsdienst.

Praktika: ein berufsfelderschließendes Praktikum (6 Wochen) im Bachelorstudium, ein Praxissemester im Masterstudium.

Fächer und Kombinationen

Erst- oder Zweitfächer: Altgriechisch (nur FU und HU Berlin, nicht in Verbindung mit Chinesisch, Italienisch oder Russisch), Arbeitslehre (nur TU Berlin), Bildende Kunst (nur UdK Berlin), Biologie (nur FU und HU Berlin), Chemie (nur FU und HU Berlin), Chinesisch (nur FU Berlin, nicht in Verbindung mit Altgriechisch, Italienisch oder Russisch), Darstellendes Spiel (nur UdK), Deutsch (nur FU und HU Berlin), Englisch (nur FU und HU Berlin), Evangelische Theologie (nur HU Berlin), Französisch (nur FU und HU Berlin), Geografie (nur FU und HU Berlin, nicht in Verbindung mit Geschichte oder Politik), Geschichte (nur FU und HU Berlin, nicht in Verbin-

dung mit Geografie oder Politik), Informatik (nur FU und HU Berlin), Italienisch (nur FU Berlin, nicht in Verbindung mit Altgriechisch, Chinesisch oder Russisch), Katholische Theologie (nur HU Berlin), Latein (nur FU und HU Berlin), Mathematik (nur HU und FU Berlin), Musik (nur UdK Berlin), Philosophie/Ethik (nur FU Berlin), Physik (nur HU und FU Berlin), Politik (nur FU Berlin, nicht in Verbindung mit Geografie oder Geschichte), Russisch (nur HU Berlin, nicht in Verbindung mit Altgriechisch, Chinesisch oder Italienisch), Spanisch (nur HU und FU Berlin), Sport (nur HU Berlin).

Kunst, Musik und Darstellendes Spiel sind an der UdK Berlin nur als Erstfächer wählbar. Die einzige Ausnahme bildet die Kombination Musik – Sonderpädagogik, in der beide Fächer im Rahmen eines Modellversuchs im gleichen Umfang studiert werden.

An die Stelle des ersten Faches können **zwei sonderpädagogische Fachrichtungen** an der FU und HU Berlin gewählt werden. Folgende Förderschwerpunkte stehen zur Auswahl:

- Sehen (nur HU)
- Geistige Entwicklung (nur HU)
- Körperliche und motorische Entwicklung (nur HU)
- Lernen/Emotionale und soziale Entwicklung
- Sprache/Emotionale und soziale Entwicklung

➔ links

Freie Universität Berlin
➔ www.fu-berlin.de/sites/dse/studium/interesse-lehramt/index.html

Humboldt Universität Berlin
➔ pse.hu-berlin.de/de/studium

Technische Universität Berlin
➔ www.tu.berlin/setub/studium-lehre/lehramtsstudiengaenge

Senatsverwaltung für Bildung, Jugend und Familie
➔ www.berlin.de/sen/bildung/fachkraefte/lehrerausbildung/studium

➔ www.zukunftscampus-berlin.de/

➔ www.machberlingross.de/lehrer-in/abitur-lehramtstudium.html

Senatsverwaltung für Wissenschaft, Gesundheit, Pflege und Gleichstellung
➔ www.berlin.de/sen/wissenschaft/studium/studieren-heute/#lehramt

Universität der Künste
➔ www.udk-berlin.de/universitaet/kuenstlerisches-lehramt/

LEHRAMT IN BRANDENBURG

- Hören (nur HU)
- Gebärdensprachenpädagogik (nur HU).

Lehramt an beruflichen Schulen

Studienorte: Berlin HU, Berlin TU, Berlin FU (an der FU nur Studium im allgemeinbildenden Zweitfach möglich).

Ausbildungsdauer: 6+4 Semester; nach dem Masterabschluss 18-monatiger Vorbereitungsdienst.

Praktika: ein berufsfelderschließendes Praktikum (6 Wochen) im Bachelorstudium, ein Praxissemester im Masterstudium.

Fächer und Kombinationen

Berufliche Fachrichtung an der TU Berlin: Bautechnik, Elektrotechnik, Ernährung und Hauswirtschaft, Fahrzeugtechnik, Informationstechnik, Agrarwirtschaft, Medientechnik, Metalltechnik.

Berufliche Fachrichtungen an der HU Berlin: Wirtschaft und Verwaltung.

Zweitfächer (ggf. zweite berufliche Fachrichtung): Die o.g. berufliche Fachrichtung wird mit einem Zweitfach kombiniert. Dieses kann eine weitere berufliche Fachrichtung sein (nur Fahrzeugtechnik, Informationstechnik sowie Medientechnik) oder eines der folgenden allgemeinbildenden Fächer: Biologie (nicht in Verbindung mit Labortechnik/Prozesstechnik), Chemie (nicht in Verbindung mit Labortechnik/Prozesstechnik), Deutsch, Englisch, Französisch, Informatik (nicht in Verbindung mit Informationstechnik), Mathematik, Physik, Politik, Spanisch, Sport.

Statt eines dieser Zweitfächer können zwei sonderpädagogische Fachrichtungen gewählt werden. Folgende Förderschwerpunkte stehen zur Auswahl:

- Sehen (nur HU)
- Geistige Entwicklung (nur HU)
- Körperliche und motorische Entwicklung
- Lernen/Emotionale und soziale Entwicklung
- Sprache/Emotionale und soziale Entwicklung
- Hören (nur HU)
- Gebärdensprachenpädagogik (nur HU). ■

3.10.4 Lehramtsausbildung in Brandenburg

Im Land Brandenburg erfolgt die Lehrer*innenausbildung für folgende Lehramtstypen: Lehramt für die Primarstufe, Lehramt für die Sekundarstufen I und II (allgemeinbildende Fächer) sowie Lehramt für Förderpädagogik.

Struktur der Lehramtsausbildung

Das Studium erfolgt als gestuftes Modell mit den Abschlüssen Bachelor of Education (B.Ed.) und Master of Education (M.Ed.). Schulpraktische Studien haben sowohl im Bachelor- als auch im Masterstudium eine besondere Bedeutung. Die schulpraktischen Studien werden von der Erziehungswissenschaft, der Grundschulpädagogik, der Inklusions- und Förderpädagogik und von den gewählten Fächern verantwortet. Somit werden in allen Professionsbereichen im Bachelor- und im Masterstudium praktische Kompetenzen erworben.

Lehramt für die Primarstufe

Studienort: Potsdam U.

Ausbildungsdauer: 6 + 4 Semester Regelstudienzeit; nach dem Masterabschluss 12 Monate Vorbereitungsdienst.

Praktika: im Bachelorstudium ein integriertes Eingangspraktikum, ein Praktikum in pädagogisch-psychologischen Handlungsfeldern, je ein fachdidaktisches Tagespraktikum in den beiden gewählten Fächern; im Masterstudium ein psychodiagnostisches Praktikum und ein Schulpraktikum (15 Wochen)

Fächer und Kombinationen

Für dieses Lehramt werden zwei Fächer kombiniert. Als **Fach 1** kann Deutsch, Englisch oder Mathematik gewählt werden, als **Fach 2** ist die Wahl von Deutsch, Englisch, Kunst, Mathematik, Musik, Sachunterricht oder Sport möglich.

Eine Besonderheit ergibt sich inhaltlich im Studium (nicht bei Bewerbung und Immatrikulation) bei der Wahl des Faches Sachunterricht. Das Fach **Sachunterricht** wird in den Jahrgangsstufen 1 bis 4 an den Schulen des Landes Brandenburg unterrichtet, in den Jahrgangsstufen 5 und 6 werden die Unterrichtsfächer Gesellschaftswissenschaften, Naturwissenschaften, Lebensgestaltung-Ethik-Religionskunde (LER) und Wirtschaft-Arbeit-Technik (WAT) unterrichtet. Im Rahmen des Studiums des Faches Sachunterricht werden daher Bezugsfächer gewählt, deren Wahl vom gewählten Erstfach abhängig ist. Wird Mathematik als Erstfach gewählt, kann Naturwissenschaften oder Wirtschaft-Arbeit-Technik als Bezugsfach gewählt werden. Bei der Wahl von Deutsch oder Englisch als Erstfach ▶

3

STUDIENFELDER & STUDIENINHALTE

LEHRAMT IN BRANDENBURG

kann Gesellschaftswissenschaften oder Lebensgestaltung-Ethik-Religionskunde als Bezugsfach gewählt werden.

➜ Finde Studiengänge:

Neben dem Studium der Fächer gehört das Studium von **Bildungswissenschaften** (inkl. Inklusionspädagogik) und **Grundschulbildung** sowohl zum Bachelor- als auch zum Masterstudium.

Das Lehramt für die Primarstufe kann auch mit dem **Schwerpunkt Inklusionspädagogik** studiert werden. Dabei können ausschließlich die Fächer Deutsch und Mathematik kombiniert werden. Neben Bildungswissenschaften wird statt Grundschulbildung der Bereich Inklusionspädagogik mit der Allgemeinen Inklusionspädagogik und -didaktik sowie den Förderschwerpunkten „emotional-soziale Entwicklung", „Lernen" und „Sprache" studiert.

Bei Absolvent*innen, die nicht an der Universität Potsdam studiert haben und entweder eine kürzere als die dortige Regelstudienzeit oder keine im Wesentlichen gleichen schulpraktischen Studien hatten, dauert der Vorbereitungsdienst gemäß § 5 Abs. 2 BbgLeBiG 18 Monate.

Lehramt für die Sekundarstufen I und II (allgemeinbildende Fächer)

Studienort: Potsdam U.

Ausbildungsdauer: 6 + 4 Semester Regelstudienzeit; nach dem Masterabschluss anschließend 12 Monate Vorbereitungsdienst.

Praktika: im Bachelorstudium ein Orientierungspraktikum, ein Praktikum in pädagogisch-psychologischen Handlungsfeldern, je ein fachdidaktisches Tagespraktikum in den beiden gewählten Fächern; im Masterstudium ein psychodiagnostisches Praktikum und ein Schulpraktikum (15 Wochen).

Fächer und Kombinationen

Für dieses Lehramt werden zwei Fächer kombiniert: Biologie, Chemie, Deutsch, Englisch, Französisch, Geografie, Geschichte, Informatik, Kunst, Latein (im Masterstudium ausschließlich mit Schwerpunktbildung auf die Sekundarstufe II möglich), Lebensgestaltung-Ethik-Religionskunde (LER, im Masterstudium ausschließlich mit Schwerpunktbildung auf die Sekundarstufe I möglich), Mathematik, Musik, Physik, Politische Bildung, Polnisch, Russisch, Spanisch, Sport, Wirtschaft-Arbeit-Technik (WAT, im Masterstudium ausschließlich mit Schwerpunktbildung auf die Sekundarstufe I möglich). Zudem gibt es ein besonderes Angebot für das Studium der Fächer Mathematik und Physik im Verbund.

Die Fächer Russisch und Polnisch sowie Geschichte, Politische Bildung und LER sind jeweils nicht miteinander kombinierbar. Da Latein im Masterstudium ausschließlich mit Schwerpunktbildung auf die Sekundarstufe II, LER und WAT aber ausschließlich mit Schwerpunktbildung auf die Sekundarstufe I gewählt werden kann, ist die Kombination der Fächer LER oder WAT mit dem Fach Latein auch im Bachelorstudium nicht möglich.

Neben dem Studium der Fächer gehört das Studium von **Bildungswissenschaften** (inkl. Inklusionspädagogik) sowohl zum Bachelor- als auch zum Masterstudium.

Bei Absolvent*innen, die nicht an der Universität Potsdam studiert haben und entweder eine kürzere als die dortige Regelstudienzeit oder keine im Wesentlichen gleichen schulpraktischen Studien hatten, dauert der Vorbereitungsdienst gemäß § 5 Abs. 2 BbgLeBiG 18 Monate.

Lehramt für Förderpädagogik

Studienort: Potsdam U.

Ausbildungsdauer: 6 + 4 Semester Regelstudienzeit, nach dem Masterabschluss anschließend 12 Monate Vorbereitungsdienst.

Praktika: im Bachelorstudium ein Orientierungspraktikum, ein Praktikum in pädagogisch-psychologischen Handlungsfeldern, ein fachdidaktisches Tagespraktikum in dem gewählten Fach; im Masterstudium ein psychodiagnostisches Praktikum und ein Schulpraktikum (15 Wochen).

Fächer und Kombinationen

Für dieses Lehramt wird ein Fach mit dem Studienbereich Förderpädagogik kombiniert: Deutsch, Englisch, Mathematik, Sport oder Wirtschaft-Arbeit-Technik (WAT). Neben dem Studium des Fachs wird der Bereich Förderpädagogik mit der Allgemeinen Förder- und Inklusionspädagogik sowie den Förderschwerpunkten „emotionale und soziale Entwicklung", „geistige Entwicklung", „Lernen" und „Sprache" studiert, von denen zwei Förderschwerpunkte absolviert werden müssen (darunter mindestens „emotionale und soziale Entwicklung" oder „Lernen").

Neben dem Studium der Fächer und der Förderpädagogik gehört das Studium der **Bildungswissenschaften** sowohl zum Bachelor- als auch zum Masterstudium.

Bei Absolvent*innen, die nicht an der Universität Potsdam studiert haben und entweder eine kürzere als die dortige Regelstudienzeit oder keine im Wesentlichen gleichen schulpraktischen Studien hatten, dauert der Vorbereitungsdienst gemäß § 5 Abs. 2 BbgLeBiG 18 Monate. ∎

3.10.5 Lehramtsausbildung in Bremen

In Bremen erfolgt die Lehrer*innenausbildung für folgende Lehramtstypen: Lehramt an Grundschulen, Lehramt an Gymnasien/Oberschulen, Lehramt für Inklusive Pädagogik/Sonderpädagogik und Lehramt an berufsbildenden Schulen.

Struktur der Lehramtsausbildung

Die Ausbildung in den lehramtsbezogenen Studiengängen ist für Studienanfänger*innen grundsätzlich **nur im Wintersemester** möglich (Ausnahme: Berufliche Bildung – Mechatronik) und wird an der Universität Bremen in einem konsekutiven Studienmodell mit Bachelor- und Masterabschlüssen angeboten.

Bis zum Masterabschluss liegt die Regelstudienzeit bei 10 Semestern. Der Master of Education ist von der bremischen Senatorin für Kinder und Bildung als Erstes Staatsexamen für das jeweilige Lehramt anerkannt. Daher findet in Bremen keine eigenständige Erste Staatsprüfung mehr statt. Diese Anerkennung gilt gemäß KMK-Beschlusslage auch in allen anderen Bundesländern, unabhängig davon, ob diese ihr Lehramtsstudium auf die Bachelor-Master-Struktur umgestellt haben. Der Master of Education ist Voraussetzung für den 18-monatigen Vorbereitungsdienst (Referendariat) in Bremen, das mit dem zweiten Staatsexamen abschließt. Erst damit wird die Lehrbefähigung als Lehrer*in an öffentlichen Schulen erworben.

Hinweis: Die Bewerbung für Bachelorstudiengänge mit dem Berufsziel Lehramt erfolgt für zwei bzw. drei oder vier Fächer, die sich je nach Schulart unterscheiden. Zu beachten ist, dass eines oder mehrere Fächer zulassungsbeschränkt sein können. Für das Studium einiger Lehramtsfächer sind Sprachkenntnisse, Aufnahmeprüfung, Selbsttest oder ein Vorpraktikum erforderlich. Bei einer Bewerbung für ein Bachelorstudium mit zwei oder mehr Fächern wird man nur zugelassen, wenn man in allen Studienfächern einen Studienplatz erhält. Eine Ablehnung in einem Fach führt zur Ablehnung des gesamten Studienwunsches, eine Einschreibung in einem Teil-Studiengang ist nicht möglich. Im Zuge der Bewerbung kann man sich auf verschiedene Fächerkombinationen mit einem Fach bewerben. Für das Studium einiger Lehramtsfächer sind Sprachkenntnisse, Aufnahmeprüfung, Selbsttest oder ein Vorpraktikum erforderlich.

Lehramt an Grundschulen
Studienort: Bremen U.
Ausbildungsdauer: 6 + 4 Semester Regelstudienzeit; nach dem Masterabschluss 18 Monate Vorbereitungsdienst.
Praktika: im Bachelorstudium ein Orientierungspraktikum sowie zwei praxisorientierte fachdidaktische Elemente (POE), das zweite Semester im Masterstudium wird als Praxissemester durchgeführt.

Fächer und Kombinationen
Das Studium für das Lehramt an Grundschulen umfasst immer zwei große Fächer und ein kleines Fach. **Pflichtfächer** sind Deutsch und Elementarmathematik. Die Pflichtfächer können als großes oder als kleines Fach studiert werden. Als **Wahlfächer** können Englisch/English-Speaking Cultures, Kunst-Medien-Ästhetische Bildung, Musikpädagogik, Religionswissenschaft/Religionspädagogik oder Interdisziplinäre Sachbildung/Sachunterricht gewählt werden.

Das Drei-Fächer-Studium hat bereits im Bachelor eine stark professionsorientierte Ausrichtung. Die berufsbezogenen Anteile (Fachdidaktik, Bereich Erziehungswissenschaft und Schulpraktika) umfassen über 40 Prozent des Bachelorstudiums.

→ Finde Studiengänge:

Lehramt an Gymnasien/Oberschulen
Studienort: Bremen U.
Ausbildungsdauer: 6 + 4 Semester, nach dem Masterabschluss 18 Monate Vorbereitungsdienst.
Praktika: im Bachelorstudium ein Orientierungspraktikum sowie zwei praxisorientierte fachdidaktische Elemente, das zweite Semester im Masterstudium wird als Praxissemester durchgeführt.

Fächer und Kombinationen
Das Studium mit der Lehramtsoption für Gymnasium oder Oberschule umfasst **zwei Fächer**, die in gleichem Umfang studiert werden. Es muss mindestens ein Pflichtfach belegt werden. Als zweites Fach kann eines der anderen Pflichtfächer oder ein Wahlfach studiert werden. Die Kombination zweier sozialwissenschaftlicher Fächer (Politik-Arbeit-Wirtschaft, Geschichte, Geografie und Religionswissenschaft/Religionspädagogik) ist ausgeschlossen. ▶

LEHRAMT IN BREMEN

Erziehungswissenschaftliche, fachdidaktische und schulpraktische Elemente sind bereits in der Bachelorphase enthalten.

Pflichtfächer: Biologie, Chemie, Deutsch/Germanistik, Englisch/English-Speaking Cultures, Französisch/Frankoromanistik, Kunst-Medien-Ästhetische Bildung, Mathematik, Musikpädagogik, Physik, Slavistik/Unterrichtsfach Russisch (in Kooperation mit der Uni Oldenburg), Spanisch/Hispanistik.

Als **Wahlfächer** können Geografie, Geschichte, Politik-Arbeit-Wirtschaft oder Religionswissenschaft/Religionspädagogik gewählt werden.

Lehramt für Inklusive Pädagogik/Sonderpädagogik

Studienort: Bremen U.

Ausbildungsdauer: 6+4 Semester; nach dem Masterabschluss 18 Monate Vorbereitungsdienst.

Praktika: im Bachelorstudium ein Orientierungspraktikum sowie zwei praxisorientierte fachdidaktische Elemente, das zweite Semester im Masterstudium wird als Praxissemester durchgeführt.

Fächer und Kombinationen

Das Lehramt für Inklusive Pädagogik/Sonderpädagogik kann an der Universität Bremen für zwei verschiedene Schulformen studiert werden:

- Lehramt Inklusive Pädagogik/Sonderpädagogik an Grundschulen (Klasse 1-4). Es kann unter bestimmten Bedingungen (siehe unten) eine Doppelqualifikation mit dem Lehramt an Grundschulen erworben werden.
- Lehramt Inklusive Pädagogik/Sonderpädagogik an Gymnasien/Oberschulen (Klasse 5-12/13).

Für das Berufsziel **Lehramt Inklusive Pädagogik/Sonderpädagogik an Grundschulen** studiert man in der Bachelor/Master-Struktur und beginnt im Bachelor zunächst mit 4 Fächern, darunter das große Fach Inklusive Pädagogik, kombiniert mit einem mittleren und zwei kleinen Unterrichtsfächern. Im Master of Education wird nur eines der beiden kleinen Fächer fortgeführt. Deutsch und Elementarmathematik sind Pflichtfächer, eines davon muss als mittleres Fach belegt werden. Man erwirbt eine Doppelqualifikation für das Lehramt Grundschule und das Lehramt Inklusive Pädagogik/Sonderpädagogik, wenn man die beiden Fächer Deutsch und Elementarmathematik im Master fortführt. Das Referendariat kann dann entweder mit dem Ziel Lehramt an Grundschulen oder mit dem Ziel Lehramt für Inklusive Pädagogik/Sonder-

pädagogik absolviert werden. Wird nur eines der beiden Fächer Deutsch oder Elementarmathematik fortgeführt, kann das Referendariat ausschließlich mit dem Ziel Lehramt für Inklusive Pädagogik/Sonderpädagogik gewählt werden.

Pflichtfächer: Inklusive Pädagogik (großes Fach), Deutsch (mittleres oder kleines Fach) und Elementarmathematik (mittleres oder kleines Fach).

Wahlfach: Kunst-Medien-Ästhetische Bildung, Musikpädagogik, Religionswissenschaft/Religionspädagogik oder Interdisziplinäre Sachbildung/Sachunterricht.

Für das Berufsziel **Lehramt für Inklusive Pädagogik/Sonderpädagogik an Gymnasien/Oberschulen** studiert man im gleichen Umfang zwei Studienfächer in der konsekutiven Bachelor/Master-Struktur, das Pflichtstudienfach Inklusive Pädagogik und ein Unterrichtsfach. Das Unterrichtsfach kann aus der Liste der Wahlfächer gewählt werden.

Pflichtfach: Inklusive Pädagogik.

Wahlfach: Deutsch, Englisch/English-Speaking Cultures oder Mathematik.

Lehramt an berufsbildenden Schulen

Das Lehramt an berufsbildenden Schulen kann an der Universität Bremen für fünf berufliche Fachrichtungen studiert werden:

- Metalltechnik
- Fahrzeugtechnik
- Elektrotechnik
- Informationstechnik
- Pflege

Lehramt an berufsbildenden Schulen – Technik

Studienort: Bremen U.

Ausbildungsdauer: 6+4 Semester Regelstudienzeit; nach dem Masterabschluss 18 Monate Vorbereitungsdienst.

Praktika: Im Bachelorstudium enthält das Vollfach „Berufliche Bildung – Mechatronik" kein Pflichtpraktikum im engeren Sinne, aber es ist notwendig, die sogenannte fachpraktische Tätigkeit nachzuweisen, bei der Arbeitsprozesse in den Betrieben durchgeführt werden müssen. Im Masterstudium wird ein Praktikum im zweiten Semester (Praxissemester) durchgeführt.

Fächer und Kombinationen

Für das „Lehramt an berufsbildenden Schulen – Technik" bietet die Universität Bremen einen Vollfach-Bachelor „Berufliche Bildung – Mechatronik" an, in dem die fachlichen Schwerpunkte elektrotechnisch oder metalltechnisch akzentuiert werden. Erst im Master of Education muss eine der beruflichen Fachrichtungen Elektro-

LEHRAMT IN HAMBURG

technik, Informationstechnik, Metalltechnik oder Fahrzeugtechnik mit einem allgemeinbildenden Unterrichtsfach kombiniert werden. Dieses zweite Unterrichtsfach kann aus der Liste der Wahlfächer frei gewählt werden.

Zugangsvoraussetzung für das Masterstudium ist unter anderem eine einschlägige fachpraktische Tätigkeit in der beruflichen Fachrichtung im Umfang von 6 Monaten.

Auch Absolvent*innen eines abgeschlossenen Vollfach-Studiums im Bereich Gewerblich-Technische-Wissenschaften, Informatik oder Ingenieurwissenschaft auf Bachelor- oder Diplom-Niveau können für den 4-semestrigen Master of Education-Studiengang „Lehramt an berufsbildenden Schulen – Technik" zugelassen werden.

Als Pflichtfach: Metalltechnik, Fahrzeugtechnik, Elektrotechnik oder Informationstechnik.

Wahlfächer: Chemie, Deutsch/Germanistik, Englisch/English-Speaking Cultures, Mathematik, Physik oder Politik-Arbeit-Wirtschaft.

Lehramt an berufsbildenden Schulen – Pflege

Studienort: Bremen U.
Voraussetzung: abgeschlossene Berufsausbildung in einem Pflegeberuf.
Ausbildungsdauer: 6 + 4 Semester Regelstudienzeit; nach dem Masterabschluss 18 Monate Vorbereitungsdienst.
Praktika: Im Bachelorstudium „Berufliche Bildung – Pflegewissenschaft" ist ein fachdidaktisch ausgerichtetes Schulpraktikum enthalten. Im Masterstudium wird am Ende des ersten Semesters ein berufspädagogisches Praktikum und am Ende des dritten Semesters ein schulbezogenes Forschungspraktikum durchgeführt.

Fächer und Kombinationen

Für das „Lehramt an berufsbildenden Schulen – Pflege" wird an der Universität Bremen die berufliche Fachrichtung Pflegewissenschaft bereits im Bachelorstudium mit einem allgemeinbildenden Unterrichtsfach kombiniert. Das Unterrichtsfach kann aus der Liste der Wahlfächer frei gewählt werden.

Pflichtfach: Berufliche Bildung – Pflegewissenschaft.

Wahlfächer: Biologie, Deutsch/Germanistik, Mathematik, Politik, Religionswissenschaft/Religionspädagogik.

Hinweis für Lehre an nichtstaatlichen Schulen: Für Absolvent*innen mit einem fachwissenschaftlichen Bachelorstudium in der Pflegewissenschaft bietet die Universität Bremen einen Masterstudiengang „Berufspädagogik Pflegewissenschaft" (Master of Arts M.A.) an. Der M.A.-Studiengang bereitet auf lehrende Tätigkeiten an privaten Schulen im Gesundheitswesen vor. ■

> **links**

Behörde der Senatorin für Kinder und Bildung
Informationen zu Einstellungschancen und Seiteneinstieg
→ www.bildung.bremen.de

Universität Bremen
Zentrum für Lehrer*innenbildung
→ www.uni-bremen.de/zflb

Landesinstitut für Schule Bremen
Informationen zum Referendariat
→ www.lis.bremen.de

3.10.6 Lehramtsausbildung in Hamburg

In Hamburg erfolgt die Lehrer*innenausbildung in fünf verschiedenen grundständigen Studiengängen: Lehramt an Grundschulen, Lehramt für die Sekundarstufe I und II (Stadtteilschulen und Gymnasien), Lehramt für Sonderpädagogik – Profilbildung Grundschule, Lehramt für Sonderpädagogik – Profilbildung Sekundarstufe, Lehramt an berufsbildenden Schulen.

Struktur der Lehramtsausbildung

Das Studium erfolgt an der Universität Hamburg sowie in fachbezogener Kooperation mit der Hochschule für Musik und Theater Hamburg (HfMT), der Hochschule für bildende Künste Hamburg (HFBK), der Hochschule für Angewandte Wissenschaften Hamburg (HAW) und der Technischen Universität Hamburg (TUHH). Die Ausbildung in den Lehramtsstudiengängen findet in konsekutiven Bachelor und Master of Education Studiengängen statt. Der Vorbereitungsdienst in Hamburg dauert für alle Lehrämter 18 Monate.

Für das Studium einiger Lehramtsfächer sind Nachweise über bestandene Eignungsprüfungen oder Sprachkenntnisse erforderlich.

Die Teilnahme an einem anonymisierten Selbsttest muss bestätigt werden. ▶

LEHRAMT IN HAMBURG

Lehramt an Grundschulen
Ausbildungsdauer: 6+4 Semester Regelstudienzeit; nach dem Masterabschluss 18 Monate Vorbereitungsdienst.

Praktika: im Bachelorstudium ein Orientierungspraktikum (4 Wochen); im Masterstudium das Kernpraktikum I und Kernpraktikum II (jeweils semesterbegleitend und mit einem 5- bzw. 4-wöchigen Blockpraktikum in der vorlesungsfreien Zeit).

→ Finde Studiengänge:

Fächer und Kombinationen
Das Studium umfasst **Erziehungswissenschaft** und drei Unterrichtsfächer aus dem Fächerkanon der Grundschule. Verpflichtend müssen Deutsch und Mathematik belegt werden, als drittes Unterrichtsfach kann gewählt werden: Alevitische Religion, Englisch, Evangelische Religion, Islamische Religion, Katholische Religion, Sachunterricht, Sport. Die Unterrichtsfächer Bildende Kunst und Musik sind eine Ausnahme. Sie werden jeweils als Doppelfach mit erhöhtem Studienumfang studiert und sind ausschließlich mit Deutsch oder Mathematik kombinierbar. Die Regelstudienzeit verlängert sich nicht. Im Bachelorstudium wird zudem ein Freier Studienanteil im Umfang von 9 LP studiert.

Im Masterstudiengang wird eines der drei Unterrichtsfächer zum Schwerpunktfach gewählt und mit fachwissenschaftlicher Vertiefung studiert.

Lehramt für die Sekundarstufe I und II
Ausbildungsdauer: 6+4 Semester Regelstudienzeit; nach dem Masterabschluss 18 Monate Vorbereitungsdienst. Wird das Unterrichtsfach Bildende Musik oder Kunst gewählt, verlängert sich die Regelstudienzeit im Bachelorstudium auf 8 Semester.

Praktika: im Bachelorstudium ein Orientierungspraktikum (4 Wochen); im Masterstudium das Kernpraktikum I und Kernpraktikum II (jeweils semesterbegleitend und mit einem 5- bzw. 4-wöchigen Blockpraktikum in der vorlesungsfreien Zeit).

Fächer und Kombinationen
Das Studium umfasst drei Teilstudiengänge: die **Erziehungswissenschaft** einschließlich der Fachdidaktiken sowie ein **erstes und zweites Unterrichtsfach**, die aus dem nachfolgenden Fächerkanon grundsätzlich frei wählbar sind: Arbeitslehre/Technik, Bildende Kunst, Biologie, Chemie, Deutsch, Englisch, Evangelische Religion, Französisch, Geografie, Geschichte, Griechisch, Informatik, Latein, Mathematik, Musik, Philosophie, Physik, Russisch, Sozialwissenschaften, Spanisch, Sport,. Im Bachelorstudium wird zudem ein Freier Studienanteil im Umfang von 9 LP studiert. Die Unterrichtsfächer Geschichte, Griechisch, Philosophie und Sozialwissenschaften können nicht miteinander kombiniert werden. Musik und Bildende Kunst können formal nicht miteinander kombiniert werden.

Lehramt an berufsbildenden Schulen
Zugangsvoraussetzung zum Studium ist eine abgeschlossene Berufsausbildung in der gewählten beruflichen Fachrichtung oder ein einjähriges einschlägiges Praktikum.

Ausbildungsdauer: 6+4 Semester Regelstudienzeit; nach dem Masterabschluss 18 Monate Vorbereitungsdienst.

Praktika: im Bachelorstudium Orientierungspraktikum (4 Wochen); im Masterstudium ein seminarbegleitendes Kernpraktikum (2 Semester) und ein Blockpraktikum (4 Wochen).

Fächer und Kombinationen
Das Studium für das Lehramt an beruflichen Schulen umfasst das Fach **Erziehungswissenschaft** mit dem Schwerpunkt Berufs- und Wirtschaftspädagogik, der Didaktik der **beruflichen Fachrichtung** sowie der **Fachdidaktik des Unterrichtsfaches**, eine aus der Fächergruppe a) grundsätzlich frei wählbare berufliche Fachrichtung sowie ein weiteres aus der Fächergruppe b) wählbares Unterrichtsfach:

Fächergruppe a:
- Bautechnik*, Chemietechnik, Elektrotechnik-Informationstechnik*, Ernährungs- und Haushaltswissenschaften, Gesundheitswissenschaften, Holztechnik*, Kosmetikwissenschaft, Medientechnik*, Metalltechnik*, Wirtschaftswissenschaften.

*integriert in den Teilstudiengang Gewerblich-Technische Wissenschaften

Fächergruppe b:
- Berufliche Informatik, Betriebswirtschaftslehre, Biologie, Chemie, Deutsch, Englisch, Evangelische Religion, Französisch, Geografie, Geschichte, Mathematik, Physik, Sozialwissenschaften, Spanisch, Sport.

Im Bachelorstudium wird zudem ein Freier Studienanteil im Umfang von 9 LP studiert. Es gibt einige **Einschränkungen** in den Kombinationsmöglichkeiten von beruflichen Fachrichtungen und Unterrichtsfächern, diese sind:
- Die Unterrichtsfächer Französisch und Spanisch können nur mit den beruflichen Fachrichtungen Ernährungs- und Haushaltswissenschaften oder

LEHRAMT IN HAMBURG

Wirtschaftswissenschaften kombiniert werden.

- Das Unterrichtsfach Geografie kann nur mit der beruflichen Fachrichtung Wirtschaftswissenschaften kombiniert werden.
- Die beruflichen Fachrichtungen Gesundheitswissenschaften und Kosmetikwissenschaft können nicht mit Biologie kombiniert werden.
- Die berufliche Fachrichtung Chemietechnik kann nicht mit Chemie kombiniert werden.
- Die berufliche Fachrichtung Elektrotechnik-Informationstechnik kann nicht mit Physik kombiniert werden.
- Die berufliche Fachrichtung Wirtschaftswissenschaften kann nicht mit Betriebswirtschaftslehre kombiniert werden.

Lehramt für Sonderpädagogik – Profilbildung Grundschule

Ausbildungsdauer: 6 + 4 Semester Regelstudienzeit; nach dem Masterabschluss 18 Monate Vorbereitungsdienst.

Praktika: im Bachelorstudium ein Erkundungspraktikum (semesterbegleitend) und ein Orientierungspraktikum (4 Wochen); im Masterstudium das Kernpraktikum I und Kernpraktikum II (jeweils semesterbegleitend und mit einem 5- bzw. 4-wöchigen Blockpraktikum in der vorlesungsfreien Zeit).

Fächer und Kombinationen

Das Studium umfasst die Fächer **Erziehungswissenschaft, Sonderpädagogik** und ein Unterrichtsfach aus dem Fächerkanon der Grundschule: Deutsch, Englisch, Evangelische Religion, Mathematik, Sachunterricht, Sport.

Es werden sechs sonderpädagogische Schwerpunkte angeboten. Der **sonderpädagogische Schwerpunkt „Lernen"** ist verpflichtend, ein **zweiter kann frei gewählt werden**: Sehen, Hören, Geistige Entwicklung, Sprache, Emotionale und soziale Entwicklung.

Im Bachelorstudium wird zudem ein Freier Studienanteil im Umfang von 9 LP studiert.

Lehramt für Sonderpädagogik – Profilbildung Sekundarstufe

Ausbildungsdauer: 6 + 4 Semester Regelstudienzeit; nach dem Masterabschluss 18 Monate Vorbereitungsdienst. Wird das Unterrichtsfach Bildende Kunst oder Musik gewählt, erhöht sich der Umfang des Bachelorstudiengangs um 60 LP, wodurch sich die Regelstudienzeit um 2 Semester auf 8 Semester verlängert.

Praktika: im Bachelorstudium ein Erkundungspraktikum (semesterbegleitend) und ein Orientierungspraktikum (4 Wochen); im Master-

studium das Kernpraktikum I und Kernpraktikum II (jeweils semesterbegleitend und mit einem 5- bzw. 4-wöchigen Blockpraktikum in der vorlesungsfreien Zeit).

Fächer und Kombinationen

Das Studium umfasst die Fächer **Erziehungswissenschaft, Sonderpädagogik** sowie ein Unterrichtsfach aus dem Fächerkanon der Sekundarstufe I und II: Arbeitslehre/Technik, ▶

→ links

Lehrer*in Hamburg
Informationen rund um Studium, Beruf und Schulsystem. Die Webseite enthält zudem Reflexionsübungen, mit denen Interessierte prüfen können, wie gut sie über die verschiedenen Aspekte des Berufs der Lehrerinnen und Lehrer bereits Bescheid wissen, ob der Beruf der richtige für sie ist und ihrer Motivation, ihren Interessen und Fähigkeiten entspricht.
→ www.lehrer-in-hamburg.de

Hamburger Institut für Berufliche Bildung
→ hibb.hamburg.de/2021/03/18/ berufswunsch-lehrerin-oder-lehrer

Fakultät für Erziehungswissenschaft der Universität Hamburg
Die Fakultät für Erziehungswissenschaft bietet unterschiedliche Erwartungschecks für die verschiedenen Lehrämter an. Die Erwartungschecks dienen der Auseinandersetzung mit verschiedenen Fallbeispielen sowie mit den Themen Arbeitszeit, Lernen, Diagnostik und Digitalisierung und damit der schulform- und universitätsspezifischen Reflexion. Sie sind geeignete Instrumente, um die Teilnahme an einem anonymisierten Selbsttest zu bestätigen, der eine Bewerbungsvoraussetzung für ein Lehramtsstudium an der Universität Hamburg ist.
→ lehramt.check.uni-hamburg.de

Portal der Stadt Hamburg
Informationen über Einstellungschancen
→ www.hamburg.de/bewerbungen-online/ 64710/einstellungschancen.html

Informationen über den Vorbereitungsdienst (Referendariat) und die aktuellen Einstellungschancen für den Vorbereitungsdienst in Hamburg finden Sie unter
→ www.hamburg.de/bsb/vorbereitungsdienst

Zentrum für Lehrerbildung
Gemeinsame Einrichtung der Universität Hamburg und des Landesinstituts für Lehrerbildung und Schulentwicklung sowie der an der Lehrerausbildung beteiligten Hochschulen mit grundlegenden Informationen über die Lehramtsausbildung.
→ www.zlh-hamburg.de/studium/ lehramtsstudiengaenge-ab-wise-2021.html

3 STUDIENFELDER & STUDIENINHALTE

Bildende Kunst, Biologie, Chemie, Deutsch, Englisch, Evangelische Religion, Geografie, Geschichte, Informatik, Mathematik, Musik, Physik, Sozialwissenschaften, Sport.

Im Bachelorstudium wird zudem ein Freier Studienanteil im Umfang von 9 LP studiert. ■

3.10.7 Lehramtsausbildung in Hessen

In Hessen erfolgt die Lehrer*innenausbildung für folgende Lehramtstypen: Lehramt an Grundschulen, Lehramt an Hauptschulen und Realschulen, Lehramt an beruflichen Schulen, Lehramt an Gymnasien, Lehramt für Förderpädagogik.

Struktur der Lehramtsausbildung
Die Ausbildung in den Lehramtsstudiengängen bis zur Ersten Staatsprüfung findet in Hessen an den fünf Universitäten, für das Fach Musik auch an der Hochschule für Musik und Darstellende Kunst in Frankfurt a.M. statt.

Im Rahmen der Lehramtsstudiengänge ist eine praktische Ausbildung vorgesehen. Diese setzt sich aus einem Grundpraktikum in der ersten und einem Praxissemester in der zweiten Hälfte des jeweiligen Studiengangs zusammen. Zudem sind in der Regel ein achtwöchiges Betriebspraktikum verbindlich vorgesehen.

Für das Studium einiger Lehramtsfächer sind Nachweise über bestandene Eignungsprüfungen oder Sprachkenntnisse teilweise bereits vor Beginn des Studiums erforderlich.

Für die Anrechnung bereits erbrachter Studien-/Prüfungsleistungen auf ein Lehramtsstudium in Hessen liegt die Zuständigkeit für das Lehramt an beruflichen Schulen bei der jeweiligen Universität, für alle anderen Lehrämter bei der Prüfungsstelle des Universitätsstandortes.

Im Anschluss an das Studium, das mit einer Ersten Staatsprüfung für ein Lehramt oder dem Master abschließt, absolviert die künftige Lehrkraft einen **Vorbereitungsdienst** mit einer Dauer von 21 Monaten.

Mit bestandener Zweiter Staatsprüfung wird die Befähigung zum jeweiligen Lehramt erworben, mit der eine Bewerbung für den Schuldienst möglich ist.

Lehramt an Grundschulen
Studienorte: Frankfurt U, Gießen U, Kassel U.
Ausbildungsdauer: 7 Semester Regelstudienzeit; nach der Ersten Staatsprüfung 21 Monate Vorbereitungsdienst.
Praktika: ein 8-wöchiges Betriebspraktikum.

Fächer und Kombinationen
Es sind die Fächer Deutsch und Mathematik sowie ein weiteres Fach aus folgendem Fächerkanon zu wählen: Deutsch als Fremd- oder Zweitsprache, Englisch, Ethik, Evangelische Religion, Französisch, Islamische Religion, Katholische Religion, Kunst, Musik, Sachunterricht, Sport. Achtung! **Nicht alle Fächer werden an allen Universitäten angeboten.** Bewerber*innen sollten sich immer auch direkt bei der Universität bzw. auf deren Webseite über das aktuelle Studienangebot informieren.

Weitere Studienfächer sind: Bildungswissenschaften, Grundschuldidaktik und ästhetische Bildung.

Aus den Unterrichtsfächern wählen die Studierenden ein Unterrichtsfach, welches als Langfach im Umfang von mindestens 50 Leistungspunkten studiert wird. Die Befähigung zum Lehramt an Grundschulen berechtigt in dem gewählten Langfach auch zum Unterricht in der Mittelstufe (Sekundarstufe I).

Lehramt an Hauptschulen und Realschulen
Studienorte: Frankfurt U, Gießen U, Kassel U.
Ausbildungsdauer: 7 Semester Regelstudienzeit; nach der Ersten Staatsprüfung 21 Monate Vorbereitungsdienst.
Praktika: ein 8-wöchiges Betriebspraktikum.

Fächer und Kombinationen
Es werden zwei Fächer aus folgendem Fächerkanon miteinander kombiniert: Arbeitslehre, Biologie, Chemie, Deutsch, Deutsch als Fremd- oder Zweitsprache, Englisch, Erdkunde, Ethik, Evangelische Religion, Französisch, Geschichte, Informatik, Islamische Religion, Katholische Religion, Kunst, Mathematik, Musik, Physik, Politik und Wirtschaft, Russisch, Spanisch, Sport. Achtung! **Nicht alle Fächer werden an allen Universitäten angeboten.** Bewerber*innen sollten sich immer auch direkt bei der Universität bzw. auf deren Webseite über das aktuelle Studienangebot informieren.

Das Studium dieser Fächer erstreckt sich auf die Fachwissenschaft und die Fachdidaktik. Daneben sind Studienleistungen in Bildungswissenschaften zu erbringen.

LEHRAMT IN HESSEN

Die Befähigung zum Lehramt an Hauptschulen und Realschulen berechtigt auch zum Unterricht in den Schuljahrgängen 5 bis 10 der Gymnasien und Gesamtschulen sowie zum Unterricht in den allgemeinbildenden Fächern der beruflichen Schulen, soweit sie der Sekundarstufe I zugeordnet sind.

Lehramt an Gymnasien

Studienorte: Frankfurt U, Gießen U, Kassel U, Marburg U, Darmstadt TU.

Ausbildungsdauer: 9 Semester Regelstudienzeit; nach der Ersten Staatsprüfung 21 Monate Vorbereitungsdienst.

Praktika: ein 8-wöchiges Betriebspraktikum.

Fächer und Kombinationen

Das Studium umfasst neben den Bildungswissenschaften das fachwissenschaftliche Studium mit fachdidaktischen Anteilen für zwei Unterrichtsfächer. Es werden **zwei Fächer aus folgendem Fächerkanon** miteinander kombiniert: Biologie, Chemie, Deutsch, Deutsch als Fremd- oder Zweitsprache, Englisch, Erdkunde, Ethik, Evangelische Religion, Französisch, Geschichte, Griechisch, Informatik, Islamische Religion, Italienisch, Katholische Religion, Latein, Kunst, Mathematik, Musik, Philosophie, Physik, Politik und Wirtschaft, Portugiesisch, Russisch, Sport, Spanisch,. Achtung! **Nicht alle Fächer werden an allen Universitäten angeboten.** Bewerber*innen sollten sich immer auch direkt bei der Universität bzw. auf deren Webseite über das aktuelle Studienangebot informieren.

Die Befähigung zum Lehramt an Gymnasien berechtigt auch zum Unterricht in den Hauptschulen, Realschulen und Gesamtschulen sowie zum Unterricht in den allgemeinbildenden Fächern der beruflichen Schulen.

Lehramt an beruflichen Schulen

Studienorte: Darmstadt TU, Gießen U, Frankfurt U, Kassel U.

Ausbildungsdauer: Das Studium gliedert sich in den Studiengang Gewerblich-technische Bildung mit dem Abschluss Bachelor of Education (Regelstudienzeit: 6 Semester) und dem Studiengang Lehramt an beruflichen Schulen mit dem Abschluss Master of Education (Regelstudienzeit: 4 Semester), anschließend 21 Monate Vorbereitungsdienst.

Praktika: je eine schulische Praxisphase im Bachelor- und im Masterstudium.

Fächer und Kombinationen

An der **TU Darmstadt** wird im Lehramtsstudium an beruflichen Schulen eine berufliche Fachrichtung und ein allgemeines Unterrichtsfach aus dem Fächerangebot der Universität studiert. Der inhaltliche Schwerpunkt des Studiengangs Gewerblich-technische Bildung (B.Ed.) liegt auf der Fachwissenschaft der jeweiligen beruflichen Fachrichtung, also bspw. Architektur (berufliche Fachrichtung Bautechnik), Chemie (berufliche Fachrichtung Chemietechnik) oder Maschinenbau (berufliche Fachrichtung Metalltechnik). Es ist ein Nachweis eines fachnahen Praktikums von 52 Wochen oder einer fachnahen Berufsausbildung zu erbringen.

An der **U Frankfurt** gibt es den konsekutiven Bachelor-/Masterstudiengang Wirtschaftspädagogik, welcher in zwei Studienrichtungen angeboten wird: die wirtschaftswissenschaftlich und personalpsychologisch ausgerichtete Studienrichtung I und die durch ein allgemeines Fach ergänzte Studienrichtung II. Nur der Studiengang mit allgemeinem Fach führt direkt in den Vorbereitungsdienst.

→ Finde Studiengänge:

An der **U Gießen** ist der Studiengang gestuft (B.Ed./M.Ed.) in „Berufliche und Betriebliche Bildung" einerseits mit den Fachrichtungen „Ernährung und Hauswirtschaft" und „Agrarwirtschaft" und andererseits in Kooperation mit der TH Mittelhessen mit den Fachrichtungen „Metalltechnik" und „Elektrotechnik". Für den Einstieg ins Masterstudium werden hier 47 Wochen Vorpraktikum, bis zur Einschreibung nachzuweisen, verlangt.

Die **U Kassel** bietet die konsekutiven Bachelor-/Masterstudiengänge Wirtschaftspädagogik und Berufspädagogik (mit den Fachrichtungen Elektrotechnik oder Metalltechnik), sowie den, in Kooperation mit der Hochschule Fulda, konsekutiven Bachelorstudiengang Berufspädagogik mit der Fachrichtung Gesundheit an.

Akkreditierte Master of Ed-Abschlüsse sind der Ersten Staatsprüfung gleichgestellt und ermöglichen den Einstieg in den Vorbereitungsdienst des Lehramts an beruflichen Schulen in Hessen soweit auf hessische Verhältnisse abbildbar.

Die Befähigung zum Lehramt an beruflichen Schulen berechtigt auch zum Unterricht in den Hauptschulen, Realschulen, Gymnasien und Gesamtschulen.

Lehramt für Förderpädagogik

Studienorte: U Frankfurt, U Gießen.

Ausbildungsdauer: 9 Semester Regelstudienzeit; nach der Ersten Staatsprüfung 21 Monate Vorbereitungsdienst.

Praktika im Studium: ein 8-wöchiges Betriebspraktikum. ▶

3 STUDIENFELDER & STUDIENINHALTE

233

LEHRAMT IN MECKLENBURG-VORPOMMERN

Fächer und Kombinationen
Die Studierenden wählen zwei sonderpädagogische Fachrichtungen: Förderschwerpunkt Lernen, Förderschwerpunkt geistige Entwicklung, Förderschwerpunkt emotionale und soziale Entwicklung, Förderschwerpunkt Sprachheilförderung, Förderschwerpunkt Sehen, Förderschwerpunkt Hören, Förderschwerpunkt körperliche und motorische Entwicklung.

Achtung! **Nicht alle Fachrichtungen werden an den Universitäten angeboten.** Bewerber*innen sollten sich immer auch direkt bei der Universität bzw. auf deren Webseite über das aktuelle Studienangebot informieren.

Hinzu kommt ein Unterrichtsfach aus dem Fächerkanon für das Lehramt an Gymnasien mit Ausnahme der Unterrichtsfächer Französisch, Russisch und Spanisch.

Das Studium umfasst außerdem Bildungswissenschaften.

Die Befähigung zum Lehramt für Förderpädagogik berechtigt auch zum Unterricht in den Grundschulen, und im studierten Fach zum Unterricht in den Hauptschulen, Realschulen und in den Schuljahrgängen 5-10 der Gesamtschulen.

Besonderheiten und Hinweise
Da im Rahmen der Neuorganisation der Lehramtsstudiengänge auch Veränderungen des Studienangebots denkbar sind, sollten Bewerber*innen sich immer auch direkt bei der Universität bzw. auf deren Webseite über das aktuelle Studienangebot informieren.

> ➔ **links**
>
> Informationen (z.B. zur Lehrkräftebeschäftigung, zu Bedarfsprognosen, zum Quereinstieg) sind unter ➔ www.kultusministerium.hessen.de (> Lehrkräfte) zu finden.
>
> Überblick über die lehramtspezifischen Studiengänge in Hessen:
> ➔ lehrkraefteakademie.hessen.de/ausbildung-von-lehrkraeften/lehramtsstudium

3.10.8 Lehramtsausbildung in Mecklenburg-Vorpommern

In Mecklenburg-Vorpommern erfolgt die Lehrer*innenausbildung für folgende Lehramtstypen: **Lehramt an Grundschulen, Lehramt an Regionalen Schulen, Lehramt an Gymnasien, Lehramt für Sonderpädagogik, Lehramt an beruflichen Schulen.**

Lehramt an Grundschulen
Studienorte: Rostock U, Rostock HMT (Musik, Theater), Greifswald U.

Ausbildungsdauer: 10 Semester Regelstudienzeit, anschließend 12-monatiger Vorbereitungsdienst.

Praktika im Umfang von 15 ECTS-Punkten: an der Universität Rostock im Grundstudium Orientierungspraktikum (4 Wochen Hospitationspraktikum); im Hauptstudium Hauptpraktikum (6 Wochen Fachdidaktisches Praktikum).

An der Universität Greifswald: semesterbegleitende Praxistage vom 1. bis 8. Semester und ein Praxissemester im 9. Semester.

Abschlussarbeit im Umfang von 15 ECTS-Punkten.

Fächer und Kombinationen
Das Studium umfasst folgende Teilstudien:

- Bildungswissenschaften (60 ECTS-Punkte) einschließlich Sonderpädagogik (21 ECTS-Punkte),
- allgemeine Grundschulpädagogik (30 ECTS-Punkte),
- vier Lernbereiche der Grundschule und ihre Fachdidaktiken, darunter Deutsch und Mathematik (Pflichtbereiche) sowie zwei weitere Lernbereiche zur Wahl aus dem folgenden Katalog: Evangelische Religion, Fremdsprachenunterricht wie Englisch, Französisch (Rostock U) und Polnisch (Greifswald U), Kunst und Gestaltung, Musik, Niederdeutsch (Greifswald U), Philosophieren mit Kindern, Sachunterricht, Sport (Rostock U), Theater (Darstellendes Spiel) und Werken (Rostock U). Gesamtumfang: 180 ECTS-Punkte.

Lehramt an Regionalen Schulen
Studienorte: Rostock U, Rostock HMT (Musik, Theater), Greifswald U.

Ausbildungsdauer: 10 Semester Regelstudienzeit, anschließend 18-monatiger Vorbereitungsdienst.

Praktika im Umfang von 15 ECTS-Punkten: im Grundstudium Sozialpraktikum (3 Wochen) und Schulpraktikum I (Greifswald U, 4 Wochen,

LEHRAMT IN MECKLENBURG-VORPOMMERN

an einer Regionalen Schule oder einer anderen Schulart) bzw. Orientierungspraktikum (Rostock U, 3 Wochen, nicht an einer Regionalen Schule); im Hauptstudium Schulpraktikum II (Greifswald U, 8 Wochen) bzw. Hauptpraktikum (Rostock U, 9 Wochen) an einer Regionalen Schule.

Abschlussarbeit im Umfang von 15 ECTS-Punkten

Fächer und Kombinationen
Das Studium umfasst folgende Teilstudien:
- Bildungswissenschaften (60 ECTS-Punkte) einschließlich Sonderpädagogik (21 ECTS-Punkte)
- Fachwissenschaften des ersten und zweiten Unterrichtsfaches und dessen Fachdidaktiken, beide zusammen im Umfang von 210 ECTS-Punkten. Dabei werden an den Universitäten folgende Fächer ausgebildet: Arbeit-Wirtschaft-Technik (AWT), Biologie, Chemie, Deutsch, Englisch, Evangelische Religion, Französisch, Geschichte, Informatik, Mathematik, Musik, Philosophie, Physik (mit Astronomie), Sozialwissenschaften, Spanisch, Sport, Theater (Darstellendes Spiel) (Rostock U) sowie Deutsch, Englisch, Evangelische Religion, Geografie, Geschichte, Kunst und Gestaltung, Philosophie, Polnisch, Russisch (Greifswald U). In Greifswald können Dänisch, Schwedisch und Norwegisch als Drittfächer studiert werden. Neu ist der binationale Studiengang Deutsch-Polnisch mit Doppelabschluss für das Lehramt an Gymnasien.

Auslandsaufenthalt: Falls eine moderne Fremdsprache (Englisch, Französisch, Spanisch, Russisch, Polnisch) als ein Unterrichtsfach gewählt wurde, sollen die Studierenden bis zur 1. Staatsprüfung einen mindestens dreimonatigen ausbildungsrelevanten Aufenthalt im entsprechenden Ausland nachweisen. Nach der Ersten Staatsprüfung kann auf Antrag eine Erweiterungsprüfung in einem oder mehreren anderen Prüfungsfächern abgelegt werden.

Lehramt an Gymnasien

Studienorte: Rostock U, Rostock HMT (Musik, Theater), Greifswald U.

Ausbildungsdauer: 10 Semester Regelstudienzeit, anschließend 18-monatiger Vorbereitungsdienst.

Praktika im Umfang von 15 ECTS-Punkten: im Grundstudium Sozialpraktikum (3 Wochen), Schulpraktikum I (Greifswald U, 4 Wochen, an einem Gymnasium oder einer anderen Schulart) bzw. Orientierungspraktikum (Rostock U, 3 Wochen, nicht an einem Gymnasium); im Hauptstudium Schulpraktikum II (Greifswald U, 8 Wochen) bzw. Hauptpraktikum (Rostock U, 9 Wochen) an einem Gymnasium.

Abschlussarbeit im Umfang von 15 ECTS-Punkten

Fächer und Kombinationen
Das Studium umfasst folgende Teilstudien:
- Bildungswissenschaften (30 ECTS-Punkte)
- zwei der folgenden gleichberechtigten, in der Kombination frei wählbaren Fachwissenschaften der Unterrichtsfächer einschließlich ihrer Fachdidaktiken (insgesamt 240 ECTS-Punkte):
- Dabei werden an der Universität Rostock folgende Fächer ausgebildet: Arbeit-Wirtschaft-Technik (AWT), Biologie, Chemie, Deutsch, Englisch, Evangelische Religion, Französisch, Geschichte, Griechisch, Informatik, Latein, Mathematik, Musik, Philosophie, Physik (mit Astronomie), Sozialwissenschaften, Spanisch, Sport und Theater (Darstellendes Spiel). In Rostock kann Italienisch als Drittfach studiert werden.
- Weiter können an der Universität Greifswald folgende Fächer studiert werden: Deutsch, Englisch, Evangelische Religion, Geografie, Geschichte, Kunst und Gestaltung, Mathematik, Philosophie, Physik, Polnisch und Russisch. In Greifswald können Dänisch, Schwedisch und Norwegisch als Drittfächer studiert werden.

Auslandsaufenthalt: Falls eine moderne Fremdsprache (Dänisch, Englisch, Französisch, Italienisch, Norwegisch, Polnisch, Russisch, Schwedisch, Spanisch) als ein Unterrichtsfach gewählt wird, sollen die Studierenden bis zur Ersten Staatsprüfung einen mindestens dreimonatigen ausbildungsrelevanten Aufenthalt im entsprechenden Ausland nachweisen. Nach der Ersten Staatsprüfung kann auf Antrag eine Erweiterungsprüfung in einem oder mehreren anderen Prüfungsfächern abgelegt werden.

Lehramt für Sonderpädagogik

Studienort: Rostock U, Rostock HMT (Musik, Theater).

Ausbildungsdauer: 9 Semester Regelstudienzeit, anschließend 18-monatiger Vorbereitungsdienst.

Praktika im Umfang von 15 ECTS-Punkten: im Grundstudium Sozialpraktikum (3 Wochen), ▶

→ Finde Studiengänge:

LEHRAMT IN NIEDERSACHSEN

Orientierungspraktikum (3 Wochen, nicht an einer Sonderschule); im Hauptstudium Hauptpraktikum I (4 Wochen in einer sonderpädagogischen Fachrichtung) und Hauptpraktikum II (5 Wochen an einer integrativen/inklusiven Schule)

Abschlussarbeit im Umfang von 15 ECTS-Punkten

Fächer und Kombinationen

Das Studium umfasst folgende Teilstudien:
- Bildungswissenschaften einschließlich Allgemeiner Sonderpädagogik (60 ECTS-Punkte)
- zwei sonderpädagogische Fachrichtungen (Lernen, Emotionale und soziale Entwicklung, Sprache und Geistige Entwicklung) einschließlich ihrer Fachdidaktik (zusammen 120 ECTS-Punkte)
- eines der folgenden Unterrichtsfächer einschließlich dessen Fachdidaktik: Biologie, Deutsch, Englisch, Evangelische Religion, Geschichte, Mathematik, Musik, Sport oder Grundschuldeutsch und Grundschulmathematik (60 ECTS-Punkte).

Nach der Ersten Staatsprüfung kann auf Antrag eine Erweiterungsprüfung in einem oder mehreren anderen Prüfungsfächern abgelegt werden.

Lehramt an beruflichen Schulen

Studienort: Neubrandenburg HS, Rostock U.

Ausbildungsdauer: 7 Semester Regelstudienzeit Bachelor, 3 Semester Master (nur Rostock U), danach 18-monatiger Vorbereitungsdienst.

Praktika im Umfang von 15 ECTS-Punkten: in den Bachelorstudiengängen Berufspädagogik ein berufspädagogisches Praktikum (Neubrandenburg HS, 4 Wochen) bzw. Orientierungspraktikum an einer berufsbildenden Schule (Rostock U, 3 Wochen); im Masterstudiengang „Berufspädagogik" und „Berufspädagogik für Gesundheits- und Sozialberufe" (Rostock U, 6 Wochen); im Bachelorstudiengang Wirtschaftspädagogik Orientierungspraktikum an einer beruflichen Schule oder in einer Institution der beruflichen Bildung (Rostock U, 4 Wochen); im Masterstudiengang Wirtschaftspädagogik Schulpraktische Studien in einer berufsbildenden Schule (Berufsschulische Studienorientierung 6 Wochen) bzw. Berufs- und Betriebspraktische Studien (Wirtschaftswissenschaftliche Studienorientierung 6 Wochen).

Fächer und Kombinationen

Die Hochschule Neubrandenburg bietet den Bachelorstudiengang „Berufspädagogik für Soziale Arbeit, Sozialpädagogik und Kindheitspädagogik" und den Bachelorstudiengang „Berufspädagogik für Gesundheitsfachberufe" an. Beide Studiengänge schließen eine affine Fachrichtung ein. Die Studiengänge werden an der Universität Rostock mit dem Abschluss Master weitergeführt.

Die Universität Rostock hält im Rahmen des wirtschaftspädagogischen Studiums die berufliche Fachrichtung Wirtschaft und Verwaltung als Bachelor- und Masterstudium vor.

Auch wird an der Universität Rostock in die berufspädagogischen Bachelorstudiengänge Elektrotechnik, Informationstechnik, Agrarwirtschaft und Metalltechnik eingeschrieben. Diese Bachelorstudiengänge werden als Masterstudiengänge mit entsprechenden allgemeinbildenden Fächern weitergeführt. ∎

> ➔ **links**
>
> Ministerium für Bildung, Wissenschaft und Kultur ➔ www.bm.regierung-mv.de

3.10.9 Lehramtsausbildung in Niedersachsen

In Niedersachsen wird für die folgenden Lehramtstypen ausgebildet: Lehramt an Grundschulen, Lehramt an Haupt- und Realschulen, Lehramt an Gymnasien, Lehramt an berufsbildenden Schulen, Lehramt für Sonderpädagogik.

Struktur der Lehramtsausbildung

Das Studium mit dem Berufsziel Lehrer*in beginnt für alle Lehrämter mit einem sechssemestrigen **Bachelorstudium**, in dem zwei den Schulfächern entsprechende Fächer studiert werden. Die Kombinationsvorschriften laut der Verordnung über Masterabschlüsse für Lehrämter in Niedersachsen (Nds. MasterVO-Lehr) sind bereits beim Bachelorstudium zu beachten. Die Gewichtung der Fächer zueinander kann je nach Hochschule variieren. Insgesamt umfasst das Bachelorstudium 180 Leistungspunkte (LP).

Zusätzlich zu den praktischen Anteilen sieht das Studium einen umfangreichen Professionalisierungsbereich vor, der Pädagogik und Psychologie ebenso wie Schlüsselkompetenzen enthält. Der Bachelorabschluss eröffnet

LEHRAMT IN NIEDERSACHSEN

gleichermaßen die Möglichkeit eines direkten außerschulischen Berufseintritts wie den Zugang zu fachwissenschaftlichen oder lehramtsspezifischen Masterstudiengängen.

Im für das Berufsziel Lehrer*in obligatorischen **lehramtsspezifischen Masterstudiengang** (4 Semester, 120 LP) werden insbesondere die didaktischen und pädagogischen Kenntnisse vertieft. Der Master of Education berechtigt zum Eintritt in den Vorbereitungsdienst.

Lehramt an Grundschulen

Studienorte: Braunschweig TU, Hildesheim U, Lüneburg U, Oldenburg U, Osnabrück U, Vechta U.

Ausbildungsdauer: 6 + 4 Semester Regelstudienzeit; anschließend 18 Monate Vorbereitungsdienst.

Praktika: mindestens 4 Wochen allgemeines Schulpraktikum, mindestens 4 Wochen Betriebs- und Sozialpraktikum; im Masterstudiengang Praxisblock von insg. 18 Unterrichtswochen in beiden studierten Unterrichtsfächern.

Fächer und Kombinationen

Es werden zwei Unterrichtsfächer gewählt. Dabei muss ein Unterrichtsfach Deutsch oder Mathematik sein. Zusätzlich werden Kenntnisse in einem dritten Bereich erworben (Deutsch, wenn Deutsch nicht Unterrichtsfach ist, Mathematik, wenn Mathematik nicht Unterrichtsfach ist, ein dritter Bereich, wenn Deutsch und Mathematik Unterrichtsfächer sind).

Weitere Fächer sind: Englisch, Evangelische Religion, Gestaltendes Werken, Islamische Religion, Katholische Religion, Kunst, Musik, Sachunterricht, Sport und Textiles Gestalten.

Hinweis: Nicht alle Fächer werden an allen Hochschulen angeboten.

Lehramt an Haupt- und Realschulen Schwerpunkt Hauptschule

Studienorte: Braunschweig TU, Hildesheim U, Lüneburg U, Oldenburg U, Osnabrück U, Vechta U.

Ausbildungsdauer: 6 + 4 Semester Regelstudienzeit; anschließend 18 Monate Vorbereitungsdienst.

Praktika: mindestens 4 Wochen allgemeines Schulpraktikum, mindestens 4 Wochen Betriebs- und Sozialpraktikum; im Masterstudiengang Praxisblock von insg. 18 Unterrichtswochen in beiden studierten Unterrichtsfächern.

Fächer und Kombinationen

Es werden zwei Unterrichtsfächer gewählt. Dabei muss ein Unterrichtsfach Chemie, Deutsch, Englisch, Kunst, Mathematik, Musik oder Physik sein.

Weitere Fächer sind: Biologie, Erdkunde, evangelische Religion, Geschichte, Gestaltendes Werken, Informatik, Islamische Religion, Katholische Religion, Niederländisch, Politik, Sport, Technik, Textiles Gestalten, Werte und Normen, Wirtschaft.

Hinweis: Nicht alle Fächer können frei miteinander kombiniert werden, nicht alle Hochschulen bieten alle Fächer an.

Lehramt an Haupt- und Realschulen Schwerpunkt Realschule

Studienorte: Braunschweig TU, Hildesheim U, Lüneburg U, Oldenburg U, Osnabrück U, Vechta U.

Ausbildungsdauer: 6 + 4 Semester Regelstudienzeit; anschließend 18 Monate Vorbereitungsdienst.

Praktika: mindestens 4 Wochen allgemeines Schulpraktikum, mindestens 4 Wochen Betriebs- und Sozialpraktikum; im Masterstudiengang Praxisblock von insg. 18 Unterrichtswochen in beiden studierten Unterrichtsfächern.

Fächer und Kombinationen

Es werden zwei Unterrichtsfächer gewählt. Dabei muss ein Unterrichtsfach Chemie, Deutsch, Englisch, Französisch, Kunst, Mathematik, Musik oder Physik sein.

Weitere Fächer sind: Biologie, Erdkunde, Evangelische Religion, Geschichte, Gestaltendes Werken, Informatik, Islamische Religion, Katholische Religion, Niederländisch, Politik, Sport, Technik, Textiles Gestalten, Werte und Normen, Wirtschaft.

Hinweis: Nicht alle Fächer können frei miteinander kombiniert werden, nicht alle Hochschulen bieten alle Fächer an.

Lehramt an Gymnasien

Studienorte: Braunschweig HBK, Braunschweig TU, Göttingen U, HMTM Hannover, Hannover U, Oldenburg U, Osnabrück U.

Ausbildungsdauer: 6 + 4 Semester Regelstudienzeit (8 Semester im Bachelorstudiengang, wenn ein künstlerisches Fach an der HBK oder der HMTMH studiert wird); anschließend 18 Monate Vorbereitungsdienst.

Praktika: insgesamt 18 Wochen.

Fächer und Kombinationen

Es werden zwei Unterrichtsfächer gewählt. Dabei muss ein Unterrichtsfach Deutsch, Englisch, Französisch, Kunst, Latein, Mathematik, Musik, Physik, Spanisch oder Biologie in Kombination mit Chemie sein. ▶

→ Finde Studiengänge:

LEHRAMT IN NORDRHEIN-WESTFALEN

Weitere Fächer sind: Chinesisch, Darstellendes Spiel, Erdkunde, Evangelische Religion, Geschichte, Griechisch, Informatik, Islamische Religion, Katholische Religion, Niederländisch, Philosophie, Politik-Wirtschaft, Russisch, Sport, Werte und Normen.

Hinweis: Nicht alle Fächer können frei miteinander kombiniert werden, nicht alle Hochschulen bieten alle Fächer an. Darstellendes Spiel kann mit Kunst oder Musik nur verbunden werden, wenn diese Fächer an einer künstlerisch-wissenschaftlichen Hochschule studiert werden.

Lehramt für Sonderpädagogik

Studienorte: Hannover HMTM, Hannover U, Oldenburg U.

Ausbildungsdauer: 6 + 4 Semester Regelstudienzeit (8 Semester im Bachelorstudiengang, wenn Musik an der HMTMH studiert wird); anschließend 18 Monate Vorbereitungsdienst.

Praktika: insgesamt 18 Wochen.

Fächer und Kombinationen

Es werden zwei sonderpädagogische Fachrichtungen sowie ein Unterrichtsfach studiert.

Sonderpädagogische Fachrichtungen sind: Pädagogik bei Beeinträchtigung der geistigen Entwicklung, Pädagogik bei Beeinträchtigung der körperlichen und motorischen Entwicklung, Pädagogik bei Beeinträchtigung des schulischen Lernens, Pädagogik bei Beeinträchtigung des schulischen Lernens, Pädagogik bei Beeinträchtigung der Sprache und des Sprechens, Pädagogik bei Beeinträchtigung der emotionalen und sozialen Entwicklung.

Lehramt an berufsbildenden Schulen

Studienorte: Göttingen U, Hannover U, Lüneburg U, Oldenburg U, Osnabrück U.

Ausbildungsdauer: 6 + 4 Semester Regelstudienzeit; anschließend 18 Monate Vorbereitungsdienst.

Praktika: diverse fachrichtungsbezogene Praktika, schulische Praktika im Umfang von 10 Wochen.

Fächer und Kombinationen

Es wird eine berufliche Fachrichtung und ein Unterrichtsfach studiert.

Berufliche Fachrichtungen sind: Bautechnik, Elektrotechnik, Fahrzeugtechnik, Farbtechnik und Raumgestaltung, Gesundheitswissenschaften, Holztechnik, Kosmetologie, Lebensmittelwissenschaft (Ernährung), Metalltechnik, Ökotrophologie, Pflegewissenschaften, Sozialpädagogik, Wirtschaftswissenschaften.

Hinweis: Nicht alle Fächer können frei miteinander kombiniert werden, nicht alle Hochschulen bieten alle Fächer an. ∎

→ links

Weitere Informationen zum Studium erhalten Sie auf den Internetseiten der niedersächsischen Hochschulen oder auf der Webseite:
→ www.studieren-in-niedersachsen.de/studienwahl/studienangebot/studiengangsarten/lehramtsstudium.html

Für die **Anrechnung bereits erbrachter Studien-/Prüfungsleistungen** für ein lehramtsbezogenes Studium in Niedersachsen liegt die Zuständigkeit bei den einzelnen Hochschulen. Die Anschriften können Sie unter → www.studieren-in-niedersachsen.de erfahren.

Weiterführende Informationen zur Bewerbung für den Vorbereitungsdienst, zur Lehrerbeschäftigung, zu Bedarfsprognosen und zum Quereinstieg finden Sie beim **Niedersächsischen Kultusministerium** unter
→ www.mk.niedersachsen.de.

3.10.10 Lehramtsausbildung in Nordrhein-Westfalen

In Nordrhein-Westfalen erfolgt die Lehrer*innenausbildung für folgende Lehramtstypen: Lehramt an Grundschulen, Lehramt an Haupt-, Real-, Sekundar- und Gesamtschulen, Lehramt an Gymnasien und Gesamtschulen, Lehramt an Berufskollegs, Lehramt für sonderpädagogische Förderung.

Struktur der Lehramtsausbildung

An der Lehrer*innenausbildung beteiligen sich in NRW:

- die Universitäten: TH Aachen, Bielefeld, Bochum, Bonn, TU Dortmund, Duisburg-Essen, Köln, Münster, Paderborn, Siegen, Wuppertal und Deutsche Sporthochschule Köln
- die Hochschulen für angewandte Wissenschaften: Aachen, Bielefeld, Bochum, Bonn-Rhein-Sieg, Dortmund,

LEHRAMT IN NORDRHEIN-WESTFALEN

Hamm-Lippstadt, Köln, Münster, Niederrhein, Ostwestfalen-Lippe, Südwestfalen und Westfälische Hochschule
- und die Kunst- und Musikhochschulen: Hochschule für Musik Detmold, Kunstakademie Düsseldorf, Folkwang Universität der Künste, Hochschule für Musik und Tanz Köln, die Kunstakademie Münster und die staatlich anerkannte private Alanus Hochschule.

In den Fächern Kunst, Musik und Sport ist der Zugang zur Lehramtsausbildung von dem Nachweis einer Eignung für die Studiengänge abhängig.

Lehramt an Grundschulen

Studienorte: Zum Fächerangebot in den Lehramtsstudiengängen erteilen die Hochschulen Auskunft.

Ausbildungsdauer: 6+4 Semester Regelstudienzeit; nach dem Masterabschluss 18 Monate Vorbereitungsdienst.

Praktika: ein Eignungs- und Orientierungspraktikum (mindestens 25 Tage) sowie ein (in der Regel) außerschulisches Berufsfeldpraktikum im Bachelorstudium (mindestens 4 Wochen); im Masterstudium gibt es ein Praxissemester.

Fächer und Kombinationen

Es werden drei Fächer gewählt. Dabei sind Deutsch und Mathematik verpflichtend, das dritte Fach kann frei gewählt werden. Zur Auswahl stehen: Sachunterricht, Kunst, Musik, Englisch, Religion (katholische, evangelische, islamische) oder Sport.

Lehramt an Haupt-, Real-, Sekundar- und Gesamtschulen

Studienorte: Zum Fächerangebot in den Lehramtsstudiengängen erteilen die Hochschulen Auskunft.

Ausbildungsdauer: 6+4 Semester Regelstudienzeit; nach dem Masterabschluss 18 Monate Vorbereitungsdienst.

Praktika: ein Eignungs- und Orientierungspraktikum (mindestens 25 Tage) sowie ein (in der Regel) außerschulisches Berufsfeldpraktikum im Bachelorstudium (mindestens 4 Wochen); im Masterstudium gibt es ein Praxissemester.

Fächer und Kombinationen

Die Hochschulen legen ihr Fächerangebot fest. Nicht alle Studienfächer werden an allen Hochschulen angeboten. Grundsätzlich sind folgende Fächer für das Lehramtsstudium an Haupt-, Real, Sekundar- und Gesamtschulen (Sekundarschulen I) zugelassen:
- Biologie, Chemie, Deutsch, Englisch, Evangelische Religionslehre, Geschichte, Informatik, Islamische Religionslehre, Katholische Religionslehre, Mathematik, Physik, Praktische Philosophie oder Wirtschaft-Politik
- Französisch, Geografie, Hauswirtschaft (Konsum/Ernährung/Gesundheit), Informatik, Kunst, Musik, Niederländisch, Russisch, Spanisch, Sport, Technik, Textilgestaltung, Türkisch.

Eines der beiden Fächer muss aus dem ersten Fächerkanon gewählt werden. Die Fächer Evangelische Religionslehre, Katholische Religionslehre und Islamische Religionslehre können nicht miteinander kombiniert werden.

→ Finde Studiengänge:

Lehramt an Gymnasien und Gesamtschulen

Studienorte: Zum Fächerangebot in den Lehramtsstudiengängen erteilen die Hochschulen Auskunft.

Ausbildungsdauer: 6+4 Semester Regelstudienzeit; nach dem Masterabschluss 18 Monate Vorbereitungsdienst.

Praktika: ein Eignungs- und Orientierungspraktikum (mindestens 25 Tage) sowie ein (in der Regel) außerschulisches Berufsfeldpraktikum im Bachelorstudium (mindestens 4 Wochen); im Masterstudium gibt es ein Praxissemester.

Fächer und Kombinationen

Die Hochschulen legen ihr Fächerangebot fest. Nicht alle Studienfächer werden an allen Hochschulen angeboten. Grundsätzlich sind folgende Fächer für das Studium für das Lehramt für Gymnasien und Gesamtschulen (Sekundarschulen II) zugelassen:
- Biologie, Chemie, Deutsch, Englisch, Evangelische Religionslehre, Französisch, Geschichte, Informatik, Islamische Religionslehre, Katholische Religionslehre, Latein, Mathematik, Philosophie/Praktische Philosophie, Physik, Wirtschaft-Politik/Sozialwissenschaften, Spanisch
- Chinesisch, Ernährungslehre, Geografie, Griechisch, Informatik, Italienisch, Japanisch, Kunst, Latein, Musik, Niederländisch, Pädagogik, Psychologie, Rechtswissenschaft, Russisch, Sport, Technik, Türkisch. ▸

LEHRAMT IN NORDRHEIN-WESTFALEN

Eines der beiden Fächer muss aus dem ersten Fächerkanon gewählt werden. Ausnahmeregelungen davon gibt es, wenn ein Fach im Rahmen eines bilingualen Studiengangs studiert wurde, der Absolventinnen und Absolventen befähigt, in ihrem Fach auf der sprachlichen Kompetenzstufe C1 zu arbeiten.

Anstelle zweier Unterrichtsfächer kann das Unterrichtsfach Musik oder Kunst als Doppelfach (jeweils 200 Leistungspunkte) gewählt werden.

Die Fächer Evangelische Religionslehre, Katholische Religionslehre und Islamische Religionslehre können nicht miteinander kombiniert werden.

Lehramt an Berufskollegs

Studienorte: Zum Fächerangebot in den Lehramtsstudiengängen erteilen die Hochschulen Auskunft.

Ausbildungsdauer: 6+4 Semester Regelstudienzeit; nach dem Masterabschluss 18 Monate Vorbereitungsdienst.

Praktika: Es muss eine einschlägige fachpraktische Tätigkeit von 12 Monaten Dauer nachgewiesen werden. Der überwiegende Teil davon vor dem Studium. Im Bachelorstudium selbst sind ein Eignungs- und Orientierungspraktikum sowie ein (in der Regel) außerschulisches Berufsfeldpraktikum verpflichtend; im Masterstudium gibt es ein Praxissemester.

Fächer und Kombinationen

Angehende Lehrkräfte an Berufskollegs entscheiden sich zunächst zwischen drei möglichen Kombinationen. Sie können
- zwei Unterrichtsfächer
- oder ein Unterrichtsfach und eine berufliche Fachrichtung
- oder eine Große und eine Kleine berufliche Fachrichtung wählen.

Die Hochschulen legen ihr Fächerangebot fest. Nicht alle Studienfächer werden an allen Hochschulen angeboten. Grundsätzlich sind folgende Fächer für das Studium für das Lehramt an Berufskollegs zugelassen:
- Biologie, Chemie, Deutsch, Englisch, Evangelische Religionslehre, Französisch, Informatik, Islamische Religionslehre, Katholische Religionslehre, Mathematik, Physik, Praktische Philosophie, Spanisch oder Wirtschaftslehre/Politik (nicht in Verbindung mit der beruflichen Fachrichtung Wirtschaftswissenschaft)
- Kunst, Musik, Niederländisch, Pädagogik (nicht mit der Fachrichtung Sozialpädagogik), Politik (nur in Verbindung mit der beruflichen Fachrichtung

Wirtschaftswissenschaft), Psychologie, Rechtswissenschaft, Russisch, Sport, Türkisch.

Im Fall eines Studiums von zwei Unterrichtsfächern muss eines der beiden Fächer aus dem ersten Kanon gewählt werden. Die Fächer Evangelische Religionslehre, Katholische Religionslehre und Islamische Religionslehre können nicht untereinander kombiniert werden.

Als berufliche Fachrichtungen in Kombination mit einem Unterrichtsfach sind zugelassen:
- Agrarwissenschaft, Bautechnik, Biotechnik, Chemietechnik, Druck- und Medientechnik, Elektrotechnik, Ernährungs- und Hauswirtschaftswissenschaft, Fahrzeugtechnik, Farbtechnik/Raumgestaltung/Oberflächentechnik, Mediendesign und Designtechnik, Gesundheitswissenschaft/Pflege, Lebensmitteltechnik, Maschinenbautechnik, Sozialpädagogik, Informationstechnik, Textiltechnik, Wirtschaftswissenschaft.

Sofern man zwei berufliche Fachrichtungen studiert, ist zu unterscheiden zwischen der Großen beruflichen Fachrichtung und der Kleinen beruflichen Fachrichtung. Folgende Große berufliche Fachrichtungen können derzeit mit verschiedenen Kleinen Fachrichtungen – die Hochschulen erteilen hierzu nähere Auskünfte – studiert werden:

Agrarwissenschaft, Bautechnik, Elektrotechnik, Ernährungs- und Hauswirtschaftswissenschaft, Maschinenbautechnik und Wirtschaftswissenschaft.

Lehramt für sonderpädagogische Förderung

Studienorte: Zum Fächerangebot in den Lehramtsstudiengängen erteilen die Hochschulen Auskunft.

Ausbildungsdauer: 6+4 Semester Regelstudienzeit; nach dem Masterabschluss 18 Monate Vorbereitungsdienst.

Praktika: ein Eignungs-, ein Orientierungspraktikum sowie ein (in der Regel) außerschulisches Berufsfeldpraktikum im Bachelorstudium; Praxissemester im Masterstudiengang.

Fächer und Kombinationen

Es werden zwei Unterrichtsfächer und zwei sonderpädagogische Fachrichtungen studiert. Ein Unterrichtsfach muss aus dem 1. Fächerkanon gewählt werden, das zweite kann frei gewählt werden.
- Deutsch, Mathematik, Lernbereich Sprachliche Grundbildung, Lernbereich Mathematische Grundbildung

LEHRAMT IN RHEINLAND-PFALZ

- Englisch, Religionslehre (evangelische, katholische oder islamische), Kunst, Musik, Sport, Biologie, Chemie, Französisch, Geschichte, Hauswirtschaft (Konsum/Ernährung/Gesundheit), Informatik, Physik, Praktische Philosophie, Wirtschaft-Politik, Technik, Textilgestaltung.

Aus den sonderpädagogischen Fachrichtungen muss entweder der
- Förderschwerpunkt Lernen oder
- der Förderschwerpunkt emotionale und soziale Entwicklung

gewählt werden. Beide Fachrichtungen können miteinander kombiniert werden, alternativ ist einer der folgenden Förderschwerpunkte zu wählen:
- Förderschwerpunkt geistige Entwicklung
- Förderschwerpunkt Hören und Kommunikation
- Förderschwerpunkt körperliche und motorische Entwicklung
- Förderschwerpunkt Sehen
- Förderschwerpunkt Sprache.

Weiterführende Informationen

Zum Fächerangebot in den Lehramtsstudiengängen erteilen die Hochschulen Auskunft.

Zudem informiert der Hochschulkompass der HRK auf der Internetseite www.hoch

schulkompass.de, auch verfügbar über die Internetseite des Ministeriums für Kultur und Wissenschaft des Landes Nordrhein-Westfalen (www.mkw.nrw/hochschule-und-forschung/studium-und-lehre/studiengaenge-nrw), über das Studienangebot.

Weitere Informationen zu Studienstandorten, Studienangebot sowie Fachkombinationen/Kombinationsgeboten finden sich im Internet auf der Seite www.wissenschaft.nrw.de und auf den Seiten der lehrerausbildenden Hochschulen. Die Internetseite www.schulministerium.nrw.de enthält Informationen zu gesetzlichen Grundlagen, Berufsaussichten, Mangelfächern u.a. ■

> → **links**
>
> **Lehrer werden**
> Bildungsportal des Ministeriums für Schule und Bildung des Landes Nordrhein-Westfalen zum Berufsziel „Lehrer"
> → www.lehrer-werden.nrw
>
> **Lehrerausbildungsgesetz**
> → www.schulministerium.nrw/schule-bildung/recht/lehrerausbildungsrecht
>
> **Lehramtszugangsverordnung**
> → recht.nrw.de
> (Suchbegriff: Lehramtszugangsverordnung)

3.10.11 Lehramtsausbildung in Rheinland-Pfalz

In Rheinland-Pfalz erfolgt die Lehrkräfteausbildung für folgende Lehramtstypen: **Lehramt an Grundschulen, Lehramt an Realschulen plus, Lehramt an Gymnasien, Lehramt an berufsbildenden Schulen, Lehramt an Förderschulen.**

Struktur der Lehramtsausbildung

Lehramtsstudiengänge werden als konsekutives Studienkonzept mit Bachelor- und Masterstudiengängen an den Universitäten angeboten. Das dreijährige Bachelorstudium beinhaltet lehramtsübergreifende und lehramtsspezifische Inhalte. Es beginnt mit einem Grundlagenstudium. Zum fünften Semester ist der lehramtsspezifische Schwerpunkt zu wählen. Hinsichtlich der angebotenen lehramtsspezifischen Schwerpunkte sowie der Hinweise für das Masterstudium wird auf die Informationen der Hochschulen verwiesen.

Das Masterstudium ist lehramtsspezifisch konzipiert und dauert zwei Semester für das

Lehramt an Grundschulen, drei Semester für das Lehramt an Realschulen plus bzw. an Förderschulen, vier Semester für die Lehrämter an Gymnasien und an berufsbildenden Schulen.

Die Bachelor- und Masterstudiengänge sind Hochschulstudiengänge mit studienbegleitenden (Modul-)Prüfungen und werden als Erste Staatsprüfung für das jeweilige Lehramt anerkannt.

Lehramt an Grundschulen

Studienorte: Koblenz U, Rheinland-Pfälzische TU (Campus Landau), Trier U.

Ausbildungsdauer: 6 + 2 Semester Regelstudienzeit (inkl. Schulpraktika); nach der Ersten Staatsprüfung 18 Monate Vorbereitungsdienst.

Praktika: zwei Orientierende Praktika, ein Vertiefendes Praktikum im Bachelor, ein Vertiefendes Praktikum im Master. ▶

3 STUDIENFELDER & STUDIENINHALTE

241

LEHRAMT IN RHEINLAND-PFALZ

→ Finde Studiengänge:

Fächer und Kombinationen
In den ersten vier Semestern des Bachelorstudiums werden das Fach Bildungswissenschaften und jeweils ein Fach aus der Fächergruppe Deutsch, Englisch, Französisch, Mathematik sowie aus der Fächergruppe Bildende Kunst, Biologie, Chemie, Deutsch, Englisch, Ethik, Evangelische Religionslehre, Französisch, Geografie, Geschichte, Katholische Religionslehre, Mathematik, Musik, Physik, Sozialkunde, Sport, Wirtschaft und Arbeit studiert.

Ab dem fünften Semester des Bachelorstudiums folgt das Fach Grundschulbildung mit den Studienbereichen Bildungswissenschaftliche Grundlegung, Deutsch, Mathematik, Fremdsprachliche Bildung, Sachunterricht, Ästhetische Bildung.

Das Fach Grundschulbildung wird zusammen mit einem Wahlpflichtbereich (Bildende Kunst, Musik, eine Religionslehre oder Sport) im Masterstudium fortgeführt.

Lehramt an Realschulen plus
Studienorte: Rheinland-Pfälzische TU (Campus Kaiserslautern/Campus Landau), Koblenz U, Trier U.
Ausbildungsdauer: 6+3 Semester Regelstudienzeit (inkl. Schulpraktika); nach der Ersten Staatsprüfung 18 Monate Vorbereitungsdienst.
Praktika: zwei Orientierende Praktika, ein Vertiefendes Praktikum im Bachelor, ein Vertiefendes Praktikum im Master.

Fächer und Kombinationen
Der Studiengang Lehramt an Realschulen plus umfasst folgende Fächer:
- Bildungswissenschaften
- zwei Fächer aus der Fächergruppe Bildende Kunst, Biologie, Chemie, Deutsch, Englisch, Ethik, Evangelische Religionslehre, Französisch, Geografie, Geschichte, Informatik, Katholische Religionslehre, Mathematik, Musik, Physik, Sozialkunde, Sport, Wirtschaft und Arbeit.

Lehramt an Gymnasien
Studienorte: Rheinland-Pfälzische TU (Campus Kaiserslautern/Campus Landau), Koblenz U, Mainz U, Trier U.
Ausbildungsdauer: 6 + 4 Semester Regelstudienzeit (inkl. Schulpraktika); nach der Ersten Staatsprüfung 18 Monate Vorbereitungsdienst.
Praktika: zwei Orientierende Praktika, ein Vertiefendes Praktikum im Bachelor, ein Vertiefendes Praktikum im Master.

Fächer und Kombinationen
Der Studiengang Lehramt an Gymnasien umfasst folgende Fächer:
- Bildungswissenschaften
- zwei Fächer aus der Fächergruppe Bildende Kunst, Biologie, Chemie, Deutsch, Englisch, Evangelische Religionslehre, Französisch, Geografie, Geschichte, Griechisch, Informatik, Italienisch, Katholische Religionslehre, Latein, Mathematik, Musik, Philosophie/Ethik, Physik, Russisch, Sozialkunde, Spanisch, Sport.

Die Fächer Bildende Kunst und Musik können nicht in Kombination gewählt werden.

Lehramt an berufsbildenden Schulen
Studienorte: Koblenz U (in Zusammenarbeit mit HS Koblenz), Mainz U, Rheinland-Pfälzische TU (Campus Kaiserslautern).
Ausbildungsdauer: 6 + 4 Semester Regelstudienzeit (inkl. Schulpraktika); nach der Ersten Staatsprüfung 18 Monate Vorbereitungsdienst.
Praktika: zwei Orientierende Praktika, ein Vertiefendes Praktikum im Bachelor, ein Vertiefendes Praktikum im Master.

Fächer und Kombinationen
Der Studiengang Lehramt an beruflichen Schulen umfasst folgende Fächer:
- Bildungswissenschaften
- je ein Fach aus der Fächergruppe (berufliches Fach) Bautechnik, Elektrotechnik, Gesundheit, Holztechnik, Metalltechnik, Pflege, Informationstechnik/Informatik, Wirtschaft sowie der Fächergruppe Biologie, Chemie, Deutsch, Englisch, Ethik, Evangelische Religionslehre, Französisch, Geografie, Informatik, Katholische Religionslehre, Mathematik, Physik, Sozialkunde, Spanisch, Sport oder aus der Fächergruppe (affines Fach) Automatisierungstechnik, Medientechnik.

Die Fächer Informationstechnik/Informatik und Informatik können nicht miteinander kombiniert werden.

Lehramt an Förderschulen
Studienort: Rheinland-Pfälzische TU (Campus Landau).
Ausbildungsdauer: 6 + 3 Semester Regelstudienzeit (inkl. Schulpraktika); nach der Ersten Staatsprüfung 18 Monate Vorbereitungsdienst.
Praktika: zwei Orientierende Praktika, ein Vertiefendes Praktikum im Bachelor, ein Vertiefendes Praktikum im Master.

Fächer und Kombinationen
In den ersten vier Semestern des Bachelorstudiums werden das Fach Bildungswissenschaften

LEHRAMT IM SAARLAND

und jeweils ein Fach aus der Fächergruppe Deutsch, Mathematik, Wirtschaft und Arbeit sowie aus der Fächergruppe Bildende Kunst, Biologie, Chemie, Deutsch, Englisch, Ethik, Evangelische Religionslehre, Französisch, Geografie, Geschichte, Katholische Religionslehre, Mathematik, Musik, Physik, Sozialkunde, Sport, Wirtschaft und Arbeit studiert.

Ab dem fünften Semester ist das Studium der beiden Fächer sowie der Bildungswissenschaften abgeschlossen. Stattdessen studieren die künftigen Lehrkräfte das Fach Grundlagen sonderpädagogischer Förderung (Sonderpädagogik).

Das Fach Grundlagen sonderpädagogischer Förderung wird im Masterstudium fortgeführt.

Hinzu kommen außerdem zwei der folgenden Schwerpunkte sonderpädagogischer Förderung: Ganzheitliche Entwicklung, Motorische Entwicklung, Lernen, Sprache, Sozial-emotionale Entwicklung. ■

> **→ links**
>
> **Informationen zum Lehramtsstudium**
> sowie über die Praktikumsvergabe sind unter folgenden Adressen zu finden:
> → www.schulpraktika.rlp.de
>
> **Selbsteinschätzungstest zur Eignung für den Lehrer*innenberuf**
> Ein Angebot des Ministeriums für Bildung
> → cct.bildung-rp.de

3.10.12 Lehramtsausbildung im Saarland

Im Saarland wird für folgende Lehrämter ausgebildet: Lehramt für die Primarstufe (LP), Lehramt für die Sekundarstufe I (Klassenstufen 5-10) (LS1), Lehramt für die Sekundarstufen I und II (Gymnasium und Gemeinschaftsschulen) (LS 1+2) sowie Lehramt an beruflichen Schulen (LAB).

Struktur der Lehramtsausbildung

Die Lehramtsstudiengänge werden im Saarland – unter Beibehaltung der Staatsprüfung – in reformierter und modularisierter Form angeboten. Durch den Erwerb von Credit Points (CP) in den Lehrveranstaltungen und der Wissenschaftlichen Arbeit werden bereits 80 Prozent der Prüfungsleistung für die Erste Staatsprüfung studienbegleitend erbracht. Insgesamt müssen für LP und LS1 240 CP, für LS 1+2 und LAB 300 CP erbracht werden.

Das Bestehen der Ersten Staatsprüfung berechtigt zum Eintritt in den Vorbereitungsdienst (18 Monate).

Lehramt für die Primarstufe

Studienort: Saarbrücken, Universität des Saarlandes (UdS).

Ausbildungsdauer: 8 Semester Regelstudienzeit (240 Credit Points); anschließend 18 Monate Vorbereitungsdienst.

Praktika: 5-wöchiges Orientierungspraktikum, jeweils ein semesterbegleitendes fachdidaktisches Schulpraktikum in Sachunterricht und im Profilfach, jeweils ein 4-wöchiges fachdidaktisches Schulpraktikum in Deutsch und Mathematik; 4-wöchiges Betriebspraktikum.

Fächer und Kombinationen

Der Studiengang umfasst neben dem Fach Bildungswissenschaften auch die Studienfächer der Primarstufe und ein Profilfach (Primarstufe: Bildende Kunst, Französisch, Musik, Evangelische Religion, Katholische Religion oder Sport) einschließlich fachwissenschaftlicher, fachdidaktischer, fachpraktischer und schulpraktischer Studien.

Im Pflichtbereich sind die Fächer Fachdidaktik Deutsch (Primarstufe), Fachdidaktik Mathematik (Primarstufe), Didaktik des Sachunterrichts (Primarstufe) und Sprachförderung und Deutsch als Zweitsprache zu belegen.

Eine Anmeldung zum Vorbereitungsdienst erfolgt dann mit „Didaktik der Primarstufe" und dem gewählten Profilfach. Das Fach Bildende Kunst (Primarstufe) wird an der Hochschule für Bildende Künste (HBK) Saar, das Fach Musik (Primarstufe) an der Hochschule für Musik (HfM) Saar studiert.

Lehramt für die Sekundarstufe I (Klassenstufe 5-10) (LS1)

Studienort: Saarbrücken, Universität des Saarlandes (UdS).

Ausbildungsdauer: 8 Semester Regelstudienzeit (240 Credit Points); anschließend 18 Monate Vorbereitungsdienst.

Praktika: 5-wöchiges Orientierungspraktikum (davon 2 Wochen Grundschule, 3 Wochen weiterführende Schule), jeweils ein semesterbegleitendes fachdidaktisches Schulpraktikum im 1. und 2. Fach sowie ein 4-wöchiges fachdidaktisches Schulpraktikum im 1. und 2. Fach; 4-wöchiges Betriebspraktikum. ▶

3 STUDIENFELDER & STUDIENINHALTE

LEHRAMT IM SAARLAND

➔ Finde Studiengänge:

Fächer und Kombinationen
Der Studiengang umfasst das Studium des Faches Bildungswissenschaften sowie das Studium zweier Lehramtsfächer einschließlich fachwissenschaftlicher, fachdidaktischer, fachpraktischer und schulpraktischer Studien. Ab dem 3. Semester können weitere Fächer studiert werden.

Folgende Fächer können studiert werden: (Arbeitslehre), Bildende Kunst, Biologie, Chemie, Deutsch, Englisch, (Erdkunde), Evangelische Religion, Französisch, Geschichte, Informatik, Katholische Religion, Mathematik, Musik, Philosophie/Ethik, Physik, (Sozialkunde/Politik), Sport.

Zu beachten: Das Studium der in Klammern angegebenen Fächer wird an den saarländischen Hochschulen nicht angeboten; aufgrund einer Kooperationsvereinbarung kann das Fach ggf. an einer Hochschule in Rheinland-Pfalz studiert und geprüft werden.

Das Fach Bildende Kunst wird an der Hochschule für Bildende Künste (HBK) Saar, das Fach Musik an der Hochschule für Musik (HfM) Saar studiert. Ein Kombinationsverbot besteht für die Fächer Evangelische und Katholische Religion.

Das Ministerium für Bildung und Kultur kann in Ausnahmefällen die Wahl eines anderen Unterrichtsfaches zulassen.

Lehramt für die Sekundarstufe I und II (Gymnasien und Gemeinschaftsschulen) (LS1+2)
Studienort: Saarbrücken, Universität des Saarlandes (UdS).
Ausbildungsdauer: 10 Semester Regelstudienzeit (300 Credit Points); anschließend 18 Monate Vorbereitungsdienst.
Praktika: 5-wöchiges Orientierungspraktikum (davon 2 Wochen Grundschule, 3 Wochen weiterführende Schule), jeweils ein semesterbegleitendes fachdidaktisches Schulpraktikum im 1. und 2. Fach sowie ein 4-wöchiges fachdidaktisches Schulpraktikum im 1. und 2. Fach; 4-wöchiges Betriebspraktikum.

Fächer und Kombinationen
Der Studiengang umfasst das Studium des Faches Bildungswissenschaften sowie das Studium zweier Lehramtsfächer einschließlich fachwissenschaftlicher, fachdidaktischer, fachpraktischer und schulpraktischer Studien. Ab dem 3. Semester können weitere Fächer studiert werden.

Folgende Fächer können studiert werden: Bildende Kunst, Biologie, Chemie, Deutsch, Englisch, (Erdkunde), Evangelische Religion, Französisch, Geschichte, Griechisch, Informatik, (Italienisch), Katholische Religion, Latein, Mathematik, Musik, Philosophie/Ethik, Physik, (Sozialkunde/Politik), Spanisch, Sport.

Zu beachten: Das Studium der in Klammern angegebenen Fächer wird an den saarländischen Hochschulen nicht angeboten; aufgrund einer Kooperationsvereinbarung kann das Fach ggf. an einer Hochschule in Rheinland-Pfalz studiert und geprüft werden. Griechisch kann nur als zusätzliches Fach in Kombination mit Latein gewählt werden. Das Fach Bildende Kunst wird an der Hochschule für Bildende Künste (HBK) Saar, das Fach Musik an der Hochschule für Musik (HfM) Saar studiert.

Das Fach Musik kann in normalem Umfang (115 CP) oder in erweitertem Umfang (142 CP) studiert werden. In letzterem Fall kann das zweite Fach nach den Anforderungen für LS1 studiert und hier die Lehrbefähigung für die Sekundarstufe I erworben werden (sofern dieses Fach im LS1-Studiengang angeboten wird). Ein Kombinationsverbot besteht für die Fächer Evangelische und Katholische Religion.

Lehramt an beruflichen Schulen (LAB)
Studienort: Saarbrücken, Universität des Saarlandes (UdS).
Ausbildungsdauer: 10 Semester Regelstudienzeit; anschließend 18 Monate Vorbereitungsdienst.
Praktika: 5-wöchiges Orientierungspraktikum (2 Wochen Gemeinschaftsschule, 3 Wochen berufliche Schule), jeweils ein semesterbegleitendes fachdidaktisches Schulpraktikum im beruflichen und im allgemeinbildenden Fach sowie ein 4-wöchiges fachdidaktisches Schulpraktikum im beruflichen und im allgemeinbildenden Fach; 36-wöchiges Betriebspraktikum.

Fächer und Kombinationen
Der Studiengang umfasst das Studium des Faches Bildungswissenschaften, einer beruflichen Fachrichtung und eines allgemeinbildenden Unterrichtsfachs der beruflichen Schulen (Sekundarstufe II) einschließlich fachwissenschaftlicher, fachdidaktischer, fachpraktischer und schulpraktischer Studien. Ab dem 3. Semester können weitere Fächer studiert werden. Als berufliche Fachrichtungen können gewählt werden: Informatik sowie Technik (mit den Vertiefungsrichtungen: Elektrotechnik, Mechatronik, Metalltechnik).

Als allgemeinbildende Unterrichtsfächer können gewählt werden: Bildende Kunst, Biologie,

LEHRAMT IN SACHSEN

Chemie, Deutsch, Englisch, Evangelische Religion, Französisch, Informatik (nicht in Verbindung mit der beruflichen Fachrichtung Informatik), Katholische Religion, Mathematik, Musik, Philosophie/Ethik, Physik, (Sozialkunde/Politik), Sport.

Zu beachten: Das Studium des in Klammern angegebenen Faches wird an den saarländischen Hochschulen nicht angeboten; aufgrund einer Kooperationsvereinbarung kann das Fach ggf. an einer Hochschule in Rheinland-Pfalz studiert und geprüft werden.

Das Fach Bildende Kunst wird an der Hochschule für Bildende Künste (HBK) Saar, das Fach Musik an der Hochschule für Musik (HfM) Saar studiert. Das Ministerium für Bildung und Kultur kann im Einzelfall auch andere allgemeinbildende und berufliche Fächer zulassen.

Bachelor-/Masterstudiengang Wirtschaftspädagogik

Studienort: Saarbrücken, Universität des Saarlandes (UdS).

Der Studiengang Wirtschaftspädagogik sieht zwei Studienrichtungen zur Wahl (mit bzw. ohne allgemeinbildendes Fach) vor. Als allgemeinbildende Fächer können gewählt werden: Biologie, Chemie, Deutsch, Englisch, Evangelische Religion, Französisch, Informatik, Katholische Religion, Mathematik, Philosophie/Ethik, Physik, Sport.

Hinweis: An den Masterstudiengang Wirtschaftspädagogik (Studienrichtung II) schließt sich der 18-monatige Vorbereitungsdienst an und endet mit dem Zweiten Staatsexamen für das Lehramt an beruflichen Schulen.

Lehramt für Sonderpädagogik

Das Studium für das Lehramt der Sonderpädagogik wird im Saarland nicht angeboten. Die nächstgelegene Ausbildungsstätte ist die Universität Koblenz/Landau (siehe *Abschnitt 3.10.11 „Lehramtsausbildung in Rheinland-Pfalz"*). Der Vorbereitungsdienst kann jedoch im Saarland abgeleistet werden. ∎

Zentrum für Lehrerbildung an der Universität des Saarlandes
→ www.uni-saarland.de/zfl

3.10.13 Lehramtsausbildung in Sachsen

In Sachsen erfolgt die Lehramtsausbildung für folgende Lehramtstypen: Lehramt an Grundschulen, Lehramt an Oberschulen, Lehramt an berufsbildenden Schulen, Lehramt an Gymnasien, Lehramt Sonderpädagogik.

Struktur der Lehramtsausbildung

Die Ausbildung in den modularisierten Lehramtsstudiengängen bis zur Ersten Staatsprüfung findet in Sachsen an drei Universitäten statt. Das Fach Musik kann an Musikhochschulen in Dresden und Leipzig studiert werden.

Für das Studium einiger Lehramtsfächer sind Nachweise über bestandene Eignungsprüfungen oder Sprachkenntnisse bereits vor Beginn des Studiums erforderlich.

Lehramt an Grundschulen

Studienorte: Chemnitz TU, Dresden TU, Leipzig U.

Ausbildungsdauer: Regelstudienzeit 8 Semester; anschließend 18 Monate Vorbereitungsdienst.

Praktika: 5 schulpraktische Studien, an der TU Dresden ist zusätzlich ein sog. Grundpraktikum verbindlich.

Fächer und Kombinationen

Es sind Bildungswissenschaften (Erziehungswissenschaft, Grundschulpädagogik, Pädagogische Psychologie), Schulpraktische Studien, ein Fach und die Grundschuldidaktik (Deutsch, Mathematik und Sachunterricht) zu wählen.

Lehramt an Oberschulen

Studienorte: Dresden TU, Leipzig U.

Ausbildungsdauer: Regelstudienzeit 9 Semester, anschließend 18 Monate Vorbereitungsdienst.

Praktika: 5 schulpraktische Studien, an der TU Dresden ist zusätzlich ein sog. Grundpraktikum verbindlich.

Fächer und Kombinationen

Es sind Bildungswissenschaften (Erziehungswissenschaft, Pädagogische Psychologie), Schulpraktische Studien und zwei miteinander kombinierte Fächer zu wählen. Diese können entweder beide aus der Fächergruppe 1 (Biologie, Deutsch, Englisch, Geografie, Mathematik, Physik, Sorbisch, Sport) stammen, oder es wird ein Fach aus der Fächergruppe 1 und ein Fach aus der Fächergruppe 2 gewählt (Chemie, Ethik/Philosophie, Evangelische Religion, ▶

LEHRAMT IN SACHSEN

Französisch, Gemeinschaftskunde/Rechtserziehung, Geschichte, Informatik, Katholische Religion, Kunst, Musik, Polnisch, Russisch, Spanisch, Tschechisch, Wirtschaft-Technik-Haushalt/Soziales).

Zusätzlich kann das Fach Informatik mit den Fächern Ethik/Philosophie, Geschichte, Kunst, Musik oder Wirtschaft-Technik-Haushalt/Soziales kombiniert werden.

→ Finde Studiengänge:

Das Fach Musik kann mit den Fächern Evangelische Religion, Katholische Religion oder Ethik/Philosophie kombiniert werden.

Die Ausbildung in den Fächern erstreckt sich auf die Fachwissenschaft und die Fachdidaktik.

Nicht alle Fächer werden an beiden Universitäten angeboten.

Lehramt an berufsbildenden Schulen
Studienort: Dresden TU, Leipzig U.
Ausbildungsdauer: Regelstudienzeit 10 Semester; anschließend 18 Monate Vorbereitungsdienst.
Praktika: 5 schulpraktische Studien. Die Zulassung zur Ersten Staatsprüfung für das Lehramt an berufsbildenden Schulen setzt den Nachweis eines mindestens zwölfmonatigen berufsfeldbezogenen Praktikums oder einer berufsfeldbezogenen abgeschlossenen Berufsausbildung voraus.

Fächer und Kombinationen
Es sind Bildungswissenschaften (Grundlagen der beruflichen Bildung und Gestaltung beruflicher Lehr- und Lernprozesse, Pädagogische Psychologie), Schulpraktische Studien und eine Fachrichtung kombiniert mit einem Fach oder einer weiteren Fachrichtung zu wählen.

Die Ausbildung in der Fachrichtung und im Fach erstreckt sich auf die Fachwissenschaft, die Berufsfelddidaktik und die Fachdidaktik des Faches.

> **→ links**
>
> Informationen (z.B. zum Studium und zum Vorbereitungsdienst, zur Einstellung und zu Einstiegschancen) sind unter
> **→** lehrer-werden-in-sachsen.de zu finden.
>
> **TU Chemnitz**
> **→** www.tu-chemnitz.de/zlb
>
> **TU Dresden**
> **→** tu-dresden.de/zlsb
>
> **Universität Leipzig**
> **→** www.zls.uni-leipzig.de

Nicht alle Fachrichtungen bzw. Fächer werden an beiden Universitäten angeboten.

Folgende Fachrichtungen werden angeboten: Bautechnik; Chemietechnik; Elektrotechnik und Informationstechnik; Fahrzeugtechnik; Farbtechnik, Raumgestaltung und Oberflächentechnik; Gesundheit und Pflege; Holztechnik; Lebensmittel-, Ernährungs- und Hauswirtschaftswissenschaft; Metall- und Maschinentechnik; Sozialpädagogik; Wirtschaft und Verwaltung.

Außerdem werden folgende Fächer angeboten: Biologie, Chemie, Deutsch, Englisch, Ethik/Philosophie, Evangelische Religion, Französisch, Gemeinschaftskunde/Rechtserziehung/Wirtschaft, Geschichte, Informatik, Italienisch, Katholische Religion, Kunst, Mathematik, Physik, Russisch.

Die Fachrichtung Chemietechnik kann nicht mit dem Fach Chemie kombiniert werden. Die Fachrichtung Fahrzeugtechnik kann ausschließlich mit der Fachrichtung Metall- und Maschinentechnik kombiniert werden. Bei den übrigen Kombinationsmöglichkeiten gibt es einige Einschränkungen. Bitte informieren Sie sich hierzu in der entsprechenden Studienordnung der Fachrichtung oder des Faches.

Lehramt an Gymnasien
Studienorte: Dresden TU, Leipzig U.
Ausbildungsdauer: Regelstudienzeit 10 Semester; anschließend 18 Monate Vorbereitungsdienst.
Praktika: 5 schulpraktische Studien, an der TU Dresden ist zusätzlich ein sog. Grundpraktikum verbindlich.

Fächer und Kombinationen
Es sind Bildungswissenschaften (Erziehungswissenschaft, Pädagogische Psychologie), Schulpraktische Studien und zwei miteinander kombinierte Fächer zu wählen. Diese können entweder beide aus der Fächergruppe 1 (Biologie, Deutsch, Englisch, Französisch, Geografie, Latein, Mathematik, Physik, Sorbisch, Spanisch, Sport) gewählt werden, oder es wird ein Fach aus der Fächergruppe 1 sowie ein weiteres Fach aus der Fächergruppe 2 gewählt (Chemie, Ethik/Philosophie, Evangelische Religion, Gemeinschaftskunde/Rechtserziehung/Wirtschaft, Geschichte, Griechisch, Informatik, Italienisch, Katholische Religion, Kunst, Musik, Polnisch, Russisch, Tschechisch).

Zusätzlich kann das Fach Informatik mit den Fächern Chemie, Ethik/Philosophie, Geschichte, Kunst oder Musik kombiniert werden. Das Fach Musik kann mit den Fächern Ethik/

LEHRAMT IN SACHSEN-ANHALT

Philosophie, Evangelische Religion oder Katholische Religion kombiniert werden.

Die Ausbildung in den Fächern erstreckt sich auf die Fachwissenschaft und die Fachdidaktik. Nicht alle Fächer werden an beiden Universitäten angeboten.

Lehramt Sonderpädagogik

Studienort: Leipzig U.

Ausbildungsdauer: Regelstudienzeit 10 Semester, anschließend 18 Monate Vorbereitungsdienst.

Praktika: Sozialpraktikum (4 Wochen) vor dem Studium, für das Fach Wirtschaft-Technik-Haushalt/Soziales ist zusätzlich ein einschlägiges Praktikum (2 Wochen) vor dem Studium verbindlich, semesterbegleitende Praktika und mindestens zwei Blockpraktika im Umfang von jeweils 4 Wochen.

Fächer und Kombinationen

Es sind Bildungswissenschaften (Erziehungswissenschaft, Allgemeine Sonderpädagogik, Pädagogische Psychologie), Schulpraktische Studien, ein studiertes Fach einschließlich der zugehörigen Fachdidaktik (Biologie, Chemie, Deutsch, Englisch, Ethik/Philosophie, Geschichte, Informatik, Kunst, Mathematik, Musik, Physik, Evangelische Religion, Sport, Wirtschaft-Technik-Haushalt/Soziales) oder Grundschuldidaktik (Deutsch oder Sorbisch, Mathematik, Sachunterricht) und ein weiteres Fach (Kunst, Musik, Sport oder Werken) zu wählen sowie zwei Förderschwerpunkte: „Emotionale und soziale Entwicklung" und/oder „Lernen" (einer der beiden Förderschwerpunkte ist verpflichtend) sowie „Geistige Entwicklung", „Körperliche und motorische Entwicklung" oder „Sprache".

Der Förderschwerpunkt „Geistige Entwicklung" kann nicht mit den Fächern Chemie, Informatik und Physik kombiniert werden. ∎

3.10.14 Lehramtsausbildung in Sachsen-Anhalt

In Sachsen-Anhalt erfolgt die Lehrer*innenausbildung für folgende Lehramtstypen: Lehramt an Grundschulen, Lehramt an Sekundarschulen, Lehramt an Gymnasien, Lehramt an berufsbildenden Schulen, Lehramt an Förderschulen.

Struktur der Lehramtsausbildung

An der Universität Halle-Wittenberg und der Burg Giebichenstein Kunsthochschule Halle wird das Lehramtsstudium modularisiert angeboten. Dabei bleibt der Abschluss des Ersten Staatsexamens erhalten. Eignungsprüfungen müssen in den Fächern Sport, Musik und Kunst bzw. Gestalten abgelegt werden.

An der Universität Magdeburg erfolgt die Lehrer*innenausbildung für folgende Lehramtstypen: Lehramt an berufsbildenden Schulen, Lehramt an Sekundarschulen und Lehramt an Gymnasien. Das Lehramtsstudium ist Lehramtsausbildung im Bachelor-Master-System aufgebaut. Der Abschluss Master of Education entspricht dem Ersten Staatsexamen. Für das Unterrichtsfach Sport muss eine Eignungsprüfung abgelegt werden.

Lehramt an Grundschulen

Studienort: Halle U.

Studiendauer: 8 Semester, nach der Ersten Staatsprüfung 16-monatiger Vorbereitungsdienst.

Praktika: ein Beobachtungspraktikum (2 Wochen), zwei unterrichtsfachbezogene Schulpraktika (insgesamt mindestens 8 Wochen), schulpraktische Übungen sowie ein außerunterrichtliches pädagogisches Praktikum.

Fächer und Kombinationen

Die Fächer Deutsch und Mathematik sind als Unterrichtsfächer I und II zu belegen. Das als Unterrichtsfach I gewählte Fach wird vertieft studiert. Das Unterrichtsfach III ist aus den Unterrichtsfächern Englisch, Ethik, Evangelische Religion, Gestalten, Katholische Religion, Musik, Sachunterricht und Sport zu wählen. Die Bewerbung erfolgt für die konkrete Fächerkombination:

- Deutsch/Mathematik/ Evangelische oder Katholische Religion
- Deutsch/Mathematik/Ethik
- Deutsch/Mathematik/Englisch
- Deutsch/Mathematik/Gestalten
- Deutsch/Mathematik/Musik
- Deutsch/Mathematik/Sachunterricht
- Deutsch/Mathematik/Sport

Ergänzungsfach: Medienbildung (nach dem 2. Fachsemester). ▶

LEHRAMT IN SACHSEN-ANHALT

Hinweis: Das Studienfach Gestalten wird in Kooperation mit der Burg Giebichenstein Kunsthochschule Halle angeboten.

Lehramt an Sekundarschulen
Studienort: Halle U, Burg Giebichenstein Kunsthochschule Halle.

Studiendauer: 8 Semester Regelstudienzeit (9 Semester, wenn Musik oder Kunst gewählt wurde); nach der Ersten Staatsprüfung 16-monatiger Vorbereitungsdienst.

Praktika: ein Beobachtungspraktikum (2 Wochen), zwei unterrichtsfachbezogene Schulpraktika (insgesamt mindestens 8 Wochen), schulpraktische Übungen sowie ein außerunterrichtliches pädagogisches Praktikum.

Fächer und Kombinationen
Es müssen zwei Fächer gewählt werden. Bis auf die unten genannten, ausgeschlossenen Kombinationen können prinzipiell alle Fächer miteinander kombiniert werden:

Biologie, Chemie, Deutsch, Englisch, Ethik, Evangelische Religion, Französisch, Geografie, Geschichte, Informatik (nur als Erweiterungsfach), Katholische Religion, Kunst (Burg Giebichenstein), Mathematik, Musik, Physik, Russisch, Sozialkunde, Sport.

Ergänzungsfächer:
- Deutsch als Zweitsprache (nach dem 3. Semester)
- Astronomie (bei Wahl eines der Fächer Mathematik, Physik oder Geografie)
- Medienbildung (nach dem 2. Fachsemester)

Ausgeschlossene Kombinationen: Kunst – Musik, Ethik – Evangelische bzw. Katholische Religion (auch wenn eines der Fächer als Erweiterungsfach studiert wird), Katholische Religion – Evangelische Religion (auch wenn eines der Fächer als Erweiterungsfach studiert wird). Ein Studium in den Fächern Russisch und Sozialkunde ist nur in Verbindung mit den Fächern Deutsch, Mathematik oder Englisch möglich.

Hinweis: Kunst ist ein Studienfach an der Burg Giebichenstein Kunsthochschule Halle.

Studienort: Magdeburg U.

Studiendauer: 6 Semester Regelstudienzeit (Bachelorstudium) + 4 Semester Regelstudienzeit (Masterstudium); nach dem Masterabschluss 16-monatiger Vorbereitungsdienst.

Praktika: ein Hospitationspraktikum (4 Wochen), ein pädagogisches Orientierungs- oder berufsbezogenes Betriebspraktikum (4 Wochen), schulpraktische Übungen sowie ein Schulpraxissemester.

Fächer und Kombinationen
Es müssen zwei Unterrichtsfächer gewählt werden. Die Bewerbung erfolgt für die konkreten Fächerkombinationen:

- Mathematik/Deutsch
- Mathematik/Ethik
- Mathematik/Physik
- Mathematik/Sozialkunde
- Mathematik/Sport

- Technik/Deutsch
- Technik/Ethik
- Technik/Mathematik
- Technik/Physik
- Technik/Sozialkunde
- Technik/Sport

- Wirtschaft/Deutsch
- Wirtschaft/Ethik
- Wirtschaft/Mathematik
- Wirtschaft/Sport.

Ausgeschlossene Kombinationen: Mathematik – Mathematik, Wirtschaft – Physik, Wirtschaft – Sozialkunde.

Lehramt an Gymnasien
Studienort: Halle U, Burg Giebichenstein Kunsthochschule Halle.

Studiendauer: 9 Semester Regelstudienzeit (in der Kombination mit Musik oder Kunst 10 Semester); nach der Ersten Staatsprüfung 16-monatiger Vorbereitungsdienst.

Praktika: ein Beobachtungspraktikum (2 Wochen), zwei unterrichtsfachbezogene Schulpraktika (insgesamt mindestens 8 Wochen), schulpraktische Übungen sowie ein außerunterrichtliches pädagogisches Praktikum.

Fächer und Kombinationen
Es müssen zwei Fächer gewählt werden. Bis auf die in den Hinweisen genannten, ausgeschlossenen Kombinationen können prinzipiell alle Fächer miteinander kombiniert werden:

Biologie, Chemie, Deutsch, Englisch, Ethik, Evangelische Religion, Französisch, Geografie, Geschichte, Griechisch, Informatik, Italienisch, Katholische Religion, Kunst (Burg Giebichenstein), Latein, Liturgische Musik (Evangelische Hochschule für Kirchenmusik Halle), Mathematik, Musik, Philosophie, Physik, Russisch, Sozialkunde, Spanisch, Sport.

Ergänzungsfächer:
- Deutsch als Zweitsprache, (nach dem 3. Semester)
- Astronomie (bei Wahl eines der Fächer Mathematik, Physik oder Geografie)
- Medienbildung (nach dem 2. Fachsemester).

STUDIENFELDER & STUDIENINHALTE

3

248

LEHRAMT IN SACHSEN-ANHALT

Ausgeschlossene Kombinationen:
Kunst – Musik, Ethik – Evangelische bzw. Katholische Religion (auch wenn eines der Fächer als Erweiterungsfach studiert wird), Philosophie – Evangelische bzw. Katholische Religion (auch wenn eines der Fächer als Erweiterungsfach studiert wird), Katholische Religion – Evangelische Religion (auch wenn eines der Fächer als Erweiterungsfach studiert wird), Ethik – Philosophie (auch wenn eines der Fächer als Erweiterungsfach studiert wird). Ein Studium in den Fächern Russisch und Spanisch ist nur in Verbindung mit den Fächern Deutsch, Mathematik oder Englisch möglich.

Liturgische Musik, ein Fach an der Evangelischen Hochschule für Kirchenmusik Halle, kann nur mit dem Fach Musik an der Universität Halle kombiniert werden.

Kunst ist ein Studienfach an der Burg Giebichenstein Kunsthochschule Halle.

Studienort: Magdeburg U.

Studiendauer: 6 Semester Regelstudienzeit (Bachelorstudium) + 4 Semester Regelstudienzeit (Masterstudium); nach dem Masterabschluss 16-monatiger Vorbereitungsdienst.

Praktika: ein Hospitationspraktikum (4 Wochen), ein pädagogisches Orientierungs- oder berufsbezogenes Betriebspraktikum (4 Wochen), schulpraktische Übungen sowie ein Schulpraxissemester.

Fächer und Kombinationen
Es müssen zwei Unterrichtsfächer gewählt werden. Die Bewerbung erfolgt für die konkreten Fächerkombinationen:
- Mathematik/Deutsch
- Mathematik/Ethik
- Mathematik/Physik
- Mathematik/Sozialkunde
- Mathematik/Sport

- Technik/Deutsch
- Technik/Ethik
- Technik/Mathematik
- Technik/Physik
- Technik/Sozialkunde
- Technik/Sport

- Wirtschaft/Deutsch
- Wirtschaft/Ethik
- Wirtschaft/Mathematik
- Wirtschaft/Sport

Ausgeschlossene Kombinationen:
Mathematik – Mathematik, Wirtschaft – Physik, Wirtschaft – Sozialkunde.

Lehramt an berufsbildenden Schulen
Studienort: Magdeburg U.

Studiendauer: 6 Semester Regelstudienzeit (Bachelorstudium) + 4 Semester Regelstudienzeit (Masterstudium). Quereinstieg in den Master möglich. Nach dem Masterabschluss 16-monatiger Vorbereitungsdienst.

Praktika: ein schulisches Orientierungspraktikum (4 Wochen), schulpraktische Übungen sowie fach(richtungs)bezogene professionspraktische Studien.

Fächer und Kombinationen
Studiert werden in der Regel eine berufliche Fachrichtung und ein Unterrichtsfach. In Studienprogrammen mit Kooperationshochschulen werden auch zwei berufliche Fachrichtungen studiert. Berufliche Fachrichtungen: Bautechnik, Elektrotechnik, Informationstechnik, Labor- und Prozesstechnik, Metalltechnik, Wirtschaft und Verwaltung. Die beruflichen Fachrichtungen Gesundheit und Pflege sowie Sozialpädagogik werden nur im Master angeboten. Unterrichtsfächer: Deutsch, Ethik, Informatik, Mathematik, Physik, Sozialkunde, Sport oder Technik.

Ausgeschlossene Kombinationen: Informationstechnik – Informatik, Gesundheit und Pflege – Physik, Gesundheit und Pflege – Technik, Labor- und Prozesstechnik – Technik, Wirtschaft und Verwaltung – Physik, Wirtschaft und Verwaltung – Technik, Sozialpädagogik – Physik, Sozialpädagogik – Sozialkunde, Sozialpädagogik – Technik.

Anmerkungen zu Studienprogrammen mit Kooperationshochschulen:
Absolvent*innen des Bachelorstudienganges Ingenieurpädagogik (HS Merseburg oder HS Harz) studieren im Master zwei berufliche Fachrichtungen. Absolvent*innen des Bachelorstudienganges Ingenieurpädagogik (Hochschule Merseburg) studieren im Master zwei der folgenden beruflichen Fachrichtungen (ohne Unterrichtsfach): Elektrotechnik, Informationstechnik, Labor- und Prozesstechnik oder Metalltechnik. Absolvent*innen des Bachelorstudienganges Ingenieurpädagogik (Hochschule Harz) studieren im Master die beiden beruflichen Fachrichtungen Elektrotechnik und Informationstechnik (ohne Unterrichtsfach).

Absolvent*innen der Bachelorstudiengänge Evidenzbasierte Pflege (Martin-Luther-Universität Halle) und Berufspädagogik und Management in der Pflege / Angewandte Pflegewissenschaft im Praxisverbund (Ostfalia Hochschule Wolfsburg) studieren im Master zwei berufliche Fachrichtungen: Pflege ▶

→ Finde Studiengänge:

LEHRAMT IN SCHLESWIG-HOLSTEIN

in Kombination mit der affinen Fachrichtung Gesundheit.

Lehramt an Förderschulen
(Rehabilitationspädagogik)
Studienort: Halle U.
Studiendauer: 9 Semester Regelstudienzeit (10 Semester, wenn Musik oder Kunst gewählt wurde); nach der Ersten Staatsprüfung 16-monatiger Vorbereitungsdienst.
Praktika: Beobachtungspraktikum (2 Wochen), schulpraktische Übungen (SPÜ) Außerunterrichtliches pädagogisches Praktikum / Sozialpraktikum, förderdiagnostisches Praktikum, fachrichtungsbezogene Schulpraktika I und II in den gewählten rehabilitationspädagogischen Fachrichtungen (insgesamt 8 Wochen).

Fächer und Kombinationen
Für das Lehramt an Förderschulen können folgende Kombinationen von zwei förderpädagogischen Fachrichtungen studiert werden: Geistigbehindertenpädagogik/Körperbehindertenpädagogik, Geistigbehindertenpädagogik/Verhaltensgestörtenpädagogik, Lernbehindertenpädagogik/Sprachbehindertenpädagogik, Lernbehindertenpädagogik/Verhaltensgestörtenpädagogik, Sprachbehindertenpädagogik/Körperbehindertenpädagogik. Außerdem müssen ein Sekundarschulfach oder zwei Grund-schulfächer gewählt werden. Folgende Sekundarschulfächer können gewählt werden: Biologie, Chemie, Deutsch, Englisch, Kunst, Ethik, Evangelische Religion, Französisch, Geografie, Geschichte, Katholische Religion, Mathematik, Musik, Physik, Russisch, Sozialkunde, Sport.
Ergänzungsfach: Medienbildung (nach dem 2. Fachsemester).
Hinweis: Kunst ist ein Studienfach an der Burg Giebichenstein Kunsthochschule Halle. Werden zwei Grundschulfächer gewählt, muss eines der beiden Fächer Deutsch oder Mathematik sein. Das zweite Fach kann aus den folgenden Fächern ausgewählt werden: Deutsch, Mathematik, Englisch, Ethik, Evangelische/Katholische Religion, Gestalten, Sachunterricht, Musik oder Sport. ■

→ **links**

Studien-Webseite des Landes
→ www.wirklichweiterkommen.de

Webseiten der Hochschulen
Martin-Luther-Universität Halle-Wittenberg
→ www.uni-halle.de

Otto von Guericke Universität Magdeburg
→ www.ovgu.de/lehramt

Burg Giebichenstein Kunsthochschule Halle
→ www.burg-halle.de

3.10.15 Lehramtsausbildung in Schleswig-Holstein

In Schleswig-Holstein erfolgt die Lehrkräfteausbildung für folgende Lehrämter: Lehramt an Grundschulen, Lehramt an Gymnasien, Lehramt an Gemeinschaftsschulen, Lehramt für Sonderpädagogik, Lehramt an berufsbildenden Schulen.

Struktur der Lehramtsausbildung
Die Ausbildung in den Lehramtsstudiengängen findet in Schleswig-Holstein an der Christian-Albrechts-Universität zu Kiel und an der Europa-Universität Flensburg sowie für das Fach Musik auch an der Musikhochschule Lübeck statt. An der Christian-Albrechts-Universität zu Kiel beträgt die Ausbildungsdauer im Bachelor sechs Semester, im Master vier Semester Regelstudienzeit.

An der Europa-Universität Flensburg ist für das Lehramt an Grundschulen, Gemeinschaftsschulen, Gymnasien oder Sonderpädagogik zunächst ein noch nicht unmittelbar schulartbezogener sechssemestriger Bachelorstudiengang in Bildungswissenschaften zu studieren. Dieser umfasst zwei Fächer sowie „Bildung, Erziehung, Gesellschaft". Studierende der Sonderpädagogik wählen Sonderpädagogik als eines ihrer Fächer. Im Anschluss an das bildungswissenschaftliche Bachelorstudium an der Europa-Universität Flensburg kann – je nach Fächerkombination – ein viersemestriger schulartbezogener „Master of Education"-Studiengang aufgenommen werden.

Das Studium für das Lehramt an Gymnasien wird an der Musikhochschule Lübeck im Rahmen des Studiengangs „Musik Vermitteln" in den Varianten des sog. „Doppelfachstudiums" sowie des „Zwei-Fächer-Studiums" angeboten, Letzteres in Kooperation mit der Universität Hamburg bzw. für das Zweitfach „Mathematik Vermitteln" in Kooperation mit der Universität zu Lübeck. Die Regelstudien-

LEHRAMT IN SCHLESWIG-HOLSTEIN

zeit beträgt im Bachelorstudiengang 8 Semester, im Masterstudiengang 4 Semester.

Lehramt an Grundschulen
Studienort: Flensburg U.
Ausbildungsdauer: 6 + 4 Semester Regelstudienzeit; anschließend 18 Monate Vorbereitungsdienst.
Praktika: ein 3-wöchiges Orientierungspraktikum und ein 3-wöchiges fachdidaktisches Praktikum im Bachelorstudium; ein Praxissemester im Masterstudium.

Fächer und Kombinationen
Neben dem Bereich Pädagogik umfasst der Masterstudiengang „Lehramt an Grundschulen" zwei Fächer und zwei disziplinäre bzw. interdisziplinäre Lernbereiche.

Als Fächer können gewählt werden: Dänisch, Deutsch, Englisch, Ev. Religion, Kath. Religion, Kunst, Mathematik, Musik, Philosophie, Sachunterricht, Sport, Technik, Textillehre und Darstellendes Spiel/Theater (der Teilstudiengang hat mit dem Bachelorstudium im Herbstsemester 2021/22 begonnen, die Masterstudiengänge starten darauf aufbauend im Herbstsemester 2024/25).

Ein Studiengang muss mindestens Deutsch, Mathematik, Englisch oder Sachunterricht sein. Als disziplinäre Lernbereiche werden angeboten: Deutsch, Deutsch als Zweit- und Fremdsprache, Mathematik.

Als interdisziplinäre Lernbereiche werden angeboten: Ästhetisch-kultureller Lernbereich, Bewegung und Gesundheit, Darstellendes Spiel, Ernährung, Friesisch, Globales Lernen, Naturphänomene in der Grundschule, Niederdeutsch, Umgang mit normativen Fragen.

Wenn Deutsch nicht als Teilstudiengang studiert wird, muss der Lernbereich Deutsch oder der Lernbereich Deutsch als Zweit- oder Fremdsprache gewählt werden. Wenn Mathematik nicht als Teilstudiengang studiert wird, muss der Lernbereich Mathematik gewählt werden.

Lehramt an Gymnasien
Studienort: Kiel U.
Ausbildungsdauer: 6 + 4 Semester Regelstudienzeit, danach 18 Monate Vorbereitungsdienst.
Praktika: ein pädagogisches Praktikum (3 Wochen) und ein fachdidaktisches Praktikum (3 Wochen) im Bachelorstudium; ein Praxissemester im Masterstudium.

Fächer und Kombinationen
Es werden zwei Fächer für das sechssemestrige Bachelorstudium (Zwei-Fächer-Bachelor) sowie der Profilierungsbereich „Lehramt an Gymnasien" einschließlich Fachdidaktik und Schulpraktika studiert. Im viersemestrigen konsekutiven Masterstudium, das mit dem „Master of Education" abschließt, wird das Studium der beiden Fächer des Bachelorstudiengangs weitergeführt.

Für das Fach Kunst besteht zum Teil eine Kooperation mit der Muthesius Kunsthochschule. Seit dem WS 2019/20 bietet die Kiel U zusätzlich den (zunächst befristeten) Ein-Fach-Masterstudiengang Kunst an.

➔ Finde Studiengänge:

Eine Übersicht der **Kombinationsmöglichkeiten** unter den Fächern gibt es im „Studienfachangebot der Christian-Albrechts-Universität zu Kiel" (www.studium.uni-kiel.de/de/studienangebot). Für einige Fächer sind besondere praktische Tätigkeiten oder Sprachnachweise erforderlich. Diese können in der „Satzung über den Nachweis einer praktischen Tätigkeit oder von Fremdsprachenkenntnissen" eingesehen werden (www.studium.uni-kiel.de/de/pruefungen/ba-ma/ordnungen-ba-ma, Suchwort Studienqualifikationssatzung).

In Fächern, in denen das Lehrangebot dies zulässt, besteht zusätzlich zum Zwei-Fächer-Studium mit dem Profil Lehramt an Gymnasien oder mit dem Profil Wirtschaftspädagogik die Möglichkeit, ein Erweiterungs- oder Ergänzungsfach zu wählen. Das Erweiterungsstudium bietet die Möglichkeit, die Lehrbefugnis für ein drittes Schulfach zu erlangen. Das Ergänzungsstudium bietet die Möglichkeit, zusätzliche Qualifikationen zu erwerben, die eine verbesserte Berufsperspektive bieten. Erweiterungsfächer können (mit Ausnahme von Griechisch und Informatik) erst ab dem dritten Fachsemester belegt werden.

Mögliche Erweiterungsfächer sind: Dänisch, Evangelische Religionslehre, Französisch, Geschichte, Griechische Philologie, Informatik, Italienisch, Kunst, Lateinische Philologie, Mathematik, Philosophie, Russisch, Spanisch.

Mögliche Ergänzungsfächer sind: Deutsch als Zweitsprache/Deutsch als Fremdsprache, Frisistik, Niederdeutsch, Türkisch.

Bei einer Kombination mit dem Schulfach Italienisch ist es nach derzeitigem Stand nicht möglich, in Schleswig-Holstein in den Vorbereitungsdienst einzutreten. ▶

LEHRAMT IN SCHLESWIG-HOLSTEIN

Studienort: Flensburg U.
Ausbildungsdauer: 6 + 4 Semester Regelstudienzeit, danach 18 Monate Vorbereitungsdienst.
Praktika: ein 3-wöchiges Orientierungspraktikum und ein 3-wöchiges fachdidaktisches Praktikum im Bachelorstudium; ein Praxissemester im Masterstudium.

Fächer und Kombinationen
Als Teilstudiengänge, die auf entsprechenden Fachunterricht für das Lehramt an Gymnasien vorbereiten, werden an der Europa-Universität Flensburg angeboten: Dänisch, Deutsch, Englisch, Französisch, Geschichte, Kunst, Mathematik, Spanisch, Sport, Wirtschaft/Politik sowie Darstellendes Spiel/Theater (der Teilstudiengang hat mit dem Bachelorstudium im Herbstsemester 2021/22 begonnen, die Masterstudiengänge starten darauf aufbauend im Herbstsemester 2024/25). Alle Fächer sind miteinander kombinierbar.
Studienort: Lübeck Musikhochschule.
Ausbildungsdauer: 8 + 4 Semester Regelstudienzeit, danach 18 Monate Vorbereitungsdienst.
Praktika: ein Einführungspraktikum (150 Stunden, „Musikvermittlung" innerhalb und außerhalb der Schule) und ein 4-wöchiges Schulpraktikum im Bachelorstudium; ein Praxissemester im Masterstudium.

Fächer und Kombinationen
Das Studium des Fachs Musik in Kombination mit einem wissenschaftlichen Zweitfach wird an der Musikhochschule Lübeck in Kooperation mit der Universität Hamburg, der Europa-Universität Flensburg und der Universität zu Lübeck (Fach Mathematik) durchgeführt. Die Zulassung zum Studium an der Musikhochschule Lübeck erfolgt aufgrund von Eignungsprüfungen (Nähere Informationen unter: www.mh-luebeck.de/studium).
Die Ausbildung von Musiklehrkräften kann als Doppelfachstudium sowohl im Bachelor- als auch im Masterstudiengang allein an der Musikhochschule Lübeck absolviert werden. An der Europa-Universität Flensburg gibt es für die weiterführenden allgemeinbildenden Schularten das Sekundarschullehramt mit zwei Sek.-II-Fächern und darauf vorbereitende Studiengänge.
Seit dem WS 2021/22 wird auch für Bachelorabsolventen künstlerisch-pädagogischer Studiengänge ein Master of Education (Quereinstieg) angeboten.

Lehramt an Gemeinschaftsschulen
Studienort: Flensburg U.
Ausbildungsdauer: 6 + 4 Semester Regelstudienzeit, danach 18 Monate Vorbereitungsdienst.
Praktika: ein 3-wöchiges Orientierungspraktikum und ein 3-wöchiges fachdidaktisches Praktikum im Bachelorstudium; ein Praxissemester im Masterstudium.

Fächer und Kombinationen
Zur Aufnahme des Masters of Education für das Lehramt an Gemeinschaftsschulen können als Fächer gewählt werden:
Bereich 1 (Sek. II): Dänisch, Deutsch, Englisch, Französisch, Geschichte, Kunst, Mathematik, Spanisch, Sport, Wirtschaft/Politik und (geplant) Darstellendes Spiel/Theater (der Teilstudiengang hat mit dem Bachelorstudium im Herbstsemester 2021/22 begonnen, die Masterstudiengänge starten darauf aufbauend im Herbstsemester 2024/25).
Bereich 2 (Sek. I): Biologie, Chemie, Evangelische Religion, Geografie, Ernährung und Verbraucherbildung, Katholische Religion, Kunst, Musik, Philosophie, Physik, Sport, Technik, Textillehre.
Eines der beiden Fächer muss aus dem **Bereich 1** gewählt werden.
Eine Kombination von zwei Fächern aus dem **Bereich 1** ist nicht möglich, weil dies zu dem zuvor beschriebenen Lehramt an Gymnasien führt.

Lehramt für Sonderpädagogik
Studienort: Flensburg U.
Ausbildungsdauer: 6 + 4 Semester Regelstudienzeit, danach 18 Monate Vorbereitungsdienst.
Praktika: ein 3-wöchiges Orientierungspraktikum und ein 3-wöchiges fachdidaktisches Praktikum im Bachelorstudium; ein Praxissemester im Masterstudium.

Fächer und Kombinationen
Zu Beginn des Bachelorstudiums wählen die Studierenden zwei der folgenden sonderpädagogischen Fachrichtungen: Lernbehinderten- und Förderpädagogik, Pädagogik für Menschen mit Sprach- und Kommunikationsstörungen, Pädagogik bei Verhaltensstörungen und Erziehungshilfe, Pädagogik für Menschen mit geistiger und schwerster Behinderung.
Folgende Unterrichtsfächer können mit dem Schwerpunkt Primarstufe oder Sekundarstufe studiert werden: Biologie, Chemie, Dänisch, Deutsch, Englisch, Ernährung und Verbraucherbildung, evangelische Religion, Geografie, Geschichte, katholische Religion, Kunst, Mathematik, Musik, Philosophie, Physik, Sachunterricht, Sport, Technik, Textillehre, Wirtschaft/

LEHRAMT IN SCHLESWIG-HOLSTEIN

Politik und Darstellendes Spiel/Theater (der Teilstudiengang hat mit dem Bachelorstudium im Herbstsemester 2021/22 begonnen, die Masterstudiengänge starten darauf aufbauend im Herbstsemester 2024/25).

In Kooperation mit dem für Wissenschaft zuständigen Ministerium wird seit dem Herbstsemester 2021/22 an der Europa-Universität Flensburg ein Dualer Masterstudiengang Lehramt Sonderpädagogik angeboten.

Lehramt an berufsbildenden Schulen

Studienorte: Kiel U, Flensburg U.

Ausbildungsdauer: 6 + 4 Semester Regelstudienzeit, anschließend 18 Monate Vorbereitungsdienst.

Praktika: Im Bachelorstudium wird ein fachdidaktisches Schulpraktikum absolviert, im Masterstudium ist das Praxismodul „Komplementäre Unterrichts-/Didaktikkompetenz" Pflicht.

Fächer und Kombinationen

Voraussetzung für ein Studium an der **Europa-Universität Flensburg**, das auf das Lehramt an berufsbildenden Schulen (gewerblich-technischer Bereich und Ernährungs- und Hauswirtschaftswissenschaft) vorbereitet, ist ein abgeschlossenes Studium mit einem einschlägigen Bachelorabschluss in einem Umfang von 180 LP oder ein mindestens gleichwertiger Abschluss in einem der Teilstudiengänge Elektrotechnik, Fahrzeugtechnik, Informationstechnik, Metalltechnik sowie Ernährungs- und Hauswirtschaftswissenschaften. Außerdem wird eine abgeschlossene Berufsausbildung oder ein mindestens einjähriges Praktikum in der gewählten Fachrichtung vorausgesetzt.

Der hierauf aufbauende Masterstudiengang in den Fachrichtungen Elektrotechnik, Fahrzeugtechnik, Informationstechnik, Metalltechnik (Maschinenbau) sowie Ernährungs- und Hauswirtschaftswissenschaften umfasst neben der jeweiligen beruflichen Fachrichtung auch Module der Berufspädagogik sowie ein allgemeinbildendes Fach (Englisch, Mathematik, Physik oder Wirtschaft/Politik).

In Kooperation mit dem für Wissenschaft zuständigen Ministerium wird seit dem Herbstsemester 2019/20 an der Europa-Universität Flensburg ein Dualer Studiengang für die Gewinnung von Lehrkräften an berufsbildenden Schulen angeboten.

An der **Christian-Albrechts-Universität zu Kiel** ist das Fach Wirtschaftswissenschaft mit folgenden Schulfächern kombinierbar: Deutsch, Englisch, Evangelische Religionslehre, Französisch, Geografie, Geschichte, Informatik, Mathematik, Philosophie, Spanisch, Sportwissenschaft.

Im Fach Informatik wird die Durchführung des Vorbereitungsdienstes im Rahmen vorhandener Kapazitäten ermöglicht. Lehrkräfte mit einem grundständigen Fach Informatik können nach Absolvierung von Studium und Vorbereitungsdienst von den Schulen im Rahmen vorhandener Kapazitäten und der nötigen Fächerversorgung angefordert werden.

Hinweise: An der **Europa-Universität Flensburg** absolvieren die Studierenden mit dem Ziel Lehramt an Grundschulen, Lehramt an Gemeinschaftsschulen, Lehramt an Gymnasien sowie Lehramt für Sonderpädagogik im Bachelorstudium ein dreiwöchiges Orientierungspraktikum und ein dreiwöchiges Vertiefungspraktikum in einem selbst gewählten Berufsfeld (in der Regel im fünften oder sechsten Semester semesterbegleitend im Rahmen von Lehrveranstaltungen in den pädagogischen Studien oder blockweise).

Im **Masterstudium** ist für Studierende in den Lehramtsstudiengängen ein Praxissemester im Umfang von acht bis zehn Wochen obligatorisch. Im Rahmen des Studiums „Lehramt an berufsbildenden Schulen" (gewerblich-technischer Bereich) werden zwei Berufsbildungspraktika und ein Schulpraktikum durchgeführt.

Die Anrechnung bereits erbrachter Studien-/Prüfungsleistungen erfolgt durch die jeweilige Universität (Kiel oder Flensburg).

Im Anschluss an das Studium, das mit dem Master abschließt, absolviert die künftige Lehrkraft einen **Vorbereitungsdienst** mit einer Dauer von 18 Monaten. Dieser Vorbereitungsdienst kann zum 1. Februar oder 1. August eines jeden Jahres begonnen werden; er umfasst die Ausbildung an einer Schule (Hospitationen, Unterricht unter Anleitung, eigenverantwortlicher Unterricht) und Ausbildungsveranstaltungen sowie Beratungen des „Instituts für Qualitätsentwicklung an Schulen Schleswig-Holstein" (IQSH) oder des „Schleswig-Holsteinischen Instituts für berufliche Bildung" (SHIBB). Das IQSH ist für die Aus-, Fort- und Weiterbildung von Lehrkräften der Lehrämter an Grundschulen, an Gemeinschaftsschulen und an Gymnasien sowie für das Lehramt für Sonderpädagogik zuständig, während das SHIBB für die Aus- Fort- und Weiterbildung von Lehrkräften des Lehramtes an berufsbildenden Schulen zuständig ist. Im Vorbereitungsdienst für das Lehramt an Gymnasien und für das Lehramt ▶

LEHRAMT IN THÜRINGEN

an Gemeinschaftsschulen kann neben den üblichen Fächerkombinationen auch im Fach Darstellendes Spiel in Verbindung mit einem zweiten Fach ausgebildet werden.

Mit bestandener **Staatsprüfung** wird die jeweilige Lehramtsbefähigung erworben, mit der eine Bewerbung für den Schuldienst möglich ist und die je nach studiertem Niveau des Faches (Primarstufe, Sekundarstufe I oder Sekundarstufe I und II) auch zum Unterricht in anderen Schulformen oder -stufen berechtigt. ■

> **info**
>
> Da im Rahmen der **Neuorganisation der Lehramtsstudiengänge** auch Veränderungen des Studienangebotes denkbar sind, sollten Bewerber*innen sich auf jeden Fall immer auch direkt bei der Universität bzw. auf deren Webseite über das aktuelle Studienangebot informieren.

> **links**
>
> Informationen sind zu finden unter
> → www.schleswig-holstein.de/DE/Themen/L/lehrerausbildung.html (> Ausbildung).

3.10.16 Lehramtsausbildung in Thüringen

In Thüringen erfolgt die Lehrer*innenausbildung für folgende Lehramtstypen: Lehramt an Grundschulen, Lehramt an Regelschulen, Lehramt an Gymnasien, Lehramt an berufsbildenden Schulen, Lehramt für Förderpädagogik.

Struktur der Lehramtsausbildung

Generell wird das Lehramtsstudium in Thüringen modularisiert angeboten und ist mit Leistungspunkten (LP) versehen. Es schließt mit der Ersten Staatsprüfung für ein schulartbezogenes Lehramt (an der Universität Jena) oder mit einem lehramtsbezogenen konsekutiven Masterabschluss (an der Universität Erfurt, an der Hochschule für Musik Franz Liszt Weimar und an der Universität Jena im Bereich Wirtschaftspädagogik, Lehramt BbS) ab.

An der Universität Jena werden die Lehramtsstudiengänge nach dem „Jenaer Modell" mit einer Regelstudienzeit von 9 Semestern für das Lehramt an Regelschulen und von 10 Semestern für das Lehramt an Gymnasien studiert.

An der Universität Erfurt sind die Studiengänge für das Lehramt an Grundschulen, an Regelschulen, an berufsbildenden Schulen und das Lehramt für Förderpädagogik in das Bachelor-/Masterstudienkonzept integriert. Nach sechs Semestern erwerben die Studierenden den polyvalenten Bachelorabschluss. Es schließt sich ein 4-semestriger Masterstudiengang für das Lehramt an

Gleiches gilt für das Doppelfachstudium Musik an der Hochschule für Musik Franz Liszt Weimar sowie den Masterstudiengang für das Lehramt an berufsbildenden Schulen an der Universität Jena.

Lehramt an Grundschulen

Studienort: Erfurt U.

Ausbildungsdauer: 6 + 4 Semester Regelstudienzeit; anschließend 18 Monate Vorbereitungsdienst.

Praktika: ein Orientierungspraktikum, mehrere erziehungswissenschaftliche Blockpraktika sowie studienbegleitende schulpraktische Übungen in den Fachdidaktiken im Bachelorstudium; umfangreiches Schulpraktikum im Masterstudium (Praxissemester).

Fächer und Kombinationen

Für das Lehramt an Grundschulen wird die Hauptstudienrichtung „Primare und elementare Bildung" (ehemals „Pädagogik der Kindheit") mit einer Nebenstudienrichtung kombiniert. Die Ausbildung für das Lehramt an Grundschulen umfasst drei Fächer, darunter die Pflichtfächer Deutsch und Mathematik. Als weiteres Fach kann gewählt werden: Englisch, Ethik, Französisch, Heimat- und Sachkunde, Kunsterziehung, Musik, Evangelische Religionslehre, Katholische Religionslehre, Russisch, Schulgarten, Sport oder Technik/Werken.

Lehramt an Regelschulen

Studienort: Erfurt U.

Ausbildungsdauer: 6 + 4 Semester Regelstudienzeit, anschließend 24 Monate Vorbereitungsdienst, wobei durch die Anrechnung von Schulpraktika eine Verkürzung von bis zu 6 Monaten erfolgt.

Praktika: ein Orientierungspraktikum, mehrere erziehungswissenschaftliche Blockpraktika sowie studienbegleitende schulpraktische Übungen in den Fachdidaktiken im Bachelorstudium; umfangreiches Schulpraktikum im Masterstudium (Praxissemester).

LEHRAMT IN THÜRINGEN

Fächer und Kombinationen
Für das Lehramt an Regelschulen müssen im Bachelorstudiengang zwei lehramtsbezogene Studienrichtungen (eine Haupt- und eine Nebenstudienrichtung) miteinander kombiniert werden, die eine solide fachwissenschaftliche Grundlage für zwei Unterrichtsfächer der Regelschule vermitteln. Folgende Fächer können gewählt werden: Deutsch, Englisch, Ethik, Französisch, Geschichte, Mathematik, Evangelische Religionslehre, Katholische Religionslehre, Russisch, Sozialkunde, Sport, Musik, Kunsterziehung, Wirtschaft und Technik.

Bei der Wahl der Haupt- und Nebenstudienrichtung sind die zulässigen Fachkombinationen zu beachten.

Studienort: Jena U.
Ausbildungsdauer: 9 Semester Regelstudienzeit, anschließend 24 Monate Vorbereitungsdienst, wobei durch die Anrechnung von Schulpraktika eine Verkürzung von bis zu 6 Monaten erfolgt.
Praktika: Nach dem 5. oder 6. Semester ist ein Praxissemester vorgesehen. Spätestens zur Anmeldung für dieses muss ein Eingangspraktikum von insgesamt 320 Stunden absolviert werden.

Fächer und Kombinationen
Das Studium umfasst neben den Bildungswissenschaften und Schulpraktika fachwissenschaftliche und fachdidaktische Studienanteile für zwei Fächer. Bei der Wahl der zwei Studienfächer sind die zulässigen Fachkombinationen zu beachten.
Fächergruppe 1: Biologie, Chemie, Deutsch, Englisch, Französisch, Informatik, Mathematik, Physik, Russisch, Sport.
Fächergruppe 2: Ethik, Geografie, Geschichte, Evangelische Religionslehre, Sozialkunde, Katholische Religionslehre kann in Kooperation mit der Erfurt U studiert werden.
Kombiniert werden dürfen:
- Ein Fach aus der Fächergruppe 1 und ein Fach aus der Fächergruppe 2
- Zwei Fächer aus der Fächergruppe 1
- Kunsterziehung und ein Fach aus der Fächergruppe 2
- Musik und ein Fach aus der Fächergruppe 2.

Darüber hinaus können Prüfungen in den Drittfächern Astronomie und Deutsch als Zweit- und Fremdsprache abgelegt werden.

Lehramt an Gymnasien
Studienort: Jena U.
Ausbildungsdauer: 10 Semester Regelstudienzeit, anschließend 24 Monate Vorbereitungsdienst, wobei durch die Anrechnung von Schulpraktika eine Verkürzung von bis zu 6 Monaten erfolgt.
Praktika: Nach dem 5. oder 6. Semester ist ein Praxissemester vorgesehen. Spätestens zur Anmeldung für dieses muss ein Eingangspraktikum von insgesamt 320 Stunden absolviert werden.
Kooperationen: BU Weimar in der Studienrichtung Kunsterziehung für das Lehramt an Gymnasien sowie im Doppelfach Kunsterziehung für das Lehramt an Gymnasien, HfM Weimar in der Studienrichtung Musik für das Lehramt an Gymnasien, U Erfurt in der Studienrichtung Katholische Religionslehre für das Lehramt an Gymnasien.

→ Finde Studiengänge:

Fächer und Kombinationen
Das Studium umfasst neben den Bildungswissenschaften und Schulpraktika fachwissenschaftliche und fachdidaktische Studienanteile für zwei Fächer. Bei der Wahl der zwei Studienfächer sind die zulässigen Fachkombinationen zu beachten.
Fächergruppe 1: Biologie, Chemie, Deutsch, Englisch, Französisch, Informatik, Mathematik, Physik, Russisch, Spanisch, Sport.
Fächergruppe 2: Ethik/Philosophie, Geografie, Geschichte, Griechisch, Kunsterziehung, Latein, Musik, Evangelische Religionslehre, Katholische Religionslehre, Sozialkunde, Wirtschaftslehre/Recht.

Darüber hinaus können Prüfungen in den Drittfächern Astronomie, Deutsch als Zweit- und Fremdsprache und Italienisch abgelegt werden.
Kombiniert werden dürfen:
- Ein Fach aus der Fächergruppe 1 und ein Fach aus der Fächergruppe 2
- Zwei Fächer aus der Fächergruppe 1
- Kunsterziehung und ein Fach aus der Fächergruppe 2
- Musik und ein Fach aus der Fächergruppe 2
- Griechisch und Latein

Kunsterziehung kann im Rahmen des „Jenaer Modells" für das Lehramt auch als Doppelfach studiert werden.
Studienort: Weimar HfM für das Doppelfach Musik.
Ausbildungsdauer: 6+4 Semester Regelstudienzeit (Bachelor-/Masterstudienkonzept), anschließend 24 Monate Vorbereitungsdienst, wobei durch die Anrechnung von Schulpraktika eine Verkürzung von bis zu 6 Monaten erfolgt.

An der Hochschule für Musik Franz Liszt wird ein lehramtsbezogener Bachelor-/Masterstudiengang (Lehramt an Gymnasien – Doppel- ▶

LEHRAMT IN THÜRINGEN

fach Musik) in Kooperation mit der FSU Jena angeboten.

Lehramt für Förderpädagogik

Studienort: Erfurt U.

Ausbildungsdauer: 6 + 4 Semester Regelstudienzeit, anschließend 24 Monate Vorbereitungsdienst, wobei durch die Anrechnung von Schulpraktika eine Verkürzung von bis zu 6 Monaten erfolgt.

Praktika: ein berufsorientierendes interdisziplinäres Praktikum, zwei schulartbezogene Praktika im Bachelorstudium, umfangreiches Schulpraktikum im Masterstudium.

Fächer und Kombinationen

Für das **Lehramt für Förderpädagogik** muss die Hauptstudienrichtung Förderpädagogik gewählt werden, in der zwei sonderpädagogische Fachrichtungen als Spezialisierung zu wählen sind. Diese werden mit einer der Nebenstudienrichtungen (Deutsch/Germanistik – Mathematik – Englisch/Anglistik) kombiniert.

Lehramt an berufsbildenden Schulen

Studienort: Erfurt U, Ilmenau TU (Kooperation mit Erfurt U), Jena U.

Ausbildungsdauer: 6+4 Semester Regelstudienzeit, anschließend 24 Monate Vorbereitungsdienst, wobei durch die Anrechnung von Schulpraktika eine Verkürzung von bis zu 6 Monaten erfolgt.

Fächer und Kombinationen

Die Bachelorstudiengänge mit Option auf einen anschließenden lehramtsbezogenen Masterstudiengang für das Lehramt an berufsbildenden Schulen werden in **Kooperation mit der Universität Erfurt an der TU Ilmenau** für die Fachrichtung Elektrotechnik oder Metalltechnik angeboten. Sie umfassen sowohl fachwissenschaftliche Grundlagen für die berufliche Fachrichtung und für ein zweites Unterrichtsfach als auch berufspädagogische Grundlagen.

In dem sich anschließenden lehramtsbezogenen Masterstudiengang mit fachdidaktischen, fachwissenschaftlichen und erziehungswissenschaftlichen Anteilen sowie verschiedenen Schulpraktika wird die wissenschaftliche (bzw. künstlerisch-praktische) Befähigung für den Unterricht in den entsprechenden Fächern erworben. Über die vorgenannten beruflichen Fachrichtungen hinaus kann der Abschluss Master of Education an der Universität Erfurt zudem in den beruflichen Fachrichtungen Bautechnik, Metalltechnik, Elektrotechnik, Gesundheit, Pflege, Körperpflege und Sozialpädagogik erworben werden.

An der **Universität Jena** wird ein lehramtsbezogener Masterstudiengang (Lehramt an berufsbildenden Schulen – Studienvariante Wirtschaftspädagogik II – mit einem Zweitfach für die berufsbildenden Schulen) angeboten.

Für das Lehramt an berufsbildenden Schulen ist weiterhin im polyvalenten Bachelorstudiengang ein Betriebspraktikum zu absolvieren, das im Bezug zum Erstfach (berufliche Fachrichtung) stehen soll. Für die Zulassung zum Vorbereitungsdienst sind insgesamt 12 Monate Betriebspraktika erforderlich. Es wird empfohlen, die Betriebspraktika bereits vor Aufnahme des Masterstudiums zu absolvieren; eine der beruflichen Fachrichtung entsprechende Berufsausbildung kann anerkannt werden.

Nach Abschluss des Masterstudiums bzw. der Ersten Staatsprüfung schließt sich der Vorbereitungsdienst mit einer Dauer von 24 Monaten an, wobei durch die Anrechnung von Schulpraktika eine Verkürzung von bis zu 6 Monaten erfolgt. ■

> **➔ links**
>
> **Weiterführende und detaillierte Informationen** zu Prüfungs- und Studienordnungen, zu Praktikumsordnungen, zu Eignungsprüfungen (z.B. für Kunsterziehung, Musik, Sport), zu Einstufungstests (z.B. für Fremdsprachen) sowie zu N.c.-Regelungen sind auf den Internetseiten der Thüringer Hochschulen zu finden.
>
> Hinweise zur Lehrerbildung in Thüringen – einschließlich Rechtsgrundlagen und Hinweise zum Vorbereitungsdienst – sind auf der Webseite des TMBJS zu finden:
> ➔ bildung.thueringen.de/lehrkraefte/lehrerbildung

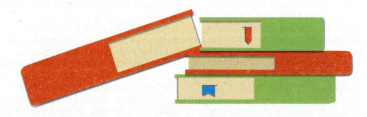

3.11 Öffentliche Verwaltung

Die Behörden des Bundes und der Länder sowie die Stadt- und Gemeindeverwaltungen bieten Schulabgänger*innen mit Abitur oder Fachhochschulreife (bzw. einem als gleichwertig anerkannten Bildungsstand) eine Ausbildung in einer Vielzahl von zukunftsorientierten Berufen im Beamtenverhältnis. Für den gehobenen nichttechnischen Dienst ausgebildet wird üblicherweise über ein duales Studium an den Hochschulen für öffentliche Verwaltung des Bundes oder der Länder.

Das **Spektrum** reicht von der klassischen Verwaltungstätigkeit in der allgemeinen und inneren Verwaltung über den Polizeivollzugsdienst und den Zolldienst bis hin zum naturwissenschaftlich geprägten Wetterdienst.

Der Vorbereitungsdienst erfolgt im Wechsel von **theoretischen Studienphasen** an der Hochschule mit längeren **berufspraktischen Abschnitten** in den jeweiligen Behörden und Einsatzstellen.

Neben den spezifischen fachwissenschaftlichen Inhalten werden Kenntnisse im Staats- und Verfassungsrecht, dem Recht des öffentlichen Dienstes, der Verwaltungslehre sowie volks- und betriebswirtschaftliche Kenntnisse vermittelt. Es gibt keine Semesterferien, da während der vorlesungsfreien Zeiten die berufspraktische Ausbildung in den Ausbildungsbehörden oder in Lehrgängen stattfindet.

Das **Studium** endet mit einem Bachelor- oder Diplomabschluss (Diplom-Verwaltungswirt*in)

Besondere Hinweise zur Beachtung:
- Je nach Laufbahn sind ggf. besondere Ausbildungsvoraussetzungen zu erfüllen (z.B. Fremdsprachenkenntnisse, körperliche Eignung).
- Bewerber*innen mit Fachhochschulreife oder einer anderen zu einem Hochschulstudium berechtigenden Schulbildung (bzw. einem hochschulrechtlich als gleichwertig anerkannten Bildungsstand) stehen unmittelbar nach ihrem Schulabschluss die Vorbereitungsdienste für nichttechnische Laufbahnen des gehobenen Dienstes oder vergleichbarer Einstiegsebenen offen.
- Ab einer bestimmten Einstiegsebene, z.B. dem höheren Dienst des Bundes, besteht keine Zugangsmöglichkeit unmittelbar nach dem Schulabschluss. Für die Einstellung in den Vorbereitungsdienst wird dann ein erfolgreich abgeschlossenes Masterstudium an einer Universität oder (Fach-)Hochschule oder ein gleichwertiger Abschlussgrad vorausgesetzt.
- Manche Länderverwaltungen fordern für den Zugang zum höheren nichttechnischen Verwaltungsdienst ein mit der Ersten Juristischen Prüfung abgeschlossenes Studium der Rechtswissenschaften mit anschließendem Vorbereitungsdienst und Zweitem Juristischen Staatsexamen.

links

abi»
Einblicke über Reportagen zu diesem Studienbereich finden Sie auch auf abi.de:
→ www.abi.de > Studium > Was kann ich studieren? > Wirtschaftswissenschaften > Öffentliche Verwaltung

Studiensuche der Bundesagentur für Arbeit
Weitere Informationen zu Studiengängen in diesem Bereich finden Sie auch in der Studiensuche der Bundesagentur für Arbeit.
→ www.arbeitsagentur.de/studiensuche

3.11.1 Allgemeiner innerer Verwaltungsdienst

Die allgemeine (innere) Verwaltung umfasst die Gebiete Personalverwaltung und -entwicklung, Haushalts- und Rechnungswesen, Controlling, Organisation sowie die Informations- und Kommunikationstechnik.

Fachhochschulabsolvent*innen in der inneren Verwaltung sind mit Aufgaben wie der Rechtsanwendung und -gestaltung, der Sachverhaltsermittlung, der Planung und Organisation, mit elektronischer Datenverarbeitung sowie mit Beratung und Betreuung betraut. Auf der unteren Verwaltungsebene übernehmen sie Aufgaben der Personalführung, optimieren den Personaleinsatz und die Verwaltungsorganisation.

Studienangebot
Die Ausbildung wird an der Hochschule des Bundes für öffentliche Verwaltung (Brühl) bzw.

ARBEITSMARKTMANAGEMENT

den Hochschulen der Länder für öffentliche Verwaltung (bzw. der Hochschule für den öffentlichen Dienst in Bayern) angeboten. Außerdem gibt es in einigen Bundesländern an staatlichen Fachhochschulen Bachelorstudiengänge wie „Public Administration", „Öffentliche Verwaltung" oder „Public Management".

Inhalte des Studiums

Die Studierenden beschäftigen sich vor allem mit Staats- und Verfassungsrecht, Kommunalrecht, Raumordnungs- und Umweltschutzrecht, allgemeinem und besonderem Verwaltungsrecht, Volks- und Betriebswirtschaftslehre, Verwaltungsorganisation, Information und Informationsverbreitung sowie mit Organisations- und Sozialpsychologie. Außerdem wird Wissen über Aufbau und Aufgabenstellung von Behörden, Verwaltungshandeln sowie Projekt- und Qualitätsmanagement vermittelt.

Voraussetzungen

Wer sich für eine Tätigkeit in der inneren Verwaltung interessiert, muss die deutsche Staatsbürgerschaft oder die eines anderen EU-Staates besitzen und über die allgemeine oder die Fachhochschulreife verfügen. Außerdem müssen angehende Beamt*innen in der inneren Verwaltung die Gewähr dafür bieten, jederzeit für die freiheitlich-demokratische Grundordnung einzutreten. ■

➔ **Finde Studiengänge:**

➔ **links**
Hochschule des Bundes für öffentliche Verwaltung ➔ www.hsbund.de

3.11.2 Arbeitsmarktmanagement

Die Hochschule der Bundesagentur für Arbeit (HdBA) bietet zwei Bachelorstudiengänge an: „Arbeitsmarktmanagement" sowie „Beratung für Bildung, Beruf und Beschäftigung". Mit beiden können sich Studierende für arbeitsmarktbezogene Aufgaben qualifizieren.

Die Studiengänge dauern jeweils drei Jahre und beinhalten eine Kombination aus Wirtschafts-, Sozial- sowie Rechtswissenschaften. Außerdem vermitteln sie spezielles Wissen aus den Bereichen Arbeitsmarktpolitik und arbeitsmarktbezogene Dienstleistungen. Das Studium gliedert sich in neun Trimester, die jeweils vier Monate dauern. Fünf Trimester verbringen die Studierenden am jeweiligen Campus (Präsenztrimester). Dazwischen absolvieren sie vier Praktikumstrimester in einer Agentur für Arbeit, einem Jobcenter bzw. in einem anderen Betrieb im In- oder Ausland.

Studienangebot

Die beiden Studiengänge „Arbeitsmarktmanagement" sowie „Beratung für Bildung, Beruf und Beschäftigung" werden an den Campus in Schwerin und Mannheim angeboten. Es handelt sich um duale Studiengänge.

Inhalte des Studiums

- Im Studiengang „Arbeitsmarktmanagement" können die Studienschwerpunkte „Arbeitsmarktintegration und -transformation", „Leistungsrecht und -beratung" und „Arbeitsmarkt und Public Management" gewählt werden.
- Im Studiengang „Beratung für Bildung, Beruf und Beschäftigung" erwerben die Studierenden spezifische Beratungsfachkenntnisse und können zwischen den Schwerpunkten „Berufliche Beratung", „Fallmanagement in der Beschäftigungsförderung" oder „Inklusion und Teilhabe am Arbeitsleben" wählen.

Voraussetzungen

Über den Zugang zum Studium entscheidet ein mehrstufiges Auswahlverfahren: Bewerben muss man sich online über das BA-Bewerbungsportal, direkt bei der jeweiligen örtlichen Agentur für Arbeit. Nach Prüfung der Voraussetzungen werden Bewerber*innen im positiven

➔ **links**
Hochschule der Bundesagentur für Arbeit
➔ www.hdba.de
Duales Studium „Arbeitsmarktmanagement"
➔ www.arbeitsagentur.de/ba-karriere/studium-arbeitsmarktmanagement
Duales Studium „Beratung für Bildung, Beruf und Beschäftigung"
➔ www.arbeitsagentur.de/ba-karriere/studium-beratung
Bewerbungsportal der BA
➔ www.arbeitsagentur.de/ba-karriere/ba-bewerbungsprozess

ARCHIVWESEN

Fall zu einem Eignungstest eingeladen. Bei erfolgreichem Verlauf folgt die Einladung zu einem Bewerbungstag mit verschiedenen Aufgaben und einem gegenseitigen Kennenlernen. Anschließend beginnt das formale Zulassungsverfahren an der Hochschule der Bundesagentur für Arbeit (HdBA).

Vor Beginn des Studiums schließen die Studierenden einen Vertrag über das duale Studium mit einer Agentur für Arbeit ab. Die Einstellung erfolgt jährlich zum 1. September.

➔ Finde Studiengänge:

3.11.3 Archivwesen

Archivar*innen übernehmen, sichern, bewerten und erschließen historische Unterlagen. Außerdem unterstützen sie Wissenschaftler*innen und andere Archivbenutzer*innen bei ihren Recherchen.

Archivar*innen sind i.d.R. als Sachbearbeiter*innen tätig. Zu ihren Aufgaben gehören die Beratung von Behörden, die Bewertung von Unterlagen, die Erschließung von Archivalien, die Betreuung der Benutzer*innen sowie die Bestandserhaltung. Je kleiner das Archiv ist, desto mehr kümmern sich die einzelnen Mitarbeiter*innen um alle anfallenden Arbeiten.

Studienangebot
Die Ausbildung erfolgt entweder in Form eines behördeninternen Studiums an einem der Ausbildungsarchive in Deutschland und der Archivschule in Marburg oder an der Hochschule für den öffentlichen Dienst in Bayern, Fachbereich Archiv- und Bibliothekswesen in München. Es kann aber auch ein Studium im Fachbereich Informationswissenschaften an der Fachhochschule Potsdam absolviert werden.

➔ Finde Studiengänge:

Inhalte des Studiums
Je nach Ausbildungsort stehen während des Studiums Fächer wie Allgemeine Archivlehre, Aktenaussonderung, Archivalienkunde, Bestandserhaltung, aber auch Webtechnologie und Informationssysteme sowie Statistik auf dem Lehrplan.

Während der praktischen Ausbildung lernen die Studierenden u.a. Unterlagen zu bewerten und zu erschließen und diese für die Nutzung bereitzustellen. Außerdem erfahren sie, wie sie Benutzer*innen beraten und Anfragen beantworten.

Voraussetzungen
Anwärter*innen für den Archivdienst müssen – je nach Bundesland – über die allgemeine Hochschulreife oder die Fachhochschulreife verfügen und unterschiedliche Fremdsprachen beherrschen. Außerdem sollten sie u.a. Interesse an historischen und gesellschaftlichen Prozessen, strukturiertes und analytisches Denkvermögen sowie Motivation zum Umgang mit historischen Quellen mitbringen.

➔ **links**

Bundesarchiv
➔ www.bundesarchiv.de

Geheimes Staatsarchiv Preußischer Kulturbesitz
➔ www.gsta.preussischer-kulturbesitz.de

Fachhochschule Archiv- und Bibliothekswesen an der Hochschule für öffentlichen Dienst Bayern
➔ fhvr.bayern.de

Länder:
Eine Übersicht mit den Kontaktdaten der Bundes- und Landesarchive bietet die Internetseite der Archivschule Marburg – Hochschule für Archivwissenschaft
➔ www.archivschule.de/DE/ausbildung/bewerbungsadressen/

3 STUDIENFELDER & STUDIENINHALTE

259

3.11.4 Auswärtiger Dienst

Die Beamt*innen im gehobenen Auswärtigen Dienst betreuen als Sachbearbeiter*innen breit gefächerte Aufgabengebiete. Einen besonderen Schwerpunkt stellt dabei der Bereich Rechts- und Konsularwesen dar.

Im gehobenen Auswärtigen Dienst wechselt man i.d.R. alle vier Jahre den Dienstort. Insgesamt verbringt man etwa zwei Drittel des Berufslebens im Ausland, die restliche Zeit in der Zentrale des Auswärtigen Amts in Berlin. Die Tätigkeit ist mit einem teilweise erheblichen Verwaltungsanteil verbunden. Routineaufgaben gehören zum Berufsalltag. Die unterschiedlichen Verhältnisse an den verschiedenen Dienstorten und das breite Aufgabenspektrum sorgen jedoch für Abwechslung.

→ Finde Studiengänge:

Studienangebot

Das dreijährige duale Studium erfolgt an der Hochschule des Bundes für öffentliche Verwaltung, Fachbereich Auswärtige Angelegenheiten (Akademie Auswärtiger Dienst Berlin), in der Zentrale des Auswärtigen Amts und an der Hochschule für Wirtschaft und Recht in Berlin sowie an deutschen Vertretungen im Ausland.

Inhalte des Studiums

Neben der praktischen Einführung in die Arbeitsweise und die Aufgaben des Auswärtigen Dienstes steht der praktische und theoretische Unterricht in den Gebieten des Rechts, der Verwaltung, der Wirtschaft und der Entwicklungshilfe im Vordergrund. Die wichtigsten Studienfächer sind Zivilrecht bei besonderer Betonung des internationalen Privatrechts, Staats- und Verfassungsrecht, allgemeines Verwaltungsrecht, Beamtenrecht, Staatsangehörigkeits-, Konsular-, Pass- und Ausländerrecht, Strafrecht, Betriebs- und öffentliche Finanzwirtschaft, Volkswirtschaft, Entwicklungspolitik und Auswärtige Kulturpolitik. Regelmäßiger Fremdsprachenunterricht während eines Großteils der Ausbildung vertieft die Sprachkenntnisse.

Voraussetzungen

Über die Mindestanforderung der Fachhochschulreife hinaus werden die deutsche Staatsangehörigkeit und gute Kenntnisse über das politische, wirtschaftliche, soziale und kulturelle Zeitgeschehen verlangt. Bewerber*innen müssen eine widerstandsfähige Gesundheit besitzen und für die Verwendung in allen Einsatzgebieten des Auswärtigen Dienstes uneingeschränkt geeignet sein. Außerdem müssen sie einen mehrstufigen psychologischen Eignungstest sowie einen schriftlichen Sprachtest in Englisch und einer zweiten Prüfungssprache (Französisch, Arabisch, Bosnisch, Chinesisch, Farsi, Japanisch, Koreanisch, Kroatisch, Polnisch, Portugiesisch, Russisch, Serbisch, Spanisch oder Türkisch) absolvieren. ■

→ **links**

„Weltweit wir"
Informationsbroschüre über die Ausbildungsmöglichkeiten im Auswärtigen Dienst
→ www.auswaertiges-amt.de/de/uebersicht-node-ausbildungkarriere/aamt/randbox-weltweitwir/215646

Akademie Auswärtiger Dienst
→ www.diplo.de/gehobenerdienst

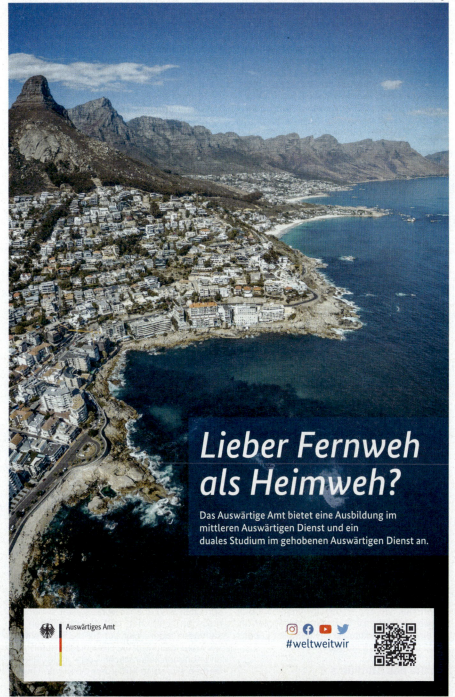

BUNDESNACHRICHTENDIENST (BND)

3.11.5 Bundesnachrichtendienst (BND)

Der Bundesnachrichtendienst (BND) ist der Auslandsnachrichtendienst Deutschlands. Er ist weltweit präsent und kümmert sich um die wirtschaftliche, politische und militärische Auslandsaufklärung. In diesem Zusammenhang stellt er der Bundesregierung Informationen für ihre außen- und sicherheitspolitischen Entscheidungen zur Verfügung.

→ Finde Studiengänge:

Der BND arbeitet im Auftrag der Bundesregierung. Zu seinen Aufgaben gehört das Sammeln von Informationen, die über die öffentlich verfügbaren Fakten und Meinungen hinausgehen. Hierbei arbeitet der Nachrichtendienst oft im Verborgenen. Die Zentrale des BND befindet sich in Berlin. Einige Mitarbeiter*innen arbeiten noch am ehemaligen Hauptsitz in Pullach.

Studienangebot

Wer sich für eine Karriere beim BND interessiert, kann zwischen folgenden Angeboten wählen:
Laufbahnausbildungen:
- Laufbahnausbildung im gehobenen Dienst
- Laufbahnausbildung im gehobenen Verwaltungsinformatikdienst
- Laufbahnausbildung im gehobenen Verwaltungsdienst der Fachrichtung digitale Verwaltung und Cyber-Sicherheit.

Studiengänge:
- Technische Informatik und Kommunikationstechnik (B.Eng.)
- Informatik (B.Sc.).

Die Laufbahnausbildungen erfolgen als Duales Studium an der Hochschule des Bundes für öffentliche Verwaltung in Brühl sowie am Zentrum für nachrichtendienstliche Aus- und Fortbildung (ZNAF) in Berlin. Umfangreiche Praxiserfahrung sammeln die Studierenden in den BND-Dienststellen in Berlin und Pullach.

Die Bachelor-Studiengänge „Technische Informatik und Kommunikationstechnik" sowie „Informatik" werden an der Universität der Bundeswehr München in Neubiberg angeboten und mit einem Stipendium zur Deckung der Lebens- und Studienkosten vergütet.

Inhalte des Studiums

Die Laufbahnausbildung im **gehobenen Dienst** (zum*zur Regierungsinspektor*in) vermittelt Wissen in den Bereichen Staats-, Verwaltungs- und Beamtenrecht. Außerdem lernen die Studierenden, Informationen anhand aktueller politischer, wirtschaftlicher oder rechtlicher Fragestellungen zu beschaffen und zu analysieren. Darüber hinaus werden sie in einer Fremdsprache und nachrichtendienstlichen Fachthemen geschult. In der Fachrichtung **Verwaltungsinformatik** (Abschluss als Diplomverwaltungswirt*in) erlernen die Anwärter*innen Kenntnisse und Fähigkeiten im Bereich der Fernmelde- und Elektronischen Aufklärung des Bundes. Daneben werden allgemeine Rechts- und Verwaltungskenntnisse vermittelt. Während der Laufbahnausbildung im **gehobenen Verwaltungsdienst der Fachrichtung digitale Verwaltung und Cyber-Sicherheit** stehen Inhalte aus verschiedenen Bereichen der Rechtswissenschaften und die Themenbereiche Datenschutz, Management, Mathematik und Informatik auf dem Lehrplan. Die Inhalte eines Praktikums und des vierten Semesters hängen davon ab, welcher der Schwerpunkte „Digital Administration" und „Cyber Security" gewählt wird

Die Studiengänge „**Technische Informatik und Kommunikationstechnik**" (Abschluss als Bachelor of Engineering) und „**Informatik**" (Abschluss als Bachelor of Science) vermitteln Wissen in den Bereichen Mathematik, Messtechnik, Elektrotechnik, Informatik und Cyber-Security. Die Absolvent*innen werden nach Abschluss ihres Studiums als Angestellte in die Laufbahn des gehobenen Dienstes übernommen. Im BND werden sie innerhalb der technischen Abteilungen eingesetzt und übernehmen primär Aufgaben auf dem Gebiet der Nachrichten- und Kommunikationstechnik, der Informatik und der Datenverarbeitung.

Voraussetzungen

Neben der allgemeinen Hochschul- oder der Fachhochschulreife müssen Bewerber*innen die deutsche Staatsangehörigkeit besitzen. Für die Laufbahnausbildung im gehobenen Dienst gilt ein Mindestnotendurchschnitt von 2,5 (10 Punkte). Spaß am Erlernen von Fremdsprachen wird ebenso vorausgesetzt wie Interesse an politischen und wirtschaftlichen Zusammenhängen. Wer sich für die Fachrichtung Verwaltungsinformatik, Technische Informatik und Kommunikationstechnik oder Informatik bewerben will, sollte außerdem über gute Grundkenntnisse im Umgang mit moderner Informationstechnik verfügen.

DEUTSCHE BUNDESBANK

Für den Studiengang Technische Informatik und Kommunikationstechnik (B.Eng.) ist der Nachweis über die Ableistung eines fachspezifischen Vorpraktikums von mindestens acht Wochen notwendig. Alternativ wird auch eine zum Studienziel passende Berufsausbildung sowie die Fachhochschulreife in der Ausbildungsrichtung Technik als Vorpraktikum anerkannt. ■

 links

Bundesnachrichtendienst
→ www.bnd.bund.de

3.11.6 Deutsche Bundesbank

Als unabhängige Zentralbank der Bundesrepublik Deutschland gestaltet die Deutsche Bundesbank gemeinsam mit ihren europäischen Partnern die Geldpolitik des Euro-Systems. Weitere Aufgabenbereiche der Bundesbank sind das Finanz- und Währungssystem, die Bankenaufsicht, der unbare Zahlungsverkehr sowie das Bargeld.

In der Bankenaufsicht achtet die Deutsche Bundesbank u.a. darauf, dass Kreditinstitute die nationalen und internationalen Regelungen zur Risikovorsorge einhalten. Außerdem versorgt die Deutsche Bundesbank die Wirtschaft mit Bargeld und garantiert die Qualität des umlaufenden Bargelds.

Studienangebot
Wer sich für eine Tätigkeit bei der Deutschen Bundesbank interessiert, kann zwischen den dualen Bachelorstudiengängen **„Zentralbankwesen/Central Banking"** an der bankeigenen Hochschule in Hachenburg/Westerwald und **„Angewandte Informatik"** an der Hochschule Mainz oder der Dualen Hochschule in Baden-Württemberg in Mosbach wählen. Auch ein **duales Studium der Betriebswirtschaftslehre** in Kooperation mit der Ostbayerischen Technischen Hochschule in Regensburg ist möglich, außerdem **BWL mit Schwerpunkt Digitalisierungsmanagement** in Kooperation mit der Dualen Hochschule in Gera-Eisenach. Während der Praxisphasen und im Rahmen der Praxismodule lernen die Studierenden verschiedene Standorte der Deutschen Bundesbank kennen.

Inhalte des Studiums
Die Fach- und Praxisstudien umfassen Kenntnisse der Wirtschafts- und Rechtswissenschaften. Je nach Studiengang stehen wirtschaftswissenschaftliche Inhalte wie Bankwesen, Finanzsysteme und Geldpolitik oder technische wie Informatik, Wirtschaftsinformatik, Künstliche Intelligenz, Datenstrukturen, Betriebssysteme, Datenbanken, Programmiersprachen und IT-Security auf dem Lehrplan.

Voraussetzungen
Über die Mindestanforderung der Fachhochschulreife hinaus werden gute Deutsch-, Englisch- und Mathematikkenntnisse, ausgeprägte analytische Fähigkeiten, gute schriftliche und mündliche Ausdrucksfähigkeit sowie bundesweite Mobilität vorausgesetzt. ■

→ Finde Studiengänge:

 links

Deutsche Bundesbank
→ www.bundesbank.de/de/karriere

3.11.7 Deutscher Wetterdienst / Geoinformationsdienst der Bundeswehr

Als Bundesbehörde ist der Deutsche Wetterdienst (DWD) der nationale zivile meteorologische Dienst Deutschlands. Der Geoinformationsdienst der Bundeswehr (GeoInfoBw) versorgt die Streitkräfte der Bundeswehr mit aktuellen Daten über Gelände, Raum und Umwelt, um sie bei der Planung und Durchführung von Einsätzen im In- und Ausland zu unterstützen.

In Zusammenarbeit mit dem Geoinformationsdienst der Bundeswehr (GeoInfoDBw) bildet der Deutsche Wetterdienst (DWD) Beamt*innen in der Laufbahn des gehobenen naturwissenschaftlichen Dienstes aus. ▶

263

FINANZVERWALTUNG (STEUER- UND ZOLLVERWALTUNG)

Studienangebot
Die dreijährige Ausbildung zum*zur Diplom-Meteorolog*in (FH) erfolgt an der Hochschule des Bundes für öffentliche Verwaltung in Brühl, am Bildungs- und Tagungszentrum in Langen (Hessen) sowie im Ausbildungs- und Schulungszentrum des Geoinformationsdienstes der Bundeswehr in Fürstenfeldbruck (Bayern). Für zukünftige Offiziere schließt sich an das Studium eine Offizierausbildung von ca. zwölf Monaten Dauer in der jeweiligen Teilstreitkraft (Heer, Luftwaffe, Marine) an.

➔ Finde Studiengänge:

Inhalte des Studiums
Während des Studiums werden vor allem allgemeine und synoptische Meteorologie, Physik, Mathematik, Statistik, Geografie, Klimatologie, meteorologische und geophysikalische Beratungsverfahren, informationstechnische Anwendungen in der Meteorologie und fachbezogenes Englisch, aber auch rechtliche, politische, wirtschaftliche und sozialwissenschaftliche Grundlagen des Verwaltungshandelns vermittelt.

Voraussetzungen
Neben der Fachhochschulreife werden uneingeschränkte Schichtdiensttauglichkeit sowie bundesweite Versetzungsbereitschaft vorausgesetzt. Zusätzlich wird bei einer Bewerbung für den GeoInfoDBw die Bereitschaft zur Teilnahme als Offizier bzw. Beamt*in an Auslandseinsätzen der Bundeswehr im Soldatenstatus gefordert. In einem Eignungstest werden zudem grundlegende Kenntnisse in den Bereichen Physik, Logik, Mathematik, Meteorologie, Englisch, Geografie sowie Allgemeinbildung überprüft. ■

➔ **links**
Deutscher Wetterdienst
➔ www.dwd.de

Geoinformationsdienst der Bundeswehr (GeoInfoDBw, einschl. Stipendium)
➔ www.bundeswehrkarriere.de
➔ www.bundeswehr.de/de/organisation/streitkraeftebasis

3.11.8 Finanzverwaltung (Steuer- und Zollverwaltung)

Dieses Studienfeld bietet Ausbildungsmöglichkeiten in den Bereichen Steuer- und Zollverwaltung. In beiden Fällen geht es in erster Linie um die Festsetzung und Prüfung von Steuern bzw. Abgaben. Schwerpunkte im Studium sind Recht und Betriebswirtschaftslehre.

Die Steuerverwaltung der Bundesrepublik Deutschland teilt sich in die Steuerverwaltung des Bundes – Zollverwaltung, Bundeszentralamt für Steuern (BZSt) und in die Steuerverwaltung der Bundesländer auf.

Zu den Aufgaben der Zollverwaltung gehören die Erhebung von Abgaben (v.a. Zölle, Einfuhrumsatzsteuer, Verbrauchssteuern, Kraftfahrzeugsteuer), die Sicherung der Sozialsysteme (v.a. Bekämpfung von Schwarzarbeit und illegaler Beschäftigung sowie Kontrollen zur Einhaltung des gesetzlichen Mindestlohns) und der Schutz der Bevölkerung (v.a. Bekämpfung grenzüberschreitender Kriminalität und von Produktpiraterie).

Das BZSt nimmt neben steuerlichen Aufgaben mit nationalem Bezug auch welche mit internationalem Bezug wahr. Diese umfassen u.a. die Mitwirkung an Betriebsprüfungen, die Verwaltung der Versicherungs- und Feuerschutzsteuer, die Vergabe der steuerlichen Identifikationsnummer (IdNr.) oder auch der internationale Austausch steuerlicher Informationen zur Bekämpfung von Steuerbetrug.

Der Steuerverwaltung der Länder obliegt im Wesentlichen die Verwaltung (Festsetzung, Erhebung und Prüfung) der Besitz- und Verkehrssteuern. Zu ihren Aufgaben gehören u.a. die Ermittlung der Besteuerungsgrundlagen sowie die Festsetzung, Erhebung und erforderlichenfalls die Beitreibung, also Zwangsvollstreckung von Steuern.

Studienangebot
Je nach Bereich erfolgt die Ausbildung an der Hochschule des Bundes für öffentliche Verwaltung, Fachbereich Finanzen, im Bildungs- und Wissenschaftszentrum der Bundesfinanzverwaltung in Münster sowie in Ausbildungs-Hauptzollämtern oder an den Fachhochschulen und Bildungsstätten für Verwaltung und in Ausbildungsfinanzämtern.

Inhalte des Studiums
Während der Ausbildung im Bereich **Zollverwaltung** wird vor allem Wissen aus den ▶

Mach das System gerechter!
Und deine Arbeit flexibler.

Wir bieten dir ein vollbezahltes duales Studium mit Verbeamtung ab dem ersten Tag. An 13 Standorten in ganz Deutschland bilden wir dich im Steuerrecht aus, damit du für Steuergerechtigkeit sorgen kannst – mobil und wann immer du willst.

Informiere dich jetzt!
Alles was du wissen musst
auf karriere.bzst.de

STEUER DEIN LEBEN.

bzst.karriere

GEHOBENER VOLLZUGS- UND VERWALTUNGSDIENST

Bereichen Abgabenrecht, Recht des grenzüberschreitenden Warenverkehrs, Zolltarifrecht, Verbrauchsteuerrecht, Straf- und Strafprozessrecht, Sozialversicherungsrecht, Haushaltsrecht, Betriebswirtschaft und Management vermittelt.

Studierende des Bereichs **Steuerverwaltung** (sowohl in den Ländern als auch beim BZSt) setzen sich mit Inhalten wie Vollstreckungs- und Steuerstrafrecht, Finanzgerichtsordnung, Bewertungsrecht und Vermögensbesteuerung, Einkommen-, Körperschaft-, Gewerbe- und Umsatzsteuer, Bilanzsteuer- und Privatrecht, Öffentliches Recht, aber auch Informations- und Wissensmanagement sowie Sozialwissenschaft auseinander.

➔ Finde Studiengänge:

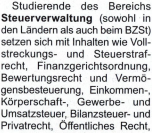

hochschulreife sowie die deutsche oder eine andere EU-Staatsbürgerschaft vorausgesetzt. Interessent*innen für ein Studium in der **Zollverwaltung und beim BZSt** müssen außerdem die Gewähr dafür bieten, jederzeit für die freiheitlich-demokratische Grundordnung einzutreten, und dürfen nicht vorbestraft sein. Außerdem muss bei der Zollverwaltung die Bereitschaft zum Tragen von Dienstkleidung und -waffe gegeben sein. Für die Aufnahme eines dualen Studiums bei einer **Steuerverwaltung** gelten Altersbegrenzungen, die je nach Bundesland oder Bundesgesetz variieren. ◼

➔ links

Informationsportal zu den Finanzverwaltungen der Länder
➔ www.finanzamt.de

Zollverwaltung
➔ www.zoll.de

Bundeszentralamt für Steuern
➔ www.karriere.bzst.de

Voraussetzungen
Für ein Studium in beiden Bereichen werden die allgemeine Hochschulreife oder die Fach-

3.11.9 Gehobener Vollzugs- und Verwaltungsdienst

Ziel und Zweck des Justizvollzugs ist es, Gefangene zu befähigen, künftig ein Leben ohne Straftaten zu führen (Eingliederungsauftrag). Gleichzeitig müssen die Gefangenen während des Vollzugs sicher untergebracht und beaufsichtigt werden (Sicherungsauftrag). Beides dient dem Schutz der Allgemeinheit vor weiteren Straftaten.

Die Beamt*innen des gehobenen Vollzugs- und Verwaltungsdienstes nehmen in einer Justizvollzugsanstalt bedeutsame Schlüsselfunktionen wahr. Sie sind maßgeblich an Entscheidungen beteiligt und tragen die Verantwortung für den ordnungsgemäßen Dienstbetrieb einer Anstalt mit.

Studienangebot
Interessierte für den gehobenen Vollzugs- und Verwaltungsdienst bewerben sich direkt bei den Vollzugsanstalten oder Justizministerien bzw. -senatsverwaltungen der Länder. Das Studium erfolgt für die meisten Bundesländer an der Fachhochschule für Rechtspflege Nordrhein-Westfalen in Bad Münstereifel oder an den Fachhochschulen für den öffentlichen Dienst anderer Bundesländer sowie den jeweiligen Justizvollzugsanstalten/-ämtern.

Inhalte des Studiums
Ziel des Vorbereitungsdienstes ist es, vielseitig verwendungsfähige Beamt*innen auszubilden, die sich der freiheitlich-demokratischen Grundordnung verpflichtet fühlen und nach ihrer Persönlichkeit sowie ihren Kenntnissen und Fähigkeiten in der Lage sind, die Aufgaben des gehobenen Vollzugs- und Verwaltungsdienstes selbstständig wahrzunehmen. Fächer der fachwissenschaftlichen Ausbildung sind insbesondere: Betriebswirtschaftslehre, Haushaltsrecht, Kriminologie, Personalverwaltung, Psychologie, Klinische Psychologie, Kommunikation, Staats- und Verwaltungsrecht, Straf- und Strafprozessrecht, Vollzugsrecht, Vollzugsverwaltung, Zivilrecht.

➔ Finde Studiengänge:

Voraussetzungen
Bewerber*innen benötigen eine zum Hochschulstudium berechtigende Schulbildung, die gesetzlichen Voraussetzungen für die Ernennung

RECHTSPFLEGE

zum*zur Beamt*in und müssen – je nach Hochschule – unter 37 Jahre alt sein. Das Einsatzfeld dieser Laufbahn mit seinen kaufmännisch ausgerichteten Sachgebieten Rechnungswesen, Versorgungswesen und Controlling sowie die Übernahme von Leitungsfunktionen erfordert hohes Fachwissen, Selbstständigkeit, Führungsfähigkeit, soziale Kompetenz sowie die Bereitschaft zur Übernahme von Verantwortung.

➔ **links**

Justiz.de
Justizportal des Bundes und der Länder
➔ justiz.de

Fachhochschule für Rechtspflege Nordrhein-Westfalen
Studiengang Strafvollzug
➔ www.fhr.nrw.de/aufgaben/lehre/strafvollzug

3.11.10 Rechtspflege

Rechtspfleger*innen sind bei unterschiedlichen Gerichten sowie bei Staatsanwaltschaften tätig. Sie nehmen dort die ihnen durch das Rechtspflegergesetz übertragenen Aufgaben wahr.

Dabei handelt es sich im Wesentlichen um richterliche Geschäfte. Besonders viele Aufgaben sind in der freiwilligen Gerichtsbarkeit auf Rechtspfleger*innen übertragen worden. Hier gibt es ganze Sachgebiete, in denen Richter*innen – abgesehen von Ausnahmen – nur noch im Rechtsbehelfsverfahren entscheiden. Rechtspfleger*innen sind aber auch in vielen anderen Rechtsgebieten mit der Wahrnehmung verantwortungsvoller Aufgaben betraut.

Studienangebot
Die Ausbildung erfolgt in Form eines dreijährigen Vorbereitungsdienstes als duales Studium. Das Fachstudium erfolgt in den Fachhochschulen der Länder, die berufspraktischen Ausbildungsabschnitte in Gerichten und Staatsanwaltschaften.

Inhalte des Studiums
Während des Studiums werden vor allem rechtliche Aspekte wie Familiengerichtsbarkeit, freiwillige Gerichtsbarkeit, Grundbuchrecht, Zwangsvollstreckungsrecht und Zwangsversteigerungsrecht, Insolvenzrecht, Grundzüge des Bürgerlichen Rechts, des Handelsrechts, des Zivilprozessrechts, des Strafrechts und des Strafverfahrensrechts vermittelt. In Fachpraktika werden den angehenden Rechtspfleger*innen berufspraktische Fähigkeiten und Kenntnisse vermittelt.

Voraussetzungen
Voraussetzung für die Aufnahme des Vorbereitungsdienstes sind neben der allgemeinen Hochschul- oder Fachhochschulreife die deutsche Staatsbürgerschaft sowie die gesundheitliche Eignung. Bewerber*innen dürfen außerdem nicht vorbestraft sein und – je nach Bundesland – ein Maximalalter nicht überschreiten.

➔ **Finde Studiengänge:**

➔ **links**

Justiz.de
Justizportal des Bundes und der Länder
➔ justiz.de

Bund Deutscher Rechtspfleger
➔ www.bdr-online.de

Norddeutsche Hochschule für Rechtspflege
➔ www.fhr-nord.niedersachsen.de

Hochschule für Rechtspflege Schwetzingen
➔ www.hfr-bw.de

Studienzentrum der Finanzverwaltung und Justiz Rotenburg a.d. Fulda
➔ www.studienzentrum-rotenburg.hessen.de

Fachhochschule für Rechtspflege Nordrhein-Westfalen
➔ www.fhr.nrw.de

Hochschule für den öffentlichen Dienst in Bayern
➔ www.fhvr.bayern.de

SOZIALVERSICHERUNG

3.11.11 Sozialversicherung

Die Träger der gesetzlichen Rentenversicherung gewähren Leistungen zur medizinischen Rehabilitation und zur Teilhabe am Arbeitsleben. Außerdem bezahlen sie die Renten an die Versicherten – im Alter oder wegen verminderter Erwerbsfähigkeit – sowie an die Hinterbliebenen verstorbener Versicherter.

→ Finde Studiengänge:

Unter dem Dach der „Deutschen Rentenversicherung" haben sich alle Rentenversicherungsträger in Deutschland zusammengeschlossen: die „Deutsche Rentenversicherung Bund", die „Deutsche Rentenversicherung Knappschaft-Bahn-See" sowie 14 Regionalträger (Deutsche Rentenversicherung).

Studienangebot
Das dreijährige duale Bachelorstudium erfolgt im Fachbereich Sozialversicherung der Hochschule des Bundes für öffentliche Verwaltung bzw. an den Fachhochschulen für Verwaltung der jeweiligen Bundesländer. In Praxisphasen lernen die Studierenden, Sachverhalte und Vorgänge eigenverantwortlich zu bearbeiten.

Inhalte des Studiums
Die Studierenden beschäftigen sich unter anderem mit Inhalten aus den Bereichen Rechts-, Wirtschafts- und Sozialwissenschaften, Medizin, Psychologie, Informatik und Case Management. Im Rahmen eines Beschäftigungsverhältnisses bei der Deutschen Rentenversicherung Bund können die Studierenden unter den Schwerpunkten „Allgemeine Rentenversicherung" oder „Betriebsprüfung" wählen.

Voraussetzungen
Voraussetzung für ein Bachelor-Studium im Bereich Sozialversicherung ist eine Einstellung bei einem Rentenversicherungsträger. Über die Mindestanforderung der Fachhochschulreife hinaus gibt es bei einigen Sozialversicherungsträgern Altersgrenzen, die je nach Bundesland variieren. ∎

> → **links**
> Deutsche Rentenversicherung
> → www.deutsche-rentenversicherung.de
> Deutsche Rentenversicherung Knappschaft-Bahn-See
> → www.kbs.de (Karriere > Ausbildung/Studium)
> Deutsche Gesetzliche Unfallversicherung
> → www.dguv.de
> Hochschule für den öffentlichen Dienst in Bayern → www.fhvr.bayern.de

3.11.12 Verfassungsschutz

Das Bundesamt für Verfassungsschutz (BfV) ist der Inlandsnachrichtendienst der Bundesrepublik Deutschland. Es ist eine Bundesoberbehörde im Geschäftsbereich des Bundesministeriums des Innern. Sein Auftrag besteht darin, Informationen über Bestrebungen gegen die freiheitlich-demokratische Grundordnung zu sammeln und auszuwerten.

Dazu gehören die Beobachtung des Links- und Rechtsextremismus, des Islamismus sowie die Abwehr terroristischer Bestrebungen. Das Aufgabengebiet erstreckt sich auch auf die Abwehr geheimdienstlicher Tätigkeiten ausländischer Nachrichtendienste (Spionage/Sabotage) und sicherheitsgefährdender Bestrebungen von Ausländer*innen in der Bundesrepublik Deutschland. Darüber hinaus wirkt das Bundesamt für Verfassungsschutz mit bei der Überprüfung von Personen, die in sicherheitsempfindlichen Bereichen eingesetzt werden sollen.

Studienangebot
Das dreijährige duale Studium erfolgt an der Hochschule des Bundes für öffentliche Verwaltung in Brühl und im Zentrum für nachrichtendienstliche Aus- und Fortbildung (ZNAF) in Berlin. Praktika erfolgen beim Bundesamt sowie bei einem Landesamt für Verfassungsschutz, Lehrgänge an der Akademie für Verfassungsschutz in Swisttal-Heimerzheim (NRW).

Inhalte des Studiums
Die Studierenden beschäftigen sich unter anderem mit Staats-, Verwaltungs- und Zivilrecht, Sozialwissenschaften, VWL und BWL.

VERWALTUNGSINFORMATIK

→ Finde Studiengänge:

Außerdem wird Wissen in Bereichen wie Verfassungs- und Datenschutzrecht, Recht der Nachrichtendienste, extremistische Phänomenbereiche, nachrichtendienstliche Arbeitstechniken, Informationsanalyse sowie geheime und offene Informationsbeschaffung vermittelt.

Voraussetzungen
Über die Mindestanforderung der Fachhochschulreife (Mindestnotendurchschnitt 2,5) hinaus wird die deutsche Staatsangehörigkeit verlangt. Neben guten Kenntnissen in Deutsch und Englisch sind weitere Fremdsprachenkenntnisse erwünscht. Erwartet werden zudem ein ausgeprägtes Interesse an innen- und sicherheitspolitischen Themen sowie ein hohes Maß an Einsatzbereitschaft, Teamfähigkeit und Diskretion. Die Auswahl von Bewerber*innen erfolgt im Rahmen eines mehrstufigen Auswahlverfahrens. ■

 links

Bundesamt für Verfassungsschutz
→ www.verfassungsschutz.de

3.11.13 Verwaltungsinformatik

Nicht nur im Wirtschaftsleben, sondern auch im öffentlichen Sektor hat die Informationstechnologie eine zentrale Bedeutung. Verwaltung ist ohne qualifiziertes IT-Personal nicht mehr denkbar.

Verwaltungsinformatiker*innen unterstützen die Verwaltung bei Entwicklung, Aufbau und Betrieb der IT-Infrastruktur. Sie planen, steuern und kontrollieren IT-Projekte in unterschiedlichen Bundes- und Landesverwaltungen, etwa neue Softwaresysteme oder EDV-Konzepte.

Studienangebot
Das Studium der Verwaltungsinformatik wird an der Hochschule des Bundes für öffentliche Verwaltung, der Hochschule für den öffentlichen Dienst in Bayern, der Hochschule Hannover, der Technischen Hochschule Wildau, der Hochschule Harz, der Hochschule für Wirtschaft und Recht in Berlin, der Hochschule Rhein-Waal sowie der Hochschule für Technik und Wirtschaft in Dresden angeboten. Die Studiendauer beträgt je nach Hochschule sechs bis sieben Semester. Teil des Studiums sind (mehrere) Praxisphasen in den ausbildenden Behörden.

Inhalte des Studiums
Die Studierenden beschäftigen sich vor allem mit der Informationstechnik, also mit Betriebssystemen, Datenbanken, IT-Infrastrukturen, Datenschutz und Netzwerken. Neben informationstechnischen werden auch rechtliche und wirtschaftswissenschaftliche Grundlagen der Verwaltung vermittelt.

Voraussetzungen
Von den Studierenden werden Grundkenntnisse in der IT und ein ausgeprägtes Interesse daran erwartet. Auch mathematisches und analytisches Denkvermögen ist wichtig. Zudem sind gute Englischkenntnisse hilfreich, daneben auch soziale und kommunikative Fähigkeiten. Teilweise ist ein Vorpraktikum notwendig. ■

 links

Hochschule des Bundes für öffentliche Verwaltung
→ www.hsbund.de

Studiensuche der Bundesagentur für Arbeit
→ www.arbeitsagentur.de/studiensuche

→ Finde Studiengänge:

3.11.14 Wissenschaftliches Bibliothekswesen

Hohe Anforderungen werden an die Fachkräfte in Bibliotheken und Dokumentationsstellen gestellt. Gefragt sind kommunikative und informationstechnisch orientierte Mitarbeiter*innen.

Die Sammlung, Erschließung und Verfügbarmachung von Literatur- und Datenbeständen sowie Informationsvermittlung stehen im Zentrum dieses Bereichs. Die Fachkräfte sind Mittler*innen zwischen Informationssuchenden und den vielfältigen Literatur- und Datenbeständen in Bibliotheken und Dokumentationsstellen.

➔ Finde Studiengänge:

Studienangebot
Eine verwaltungsinterne sechssemestrige Ausbildung für die dritte Qualifikationsebene bei den wissenschaftlichen Bibliotheken wird an der Hochschule für den öffentlichen Dienst in Bayern, Fachbereich Archiv- und Bibliothekswesen, angeboten. In den übrigen Bundesländern wurde die verwaltungsinterne Ausbildung durch externe sechs- bis achtsemestrige Studiengänge wie z.B. Informations-, Bibliotheks- oder Wissensmanagement an staatlichen Fachhochschulen ersetzt, die auch Praxisphasen an wissenschaftlichen Bibliotheken einschließen. Diese Studienabschlüsse qualifizieren auch für eine Tätigkeit jenseits einer Beamtenlaufbahn, z.B. als Bibliothekar*innen an öffentlichen Bibliotheken.

Inhalte des Studiums
Die Studierenden beschäftigen sich unter anderem mit Grundlagen des Bibliotheks- und Informationswesens, mit Medienkunde und -bearbeitung, Bibliothekarischen Dienstleistungen, digitalen Daten und Datenmanagement, Informationstechnik und -visualisierung, Management und Recht.

Voraussetzungen
Für die verwaltungsinterne Ausbildung in Bayern werden über die Mindestanforderung der Fachhochschulreife oder einen als gleichwertig anerkannten Bildungsstand hinaus u.a. angemessene Kenntnisse in wenigstens zwei Fremdsprachen sowie das Bestehen des Auswahlverfahrens vorausgesetzt. Für den Zugang zu den externen Studiengängen gelten die jeweiligen Regelungen der einzelnen Hochschulen der Bundesländer. ■

➔ **info**

Externe Fachhochschulausbildungen siehe *Abschnitt 3.8.3 „Archiv, Bibliothek, Dokumentation"*.

➔ **links**

Bibliothek & Information Deutschland (BID)
➔ www.bideutschland.de
Hochschule für den öffentlichen Dienst in Bayern
➔ www.hfoed.bayern.de
Bayerische Staatsbibliothek
➔ www.bibliotheksakademie.bayern
Deutscher Bibliotheksverband
➔ www.bibliotheksportal.de

3.11.15 Polizei der Länder

Polizeivollzugsbeamt*innen nehmen Aufgaben im Ermittlungs-, Bezirks- und Funkstreifendienst wahr. In einigen Bundesländern können sie Führungsfunktionen ausüben. Daneben erfüllen sie verwaltende und organisatorische Aufgaben.

Der Polizeivollzugsdienst ist in den einzelnen Bundesländern sehr unterschiedlich organisiert. So gibt es in einigen Ländern eine zweigeteilte Laufbahn mit gehobenem und höherem Dienst und in anderen eine dreigeteilte Laufbahn, in der es noch den Weg des mittleren Dienstes gibt.

Studienangebot
Das drei- bis dreieinhalbjährige (meist Bachelor-) Studium wird an einer Fachhochschule, einer Landespolizeischule, einer Polizeiakademie oder bei der Bereitschaftspolizei absolviert. Integriert sind Praktika bei den Polizeidienststellen. Zum Teil beginnt die Ausbildung mit einer zeitlich nicht genau begrenzten Vorbereitungszeit, an die sich ein sechsmonatiger

BUNDESPOLIZEI

Anwärterlehrgang an einer Landespolizeischule anschließt.

Inhalte des Studiums
Die Studierenden beschäftigen sich vor allem mit juristischen Inhalten, etwa Staats-, Verfassungs-, Polizei-, Straf- und Prozessrecht, Bürgerliches Recht, Strafneben- und Ordnungswidrigkeitenrecht. Aber auch Führungs- und Einsatzlehre, Verkehrslehre, Kriminalistik, Kriminologie, Soziologie, Sport, praktische Eigensicherung und Schießen sowie Staatsbürgerkunde und Wirtschaftswissenschaften sind Teil des Lehrplans.

Voraussetzungen
Für die Einstellung gelten bundeseinheitlich besondere gesundheitliche Anforderungen. Weitere Einstellungsvoraussetzungen (z.B. Höchstalter, Mindestgröße usw.) sind in den landesrechtlichen Bestimmungen unterschiedlich geregelt. Bewerber*innen mit Fachhochschulreife (bzw. einem gleichwertigen Bildungsstand) werden in fast allen Ländern unmittelbar in den Vorbereitungsdienst für den gehobenen Dienst oder eine vergleichbare Einstiegsebene eingestellt. Einige Länder bieten für Spitzensportler*innen spezielle Studien- und Ausbildungsgänge an. ■

➔ Finde Studiengänge:

➔ links

Offizielles Portal der deutschen Polizei
➔ www.polizei.de

Länderinformationen
Informationen über die Ausbildung, Voraussetzungen, Einstellungs- und Bewerbungstermine sowie die Kontaktdaten der Einstellungsbehörden und Einstellungsberater*innen finden Sie auf den folgenden Internetseiten:

Baden-Württemberg: ➔ www.polizei-bw.de
Bayern: ➔ www.polizei.bayern.de
Berlin: ➔ www.berlin.de/polizei
Brandenburg: ➔ www.polizei.brandenburg.de
Bremen: ➔ www.polizei.bremen.de
Hamburg: ➔ www.hamburg.de/polizei
Hessen: ➔ www.polizei.hessen.de
Mecklenburg-Vorpommern:
➔ www.polizei.mvnet.de
Niedersachsen: ➔ www.polizei-studium.de
Nordrhein-Westfalen: ➔ polizei.nrw/
Rheinland-Pfalz: ➔ www.polizei.rlp.de
Saarland: ➔ www.polizei.saarland.de
Sachsen: ➔ www.polizei.sachsen.de
Sachsen-Anhalt:
➔ www.polizei.sachsen-anhalt.de
Schleswig-Holstein:
➔ www.polizei.schleswig-holstein.de
Thüringen: ➔ www.polizei.thueringen.de

3.11.16 Bundespolizei

Die Bundespolizei ist dem Bundesministerium des Innern (BMI) unterstellt und für den grenzpolitischen Schutz des Bundesgebietes sowie für vielfältige andere sonderpolizeiliche Aufgaben zuständig.

Neben dem Grenzschutz nimmt die Bundespolizei bahnpolizeiliche Aufgaben wahr. Sie kümmert sich außerdem um den Schutz vor Angriffen auf die Sicherheit des Luftverkehrs auf deutschen Flughäfen und schützt Verfassungsorgane des Bundes, Bundesministerien sowie die Deutsche Bundesbank. Bundespolizist*innen sind auch auf der Nord- und Ostsee im Einsatz, übernehmen polizeiliche Aufgaben im Notstands- und Verteidigungsfall und unterstützen die Landespolizeien sowie das Auswärtige Amt beim Schutz von deutschen diplomatischen und konsularischen Auslandsvertretungen. Darüber hinaus erfüllen Beamt*innen der Bundespolizei polizeiliche Aufgaben im Ausland.

Studienangebot
Der sechssemestrige duale Diplomstudiengang Verwaltungswirt*in wird an der Hochschule des Bundes für öffentliche Verwaltung absolviert. Das Grundstudium erfolgt im Zentralbereich in Brühl und das Hauptstudium im Fachbereich Bundespolizei in Lübeck. Teil des Studiums sind (mehrere) Praxisphasen in den Einsatzdienststellen.

Inhalte des Studiums
In den Fachstudienabschnitten beschäftigen sich die Studierenden unter anderem mit Polizeiführungswissenschaften wie z. B. Führungs- und Einsatzlehre sowie Kriminalistik. Außerdem werden rechts- und gesellschaftswissenschaftliche Inhalte wie etwa Polizei- und ▶

BUNDESKRIMINALAMT (BKA)

→ Finde Studiengänge:

Ordnungsrecht, Strafrecht, öffentliches Dienstrecht, Staats- und Verfassungsrecht, Politologie und Psychologie vermittelt.

Voraussetzungen
Anwärter*innen für den Bundespolizeidienst brauchen das Deutsche Schwimmabzeichen in Bronze, dürfen i.d.R. maximal 33 Jahre alt sein und müssen neben der Fachhochschulreife die deutsche Staatsangehörigkeit oder diejenige eines anderen EU-Staates besitzen. Außerdem wird ihre gesundheitliche Polizeidiensttauglichkeit in einem Auswahlverfahren festgestellt. ∎

 → **links**

Bundespolizei
→ www.komm-zur-bundespolizei.de

3.11.17 Bundeskriminalamt (BKA)

Das BKA koordiniert die Zusammenarbeit des Bundes mit den Landeskriminalämtern und ermittelt u.a. in den Bereichen Cyberkriminalität, Terrorismusbekämpfung und bei Schwerer und Organisierter Kriminalität. Außerdem läuft der gesamte Dienstverkehr der deutschen Polizei mit dem Ausland über das BKA.

Als Zentralstelle für das polizeiliche Auskunfts- und Nachrichtenwesen in Deutschland sammelt das BKA eine Vielzahl wichtiger Informationen über Taten und Täter*innen, wertet sie aus und gibt den örtlichen Dienststellen der Bundesländer Hinweise für die Verbrechensbekämpfung.

Studienangebot
Das dreijährige duale Bachelorstudium zum*zur Kriminalkommissar*in findet an der Hochschule des Bundes für öffentliche Verwaltung in Brühl sowie an den drei Standorten des BKA in Wiesbaden, Meckenheim und Berlin statt. Die fachpraktische Ausbildung erfolgt bei den Kriminalpolizeidienststellen der Länder und in den Fachabteilungen des BKA.

Inhalte des Studiums
Studieninhalte sind unter anderem Kriminal- und Rechtswissenschaften. Auf dem Lehrplan stehen Module wie etwa „Politisch motivierte Kriminalität" oder auch „Grundlagen zu Aufgaben, Organisation und Handeln der Polizei, Maßnahmen der Strafverfolgung und Gefahrenabwehr." Außerdem bietet das BKA polizeispezifische Trainings wie etwa Sprachausbildung, Einsatztraining und Dienstkunde an.

Voraussetzungen
Neben der Allgemeinen Hochschul- oder der uneingeschränkten Fachhochschulreife mit einem Notendurchschnitt von mindestens 3,5 und Englischkenntnissen auf dem Mindestniveau B1 müssen die Bewerber*innen die deutsche Staatsangehörigkeit besitzen (Ausnahmen sind möglich). Außerdem sollten Bewerber*innen i.d.R. maximal 33 Jahre alt sein und vor Einstellung den Führerschein der Klasse B besitzen. Die gesundheitliche Eignung wird im Zuge einer Untersuchung auf Polizeidiensttauglichkeit festgestellt. Im Idealfall sind angehende Bundeskriminalbeamt*innen nicht kleiner als 162 cm. ∎

→ Finde Studiengänge:

 → **links**

Bundeskriminalamt
→ www.bka.de

Offizielles Portal der deutschen Polizei
→ www.polizei.de

3.11.18 Bundeswehrverwaltung

Um die Streitkräfte zu entlasten, nimmt die Bundeswehrverwaltung als größter ziviler Bereich der Bundeswehr vielfältige Aufgaben wahr. Dazu gehören etwa das Personalmanagement, das Beschaffen von Material sowie das Sicherstellen der Ausrüstung der Truppe.

Die Bundeswehrverwaltung ist unterteilt in die Organisationsbereiche „Infrastruktur, Umweltschutz und Dienstleistungen (IUD)", „Ausrüstung, Informationstechnik und Nutzung (AIN)" und „Personal". Innerhalb der Wehrverwaltung gibt es die Möglichkeiten, im nichttechnischen und im technischen Verwaltungsdienst sowie im naturwissenschaftlichen Dienst tätig zu werden. Mitarbeiter*innen im gehobenen nichttechnischen Verwaltungsdienst nehmen klassische Verwaltungsaufgaben in verschiedenen Bundeswehrdienststellen wahr. Im gehobenen technischen Verwaltungsdienst wählen Mitarbeiter*innen mit ihrem Studium bereits einen Schwerpunkt (z.B. Nachrichten- oder Luftfahrzeugtechnik) und übernehmen je nach Schwerpunkt in einer Dienststelle spezielle Aufgaben. Mitarbeiter*innen im gehobenen naturwissenschaftlichen Dienst werden beim Geoinformationsdienst der Bundeswehr eingesetzt.

Studienangebot

Je nach Laufbahn dauert der Vorbereitungsdienst drei bis dreieinhalb Jahre. Im nichttechnischen Verwaltungsdienst erfolgt das Grundstudium an der Hochschule des Bundes für öffentliche Verwaltung, Fachbereich Bundeswehrverwaltung in Mannheim. Anwärter*innen für den technischen Verwaltungsdienst wählen einen der Studiengänge Informationstechnik und Elektronik, Luftfahrzeugtechnik, Marinetechnik, Maschinenbau, Mechatronik, Technische Informatik, Nachrichtentechnik/Elektronik, Energietechnik und erneuerbare Energien, Informatik, Luft- und Raumfahrttechnik, Elektrotechnik, Kommunikations- und Informationstechnik. Der Hochschulstandort hängt vom Studiengang ab. Interessent*innen für den naturwissenschaftlichen Dienst absolvieren ein Studium an der Hochschule des Bundes für öffentliche Verwaltung, am Bildungszentrum des Deutschen Wetterdienstes in Langen und an der zentralen Ausbildungseinrichtung des Geoinformationsdienstes der Bundeswehr in Fürstenfeldbruck. Begleitet wird das Studium jeweils von Praktika in verschiedenen Dienststellen der Bundeswehr.

Inhalte des Studiums

Die Studieninhalte variieren je nach gewählter Laufbahn und Studiengang stark. Im nichttechnischen Verwaltungsdienst liegen die Studienschwerpunkte vor allem in den rechts-, wirtschafts- und sozialwissenschaftlichen Bereichen. Studierende des technischen Verwaltungsdienstes lernen neben rechts-, sozial- und betriebswissenschaftlichen Inhalten je nach Studiengang spezialisierte ingenieurwissenschaftliche Inhalte. Der Studienschwerpunkt im naturwissenschaftlichen Dienst liegt vor allem in den Bereichen allgemeine/synoptische Meteorologie, Flugmeteorologie, meteorologische Messverfahren, Klimatologie, Geografie, geophysikalische Beratungsverfahren, Mathematik, Statistik, Physik und Informationstechnik.

Voraussetzungen

Anwärter*innen dürfen maximal 50 Jahre alt sein, müssen die deutsche Staatsbürgerschaft besitzen und mindestens über die Fachhochschulreife verfügen. Außerdem müssen Bewerber*innen sich verpflichten, mindestens fünf Jahre als Beamt*in tätig zu sein und auch Auslandseinsätze der Bundeswehr wahrzunehmen. ■

➜ **Finde Studiengänge:**

> ➜ **links**
>
> **Karriereseiten der Bundeswehr**
> ➜ www.bundeswehrkarriere.de
>
> **Hochschule des Bundes für öffentliche Verwaltung**
> ➜ www.hsbund.de

OFFIZIERE DER BUNDESWEHR

3.11.19 Offiziere der Bundeswehr

Offiziere führen als militärische Vorgesetzte Soldat*innen. Sie übernehmen Leitungs- und Steuerungsaufgaben und sind in dieser Aufgabe im täglichen Dienst, aber auch in politisch mandatierten Auslandseinsätzen der Bundeswehr verantwortlich für Menschen und Material.

➔ Finde Studiengänge:

Offiziere der Bundeswehr können sich für den Truppen- oder den Sanitätsdienst ausbilden lassen. Die Laufbahn im Truppendienst umfasst Tätigkeiten und Verwendungen in den Teilstreitkräften Heer, Luftwaffe und Marine sowie in den anderen Organisationsbereichen der Bundeswehr, wie der Streitkräftebasis oder dem Zentralen Sanitätsdienst. Die Laufbahn im Sanitätsdienst umfasst ärztliche, zahnärztliche, tierärztliche, pharmazeutische, lebensmittelchemische und öffentlich-rechtliche Aufgaben.

Studienangebot

Für Offizieranwärter*innen im Truppendienst beginnt die Ausbildung mit einem allgemeinmilitärischen Abschnitt, der die Offizierprüfung einschließt. Es folgen akademische und militärfachliche Ausbildungsabschnitte. Das Studium an einer der Universitäten der Bundeswehr beginnt für alle Verwendungen regelmäßig im zweiten Dienstjahr. Die Teilnahme an einem universitären oder Fachhochschulstudiengang richtet sich grundsätzlich nach der Vorbildung. Das Studium ist in Trimester gegliedert und schließt i.d.R. mit einem Mastergrad ab.

Offizieranwärter*innen im Sanitätsdienst erhalten zunächst eine dreimonatige militärische und militärfachliche Ausbildung. Danach werden sie zum Studium an einer zivilen Universität in der jeweiligen Approbationsrichtung beurlaubt. Nach Erhalt der Approbation als Arzt*Ärztin, Zahnarzt*Zahnärztin bzw. Tierarzt*Tierärztin erfolgt die Beförderung zur*zum Stabsarzt*Stabsärztin bzw. Stabsveterinär*in. Die Beförderung zum*zur Stabsapotheker*in setzt neben der Approbation als Apotheker*in die Anerkennung als staatlich geprüfte*r Lebensmittelchemiker*in voraus.

Inhalte des Studiums

Für die Laufbahn im Truppendienst kann – je nach Teilstreitkraft – zwischen verschiedenen Studiengängen der Universitäten der Bundeswehr in München und Hamburg gewählt werden.

Anwärter*innen der Sanitätslaufbahn absolvieren ein ziviles Studium der Human-, Zahn- oder Tiermedizin, der Pharmazie oder Lebensmittelchemie.

Voraussetzungen

Wer Offizier werden möchte, muss über die allgemeine Hochschulreife verfügen, die deutsche Staatsbürgerschaft besitzen und zwischen 17 und 29 Jahre alt sein. Außerdem besteht eine Verpflichtungszeit als Soldat*in auf Zeit (17 Jahre im Sanitätsdienst, 13 Jahre im Truppendienst). ■

➔ **links**

Karriereseiten der Bundeswehr
➔ www.bundeswehrkarriere.de

Universität der Bundeswehr Hamburg
➔ www.hsu-hh.de

Universität der Bundeswehr München
➔ www.unibw.de

WÄHLEN SIE IHREN STUDIENBEREICH

Welche Studienbereiche finden Sie besonders interessant?

- [ ] **Agrar-, Forst- und Ernährungswissenschaften**
- [ ] **Ingenieurwissenschaften**
- [ ] **Mathematik, Naturwissenschaften**
- [ ] **Medizin, Gesundheitswissenschaften, Psychologie, Sport**
- [ ] **Wirtschaftswissenschaften**
- [ ] **Rechts- und Sozialwissenschaften**
- [ ] **Erziehungs- und Bildungswissenschaften**
- [ ] **Sprach- und Kulturwissenschaften**
- [ ] **Kunst und Musik**
- [ ] **Lehramtsausbildung**
- [ ] **Öffentliche Verwaltung**

Warum? Notieren Sie sich hier Ihre Beweggründe:

_____

_____

_____

_____

_____

3

STUDIENFELDER & STUDIENINHALTE

CHECKLISTE STUDIENSTART

Checkliste Studienstart

Nachdem Sie die Zusage für einen Studiengang haben und offiziell als Student*in an Ihrer Wunschuni eingeschrieben sind, beginnt die Vorbereitung auf den Studienstart. Mit dieser Checkliste haben Sie alle nötigen Schritte im Blick und können abhaken, was bereits erledigt ist.

- ☐ Modulhandbuch lesen
- ☐ BAföG beantragen
- ☐ Wohnung suchen
- ☐ evtl. Vorkurse absolvieren
- ☐ über Prüfungstermine informieren (z.B. Einstufungstest)
- ☐ Stundenplan zusammenstellen
- ☐ Einführungsveranstaltungen besuchen
- ☐ die Hochschule erkunden (Mensa etc.)
- ☐ an einer Bibliotheksführung teilnehmen

- ☐ evtl. Zusatzkurse auswählen
- ☐ evtl. Nebenjob suchen
- ☐ Freizeitangebot checken (Hochschulsport u.a.)
- ☐ Praktikumsmöglichkeiten recherchieren
- ☐ über Auslandssemester informieren
- ☐ _____
- ☐ _____
- ☐ _____

ZU DIESEM KAPITEL

Bewerbung & Zulassung

Muss ich mich für ein Studium bewerben?

4 BEWERBUNG & ZULASSUNG

Sie haben Ihr Studienfach gefunden? Prima! Nun sollten Sie prüfen, ob Sie ein Bewerbungsverfahren durchlaufen müssen – und wenn ja, welches.

Laut Numerus-clausus-Check des Centrums für Hochschulentwicklung (CHE) waren zum Wintersemester 2022/2023 insgesamt 39,7 Prozent der Studiengänge in Deutschland zulassungsbeschränkt. Damit es mit Ihrer Bewerbung und Zulassung klappt, sollten Sie also die verschiedenen Zulassungsmodi kennen. Das Wichtigste lesen Sie in diesem Kapitel.

Wann gibt es Zulassungsbeschränkungen?

Zulassungsbeschränkungen bestehen immer dann, wenn erfahrungsgemäß die Anzahl der Bewerbungen die Anzahl der zur Verfügung stehenden Studienplätze in einem Studiengang an einer Hochschule (wesentlich) übersteigt. Für solche Studiengänge, die mit einer **örtlichen Zulassungsbeschränkung** versehen sind, werden Studienplatzkapazitäten errechnet und festgesetzt.

In Humanmedizin, Tiermedizin, Zahnmedizin und Pharmazie existieren Zulassungsbeschränkungen an allen staatlichen Universitäten in Deutschland. Man spricht daher in diesen Fällen von einer **„bundesweiten Zulassungsbeschränkung"**.

Sowohl bei örtlichen als auch bei bundesweiten Zulassungsbeschränkungen **müssen** Sie sich um einen Studienplatz bewerben (siehe *Kapitel 4.1*).

Was gilt für zulassungsfreie Studiengänge?

Ist in zulassungsfreien Studiengängen keine vorherige Bewerbung/Voranmeldung erforderlich, keine Eignungsprüfung abzulegen und ▶

277

WO MUSS ICH MICH BEWERBEN?

auch sonst – neben der Hochschulzugangsberechtigung – keine weitere Zugangsvoraussetzung zu erfüllen, genügt es, die Immatrikulation (Einschreibung) zum Semesterbeginn vorzunehmen.

Und was ist die Einschreibung (Immatrikulation)?

Egal ob Ihr Studiengang zulassungsfrei ist oder Sie sich beworben haben und eine Zulassung erhalten haben: Erst mit abgeschlossener Einschreibung (Immatrikulation) können Sie studieren! Sie **müssen** sich also in jedem Fall einschreiben. Das geschieht direkt bei Ihrer Hochschule. Erkundigen Sie sich dort zum Verfahren: Teilweise ist die Einschreibung online oder per Post möglich, teilweise ist persönliches Erscheinen erforderlich. Auf jeden Fall müssen Sie dabei die festgelegten **Fristen einhalten** und alle nötigen **Dokumente und Nachweise** (z.B. Hochschulzugangsberechtigung, Zulassungsbescheid von hochschulstart.de, Nachweis über die Zahlung des Semesterbeitrags an die Hochschule etc.) vorlegen. ■

 info

Auch in Studiengängen, für die es **keine** Zulassungsbeschränkungen gibt und eine Studienplatzzusage deshalb „sicher" ist, kann an manchen Hochschulen eine vorherige **Bewerbung/Voranmeldung** erforderlich sein – vereinzelt sogar über das Bewerbungsportal von hochschulstart.de. Deshalb sollten Sie sich in jedem Fall bei der Hochschule informieren, ob, bis wann und wie Bewerbungsunterlagen einzureichen sind.

4.1 Wo muss ich mich für ein Studium bewerben?

Für Studiengänge mit einer Zulassungsbeschränkung müssen Sie sich um einen Studienplatz bewerben. Entweder bei der Hochschule direkt ODER über hochschulstart.de – dem Bewerbungsportal der Stiftung für Hochschulzulassung (SfH).

Das ist abhängig vom jeweiligen Studiengang und den Vorgaben der Hochschule. Wo Sie sich jeweils bewerben müssen, erfahren Sie auf den Webseiten der Hochschulen, bei hochschulstart.de und über die Studiensuche (www.arbeitsagentur.de/studiensuche).

Bundesweite Zulassungsbeschränkung

Die Plätze für die Studiengänge **Humanmedizin, Zahnmedizin, Tiermedizin und Pharmazie** werden deutschlandweit zentral von der SfH vergeben. Das heißt, das Bewerbungsverfahren für diese Fächer **wird immer über hochschulstart.de** durchgeführt – ganz egal, an welcher staatlichen Universität Sie studieren wollen.

Alle anderen Fälle

Für alle anderen zulassungsbeschränkten (und vereinzelt auch zulassungsfreien) Studiengänge weisen die Hochschulen auf ihren Internetseiten hin, wenn Sie sich über hochschulstart.de bewerben müssen. Eine Registrierung auf www.hochschulstart.de ist dann Grundvoraussetzung für Ihre anschließende Bewerbung – entweder bei der Hochschule direkt oder im Bewerbungsportal der SfH.

Falls von den Hochschulen eine direkte Bewerbung gewünscht wird, erfolgt diese online und/oder per Post. Auf den Webseiten der jeweiligen Hochschulen finden Sie alle Details dazu.

Weitere Informationen und Erklärungen zu diesem Thema gibt es bei hochschulstart.de sowie in den folgenden Kapiteln. ■

278

WAS BEDEUTET EIGENTLICH „N.C."?

Abbildung 6

4.2 Was bedeutet eigentlich „N.c."?

„N.c." ist die Abkürzung für „Numerus clausus", was auf Deutsch „geschlossene Anzahl" bedeutet. Bei Auswahlverfahren hat die Abiturdurchschnittsnote einen großen Einfluss. Daher wird am Ende des Verfahrens eine Auswahlgrenze gebildet. Diese ist als N.c.-Wert bekannt.

Tatsächlich bezeichnet der N.c. die Auswahlgrenze, markiert durch die Abiturdurchschnittsnote des*der Bewerber*in, an den*die im jeweiligen Zulassungsverfahren der letzte zur Verfügung stehende Studienplatz vergeben wurde. Diese Auswahlgrenze ergibt sich allerdings immer erst zum Ende des Verfahrens – und zu jedem Semester und bei jedem Zulassungsverfahren neu. Sie wird niemals vor dem Bewerbungsstart von den Hochschulen festgelegt! Vorab festgelegt ist nur die Anzahl der zur Verfügung stehenden Studienplätze.

Ein Beispiel: Ein „N.c." von 2,2 bedeutet, dass Bewerber*innen mit einer Durchschnittsnote von 2,1 und besser – aber auch einige mit 2,2 – zugelassen wurden. Häufig können nicht alle Bewerber*innen mit der gleichen Durchschnittsnote zugelassen werden, weil die verfügbaren Studienplätze nicht ausreichen. Dann werden sogenannte „nachrangige Kriterien" (bei örtlicher Zulassungsbeschränkung i.d.R. die Wartezeit) herangezogen, um über die Zulassung zu entscheiden.

Und was ist die Wartezeit?
Unter der Wartezeit versteht man die seit dem Erwerb der Hochschulzugangsberechtigung (z.B. Abitur) verstrichene Zeit. Gemessen wird diese in Halbjahren. Das Ansammeln der Wartezeit wird nur durch die Aufnahme eines Studiums an einer staatlich anerkannten Hochschule in Deutschland unterbrochen (auch bei Teilzeit- oder Fernstudium). Die Wartezeit wird „automatisch" angesammelt, man muss dies nicht „beantragen".

Wenn man in N.c.-Übersichten etwa die Angabe „2,2 (3)" findet, so bedeutet dies, dass alle Bewerber*innen mit der Durchschnittsnote 2,1 und besser zugelassen werden konnten, da das letzte verfügbare Zulassungsangebot ▶

BEWERBUNG BEI HOCHSCHULSTART.DE

an eine Person vergeben wurde, die bei einer Durchschnittsnote von 2,2 insgesamt drei Wartesemester angesammelt hatte. **Wichtig:** Grenzwerte der vergangenen Semester können zwar **Anhaltspunkte** für die Einschätzung der eigenen Zulassungschancen bieten, haben aber aufgrund der sich ändernden Bewerbungs- und Studienplatzzahlen keine verlässliche Aussagekraft über die künftigen Zulassungschancen.

➔ info

Keinesfalls sollten Sie auf eine Bewerbung für einen Studienplatz verzichten, nur weil Ihre Durchschnittsnote nicht den N.c.-Wert des vergangenen Vergabeverfahrens für den jeweiligen Studiengang erreicht.

Sollte die Differenz zwischen N.c.-Wert und Ihrer Abiturnote jedoch groß sein, so müssen Sie sich darauf einstellen, eventuell keinen Erfolg bei der Bewerbung zu haben. Ein Plan B ist dann besonders wichtig.

4.3 Bewerbung bei hochschulstart.de

Für die Bewerbung bei hochschulstart.de werden die Studienplätze in den bundesweit und örtlich zulassungsbeschränkten Studiengängen in einem verknüpften Verfahren vergeben. Dabei kommen verschiedene Auswahlregeln und -kriterien zum Tragen, und auch die Stellen, an die eine Bewerbung zu richten ist, können sich unterscheiden.

Bei hochschulstart.de können Sie sich für einen **bestimmten Studiengang** gleichzeitig an mehreren Hochschulen bewerben. Damit erhöhen Sie Ihre Zulassungschancen und können Ihre Wünsche untereinander priorisieren.

Teilweise ist es auch möglich, sich für **unterschiedliche Studiengänge** an einer einzigen Hochschule zu bewerben. Für eine solche „Mehrfachbewerbung" können aber je nach Hochschule unterschiedliche Beschränkungen für die maximale Anzahl der Bewerbungsanträge bestehen. Erkundigen Sie sich vorab bei der Hochschule.

Bei der bundesweiten Studienplatzvergabe (für **Humanmedizin, Zahnmedizin, Tiermedizin und Pharmazie**) und bei weiteren von der Stiftung im Auftrag der Hochschulen koordinierten **örtlich zulassungsbeschränkten** (und vereinzelt auch zulassungsfreien) **Studiengängen** gibt es nur eine einzige Einschränkung: Man kann hier maximal zwölf Wünsche/Bewerbungen hinterlegen. Eine Besonderheit ist:

Alle Bewerbungen für einen bundesweit zulassungsbeschränkten Studiengang werden als ein einziger Wunsch erfasst. Wenn man sich also beispielsweise zu einem Wintersemester für alle vier bundesweit zulassungsbeschränkten Studiengänge bewirbt, so hat man (unabhängig von der Anzahl der jeweils genannten Orte) noch acht Studienwünsche übrig.

Für die Bewerbung müssen Sie sich zunächst **im Onlineportal registrieren**, dann Ihre Angaben in einem speziell für diese Studiengänge geschaffenen Bereich hinterlegen und im Anschluss Ihre Unterlagen postalisch an die SfH senden. Das genaue Vorgehen finden Sie zusammen mit weiteren wichtigen Infos auf www.hochschulstart.de.

Hinweis: Nicht alle zulassungsbeschränkten Studiengänge werden von der SfH koordiniert. ■

➔ links

hochschulstart.de
Die Stiftung für Hochschulzulassung (SfH) informiert zur Bewerbung für bundesweit zulassungsbeschränkte Studienangebote sowie zum Dialogorientierten Serviceverfahren (DoSV).
➔ www.hochschulstart.de

abi
Informationen und Tipps zur Studienbewerbung finden Sie auch in der Rubrik „Bewerbung" auf dem abi» Portal unter ➔ www.abi.de.

BEWERBUNG BEI HOCHSCHULSTART.DE

4.3.1 Bundesweite Zulassungsbeschränkung

In vier Studienfächern werden die Studienplätze an Universitäten und gleichgestellten Hochschulen in allen Bundesländern zentral über Hochschulstart vergeben: Humanmedizin, Zahnmedizin, Tiermedizin und Pharmazie.

Nach Abzug von Vorabquoten für bestimmte Bewerbergruppen (u.a. für Ausländer*innen und Zweitstudienbewerber*innen) werden 30 % der verbleibenden Studienplätze an die Abiturbesten eines jeden Bundeslandes vergeben. Die Verteilung von weiteren 10 % der Plätze erfolgt mithilfe der „Zusätzlichen Eignungsquote" (ZEQ), während der Großteil der verfügbaren Studienplätze (60 %) durch das sogenannte „Auswahlverfahren der Hochschulen" vergeben wird. Weitere Plätze erhalten anschließend die Studieninteressierten, für die die Ablehnung eine außergewöhnliche Härte bedeuten würde. Zum Schluss werden (für den Studiengang Humanmedizin) noch die Teilstudienplätze verteilt.

Sie müssen sich übrigens nicht für eine der drei Hauptquoten entscheiden: Im Rahmen der bundesweit zulassungsbeschränkten Studiengänge nimmt eine Bewerbung für einen Studienort stets automatisch an allen drei Quoten teil.

„Abiturbestenquote" (30 %)
Die Auswahl der Bewerber*innen erfolgt nach der Gesamtpunktzahl der Hochschulzugangsberechtigung (umgangssprachlich: **„Abinote"**). Die in dieser Quote verfügbaren Studienplätze werden über 16 Landes-Ranglisten (also anhand eines landesinternen Leistungsvergleichs) vergeben, die abschließend in eine große Bundes-Rangliste überführt werden. Dies geschieht mithilfe von Berechnungen, die sich auf vorliegende Bevölkerungs- und Bewerberanteile stützen.

Das in der Abiturbestenquote vorliegende Gesamtvolumen an Studienplätzen wird also in einem ersten Schritt auf die 16 Bundesländer aufgeteilt und im Anschluss in eine Bundesliste überführt. Danach werden die entsprechenden Kapazitäten mit Bewerbungen gefüllt, deren Rangfolge sich primär nach der im jeweiligen Bundesland erbrachten Abiturleistung und sekundär (bei exakter Punktgleichheit von Bewerber*innen aus dem gleichen Bundesland) nach einem abgeleisteten Dienst sowie einer zufällig zugewiesenen Losnummer ausrichtet. Die Wahl der möglichen Studienorte spielt für die Ranglisten-Position keine Rolle.

Zusätzliche Eignungsquote (ZEQ) (10 %)
Die Zusätzliche Eignungsquote setzt einen Schwerpunkt auf Kriterien, die unabhängig von der Abiturleistung eine Rolle bei der Studienplatzvergabe spielen. Im Wesentlichen fokussiert man sich hier auf **Ergebnisse von Studierfähigkeitstests**, aber auch andere Formen der Qualifikation wie eine relevante **Berufsausbildung** oder ein **abgeleisteter Dienst** können (je nach Vorgabe der Hochschule) in die Entscheidungsfindung einfließen.

Auswahlverfahren der Hochschulen (AdH) in bundesweit zulassungsbeschränkten Studiengängen (60 %)
Der Großteil der verfügbaren Studienplätze in den bundesweit zulassungsbeschränkten Studiengängen wird im Rahmen des Auswahlverfahrens der Hochschulen vergeben. ▶

ⓘ Bewerbungsschluss bei hochschulstart.de

Für das Wintersemester	Für das Sommersemester
31. Mai: Alt-Abiturient*innen Studienbewerber*innen, die ihre Studienberechtigung vor dem 16. Januar des laufenden Jahres erworben haben.	**15. Januar:** Für Alt- und Neu-Abiturient*innen
15. Juli: Neu-Abiturient*innen Studienbewerber*innen, die ihre Studienberechtigung zwischen dem 16. Januar bis einschließlich 15. Juli des laufenden Jahres erworben haben.	

Die genannten Bewerbungsfristen sind Ausschlussfristen.

Quelle: www.hochschulstart.de 2023

Abbildung 7

4

BEWERBUNG & ZULASSUNG

BEWERBUNG BEI HOCHSCHULSTART.DE

Bei der Auswahl im AdH hat die Durchschnittsnote der Hochschulzugangsberechtigung zwar einen maßgeblichen Einfluss auf die Auswahl – aber diesem Auswahlkriterium muss mindestens ein weiteres (ge)wichtiges notenunabhängiges Kriterium zur Seite gestellt werden. Für den Studiengang Humanmedizin müssen sogar mindestens zwei zusätzliche „bedeutsame" notenunabhängige Auswahlkriterien berücksichtigt werden.

Zu diesen Kriterien zählen vor allem das **Ergebnis eines Studierfähigkeitstests**, darüber hinaus können auch eine **einschlägige Berufsausbildung**, entsprechende **berufliche Praxiserfahrung** sowie die **Ableistung eines Diensts** oder der **Nachweis akademischer Aktivitäten** abseits eines Studiums (bspw. eine erfolgreiche Teilnahme an einem wissenschaftlichen Wettbewerb) in Betracht kommen. Auch **Auswahlgespräche oder Motivationsschreiben** können potenziell in die Entscheidungsfindung einfließen.

Wie genau die Auswahlkriterien gestaltet bzw. gewichtet werden und wie sie mit der Abiturleistung zusammenwirken, kann auf www.hochschulstart.de nachgelesen werden.

Die Bewerbung

Der erste Teil der Bewerbung für einen Studienplatz erfolgt online bei Hochschulstart. Dreh- und Angelpunkt ist auch für bundesweit zulassungsbeschränkte Studiengänge das DoSV-Bewerbungsportal. Wenn man sich für einen bundesweit zulassungsbeschränkten Studiengang interessiert, wird man dort nach einer Registrierung über die Studienangebotssuche zum Dialogsystem **„AntOn" (= Antrag Online)** weitergeleitet. Dort werden die Bewerber*innen programmgestützt durch die Antragstellung geführt.

Die zur rechtsgültigen Antragstellung notwendige Unterschrift sowie die zum Antrag gehörenden Unterlagen (u.a. beglaubigte Kopie des Abiturzeugnisses) müssen per Post nachgereicht werden. Die Bewerbungsergebnisse werden schließlich im persönlichen Benutzerkonto des DoSV-Bewerbungsportals angezeigt. Weitere Details zum Bewerbungsablauf sowie weitere in diesem Zusammenhang wichtige Informationen finden Sie auf www.hochschulstart.de (bspw. Angaben zu den geltenden Bewerbungsfristen).

Die Rolle der Studierfähigkeitstests

Wer seine Chancen auf eine Zulassung erhöhen möchte, sollte sich mit dem Thema „Studierfähigkeitstests" auseinandersetzen. So kann man bspw. insgesamt zweimal am gebührenpflichtigen **Test für Medizinische Studiengänge (TMS)** teilnehmen. Für die Zulassung zum Studium ist die Teilnahme zwar

➔ links

Baden-Württemberg
sozialministerium.baden-wuerttemberg.de/de/
gesundheit-pflege/medizinische-versorgung/
landarztquote

Bayern
www.landarztquote.bayern.de

Hessen
hlfgp.hessen.de/medizin-studieren/
landaerztin-landarzt

Mecklenburg-Vorpommern
www.kvmv.de/nachwuchs/Landarztquote

Niedersachsen
www.nizza.niedersachsen.de

Nordrhein-Westfalen
www.lzg.nrw.de/lag

Rheinland-Pfalz
mwg.rlp.de/themen/gesundheit/
gesundheitsrecht-approbierte-gesundheits
berufe-und-rechtsaufsicht/landarztquote

Saarland
www.saarland.de/las/DE/themen/landarztpro
gramme/landarztquote/landarztquote_node.html

Sachsen
www.lds.sachsen.de/soziales/?art_param=978

Sachsen-Anhalt
www.landarztquote-sachsen-anhalt.de

➔ info

Regeln für internationale Studieninteressierte: Bewerber*innen, die ihren Schulabschluss in einem EU-Land bzw. in Island, Liechtenstein oder Norwegen erworben haben, sowie Ausländer*innen, die eine Hochschulzugangsberechtigung in Deutschland erworben haben, gelten als deutschen Bewerber*innen gleichgestellt. Sie können auf das reguläre Zulassungsverfahren zurückgreifen.

(Das gilt auch für deutsche Staatsangehörige, die ihren Schulabschluss im Ausland erworben haben.)

Andere, **nicht gleichgestellte internationale Studieninteressierte** wenden sich mit Bewerbungen entweder an die „Arbeits- und Servicestelle für ausländische Studienbewerbung" (**uni-assist**) oder können sich in manchen Fällen direkt über ➔ hochschulstart.de bewerben. Für welche Studiengänge an welchen Hochschulen man sich bei uni-assist bewerben muss, kann auf der Homepage (➔ www.uni-assist.de) eingesehen werden.

BEWERBUNG BEI HOCHSCHULSTART.DE

nicht verbindlich, aber das Testergebnis ist nahezu flächendeckend für den Bewerbungsprozess relevant.

Der TMS findet zweimal jährlich im Mai und November zeitgleich an rund 50 Testorten in Deutschland statt. Anmeldeschluss ist jeweils der **31. Januar** bzw. **der 31. Juli** für Erstteilnehmer*innen. Alt-Abiturient*innen können das TMS-Ergebnis bei einer Bewerbung für das Wintersemester nachreichen bzw. online nachtragen, wenn sie sich bei Hochschulstart fristgerecht beworben haben, weil der Bewerbungsschluss für Alt-Abiturient*innen bereits Ende Mai ist. Weitere Informationen erhalten Sie bei den beteiligten Hochschulen, bei Hochschulstart und der TMS-Koordinationsstelle auf www.tms-info.org.

Alternativ zum TMS berücksichtigen Hochschulen möglicherweise auch lokale Testverfahren bei einer Bewerbung (im Bereich Pharmazie beispielsweise den **„PhaST"**, der seit dem Wintersemester 2020/21 als fachspezifischer Studieneignungstest eingesetzt werden kann), für die sich die Bewerber*innen im Vorfeld lokal anmelden müssen. Auch unter diesem Gesichtspunkt lohnt sich ein Blick auf die entsprechenden Informationen der Hochschulen.

Vorabquoten: Alternative Bewerbungswege für Medizin – die Landarzt- und Amtsarztquote

Für den bundesweit zulassungsbeschränkten Studiengang Humanmedizin kann man sich teils auch im Rahmen der Quote für sog. **Landärzt*innen** bzw. der Quote für den öffentlichen Gesundheitsdienst (ÖGD) für künftige **Amtsärzt*innen** um einen Studienplatz bewerben.

Diese Formen der Bewerbung werden nicht über die herkömmlichen Hauptquoten (s.o.) im Verfahren berücksichtigt, sondern mithilfe besonderer Vorabquoten. Diese müssen gesetzlich in den jeweiligen Bundesländern eingerichtet sein.

Eine entsprechende Bewerbung wird durch die je nach Landesrecht für zuständig erklärten Stellen entgegengenommen und verarbeitet (d.h. unabhängig von der Konkurrenz im Vergabeverfahren von Hochschulstart; erforderlich ist insoweit nur eine vorherige Registrierung im DoSV).

Im Rahmen der Verarbeitung legt die jeweils zuständige Stelle (bspw. das Bayerische Landesamt für Gesundheit und Lebensmittelsicherheit) anhand der eingereichten Unterlagen bzw. Qualifikationsnachweise fest, welche*r Bewerber*in an welcher Hochschule des jeweiligen Bundeslandes eine Zulassung erhalten soll, wobei man im Rahmen der Bewerbungsabgabe selbst festlegen kann, für welche Hochschulen man sich grundsätzlich interessiert.

Bewerber*innen, die diesen alternativen Weg ins Medizinstudium wählen, verpflichten sich bei erfolgreicher Zulassung, im entsprechenden Bundesland zu studieren und die ersten Berufsjahre als Amtsarzt*Amtsärztin im ÖGD zu verbringen oder sich für einige Zeit als Landarzt*Landärztin in ärztlich unterversorgten Gebieten niederzulassen – und zwar ebenfalls im jeweiligen Bundesland. Hierzu wird ein Vertrag zwischen dem Bundesland und dem*der Bewerber*in geschlossen.

Folgende Bundesländer bieten den Weg ins Medizinstudium mithilfe einer Landarztquote an:

- Baden-Württemberg
- Bayern
- Hessen
- Mecklenburg-Vorpommern
- Niedersachsen (ab dem Wintersemester 2023/24)
- Nordrhein-Westfalen
- Rheinland-Pfalz
- Saarland
- Sachsen
- Sachsen-Anhalt
- Thüringen (ab dem Wintersemester 2024/25)

Folgende Bundesländer bieten den Weg ins Medizinstudium über eine besondere Vorabquote für den öffentlichen Gesundheitsdienst an:

- Bayern
- Hessen
- Rheinland-Pfalz
- Sachsen-Anhalt

4.3.2 Örtliche Zulassungsbeschränkungen

Gilt für das Studienfach Ihrer Wahl eine (örtliche) Zulassungsbeschränkung, müssen Sie sich fristgerecht bei der betreffenden Hochschule oder über das Internetportal der Stiftung für Hochschulzulassung (www.hochschulstart.de) bewerben.

Häufig endet die Bewerbungsfrist am 15. Juli (für einen Studienstart im Wintersemester) bzw. am 15. Januar (Sommersemester). Beachten Sie, dass Hochschulen ggf. davon abweichende Bewerbungsfristen haben können!

Bei zahlreichen Hochschulen erfolgt die Bewerbung komplett online mittels eines Bewerbungsmoduls. Sollte eine Onlinebewerbung im Einzelfall noch nicht möglich sein, stehen die Bewerbungsunterlagen meist auf den Internetseiten der Hochschulen zum Download bereit.

Nach welchen Kriterien wird verteilt?
Neben der **Abiturnote** als Auswahlkriterium gewinnt die individuelle fachspezifische Eignung zunehmend an Bedeutung. Das geschieht z.B. durch eine höhere Gewichtung von **Auswahlgesprächen**, fachspezifischen **Studierfähigkeitstests** oder bestimmten **Zeugnisnoten**, die für den Studiengang besonders relevant sind. Manche Hochschulen setzen außerdem für eine Bewerbung die Teilnahme an einem **Selbsttest zur Studienorientierung** voraus (mehr dazu in *Kapitel 1.1 „Orientierungs- und Entscheidungshilfen"*). ■

> ➜ **info**
>
> Die Einzelheiten zum Verfahren und die Anmeldetermine erfragen Sie am besten direkt bei der betreffenden Hochschule. Ggf. ist auch eine vorherige Registrierung bei ➜ www.hochschulstart.de erforderlich (vgl. die Hinweise zum **Dialogorientierten Serviceverfahren** in *Abschnitt 4.3.3*)

4.3.3 Dialogorientiertes Serviceverfahren

Hochschulstart bietet zur Unterstützung der Hochschulen bei der Durchführung ihrer örtlichen Auswahlverfahren das Dialogorientierte Serviceverfahren (DoSV) an.

Zum Wintersemester 2022/23 haben sich 164 Hochschulen mit 1.983 Studienangeboten an diesem Verfahren beteiligt. Einige Hochschulen koordinieren darüber alle ihre zulassungsbeschränkten Studienangebote, da die Studienplätze so zügiger besetzt und langwierige Nachrückverfahren vermieden werden.

Im Bewerbungsportal von www.hochschulstart.de geben teilnehmende Hochschulen ihre Studienangebote bekannt. Studienbewerber*innen müssen sich dort registrieren und können sich im Anschluss – je nach Wunsch der Hochschule – im Bewerbungsportal der Hochschule oder bei Hochschulstart für einen Studienplatz bewerben. Im DoSV haben Sie die Möglichkeit, die Reihenfolge (Prioritäten) Ihrer Studienwünsche anzugeben und den Bearbeitungsstand Ihrer Bewerbungen zu verfolgen.

Auch mögliche Bewerbungen für bundesweit zulassungsbeschränkte (vereinzelt auch für zulassungsfreie) Studiengänge werden in dieser Übersicht erfasst und lassen sich hier in Kombination priorisieren – d.h. auch die Studiengänge **Humanmedizin, Zahnmedizin, Tiermedizin und Pharmazie** werden im DoSV dargestellt.

Nach Abschluss der auf die Bewerbungsphase folgenden Koordinierungsphase werden die restlichen verfügbaren DoSV-Studienplätze mithilfe einer separaten **Nachrückphase** („Koordiniertes Nachrücken" genannt) vergeben. An dieser Phase können auch Bewerber*innen teilnehmen, die sich noch nicht im Zuge des DoSV-Hauptverfahrens beworben hatten. Allerdings kann sich dieser Personenkreis nicht „nachträglich" für Restplätze von bundesweit zulassungsbeschränkten Studiengängen bewerben, die ebenfalls in dieser Phase verteilt werden. Auch kommen Neubewerbungen erst dann zum Zuge, wenn die vorhandenen Ranglisten

> ➜ **info**
>
> Damit Sie innerhalb der vorgegebenen Frist die Erklärung über die Annahme eines Studienplatzes abgeben und sich immatrikulieren können, sollten Sie in den Wochen nach dem Bewerbungsschluss **unbedingt erreichbar** bleiben.

ERGEBNIS DER STUDIENPLATZVERGABE

mit den abgelehnten Bewerber*innen aus der vorangegangenen Koordinierungsphase komplett abgearbeitet sind und danach noch Restplätze verfügbar sind.

Die Termine und Verfahrensbedingungen finden Sie unter www.hochschulstart.de sowie auf den Internetseiten der Hochschulen.

4.4 Ergebnis der Studienplatzvergabe

Ob es mit dem Studienplatz geklappt hat oder nicht, erfahren Sie per Zulassungsbescheid bzw. Ablehnungsbescheid. Dass eine Ablehnung Probleme verursacht, ist nachvollziehbar. Allerdings können auch Zusagen zu kniffligen Entscheidungslagen führen.

Viele Studieninteressierte bewerben sich abseits von Hochschulstart parallel an mehreren Hochschulen, die nicht am DoSV teilnehmen. Im Hinblick auf bessere Zulassungschancen im Wunschfach oder in den Wunschfächern ist das ggf. auch sinnvoll.

Zu Problemen kann es allerdings kommen, wenn die **Zulassungsbescheide** zu unterschiedlichen Terminen versandt werden und Bewerber*innen – ohne das Ergebnis aller Bewerbungen zu kennen – bis zu einem bestimmten Termin erklären sollen, ob sie einen Studienplatz annehmen.

Mehrfachbewerbungen außerhalb des DoSV führen an den „betroffenen" Hochschulen außerdem zu aufwendigen und bis in die Vorlesungszeit hinein andauernden **Nachrück- und Losverfahren**, bei denen dann viele noch eine Zusage bekommen, die vorher einen Ablehnungsbescheid erhalten hatten und sich zwischenzeitlich eventuell schon für einen anderen Studienplatz entschieden haben. Hier liegt einer der Hauptgründe für den Einsatz des DoSV, denn mithilfe des Dialogorientierten Serviceverfahrens wird diesem (auch für Hochschulen sehr belastenden) Effekt entgegengewirkt.

Bundesweite Studienplatzbörse

Wer bis zum Abschluss der Haupt- und Nachrückverfahren keinen Studienplatz bekommen hat, erhält mit der bundesweiten **Studienplatzbörse** eine zusätzliche Chance: Auf www.hochschulkompass.de werden jeweils zum Sommer- und Wintersemester Studiengänge nach Durchführung der Nachrückverfahren aufgeführt, bei denen noch Studienplätze verfügbar sind, für das Wintersemester frühestens ab 1. September, für das Sommersemester ab 1. Februar. Bewerber*innen für zulassungsbeschränkte Studiengänge können sich über die Internetbörse informieren und die Teilnahme am Losverfahren bei der **jeweiligen Hochschule** beantragen. Die Einträge werden täglich aktualisiert. ■

> **→ link**
> **Stiftung für Hochschulzulassung**
> www.hochschulstart.de

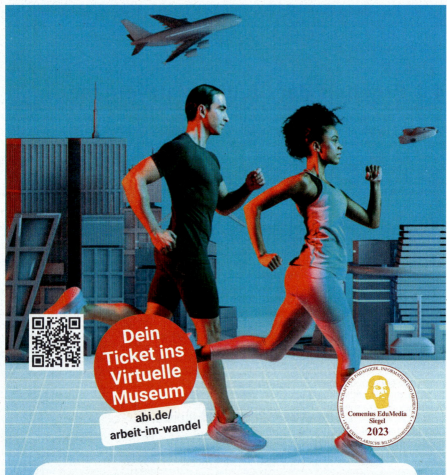

ZU DIESEM KAPITEL

Wohnen & Finanzielles

Kosten und Finanzierungswege

Spätestens, wenn Sie Ihre Studienplatzzusage vorliegen haben, gilt es, die finanziellen Rahmenbedingungen zu klären und sich ggf. um eine Wohnung zu kümmern.

Die folgenden Abschnitte geben Ihnen einen Überblick, wie Sie das Leben und Wohnen im Studium organisieren und finanzieren können. In jedem Abschnitt finden Sie Adressen von zuständigen Anlaufstellen sowie Hinweise auf Quellen im Internet.

➜ **links**

„eine für alle – Die Studierendenbefragung in Deutschland"
➜ www.die-studierendenbefragung.de

Deutsches Studierendenwerk
➜ www.studierendenwerke.de

Für ausländische Studierende
➜ www.international-students.de

WOHNEN & FINANZIELLES 5

5.1 Was kostet ein Studium?

Die Antwort auf diese Frage ist unter anderem davon abhängig, ob Sie bei Ihren Eltern wohnen oder einen eigenen Haushalt führen. Lebenshaltungskosten und Ausgaben für den Studienbedarf schwanken außerdem je nach Hochschulort und Studienfach.

Studiengebühren müssen in Deutschland an staatlichen oder kirchlichen Hochschulen nicht gezahlt werden. An privaten Hochschulen fallen jedoch i.d.R. Studiengebühren an. Kostenfrei ist das Studieren in Deutschland dadurch allerdings nicht.

Im Normalfall sind bei der Einschreibung bzw. Rückmeldung zu jedem neuen Semester **Sozialbeiträge** für die Leistungen des Studierendenwerks, der Studierendenvertretung und ggf. für ein Semesterticket für den öffentlichen Nahverkehr zu entrichten. In einzelnen Ländern kommen noch Verwaltungskosten hinzu.

Aufschluss über die finanzielle Belastung eines typischen Studierenden liefert die Studierendenbefragung „eine für alle" vom Deutschen Zentrum für Hochschul- und Wissenschaftsforschung (DZHW), der AG Hochschulforschung der Universität Konstanz und dem Deutschen Studierendenwerk. In der aktuellsten 22. Sozialerhebung aus dem Jahr 2023 wird deutlich, dass die monatlichen **Ausgaben** für Miete und Nebenkosten das Budget der Studierenden am stärksten belasten. Inklusive Nebenkosten wurden hier im Bezugsjahr 2021 durchschnittlich 410 Euro pro Monat fällig.

Als durchschnittliche **Einnahmen**, die den Studierenden im Jahr 2021 monatlich zur Verfügung standen, ermittelte die 22. Sozialerhebung 1.036 Euro, wobei die Streuung der monatlichen Einnahmenhöhe erheblich ist. Obwohl die große Mehrheit (90%) finanziell vom Elternhaus unterstützt wird, tragen über zwei Drittel (68%) der Studierenden durch eigenen Verdienst aus einer Erwerbstätigkeit neben dem Studium zur Finanzierung der Lebenshaltungskosten bei. Achtzehn Prozent erhalten BAföG, fünf Prozent ein Stipendium.

Studiengebühren

Auch wenn kein deutsches Bundesland allgemeine Studiengebühren bzw. -beiträge für ein Erststudium verlangt, gibt es in einigen Ländern (Niedersachsen, Saarland, Sachsen und Thüringen) Gebühren für **Langzeitstudierende** bzw. **Studienkonten**. Wer die Regelstudienzeit um zwei Jahre oder ein nach Landesrecht festgelegtes Studienguthaben überzieht, muss je nach Bundesland bis zu 500 Euro bezahlen.

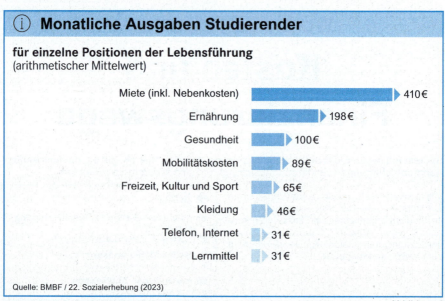

Abbildung 8

FINANZIERUNGSMÖGLICHKEITEN

Einige Länder erheben außerdem Gebühren für ein **Zweitstudium**, also ein weiteres grundständiges Studium, sowie teilweise auch für berufsbegleitende Studiengänge (z.B. in Bayern und Baden-Württemberg).

Die **privaten Hochschulen** verlangen teilweise hohe Studiengebühren, da sie sich direkt aus diesen Einnahmen finanzieren.

Semesterbeitrag

Alle Studierenden müssen bei der Ersteinschreibung bzw. bei der Rückmeldung für das nächste Semester Pflichtbeiträge zahlen, Semester- oder Sozialbeitrag genannt.

Dazu zählen der Verwaltungskostenbeitrag, der Beitrag für die Studierendenvertretung, der Studierendenwerksbeitrag und die Kosten eines obligatorischen Semestertickets, das die Nutzung des öffentlichen Personennahverkehrs zu einem ermäßigten Preis oder gar kostenlos erlaubt. Welche der genannten Pflichtbeiträge anfallen und in welcher Höhe, ist von Hochschule zu Hochschule unterschiedlich. ∎

➜ **links**

Ergebnisse der 22. Sozialerhebung (2023) des Deutschen Studierendenwerks (DSW), durchgeführt vom DZHW, gefördert vom BMBF, einzusehen unter: ➜ www.sozialerhebung.de
„eine für alle – Die Studierendenbefragung in Deutschland"
Seit 2019 ist die Sozialerhebung Teil von „eine für alle – Die Studierendenbefragung in Deutschland". Hier finden sich viele Infos zur sozialen und wirtschaftlichen Lage in Deutschland: ➜ www.die-studierendenbefragung.de

5.2 Finanzierungsmöglichkeiten

Eine gesicherte Studienfinanzierung ist ein wichtiger Faktor bei der Entscheidung für ein Studium und auch nicht unerheblich für den Studienerfolg.

Grundsätzlich sind die Eltern verpflichtet, ihre Kinder bis zu einem ersten Berufsabschluss finanziell zu unterstützen. Das schließt ein weiterführendes Studium ein, wenn eine Berufsausübung dadurch erst möglich wird. Viele Studierende verdienen sich durch einen Nebenjob noch etwas dazu. ▶

➜ **links**

Deutsches Studierendenwerk (DSW)
➜ www.studierendenwerke.de/themen/studienfinanzierung
Informationen zum BAföG
➜ www.bafög.de
Rubrik „Ausbildung und Studium finanzieren" bei der Verbraucherzentrale
➜ www.verbraucherzentrale.de/ausbildung-und-studium-finanzieren-44103

ⓘ Finanzierungsquellen

Inanspruchnahme und geleistete Beiträge (Bezugsjahr 2021, Bezugsgruppe „Fokus-Typ")

	Studierende in Prozent	Beträge in € arithm. Mittel
Eltern und Verwandte	90	463
Erwerbstätigkeit	68	516
BAföG	18	582
Eigene Mittel	48	318
Partner/-in	11	578
Stipendium	5	127
Kredite	16	472
sonstige Finanzierungsquellen	66	300

Quelle: BMBF / 22. Sozialerhebung (2023)

Abbildung 9

WOHNEN & FINANZIELLES 5

FINANZIERUNGSMÖGLICHKEITEN

Daneben gibt es eine Vielzahl von Förderungswegen (Stipendien, Kreditfinanzierungen) oder Sozialleistungen wie BAföG oder Leistungen nach dem Zweiten Buch Sozialgesetzbuch (SGB II). Aus zusätzlichen Mitteln fördern z.B. auch der Bund, die Länder, die Gemeinden oder einzelne Städte. ■

5.2.1 BAföG

„BAföG" ist die Abkürzung für Bundesausbildungsförderungsgesetz. Es ist eine staatliche Sozialleistung, die es jedem*jeder ermöglichen soll, unabhängig von der sozialen und wirtschaftlichen Situation eine Ausbildung bzw. ein Studium zu absolvieren, passend zu Fähigkeiten und Interessen.

➔ info

Bitte beachten Sie: Eine exakte Aussage darüber, ob Sie Förderung nach dem BAföG zu erwarten haben und ggf. wie viel, kann nur nach einer sorgfältigen Prüfung aller individuellen Voraussetzungen durch das zuständige Amt für Ausbildungsförderung erfolgen. Adressen und Ansprechpartner finden Sie unter www.bafög.de.

Die Informationen auf den folgenden Seiten stellen Ihnen die wesentlichen Bestimmungen der BAföG-Förderung überblicksartig vor.

Wie setzt sich BAföG zusammen?

Schülerinnen und Schüler erhalten BAföG als Vollzuschuss. Das heißt, dass die Förderung nicht zurückgezahlt werden muss.

Studierende an Hochschulen, Höheren Fachschulen und Akademien erhalten die Förderung grundsätzlich zur **Hälfte als Zuschuss** und zur **Hälfte als zinsloses Darlehen, das höchstens 10.010 Euro beträgt.**

Einige Komponenten werden auch bei Studierenden als Vollzuschuss gewährt, beispielsweise Auslandsstudiengebühren, die mit bis zu 5.600 Euro für insgesamt ein Studienjahr bezuschusst werden können (also nicht anteilig zurückgezahlt werden müssen).

Zudem gibt es weitere Ausnahmen, siehe *„Wie viel BAföG muss ich zurückzahlen?"*

In Einzelfällen kann BAföG-Förderung zudem als zinsfreies Staatsdarlehen (Volldarlehen) gewährt werden, etwa als spezielle Unterstützung zum Erreichen des Studienabschlusses nach Ende der Förderungshöchstdauer.

Erhalte ich BAföG?

Ausbildungsförderung können Sie erhalten, wenn Sie an einer Hochschule, Höheren Fachschule oder Akademie **studieren**, eine weiterführende allgemeinbildende oder beruflich qualifizierende Schule besuchen oder an anerkannten Fernunterrichtslehrgängen teilnehmen, die unter denselben Zugangsvoraussetzungen auf dieselben Abschlüsse vorbereiten.

Gefördert nach dem BAföG werden auch **Praktika**, die im Zusammenhang mit dem Besuch der oben genannten Ausbildungsstätten abgeleistet werden müssen.

Die Gewährung der Förderung ist an gewisse **Voraussetzungen** gebunden, in erster Linie an die Bedürftigkeit. Ob Sie bedürftig sind, richtet sich nach Ihrem Einkommen und Vermögen sowie dem Einkommen Ihrer Eltern und Ihres*Ihrer Ehe- oder eingetragenen Lebenspartner*in. Ebenfalls relevant sind Staatsangehörigkeit bzw. Aufenthaltsstatus und Alter sowie im Rahmen eines Studiums der Nachweis einer Zwischenprüfung oder eines geordneten Studienverlaufs und die Einhaltung der Förderungshöchstdauer.

Gefördert werden kann auch ein **Masterstudium** sowie ein **postgraduales Studium**, wenn außer einem Bachelorabschluss noch kein anderer erster Hochschulabschluss erworben wurde. Die allgemeine **Altersgrenze**, bis zu der eine Ausbildung aufgenommen werden muss, um nach dem BAföG gefördert werden zu können, liegt bei 45 Jahren.

Ausländische Staatsangehörige, die bereits langfristig aufenthaltsberechtigt sind oder in Deutschland leben und eine dauerhafte Bleibeperspektive haben, können ebenfalls nach dem BAföG gefördert werden.

➔ info

Im Jahr 2021 wurden nach der amtlichen BAföG-Statistik im Monatsdurchschnitt rund 429.000 Studierende und Schüler*innen nach dem BAföG gefördert.

Wie lange erhalte ich BAföG?

Ausbildungsförderung wird auf Antrag von Beginn des Monats an gewährt, in dem Sie Ihre Ausbildung bzw. Ihr Studium tatsächlich aufnehmen, frühestens jedoch vom Beginn des Antragsmonats an.

Die Förderung endet mit dem Bestehen der Abschlussprüfung oder, wenn keine Abschluss-

FINANZIERUNGSMÖGLICHKEITEN

prüfung vorgesehen ist, zum Ende des Ausbildungsabschnitts, dem Abbruch der Ausbildung oder mit Erreichen der Förderungshöchstdauer.

Die **Förderungshöchstdauer** für Studierende an Hochschulen richtet sich nach der Regelstudienzeit, die im jeweiligen Landes-Hochschulgesetz und/oder in der jeweiligen Studien- und Prüfungsordnung festgelegt ist. In dem Monat, in dem das Gesamtergebnis der erfolgreich abgeschlossenen Hochschulausbildung bekannt gegeben wird, gilt die Ausbildung als beendet. Die Förderung endet allerdings spätestens zwei Monate nach dem Monat, in dem die letzte Prüfung abgelegt wurde.

Müssen **Kenntnisse anderer Sprachen** als Deutsch, Englisch, Französisch oder Latein erworben werden, verlängert sich die Förderungshöchstdauer für jede während des Hochschulbesuchs erworbene Sprache um ein Semester.

Bei **Verzögerungen** infolge einer Behinderung, Schwangerschaft, Pflege und Erziehung eines Kindes bis zum Alter von vierzehn Jahren, Pflege einer oder eines pflegebedürftigen nahen Angehörigen mit mindestens Pflegestufe 3 kann die Förderzeit für einen angemessenen Zeitraum verlängert werden (§ 15 BAföG, Abs. 3). Aber auch die Mitwirkung in gesetzlich vorgesehenen Gremien und satzungsmäßigen Organen der Hochschule, das erstmalige Nichtbestehen der Abschlussprüfung sowie sonstige schwerwiegende Gründe können die Förderzeit verlängern. In jedem Fall ist ein gesonderter Antrag erforderlich.

Studierenden an Hochschulen kann unter bestimmten Voraussetzungen auch nach Ende der Förderungshöchstdauer oder der individuell verlängerten Förderungsdauer bis zu zwölf Monate **Studienabschlusshilfe** in Form eines zinsfreien Staatsdarlehens (Volldarlehen) gewährt werden. Das ist nur möglich, wenn sie spätestens innerhalb von vier Semestern nach Ende der Förderungshöchstdauer zur Abschlussprüfung zugelassen worden sind oder aber bei Studiengängen ohne Abschlussprüfung die Abschlussreife erlangt haben. Die Prüfungsstelle bzw. die Ausbildungsstätte muss bescheinigen, dass die Ausbildung innerhalb der Abschlusshilfedauer abgeschlossen werden kann.

Vorsicht beim Fachrichtungswechsel

Allgemein gilt: Die Förderung nach dem BAföG kann auch nach einem Fachrichtungswechsel fortgesetzt werden. Voraussetzung ist, dass der Wechsel bei Studierenden **bis zum Beginn des vierten Fachsemesters** erfolgt und wichtige Gründe dafür vorliegen. Beim erstmaligen Fachrichtungswechsel bis zum Beginn des dritten Fachsemesters wird ein wichtiger

Grund ohne weiteren Nachweis vermutet, ansonsten muss er eingehend begründet werden. Anerkannt wird z.B. eine mangelnde Eignung oder ein schwerwiegender bzw. grundsätzlicher Neigungswandel. Bei der Bestimmung des maßgeblichen Fachsemesters wird die Zahl der Semester abgezogen, die aus dem zunächst aufgenommenen Studiengang auf den neuen Studiengang angerechnet werden.

Der erste Wechsel hat keine Auswirkungen auf die Förderungsart. Weitere Wechsel können aber dazu führen, dass das neue Studium in der Schlussphase mit einem zinsfreien Staatsdarlehen (Volldarlehen) gefördert wird.

Für einen Fachrichtungswechsel **ab dem vierten Semester** muss ein unabweisbarer Grund vorliegen. Dies ist nur in Ausnahmefällen gegeben, z.B. wenn das bisherige Studium aus gesundheitlichen Gründen aufgegeben werden muss (etwa bei Studierenden der Sportwissenschaft nach einer schweren Verletzung). Bei einem Wechsel aus unabweisbarem Grund bleibt die Förderungsart Zuschuss/zinsloses Staatsdarlehen auch während der zusätzlich benötigten Zeit erhalten.

Unabhängig von dem Grund des Fachrichtungswechsels (wichtiger oder unabweisbarer Grund) muss der Wechsel unverzüglich nach Kenntnis oder Gewahrwerden der Umstände, die den Wechselgrund ausmachen, durchgeführt werden, d.h. ohne schuldhaftes Zögern. Sofern das nicht erfolgt, kann die BAföG-Förderung für die neu aufgenommene Ausbildung versagt werden.

Tipp: Ob Sie nach einem Fachrichtungswechsel für eine andere Ausbildung Förderung erhalten, können Sie schon vor dem Wechsel durch einen Antrag auf Vorabentscheidung klären lassen. Deshalb sollten sich BAföG-geförderte Studierende vor einem Wechsel frühzeitig vom Amt für Ausbildungsförderung beraten lassen.

Achtung: Mitgezählt werden auch Fachrichtungswechsel, die vor einem ersten BAföG-Antrag liegen. Wer sich also in einem bestimmten Fach immatrikuliert, sich später für ein anderes Studienfach entscheidet und dann erst BAföG beantragt, nimmt bereits einen Fachrichtungswechsel im Sinne des BAföG vor.

Erhalte ich BAföG während eines Studiums/Praktikums im Ausland?

Es gelten unterschiedliche Regelungen für die Förderung von Auslandsaufenthalten innerhalb und außerhalb der Europäischen Union (EU) bzw. der Schweiz. Generell müssen Auslandsaufenthalte, die in Drittstaaten absolviert werden, eine Mindestdauer von sechs Monaten oder einem Semester, bei einem Studium im ▶

WOHNEN & FINANZIELLES 5

FINANZIERUNGSMÖGLICHKEITEN

Rahmen einer Hochschulkooperation eine Mindestdauer von zwölf Wochen aufweisen. Bei Auslandsaufenthalten innerhalb der EU bzw. der Schweiz gelten diese zeitlichen Einschränkungen nicht.

Innerhalb der EU sowie in der Schweiz werden Ausbildungen auch dann gefördert, wenn sie komplett im Ausland absolviert werden. Studierende im Ausland können Zuschläge erhalten für nachweisbare notwendige Studiengebühren (bis zu 5.600 Euro für maximal ein Jahr), für Reisekosten für insgesamt je eine Hin- und Rückreise (je 250 Euro innerhalb Europas, sonst je 500 Euro) sowie für Zusatzkosten der Krankenversicherung. Die berücksichtigten Studiengebühren müssen nicht zurückgezahlt werden. Die übrigen genannten Zuschläge werden für Studierende – wie die Inlandsförderung auch – zur Hälfte als Zuschuss und zur Hälfte als zinsloses Darlehen gewährt.

Ein Auslandsstudium außerhalb der EU und der Schweiz kann grundsätzlich nur im Rahmen einer Ausbildung im Inland, der EU oder der Schweiz gefördert werden, und zwar – außer bei Studienaufenthalten im Rahmen einer Hochschulkooperation – höchstens für die Dauer eines Jahres und grundsätzlich nur, sofern es dem Ausbildungsstand nach förderlich ist und zumindest z.T. auf das Studium an der Heimathochschule angerechnet werden kann. Letzteres wird i.d.R. unterstellt. Weitere drei Semester im Ausland können gefördert werden, wenn das Auslandsstudium für die Ausbildung von besonderer Bedeutung ist. Zusätzlich zu den o.g. Zuschlägen werden für höhere Lebenshaltungskosten ggf. je nach Land differierende weitere Auslandszuschläge gezahlt.

Auch **Auslandspraktika** innerhalb und außerhalb der EU können gefördert werden, wenn sie die besonderen Förderungsvoraussetzungen erfüllen. Dazu gehört, dass ein Praktikum für die Durchführung der Ausbildung erforderlich und sein Inhalt in den Ausbildungsbestimmungen geregelt sein muss. Bei der Absolvierung eines Praktikums in Drittstaaten muss die vorgeschriebene Dauer mindestens zwölf Wochen betragen und das Auslandspraktikum muss nach dem Ausbildungsstand förderlich sein.

Hinweis: Ggf. können höhere Bedarfssätze bei einer Ausbildung im Ausland dazu führen, dass auch solche Auszubildende während eines Ausbildungsaufenthaltes im Ausland gefördert werden können, die im Inland wegen der Höhe ihres Vermögens oder des Einkommens ihrer Eltern keine Förderung erhalten.

Wichtig ist auch zu wissen, dass Ausbildungszeiten im Ausland, die als solche nicht zwingend in den Ausbildungsbestimmungen vorgeschrie-

ben sind, bis zu einem Jahr auf die Förderungshöchstdauer nicht angerechnet werden, wenn das Studium im Inland begonnen wurde oder fortgesetzt wird.

Wie viel BAföG erhalte ich?

Als monatlicher Bedarf sind im BAföG Pauschalbeträge vorgesehen, deren Höhe abhängig ist von der Art der Ausbildungsstätte (z.B. Berufsfachschule oder Hochschule) und der Unterbringung (bei den Eltern oder auswärts wohnend). Der monatliche Bedarf beträgt für Studierende derzeit

- 511 Euro, wenn sie bei den Eltern wohnen und
- 812 Euro, wenn sie nicht bei den Eltern wohnen.

Unter Hinzurechnung der Zuschläge für Kranken- und Pflegeversicherung beträgt der Förderungshöchstsatz für auswärts wohnende Studierende 934 Euro. Studierende über 30 können nachweisabhängig bis zur Grenze von 168 Euro (Krankenversicherung) und 38 Euro (Pflegeversicherung) nochmals um bis zu 84 Euro mehr erhalten.

BAföG-Geförderte erhalten für jedes eigene Kind unter vierzehn Jahren, mit dem sie in einem Haushalt leben, einen pauschalen **Kinderbetreuungszuschlag** in Höhe von monatlich 160 Euro. Dieser Zuschlag muss nicht zurückgezahlt werden und bleibt als Einkommen bei anderen Sozialleistungen unberücksichtigt.

> **→ info**
>
> Laut der amtlichen BAföG-Statistik erhielten geförderte Studierende im Jahr 2021 im Durchschnitt **579 Euro** im Monat (unter Geltung der Förderungssätze vor Anpassung durch das 27. BAföGÄndG).

Einkommen/Vermögen

Die Förderung nach BAföG geht vom Bedarfssatz aus, von dem Einkommen und Vermögen abzuziehen sind.

Der **Bezug von Elterngeld** bis zu 300 Euro monatlich und von begabungs- und leistungsabhängig gewährten Stipendien (wie z.B. Deutschlandstipendium) bis zu insgesamt 300 Euro monatlich wird nicht angerechnet.

Abgezogen vom Einkommen werden u.a. die Einkommens- und Kirchensteuer, pauschal festgesetzte Beträge für die soziale Sicherung (also insbesondere Kranken-, Arbeitslosen- und Rentenversicherung) oder auch geförderte Altersvorsorgebeiträge wie die Riester-Rente.

Generell bleiben vom Einkommen des*der Auszubildenden ein Jahresbrutto von 6.251,04 Euro

FINANZIERUNGSMÖGLICHKEITEN

anrechnungsfrei. Für den Ehegatten oder den*die Lebenspartner*in des Auszubildenden bleiben 805 Euro monatlich anrechnungsfrei. Der Freibetrag für jedes Kind beträgt monatlich 730 Euro.

Für die Festsetzung des eigenen Einkommens sind die Einkommensverhältnisse im Bewilligungszeitraum maßgebend (§ 22 BAföG). Bewilligungszeitraum ist i.d.R. ein Studienjahr.

Was ist „Vermögen"?

Als Vermögen gelten z.B. Grundstücke, Bargeld, Betriebsvermögen, Sparguthaben oder Bausparverträge. Haushaltsgegenstände wie Möbel, Waschmaschinen oder Musikinstrumente werden nicht dazugerechnet. Vom maßgeblichen Wert des Vermögens im Zeitpunkt der Antragstellung werden gleichzeitig bestehende Schulden und Lasten abgezogen.

Maßgebend ist das Vermögen zum Zeitpunkt der Antragstellung. Der Freibetrag für eigenes Vermögen des*der BAföG-Geförderten beträgt 15.000 Euro (unter 30 Jahre) bzw. 45.000 Euro (über 30 Jahre). Die zusätzlichen Freibeträge für BAföG-Geförderte mit Unterhaltspflichten gegenüber eigenen Ehegatt*innen, Lebenspartner*innen und Kindern liegen bei 2.300 Euro. Der verbleibende Wert wird durch die Zahl der Monate des Bewilligungszeitraums geteilt und auf den monatlichen Bedarf angerechnet. Vorsicht bei Schenkungen oder Vermögensübertragungen: Vermögen, das zeitnah vor der Ausbildung **ohne Gegenleistung** an Dritte,

z.B. Eltern, übertragen wurde, wird vom Amt für Ausbildungsförderung trotzdem in vollem Umfang angerechnet.

Anrechnung der Einkommen der Eltern und des*der Ehegatten*-gattin bzw. Lebenspartner*in

Grundsätzlich sind die Eltern zur Finanzierung einer Ausbildung ihrer Kinder verpflichtet. Wenn dies aus finanziellen Gründen nicht möglich ist, springt das BAföG ein. Deshalb muss bei einem BAföG-Antrag das Elterneinkommen geprüft werden. Für die Anrechnung **des Einkommens der Eltern und des*der Ehegatten*-gattin bzw. Lebenspartner*in** sind deren Einkommensverhältnisse im vorletzten Kalenderjahr vor Beginn des Bewilligungszeitraums (§ 24 BAföG) maßgebend. Auch hier gibt es Freibeträge, deren Höhe von unterschiedlichen Faktoren abhängt (§ 25 BAföG). Außerdem gibt es die Möglichkeit, einen Aktualisierungsantrag zu stellen, wenn das Einkommen im Bewilligungszeitraum voraussichtlich wesentlich niedriger ist.

Wie viel BAföG muss ich zurückzahlen?

Damit die Schuldenlast überschaubar bleibt, gilt eine **Höchstbelastungsgrenze**. Studierende an Hochschulen, Höheren Fachschulen und Akademien erhalten die Förderung grundsätzlich **zur Hälfte als Zuschuss**, der nicht zurückgezahlt werden muss, und **zur Hälfte als zinsloses Darlehen**. Den **Darlehensanteil** müssen Sie in maximal 77 monatlichen Raten ▶

ⓘ Die wichtigsten Fakten zum BAföG:

Die Förderung wird je zur Hälfte als Zuschuss und als zinsloses Darlehen gewährt. Nur das Darlehen muss zurückgezahlt werden (maximal 10.010 Euro).

Der Förderungshöchstsatz liegt für auswärts wohnende Studierende bei 934 Euro.

Die Förderungshöchstdauer richtet sich nach der in der Studien- und Prüfungsordnung festgelegten Regelstudienzeit. Altersgrenze für Studienbeginn: 45 Jahre

Der konkrete monatliche Bedarf hängt von Ausbildungsstätte und Wohnsituation ab.

Vom ermittelten Bedarfsatz wird das eigene Einkommen abgezogen. Der Freibetrag liegt bei 520 Euro pro Monat (Minijob). Auch das Einkommen von Eltern und Ehe- bzw. Lebenspartner*innen wird bei der Ermittlung des BAföG-Satzes einbezogen.

Berücksichtigt wird auch das eigene Vermögen (Freibetrag bis 29 Jahre: 15.000 Euro, ab 30 Jahre: 45.000 Euro).

Studierende mit Kind erhalten einen Betreuungszuschlag in Höhe von 160 Euro pro Kind.

Auch bei einem Auslandsstudium und während Praxissemester kann die Förderung fortgeführt werden.

Die individuellen Voraussetzungen prüft das zuständige Amt für Ausbildungsförderung.

Quelle: Bundesministerium für Bildung und Forschung, 2022

Abbildung 10

FINANZIERUNGSMÖGLICHKEITEN

von 130 Euro innerhalb von 20 Jahren an das Bundesverwaltungsamt in Köln zurückzahlen. Die erste Rate wird fünf Jahre nach dem Ende der Förderungshöchstdauer (nicht nach dem Ende des Studiums) fällig. Eine Freistellung von der Rückzahlungsverpflichtung ist möglich, wenn bestimmte Einkommensgrenzen nicht überschritten werden.

Für diejenigen, die erstmalig neu mit BAföG gefördert werden, gilt für die spätere Rückzahlung des Darlehensanteils: Wer 77 Raten getilgt hat, ist schuldenfrei, egal wie hoch das Darlehen ursprünglich war. Maximal müssen also **10.010 Euro** zurückgezahlt werden. Wer wegen zu geringen Einkommens nur zu niedrigeren Raten als 130 Euro herangezogen werden kann, wird ebenfalls nach 77 Raten frei, also auch wenn tatsächlich weniger als 10.010 Euro zurückgezahlt wurden.

Einen **Nachlass** gibt es für alle, die ihr BAföG-Darlehen in einer Summe vor Rückzahlungsbeginn vorzeitig zurückzahlen oder vorzeitig größere Teilbeträge von mindestens 500 Euro ablösen.

Hinweis: Der Feststellungs- und Rückzahlungsbescheid, der circa 6 Monate vor dem Rückzahlungsbeginn versandt wird, enthält ein Angebot zur vorzeitigen Rückzahlung mit dem höchstmöglichen Nachlass. Für eine vorzeitige Rückzahlung deutlich vor Rückzahlungsbeginn wird kein zusätzlicher Nachlass gewährt.

Hilfe zum Studienabschluss wird als **zinsfreies Staatsdarlehen (Volldarlehen)** geleistet.

Gibt es spezielle Förderung in besonderen Lebenslagen?

Das BAföG berücksichtigt die besondere Situation von Menschen mit Behinderungen. So können Eltern bei der Ermittlung ihres Einkommens in besonderen Fällen einen zusätzlichen Härtefreibetrag ansetzen (§ 25 Abs. 6 BAföG).

Verlängert sich das Studium aufgrund einer Behinderung über die Förderungshöchstdauer hinaus, so wird BAföG nach Stellen eines Verlängerungsantrags und bei entsprechendem Nachweis für eine angemessene Zeit als (reiner) Zuschuss gewährt. Ebenso wird die Förderung als Zuschuss gewährt, wenn sich das Studium infolge einer Schwangerschaft oder der Pflege und Erziehung eines Kindes bis zum Alter von vierzehn Jahren verzögert.

Über die Förderungshöchstdauer hinaus wird außerdem Ausbildungsförderung geleistet, wenn sie etwa infolge der Pflege eines*einer pflegebedürftigen Angehörigen mit mindestens Pflegestufe 3, der Mitwirkung in gesetzlich vorgesehenen Gremien und satzungsmäßigen Organen der Hochschulen, infolge des erstmaligen Nichtbestehens einer Abschlussprüfung

oder infolge der Pflege von (nahen) Verwandten überschritten wurde (s.o.). In dem Fall erfolgt die weitere Förderung allerdings als Regelförderung, d.h. mit hälftigem Zuschuss/Darlehen.

Außerdem gibt es, wenn die Ausbildung nicht innerhalb der Förderungshöchstdauer abgeschlossen wird, eine Hilfe zum Studienabschluss, die als zinsfreies Darlehen (Volldarlehen) geleistet wird (s. bereits oben).

Wie beantrage ich BAföG?

Für **Studierende** sind für die BAföG-Anträge die Ämter für Ausbildungsförderung bei den Studierendenwerken zuständig. In Rheinland-Pfalz gehören die Ämter zur jeweiligen Hochschule.

Schülerinnen und Schüler stellen den BAföG-Antrag bei der kommunalen Verwaltung des (zukünftigen) Studienorts.

Ausbildungsförderung wird auf schriftlichen Antrag vom Monat der Antragstellung an, jedoch frühestens mit dem Beginn der Ausbildung und keinesfalls rückwirkend gewährt. Der Antrag sollte deshalb möglichst frühzeitig, etwa 6 bis 8 Wochen vor Schul- bzw. Semesterbeginn gestellt werden.

Für einen BAföG-Antrag kann der **Antragsassistent „BAföG Digital"** genutzt werden. Über einen Konfigurator werden mit einfachen Fragen alle relevanten Formblätter zu einem Antrag

---

➔ info

Auslands-BAföG sollten Sie nach Möglichkeit bereits mindestens sechs Monate vor Beginn des Auslandsaufenthaltes beantragen.

➔ links

bafög.de
Infos zu Neuerungen im Bundesausbildungsförderungsgesetz erhalten Sie unter
➔ www.bafög.de

Hier finden Sie auch Adressen der für die Beantragung zuständigen Ämter, den Zugang zur Online-Beantragung sowie alle erforderlichen Antragsformulare (auch für Förderung einer Auslandsausbildung).

BAföG-Hotline
Unter der Telefonnummer 08 00/2 23 63 41 bietet das Bundesministerium für Bildung und Forschung eine gebührenfreie Hotline zum BAföG an (Mo.–Fr. von 8 bis 20 Uhr).

BAföG-Digital
Den elektronischen Antragsassistenten finden Sie unter ➔ www.bafoeg-digital.de

Deutsches Studierendenwerk
Nützliche Informationen zum BAföG bietet auch: ➔ www.studierendenwerke.de

FINANZIERUNGSMÖGLICHKEITEN

zusammengefügt. Ein dynamischer Formular-assistent ermöglicht es, dass nur relevante Fragen beantwortet werden müssen. Hilfetexte unterstützen die Antragstellung. Nachweise können während des Antragsprozesses oder zu einem späteren Zeitpunkt per Computer oder Smartphone hochgeladen werden. Studierende sowie Schülerinnen und Schüler können den Status ihres Antrags online nachverfolgen. Die Ämter für Ausbildungsförderung halten zudem entsprechende Formblätter bereit, die auch unter www.bafög.de heruntergeladen werden können. ■

5.2.2 Stipendien

Fast alle großen politischen Parteien sowie Kirchen und Gewerkschaften unterhalten Stiftungen, die Stipendien oder Beihilfen zum Studium gewähren. Daneben gibt es auch von der Wirtschaft oder anderen privaten Organisationen getragene Stipendien, die z.T. durch öffentliche Mittel aufgestockt werden. Und auch durch einzelne öffentliche Arbeitgeber werden Stipendien für die Nachwuchsgewinnung vergeben.

Insgesamt fördern allein **mehr als 1.750 Stiftungen** Studierende auf verschiedene Weise. Neben einer finanziellen Hilfe werden die Studierenden z.T. auch ideell unterstützt, indem für sie etwa Seminare oder Workshops angeboten oder sie während des Studiums von Mentor*innen betreut werden.

Es gibt Stipendien, die hochschul-, fachrichtungs- oder auch konfessionsgebunden sind, Stipendien für Auslandsstudien deutscher Studierender und für ausländische Studierende in Deutschland sowie Stipendien für bestimmte Zielgruppen wie Studierende mit Behinderungen, Aussiedler*innen, Asylberechtigte oder Kontingentflüchtlinge.

Insgesamt werden etwa fünf Prozent der Studierenden durch ein Stipendium gefördert.

Deutschlandstipendium

Begabte und gesellschaftlich engagierte Studierende können mit dem Deutschlandstipendium gefördert werden. Die teilnehmenden Hochschulen vergeben Stipendien in Höhe von 300 Euro monatlich. 150 Euro davon erhalten die Hochschulen durch private Mittelgeber (z.B. Alumni, Stiftungen und Unternehmen), die anderen 150 Euro stellt der Bund zur Verfügung. Die einkommensunabhängige Förderung umfasst mindestens zwei Semester und maximal die Regelstudienzeit. Interessierte bewerben sich direkt bei den anbietenden Hochschulen.

Unter www.deutschlandstipendium.de finden Sie weitere Informationen.

Aufstiegsstipendium

Das Aufstiegsstipendium des Bundesministeriums für Bildung und Forschung (BMBF) richtet sich an engagierte, hochmotivierte und besonders talentierte Fachkräfte mit einer abgeschlossenen Berufsausbildung oder Aufstiegsfortbildung und mindestens zwei Jahren Praxiserfahrung. Das Stipendium soll einen zusätzlichen Anreiz zur Aufnahme eines Studiums schaffen. Gefördert wird ein Erststudium in Vollzeit oder berufsbegleitend an einer staatlichen oder staatlich anerkannten Hochschule. Mit der Vergabe der Stipendien ist die Stiftung Begabtenförderung berufliche Bildung (SBB) beauftragt.

Unter www.aufstiegsstipendium.de erfahren Sie mehr zu dieser Förderung.

Weiterbildungsstipendium

Das Programm Weiterbildungsstipendium des Bundesministeriums für Bildung und Forschung (BMBF) unterstützt junge berufliche Talente bei der zusätzlichen beruflichen Qualifizierung im Anschluss an den erfolgreichen Abschluss einer Berufsausbildung. Das Stipendium fördert fachliche Weiterbildungen, zum Beispiel zum*zur Techniker*in, zum*zur Handwerksmeister*in oder zum*zur Fachwirt*in, aber auch fachübergreifende Weiterbildungen wie EDV-Kurse oder Intensivsprachkurse sowie berufsbegleitende Studiengänge, die auf die Ausbildung oder Berufstätigkeit aufbauen.

Unter www.weiterbildungsstipendium.de erfahren Sie mehr zu dieser Förderung.

Begabtenförderungswerke

Etwa ein Prozent der Studierenden erhält ein Stipendium von einem der vom BMBF unterstützten Begabtenförderungswerke, die sich in der „Arbeitsgemeinschaft der Begabtenförderungswerke" zusammengeschlossen haben. Gefördert werden besonders befähigte und gesellschaftlich engagierte Studierende und Promovierende. Im Jahr 2021 erhielten rund 32.300 Studierende ein Stipendium.

Die Förderung der individuell ausgewählten Studierenden orientiert sich am BAföG und wird ▶

WOHNEN & FINANZIELLES 5

FINANZIERUNGSMÖGLICHKEITEN

abhängig vom eigenen Einkommen und Vermögen sowie vom Einkommen der Eltern gewährt. Außerdem wird eine einkommensunabhängige Studienkostenpauschale gewährt. Ein Rechtsanspruch auf Förderung besteht nicht.

Teilweise haben die Stiftungen an den Hochschulen Vertrauensdozent*innen, die Sie über die Bedingungen eines Stipendiums informieren.

Nachfolgend finden Sie eine Übersicht über die Begabtenförderungswerke, die zu den wichtigsten bundesweit tätigen Stipendiengebern gehören. Sie fördern deutsche, unter bestimmten Voraussetzungen auch Studierende ausländischer Nationalität.

Die Webseite www.stipendiumplus.de liefert weitere Informationen.

Avicenna – Studienwerk e.V.

Große Hamkenstraße 19
49074 Osnabrück
Tel. 0541/5069914-0
E-Mail: info@avicenna-studienwerk.de
www.avicenna-studienwerk.de
Kriterien: Förderung von muslimischen Studierenden und Promovierenden aller Fachrichtungen an staatlichen und staatlich anerkannten Hochschulen; überdurchschnittliche schulische bzw. akademische Leistungen, soziales Engagement; Selbstbewerbung mit überzeugender Begründung.

Cusanuswerk e.V.

Baumschulallee 5
53115 Bonn
Tel. 0228/98384-0
Fax 0228/98384-99
E-Mail: info@cusanuswerk.de
www.cusanuswerk.de
Kriterien: Förderung von katholischen Studierenden und Promovierenden aller Fachrichtungen und Hochschulen; hervorragende Leistungen im Studium, Engagement in der Kirche/für den Glauben, Bereitschaft zur Übernahme von gesellschaftlicher Verantwortung; Selbstbewerbung möglich.

Ernst Ludwig Ehrlich Studienwerk e.V.

Postfach 210320
10503 Berlin
Tel. 030/3199 8170-21
Fax 030/3199 8170-99
E-Mail: info@eles-studienwerk.de
www.eles-studienwerk.de
Kriterien: Förderung von jüdischen Studierenden und Promovierenden aller Fachrichtungen an staatlichen und staatlich anerkannten Hochschulen; überdurchschnittliche Schul- und Studienleistungen, gesellschaftlicher Einsatz,

etwa in jüdischen Gemeinden, im sozialen Bereich, in der Jugendarbeit oder in studentischen Organisationen; Selbstbewerbung.

Evangelisches Studienwerk e.V. Villigst

Iserlohner Straße 25
58239 Schwerte
Tel. 02304/755-196
Fax 02304/755-250
E-Mail: info@evstudienwerk.de
www.evstudienwerk.de
Kriterien: Förderung von evangelischen Studierenden aus Deutschland und der EU in allen Fächern, überdurchschnittliche Leistungen in Schule oder Studium, Bereitschaft zur Übernahme gesellschaftlicher Verantwortung. Selbstbewerbung; daneben gibt es ein Vorschlagsrecht (z.B. durch evangelische Schulen, Vertrauensdozent*innen).

Friedrich-Ebert-Stiftung e.V. Studienförderung

Godesberger Allee 149
53175 Bonn
Tel. 0228/883-0
Fax 0228/883-9225
E-Mail: stipendien@fes.de
www.fes.de/studienfoerderung
Kriterien: Engagement für die Gesellschaft, Identifikation mit den Werten der Sozialen Demokratie und überdurchschnittliche Leistungen. Gefördert werden deutsche und ausländische Studierende aller Fachrichtungen an Fachhochschulen und Universitäten sowie Graduierte. Besonders willkommen sind Bewerbungen von Menschen, die als Erste aus ihrer Familie studieren, sowie von Menschen aus Zuwandererfamilien, Frauen, Studierenden an FHs und der MINT-Fächer; Online-Selbstbewerbung.

Friedrich-Naumann-Stiftung für die Freiheit

Abteilung Begabtenförderung
Karl-Marx-Straße 2
14482 Potsdam
Tel. 030/2099-3702
E-Mail: stipendien-bewerbung@freiheit.org
www.freiheit.org
Kriterien: Gefördert werden deutsche und ausländische Studierende und Doktoranden an Hochschulen und Universitäten, die durch Persönlichkeit, Engagement und überdurchschnittliche Leistungen in Schule und Studium überzeugen – insbesondere auch Studierende an Hochschulen für angewandte Wissenschaften. Kernaufgabe ist die Förderung des liberalen akademischen Nachwuchses; Selbstbewerbung.

FINANZIERUNGSMÖGLICHKEITEN

Hans-Böckler-Stiftung
Referat Bewerbung
Georg-Glock-Straße 18
40474 Düsseldorf
Tel. 0211/7778-140
Fax 0211/7778-4140
E-Mail: bewerbung@boeckler.de
www.boeckler.de
Kriterien: gewerkschaftliches und/oder gesellschaftspolitisches Engagement; die „Böckler-Aktion-Bildung" richtet sich an begabte junge Menschen aus Familien, die sich ein Studium nicht leisten können; gewerkschaftlicher Vorschlag oder Vorschlag der Stipendiatengruppen, auch Selbstbewerbung.

Hanns-Seidel-Stiftung
Institut für Begabtenförderung
Lazarettstraße 33
80636 München
Tel. 089/1258-300
Fax 089/1258-403
E-Mail: info@hss.de
www.hss.de/stipendium.html
Kriterien: überdurchschnittliche Schul- und Studienleistungen, aktives Engagement in politischen, kirchlichen und sozialen Einrichtungen und Organisationen, staatsbürgerliches Verantwortungsbewusstsein und politische Aufgeschlossenheit, christlich-soziale Grundeinstellung, Selbstbewerbung; Schwerpunktförderung Journalismus.

Heinrich-Böll-Stiftung e.V., Studienwerk
Schumannstraße 8
10117 Berlin
Tel. 030/28534-400
Fax 030/28534-409
E-Mail: studienwerk@boell.de
www.boell.de/stipendien
Kriterien: begabte deutsche und ausländische Studierende und Promovierende aller Fachrichtungen, besondere Berücksichtigung u.a. von Frauen, Studierenden mit Migrationshintergrund oder aus nichtakademischem Elternhaus; überdurchschnittliche wissenschaftliche Leistungen, gesellschaftspolitisches Engagement und eine aktive Auseinandersetzung mit den Grundwerten der Grünen-Stiftung; Selbstbewerbung.

Konrad-Adenauer-Stiftung e.V., Begabtenförderung und Kultur
Klingelhöferstr. 23
10785 Berlin
Tel. 030/26996-0
Fax 030/26996-3217
E-Mail: stipendien@kas.de
www.kas.de/stipendium
Kriterien: begabte deutsche und ausländische Studierende und Promovierende, die Leistungsbereitschaft, persönliche Integrität, gesellschaftliches oder politisches Engagement zeigen. Die Stiftung orientiert sich an christlich-demokratischen Wert- und Ordnungsvorstellungen, studienbegleitendes Sonderprogramm. Die Konrad-Adenauer-Stiftung hat auch eine eigene journalistische Nachwuchsförderung.

Rosa Luxemburg Stiftung e.V., Studienwerk
Franz-Mehring-Platz 1
10243 Berlin
Tel. 030/44310-223
E-Mail: studienwerk@rosalux.org
www.rosalux.de
Kriterien: hohe fachliche Leistungen, politisches und gesellschaftliches Engagement, bei vergleichbaren Leistungen besonders gefördert werden sozial Bedürftige, Frauen und Menschen mit Behinderungen; Selbstbewerbung.

Stiftung der Deutschen Wirtschaft (sdw) gGmbH
Breite Straße 29
Post- und Besucheranschrift: Spreeufer 5
10178 Berlin
Tel. 030/2033-1540
Fax 030/2033-1555
E-Mail: studienfoerderwerk@sdw.de
www.sdw.org
Kriterien: richtet sich an leistungsstarke, engagierte Studierende und Promovierende mit Gemeinsinn und Unternehmer*innengeist; gefördert werden alle Fachrichtungen; spezielle Förderung für Lehramtsstudierende; Selbstbewerbung.

Studienstiftung des deutschen Volkes e.V.
Ahrstraße 41
53175 Bonn
Tel. 0228/82096-0
Fax 0228/82096-103
E-Mail: info@studienstiftung.de
www.studienstiftung.de
Kriterien: überdurchschnittliche Leistungen, gesellschaftspolitisches und soziales Engagement; Vorschlag durch Schulleiter*innen oder Hochschullehrer*innen; Selbstbewerbung für Studierende im ersten und zweiten Semester an Universitäten und Fachhochschulen in Verbindung mit einem Studierfähigkeitstest. ▶

WOHNEN & FINANZIELLES 5

FINANZIERUNGSMÖGLICHKEITEN

Weitere Fördermöglichkeiten

Stiftung Deutsche Sporthilfe
Otto-Fleck-Schneise 8
60528 Frankfurt am Main
Tel. 069/67803-0
Fax 069/67803-229
E-Mail: info@sporthilfe.de
www.sporthilfe.de
Kriterien: Förderung von Athlet*innen, die zu einem Bundeskader eines Spitzenverbandes gehören sowie von Schüler*innen in Sport-Internaten. Die unterschiedlichen Förderarten orientieren sich an Leistungskriterien, sportfachlich bedingten Aufwänden sowie an der sozialen Situation der Sportler*innen.

Deutscher Akademischer Austauschdienst (DAAD) e.V.
Kennedyallee 50
53175 Bonn
Tel. 0228/882-0
Fax 0228/882-444
E-Mail: postmaster@daad.de
www.daad.de
Kriterien: Studienaufenthalt im Ausland. Mindestvoraussetzungen für ein DAAD-Stipendium variieren je nach Zielland. Unter www.auslandsstipendien.de finden Sie genauere Angaben zu den jeweiligen Bewerbungsvoraussetzungen, Bewerbungsterminen usw.

Bundesamt für das Personalmanagement der Bundeswehr
Assessmentcenter für Führungskräfte der Bundeswehr Referat 1 – Ziviles Bewerbungsmanagement
Kölner Straße 262
51149 Köln
Tel. 02203/105-2529

www.bundeswehrkarriere.de/
stipendium-fuer-technische-studiengaenge-310
Kriterien: Durch Stipendien fördert die Bundeswehr verschiedene ingenieurwissenschaftliche Bachelor- und Masterstudiengänge. Nach Abschluss des Studiums ist die Übernahme als Beamt*in in die Laufbahn des gehobenen oder höheren technischen Verwaltungsdienstes der Wehrverwaltung des Bundes vorgesehen (siehe hierzu auch *Abschnitt 3.11.18 „Bundeswehrverwaltung")*.

Kölner Gymnasial- und Stiftungsfonds
Stadtwaldgürtel 18
50931 Köln
Tel. 0221/406331-0
Fax 0221/406331-9
E-Mail: info@stiftungsfonds.org
www.stiftungsfonds.org
Kriterien: Der Kölner Gymnasial- und Stiftungsfonds verwaltet fast 280 Stiftungen für die Bildung junger Menschen. Von den Studienstipendiaten werden Eigeninitiative, Leistungsmotivation und soziales Engagement erwartet. Ergänzt wird die finanzielle Förderung um ein ideelles Förderangebot, z.B. Mentoring, Seminare und Workshops. ■

➜ links

Begabtenförderungswerke
➜ www.stipendiumplus.de

Deutschlandstipendium
➜ www.deutschlandstipendium.de

Aufstiegsstipendium
➜ www.aufstiegsstipendium.de

Begabtenförderung
im Hochschulbereich sowie beim Bundesverband Deutscher Stiftungen, siehe:
➜ www.stiftungen.org
(Stiftungen > Stiftungssuche > Stipendien)

5.2.3 Jobben

Knapp zwei Drittel der Studierenden jobben – laufend oder gelegentlich – neben ihrem Studium. Im Idealfall bringt ein Nebenjob nicht nur ein Gehalt, sondern auch studienrelevante praktische Erfahrungen.

Wenn möglich, sollte man versuchen, einen Job zu finden, der eine fachliche Nähe zum Studienfach aufweist, z.B. als studentische Hilfskraft an der Hochschule oder in einem Betrieb, der auch Praktikumsstellen für das Studium bereitstellt. An vielen Hochschulorten gibt es spezielle Job-Vermittlungsstellen für Studierende. Die Adresse erhält man vom örtlichen Studierendenwerk.

Wer regelmäßig und dauerhaft jobben will, muss selbst initiativ werden und auf Stellenanzeigen im Internet, in Zeitungen, an den Schwarzen Brettern in der Hochschule reagieren oder Tipps aus dem Bekanntenkreis nachgehen. Solange Ihr Studium im Vordergrund steht, können Sie während des Semesters jobben, ohne den studentischen „Sondertarif" für Sozialversicherungsabgaben zu verlieren (siehe auch *Kapitel 5.4 „Versicherungen")*.

FINANZIERUNGSMÖGLICHKEITEN

Beschäftigungsarten

Studierende, die neben dem Studium arbeiten, gelten als Arbeitnehmer*innen und müssen daher bestimmte versicherungstechnische Regelungen beachten. Es gibt drei Optionen von studentischen Beschäftigungsverhältnissen: Erstens diejenigen, bei denen man längerfristig als Arbeitnehmer*in geringfügig beschäftigt ist und regelmäßig nicht mehr als 520 Euro pro Monat verdient. Zweitens diejenigen, in denen man regelmäßig mehr als 520 Euro monatlich verdient und drittens diejenigen, die sich auf die Semesterferien beschränken.

Option 1: Geringfügige Beschäftigung/520-Euro-Minijob

Ein sogenannter Minijob kann alles sein, z.B. Putzen oder im Lager arbeiten. Studierende, die längerfristig geringfügig beschäftigt sind und regelmäßig nicht mehr als 520 Euro auch während der Vorlesungszeit verdienen, zahlen i.d.R. keine Steuern, egal, wie viele Stunden sie pro Woche arbeiten. Sie sind beitragsfrei in der Arbeitslosen-, Kranken- und Pflegeversicherung und müssen lediglich Beiträge zur Rentenversicherung zahlen. Allerdings können Sie sich von dieser Beitragspflicht befreien lassen. Hierzu müssen Sie einen Befreiungsantrag bei Ihrem Arbeitgeber einreichen, den dieser zu den Lohnunterlagen nimmt. Lässt man sich von der Rentenversicherungspflicht befreien, zahlt lediglich der Arbeitgeber einen Pauschalbeitrag an die Minijob-Zentrale. Allerdings erwirbt man dann weniger Ansprüche in der gesetzlichen Rentenversicherung.

Achtung: Zum regelmäßigen Arbeitsverdienst werden auch Sonderzahlungen (z.B. Urlaubsgeld, Weihnachtsgeld) hinzugerechnet. D.h. bei 520 Euro im Monat plus Weihnachtsgeld ist man nicht mehr geringfügig beschäftigt!
Option 1 ist mit Option 3 kombinierbar.

Option 2: Verdienst über 520 Euro im Monat

Studentische Arbeitnehmer*innen, die mehr als 520 Euro im Monat verdienen, sind grundsätzlich rentenversicherungs- und steuerpflichtig. Der jeweilige Rentenbeitrag in sogenannten Midijobs (520,01 bis 2-000 Euro) richtet sich nach der Höhe des Lohnes.

Wer regelmäßig mehr als 520 Euro pro Monat verdient, fällt aus der Familienversicherung der gesetzlichen Krankenversicherung (bis 25 Jahre) heraus. Studierende, die regelmäßig mehr als 520 Euro monatlich auch während der Vorlesungszeit verdienen, zahlen i.d.R. keine zusätzlichen Beiträge in die Kranken-, Pflege- und Arbeitslosenversicherung, wenn das Studium weiterhin im Vordergrund steht – das sogenannte **Werkstudentenprivileg**. Davon wird grundsätzlich ausgegangen, wenn Studierende nicht mehr als 20 Wochenstunden arbeiten. Ist die Arbeit den Anforderungen des Studiums angepasst und untergeordnet, kann Versicherungsfreiheit auch noch bei einer Wochenarbeitszeit von mehr als 20 Stunden bestehen (z.B. Beschäftigung nur am Wochenende, in Abend- oder Nachtarbeit).

Wichtig zu wissen: Werkstudierende erhalten nach einer sechswöchigen Krankmeldung kein Krankengeld und erwerben keinen Anspruch auf Arbeitslosengeld. Darüber hinaus zahlen sie meist mehr Geld für die studentische Krankenversicherung, als wenn sie normal sozialversicherungspflichtig angestellt wären.

Option 3: Arbeiten in den Semesterferien

Studierende, die ausschließlich in der vorlesungsfreien Zeit arbeiten, müssen unabhängig von der Verdiensthöhe keine zusätzlichen Beiträge zur Kranken-, Pflege- sowie Arbeitslosenversicherung leisten, auch wenn die Beschäftigung länger als drei Monate oder 70 Arbeitstage im Kalenderjahr ausgeübt wird. Wenn das Beschäftigungsverhältnis auf längstens drei Monate oder 70 Arbeitstage im Kalenderjahr begrenzt ist, sind diese zusätzlich auch rentenversicherungsfrei. Die Beschäftigung muss aber vertraglich befristet sein und darf nicht berufsmäßig ausgeübt werden. Ansonsten, und wenn Sie mehr als 520 Euro im Monat verdienen, sind Sie rentenversicherungspflichtig (zum Rentenbeitrag innerhalb des Niedriglohnsektors siehe oben).

Grundsätzlich sind auch hier studentische Arbeitnehmer*innen steuerpflichtig.
Option 3 ist mit Option 1 kombinierbar.

Weitere Regelungen: Praktika, BAföG

Zeiten für Praktika, die während des Studiums nach der Studien- und Prüfungsordnung abgeleistet werden müssen, sind generell versicherungsfrei. Bei nicht vorgeschriebenen Praktika kann man sich im Rahmen eines 520-Euro- ▶

> ➔ **links**
>
>
>
> **Deutsches Studierendenwerk (DSW)**
> ➔ www.studierendenwerke.de
>
> **Minijob-Zentrale**
> ➔ www.minijob-zentrale.de
>
> **DGB-Jugend**
> Infos für Studierende rund um finanzielle Angelegenheiten:
> ➔ www.jugend.dgb.de/studium/dein-geld

FINANZIERUNGSMÖGLICHKEITEN

Minijobs von der Rentenversicherungspflicht befreien lassen (s.o.). Die Praktikumsdauer spielt dabei keine Rolle. Für die Kranken-, Pflege- und Arbeitslosenversicherung gelten die o.g. Regelungen.

Als BAföG-Empfänger*in können Sie bis zu 520 Euro im Monat zusätzlich verdienen, ohne dass sich dies nachteilig auf die Förderungshöhe auswirkt. ■

5.2.4 Grundsicherung nach SGB II

Studierende haben regelmäßig keinen Anspruch auf Bürgergeld nach dem Zweiten Buch Sozialgesetzbuch (SGB II), wenn die Ausbildung dem Grunde nach dem Bundesausbildungsförderungsgesetz (BAföG) förderfähig ist und sie außerhalb des Haushaltes der Eltern wohnen.

Studierende, die im Haushalt der Eltern leben, haben eventuell nur dann einen Anspruch auf Bürgergeld, wenn BAföG-Leistungen gezahlt oder nur wegen der Berücksichtigung von Einkommen und/oder Vermögen nicht gezahlt werden oder sie BAföG beantragt haben, aber noch nicht über ihren Antrag entschieden wurde.

Ebenfalls anspruchsberechtigt können Schüler*innen sein, die mangels zwingend notwendiger auswärtiger Unterbringung nicht BAföG-berechtigt sind (§ 7 Abs. 6 Nr. 1 SGB II) oder die Abendschulen besuchen und bereits das 45. Lebensjahr vollendet haben (§ 7 Abs. 6 Nr. 3 SGB II).

Der Anspruch auf Bürgergeld ist unter anderem davon abhängig, dass Hilfebedürftigkeit vorliegt.

Sofern BAföG und Bürgergeld gleichzeitig bezogen werden, gilt für Studierende, die das 25. Lebensjahr noch nicht vollendet haben und eine Erwerbstätigkeit ausüben, bei der Einkommensanrechnung ein Grundabsetzungsbetrag in Höhe von derzeit 520 Euro. Der Betrag richtet sich nach der aktuell gültigen Geringfügigkeitsgrenze (§ 8 Abs. 1a SGB IV).

Studierende, die 25 Jahre oder älter sind, haben bei der Einkommensanrechnung einen Grundabsetzungsbetrag von 100 Euro. Es kann ein 100 Euro übersteigender Betrag berücksichtigt werden, wenn notwendige höhere Ausgaben, z.B. für Ausbildungsmaterial, nachgewiesen werden.

Für Studierende mit eigener Wohnung und andere Auszubildende, die keinen Bürgergeld-Anspruch haben, können aber bestimmte Leistungen erbracht werden, sofern die Voraussetzungen vorliegen (§ 27 SGB II).
Das sind folgende Leistungen:
- Mehrbedarfe bei Schwangerschaft, Alleinerziehung, medizinisch erforderlicher kostenaufwendiger Ernährung sowie Erstausstattung bei Schwangerschaft und Geburt, wenn das eigene Einkommen dafür nicht ausreicht und damit Hilfebedürftigkeit vorliegt
- in besonderen Härtefällen Leistungen zur Sicherung des Lebensunterhaltes und der Unterkunft als Darlehen (für Schüler*innen, die das 45. Lebensjahr vollendet haben, auch als Zuschuss)
- Leistungen zur Sicherung des Lebensunterhaltes für den ersten Monat der Ausbildung als Darlehen

Studierende mit Behinderungen können darüber hinaus zur Finanzierung ihres behinderungsbedingten Mehrbedarfs während der Ausbildung (z.B. für technische Hilfen und persönliche Studienassistenzen) ggf. Eingliederungshilfe beantragen (§ 112 SGB IX). ■

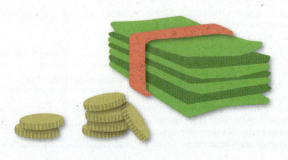

FINANZIERUNGSMÖGLICHKEITEN

5.2.5 Studienkredite

Es gibt verschiedene Möglichkeiten, sein Studium ergänzend oder auch komplett über einen Bildungs- oder Studienkredit zu finanzieren.

Bildungskredit

Studierenden in fortgeschrittenen Studienphasen kann über maximal 24 Monate ein Bildungskredit aus dem Bildungskreditprogramm des Bundes gewährt werden. Das ist auch ergänzend zum BAföG möglich. Angeboten wird dieser Kredit zwar über die staatliche KfW-Bankengruppe. Allerdings ist für die Beantragung und Bewilligung des Bildungskredits das Bundesverwaltungsamt zuständig (bildungskredit online.bva.bund.de). Zusammen mit dem Bewilligungsbescheid des Bundesverwaltungsamtes erhalten Sie von der KfW ein Kreditangebot, nach dessen Annahme die KfW die Zahlungen veranlasst.

Beantragt werden können monatliche Raten von 100, 200 oder 300 Euro. Innerhalb eines Ausbildungsabschnittes können bis zu 24 Monatsraten, also maximal 7.200 Euro, bewilligt werden. Zur Finanzierung eines außergewöhnlichen Aufwandes, etwa Studiengebühren oder Arbeitsmittel, kann einmalig auch ein Teil des Kredites bis zur Höhe von 3.600 Euro als Abschlag im Voraus gezahlt werden.

Ein Rechtsanspruch auf den Bildungskredit besteht nicht.

Nähere Informationen gibt es unter www.bildungs kredit.de oder beim Bundesverwaltungsamt in Köln.

Studienkredite

Mehrere **Banken und Sparkassen** bieten Studienkredite zur Finanzierung des Lebensunterhaltes und der weiteren Studienkosten an. Die Kreditvergabe kann allerdings regional oder auf bestimmte Hochschulen beschränkt sein. Das Centrum für Hochschulentwicklung (CHE) untersucht in unregelmäßigen Abständen die Angebote verschiedener Kreditinstitute (www.che.de/ studienkredittest). Die Untersuchung enthält auch Entscheidungstipps für oder gegen einen Studienkredit.

Neben privaten Banken hat die staatliche **KfW Bankengruppe** ein Studienkreditprogramm im Angebot. Es bietet Studierenden aller Fächer an staatlichen oder staatlich anerkannten Hochschulen unabhängig vom Einkommen und Vermögen und ohne Sicherheiten einen verzinslichen Kredit von 100 bis zu 650 Euro monatlich. Die maximale Auszahlungsdauer im Erst- oder Zweitstudium ist abhängig vom Alter zu Beginn des Studiums; bis 24 Jahre sind es 14 Fördersemester, bis 34 Jahre 10, bis 44 Jahre 6. Über 44 Jahre gibt es keine Förderung mehr. Der Studienkredit wird auch Studierenden in Teilzeit, berufsbegleitend Studierenden, sowie Studierenden in einem postgradualen Studium oder einer Promotion gewährt. Einen Überblick über die Finanzierungsmöglichkeiten gibt es unter www.kfw.de > Privatpersonen > Studieren & Qualifizieren > Förderprodukte > KfW-Studienkredit.

Für besondere **Härtefälle** oder bei nicht vorhersehbaren besonderen finanziellen Belastungen in der Studienabschlussphase, in denen eine gesetzliche Förderung nicht infrage kommt, unterhalten viele Studierendenwerke Darlehenskassen bzw. Härtefonds. Diese Darlehen werden im Allgemeinen zinslos gewährt, müssen i.d.R. aber so schnell wie möglich wieder zurückgezahlt werden.

Bildungsfonds

Eine Alternative zum klassischen Studienkredit stellen Bildungsfonds dar. Ein besonderes Merkmal dieser Finanzierungsart: Die Rückzahlung der Förderleistungen erfolgt erst nach erfolgreichem Berufseinstieg. Im Voraus wird festgelegt, in welchem Zeitraum die Geförderten welchen Prozentsatz des Verdienstes an den Bildungsfonds zurückzahlen ▶

info

Das **Centrum für Hochschulentwicklung CHE** hat auch im Jahr 2023 Studienkredite und Bildungsfonds untersucht und bewertet. Die Ergebnisse stehen im Internet unter
➔ www.che.de/studienkredittest kostenlos zum Download zur Verfügung.

links

Deutsches Studierendenwerk (DSW)
➔ www.studierendenwerke.de

Bildungskredit
Informationen des Bundesverwaltungsamtes
➔ www.bildungskredit.de

KfW-Studienkredit
Informationen der Kreditanstalt für Wiederaufbau
➔ www.kfw.de

Informationen zu Bildungsfonds
➔ www.bildungsfonds.de

WOHNEN & FINANZIELLES

WOHNEN

(verdienstabhängige Rückzahlung). Bitte prüfen Sie die jeweiligen Konditionen sorgfältig, z.B. Kündigungs- und Rückzahlungsbedingungen sowie Zinssätze. Bei manchen Anbietern ergänzen studienunterstützende Programme die finanzielle Förderung. Die Kreditvergabe ist an ein Auswahlverfahren gebunden.

Insgesamt erwarten die Investoren in Bildungsfonds eine Rendite aus den Rückzahlungen. Auch die Verwaltung der Bildungsfonds muss damit finanziert werden.

Bildungsfonds werden z.B. von Hochschulen finanziert, zur Unterstützung talentierter Studierender oder von Unternehmen der Privatwirtschaft, die Nachwuchskräfte in ihrer Branche fördern wollen. Daneben gibt es auch bundesweite Bildungsfonds. ■

5.3 Wohnen

Wer nicht zu Hause bei den Eltern wohnen kann oder will, ist entweder auf den freien Wohnungsmarkt oder auf einen Platz in einem Studierendenwohnheim angewiesen.

Laut der 22. Sozialerhebung des Deutschen Studierendenwerks wohnen bundesweit die meisten Studierenden zur Miete (59 %), die zweitgrößte Gruppe wohnt in einer Eigentumswohnung bzw. im Eigentum der Eltern (21 %), gefolgt von den Studierenden, die im Studierendenwohnheim (17,5 %) oder zur Untermiete (3 %) wohnen.

Je nach Größe, Ausstattung und Lage der Unterkunft sowie abhängig vom Hochschulort ist es schwieriger oder einfacher, eine geeignete Wohnmöglichkeit zu finden. Auch die Mietkosten variieren z.T. erheblich. Es ist also wichtig, frühzeitig vor Studienbeginn mit der Wohnungssuche zu beginnen.

Studierendenwohnheime
Träger sind überwiegend die Studierendenwerke, aber auch kirchliche Einrichtungen und private Investoren. Derzeit stehen bundesweit rund 240.000 öffentlich geförderte Wohnplätze zur Verfügung, davon gut 196.000 bei den 57 Studierendenwerken.

Die durchschnittliche Bruttowarmmiete in Wohnheimen der Studierendenwerke beträgt 266,68 Euro im Monat (vielerorts inkl. Internetanschluss); für einen Wohnheimplatz in anderer Trägerschaft müssen Studierende im Schnitt gut 50 Euro mehr zahlen.

An vielen Orten gibt es auch spezielle Wohnangebote für Rollstuhl nutzende bzw. mobilitätseingeschränkte Studierende und für Studierende mit Kindern. Zu den Bewerbungsmodalitäten, zur Lage und zu den jeweiligen Mieten der einzelnen Wohnanlagen gibt es Informationen beim Studierendenwerk des jeweiligen Hochschulortes.

Freier Wohnungsmarkt
Für eine eigene Wohnung auf dem freien Wohnungsmarkt variieren die Kosten je nach Hochschulort. In den klassischen Universitätsstädten und Ballungsgebieten liegen sie deutlich höher als andernorts. So zahlen Studierende laut der 22. Sozialerhebung in München durchschnittlich 495 Euro Monatsmiete inklusive Nebenkosten, in Leipzig dagegen nur 329 Euro.

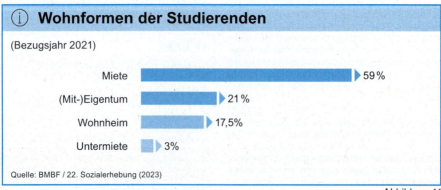

Abbildung 11

VERSICHERUNGEN

Angebote des freien Wohnungsmarktes finden Sie in Tageszeitungen, bei Makler*innen, auf einschlägigen Internetplattformen oder an den „Schwarzen Brettern" im Hochschulbereich. Auch bei den Wohnraumvermittlungsstellen der Studierendenwerke und in Ihrem Bekanntenkreis sollten Sie nachfragen. Bei Stadtmagazinen und lokalen Kleinanzeigenblättern können Online-Inserate häufig kostenlos gelesen und aufgegeben werden. Wohnungsbörsen im Internet haben oftmals spezielle Seiten für Studierende eingerichtet. Und Mitwohnzentralen vermitteln Wohnraum auf Zeit, meist zur Untermiete.

Wenn Sie Mietpreise vergleichen, achten Sie darauf, ob es sich um eine Kaltmiete (Nettomiete) oder bereits um die Bruttowarmmiete (Endmiete) handelt. In der Regel muss auch eine Kaution hinterlegt werden, die Sie nach Auszug aus der Wohnung zurückerhalten.

Wohnberechtigungsschein, Wohngeld

Bei niedrigem Einkommen ist es u.U. möglich, einen Wohnberechtigungsschein (WBS) für eine Sozialwohnung ausgestellt zu bekommen. Studierende können auch Anspruch auf Wohngeld haben, wenn sie nicht BAföG-berechtigt sind. Auskünfte hierzu erteilen die Sozialberatungsstellen der Studierendenwerke, Wohngeldstellen der Stadt- und Kreisverwaltungen sowie Wohnungsbaugenossenschaften. In der Regel gilt: Sie müssen zuerst eine Förderung nach dem BAföG beantragen, erst danach können Sie sich um Wohngeld bemühen.

Barrierefreies Wohnen

Studienbewerber*innen mit Behinderungen werden bei der Bewerbung um einen Wohnheimplatz meist bevorzugt berücksichtigt. Trotzdem sollten Sie den Antrag für ein Zimmer in einem Studentenwohnheim möglichst früh einreichen. Einige Wohnheime bieten zusätzliche Unterstützungs- und Serviceleistungen für Studierende mit Pflege-/Assistenzbedarf an, z.B. das Konrad-Biesalski-Haus in Marburg, das Haus Sumperkamp in Bochum und das Wohnheim der SRH Heidelberg. Darüber hinaus können bei der Suche nach Wohnungen auf dem freien Wohnungsmarkt das örtliche Wohnungsamt oder der*die Behindertenbeauftragte der Stadtverwaltung behilflich sein.

Weitere Informationen für Studienbewerber*innen und Studierende mit Behinderungen und chronischen Erkrankungen sind bei der „Informations- und Beratungsstelle Studium und Behinderung" des Deutschen Studierendenwerks erhältlich (www.studierendenwerke.de). ∎

> **→ info**
>
> Bei rechtlichen Fragen zum **Mietvertrag** helfen die Studierendenvertretungen oder der Deutsche Mieterbund (→ www.mieterbund.de).

5.4 Versicherungen

Für Studierende sind einige Versicherungen wie die Kranken- und Pflegeversicherung Pflicht, andere können freiwillig ergänzend abgeschlossen werden. Besonders wenn Sie neben dem Studium arbeiten, müssen Sie weitere Regelungen beachten.

Kranken- und Pflegeversicherung

Grundsätzlich sind alle Studierenden kranken- und pflegeversicherungspflichtig, die an staatlichen oder staatlich anerkannten Hochschulen in Deutschland immatrikuliert sind. Sie sind dort pflegeversichert, wo sie auch krankenversichert sind.

Zur Immatrikulation muss jede*r Studierende eine Versicherungsbescheinigung einer gesetzlichen oder privaten Krankenversicherung vorlegen. Sie dient als Nachweis über eine gültige Krankenversicherung. Der Nachweis gilt für das gesamte Studium, nur bei einem Hochschulwechsel benötigen Sie eine neue Versicherungsbescheinigung.

Krankenkassenwahl

Während des Studiums gibt es vier unterschiedliche Möglichkeiten der Krankenversicherung:
- gesetzliche Krankenversicherung im Rahmen einer Familienversicherung
- studentische Pflichtversicherung (gesetzlich und privat)
- eine freiwillige Mitgliedschaft (gesetzlich)
- eine private Krankenversicherung

Familienversicherung in der gesetzlichen Krankenversicherung und der Pflegeversicherung

Wer über ein Elternteil gesetzlich familienversichert ist, hat einen beitragsfreien Anspruch auf die Versicherungsleistungen bis zum vollendeten 25. Lebensjahr. Der Anspruch verlängert sich für Studierende, die einen freiwilligen Wehrdienst, Bundesfreiwilligendienst, Jugendfreiwilligendienst oder ein freiwilliges ökologisches oder soziales Jahr geleistet haben, um den entsprechenden Zeitraum. Für Studierende ▶

WOHNEN & FINANZIELLES 5

VERSICHERUNGEN

mit Behinderungen gilt der Anspruch unter bestimmten Voraussetzungen unbefristet. Für die bei ihrem*ihrer Ehepartner*in oder eingetragenen Lebenspartner*in gesetzlich Familienversicherten besteht keine Altersgrenze.

Wer familienversichert ist, darf eine bestimmte Verdienstgrenze nicht regelmäßig überschreiten: 485 Euro im Monat, bei einem Minijob höchstens 520 Euro. Ausschlaggebend ist das Gesamteinkommen. D.h., alle steuerpflichtigen Einkünfte (brutto) werden zusammengerechnet, bei schwankendem Einkommen wird ein Jahresdurchschnitt errechnet. Unberücksichtigt bleiben Unterhaltszahlungen der Eltern, des Sozialamtes sowie das BAföG. Nach Erreichen der Altersgrenze oder bei einem höheren Gesamteinkommen werden Sie als Studierende*r versicherungspflichtig in der gesetzlichen Krankenversicherung.

Studentische Pflichtversicherung in der gesetzlichen Krankenversicherung und der Pflegeversicherung

Die Versicherungspflicht endet mit dem Abschluss des Studiums oder gilt bis zur Vollendung des 30. Lebensjahres. Danach sind Sie nur mehr versicherungspflichtig, wenn die Art der Ausbildung oder familiäre sowie persönliche Gründe (z.B. längere Erkrankung, Zweiter Bildungsweg, Versorgung von Kindern und Familienangehörigen) die Überschreitung der Altersgrenze oder eine längere Fachstudiendauer rechtfertigen.

In den gesetzlichen Kassen gibt es für alle pflichtversicherten Studierenden einen bundesweit festgelegten monatlichen Krankenversicherungsbeitrag: Dieser beträgt einheitlich 82,99 Euro. Hinzu kommt allerdings ein Zusatzbeitrag, der von Krankenkasse zu Krankenkasse unterschiedlich ist. An die Pflegeversicherung zahlen kinderlose Studierende über 23 Jahre 27,61 Euro monatlich, alle anderen Studierenden 24,77 Euro. Die Beiträge müssen Sie vor der Einschreibung bzw. Rückmeldung im Voraus an die zuständige Krankenkasse zahlen. Ansonsten können die Hochschulen die Einschreibung bzw. die Annahme der Rückmeldung verweigern. Um den Studierendenstatus in der gesetzlichen Krankenversicherung beizubehalten, darf man nicht mehr als 20 Stunden pro Woche arbeiten. Ausnahmen sind Jobs, die auf höchstens zwei Monate befristet sind oder nur in den Semesterferien ausgeübt werden sowie Nacht- und Wochenendarbeit.

Freiwillige Mitgliedschaft in der gesetzlichen Krankenversicherung

Wer aus der Versicherungspflicht als Studierender ausscheidet, kann sich bei Vorliegen bestimmter Vorversicherungszeiten freiwillig gesetzlich weiterversichern. Das muss man aber innerhalb von drei Monaten nach Ablauf der studentischen Versicherung tun, sonst nimmt einen die gesetzliche Kasse nicht mehr auf.

Gesetzliche Kassen bieten einen einheitlichen Übergangstarif von der studentischen in die freiwillige Versicherung an. Dieser gilt für maximal sechs Monate im Anschluss an die studentische Pflichtversicherung und richtet sich nach der wirtschaftlichen Leistungsfähigkeit des freiwilligen Mitglieds. Die freiwillige Krankenversicherung kommt auch für Studierende in Betracht, die das 30. Lebensjahr bereits vollendet haben. Ab diesem Zeitpunkt ist eine Versicherung in der Krankenversicherung der Studenten nicht mehr möglich.

Mitgliedschaft in einer privaten Krankenversicherung

Personen, die bis zum Studienbeginn privat krankenversichert waren, müssen sich zu Beginn des Studiums entscheiden, ob sie in die studentische Pflichtversicherung wechseln oder weiter privat krankenversichert sein wollen. Die Entscheidung für die private Versicherung ist für den Rest des Studiums bindend. Und: Der Eintritt in eine gesetzliche Krankenversicherung nach dem Studium ist nur unter bestimmten Voraussetzungen möglich. Bitte lassen Sie sich vor einem Wechsel von einer gesetzlichen Krankenkasse Ihrer Wahl oder den örtlichen Studierendenwerken beraten!

Krankenversicherung für ausländische Studierende

Für ausländische Studierende, die an einer deutschen Hochschule ordentlich immatrikuliert sind, gelten grundsätzlich die gleichen Bedingungen wie für deutsche Studierende. Studierende bis zum 30. Lebensjahr aus den EU/EWR-Staaten und der Schweiz, die im Herkunftsland bei einer gesetzlichen Krankenkasse versichert sind, können sich ihre Krankenversicherung bei einer gesetzlichen Krankenkasse in Deutschland anerkennen lassen. Dazu benötigen sie die Europäische Krankenversicherungskarte (European Health Insurance Card, EHIC).

Studierende aus den EU/EWR-Staaten und der Schweiz, die im Herkunftsland bei einer privaten Krankenkasse versichert sind, müssen

VERSICHERUNGEN

bei der Immatrikulation in Deutschland eine Bestätigung dieser Krankenkasse vorlegen. Studierende, die nicht aus EU/EWR-Staaten oder der Schweiz kommen, müssen sich in Deutschland krankenversichern. Bis zum 30. Geburtstag ist dies bei einer gesetzlichen oder einer privaten Krankenkasse möglich. Danach kann man sich nur noch bei einer privaten Krankenkasse versichern.

Auskünfte rund um die Krankenversicherung erteilen die Ortskrankenkassen am Hochschulort, die Krankenkassen im Heimatland, die Sozialberatung der Studierendenwerke und die Akademischen Auslandsämter.

Unfallversicherung

Studierende an Hochschulen sind beitragsfrei in der gesetzlichen Unfallversicherung versichert. Der Unfallversicherungsschutz ist sehr eng auf die Hochschule und deren unmittelbaren Einflussbereich sowie auf den Weg dorthin und von dort beschränkt. Deshalb haben einige Studierendenwerke eine zusätzliche private Unfallversicherung für ihre Studierenden abgeschlossen. Informationen sind bei den örtlichen Studierendenwerken erhältlich.

Grundsätzlich besteht außerdem bei allen Jobs während des Studiums, in den Semesterferien oder bei einem Praktikum (egal ob Pflicht- oder freiwilliges Praktikum) eine Unfallversicherung – unabhängig von der Höhe des erzielten Arbeitsentgelts. Die Beiträge zur Versicherung zahlt der Arbeitgeber. Eine gesetzliche Unfallversicherung besteht nicht bei Honorarjobs oder freiberuflicher Arbeit; hier muss man sich selbst versichern.

Sonstige Versicherungen

Quasi unverzichtbar für Studierende und Auszubildende ist eine private **Haftpflichtversicherung**. Sie schützt Sie und andere vor unerwarteten Kosten durch verursachte Schäden.

Gegen Schäden am Hausrat sind Studierende, egal ob sie bei ihren Eltern wohnen oder auswärtig in einer WG untergebracht sind, für die Dauer ihrer Ausbildung i.d.R. über eine ggf. abgeschlossene **Hausratversicherung** ihrer Eltern abgesichert. Doch Vorsicht: Gemeinschaftsgut einer WG ist hierdurch i.d.R. nicht versichert. Und wenn ein eigener Hausstand im Studium gegründet wird, so ist auch eine eigene Versicherung abzuschließen. Beachten Sie dazu bitte im Einzelfall die Versicherungsbedingungen. Detaillierte Auskünfte erteilen die Verbraucherzentralen in den Ländern.

Darüber hinaus kann ggf. eine **Fahrraddiebstahlversicherung** nützlich sein. Über eine Hausratversicherung ist diese Leistung jedoch häufig günstiger als in einer separaten Versicherung.

Wer in den Semesterferien Reisen unternimmt, kann sich mit einer **Auslandskrankenversicherung** mit Rücktransport absichern. Diese ist v.a. notwendig bei einem Aufenthalt in einem Land, mit dem kein umfassendes Sozialversicherungsabkommen abgeschlossen wurde, z.B. die USA, Australien oder Südafrika. Hier erbringt die gesetzliche Krankenkasse i.d.R. keine Leistungen. ■

> ### ➔ links
>
> **Bundesamt für Soziale Sicherung**
> Unter „Themen" > „Krankenversicherung" > „Häufige Fragen" finden Sie FAQ mit Informationen auch für Studierende.
> ➔ www.bundesamtsozialesicherung.de
>
> **Deutsche Gesetzliche Unfallversicherung**
> ➔ www.dguv.de
>
> **Hinweise für Studierende mit Behinderungen**
> ➔ www.studierendenwerke.de/themen/studieren-mit-behinderung
> > „Finanzierung"

WOHNEN & FINANZIELLES 5

STUDIERENDENWERKE

5.5 Studierendenwerke

Studierendenwerke (in einigen Bundesländern auch Studentenwerke) bestehen an den Hochschulstandorten als eigenständige Einrichtungen. Sie betreuen die Studierenden, stellen gastronomische Einrichtungen, Studierendenwohnheime und Beratungsangebote zur Verfügung und tragen so zur Verbesserung der Rahmenbedingungen für das Studium bei.

Für die bundesweit mehr als 450 Hochschulen sind insgesamt 57 Studierendenwerke zuständig (hochschulübergreifende Struktur). Die Studierendenwerke sind (Ausnahme: Rheinland-Pfalz) zuständig für den Vollzug des Bundesausbildungsförderungsgesetzes (BAföG); d.h., Studierende können beim Amt für Ausbildungsförderung innerhalb des Studierendenwerks am Hochschulort BAföG beantragen. Darüber hinaus bieten die Studierendenwerke auch andere Leistungen und indirekte Förderungen an. Sie sind u.a. zuständig für den Betrieb von Mensen und Cafeterien im Hochschulbereich, die durch Zuschüsse der Länder subventioniert werden. Dadurch ist das Essen dort vergleichsweise günstig.

Außerdem sind die Studierendenwerke für die Bewirtschaftung von Studierendenwohnheimen zuständig. Die Mieten sind daher deutlich günstiger als auf dem freien Wohnungsmarkt. Darüber hinaus gibt es bei vielen Studierendenwerken Beratungsangebote (Sozialberatung, psychologische Beratung, Beratung für Studierende mit Behinderungen oder chronischer Erkrankung, Rechtsberatung), deren Nutzung i.d.R. unentgeltlich ist.

Hinzu kommen kulturelle Angebote, Kinderbetreuungseinrichtungen für Studierende mit Kind sowie Härtefallfonds (Darlehensfonds) für in Not geratene Studierende. Die Studierendenwerke unterstützen zudem durch Dienstleistungsangebote wie studentische Arbeitsvermittlung, Reisedienste, PC- oder Umzugswagenverleih. ■

→ links

Deutsches Studierendenwerk
→ www.studierendenwerke.de

„Die Studierendenbefragung in Deutschland"
Bisher umfassendste Befragung aller Studierenden in Deutschland, die erstmals im Sommer 2021 durchgeführt wurde.
→ www.die-studierendenbefragung.de

Informationen für internationale Studierende
→ www.internationale-studierende.de

ZU DIESEM KAPITEL

Adressen & Links

Wer hilft weiter?

Auf den folgenden Seiten sind alle staatlichen und staatlich anerkannten Hochschulen in der Bundesrepublik Deutschland alphabetisch nach Orten zusammengestellt. Zudem finden Sie am Ende des Kapitels Kontaktadressen zur Berufsberatung der Bundesagentur für Arbeit sowie zu den Berufsakademien in Deutschland.

Die Kontaktdaten der Beauftragten für die Belange von Studierenden mit Behinderungen oder chronischen Erkrankungen an den Hochschulen und bei den Studierendenwerken sind auf der Internetseite www.studierendenwerke.de (Themen > Studieren mit Behinderung > Beratung > Beratungssuche) zu finden.

Die Hochschulen sind jeweils nur unter dem Ort aufgenommen, an dem sich der Hauptsitz befindet. Gibt es Abteilungen bzw. Nebenstellen an anderen Orten, wird an den entsprechenden Stellen auf den Hauptsitz verwiesen.

Ausführliche Informationen bieten die jeweiligen Hochschulen auf ihren Internetseiten. ■

> → **info**
>
> Die Studiensuche bietet die Möglichkeit, Studiengangs- und Hochschulinformationen laufend aktualisiert abzufragen.
> → www.arbeitsagentur.de/studiensuche

HOCHSCHULVERZEICHNIS

6.1 Hochschuladressen

AACHEN · NORDRHEIN-WESTFALEN

Studierendenwerk Aachen:
Pontwall 3, 52062 Aachen
info@stw.rwth-aachen.de
www.studierendenwerk-aachen.de

■ **Fachhochschule Aachen (FH, staatl.)**
 www.fh-aachen.de
Bayernallee 11, 52066 Aachen
studienberatung@fh-aachen.de

■ **Hochschule für Musik und Tanz Köln
 (KH, staatl.)** siehe Köln

■ **Katholische Hochschule Nordrhein-Westfalen, Abteilung Aachen (FH, kirchlich)**
 www.katho-nrw.de/aachen
Robert-Schumann-Straße 25, 52066 Aachen
info.aachen@katho-nrw.de

■ **Rheinisch-Westfälische Technische
 Hochschule Aachen (U, staatl.)**
 www.rwth-aachen.de
Templergraben 55, 52056 Aachen
studienberatung@rwth-aachen.de

AALEN · BADEN-WÜRTTEMBERG

Studierendenwerk Ulm:
James-Franck-Ring 8, 89081 Ulm
info@studierendenwerk-ulm.de
www.studierendenwerk-ulm.de

■ **Hochschule Aalen – Technik und Wirt-
 schaft (FH, staatl.) www.hs-aalen.de**
Beethovenstraße 1, Raum 235a, 73430 Aalen
info@hs-aalen.de
Zentrale Studienberatung:
E-Mail: studienberatung@hs-aalen.de

AHAUS · NORDRHEIN-WESTFALEN

■ **Westfälische Hochschule (FH, staatl.)**
siehe Gelsenkirchen

ALBSTADT · BADEN-WÜRTTEMBERG

■ **Hochschule Albstadt-Sigmaringen
 (FH, staatl.)** siehe Sigmaringen

ALFTER · NORDRHEIN-WESTFALEN

■ **Alanus Hochschule für Kunst und Gesellschaft (KH, privat) www.alanus.edu**
Villestraße 3, 53347 Alfter
info@alanus.edu

ALTENHOLZ · SCHLESWIG-HOLSTEIN

■ **Fachhochschule für Verwaltung und
 Dienstleistung (Verwaltungsfachhoch-
 schule Schleswig-Holstein) (FH, staatl.)**
 www.fhvd-sh.de
Rehmkamp 10, 24161 Altenholz
zentrale@fhvd-sh.de
Außenstelle Fachbereich Rentenversicherung:
Ahrensböker Straße 51, 23858 Reinfeld
rente@fhvd-sh.de

AMBERG · BAYERN

Studentenwerk Oberfranken:
Universitätsstraße 30, 95447 Bayreuth
info@studentenwerk-oberfranken.de
www.studentenwerk-oberfranken.de

■ **Ostbayerische Technische Hochschule
 Amberg-Weiden (FH, staatl.)**
 www.oth-aw.de
Standort Amberg
Kaiser-Wilhelm-Ring 23, 92224 Amberg
amberg@oth-aw.de
Standort Weiden
Hetzenrichter Weg 15, 92637 Weiden
weiden@oth-aw.de

ANSBACH · BAYERN

Studentenwerk Erlangen-Nürnberg:
Hofmannstr. 27, 91052 Erlangen
info@werkswelt.de, www.werkswelt.de

■ **Hochschule für angewandte Wissenschaften Ansbach (FH, staatl.)**
 www.hs-ansbach.de
Residenzstraße 8, 91522 Ansbach
info@hs-ansbach.de

ASCHAFFENBURG · BAYERN

Studentenwerk Würzburg: Am Studentenhaus, 97072 Würzburg, Kontaktformular unter
www.studentenwerk-wuerzburg.de/kontakt.html
www.studentenwerk-wuerzburg.de

■ **Technische Hochschule Aschaffenburg
 (FH, staatl.) www.th-ab.de**
Würzburger Straße 45, 63743 Aschaffenburg
info@th-ab.de

ASCHERSLEBEN · SACHSEN-ANHALT

■ **Fachhochschule der Polizei Sachsen-
 Anhalt (FH, staatl.) fh-polizei.sachsen-
 anhalt.de/startseite-fachhochschule**
Schmidtmannstraße 86, 06449 Aschersleben
poststelle.fhs@polizei.sachsen-anhalt.de

ADRESSEN & LINKS

6

308

HOCHSCHULVERZEICHNIS

AUGSBURG — BAYERN

Studentenwerk Augsburg:
Eichleitnerstraße 30, 86161 Augsburg
info@studentenwerk-augsburg.de
www.studentenwerk-augsburg.de

- **Technische Hochschule Augsburg** www.hs-augsburg.de
An der Hochschule 1, 86161 Augsburg
info@hs-augsburg.de

- **Universität Augsburg (U, staatl.)**
www.uni-augsburg.de
Universitätsstraße 2, 86159 Augsburg
info@zsb.uni-augsburg.de
Career Service: 86159 Augsburg, Universitätsstraße 2, careerservice@uni-augsburg.de

BAD HERSFELD — HESSEN

- **Hochschule der Deutschen Gesetzlichen Unfallversicherung (HGU) (FH, privat)**
www.dguv.de/hochschule
Seilerweg 54, 36251 Bad Hersfeld
hochschule@dguv.de

BAD HOMBURG — HESSEN

- **accadis Hochschule Bad Homburg (FH, privat)** www.accadis.com
Am Weidenring 4, 61352 Bad Homburg
info@accadis.com, **Postanschrift:** 61281 Bad Homburg, Postfach 1101

BAD LIEBENZELL — BW

- **Internationale Hochschule Liebenzell (FH, privat)** www.ihl.eu
Heinrich-Coerper-Weg 11
75378 Bad Liebenzell, info@ihl.eu

BAD MERGENTHEIM — BW

- **Duale Hochschule Baden-Württemberg (FH, staatl.)** siehe Stuttgart

BAD MÜNSTEREIFEL — NRW

- **Fachhochschule für Rechtspflege Nordrhein-Westfalen (FH, staatl.)**
www.fhr.nrw.de
Schleidtalstraße 3, 53902 Bad Münstereifel
poststelle@fhr.nrw.de

BAD SOODEN-ALLENDORF — HESSEN

- **DIPLOMA Hochschule (FH, privat)**
www.diploma.de, info@diploma.de
1. Studienzentrum Berlin:
Martin-Hoffmann-Straße 22, 12435 Berlin
2. Studienzentrum Hamburg:
Weidestraße 122a, 22083 Hamburg

3. Studienzentrum Hannover:
Wilhelmstraße 2, 30171 Hannover
4. Studienzentrum Leipzig:
Comeniusstraße 17, 04315 Leipzig
5. Studienzentrum Mannheim:
Käfertaler Straße 258, 68167 Mannheim
6. Studienzentrum München:
Orleanstr. 4a, 80687 München

BAMBERG — BAYERN

Studentenwerk Bamberg:
Austraße 37, 96049 Bamberg
Kontaktformular unter www.studentenwerk-wuerzburg.de/kontakt.html, www.studentenwerk-wuerzburg.de/bamberg.html

- **Otto-Friedrich-Universität Bamberg (U, staatl.)** www.uni-bamberg.de
Kapuzinerstraße 25, 96045 Bamberg
post@uni-bamberg.de

BAYREUTH — BAYERN

Studentenwerk Oberfranken:
Universitätsstraße 30, 95447 Bayreuth
info@studentenwerk-oberfranken.de
www.studentenwerk-oberfranken.de

- **Hochschule für evangelische Kirchenmusik der Evangelisch-Lutherischen Kirche in Bayern (KH, kirchlich)**
www.hfk-bayreuth.de
Wilhelminenstraße 9, 95444 Bayreuth
verwaltung@hfk-bayreuth.de

- **Universität Bayreuth (U, staatl.)**
www.uni-bayreuth.de
Universitätsstraße 30, 95447 Bayreuth
poststelle@uni-bayreuth.de
Campus Kulmbach:
Fakultät 7 / Campus Kulmbach, 95326 Kulmbach, Fritz-Hornschuch-Straße 13
E-Mail: fakultaet7@uni-bayreuth.de

BENEDIKTBEUERN — BAYERN

- **Katholische Stiftungshochschule München (FH, kirchlich)** siehe München

BERGISCH GLADBACH — NRW

- **Fachhochschule der Wirtschaft (FH, privat)** www.fhdw.de
Hauptstraße 2, 51465 Bergisch Gladbach
info-bg@fhdw.de

BERLIN — BERLIN

Studierendenwerk Berlin:
Hardenbergstraße 34, 10623 Berlin
info@stw.berlin, www.stw.berlin ▶

ADRESSEN & LINKS 6

309

HOCHSCHULVERZEICHNIS

■ **Akkon Hochschule – Hochschule für Humanwissenschaften (FH, privat)**
www.akkon-hochschule.de
Colditzstraße 34-36, 12099 Berlin
info@akkon-hochschule.de
Studienberatung:
linda.platzek@akkon-hochschule.de

■ **Alice Salomon Hochschule Berlin. University of Applied Sciences (FH, staatl.)** www.ash-berlin.eu
Alice-Salomon-Platz 5, 12627 Berlin
ash@ash-berlin.eu

■ **Bard College Berlin, a Liberal Arts University in Berlin (FH, privat)**
www.berlin.bard.edu
Platanenstraße 24, 13156 Berlin
communications@berlin.bard.edu

■ **bbw Hochschule (FH, privat)**
www.bbw-hochschule.de
Wagner-Régeny-Str. 21, 12489 Berlin
info@bbw-hochschule.de

■ **Berlin International University of Applied Sciences (FH, privat)**
www.berlin-international.de
Salzufer 6, 10587 Berlin
info@berlin-international.de

■ **Berlin School of Management (BSM) (FH, privat)** www.srh-berlin.de/schools/berlin-school-of-management-bsm/
Ernst-Reuter-Platz 10, 10587 Berlin
studyinberlin@srh.de

■ **Berlin School of Popular Arts (FH, privat)**
www.srh-berlin.de
Ernst-Reuter-Platz 10, 10783 Berlin
studyinberlin@srh.de
Studierendensekretariat:
julia.brendler@srh.de

■ **Beuth-Hochschule für Technik Berlin (FH, staatl.)** www.beuth-hochschule.de
Luxemburger Straße 10, 13353 Berlin
www@bht-berlin.de
Sekretariat Studierendenservice: Luxemburger Straße 10, Haus Grashof, 13353 Berlin
studieninfoservice@beuth-hochschule.de

■ **Business School Berlin – Hochschule für Management (FH, privat)**
www.businessschool-berlin.de/
Campus Berlin
Calandrellistraße 1-9 (Villa Siemens), 12247 Berlin

Campus Hamburg
Am Kaiserkai 1, 20457 Hamburg
info@businessschool-berlin.de

■ **Charité – Universitätsmedizin Berlin (U, staatl.)** www.charite.de
Charitéplatz 1, 10117 Berlin
stud-hotline@charite.de

■ **CODE University of Applied Science (FH, privat)** code.berlin/de
Lohmühlenstr. 65, 12435 Berlin
hello@code.berlin

■ **DBU Digital Business University of Applied Sciences (FH, privat)**
dbuas.de
Oranienstraße 185, 10999 Berlin
beratung@dbuas.de

■ **DEKRA Hochschule für Medien (FH, privat)**
www.dekra-hochschule.de
Ehrenbergstraße 11-14, 10245 Berlin
info@dekrahochschule.de

■ **Deutsche Hochschule für Gesundheit und Sport (FH, privat)**
www.dhgs-hochschule.de
Campus Berlin
Franklinstraße 28-29, 10587 Berlin
Campus Ismaning/München
Steinheilstraße 4, 85737 Ismaning
Studienzentrum Unna
Heinrich-Werner-Platz 1, 59427 Unna
info@dhgs-hochschule.de

■ **ESCP Europe Wirtschaftshochschule Berlin e.V. (U, privat)** www.escp.eu
Heubnerweg 8-10, 14059 Berlin
info.de@escp.eu

■ **ESMT European School of Management and Technology (U, privat)**
www.esmt.berlin/
Schlossplatz 1, 10178 Berlin,
info@esmt.org

■ **Evangelische Hochschule Berlin (EHB) (FH, kirchlich)** www.eh-berlin.de
Teltower Damm 118-122, 14167 Berlin
info@eh-berlin.de

■ **Freie Universität Berlin (U, staatl.)**
www.fu-berlin.de
Kaiserswerther Straße 16-18, 14195 Berlin
info-service@fu-berlin.de

HOCHSCHULVERZEICHNIS

■ **German open Business School (GoBS) –
Hochschule für Wirtschaft und
Verwaltung (FH, privat)**
www.go-bs.de
Bismarckstraße 107, 10625 Berlin
studienberatung@go-bs.de

■ **Hertie School (FH, privat)**
www.hertie-school.org
Friedrichstraße 180 (Quartier 110),
10117 Berlin
info@hertie-school.org

■ **HMKW Hochschule für Medien,
Kommunikation und Wirtschaft
(FH, privat) www.hmkw.de**
Campus Berlin
Ackerstraße 76, 13355 Berlin
Campus Köln
Höninger Weg 139, 50969 Köln
Campus Frankfurt/Main
Solmsstraße 18, 60486 Frankfurt/Main
info@hmkw.de

■ **Hochschule des Bundes für öffentliche
Verwaltung (FH, staatl.) siehe Brühl**

■ **Hochschule für angewandte Pädagogik
(FH, privat) www.hsap.de**
Ostendstr. 1, 12459 Berlin, info@hsap.de

■ **Hochschule für Musik „Hanns Eisler"
Berlin (KH, staatl.) www.hfm-berlin.de**
Charlottenstraße 55, 10117 Berlin
studium@adm.hfm-berlin.de

■ **Hochschule für Schauspielkunst „Ernst
Busch" (KH, staatl.) www.hfs-berlin.de**
Zinnowitzer Str. 11, 10115 Berlin
rektorat@hfs-berlin.de

■ **Hochschule für Technik und Wirtschaft
Berlin (FH, staatl.) www.htw-berlin.de**
Campus Treskowallee
Treskowallee 8, 10318 Berlin
Campus Wilhelminenhof
Wilhelminenhofstraße 75 A, 12459 Berlin
Studienberatung@htw-berlin.de

■ **Hochschule für Wirtschaft und Recht
Berlin (FH, staatl.)**
www.hwr-berlin.de
Campus Schöneberg
Badensche Straße 52, 10825 Berlin
Campus Lichtenberg
Alt-Friedrichsfelde 60, 10315 Berlin
studienberatung@hwr-berlin.de

■ **Humboldt-Universität zu Berlin (U, staatl.)**
www.hu-berlin.de
Unter den Linden 6, 10099 Berlin
studienberatung@uv.hu-berlin.de

■ **IB Hochschule für Gesundheit und Soziales
(FH, privat) www.ib-hochschule.de**
Studienzentrum Berlin
Breitenbachstr. 23, 13509 Berlin
Studienzentrum Hamburg
Eißendorfer Pferdeweg 52
(Haus 6, Eingang B, 3. OG), 21075 Hamburg
Studienzentrum Köln
Schönhauser Straße 64, 50968 Köln
Studienzentrum München
Lindwurmstraße 129-131, 80337 München
Studienzentrum Stuttgart
Paulinenstraße 45, 70178 Stuttgart
info@ib-hochschule.de

■ **International Psychoanalytic University
(U, privat) www.ipu-berlin.de**
Stromstr. 3b, 10555 Berlin, info@ipu-berlin.de

■ **Katholische Hochschule für Sozialwesen
Berlin (FH, kirchlich) www.khsb-berlin.de**
Köpenicker Allee 39-57, 10318 Berlin
studienberatung@khsb-berlin.de

■ **Kunsthochschule Berlin (Weißensee) –
Hochschule für Gestaltung (KH, staatl.)**
www.kh-berlin.de
Bühringstraße 20 (Raum A 1.09), 13086 Berlin
studienberatung@kh-berlin.de

■ **MEDIADESIGN Hochschule für
Design und Informatik (FH, privat)**
www.mediadesign.de
Campus Berlin
Franklinstraße 28-29, 10587 Berlin
Campus Düsseldorf
Kaistraße 5, 40221 Düsseldorf
Campus München
Neumarkter Str. 22, 81673 München
info@mediadesign.de

■ **Medical School Berlin – Hochschule
für Gesundheit und Medizin (FH, privat)**
www.medicalschool-berlin.de
Rüdesheimer Str. 50, 14197 Berlin
info@medicalschool-berlin.de

■ **Psychologische Hochschule
Berlin (U, privat)**
www.psychologische-hochschule.de
Am Köllnischen Park 2, 10179 Berlin
kontakt@psychologische-hochschule.de ▶

ADRESSEN & LINKS 6

311

HOCHSCHULVERZEICHNIS

- **SRH Berlin University of Applied Sciences, School of Design and Communication (FH, privat)**
  www.design-akademie-berlin.de
  Ernst-Reuter-Platz 10, 10587 Berlin
  studienberatung.dab@srh.de

- **Steinbeis-Hochschule Berlin (U, privat)**
  www.steinbeis-hochschule.de
  Ernst-Augustin-Straße 15, 12489 Berlin
  info@steinbeis-hochschule.de

- **Technische Universität Berlin (U, staatl.)**
  www.tu.berlin
  Straße des 17. Juni 135, 10623 Berlin
  Kontaktformular: www.tu.berlin/
  studierendensekretariat/kontakt-sprechzeiten/

- **Touro College Berlin (FH, privat)**
  www.touroberlin.de
  Am Rupenhorn 5, 14055 Berlin
  info@touroberlin.de

- **Universität der Künste Berlin (KH, staatl.)**
  www.udk-berlin.de
  Einsteinufer 43, 10587 Berlin
  studienberatung@udk-berlin.de

- **University of Europe for Applied Sciences (UE) (FH, privat)** www.ue-germany.com
  Standort Berlin
  Dessauer Straße 3-5, 10963 Berlin
  Standort Hamburg
  Museumstr. 39, 22765 Hamburg
  Standort Iserlohn
  Reiterweg 26b, 58636 Iserlohn
  Standort Potsdam
  Konrad-Zuse-Ring 11, 14469 Potsdam
  study@ue-germany.com

- **VICTORIA Internationale Hochschule (FH, privat)** www.victoria-hochschule.de
  Studienort Berlin
  Bernburger Str. 24/25, 10963 Berlin
  Studienort Baden-Baden
  Jägerweg 8, 76532 Baden-Baden
  info@victoria-hochschule.de

BERNBURG   SACHSEN-ANHALT

- **Hochschule Anhalt – Hochschule für angewandte Wissenschaften (FH, staatl.)**
  siehe Köthen

BIBERACH   BADEN-WÜRTTEMBERG

Studierendenwerk Ulm:
James-Franck-Ring 8, 89081 Ulm
info@studierendenwerk-ulm.de
www.studierendenwerk-ulm.de

- **Hochschule Biberach (FH, staatl.)**
  www.hochschule-biberach.de
  Karlstraße 6-11, 88400 Biberach
  info@hochschule-bc.de

BIELEFELD   NORDRHEIN-WESTFALEN

Studentenwerk Bielefeld: Morgenbreede 2-4, 33615 Bielefeld, info@stwbi.de
www.studierendenwerk-bielefeld.de

- **Fachhochschule Bielefeld (FH, staatl.)**
  www.fh-bielefeld.de
  Standort Bielefeld
  Interaktion 1, 33619 Bielefeld
  Standort Gütersloh
  Gleis 13, Langer Weg 9a, 33332 Gütersloh
  Standort Minden
  Artilleriestraße 9, 32427 Minden
  info@fh-bielefeld.de

- **Fachhochschule der Diakonie – Diaconia (FH, privat)** www.fh-diakonie.de
  Bethelweg 8, 33617 Bielefeld
  info@fh-diakonie.de

- **Fachhochschule der Wirtschaft (FH, privat)** www.fhdw.de
  Campus Bielefeld
  Meisenstraße 92, 33607 Bielefeld
  info-bi@fhdw.de
  Campus Bergisch Gladbach
  Hauptstraße 2, 51465 Bergisch Gladbach
  info-bg@fhdw.de
  Campus Marburg
  Bahnhofstraße 23, 35037 Marburg
  info-mr@fhdw.de
  Campus Mettmann
  Marie-Curie-Straße 6, 40822 Mettmann
  info-me@fhdw.de
  Campus Paderborn
  Fürstenallee 5, 33102 Paderborn
  info-pb@fhdw.de

- **Fachhochschule des Mittelstands (FHM) (FH, privat)** www.fh-mittelstand.de
  Standort Bielefeld
  Ravensberger Straße 10 G, 33602 Bielefeld
  Standort Bamberg
  Minna-Neuburger-Straße 3, 96050 Bamberg
  Standort Berlin
  Ernst-Reuter-Platz 3-5, 10587 Berlin
  Standort Düren
  Nideggener Straße 43, 52349 Düren
  Standort Hannover
  Lister Straße 17, 30163 Hannover
  Standort Köln
  Hohenstaufenring 62, 50674 Köln

HOCHSCHULVERZEICHNIS

Standort Frechen (bei Köln)
Kölner Straße 33 A, 50226 Frechen
Standort Rostock
Kröpeliner Str. 85 (Eingang: Faule Grube)
18055 Rostock
Standort Schwerin
August-Bebel-Straße 11/12, 19055 Schwerin
Standort Waldshut
Waldtorstraße 1, 79761 Waldshut-Tiengen
info@fh-mittelstand.de

- **Hochschule für Polizei und öffentliche Verwaltung Nordrhein-Westfalen, Abteilung Bielefeld (FH, staatl.)**
  www.hspv.nrw.de
  Am Stadtholz 24, 33609 Bielefeld
  heidi.mescher@hspv.nrw.de

- **Kirchliche Hochschule Wuppertal/Bethel Hochschule für Kirche und Diakonie (U, kirchlich)** siehe Wuppertal

- **Universität Bielefeld (U, staatl.)**
  www.uni-bielefeld.de
  Universitätsstraße 25, 33501 Bielefeld
  post@uni-bielefeld.de

BINGEN — RHEINLAND-PFALZ

Studierendenwerk Mainz:
Staudingerweg 21, 55128 Mainz
infopoint@studierendenwerk-mainz.de
www.studierendenwerk-mainz.de

- **Technische Hochschule Bingen (FH, staatl.)**
  www.th-bingen.de
  Berlinstraße 109, 55411 Bingen
  zsb@th-bingen.de

BIRKENFELD — RHEINLAND-PFALZ

- **Hochschule Trier – Trier University of Applied Sciences (FH, staatl.)** siehe Trier

BÖBLINGEN — BADEN-WÜRTTEMBERG

- **Hochschule Reutlingen (FH, staatl.)**
  siehe Reutlingen

BOCHOLT — NORDRHEIN-WESTFALEN

- **Westfälische Hochschule (FH, staatl.)**
  siehe Gelsenkirchen

BOCHUM — NORDRHEIN-WESTFALEN

Studierendenwerk Bochum:
Universitätsstraße 150, 44801 Bochum
akafoe@akafoe.de
www.akafoe.de

- **EBZ Business School (FH, privat)**
  www.ebz-business-school.de
  Springorumallee 20, 44795 Bochum
  rektorat@ebz-bs.de

- **Evangelische Hochschule Rheinland-Westfalen-Lippe (FH, kirchlich)**
  www.evh-bochum.de
  Immanuel-Kant-Straße 18-20, 44803 Bochum
  evh@evh-bochum.de

- **Folkwang Universität der Künste (KH, staatl.)** siehe Essen

- **Hochschule Bochum (FH, staatl.)**
  www.hochschule-bochum.de
  Am Hochschulcampus 1, 44801 Bochum
  kit@hs-bochum.de

- **Hochschule des Bundes für öffentliche Verwaltung (FH, staatl.)** siehe Brühl

- **Hochschule für Gesundheit (FH, staatl.)**
  www.hs-gesundheit.de
  Gesundheitscampus 6 - 8, 44801 Bochum
  info@hs-gesundheit.de

- **Ruhr-Universität Bochum (U, staatl.)**
  www.ruhr-uni-bochum.de
  Postanschrift: Universitätsstraße 150
  44721 Bochum, zsb@rub.de

- **Technische Hochschule Georg Agricola Bochum (FH, privat)** www.thga.de
  Herner Straße 45, 44787 Bochum
  info@thga.de

BONN — NORDRHEIN-WESTFALEN

Studierendenwerk Bonn:
Lennéstraße 3, 53113 Bonn
info@studierendenwerk-bonn.de
www.studierendenwerk-bonn.de

- **Hochschule für Finanzwirtschaft & Management (FH, privat)**
  www.s-hochschule.de
  Simrockstraße 4, 53113 Bonn
  info@s-hochschule.de

- **Rheinische Friedrich-Wilhelms-Universität Bonn (U, staatl.)** www.uni-bonn.de
  Regina-Pacis-Weg 3, 53113 Bonn
  kommunikation@uni-bonn.de

BOTTROP — NORDRHEIN-WESTFALEN

- **Hochschule Ruhr West (FH, staatl.)**
  siehe Mülheim an der Ruhr ▶

ADRESSEN & LINKS 6

HOCHSCHULVERZEICHNIS

BRANDENBURG AN DER HAVEL — BB

Studentenwerk Potsdam:
Babelsberger Straße 2, 14473 Potsdam
post@studentenwerk-potsdam.de
www.studentenwerk-potsdam.de

■ **Technische Hochschule Brandenburg
(FH, staatl.) www.th-brandenburg.de**
Magdeburger Straße 50 (WWZ, Raum 139)
14770 Brandenburg, info@th-brandenburg.de

BRAUNSCHWEIG — NIEDERSACHSEN

Studierendenwerk OstNiedersachsen:
Katharinenstraße 1, 38106 Braunschweig
info@stw-on.de, www.stw-on.de

■ **Hochschule für Bildende Künste Braunschweig (KH, staatl.) www.hbk-bs.de**
Johannes-Selenka-Platz 1
38118 Braunschweig, info@hbk-bs.de

■ **Technische Universität Carolo-Wilhelmina
zu Braunschweig (U, staatl.)
www.tu-braunschweig.de**
Universitätsplatz 2, 38106 Braunschweig
zsb@tu-braunschweig.de

BREMEN — BREMEN

Studierendenwerk Bremen:
Bibliothekstraße 7, 28359 Bremen
postmaster@stw-bremen.de
www.stw-bremen.de

■ **APOLLON Hochschule der
Gesundheitswirtschaft (FH, privat)
www.apollon-hochschule.de**
Universitätsallee 18, 28359 Bremen
info@apollon-hochschule.de

■ **Hochschule Bremen (FH, staatl.)
www.hs-bremen.de**
Neustadtswall 30, 28199 Bremen
info@hs-bremen.de

■ **Hochschule für Künste, Bremen
(KH, staatl.) www.hfk2020.de**
Am Speicher XI 8, 28217 Bremen
dezernat1@hfk-bremen.de

■ **Hochschule für Öffentliche Verwaltung
(FH, staatl.) www.hfoev.bremen.de**
Doventorscontrescarpe 172c, 28195 Bremen
office@hfoev.bremen.de

■ **Jacobs University Bremen (U, privat)
www.jacobs-university.de**
Campus Ring 1, 28759 Bremen
info@jacobs-university.de

■ **Universität Bremen (U, staatl.)
www.uni-bremen.de**
Bibliothekstraße 1, 28359 Bremen
zsb@uni-bremen.de

BREMERHAVEN — BREMEN

Studierendenwerk Bremen:
Bibliothekstraße 7, 28359 Bremen
postmaster@stw-bremen.de
www.stw-bremen.de

■ **Hochschule Bremerhaven (FH, staatl.)
www.hs-bremerhaven.de**
An der Karlstadt 8, 27568 Bremerhaven
info@hs-bremerhaven.de

BRÜHL — NORDRHEIN-WESTFALEN

■ **Europäische Fachhochschule (FH, privat)
www.eufh.de**
Kaiserstraße 6, 50321 Brühl,
info@eufh.de
Studienzentrum Köln
Neusser Straße 99, 50670 Köln
Standort Neuss
Hammer Landstraße 89, 41460 Neuss
Studienzentrum Rheine
Sprickmannstraße 92-108, 48431 Rhein
Studienzentrum Rostock
Werftstraße 5, 18057 Rostock
Studienzentrum Aachen
Kapuzinergraben 19, 52062 Aachen

■ **Hochschule des Bundes für öffentliche
Verwaltung (FH, staatl.) www.hsbund.de**
Willy-Brandt-Straße 1, 50321 Brühl
postzb@hsbund.de

BÜCHENBEUREN — RHEINLAND-PFALZ

■ **Hochschule der Polizei Rheinland-Pfalz
(FH, staatl.)
www.polizei.rlp.de**
55491 Büchenbeuren-Scheid
Hochschule@polizei.rlp.de

BURGHAUSEN — BAYERN

■ **Technische Hochschule Rosenheim
(FH, staatl.)** siehe Rosenheim

BUXTEHUDE — NIEDERSACHSEN

Studierendenwerk OstNiedersachsen:
Katharinenstraße 1, 38106 Braunschweig
info@stw-on.de, www.stw-on.de

■ **hochschule 21 (FH, privat)
www.hs21.de**
Harburger Straße 6, 21614 Buxtehude
info@hs21.de

HOCHSCHULVERZEICHNIS

CHAM · BAYERN

- **Technische Hochschule Deggendorf (FH, staatl.)** siehe Deggendorf

CHEMNITZ · SACHSEN

Studentenwerk Chemnitz-Zwickau:
Standort Chemnitz, Thüringer Weg 3,
09126 Chemnitz, info@swcz.de
Standort Zwickau, Innere Schneeberger
Straße 23, 08056 Zwickau
info-zwickau@swcz.de, www.swcz.de

- **Technische Universität Chemnitz (U, staatl.)**
  www.tu-chemnitz.de
  Straße der Nationen 62, 09107 Chemnitz
  studierendenservice@tu-chemnitz.de

CLAUSTHAL-ZELLERFELD · NI

Studierendenwerk OstNiedersachsen:
Katharinenstraße 1, 38106 Braunschweig
info@stw-on.de, www.stw-on.de

- **Technische Universität Clausthal (U, staatl.)**
  www.tu-clausthal.de
  Adolph-Roemer-Straße 2a,
  38678 Clausthal-Zellerfeld,
  info@tu-clausthal.de

COBURG · BAYERN

Studentenwerk Oberfranken:
Universitätsstraße 30, 95447 Bayreuth
info@studentenwerk-oberfranken.de
www.studentenwerk-oberfranken.de

- **Hochschule für angewandte Wissenschaften Coburg (FH, staatl.)**
  www.hs-coburg.de
  Friedrich-Streib-Straße 2, 96450 Coburg
  poststelle@hs-coburg.de

COTTBUS · BRANDENBURG

Studentenwerk Frankfurt (Oder):
Studentenhaus Frankfurt (Oder)
Paul-Feldner-Straße 8, 15230 Frankfurt (Oder)
service@swffo.de,
Studentenhaus Cottbus
Universitätsstraße 20, 03046 Cottbus,
service-cb@swffo.de
www.studentenwerk-frankfurt.net

- **Brandenburgische Technische Universität Cottbus-Senftenberg (U, staatl.)**
  www.b-tu.de
  Platz der Deutschen Einheit 1, 03046 Cottbus
  studium@b-tu.de

DARMSTADT · HESSEN

Studentenwerk Darmstadt:
Alexanderstraße 4,
64283 Darmstadt, stw@stwda.de
www.studierendenwerkdarmstadt.de

- **Evangelische Hochschule Darmstadt (FH, kirchlich) www.eh-darmstadt.de**
  Zweifalltorweg 12, 64293 Darmstadt
  info@eh-darmstadt.de

- **Hochschule Darmstadt (FH, staatl.)**
  www.h-da.de
  Schöfferstraße 3, 64295 Darmstadt
  info@h-da.de

- **Technische Universität Darmstadt (U, staatl.) www.tu-darmstadt.de**
  Karolinenplatz 5, 64289 Darmstadt
  info@zsb.tu-darmstadt.de

- **Wilhelm Büchner Hochschule, Darmstadt (FH, privat) www.wb-fernstudium.de**
  Hilpertstraße 31, 64295 Darmstadt
  beratung@wb-fernstudium.de

DEGGENDORF · BAYERN

Studentenwerk Niederbayern/Oberpfalz:
Albertus-Magnus-Straße 4, 93053 Regensburg, info@stwno.de, www.stwno.de

- **Technische Hochschule Deggendorf (FH, staatl.) www.th-deg.de**
  Dieter-Görlitz-Platz 1, 94469 Deggendorf
  info@th-deg.de

DESSAU · SACHSEN-ANHALT

- **Hochschule Anhalt – Hochschule für angewandte Wissenschaften (FH, staatl.)**
  siehe Köthen

DETMOLD · NORDRHEIN-WESTFALEN

Studentenwerk Bielefeld: Morgenbreede 2-4, 33615 Bielefeld, info@stwbi.de
www.studierendenwerk-bielefeld.de

- **Hochschule für Musik Detmold (KH, staatl.) www.hfm-detmold.de**
  Neustadt 22, 32756 Detmold
  info@hfm-detmold.de

- **Technische Hochschule Ostwestfalen-Lippe (FH, staatl.)** siehe Lemgo

DIEBURG · HESSEN

- **Hochschule Darmstadt (FH, staatl.)**
  siehe Darmstadt ▶

ADRESSEN & LINKS 6

315

HOCHSCHULVERZEICHNIS

DIETZHÖLZTAL HESSEN

- **Theologische Hochschule Ewersbach (FH, privat)** www.th-ewersbach.de
Jahnstraße 49-53, 35716 Dietzhölztal-Ewersbach, info@th-ewersbach.de

DORTMUND NORDRHEIN-WESTFALEN

Studierendenwerk Dortmund:
Vogelpothsweg 85, 44227 Dortmund
info@stwdo.de, www.stwdo.de

- **Fachhochschule Dortmund (FH, staatl.)**
www.fh-dortmund.de
Sonnenstraße 96, 44139 Dortmund
studienbuero@fh-dortmund.de

- **Folkwang Universität der Künste (KH, staatl.)** siehe Essen

- **International School of Management (FH, privat)** www.ism.de
Campus Dortmund
Technologiepark – Otto-Hahn-Straße 19
44227 Dortmund, ism.dortmund@ism.de
Campus Frankfurt am Main
Mörfelder Landstraße 55, 60598 Frankfurt/Main
ism.frankfurt@ism.de
Campus München
Karlstraße 35, 80333 München
ism.muenchen@ism.de
Campus Hamburg
Brooktorkai 22, 20457 Hamburg
ism.hamburg@ism.de
Campus Köln
Im MediaPark 5c, 50670 Köln
ism.koeln@ism.de
Campus Stuttgart
Maybachstraße 20, 70469 Stuttgart
ism.stuttgart@ism.de
Campus Berlin
Hauptstraße 27 (Aufgang E), 10827 Berlin
ism.berlin@ism.de

- **Technische Universität Dortmund (U, staatl.)** www.tu-dortmund.de
August-Schmidt-Straße 4, 44221 Dortmund
zsb@tu-dortmund.de

DRESDEN SACHSEN

Studentenwerk Dresden:
Fritz-Löffler-Straße 18, 01069 Dresden
info@studentenwerk-dresden.de
www.studentenwerk-dresden.de

- **Dresden International University (FH, privat)** www.di-uni.de
Freiberger Straße 37, 01067 Dresden
info@di-uni.de

- **Evangelische Hochschule Dresden – University of Applied Sciences for Social Work, Education and Nursing (FH, kirchlich)** www.ehs-dresden.de
Dürerstraße 25, 01307 Dresden
studienberatung@ehs-dresden.de

- **Hochschule für Bildende Künste Dresden (KH, staatl.)** www.hfbk-dresden.de
Güntzstraße 34, 01307 Dresden
referat-sta@hfbk-dresden.de

- **Hochschule für Kirchenmusik der Evangelisch-Lutherischen Landeskirche Sachsens (KH, kirchlich)**
www.kirchenmusik-dresden.de
Käthe-Kollwitz-Ufer 97, 01309 Dresden
kirchenmusik-dresden@evlks.de

- **Hochschule für Musik „Carl Maria von Weber" Dresden (KH, staatl.)**
www.hfmdd.de
Wettiner Platz 13, 01067 Dresden
studsek@hfmdd.de

- **Hochschule für Technik und Wirtschaft Dresden (FH, staatl.)**
www.htw-dresden.de
Friedrich-List-Platz 1, 01069 Dresden
info@htw-dresden.de

- **Palucca Hochschule für Tanz Dresden (KH, staatl.)** www.palucca.eu
Basteiplatz 4, 01277 Dresden
info@palucca.eu

- **Private Fachhochschule Dresden (FH, privat)** www.fh-dresden.eu
Güntzstraße 1, 01069 Dresden
info@fh-dresden.eu

- **Technische Universität Dresden (U, staatl.)** www.tu-dresden.de
Mommsenstraße 6, 01069 Dresden
servicecenter.studium@tu-dresden.de

DUISBURG NORDRHEIN-WESTFALEN

Studierendenwerk Essen-Duisburg:
45141 Essen, Reckhammerweg 1
kontakt@stw-edu.de, www.stw-edu.de

- **Folkwang Universität der Künste (KH, staatl.)** siehe Essen

- **Hochschule für Polizei und öffentliche Verwaltung Nordrhein-Westfalen, Abteilung Duisburg (FH, staatl.)**
www.hspv.nrw.de

ADRESSEN & LINKS

6

316

HOCHSCHULVERZEICHNIS

Albert-Hahn-Straße 45, 47269 Duisburg
du.service@hspv.nrw.de

- **Universität Duisburg-Essen, Campus Duisburg (U, staatl.) www.uni-due.de**
Forsthausweg 2, 47057 Duisburg
abz.studienberatung@uni-due.de

DÜSSELDORF — NORDRHEIN-WESTFALEN

Studierendenwerk Düsseldorf:
Universitätsstraße 1, 40225 Düsseldorf
Kontaktformular unter www.stw-d.de/
info-point/kontakt/, www.stw-d.de

- **Fliedner Fachhochschule Düsseldorf (FH, privat) www.fliedner-fachhochschule.de**
Geschwister-Aufricht-Straße 9, 40489 Düsseldorf, info@fliedner-fachhochschule.de

- **Heinrich-Heine-Universität Düsseldorf (U, staatl.) www.uni-duesseldorf.de**
Universitätsstr. 1, 40225 Düsseldorf
kommunikation@hhu.de

- **Hochschule Düsseldorf (FH, staatl.) hs-duesseldorf.de**
Münsterstraße 156, 40476 Düsseldorf
studienberatung@hs-duesseldorf.de

- **IST-Hochschule für Management (FH, privat) www.ist-hochschule.de**
Erkrather Str. 220 a-c, 40233 Düsseldorf
info@ist-hochschule.de

- **Kunstakademie Düsseldorf (KH, staatl.) www.kunstakademie-duesseldorf.de**
Eiskellerstraße 1, 40213 Düsseldorf
postmaster@kunstakademie-duesseldorf.de

- **Robert-Schumann-Hochschule Düsseldorf (KH, staatl.) www.rsh-duesseldorf.de**
Fischerstraße 110, 40476 Düsseldorf
studierendenservice@rsh-duesseldorf.de

EBERSWALDE — BRANDENBURG

Studentenwerk Frankfurt (Oder):
Studentenhaus Frankfurt (Oder)
Paul-Feldner-Straße 8, 15230 Frankfurt (Oder)
service@swffo.de
Studentenhaus Cottbus, Universitätsstraße 20
03046 Cottbus, service-cb@swffo.de
www.studentenwerk-frankfurt.net

- **Hochschule für nachhaltige Entwicklung Eberswalde (HNEE) (FH, staatl.) www.hnee.de**
Schicklerstraße 5, 16225 Eberswalde
studieren@hnee.de

EDENKOBEN — RHEINLAND-PFALZ

- **Hochschule für Finanzen und Landesfinanzschule Rheinland-Pfalz (FH, staatl.) www.landesfinanzschule-edenkoben. fin-rlp.de**
Luitpoldstraße 33, 67480 Edenkoben
poststelle@hochschule.fin-rlp.de

EICHSTÄTT — BAYERN

Studentenwerk Erlangen-Nürnberg:
Hofmannstr. 27, 91052 Erlangen
info@werkswelt.de, www.werkswelt.de

- **Katholische Universität Eichstätt-Ingolstadt (U, kirchlich) www.ku.de**
Ostenstr. 26, 85072 Eichstätt, info@ku.de

EISENACH — RHEINLAND-PFALZ

- **Duale Hochschule Gera-Eisenach (FH, staatl.)** siehe Gera

ELMSHORN — SCHLESWIG-HOLSTEIN

- **Nordakademie – Hochschule der Wirtschaft (FH, privat) www.nordakademie.de**
Standort Elmshorn
Köllner Chaussee 11, 25337 Elmshorn
info@nordakademie.de
Standort Hamburg (Graduate School)
Van-der-Smissen-Straße 9, 22767 Hamburg
office.hamburg@nordakademie.de

ELSFLETH — NIEDERSACHSEN

- **Jade Hochschule Wilhelmshaven/ Oldenburg/Elsfleth (FH, staatl.)**
siehe Wilhelmshaven

ELSTAL — BRANDENBURG

- **Theologische Hochschule Elstal (FH, kirchlich) www.th-elstal.de**
Johann-Gerhard-Oncken-Straße 7
14641 Wustermark, sekretariat@th-elstal.de

EMDEN — NIEDERSACHSEN

Studentenwerk Oldenburg:
Uhlhornsweg 49-55, 26129 Oldenburg
info@sw-ol.de
www.studentenwerk-oldenburg.de

- **Hochschule Emden/Leer (FH, staatl.) www.hs-emden-leer.de**
Campus Emden
Constantiaplatz 4, 26723 Emden
Maritimer Campus
Bergmannstraße 36, 26789 Leer
Business Campus
Kirchstraße 54, 26789 Leer
info@hs-emden-leer.de ▶

ADRESSEN & LINKS 6

HOCHSCHULVERZEICHNIS

ERFURT — THÜRINGEN

Studierendenwerk Thüringen:
Philosophenweg 22, 07743 Jena
poststelle@stw-thueringen.de
www.stw-thueringen.de

- **Fachhochschule Erfurt (FH, staatl.)**
  www.fh-erfurt.de
  Altonaer Straße 25, 99085 Erfurt
  beratung@fh-erfurt.de

- **Health and Medical University (FH, privat)**
  www.health-and-medical-university.de/
  Anger 64-73, 99084 Erfurt
  info@health-and-medical-university.de

- **IU internationale Hochschule (FH, privat)**
  Juri-Gagarin-Ring 152, 99084 Erfurt
  info-fernstudium@iu.org
  Weitere Standorte: Augsburg, Bad Honnef,
  Berlin, Bremen, Dortmund, Düsseldorf, Erfurt,
  Essen, Hamburg, Frankfurt a.M., Hannover,
  Köln, Leipzig, Mainz, Mannheim, München,
  Münster, Nürnberg, Peine, Stuttgart

- **Universität Erfurt (U, staatl.)**
  www.uni-erfurt.de
  Nordhäuser Str. 63, 99089 Erfurt
  allgemeinestudienberatung@uni-erfurt.de

ERLANGEN — BAYERN

Studentenwerk Erlangen-Nürnberg:
Hofmannstr. 27, 91052 Erlangen
info@werkswelt.de, www.werkswelt.de

- **Friedrich-Alexander-Universität Erlangen-Nürnberg (U, staatl.) www.fau.de**
  Schloßplatz 4, 91054 Erlangen
  poststelle@fau.de

ESSEN — NORDRHEIN-WESTFALEN

Studierendenwerk Essen-Duisburg:
Reckhammerweg 1, 45141 Essen
kontakt@stw-edu.de, www.stw-edu.de

- **Folkwang Universität der Künste (KH, staatl.) www.folkwang-uni.de**
  Campus Essen-Werden
  Klemensborn 39, 45239 Essen
  Campus Bochum
  Folkwang Theaterzentrum
  Friederikastraße 4, 44789 Bochum
  Campus Bochum
  Institut für Pop-Musik
  Prinz-Regent-Straße 50-60, 44795 Bochum
  pop@folkwang-uni.de
  Campus Duisburg
  Düsseldorfer Straße 19, 47051 Duisburg

Campus Dortmund
Orchesterzentrum|NRW
Brückstraße 47, 44135 Dortmund
Campus Welterbe Zollverein
Quartier Nord
Martin-Kremmer-Straße 21, 45327 Essen
Campus Welterbe Zollverein
SANAA-Gebäude, Gelsenkirchener Str. 209
45309 Essen
studienberatung@folkwang-uni.de

- **FOM Hochschule für Oekonomie & Management (FH, privat) www.fom.de**
  Leimkugelstraße 6, 45141 Essen
  Weitere Standorte: Aachen, Arnsberg,
  Augsburg, Berlin, Bochum, Bonn, Bremen,
  Dortmund, Duisburg, Düsseldorf, Frankfurt
  a.M., Gütersloh, Hagen, Hamburg, Hannover,
  Herne, Karlsruhe, Kassel, Koblenz ,Köln,
  Leipzig, Mainz, Mannheim, Marl, München,
  Münster, Neuss, Nürnberg, Oberhausen,
  Saarbrücken, Siegen, Stuttgart, Wesel, Wien,
  Wuppertal
  www.fom.de/hochschulzentren.html
  info@fom.de

- **Hochschule der bildenden Künste Essen (KH, privat) www.hbk-essen.de**
  Prinz-Friedrich-Str. 28 A, 45257 Essen
  mail@hbk-essen.de

- **Universität Duisburg-Essen, Campus Essen (U, staatl.) www.uni-due.de**
  Universitätsstraße 2, 45141 Essen
  abz.studienberatung@uni-due.de

ESSLINGEN AM NECKAR — BW

Studierendenwerk Stuttgart:
Rosenbergstraße 18, 70174 Stuttgart
info@sw-stuttgart.de
www.studierendenwerk-stuttgart.de

- **Hochschule Esslingen (FH, staatl.)**
  www.hs-esslingen.de
  Kanalstraße 33, 73728 Esslingen
  Standort Göppingen
  73037 Göppingen, Robert-Bosch-Straße

FLENSBURG — SCHLESWIG-HOLSTEIN

Studentenwerk Schleswig-Holstein:
Westring 385, 24118 Kiel
information@studentenwerk.sh
www.studentenwerk.sh

- **Europa-Universität Flensburg (U, staatl.)**
  www.uni-flensburg.de
  Auf dem Campus 1, 24943 Flensburg
  studienberatung@uni-flensburg.de

HOCHSCHULVERZEICHNIS

■ **Hochschule Flensburg (FH, staatl.)**
www.hs-flensburg.de
Kanzleistraße 91-93, 24943 Flensburg
infopoint@hs-flensburg.de

FRANKFURT (ODER)   BRANDENBURG
Studentenwerk Frankfurt (Oder):
Studentenhaus Frankfurt (Oder)
Paul-Feldner-Straße 8, 15230 Frankfurt (Oder)
service@swffo.de
Studentenhaus Cottbus, Universitätsstraße 20,
03046 Cottbus, service-cb@swffo.de
www.studentenwerk-frankfurt.net

■ **Europa-Universität Viadrina Frankfurt a.d.**
Oder (U, staatl.) www.europa-uni.de
Große Scharrnstraße 59, 15230 Frankfurt (Oder)
study@europa-uni.de

FRANKFURT AM MAIN   HESSEN
Studentenwerk Frankfurt am Main:
Bockenheimer Landstraße 133,
60325 Frankfurt
info@studentenwerkfrankfurt.de
www.studentenwerkfrankfurt.de

■ **Frankfurt School of Finance & Manage-**
ment (U, privat) www.frankfurt-school.de
Adickesallee 32-34, 60322 Frankfurt am Main
info@fs.de

■ **Frankfurt University of Applied Sciences**
(FH, staatl.) www.frankfurt-university.de
Nibelungenplatz 1, 60318 Frankfurt am Main
info-center@fra-uas.de

■ **Hochschule für Bildende Künste –**
Städelschule (KH, staatl.)
www.staedelschule.de
Dürerstraße 10, 60596 Frankfurt am Main
studierendensekretariat@staedelschule.de

■ **Hochschule für Musik und Darstellende**
Kunst Frankfurt a.M. (KH, staatl.)
www.hfmdk-frankfurt.info
Eschersheimer Landstraße 29-39
60322 Frankfurt am Main
studierendensekretariat@orga.hfmdk-frankfurt.de

■ **Johann-Wolfgang-Goethe-Universität**
Frankfurt am Main (U, staatl.)
www.uni-frankfurt.de
Theodor-W.-Adorno-Platz 1, 60323 Frankfurt
am Main, sli@uni-frankfurt.de

■ **Philosophisch-Theologische Hochschule**
Sankt Georgen (ThH, kirchlich)
www.sankt-georgen.de

Offenbacher Landstr. 224, 60599 Frankfurt
studierendensekretariat@sankt-georgen.de

■ **Provadis School of International Manage-**
ment and Technology, Frankfurt am Main
(FH, privat) www.provadis-hochschule.de
Rudolf-Amthauer-Straße, 65926 Frankfurt am
Main, info@provadis-hochschule.de

FREIBERG   SACHSEN
Studentenwerk Freiberg: Agricolastr. 14-16
09599 Freiberg, service@swf.tu-freiberg.de
www.studentenwerk-freiberg.de

■ **Technische Universität Bergakademie**
Freiberg (U, staatl.) tu-freiberg.de
Akademiestraße 6, 09599 Freiberg
universitaet@tu-freiberg.de

FREIBURG   BADEN-WÜRTTEMBERG
Studentenwerk Freiburg-Schwarzwald:
Basler Straße 2, 79100 Freiburg
info@swfr.de, www.swfr.de

■ **Albert-Ludwigs-Universität Freiburg**
(U, staatl.) www.uni-freiburg.de
Friedrichstraße 39, 79098 Freiburg
info@uni-freiburg.de

■ **Evangelische Hochschule Freiburg –**
Hochschule für Soziale Arbeit, Diakonie
und Religionspädagogik (FH, kirchlich)
www.eh-freiburg.de
Bugginger Straße 38, 79114 Freiburg
bewerbungsamt@eh-freiburg.de

■ **Katholische Hochschule Freiburg**
(FH, kirchlich) www.kh-freiburg.de
Karlstraße 63, 79104 Freiburg
infothek@kh-freiburg.de

■ **Pädagogische Hochschule Freiburg –**
University of Education (U, staatl.)
www.ph-freiburg.de
Zentrale Studienberatung:
79117 Freiburg, Kunzenweg 21
dettmer@ph-freiburg.de
christian.davis@ph-freiburg.de
Studien-Service-Center: 79117 Freiburg
Kunzeneg 21, service@ph-freiburg.de

■ **Staatliche Hochschule für Musik Freiburg**
i.Br. (KH, staatl.) www.mh-freiburg.de
Mendelssohn-Bartholdy-Platz 1
79102 Freiburg, kontakt@mh-freiburg.de ▶

ADRESSEN & LINKS

6

319

HOCHSCHULVERZEICHNIS

FREISING · BAYERN

Studentenwerk München:
Leopoldstraße 15, 80802 München
stuwerk@stwm.de
www.studentenwerk-muenchen.de

■ **Hochschule für angewandte Wissenschaften Weihenstephan-Triesdorf (FH, staatl.)** www.hswt.de
Campus Weihenstephan
Am Hofgarten 4, 85354 Freising
Campus Triesdorf
Markgrafenstr. 16, 91746 Weidenbach
info@hswt.de

■ **Technische Universität München (U, staatl.)** siehe München

FRIEDBERG · HESSEN

■ **Technische Hochschule Mittelhessen (FH, staatl.)** siehe Gießen

FRIEDENSAU · SACHSEN-ANHALT

Studentenwerk Magdeburg:
Johann-Gottlob-Nathusius-Ring 5
39106 Magdeburg, geschaeftsfuehrung@
studentenwerk-magdeburg.de
www.studentenwerk-magdeburg.de

■ **Theologische Hochschule Friedensau (ThH, kirchlich)** www.thh-friedensau.de
An der Ihle 19, 39291 Möckern-Friedensau
hochschule@thh-friedensau.de

FRIEDRICHSHAFEN · BW

Seezeit – Studentenwerk Bodensee:
Universitätsstraße 10, 78464 Konstanz
servicecenter@seezeit.com, www.seezeit.com

■ **Duale Hochschule Baden-Württemberg (FH, staatl.)** siehe Stuttgart

■ **Zeppelin Universität – Hochschule zwischen Wirtschaft, Kultur und Politik (U, privat)** www.zu.de
Am Seemooser Horn 20, 88045 Friedrichshafen, bewerberberatung@zu.de

FULDA · HESSEN

Studentenwerk Gießen:
Otto-Behaghel-Straße 23-27, 35394 Gießen
info@studentenwerk-giessen.de
www.studentenwerk-giessen.de

■ **Hochschule Fulda (FH, staatl.)**
www.hs-fulda.de
Leipziger Straße 123, 36037 Fulda
studienberatung@hs-fulda.de

■ **Theologische Fakultät Fulda (ThH, kirchlich)**
www.thf-fulda.de
Theologische Fakultät Fulda
Eduard-Schick-Platz 2, 36037 Fulda
studienberatung@thf-fulda.de
Kath.-Theologisches Seminar Marburg
Deutschhausstraße 24, 35037 Marburg
ks@staff.uni-marburg.de

FÜRSTENFELDBRUCK · BAYERN

■ **Hochschule für den öffentlichen Dienst in Bayern (FH, staatl.)** siehe München

FÜRTH · BAYERN

■ **Wilhelm Löhe Hochschule für angewandte Wissenschaften (FH, privat)**
www.wlh-fuerth.de
Merkurstraße 19, 90763 Fürth
study@stud.wlh-fuerth.de

FURTWANGEN · BADEN-WÜRTTEMBERG

Studentenwerk Freiburg-Schwarzwald:
Basler Straße 2, 79100 Freiburg
info@swfr.de, www.swfr.de

■ **Hochschule Furtwangen – Informatik, Technik, Wirtschaft, Medien, Gesundheit (FH, staatl.)**
www.hs-furtwangen.de
Robert-Gerwig-Platz 1, 78120 Furtwangen
Campus Villingen-Schwenningen
Jakob-Kienzle-Straße 17
78054 Villingen-Schwenningen
Campus Tuttlingen
Kronenstraße 16, 78532 Tuttlingen

GARCHING · BAYERN

■ **Technische Universität München (U, staatl.)** siehe München

GEISENHEIM · HESSEN

Studentenwerk Frankfurt am Main:
Bockenheimer Landstraße 133
60325 Frankfurt
info@studentenwerkfrankfurt.de
www.studentenwerkfrankfurt.de

■ **Hochschule Geisenheim University (FH, staatl.)**
www.hs-geisenheim.de
Von-Lade-Str. 1, 65366 Geisenheim
info@hs-gm.de

GELSENKIRCHEN · NRW

Studierendenwerk Bochum:
Universitätsstraße 150, 44801 Bochum
akafoe@akafoe.de, www.akafoe.de

HOCHSCHULVERZEICHNIS

■ **Hochschule für Polizei und öffentliche Verwaltung Nordrhein-Westfalen, Abteilung Gelsenkirchen (FH, staatl.)**
www.hspv.nrw.de
Haidekamp 73, 45886 Gelsenkirchen
ge.service@hspv.nrw.de

■ **Westfälische Hochschule (FH, staatl.)**
www.w-hs.de
Neidenburger Straße 43, 45877 Gelsenkirchen
info@w-hs.de

GENGENBACH   BADEN-WÜRTTEMBERG

■ **Hochschule für Technik, Wirtschaft und Medien Offenburg (FH, staatl.)**
siehe Offenburg

GERA   THÜRINGEN

■ **Duale Hochschule Gera-Eisenach (FH, staatl.)** www.dhge.de
Campus Gera, Weg der Freundschaft 4, 07546 Gera, info-gera@dhge.de
Campus Eisenach, Am Wartenberg 2, 99817 Eisenach, info-eisenach@dhge.de

■ **SRH Hochschule für Gesundheit (FH, privat)**
www.srh-gesundheitshochschule.de
Neue Straße 28-30, 07548 Gera
info@srh-gesundheitshochschule.de

GERMERSHEIM   RHEINLAND-PFALZ

■ **Johannes Gutenberg-Universität Mainz (U, staatl.)** siehe Mainz

GIESSEN   HESSEN

Studentenwerk Gießen:
Otto-Behaghel-Straße 23-27, 35394 Gießen
info@studentenwerk-giessen.de
www.studentenwerk-giessen.de

■ **Freie Theologische Hochschule Gießen (ThH, privat)** www.fthgiessen.de
Rathenaustraße 5-7, 35394 Gießen
info@fthgiessen.de

■ **Hessische Hochschule für Polizei und Verwaltung (FH, staatl.)** siehe Wiesbaden

■ **Justus-Liebig-Universität Gießen (U, staatl.)** www.uni-giessen.de
Ludwigstraße 23, 35390 Gießen
call.justus@uni-giessen.de

■ **Technische Hochschule Mittelhessen (FH, staatl.)** www.thm.de
Campus Gießen
Wiesenstraße 14, 35390 Gießen

Campus Friedberg
Wilhelm-Leuschner-Str. 13, 61169 Friedberg
info@thm.de

GÖPPINGEN   BADEN-WÜRTTEMBERG

■ **Hochschule Esslingen (FH, staatl.)**
siehe Esslingen am Neckar

GÖRLITZ   SACHSEN

■ **Hochschule Zittau/Görlitz (FH, staatl.)**
siehe Zittau

GOTHA   THÜRINGEN

■ **Thüringer Fachhochschule für öffentliche Verwaltung (FH, staatl.)**
bildungszentrum.thueringen.de
Bahnhofstr. 12, 99867 Gotha
vfhs@bzgth.thueringen.de

GÖTTINGEN   NIEDERSACHSEN

Studentenwerk Göttingen:
Platz der Göttinger Sieben 4, 37073 Göttingen, Kontaktformular unter www.studenten
werk-goettingen.de/footer-navigation/
studentenwerk-goettingen-kontakt
www.studentenwerk-goettingen.de

■ **Georg-August-Universität Göttingen (U, staatl.)** www.uni-goettingen.de
Wilhelmsplatz 1, 37073 Göttingen
infoline-studium@uni-goettingen.de

■ **Hochschule Hildesheim/Holzminden/ Göttingen, Hochschule für angewandte Wissenschaft und Kunst (FH, staatl.)**
siehe Hildesheim

■ **Private Hochschule Göttingen (FH, privat)**
www.pfh.de
Weender Landstraße 3-7, 37073 Göttingen
info@pfh.de

GREIFSWALD   MV

Studierendenwerk Greifswald:
Am Schießwall 1-4, 17489 Greifswald
info@stw-greifswald.de
www.stw-greifswald.de

■ **Universität Greifswald (U, staatl.)**
www.uni-greifswald.de
Domstraße 11, 17489 Greifswald
zsb@uni-greifswald.de

GUMMERSBACH   NRW

■ **Technische Hochschule Köln (FH, staatl.)**
siehe Köln ▶

ADRESSEN & LINKS   6

321

HOCHSCHULVERZEICHNIS

GÜSTROW — MECKLENBURG-VORPOMMERN

Studierendenwerk Rostock-Wismar:
St.-Georg-Straße 104-107, 18055 Rostock
info@stw-rw.de, www.stw-rw.de

■ **Fachhochschule für öffentliche Verwaltung, Polizei und Rechtspflege des Landes Mecklenburg-Vorpommern (FH, staatl.) www.fh-guestrow.de**
Goldberger Str. 12-13, 18273 Güstrow
poststelle@fh-guestrow.de

GÜTERSLOH — NORDRHEIN-WESTFALEN

■ **Fachhochschule Bielefeld (FH, staatl.)**
siehe Bielefeld

HAAR — BAYERN

■ **Hochschule des Bundes für öffentliche Verwaltung (FH, staatl.)** siehe Brühl

HACHENBURG — RHEINLAND-PFALZ

■ **Hochschule der Deutschen Bundesbank (FH, staatl.) www.hochschule-bundesbank.de**
Schloss, 57627 Hachenburg
info-hdb@bundesbank.de

HAGEN — NORDRHEIN-WESTFALEN

■ **Fachhochschule Südwestfalen (FH, staatl.)** siehe Iserlohn

■ **FernUniversität in Hagen (U, staatl.) www.fernuni-hagen.de**
Universitätsstraße 47, 58084 Hagen
info@fernuni-hagen.de

■ **Hochschule für Polizei und öffentliche Verwaltung Nordrhein-Westfalen, Abteilung Hagen (FH, staatl.) www.hspv.nrw.de**
Handwerkerstraße 11, 58135 Hagen
ha.service@hspv.nrw.de

HALBERSTADT — SACHSEN-ANHALT

■ **Hochschule Harz, Hochschule für angewandte Wissenschaften (FH, staatl.)**
siehe Wernigerode

HALLE — SACHSEN-ANHALT

Studentenwerk Halle:
Wolfgang-Langenbeck-Straße 5,
06120 Halle (Saale)
geschaeftsfuehrung@studentenwerk-halle.de
www.studentenwerk-halle.de

■ **Burg Giebichenstein Kunsthochschule Halle (KH, staatl.) www.burg-halle.de**

Neuwerk 7, 06108 Halle (Saale)
studinfo@burg-halle.de

■ **Evangelische Hochschule für Kirchenmusik Halle an der Saale (KH, kirchlich) www.ehk-halle.de**
Kleine Ulrichstraße 35, 06108 Halle (Saale)
sekretariat@ehk-halle.de

■ **Martin-Luther-Universität Halle-Wittenberg (U, staatl.) www.uni-halle.de**
Universitätsplatz 10, 06108 Halle
ssc@uni-halle.de

HAMBURG — HAMBURG

Studierendenwerk:
Von-Melle-Park 2, 20146 Hamburg
info@studierendenwerk-hamburg.de
www.studierendenwerk-hamburg.de

■ **Akademie der Polizei Hamburg (FH, staatl.) akademie-der-polizei.hamburg.de**
Carl-Cohn-Straße 39, 22297 Hamburg
ak1-servicepoint@polizei.hamburg.de

■ **Berufliche Hochschule Hamburg (BHH) (FH, staatl.) bhh.hamburg.de**
Anckelmannstraße 10, 20537 Hamburg
studienberatung@bhh.hamburg.de

■ **Brand University of Applied Sciences (FH, privat) www.brand-university.de**
Rainvilleterrasse 4, 22765 Hamburg
info@brand-university.de

■ **Bucerius Law School – Hochschule für Rechtswissenschaft (U, privat) www.law-school.de**
Jungiusstraße 6, 20355 Hamburg
info@law-school.de

■ **Europäische Fernhochschule Hamburg (FH, privat) www.euro-fh.de**
Doberaner Weg 20, 22143 Hamburg
studienberatung@euro-fh.de

■ **Evangelische Hochschule für Soziale Arbeit & Diakonie (FH, kirchlich) www.ev-hochschule-hh.de**
Horner Weg 170, 22111 Hamburg
info.eh@rauheshaus.de

■ **Fachhochschulbereich der Norddeutschen Akademie für Finanzen und Steuerrecht Hamburg (FH, staatl.) www.noa-hamburg.de**
Hammer Steindamm 129, 20535 Hamburg
info@noa-hamburg.de

HOCHSCHULVERZEICHNIS

■ **HafenCity Universität Hamburg –
Universität für Baukunst und
Metropolenentwicklung (U, staatl.)**
www.hcu-hamburg.de
Henning-Voscherau-Platz 1, 20457 Hamburg
infothek@hcu-hamburg.de

■ **Hamburg School of Business
Administration (FH, privat)** www.hsba.de
Willy-Brandt-Straße 75, 20459 Hamburg
info@hsba.de

■ **Helmut-Schmidt-Universität, Universität
der Bundeswehr Hamburg (U, staatl.)**
www.hsu-hh.de
Holstenhofweg 85, 22043 Hamburg
pressestelle@hsu-hh.de

■ **HFH Hamburger Fern-Hochschule
(FH, privat)** www.hfh-fernstudium.de
Alter Teichweg 19, 22081 Hamburg
info@hfh-fernstudium.de

■ **Hochschule für Angewandte Wissenschaften Hamburg (FH, staatl.)**
www.haw-hamburg.de
Berliner Tor 5, 20099 Hamburg
studierendensekretariat@haw-hamburg.de

■ **Hochschule für bildende Künste Hamburg
(KH, staatl.)** www.hfbk-hamburg.de
Lerchenfeld 2, 22081 Hamburg
presse@hfbk.hamburg.de

■ **Hochschule für Musik und Theater
Hamburg (KH, staatl.)**
www.hfmt-hamburg.de
Harvestehuder Weg 12, 20148 Hamburg
studium@hfmt-hamburg.de

■ **Kühne Logistics University (U, privat)**
www.the-klu.org
Großer Grasbrook 17, 20457 Hamburg
info@the-klu.org

■ **MSH Medical School Hamburg –
University of Applied Science and
Medical University (FH, privat)**
www.medicalschool-hamburg.de
Am Kaiserkai 1, 20457 Hamburg
info@medicalschool-hamburg.de

■ **NBS Northern Business School –
University of Applied Sciences (FH, privat)**
www.nbs.de
Holstenhofweg 62, 22043 Hamburg
info@nbs.de

■ **Technische Universität Hamburg
(U, staatl.)** www.tuhh.de
Am Schwarzenberg-Campus 1, 21073 Hamburg
studienberatung@tuhh.de

■ **Universität Hamburg (U, staatl.)**
www.uni-hamburg.de
Mittelweg 177, 20354 Hamburg
Kontaktformular unter www.uni-hamburg.de/
campuscenter/beratung/info-beratung-online/
kontaktformular-campus-center.html

HAMELN · NIEDERSACHSEN

■ **Hochschule Weserbergland (FH, privat)**
www.hsw-hameln.de
Am Stockhof 2, 31785 Hameln
info@hsw-hameln.de

HAMM · NORDRHEIN-WESTFALEN

■ **Hochschule Hamm-Lippstadt (FH, staatl.)**
www.hshl.de
Marker Allee 76–78, 59063 Hamm
info@hshl.de

■ **SRH Hochschule in Nordrhein-Westfalen
(FH, privat)** www.srh-hochschule-nrw.de
Platz der Deutschen Einheit 1, 59065 Hamm
info@fh-hamm.srh.de

HANNOVER · NIEDERSACHSEN

Studentenwerk Hannover:
Jägerstraße 5, 30167 Hannover
info@studentenwerk-hannover.de
www.studentenwerk-hannover.de

■ **Fachhochschule für die
Wirtschaft Hannover (FH, privat)**
www.fhdw-hannover.de
Freundallee 15, 30173 Hannover
info-ha@fhdw.de

■ **Gottfried Wilhelm Leibniz Universität
Hannover (U, staatl.)**
www.uni-hannover.de
Welfengarten 1, 30167 Hannover
studium@uni-hannover.de

■ **Hochschule für Musik, Theater
und Medien Hannover (KH, staatl.)**
www.hmtm-hannover.de
Neues Haus 1, 30175 Hannover
hmtm@hmtm-hannover.de

■ **Hochschule Hannover (FH, staatl.)**
www.hs-hannover.de
Expo Plaza 4, 30459 Hannover
beratung@hs-hannover.de ▶

ADRESSEN & LINKS 6

HOCHSCHULVERZEICHNIS

■ **Kommunale Hochschule für Verwaltung in Niedersachsen (FH, staatl.)**
www.nsi-hsvn.de
Wielandstraße 8, 30169 Hannover
info@nsi-hsvn.de

■ **Leibniz-Fachhochschule (FH, privat)**
www.leibniz-fh.de
Expo Plaza 11, 30539 Hannover
info@leibniz-fh.de

■ **Medizinische Hochschule Hannover (U, staatl.)** **www.mhh.de**
Carl-Neuberg-Straße 1, 30625 Hannover
info.studium@mh-hannover.de

■ **Stiftung Tierärztliche Hochschule Hannover (U, staatl.)**
www.tiho-hannover.de
Bünteweg 2, 30559 Hannover
info@tiho-hannover.de

HEIDE — SCHLESWIG-HOLSTEIN

Studentenwerk Schleswig-Holstein:
Westring 385, 24118 Kiel
information@studentenwerk.sh
www.studentenwerk.sh

■ **Fachhochschule Westküste Hochschule für Wirtschaft und Technik (FH, staatl.)**
www.fh-westkueste.de
Fritz-Thiedemann-Ring 20, 25746 Heide
info@fh-westkueste.de

HEIDELBERG — BADEN-WÜRTTEMBERG

Studierendenwerk Heidelberg:
Marstallhof 1, 69117 Heidelberg
info@stw.uni-heidelberg.de
www.stw.uni-heidelberg.de

■ **Hochschule für Internationales Management Heidelberg (FH, privat)**
www.hs-fresenius.de/standort/ heidelberg/
Sickingenstr. 63-65, 69126 Heidelberg
heidelberg@hs-fresenius.de

■ **Hochschule für Jüdische Studien (U, kirchlich)** **www.hfjs.eu**
Landfriedstraße 12, 69117 Heidelberg
info@hfjs.eu

■ **Hochschule für Kirchenmusik der Evangelischen Landeskirche in Baden (KH, kirchlich)** **www.hfk-heidelberg.de**
Hildastraße 8, 69115 Heidelberg
sekretariat@hfk-heidelberg.de

■ **Pädagogische Hochschule Heidelberg (U, staatl.)** **www.ph-heidelberg.de**
Keplerstraße 87, 69120 Heidelberg
info@ph-heidelberg.de

■ **Ruprecht-Karls-Universität Heidelberg (U, staatl.)**
www.uni-heidelberg.de
Grabengasse 1, 69117 Heidelberg
kum@uni-heidelberg.de

■ **SRH Hochschule Heidelberg (FH, privat)**
www.hochschule-heidelberg.de
Campus Heidelberg:
Ludwig-Guttmann-Straße 6, 69123 Heidelberg
info.hshd@srh.de

HEIDENHEIM — BADEN-WÜRTTEMBERG

■ **Duale Hochschule Baden-Württemberg (FH, staatl.)** siehe Stuttgart

HEILBRONN — BADEN-WÜRTTEMBERG

Studierendenwerk Heidelberg:
Marstallhof 1, 69117 Heidelberg
info@stw.uni-heidelberg.de
www.stw.uni-heidelberg.de

■ **Duale Hochschule Baden-Württemberg (FH, staatl.)** siehe Stuttgart

■ **German Graduate School of Management and Law (FH, privat)** **www.ggs.de**
Bildungscampus 2, 74076 Heilbronn
info@ggs.de

■ **Hochschule Heilbronn – Technik, Wirtschaft, Informatik (FH, staatl.)**
www.hs-heilbronn.de
Campus Heilbronn-Sontheim
Max-Planck-Str. 39, 74081 Heilbronn
info@hs-heilbronn.de
Bildungscampus
Weipertstraße 51, 74076 Heilbronn
info@hs-heilbronn.de
Campus Künzelsau
Daimlerstraße 22, 74653 Künzelsau
campus-kuen@hs-heilbronn.de
Campus Schwäbisch Hall
Ziegeleiweg 4, 74523 Schwäbisch Hall
campus-sha@hs-heilbronn.de

■ **Technische Universität München (U, staatl.)** siehe München

HENNEF — NORDRHEIN-WESTFALEN

■ **Hochschule Bonn-Rhein-Sieg (FH, staatl.)**
siehe Sankt Augustin

HOCHSCHULVERZEICHNIS

HERFORD   NORDRHEIN-WESTFALEN

- **Hochschule für Kirchenmusik der Evangelischen Kirche von Westfalen (KH, kirchlich)**
  www.hochschule-kirchenmusik.de
  Parkstraße 6, 32049 Herford
  info@hochschule-kirchenmusik.de

HERMANNSBURG   NIEDERSACHSEN

- **Fachhochschule für Interkulturelle Theologie Hermannsburg (FH, privat)**
  www.fh-hermannsburg.de
  Missionsstr. 3-5, 29320 Südheide
  office@fh-hermannsburg.de

HERRSCHING   BAYERN

- **Hochschule für den öffentlichen Dienst in Bayern (FH, staatl.)** siehe München

HILDESHEIM   NIEDERSACHSEN

Studierendenwerk OstNiedersachsen:
Katharinenstraße 1, 38106 Braunschweig
info@stw-on.de, www.stw-on.de

- **Hochschule Hildesheim/Holzminden/ Göttingen, Hochschule für angewandte Wissenschaft und Kunst (FH, staatl.)**
  www.hawk.de
  Hohnsen 4, 31134 Hildesheim, Kontaktformular unter www.hawk.de/de/studium/beratung

- **Norddeutsche Hochschule für Rechtspflege (FH, staatl.)**
  www.hr-nord.niedersachsen.de
  Godehardsplatz 6, 31134 Hildesheim
  fhrhi-poststelle@justiz.niedersachsen.de

- **Universität Hildesheim (U, staatl.)**
  www.uni-hildesheim.de
  Universitätsplatz 1, 31141 Hildesheim
  information@uni-hildesheim.de

HOF   BAYERN

Studentenwerk Oberfranken:
Universitätsstraße 30, 95447 Bayreuth
info@studentenwerk-oberfranken.de
www.studentenwerk-oberfranken.de

- **Hochschule für angewandte Wissenschaften Hof (FH, staatl.)**
  www.hof-university.de
  Campus Hof
  Alfons-Goppel-Platz 1, 95028 Hof
  Campus Münchberg
  Kulmbacher Straße 76, 95213 Münchberg
  Campus Kronach
  Kulmbacher Straße 11, 96317 Kronach
  Campus Selb

Philipp Rosenthal Platz 1, 95100 Selb
mail@hof-university.de

- **Hochschule für den öffentlichen Dienst in Bayern (FH, staatl.)** siehe München

HOHENHEIM   BADEN-WÜRTTEMBERG

- **Universität Hohenheim (U, staatl.)**
  siehe Stuttgart

HÖHR-GRENZHAUSEN   RP

- **Hochschule Koblenz (FH, staatl.)**
  siehe Koblenz

HOLZMINDEN   NIEDERSACHSEN

- **Hochschule Hildesheim/Holzminden/ Göttingen, Hochschule für angewandte Wissenschaft und Kunst (FH, staatl.)**
  siehe Hildesheim

HOMBURG   SAARLAND

- **Universität des Saarlandes (U, staatl.)**
  siehe Saarbrücken

HORB   BADEN-WÜRTTEMBERG

- **Duale Hochschule Baden-Württemberg (FH, staatl.)** siehe Stuttgart

HÖXTER   NORDRHEIN-WESTFALEN

- **Technische Hochschule Ostwestfalen-Lippe (FH, staatl.)** siehe Lemgo

IDAR-OBERSTEIN   RHEINLAND-PFALZ

- **Hochschule Trier – Trier University of Applied Sciences (FH, staatl.)** siehe Trier

IDSTEIN   HESSEN

- **Hochschule Fresenius (FH, privat)**
  www.hs-fresenius.de
  Standort Idstein (Fachbereich Chemie und Biologie/Fachbereich Gesundheit und Soziales)
  Limburger Straße 2, 65510 Idstein
  idstein@hs-fresenius.de
  Standort Berlin (Fachbereich Wirtschaft und Medien), Jägerstraße 32, 10117 Berlin
  studienberatung-berlin@hs-fresenius.de
  Standort Düsseldorf
  (Fachbereich Wirtschaft und Medien)
  Franklinstraße 41-43, 40479 Düsseldorf
  studienberatung-duesseldorf@hs-fresenius.de
  Standort Frankfurt am Main
  (Fachbereich Gesundheit und Soziales)
  Marienburgstraße 6, 60528 Frankfurt
  studienberatung-frankfurt@hs-fresenius.de
  Standort Hamburg
  Fachbereich Wirtschaft und Medien:
  Alte Rabenstraße 1, 20148 Hamburg
  studienberatung-hamburg@hs-fresenius.de ▶

ADRESSEN & LINKS   6

HOCHSCHULVERZEICHNIS

Fachbereich Gesundheit und Soziales:
Alte Rabenstraße 1, 20148 Hamburg
gesundheit-hamburg@hs-fresenius.de
Standort Heidelberg
(Fachbereich Wirtschaft und Medien)
Sickingenstraße 63-65, 69126 Heidelberg
studienberatung-heidelberg@hs-fresenius.de
Standort Köln Fachbereich Wirtschaft und
Medien: Im MediaPark 4c, 50670 Köln
studienberatung-koeln@hs-fresenius.de
Fachbereich Gesundheit und Soziales:
Im MediaPark 4d, 50670 Köln
gesundheit-koeln@hs-fresenius.de
Standort München
Fachbereich Wirtschaft und Medien:
Infanteriestraße 11a, 80797 München
Fachbereich Gesundheit und Soziales:
Charles-de-Gaulle-Str. 2, 81737 München
studienberatung-muenchen@hs-fresenius.de
Standort Wiesbaden
Fachbereich Wirtschaft und Medien /
Fachbereich Gesundheit und Soziales
Moritzstraße 17a, 65185 Wiesbaden
studienberatung-wiesbaden@hs-fresenius.de
Fernstudium: fernstudium@hs-fresenius.de

ILMENAU — THÜRINGEN

Studierendenwerk Thüringen:
Philosophenweg 22, 07743 Jena
poststelle@stw-thueringen.de
www.stw-thueringen.de

- **Technische Universität Ilmenau (U, staatl.)**
  www.tu-ilmenau.de
  Ehrenbergstraße 29, 98693 Ilmenau
  studienberatung@tu-ilmenau.de

INGOLSTADT — BAYERN

Studentenwerk Erlangen-Nürnberg:
Hofmannstr. 27, 91052 Erlangen
info@werkswelt.de, www.werkswelt.de

- **Katholische Universität Eichstätt-Ingol-**
  stadt (U, kirchlich) siehe Eichstätt

- **Technische Hochschule Ingolstadt**
  (FH, staatl.) www.thi.de
  Esplanade 10, 85049 Ingolstadt, info@thi.de

ISERLOHN — NORDRHEIN-WESTFALEN

Studierendenwerk Dortmund:
Vogelpothsweg 85, 44227 Dortmund
info@stwdo.de, www.stwdo.de

- **Fachhochschule Südwestfalen**
  (FH, staatl.) www.fh-swf.de
  Standort Iserlohn
  Baarstraße 6, 58636 Iserlohn

Standort Hagen
Haldener Straße 182, 58095 Hagen
Standort Lüdenscheid
Bahnhofsallee 5, 58507 Lüdenscheid
Standort Meschede
Lindenstraße 53, 59872 Meschede
Standort Soest
Lübecker Ring 2, 59494 Soest
info@fh-swf.de

ISMANING — BAYERN

- **Hochschule für angewandtes**
  Management – Fachhochschule
  (FH, privat) www.fham.de
  Campus München / Ismaning
  Steinheilstraße 4, 85737 Ismaning
  Campus Berlin
  Franklinstraße 28-29, 10587 Berlin
  Campus Dortmund / Unna
  Heinrich-Werner-Platz 1, 59427 Unna
  Campus Düsseldorf
  Fürstenwall 172, 40217 Düsseldorf
  Campus Frankfurt am Main
  Wiesenhüttenplatz 25, 60329 Frankfurt a.M.
  Campus Hamburg
  Teilfeld 5, 20459 Hamburg
  Campus Hannover
  Philipsbornstraße 2, 30165 Hannover
  Campus Köln
  Erftstraße 15-17, 50672 Köln
  Campus Leipzig
  Augustusplatz 1-4, 04109 Leipzig
  Campus Mannheim
  Walter-Krause-Straße 11, 68163 Mannheim
  Campus Neumarkt
  Dr.-Kurz-Straße 44, 92318 Neumarkt
  Campus Nürnberg
  Bahnhofstraße 2, 90409 Nürnberg
  Campus Stuttgart
  Lautenschlagerstraße 23a, 70173 Stuttgart
  Campus Treuchtlingen
  Hahnenkammstraße 19, 91757 Treuchtlingen
  Campus Wien
  Am Europl. 2, 1220 Wien, Österreich
  info@fham.de

ISNY — BADEN-WÜRTTEMBERG

Seezeit – Studentenwerk Bodensee:
Universitätsstraße 10, 78464 Konstanz
servicecenter@seezeit.com, www.seezeit.com

JENA — THÜRINGEN

Studierendenwerk Thüringen:
Philosophenweg 22, 07743 Jena
poststelle@stw-thueringen.de
www.stw-thueringen.de

HOCHSCHULVERZEICHNIS

■ **Ernst-Abbe-Hochschule Jena (FH, staatl.)**
www.eah-jena.de
Carl-Zeiss-Promenade 2, 07745 Jena
studienberatung@eah-jena.de

■ **Friedrich-Schiller-Universität Jena**
(U, staatl.) www.uni-jena.de
Fürstengraben 1, 07743 Jena
studitalks@uni-jena.de

JÜLICH   NORDRHEIN-WESTFALEN
■ **Fachhochschule Aachen (FH, staatl.)**
siehe Aachen

KAISERSLAUTERN   RHEINLAND-PFALZ
Studierendenwerk Kaiserslautern:
67663 Kaiserslautern,
Erwin-Schrödinger-Straße 30,
Postanschrift: 67653 Kaiserslautern,
Postfach 3049, info@studwerk-kl.de
www.studierendenwerk-kaiserslautern.de

■ **Hochschule Kaiserslautern (FH, staatl.)**
www.hs-kl.de
Standort Kaiserslautern
Schoenstraße 11, 67659 Kaiserslautern
Standort Pirmasens
Carl-Schurz-Str. 10-16, 66953 Pirmasens
Standort Zweibrücken
Amerikastr. 1, 66482 Zweibrücken
presse@hs-kl.de

■ **Technische Universität Kaiserslautern**
(U, staatl.) www.uni-kl.de
Gottlieb-Daimler-Straße 47,
67663 Kaiserslautern, info@uni-kl.de

KAMP-LINTFORT   NRW
■ **Hochschule Rhein-Waal (FH, staatl.)**
siehe Kleve

KARLSRUHE   BADEN-WÜRTTEMBERG
Studentenwerk Karlsruhe:
Adenauerring 7, 76131 Karlsruhe
gf@sw-ka.de, www.sw-ka.de

■ **Duale Hochschule Baden-Württemberg**
(FH, staatl.) siehe Stuttgart

■ **Hochschule Karlsruhe – Technik und Wirt-**
schaft (FH, staatl.) www.hs-karlsruhe.de
Moltkestraße 30, 76133 Karlsruhe
info@h-ka.de

■ **Karlshochschule International University**
(FH, privat) www.karlshochschule.de
Karlstraße 36-38, 76133 Karlsruhe
info@karlshochschule.de

■ **Karlsruher Institut für Technologie (KIT)**
(U, staatl.) www.kit.edu
Kaiserstraße 12, 76131 Karlsruhe info@kit.edu

■ **Pädagogische Hochschule Karlsruhe –**
University of Education (U, staatl.)
www.ph-karlsruhe.de
Bismarckstraße 10, 76133 Karlsruhe
ssz.helpdesk@vw.ph-karlsruhe.de

■ **Staatliche Akademie der**
Bildenden Künste (KH, staatl.)
www.kunstakademie-karlsruhe.de
Reinhold-Frank-Straße 67, 76133 Karlsruhe
info@kunstakademie-karlsruhe.de

■ **Staatliche Hochschule für**
Gestaltung Karlsruhe (KH, staatl.)
www.hfg-karlsruhe.de
Lorenzstraße 15, 76135 Karlsruhe
hochschule@hfg-karlsruhe.de

■ **Staatliche Hochschule für Musik**
(KH, staatl.) www.hfm-karlsruhe.de
Am Schloss Gottesaue 7, 76131 Karlsruhe
betriebsbuero@hfm-karlsruhe.de

KASSEL   HESSEN
Studierendenwerk Kassel:
Universitätsplatz 1, 34127 Kassel
info@studierendenwerk.uni-kassel.de
www.studierendenwerk-kassel.de

■ **CVJM-Hochschule, Kassel (FH, privat)**
www.cvjm-hochschule.de
Hugo-Preuß-Straße 40, 34131 Kassel
info@cvjm-hochschule.de

■ **Hessische Hochschule für Polizei und**
Verwaltung (FH, staatl.) siehe Wiesbaden

■ **Hochschule des Bundes für öffentliche**
Verwaltung (FH, staatl.) siehe Brühl

■ **Universität Kassel (U, staatl.)**
www.uni-kassel.de
Mönchebergstraße 19, 34125 Kassel
studieren@uni-kassel.de

KEHL   BADEN-WÜRTTEMBERG
Studentenwerk Freiburg-Schwarzwald:
Basler Straße 2, 79100 Freiburg
info@swfr.de, www.swfr.de

■ **Hochschule für öffentliche Verwaltung**
Kehl – University of Applied Sciences
(FH, staatl.) www.hs-kehl.de
Kinzigallee 1, 77694 Kehl post@hs-kehl.de ▶

ADRESSEN & LINKS   6

HOCHSCHULVERZEICHNIS

KEMPTEN — BAYERN

Studentenwerk Augsburg:
Eichleitnerstraße 30, 86161 Augsburg
info@studentenwerk-augsburg.de
www.studentenwerk-augsburg.de

- **Hochschule für angewandte Wissenschaften Kempten (FH, staatl.)**
  www.hs-kempten.de
  Bahnhofstraße 61, 87435 Kempten
  post@hs-kempten.de

KIEL — SCHLESWIG-HOLSTEIN

Studentenwerk Schleswig-Holstein:
Westring 385, 24118 Kiel
information@studentenwerk.sh
www.studentenwerk.sh

- **Christian-Albrechts-Universität zu Kiel (U, staatl.)** www.uni-kiel.de
  Christian-Albrechts-Platz 4, 24118 Kiel
  mail@uni-kiel.de

- **Duale Hochschule Schleswig-Holstein (in Trägerschaft der Wirtschaftsakademie Schleswig-Holstein) (FH, privat)**
  www.dhsh.de
  Standort Kiel
  Hans-Detlev-Prien-Straße 10, 24106 Kiel
  Standort Lübeck
  Guerickestraße 6-8, 23566 Lübeck
  Standort Flensburg
  Heinrichstr. 16, 24937 Flensburg
  info@wak-sh.de

- **Fachhochschule Kiel (FH, staatl.)**
  www.fh-kiel.de
  Sokratesplatz 1, 24149 Kiel
  info@fh-kiel.de

- **Muthesius Kunsthochschule (KH, staatl.)**
  www.muthesius-kunsthochschule.de
  Legienstraße 35, 24103 Kiel
  studieninfo@muthesius.de

KLEVE — NORDRHEIN-WESTFALEN

- **Hochschule Rhein-Waal (FH, staatl.)**
  www.hochschule-rhein-waal.de
  Campus Kleve
  Marie-Curie-Straße 1, 47533 Kleve
  Campus Kamp-Lintfort
  Friedrich-Heine-Allee 25, 47475 Kamp-Lintfort
  info@hochschule-rhein-waal.de

KOBLENZ — RHEINLAND-PFALZ

Studierendenwerk:
Universitätsstraße 1, 56070 Koblenz

welcome@studierendenwerk-koblenz.de
www.studierendenwerk-koblenz.de

- **Hochschule Koblenz (FH, staatl.)**
  www.hs-koblenz.de
  RheinMoselCampus
  Konrad-Zuse-Straße 1, 56075 Koblenz
  RheinAhrCampus
  Joseph-Rovan-Allee 2, 53424 Remagen
  WesterWaldCampus
  Rheinstraße 56/80, 56203 Höhr-Grenzhausen
  infos@hs-koblenz.de

- **Hochschule für Gesellschaftsgestaltung (FH, privat)** www.hfgg.de
  Kornpfortstraße 15, 56068 Koblenz
  info@hfgg.de

- **Universität Koblenz-Landau, Abteilung Koblenz (U, staatl.)**
  www.uni-koblenz-landau.de
  Universitätsstraße 1, 56070 Koblenz-Metternich, studienbuero@uni-koblenz.de

KÖLN — NORDRHEIN-WESTFALEN

Studierendenwerk Köln:
Universitätsstraße 16, 50937 Köln
info@kstw.de, www.kstw.de

- **CBS International Business School (FH, privat)** link.cbs.de/kG3PH
  Campus Köln
  Hardefuststr. 1, 50677 Köln
  Campus Mainz
  Rheinstraße 4L, 55116 Mainz
  Campus Berlin/Potsdam
  August-Bebel-Straße 26, 14482 Potsdam
  Campus Aachen
  Kapuzinergraben 19, 52062 Aachen
  Campus Brühl
  Comesstraße 1-15, 50321 Brühl
  Campus Neuss
  Hammer Landstraße 89, 41460 Neuss
  Campus Solingen
  Dunkelnberger Str. 39, 42697 Solingen
  study@cbs.de

- **Deutsche Sporthochschule Köln (U, staatl.)** www.dshs-koeln.de
  Am Sportpark Müngersdorf 6, 50933 Köln
  infopoint@dshs-koeln.de

- **Fachhochschule Aachen (FH, staatl.)**
  siehe Aachen

- **Hochschule für Musik und Tanz Köln (KH, staatl.)** www.hfmt-koeln.de

HOCHSCHULVERZEICHNIS

Standort Köln
Unter Krahnenbäumen 87, 50668 Köln
Standort Aachen
Theaterplatz 16, 52062 Aachen
Standort Wuppertal
Sedanstraße 15, 42275 Wuppertal
studiensekretariat@hfmt-koeln.de

- **Hochschule für Polizei und öffentliche Verwaltung Nordrhein-Westfalen, Abteilung Köln (FH, staatl.)**
  www.fhoev.nrw.de
Studienort Köln
Erna-Scheffler-Straße 4, 51103 Köln
Studienort Köln Innenstadt
Christophstraße 2-12, 50670 Köln
Studienort Köln Porz
Frankfurter Str. 720-726, 51145 Köln
poststelle@hspv.nrw.de

- **HSD Hochschule Döpfer – University of Applied Science (FH, privat)**
  www.hs-doepfer.de
Standort Köln
Waidmarkt 3 und 9, 50676 Köln
koeln@hs-doepfer.de
Standort Regensburg
Prüfeninger Straße 20, 93049 Regensburg
regensburg@hs-doepfer.de
Standort Potsdam
Tuchmacherstraße. 48b, 14482 Potsdam
studienberatung@hs-doepfer.de

- **Katholische Hochschule Nordrhein-Westfalen, Abteilung Köln (FH, kirchlich)**
  www.katho-nrw.de
Wörthstraße 10, 50668 Köln
info.koeln@katho-nrw.de

- **Kölner Hochschule für Katholische Theologie (ThH, kirchlich)**
  www.khkt.de
Gleueler Str. 262-268, 50935 Köln
mail@khkt.de

- **Kolping Hochschule (FH, privat)**
  www.kolping-hochschule.de/
Im Mediapark 5, 50670 Köln
info@kolping-hochschule.de

- **Kunsthochschule für Medien Köln (KH, staatl.)** www.khm.de
Peter-Welter-Platz 2, 50676 Köln
studoffice@khm.de

- **Rheinische Fachhochschule Köln (FH, privat)** www.rfh-koeln.de

Standort Köln
Schaevenstraße 1a-b, 50676 Köln
Standort Neuss
Markt 11-15, 41460 Neuss
info@rfh-koeln.de

- **Technische Hochschule Köln (FH, staatl.)**
  www.th-koeln.de
Campus Südstadt
Claudiusstraße 1, 50678 Köln
Campus Deutz
Betzdorfer Straße 2, 50679 Köln
Campus Gummersbach
Steinmüllerallee 1, 51643 Gummersbach
Campus Leverkusen
Campusplatz 1, 51368 Leverkusen
studienberatung@th-koeln.de

- **Universität zu Köln (U, staatl.)**
  www.uni-koeln.de
Albertus-Magnus-Platz, 50923 Köln
Kontaktformular unter
www.zsb.uni-koeln.de/email

KÖNIGS WUSTERHAUSEN — BB

- **Fachhochschule für Finanzen Brandenburg (FH, staatl.)**
  www.fhf.brandenburg.de
Schillerstraße 6, 15711 Königs Wusterhausen
afz-kw@fhf.brandenburg.de

KONSTANZ — BADEN-WÜRTTEMBERG

Seezeit – Studentenwerk Bodensee:
Universitätsstraße 10, 78464 Konstanz
servicecenter@seezeit.com, www.seezeit.com

- **Allensbach Hochschule (FH, privat)**
  www.allensbach-hochschule.de
Lohnerhofstraße 2, 78467 Konstanz
info@allensbach-hochschule.de

- **Hochschule Konstanz – Technik, Wirtschaft und Gestaltung (FH, staatl.)**
  www.htwg-konstanz.de
Alfred-Wachtel-Str. 8, 78462 Konstanz
kontakt@htwg-konstanz.de

- **Universität Konstanz (U, staatl.)**
  www.uni-konstanz.de
Universitätsstraße 10, 78464 Konstanz
kum@uni-konstanz.de

KÖTHEN — SACHSEN-ANHALT

Studentenwerk Halle: Wolfgang-Langenbeck-Straße 5, 06120 Halle (Saale)
geschaeftsfuehrung@studentenwerk-halle.de
www.studentenwerk-halle.de ▶

ADRESSEN & LINKS 6

HOCHSCHULVERZEICHNIS

■ **Hochschule Anhalt – Hochschule für angewandte Wissenschaften (FH, staatl.)**
www.hs-anhalt.de
Standort Köthen
Bernburger Straße 55, 06366 Köthen
Standort Bernburg
Strenzfelder Allee 28, 06406 Bernburg (Saale)
Standort Dessau
Seminarplatz 2a, 06818 Dessau
info@hs-anhalt.de

KREFELD   NORDRHEIN-WESTFALEN
Studierendenwerk Düsseldorf:
Universitätsstraße 1, 40225 Düsseldorf
Kontaktformular unter
www.stw-d.de/info-point/kontakt/
www.stw-d.de

■ **Hochschule Niederrhein (FH, staatl.)**
siehe Mönchengladbach

KRONACH   BAYERN
■ **Hochschule für angewandte Wissenschaften Coburg (FH, staatl.)**
siehe Coburg

KULMBACH   BAYERN
■ **Universität Bayreuth (U, staatl.)**
siehe Bayreuth

KÜNZELSAU   BADEN-WÜRTTEMBERG
■ **Hochschule Heilbronn – Technik, Wirtschaft, Informatik (FH, staatl.)**
siehe Heilbronn

LANDAU   RHEINLAND-PFALZ
Studierendenwerk Vorderpfalz:
Xylanderstraße 17,
76829 Landau an der Pfalz
info@stw-vp.de, www.stw-vp.de

■ **Universität Koblenz-Landau, Abteilung Landau (U, staatl.)**
www.uni-koblenz-landau.de
Fortstraße 7, 76829 Landau
studienbuero@uni-landau.de

LANDSHUT   BAYERN
Studentenwerk Niederbayern/Oberpfalz:
Albertus-Magnus-Straße 4,
93053 Regensburg,
info@stwno.de, www.stwno.de

■ **Hochschule für angewandte Wissenschaften Landshut (FH, staatl.)**
www.haw-landshut.de
Am Lurzenhof 1, 84036 Landshut
info@haw-landshut.de

LANGEN   HESSEN
■ **Hochschule des Bundes für öffentliche Verwaltung (FH, staatl.)** siehe Brühl

LEER   NIEDERSACHSEN
■ **Hochschule Emden/Leer (FH, staatl.)**
siehe Emden

LEIPZIG   SACHSEN
Studentenwerk Leipzig:
Goethestraße 6, 04109 Leipzig
info@studentenwerk-leipzig.de
www.studentenwerk-leipzig.de

■ **Handelshochschule Leipzig (HHL) Leipzig Graduate School of Management (U, privat) www.hhl.de**
Jahnallee 59, 04109 Leipzig
info@hhl.de

■ **Hochschule für Grafik und Buchkunst (KH, staatl.) www.hgb-leipzig.de**
Wächterstraße 11, 04107 Leipzig
hgb@hgb-leipzig.de

■ **Hochschule für Musik und Theater „Felix Mendelssohn Bartholdy" (KH, staatl.)**
www.hmt-leipzig.de
Grassistraße 8, 04107 Leipzig
studienangelegenheiten@hmt-leipzig.de

■ **Hochschule für Technik, Wirtschaft und Kultur (FH, staatl.) www.htwk-leipzig.de**
Karl-Liebknecht-Str. 132, 04277 Leipzig
studienberatung@htwk-leipzig.de

■ **Universität Leipzig (U, staatl.)**
www.uni-leipzig.de
Ritterstraße 26, 04109 Leipzig
kommunikation@uni-leipzig.de

LEMGO   NORDRHEIN-WESTFALEN
Studentenwerk Bielefeld: Morgenbreede 2-4, 33615 Bielefeld, info@stwbi.de
www.studierendenwerk-bielefeld.de

■ **Technische Hochschule Ostwestfalen-Lippe (FH, staatl.) www.th-owl.de**
Campusallee 12, 32657 Lemgo
info@th-owl.de

LEVERKUSEN   NORDRHEIN-WESTFALEN
■ **Technische Hochschule Köln (FH, staatl.)**
siehe Köln

LINGEN/EMS   NIEDERSACHSEN
■ **Hochschule Osnabrück (FH, staatl.)**
siehe Osnabrück

ADRESSEN & LINKS

6

330

HOCHSCHULVERZEICHNIS

LIPPSTADT — NORDRHEIN-WESTFALEN
- **Hochschule Hamm-Lippstadt (FH, staatl.)** siehe Hamm

LÖRRACH — BADEN-WÜRTTEMBERG
- **Duale Hochschule Baden-Württemberg (FH, staatl.)** siehe Stuttgart

LÜBECK — SCHLESWIG-HOLSTEIN
Studentenwerk Schleswig-Holstein:
Westring 385, 24118 Kiel
information@studentenwerk.sh
www.studentenwerk.sh

- **Hochschule des Bundes für öffentliche Verwaltung (FH, staatl.)** siehe Brühl

- **Musikhochschule Lübeck (KH, staatl.)** www.mh-luebeck.de
Große Petersgrube 21, 23552 Lübeck
info@mh-luebeck.de

- **Technische Hochschule Lübeck (FH, staatl.)** www.th-luebeck.de
Mönkhofer Weg 239, 23562 Lübeck
kontakt@th-luebeck.de

- **Universität zu Lübeck (U, staatl.)** www.uni-luebeck.de
Ratzeburger Allee 160, 23562 Lübeck
info@uni-luebeck.de

LÜDENSCHEID — NORDRHEIN-WESTFALEN
- **Fachhochschule Südwestfalen (FH, staatl.)** siehe Iserlohn

LUDWIGSBURG — BADEN-WÜRTTEMBERG
Studierendenwerk Stuttgart:
Rosenbergstraße 18, 70174 Stuttgart
info@sw-stuttgart.de
www.studierendenwerk-stuttgart.de

- **Akademie für Darstellende Kunst Baden-Württemberg (KH, staatl.)** www.adk-bw.de
Akademiehof 1, 71638 Ludwigsburg
info@adk-bw.de

- **Evangelische Hochschule Ludwigsburg (FH, kirchlich)** www.eh-ludwigsburg.de
Campus Ludwigsburg
Paulusweg 6, 71638 Ludwigsburg
info@eh-ludwigsburg.de
Campus Reutlingen
Pestalozzistraße 53, Gebäude 14, 72762 Reutlingen, campusreutlingen@eh-ludwigsburg.de

- **Filmakademie Baden-Württemberg (KH, staatl.)** www.filmakademie.de

Akademiehof 10, 71638 Ludwigsburg
info@filmakademie.de

- **Hochschule für öffentliche Verwaltung und Finanzen Ludwigsburg (FH, staatl.)** www.hs-ludwigsburg.de
Reuteallee 36, 71634 Ludwigsburg
poststelle@hs-ludwigsburg.de

- **Pädagogische Hochschule Ludwigsburg (U, staatl.)** www.ph-ludwigsburg.de
Reuteallee 46, 71634 Ludwigsburg
poststelle@ph-ludwigsburg.de

LUDWIGSHAFEN — RHEINLAND-PFALZ
- **Hochschule für Wirtschaft und Gesellschaft Ludwigshafen (FH, staatl.)** www.hwg-lu.de
Ernst-Boehe-Str. 4, 67059 Ludwigshafen am Rhein, info@hwg-lu.de

LÜNEBURG — NIEDERSACHSEN
Studierendenwerk OstNiedersachsen:
Katharinenstraße 1, 38106 Braunschweig
info@stw-on.de, www.stw-on.de

- **Leuphana Universität Lüneburg (U, staatl.)** www.leuphana.de
Studienberatung: Universitätsallee 1, 21335 Lüneburg, kontakt@leuphana.de

MAGDEBURG — SACHSEN-ANHALT
Studentenwerk Magdeburg:
Johann-Gottlob-Nathusius-Ring 5, 39106 Magdeburg, geschaeftsfuehrung@studentenwerk-magdeburg.de
www.studentenwerk-magdeburg.de

- **Hochschule Magdeburg-Stendal (FH, staatl.)** www.hs-magdeburg.de
Campus Magdeburg
Breitscheidstr. 2, 39114 Magdeburg
Campus Stendal
Osterburger Str. 25, 39576 Stendal
kontakt@h2.de

- **Otto-von-Guericke-Universität Magdeburg (U, staatl.)** www.uni-magdeburg.de
Universitätsplatz 2, 39106 Magdeburg
servicecenter@ovgu.de

MAINZ — RHEINLAND-PFALZ
Studierendenwerk Mainz:
Staudingerweg 21, 55128 Mainz
infopoint@studierendenwerk-mainz.de
www.studierendenwerk-mainz.de ▶

ADRESSEN & LINKS

6

HOCHSCHULVERZEICHNIS

- **Hochschule Mainz – University of Applied Sciences (FH, staatl.)** www.hs-mainz.de
Lucy-Hillebrand-Straße 2, 55128 Mainz
kontakt@hs-mainz.de

- **Johannes Gutenberg-Universität Mainz (U, staatl.)** www.uni-mainz.de
Campus Mainz
Saarstr. 21, 55122 Mainz
Campus Germersheim
An der Hochschule 2, 76726 Germersheim
zsb@uni-mainz.de

- **Katholische Hochschule Mainz (FH, kirchlich)** www.kh-mz.de
Saarstraße 3, 55122 Mainz, info@kh-mz.de

MANNHEIM · BADEN-WÜRTTEMBERG
Studierendenwerk Mannheim:
L 7/8, 68161 Mannheim,
info@stw-ma.de, www.stw-ma.de

- **Duale Hochschule Baden-Württemberg (FH, staatl.)** siehe Stuttgart

- **Hochschule der Bundesagentur für Arbeit – staatlich anerkannte Hochschule für Arbeitsmarktmanagement (FH, staatl.)** www.hdba.de
Seckenheimer Landstraße 16, 68163 Mannheim, Hochschule@arbeitsagentur.de

- **Hochschule der Wirtschaft für Management (FH, privat)** www.hdwm.de
Oskar-Meixner-Str. 4-6, 68163 Mannheim
info@hdwm.org

- **Hochschule des Bundes für öffentliche Verwaltung (FH, staatl.)** siehe Brühl

- **Hochschule Mannheim (FH, staatl.)** www.hs-mannheim.de
Paul-Wittsack-Straße 10, 68163 Mannheim
info@hs-mannheim.de

- **Popakademie Baden-Württemberg (KH, staatl.)** www.pop-akademie.de
Hafenstraße 33, 68159 Mannheim
info@popakademie.de

- **Ruprecht-Karls-Universität Heidelberg (U, staatl.)** siehe Heidelberg

- **Staatliche Hochschule für Musik und Darstellende Kunst Mannheim (KH, staatl.)** www.muho-mannheim.de
N7 18, 68161 Mannheim
studienbuero@muho-mannheim.de

- **Universität Mannheim (U, staatl.)** www.uni-mannheim.de
Schloss, 68161 Mannheim
studium@verwaltung.uni-mannheim.de

MARBURG · HESSEN
Studentenwerk Marburg:
Erlenring 5, 35037 Marburg
info@studentenwerk-marburg.de
www.studentenwerk-marburg.de

- **Archivschule Marburg, Hochschule für Archivwissenschaft (FH, staatl.)** www.archivschule.de
Bismarckstraße 32, 35037 Marburg
archivschule@staff.uni-marburg.de

- **Evangelische Hochschule Tabor (FH, privat)** www.eh-tabor.de
Dürerstraße 43, 35039 Marburg
info@eh-tabor.de

- **Fachhochschule der Wirtschaft (FH, privat)** www.fhdw.de
Bahnhofstraße 23, 35037 Marburg
info-mr@fhdw.de

- **Philipps-Universität Marburg (U, staatl.)** www.uni-marburg.de
Biegenstr. 10, 35037 Marburg
info@uni-marburg.de

- **Theologische Fakultät Fulda (ThH, kirchlich)** siehe Fulda

MARKKLEEBERG · SACHSEN
- **Hochschule für Technik, Wirtschaft und Kultur (FH, staatl.)** siehe Leipzig

MARKNEUKIRCHEN · SACHSEN
- **Westsächsische Hochschule Zwickau (FH, staatl.)** siehe Zwickau

MAYEN · RHEINLAND-PFALZ
- **Hochschule für öffentliche Verwaltung Rheinland-Pfalz (FH, staatl.)** www.hoev-rlp.de
St.-Veit-Straße 26-28, 56727 Mayen
info@hoev-rlp.de

MEININGEN · THÜRINGEN
- **Thüringer Fachhochschule für öffentliche Verwaltung (FH, staatl.)** siehe Gotha

MEISSEN · SACHSEN
- **Hochschule Meißen (FH) und Fortbildungszentrum (FH, staatl.)** www.hsf.sachsen.de

HOCHSCHULVERZEICHNIS

Herbert-Böhme-Straße 11, 01662 Meißen
poststelle@hsf.sachsen.de

MERSEBURG — SACHSEN-ANHALT

■ **Hochschule Merseburg (FH, staatl.)**
   www.hs-merseburg.de
Eberhard-Leibnitz-Straße 2, 06217 Merseburg
studienberatung@hs-merseburg.de

MESCHEDE — NORDRHEIN-WESTFALEN

■ **Fachhochschule Südwestfalen (FH, staatl.)** siehe Iserlohn

METTMANN — NORDRHEIN-WESTFALEN

■ **Fachhochschule der Wirtschaft (FH, privat)**
   www.fhdw.de
Marie-Curie-Straße 6, 40822 Mettmann
info-me@fhdw.de

MILTENBERG — BAYERN

■ **Technische Hochschule Aschaffenburg (FH, staatl.)** siehe Aschaffenburg

MINDEN — NORDRHEIN-WESTFALEN

■ **Fachhochschule Bielefeld (FH, staatl.)** siehe Bielefeld

MITTWEIDA — SACHSEN

■ **Hochschule Mittweida (FH, staatl.)**
   www.hs-mittweida.de
Technikumplatz 17, 09644 Mittweida
kontakt@hs-mittweida.de

MÖNCHENGLADBACH — NRW

■ **Hochschule Niederrhein (FH, staatl.)**
   www.hs-niederrhein.de
Campus Mönchengladbach
Webschulstr. 41-43, 41065 Mönchengladbach
Campus Krefeld Süd
Reinarzstraße 49, 47805 Krefeld
Campus Krefeld West
Adlerstraße 28-32, 47798 Krefeld
studienberatung@hs-niederrhein.de

MORITZBURG — SACHSEN

Studentenwerk Dresden:
Fritz-Löffler-Straße 18, 01069 Dresden
info@studentenwerk-dresden.de
www.studentenwerk-dresden.de

■ **Evangelische Fachhochschule für Religionspädagogik und Gemeindediakonie (FH, kirchlich)**
   www.eh-moritzburg.de
Studienservice:
Bahnhofstraße 9, 01468 Moritzburg
moritzburg@ehs-dresden.de

MOSBACH — BADEN-WÜRTTEMBERG

■ **Duale Hochschule Baden-Württemberg (FH, staatl.)** siehe Stuttgart

MÜHLDORF AM INN — BAYERN

■ **Technische Hochschule Rosenheim (FH, staatl.)** siehe Rosenheim

MÜHLHEIM — HESSEN

■ **Hessische Hochschule für Polizei und Verwaltung (FH, staatl.)** siehe Wiesbaden

MÜLHEIM AN DER RUHR — NRW

■ **Hochschule Ruhr West (FH, staatl.)**
   www.hochschule-ruhr-west.de
Campus Mülheim
Duisburger Str. 100, 45479 Mülheim an der Ruhr
Campus Bottrop
Lützowstraße 5, 46236 Bottrop
info@hs-ruhrwest.de

MÜNCHBERG — BAYERN

■ **Hochschule für angewandte Wissenschaften Hof (FH, staatl.)** siehe Hof

MÜNCHEN — BAYERN

Studentenwerk München:
Leopoldstraße 15, 80802 München
stuwerk@stwm.de
www.studentenwerk-muenchen.de

■ **Akademie der Bildenden Künste München (KH, staatl.)**
   www.adbk.de
Akademiestraße 2-4, 80799 München
sekretariat@adbk.mhn.de

■ **Hochschule der Bayerischen Wirtschaft für angewandte Wissenschaften (FH, privat)** **www.hdbw-hochschule.de**
Campus München
Konrad-Zuse-Platz 8, 81829 München
Studienzentrum Bamberg
Lichtenhaidestraße 15, 96052 Bamberg
info@hdbw-hochschule.de

■ **Hochschule für Angewandte Sprachen – Fachhochschule des SDI München (FH, privat)**
   www.sdi-muenchen.de
Baierbrunner Straße 28, 81379 München
kontakt@sdi-muenchen.de

■ **Hochschule für angewandte Wissenschaften München (FH, staatl.)**
   www.hm.edu
Lothstr. 34, 80335 München,
beratung@hm.edu ▶

ADRESSEN & LINKS 6

HOCHSCHULVERZEICHNIS

■ **Hochschule für den öffentlichen Dienst
in Bayern (FH, staatl.)** www.fhvr.bayern.de
Zentralverwaltung
Wagmüllerstr. 20, 80538 München
poststelle@hfoed.bayern.de
Fachbereich Archiv-und Bibliothekswesen
Dessauerstraße 6, 80992 München
poststelle@aub.hfoed.de
Fachbereich Allgemeine innere Verwaltung
Wirthstraße 51, 95002 Hof
poststelle@aiv.hfoed.de
Fachbereich Finanzwesen
Rauscher Str. 10, 82211 Herrsching
poststelle.fin@hfoed.bayern.de
Fachbereich Polizei
Standort Fürstenfeldbruck:
Fürstenfelder Str. 29, 82256 Fürstenfeldbruck
Standort Sulzbach-Rosenberg:
Franz-Josef-Strauß-Str. 1, 92237 Sulzbach-
Rosenberg, poststelle@pol.hfoed.bayern.de
Fachbereich Rechtspflege
Josef-Sigl-Straße 4, 82319 Starnberg
poststelle.rpfl@hfoed.bayern.de
Fachbereich Sozialverwaltung
Im Hag 14, 83512 Wasserburg a. Inn
poststelle@soz.hfoed.bayern.de

■ **Hochschule für Fernsehen
und Film München (KH, staatl.)**
www.hff-muenchen.de
Bernd-Eichinger-Platz 1, 80333 München
info@hff-muc.de

■ **Hochschule für Musik und Theater
München (KH, staatl.)**
website.musikhochschule-muenchen.de
Arcisstraße 12, 80333 München
verwaltung@hmtm.de

■ **Hochschule für Philosophie
(Philosophische Fakultät S.J.)
(U, kirchlich)** www.hfph.de
Kaulbachstraße 31/33, 80539 München
info@hfph.de

■ **Hochschule Macromedia, University
of Applied Sciences (FH, privat)**
www.macromedia-fachhochschule.de
Standort München
Sandstraße 9, 80335 München
Standort Berlin
Mehringdamm 33, 10961 Berlin
Standort Frankfurt
Praunheimer Landstr. 70, 60488 Frankfurt a.M.
Standort Freiburg
Haslacher Straße 15, 79115 Freiburg
Standort Hamburg
Gertrudenstraße 3, 20095 Hamburg

Standort Köln
Brüderstraße 17, 50667 Köln
Standort Leipzig
Nordstraße 3-15, 04105 Leipzig
Standort Stuttgart
Naststraße 11, 70376 Stuttgart
info.muc@macromedia.de

■ **Katholische Stiftungshochschule
München (FH, kirchlich)**
www.ksh-muenchen.de
Campus Benediktbeuern
Don-Bosco-Straße 1, 83671 Benediktbeuern
info.bb@ksh-m.de
Campus München Preysingstr. 95,
81667 München; info.muc@ksh-m.de

■ **Ludwig-Maximilians-Universität München
(U, staatl.)** www.lmu.de
Geschwister-Scholl-Platz 1, 80539 München
poststelle@verwaltung.uni-muenchen.de

■ **Munich Business School (FH, privat)**
www.munich-business-school.de
Elsenheimerstraße 61, 80687 München
info@munich-business-school.de

■ **Technische Universität München
(U, staatl.)** www.tum.de
Stammgelände München
Arcisstraße 21, 80333 München
Garching-Forschungszentrum
Boltzmannstraße 15, 85748 Garching
Campus Garching-Hochbrück
Parkring 11-13/35-37, 85748 Garching-Hochbrück
Campus Freising
Alte Akademie 8, 85354 Freising
Campus Straubing
Schulgasse 22, 94315 Straubing
Campus Taufkirchen/Ottobrunn
Willy-Messerschmitt-Straße 1,
Taufkirchen/Ottobrunn
Campus Heilbronn
Bildungscampus 2, 74076 Heilbronn
studium@tum.de

■ **Universität der Bundeswehr München
(U, staatl.)** siehe Neubiberg

MÜNSTER　　　**NORDRHEIN-WESTFALEN**
Studierendenwerk Münster:
Bismarckallee 5, 48151 Münster
info@stw-muenster.de, www.stw-muenster.de

■ **Deutsche Hochschule der Polizei
(U, staatl.)** www.dhpol.de
Zum Roten Berge 18-24, 48165 Münster
hochschule@dhpol.de

HOCHSCHULVERZEICHNIS

■ **Fachhochschule Münster (FH, staatl.)**
www.fh-muenster.de
Standort Münster
Hüfferstraße 27, 48149 Münster
Standort Steinfurt
Stegerwaldstraße 39, 48565 Steinfurt
studienberatung@fh-muenster.de

■ **Hochschule des Bundes für öffentliche**
Verwaltung (FH, staatl.) siehe Brühl

■ **Hochschule für Polizei und öffentliche**
Verwaltung Nordrhein-Westfalen,
Abteilung Münster (FH, staatl.)
www.fhoev.nrw.de
Nevinghoff 8/10, 48147 Münster
ms.service@hspv.nrw.de

■ **Katholische Hochschule Nordrhein-**
Westfalen, Abteilung Münster
(FH, kirchlich) www.katho-nrw.de
Piusallee 89, 48147 Münster
info.muenster@katho-nrw.de

■ **Kunstakademie Münster – Hochschule**
für Bildende Künste (KH, staatl.)
www.kunstakademie-muenster.de
Leonardo-Campus 2, 48149 Münster
studierendenservice@
kunstakademie-muenster.de

■ **Philosophisch-Theologische**
Hochschule Münster (ThH, kirchlich)
www.pth-muenster.de
Verwaltung: Kapuzinerstr. 27, 48145 Münster
info@pth-muenster.de

■ **Westfälische Wilhelms-Universität**
Münster (U, staatl.) www.uni-muenster.de
Schlossplatz 2, 48149 Münster
zsb@uni-muenster.de

NEU-ULM · BAYERN

Studentenwerk Augsburg:
Eichleitnerstraße 30, 86161 Augsburg
info@studentenwerk-augsburg.de
www.studentenwerk-augsburg.de

■ **Hochschule für angewandte**
Wissenschaften Neu-Ulm (FH, staatl.)
www.hnu.de
Wileystr. 1, 89231 Neu-Ulm, info@hnu.de

NEUBIBERG · BAYERN

■ **Universität der Bundeswehr München**
(U, staatl.) www.unibw.de
Werner-Heisenberg-Weg 39, 85577 Neubiberg
info@unibw.de

NEUBRANDENBURG · MV

Studierendenwerk Greifswald:
Am Schießwall 1-4, 17489 Greifswald
info@stw-greifswald.de
www.stw-greifswald.de

■ **Hochschule Neubrandenburg (FH, staatl.)**
www.hs-nb.de
Brodaer Straße 2, 17033 Neubrandenburg
studienberatung@hs-nb.de

NEUENDETTELSAU · BAYERN

■ **Augustana-Hochschule (U, kirchlich)**
www.augustana.de
Sekretariat: Waldstr. 11,
91564 Neuendettelsau
hochschule@augustana.de

■ **Friedrich-Alexander-Universität Erlangen-**
Nürnberg (U, staatl.)
siehe Erlangen

NEUMARKT · BAYERN

■ **Technische Hochschule Nürnberg Georg**
Simon Ohm (FH, staatl.)
siehe Nürnberg

NEURUPPIN · BRANDENBURG

■ **Medizinische Hochschule Brandenburg**
Theodor Fontane (U, privat)
www.mhb-fontane.de
Standort Neuruppin
Fehrbelliner Str. 38, 16816 Neuruppin
Standort Bernau
Ladeburger Straße 17, 16321 Bernau
Standort Brandenburg an der Havel
Nicolaiplatz 19, 14770 Brandenburg an der Havel
Standort Rüdersdorf
Seebad 82/83, 15562 Rüdersdorf bei Berlin
studienberatung@mhb-fontane.de

NIENBURG · NIEDERSACHSEN

Studentenwerk Hannover:
Jägerstraße 5, 30167 Hannover
info@studentenwerk-hannover.de
www.studentenwerk-hannover.de

■ **Polizeiakademie Niedersachsen**
(FH, staatl.)
www.pa.polizei-nds.de
Standort Nienburg/Weser Bürgermeister-
Stahn-Wall 9, 31582 Nienburg (Weser)
Studienort Oldenburg
Bloherfelder Straße 235, 26129 Oldenburg
Studienort Hann. Münden
Gimter Straße 10, 34346 Hann. Münden
berufsinformation@polizei.niedersachsen.de ▶

ADRESSEN & LINKS 6

335

HOCHSCHULVERZEICHNIS

NORDHAUSEN — THÜRINGEN

Studierendenwerk Thüringen:
Philosophenweg 22, 07743 Jena
poststelle@stw-thueringen.de
www.stw-thueringen.de

■ **Hochschule Nordhausen – University of Applied Sciences (FH, staatl.)**
www.hs-nordhausen.de
Weinberghof 4, 99734 Nordhausen
info@hs-nordhausen.de

NORDKIRCHEN — NORDRHEIN-WESTFALEN

■ **Fachhochschule für Finanzen Nordrhein-Westfalen (FH, staatl.)**
Schloss, 59394 Nordkirchen
Kontaktformular unter www.finanzverwaltung.
nrw.de/kontaktformular?finanzamt=7082

NÜRNBERG — BAYERN

Studentenwerk Erlangen-Nürnberg:
Hofmannstr. 27, 91052 Erlangen
info@werkswelt.de, www.werkswelt.de

■ **Akademie der Bildenden Künste in Nürnberg (KH, staatl.)**
www.adbk-nuernberg.de
Bingstraße 60, 90480 Nürnberg
info@adbk-nuernberg.de

■ **Evangelische Hochschule für angewandte Wissenschaften – Evangelische Fachhochschule Nürnberg (FH, kirchlich)**
www.evhn.de
Bärenschanzstraße 4, 90429 Nürnberg
zentrale@evhn.de

■ **Friedrich-Alexander-Universität Erlangen-Nürnberg (U, staatl.)** siehe Erlangen

■ **Hochschule für Musik Nürnberg (KH, staatl.)**
www.hfm-nuernberg.de
Studienservice: Veilhofstraße 34,
90489 Nürnberg,
info@hfm-nuernberg.de

■ **Technische Universität Nürnberg (U, staatl.)**
www.utn.de
Ulmenstraße 52i, 90443 Nürnberg
info@utn.de

■ **Technische Hochschule Nürnberg Georg Simon Ohm (FH, staatl.)**
www.th-nuernberg.de
Keßlerplatz 12, 90489 Nürnberg
info@th-nuernberg.de

NÜRTINGEN — BADEN-WÜRTTEMBERG

Studierendenwerk Tübingen-Hohenheim:
Friedrichstraße 21, 72072 Tübingen
info@sw-tuebingen-hohenheim.de
www.my-stuwe.de

■ **Hochschule für Wirtschaft und Umwelt Nürtingen-Geislingen (FH, privat)**
www.hfwu.de
Standort Nürtingen
Neckarsteige 6-10, 72622 Nürtingen
Standort Geislingen
Bahnhofstraße 37/62 / Hauffstraße 13 /
Parkstraße 4, 73312 Geislingen,
info@hfwu.de

OBERURSEL — HESSEN

Studentenwerk Frankfurt am Main:
Bockenheimer Landstr. 133, 60325 Frankfurt
info@studentenwerkfrankfurt.de
www.studentenwerkfrankfurt.de

■ **Lutherische Theologische Hochschule Oberursel (ThH, kirchlich)**
lthh.de
Altkönigstraße 150, 61440 Oberursel
verwaltung@lthh-oberursel.de

OFFENBACH — HESSEN

Studentenwerk Frankfurt am Main:
Bockenheimer Landstr. 133, 60325 Frankfurt
info@studentenwerkfrankfurt.de
www.studentenwerkfrankfurt.de

■ **Hochschule für Gestaltung Offenbach am Main (KH, staatl.)**
www.hfg-offenbach.de
Schlossstraße 31, 63065 Offenbach am Main
praesidium@hfg-offenbach.de

OFFENBURG — BADEN-WÜRTTEMBERG

Studentenwerk Freiburg-Schwarzwald:
Basler Straße 2, 79100 Freiburg
info@swfr.de, www.swfr.de

■ **Hochschule für Technik, Wirtschaft und Medien Offenburg (FH, staatl.)**
www.hs-offenburg.de
Campus Offenburg
Badstraße 24, 77652 Offenburg
Campus Gengenbach
Klosterstraße 14, 77723 Gengenbach
info@hs-offenburg.de

OLDENBURG — NIEDERSACHSEN

Studentenwerk Oldenburg:
Uhlhornsweg 49-55, 26129 Oldenburg
info@sw-ol.de, www.studentenwerk-oldenburg.de

ADRESSEN & LINKS

6

336

HOCHSCHULVERZEICHNIS

**Carl von Ossietzky Universität Oldenburg
(U, staatl.)** uol.de
Ammerländer Heerstraße 114-118,
26129 Oldenburg, studium@uol.de

**Jade Hochschule Wilhelmshaven/
Oldenburg/Elsfleth (FH, staatl.)**
siehe Wilhelmshaven

**Polizeiakademie Niedersachsen
(FH, staatl.)** siehe Nienburg

ORANIENBURG   BRANDENBURG

**Fachhochschule der Polizei des Landes
Brandenburg (FH, staatl.)**
www.hpolbb.de
Personal/Auswahl: Bernauer Straße 146
16515 Oranienburg, kontakt@hpolbb.de

OSNABRÜCK   NIEDERSACHSEN

Studentenwerk Osnabrück: Ritterstraße 10,
49074 Osnabrück, info@sw-os.de
www.studentenwerk-osnabrueck.de

Hochschule Osnabrück (FH, staatl.)
www.hs-osnabrueck.de
Campus Osnabrück
Albrechtstr. 30, 49076 Osnabrück
Campus Lingen
Kaiserstraße 10c, 49809 Lingen (Ems)
studieninfo@hs-osnabrueck.de

Universität Osnabrück (U, staatl.)
www.uni-osnabrueck.de
Studierendensekretariat:
Neuer Graben/Schloss, 49074 Osnabrück
studentsoffice@uni-osnabrueck.de
**Zentrale Studien- und Studierenden-
beratungsstelle der Hochschulregion
Osnabrück (ZSB):** Neuer Graben/Schloss
49074 Osnabrück, info@zsb-os.de

OSTERRÖNFELD SCHLESWIG-HOLSTEIN

Fachhochschule Kiel (FH, staatl.)
siehe Kiel

OTTERSBERG   NIEDERSACHSEN

**Hochschule für Künste im Sozialen,
Ottersberg (FH, privat)**
www.hks-ottersberg.de
Große Straße 107, 28870 Ottersberg
info@hks-ottersberg.de

PADERBORN   NORDRHEIN-WESTFALEN

Studierendenwerk Paderborn:
Mersinweg 2, 33100 Paderborn
schachten@stwpb.de
www.studierendenwerk-pb.de

**Fachhochschule der Wirtschaft
(FH, privat)**
www.fhdw.de
Fürstenallee 5, 33102 Paderborn
info-pb@fhdw.de

**Katholische Hochschule Nordrhein-West-
falen, Abteilung Paderborn (FH, kirchlich)**
www.katho-nrw.de/paderborn
Leostraße 19, 33098 Paderborn
info.paderborn@katho-nrw.de

**Theologische Fakultät Paderborn
(U, kirchlich)** www.thf-paderborn.de
Kamp 6, 33098 Paderborn
rektorat@thf-paderborn.de

Universität Paderborn (U, staatl.)
www.uni-paderborn.de
Warburger Straße 100, 33098 Paderborn
zsb@upb.de

PASSAU   BAYERN

Studentenwerk Niederbayern/Oberpfalz:
Albertus-Magnus-Straße 4, 93053 Regensburg, info@stwno.de, www.stwno.de

Universität Passau (U, staatl.)
www.uni-passau.de
Innstraße 41, 94032 Passau
studienberatung@uni-passau.de

PFORZHEIM   BADEN-WÜRTTEMBERG

Studentenwerk Karlsruhe:
Adenauerring 7, 76131 Karlsruhe
gf@sw-ka.de, www.sw-ka.de

**Hochschule Pforzheim – Gestaltung,
Technik, Wirtschaft und Recht (FH, staatl.)**
www.hs-pforzheim.de
Tiefenbronner Straße 65, 75175 Pforzheim
info@hs-pforzheim.de

PIRMASENS   RHEINLAND-PFALZ

Hochschule Kaiserslautern (FH, staatl.)
siehe Kaiserslautern

POTSDAM   BRANDENBURG

Studentenwerk Potsdam:
Babelsberger Straße 2, 14473 Potsdam
post@studentenwerk-potsdam.de
www.studentenwerk-potsdam.de

**Fachhochschule Clara Hoffbauer –
University of Applied Sciences (FH, privat)**
www.fhchp.de
Hermannswerder 7, 14473 Potsdam
info@fhchp.de ▶

ADRESSEN & LINKS

6

HOCHSCHULVERZEICHNIS

■ **Fachhochschule für Sport und Management Potsdam (FH, privat)** www.fhsmp.de
Am Luftschiffhafen 1, 14471 Potsdam
info@fhsmp.de

■ **Fachhochschule Potsdam (FH, staatl.)**
www.fh-potsdam.de
Kiepenheuerallee 5, 14469 Potsdam
info@fh-potsdam.de

■ **Filmuniversität Babelsberg
KONRAD WOLF (KH, staatl.)**
www.filmuniversitaet.de
Allgemeine Studienberatung:
Marlene-Dietrich-Allee 11, 14482 Potsdam
info@filmuniversitaet.de

■ **Health and Medical University (FH, privat)**
www.health-and-medical-university.de
Olympischer Weg 1, 14471 Potsdam
potsdam@health-and-medical-university.de

■ **Universität Potsdam (U, staatl.)**
www.uni-potsdam.de
Am Neuen Palais 10, 14469 Potsdam
studienberatung@uni-potsdam.de

■ **XU Exponential University of Applied
Sciences (FH, privat)** xu-university.com
August-Bebel-Straße 26-53, 14482 Potsdam
hello@xu-university.com

QUIERSCHIED-GÖTTELBORN   SL

■ **Fachhochschule für Verwaltung
(FH, staatl.)** www.saarland.de/fhsv.htm
Am Campus 7, 66287 Quierschied-Göttelborn
fhsv@fhsv.saarland.de

■ **Hochschule für Technik und Wirtschaft
des Saarlandes (FH, staatl.)**
siehe Saarbrücken

RAVENSBURG   BADEN-WÜRTTEMBERG

Seezeit – Studentenwerk Bodensee:
Universitätsstraße 10, 78464 Konstanz
servicecenter@seezeit.com, www.seezeit.com

■ **Duale Hochschule Baden-Württemberg
(FH, staatl.)** siehe Stuttgart

RECKLINGHAUSEN   NRW

■ **Westfälische Hochschule (FH, staatl.)**
siehe Gelsenkirchen

REGENSBURG   BAYERN

Studentenwerk Niederbayern/Oberpfalz:
Albertus-Magnus-Straße 4, 93053 Regensburg, info@stwno.de, www.stwno.de

■ **Hochschule für Katholische Kirchenmusik
und Musikpädagogik Regensburg
(KH, kirchlich)** www.hfkm-regensburg.de
Andreasstr. 9, 93059 Regensburg
info@hfkm-regensburg.de

■ **Ostbayerische Technische
Hochschule Regensburg (FH, staatl.)**
www.oth-regensburg.de
Seybothstraße 2, 93053 Regensburg
studienberatung@oth-regensburg.de

■ **Universität Regensburg (U, staatl.)**
www.uni-regensburg.de
Universitätsstraße 31, 93053 Regensburg
kontakt@ur.de

REICHENBACH   SACHSEN

■ **Westsächsische Hochschule Zwickau
(FH, staatl.)** siehe Zwickau

REMAGEN   RHEINLAND-PFALZ

■ **Hochschule Koblenz (FH, staatl.)**
siehe Koblenz

REUTLINGEN   BADEN-WÜRTTEMBERG

Studierendenwerk Tübingen-Hohenheim:
Friedrichstraße 21, 72072 Tübingen
info@sw-tuebingen-hohenheim.de
www.my-stuwe.de

■ **Hochschule Reutlingen (FH, staatl.)**
www.reutlingen-university.de
Alteburgstraße 150, 72762 Reutlingen
info.studium@reutlingen-university.de

■ **Theologische Hochschule Reutlingen,
staatlich anerkannte Fachhochschule der
Evangelisch-methodistischen Kirche
(FH, kirchlich)**
www.th-reutlingen.de
Friedrich-Ebert-Straße 31, 72762 Reutlingen
info@th-reutlingen.de

RHEINBACH   NORDRHEIN-WESTFALEN

■ **Hochschule Bonn-Rhein-Sieg (FH, staatl.)**
siehe Sankt Augustin

RHEINE   NORDRHEIN-WESTFALEN

■ **Europäische Fachhochschule (FH, privat)**
siehe Brühl

RIEDLINGEN   BADEN-WÜRTTEMBERG

■ **SRH Fernhochschule – The Mobile
University (FH, privat)**
www.mobile-university.de
Sekretariat: Kirchstraße 26, 88499 Riedlingen
info@mobile-university.de

HOCHSCHULVERZEICHNIS

RINTELN — NIEDERSACHSEN

- **Steuerakademie Niedersachsen (FH, staatl.)**
  www.steuerakademie.niedersachsen.de
  Wilhelm-Busch-Weg 29, 31707 Rinteln
  Kontaktformular unter
  www.steuerakademie.niedersachsen.de/
  service/kontakt/kontakt-59982.html

ROSENHEIM — BAYERN

Studentenwerk München:
Leopoldstraße 15, 80802 München
stuwerk@stwm.de
www.studentenwerk-muenchen.de

- **Technische Hochschule Rosenheim (FH, staatl.)**
  www.th-rosenheim.de
  Campus Rosenheim
  Hochschulstraße 1, 83024 Rosenheim
  Campus Burghausen
  Robert-Koch-Straße 28, 84489 Burghausen
  Campus Chiemgau
  Stadtplatz 32, 83278 Traunstein
  Campus Mühldorf am Inn
  Am Industriepark 33, 84453 Mühldorf am Inn
  info@th-rosenheim.de

ROSSWEIN — SACHSEN

- **Hochschule Mittweida (FH, staatl.)**
  siehe Mittweida

ROSTOCK — MECKLENBURG-VORPOMMERN

Studierendenwerk Rostock-Wismar:
St.-Georg-Straße 104-107, 18055 Rostock
info@stw-rw.de, www.stw-rw.de

- **Hochschule für Musik und Theater Rostock (KH, staatl.)**
  www.hmt-rostock.de
  Beim St.-Katharinenstift 8, 18055 Rostock
  hmt@hmt-rostock.de

- **Universität Rostock (U, staatl.)**
  www.uni-rostock.de
  Universitätsplatz 1, 18051 Rostock
  studium@uni-rostock.de

ROTENBURG A.D. FULDA — HESSEN

- **Hessische Hochschule für Finanzen und Rechtspflege (FH, staatl.)**
  Josef-Durstewitz-Str. 2-6, 36199 Rotenburg
  Kontaktformular unter
  studienzentrum-rotenburg.hessen.de/kontakt

ROTHENBURG/O.L. — SACHSEN

- **Hochschule der Sächsischen Polizei (FH, staatl.)**
  www.polizei.sachsen.de/de/polfh.htm

Verwaltung:
Friedensstraße 120, 02929 Rothenburg/O.L.
kommunikation.polfh@polizei.sachsen.de

ROTTENBURG — BADEN-WÜRTTEMBERG

Studierendenwerk Tübingen-Hohenheim:
Friedrichstraße 21, 72072 Tübingen
info@sw-tuebingen-hohenheim.de
www.my-stuwe.de

- **Hochschule für Forstwirtschaft Rottenburg (FH, staatl.) www.hs-rottenburg.net**
  Schadenweilerhof, 72108 Rottenburg a.N.
  hfr@hs-rottenburg.de

- **Hochschule für Kirchenmusik der Diözese Rottenburg-Stuttgart (KH, kirchlich)**
  kirchenmusik-hochschule.org
  St.-Meinrad-Weg 6, 72108 Rottenburg
  hfk-rottenburg@bo.drs.de

RÜSSELSHEIM — HESSEN

- **Hochschule RheinMain (FH, staatl.)**
  siehe Wiesbaden

SAARBRÜCKEN — SAARLAND

Studentenwerk im Saarland e.V.:
Campus D4.1, 66123 Saarbrücken
info@stw-saarland.de
www.studentenwerk-saarland.de
Außenstelle Homburg, Universitätsklinikum
des Saarlandes Gebäude 74, 66424 Homburg
info@studentenwerk-saarland.de

- **Deutsch-Französische Hochschule (U, staatl.) www.dfh-ufa.org**
  Kohlweg 7/Villa Europa, 66123 Saarbrücken
  info@dfh-ufa.de

- **Deutsche Hochschule für Prävention und Gesundheitsmanagement (FH, privat)**
  www.dhfpg.de
  Studienzentrum Saarbrücken
  Hermann Neuberger Sportschule 3,
  66123 Saarbrücken
  Studienzentrum Berlin-Siemensdamm
  Siemensdamm 62 (Bauteil B/5.OG),
  13627 Berlin
  Studienzentrum Düsseldorf
  Franz-Rennefeld-Weg 5, 40472 Düsseldorf
  Studienzentrum Frankfurt
  Frankfurter Straße 21-25, 65760 Eschborn
  Studienzentrum Hamburg-Großmoorbogen
  Großmoorbogen 9, 21079 Hamburg-Harburg
  Studienzentrum Köln
  Kölner Straße 251, 51149 Köln
  Studienzentrum Leipzig
  Hohmannstraße 7, 04129 Leipzig ▶

ADRESSEN & LINKS 6

HOCHSCHULVERZEICHNIS

Studienzentrum München-Garching
Parkring 17, 85748 München-Garching
Studienzentrum Stuttgart
Fritz-Walter-Weg 19, 70372 Stuttgart
service-center@dhfpg.de
internationale Standorte:
Studienzentrum Wien
Liese Prokop-Platz 1, 2344 Maria Enzersdorf
(Österreich), austria@dhfpg.de
Studienzentrum Zürich
Albisriederstraße 226, 8047 Zürich (Schweiz)
schweiz@dhfpg.de

■ **Hochschule der Bildenden Künste Saar**
(KH, staatl.) www.hbksaar.de
Keplerstraße 3-5, 66117 Saarbrücken
info@hbksaar.de

■ **Hochschule für Musik Saar (KH, staatl.)**
www.hfm.saarland.de
Bismarckstraße 1, 66111 Saarbrücken
info@hfm.saarland.de

■ **Hochschule für Technik und Wirtschaft**
des Saarlandes (FH, staatl.)
www.htwsaar.de
Campus Alt-Saarbrücken
Goebenstraße 40, 66117 Saarbrücken
Campus Göttelborn Am Campus 4-5,
66287 Quierschied-Göttelborn
Campus Rothenbühl
Waldhausweg 14, 66123 Saarbrücken
Innovations Campus Saar Altenkessler
Straße 17 (Gebäude D2), 66115 Saarbrücken
Zentrum für Mechatronik und
Automatisierungstechnik
Gewerbepark Eschenberger Weg (Gebäude 9)
66121 Saarbrücken, info@htwsaar.de

■ **Universität des Saarlandes (U, staatl.)**
www.uni-saarland.de
Campus Saarbrücken
Campus, 66123 Saarbrücken
Campus Dudweiler
Am Markt (Zeile 1-6), 66125 Saarbrücken
Campus Meerwiesertalweg
Meerwiesertalweg 15, 66123 Saarbrücken
Campus Homburg, Kirrbergerstraße,
66421 Homburg, info@uni-saarland.de

SALZGITTER   NIEDERSACHSEN

■ **Ostfalia Hochschule für angewandte**
Wissenschaften (FH, staatl.)
siehe Wolfenbüttel

SANKT AUGUSTIN   NRW

Studierendenwerk Bonn:
Lennéstraße 3, 53113 Bonn

info@studierendenwerk-bonn.de
www.studierendenwerk-bonn.de

■ **Hochschule Bonn-Rhein-Sieg (FH, staatl.)**
www.h-brs.de
Campus Sankt Augustin
Grantham-Alle 20, 53757 Sankt Augustin
Campus Rheinbach
Von-Liebig-Straße 20, 53359 Rheinbach
Campus Hennef
Zum Steimelsberg 7, 53773 Hennef
studienberatung@h-brs.de

SCHMALKALDEN   THÜRINGEN

Studierendenwerk Thüringen:
Philosophenweg 22, 07743 Jena
poststelle@stw-thueringen.de
www.stw-thueringen.de

■ **Hochschule Schmalkalden – Hochschule**
für angewandte Wissenschaften
(FH, staatl.) www.hs-schmalkalden.de
Blechhammer 9, 98574 Schmalkalden
info@hs-schmalkalden.de

SCHNEEBERG   SACHSEN

■ **Westsächsische Hochschule Zwickau**
(FH, staatl.) siehe Zwickau

SCHWÄBISCH GMÜND   BW

Studierendenwerk Ulm:
James-Franck-Ring 8, 89081 Ulm
info@studierendenwerk-ulm.de
www.studierendenwerk-ulm.de

■ **Hochschule für Gestaltung Schwäbisch**
Gmünd (FH, staatl.) www.hfg-gmuend.de
Rektor-Klaus-Str. 100, 73525 Schwäbisch
Gmünd, info@hfg-gmuend.de

■ **Pädagogische Hochschule Schwäbisch**
Gmünd (U, staatl.) www.ph-gmuend.de
Oberbettringer Straße 200, 73525 Schwäbisch
Gmünd, info@ph-gmuend.de

SCHWÄBISCH HALL   BW

■ **Hochschule Heilbronn – Technik,**
Wirtschaft, Informatik (FH, staatl.)
siehe Heilbronn

SCHWALMSTADT   HESSEN

■ **Evangelische Hochschule Darmstadt**
(FH, kirchlich) siehe Darmstadt

SCHWEINFURT   BAYERN

■ **Hochschule für angewandte Wissen-**
schaften Würzburg-Schweinfurt
(FH, staatl.) siehe Würzburg

HOCHSCHULVERZEICHNIS

SCHWERIN — MECKLENBURG-VORPOMMERN

■ **Hochschule der Bundesagentur für Arbeit – staatlich anerkannte Hochschule für Arbeitsmarktmanagement (FH, staatl.)**
siehe Mannheim

SCHWETZINGEN — BADEN-WÜRTTEMBERG

■ **Fachhochschule Schwetzingen – Hochschule für Rechtspflege (FH, staatl.)**
www.fh-schwetzingen.de
Standort Schwetzingen
Karlsruher Straße 2, 68723 Schwetzingen
Standort Ulm (Außenkurse)
Söflinger Straße 70, 89077 Ulm
poststelle@hfr.justiz.bwl.de

SENFTENBERG — BRANDENBURG

■ **Brandenburgische Technische Universität Cottbus-Senftenberg (U, staatl.)**
siehe Cottbus

SIEGEN — NORDRHEIN-WESTFALEN

Studierendenwerk Siegen:
Hölderlinstraße 3, 57076 Siegen
info@studierendenwerk.uni-siegen.de
www.studierendenwerk-siegen.de

■ **Universität Siegen (U, staatl.)**
www.uni-siegen.de
Adolf-Reichwein-Straße 2a, 57076 Siegen
info.studienberatung@zsb.uni-siegen.de

SIGMARINGEN — BADEN-WÜRTTEMBERG

■ **Hochschule Albstadt-Sigmaringen (FH, staatl.)** www.hs-albsig.de
Campus Sigmaringen
Anton-Günther-Straße 51, 72488 Sigmaringen
Campus Albstadt Poststraße 6,
72458 Albstadt info@hs-albsig.de

SOEST — NORDRHEIN-WESTFALEN

■ **Fachhochschule Südwestfalen (FH, staatl.)** siehe Iserlohn

SPEYER — RHEINLAND-PFALZ

■ **Deutsche Universität für Verwaltungswissenschaften (U, staatl.)**
www.uni-speyer.de
Freiherr-vom-Stein-Straße 2, 67346 Speyer
rektorat@uni-speyer.de

STARNBERG — BAYERN

■ **Hochschule für den öffentlichen Dienst in Bayern (FH, staatl.)** siehe München

STEINFURT — NORDRHEIN-WESTFALEN

■ **Fachhochschule Münster (FH, staatl.)**
siehe Münster

STENDAL — SACHSEN-ANHALT

■ **Hochschule Magdeburg-Stendal (FH, staatl.)** siehe Magdeburg

STRALSUND — MV

Studierendenwerk Greifswald:
Am Schießwall 1-4, 17489 Greifswald
info@stw-greifswald.de, www.stw-greifswald.de

■ **Hochschule Stralsund (FH, staatl.)**
www.hochschule-stralsund.de
Zur Schwedenschanze 15, 18435 Stralsund
studienberatung@hochschule-stralsund.de

STRAUBING — BAYERN

■ **Hochschule für angewandte Wissenschaften Weihenstephan-Triesdorf (FH, staatl.)** siehe Freising

■ **Technische Universität München (U, staatl.)** siehe München

STUTTGART — BADEN-WÜRTTEMBERG

Studierendenwerk Stuttgart:
Rosenbergstraße 18, 70174 Stuttgart
info@sw-stuttgart.de
www.studierendenwerk-stuttgart.de

■ **AKAD University – AKAD Hochschule Stuttgart (FH, privat)** www.akad.de
Heilbronner Str. 86, 70191 Stuttgart
beratung@akad.de

■ **Duale Hochschule Baden-Württemberg (FH, staatl.)** www.dhbw.de
Standort Stuttgart
Rotebühlstraße 133, 70197 Stuttgart
info@dhbw-stuttgart.de
Campus Stuttgart/Horb
Florianstraße 15, 72160 Horb am Neckar
info@hb.dhbw-stuttgart.de
Standort Heidenheim
Marienstraße 20, 89518 Heidenheim
info@dhbw-heidenheim.de
Standort Heilbronn
Bildungscampus 4, 74076 Heilbronn
zentrale@heilbronn.dhbw.de
Center for Advanced Studies
Bildungscampus 13, 74076 Heilbronn
info@cas.dhbw.de
Standort Lörrach Hangstraße 46-50,
79539 Lörrach, info@dhbw-loerrach.de
Standort Mosbach
Lohrtalweg 10, 74821 Mosbach
janine.berger@mosbach.dhbw.de
Campus Mosbach/Bad Mergentheim
Schloss 2, 97980 Bad Mergentheim
janine.berger@mosbach.dhbw.de ▶

ADRESSEN & LINKS **6**

341

HOCHSCHULVERZEICHNIS

Standort Ravensburg
Marienplatz 2, 88212 Ravensburg
studieninfo@dhbw-ravensburg.de
Campus Ravensburg/Friedrichshafen
Fallenbrunnen 2, 88045 Friedrichshafen
studieninfo@dhbw-ravensburg.de
Standort Villingen-Schwenningen
Friedrich-Ebert-Straße 30, 78054 Villingen-
Schwenningen, info@dhbw-vs.de
Standort Karlsruhe
Erzbergerstraße 121, 76133 Karlsruhe
info@dhbw-karlsruhe.de
Standort Mannheim
Coblitzallee 1-9, 68163 Mannheim
info@dhbw-mannheim.de

- **Freie Hochschule Stuttgart – Seminar für Waldorfpädagogik (U, privat)**
www.freie-hochschule-stuttgart.de
Haußmannstraße 44a, 70188 Stuttgart
info@freie-hochschule-stuttgart.de

- **Hochschule der Medien Stuttgart (FH, staatl.)** www.hdm-stuttgart.de
Nobelstraße 10, 70569 Stuttgart
studienberatung@hdm-stuttgart.de

- **Hochschule für Kommunikation und Gestaltung (FH, privat)** www.hfk-bw.de
Standort Stuttgart, Kölner Straße 38,
70376 Stuttgart, stuttgart@hfk-bw.de
Standort Ulm, Schillerstraße 1/10, 89077 Ulm
ulm@hfk-bw.de

- **Hochschule für Technik Stuttgart (FH, staatl.)** www.hft-stuttgart.de
Schellingstraße 24, 70174 Stuttgart
info@hft-stuttgart.de

- **media Akademie – Hochschule Stuttgart (FH, privat)** www.media-hs.de
Kontaktdaten: Tübinger Straße 12-16
70178 Stuttgart, info@media-hs.de

- **Merz Akademie, Hochschule für Gestaltung, Kunst und Medien, Stuttgart (FH, privat)**
www.merz-akademie.de
Teckstraße 58, 70190 Stuttgart
info@merz-akademie.de

- **Staatliche Akademie der Bildenden Künste Stuttgart (KH, staatl.)**
www.abk-stuttgart.de
Am Weißenhof 1, 70191 Stuttgart
info@abk-stuttgart.de

- **Staatliche Hochschule für Musik und Darstellende Kunst Stuttgart (KH, staatl.)**
www.hmdk-stuttgart.de
Urbanstraße 25, 70182 Stuttgart
rektorat@hmdk-stuttgart.de

- **Universität Hohenheim (U, staatl.)**
www.uni-hohenheim.de
Schloss Hohenheim 1, 70599 Stuttgart
zsb@uni-hohenheim.de

- **Universität Stuttgart (U, staatl.)**
www.uni-stuttgart.de
Keplerstraße 7, 70174 Stuttgart
poststelle@uni-stuttgart.de

- **VWA Hochschule für berufsbegleitendes Studium (FH, privat)**
www.vwa-hochschule.de
Studienzentrum Stuttgart
Wolframstraße 32, 70191 Stuttgart
info@vwa-hochschule.de
Studienzentrum Freiburg
Eisenbahnstraße 56, 79098 Freiburg
freiburg@vwa-hochschule.de
Studienzentrum Ravensburg
Seestraße 7-9, 88212 Ravensburg
ravensburg@vwa-hochschule.de

SUDERBURG — NIEDERSACHSEN

- **Ostfalia Hochschule für angewandte Wissenschaften (FH, staatl.)**
siehe Wolfenbüttel

SULZBACH-ROSENBERG — BAYERN

- **Hochschule für den öffentlichen Dienst in Bayern (FH, staatl.)** siehe München

THARANDT — SACHSEN

- **Technische Universität Dresden (U, staatl.)**
siehe Dresden

TRIER — RHEINLAND-PFALZ

Studierendenwerk Trier:
Universitätsring 12 a, 54296 Trier
welcome@studiwerk.de, www.studiwerk.de

- **Hochschule Trier – Trier University of Applied Sciences (FH, staatl.)**
www.hochschule-trier.de
Hauptcampus, Schneidershof, 54293 Trier
Campus Gestaltung
Irminenfreihof 8, 54290 Trier
Umwelt-Campus Birkenfeld, Campusallee,
Gebäude 9914 , 55768 Hoppstädten-Weiers-
bach, info@hochschule-trier.de

ADRESSEN & LINKS

6

HOCHSCHULVERZEICHNIS

■ **Theologische Fakultät Trier
(ThH, kirchlich)** www.theologie-trier.de
Universitätsring 19, 54296 Trier
beck@uni-trier.de

■ **Universität Trier (U, staatl.)**
www.uni-trier.de
Universitätsring 15, 54296 Trier
info@uni-trier.de

TRIESDORF — BAYERN

■ **Hochschule für angewandte Wissenschaften Weihenstephan-Triesdorf
(FH, staatl.)** siehe Freising

TROSSINGEN — BADEN-WÜRTTEMBERG

Studierendenwerk Tübingen-Hohenheim:
Friedrichstraße 21, 72072 Tübingen
info@sw-tuebingen-hohenheim.de
www.my-stuwe.de

■ **Staatliche Hochschule für Musik
Trossingen (KH, staatl.)**
www.hfm-trossingen.de
Schultheiß-Koch-Platz 3, 78647 Trossingen
rektorat@mh-trossingen.de

TÜBINGEN — BADEN-WÜRTTEMBERG

Studierendenwerk Tübingen-Hohenheim:
Friedrichstraße 21, 72072 Tübingen
info@sw-tuebingen-hohenheim.de
www.my-stuwe.de

■ **Eberhard-Karls-Universität Tübingen
(U, staatl.)** www.uni-tuebingen.de
Geschwister-Scholl-Platz, 72074 Tübingen
info@uni-tuebingen.de

■ **Hochschule für Kirchenmusik
der Evangelischen Landeskirche
in Württemberg (KH, kirchlich)**
www.kirchenmusikhochschule.de
Gartenstraße 12, 72074 Tübingen
info@kirchenmusikhochschule.de

TUTTLINGEN — BADEN-WÜRTTEMBERG

■ **Hochschule Furtwangen – Informatik,
Technik, Wirtschaft, Medien, Gesundheit
(FH, staatl.)**
siehe Furtwangen im Schwarzwald

ULM — BADEN-WÜRTTEMBERG

Studierendenwerk Ulm:
James-Franck-Ring 8, 89081 Ulm
info@studierendenwerk-ulm.de
www.studierendenwerk-ulm.de

■ **Technische Hochschule Ulm (FH, staatl.)**
www.hs-ulm.de
Prittwitzstraße 10, 89075 Ulm
info@thu.de

■ **Universität Ulm (U, staatl.)**
www.uni-ulm.de
Albert-Einstein-Allee 11, 89081 Ulm
studiensekretariat@uni-ulm.de

VALLENDAR — RHEINLAND-PFALZ

■ **Otto-Beisheim School of Management
(U, privat)** www.whu.edu
Burgplatz 2, 56179 Vallendar,
whu@whu.edu

■ **Philosophisch-Theologische Hochschule
Vallendar (ThH, kirchlich)** www.pthv.de
Pallottistraße 3, 56179 Vallendar
info@pthv.de

VECHTA — NIEDERSACHSEN

Studentenwerk Osnabrück:
Ritterstraße 10, 49074 Osnabrück
info@sw-os.de
www.studentenwerk-osnabrueck.de

■ **Private Hochschule für Wirtschaft und
Technik Vechta/Diepholz (FH, privat)**
www.phwt.de
Rombergstraße 40, 49377 Vechta
info@phwt.de

■ **Universität Vechta (U, staatl.)**
www.uni-vechta.de
Driverstraße 22, 49377 Vechta
info@uni-vechta.de

VELBERT/HEILIGENHAUS — NRW

■ **Hochschule Bochum (FH, staatl.)**
siehe Bochum

VILLINGEN-SCHWENNINGEN — BW

Studentenwerk Freiburg-Schwarzwald:
Basler Straße 2, 79100 Freiburg
info@swfr.de, www.swfr.de

■ **Duale Hochschule Baden-Württemberg
(FH, staatl.)** siehe Stuttgart

■ **Fachhochschule Villingen-Schwenningen,
Hochschule für Polizei (FH, staatl.)**
www.hfpol-bw.de/index.php
Sturmbühlstraße 250
78054 Villingen-Schwenningen
villingen-schwenningen.hfp@polizei.bwl.de ▶

ADRESSEN & LINKS 6

HOCHSCHULVERZEICHNIS

- **Hochschule Furtwangen – Informatik, Technik, Wirtschaft, Medien, Gesundheit (FH, staatl.)**
siehe Furtwangen im Schwarzwald

WARBURG — NORDRHEIN-WESTFALEN

- **Technische Hochschule Ostwestfalen-Lippe (FH, staatl.)** siehe Lemgo

WARNEMÜNDE — MV

- **Hochschule Wismar – Technology, Business and Design (FH, staatl.)**
siehe Wismar

WASSERBURG — BAYERN

- **Hochschule für den öffentlichen Dienst in Bayern (FH, staatl.)** siehe München

WEDEL — SCHLESWIG-HOLSTEIN

Studentenwerk Schleswig-Holstein:
Westring 385, 24118 Kiel
information@studentenwerk.sh
www.studentenwerk.sh

- **Fachhochschule Wedel (FH, privat) www.fh-wedel.de**
Feldstraße 143, 22880 Wedel
sekretariat@fh-wedel.de

WEIDEN — BAYERN

- **Ostbayerische Technische Hochschule Amberg-Weiden (FH, staatl.)** siehe Amberg

WEIMAR — THÜRINGEN

Studierendenwerk Thüringen:
Philosophenweg 22, 07743 Jena
poststelle@stw-thueringen.de
www.stw-thueringen.de

- **Bauhaus-Universität Weimar (U, staatl.) www.uni-weimar.de**
Geschwister-Scholl-Straße 15, 99423 Weimar
studium@uni-weimar.de

- **Hochschule für Musik „Franz Liszt" Weimar (KH, staatl.) www.hfm-weimar.de**
Platz der Demokratie 2/3, 99423 Weimar
signe.pribbernow@hfm-weimar.de

WEINCAMPUS NEUSTADT — RP

- **Hochschule für Wirtschaft und Gesellschaft Ludwigshafen (FH, staatl.)**
siehe Ludwigshafen

WEINGARTEN — BADEN-WÜRTTEMBERG

Seezeit – Studentenwerk Bodensee:
Universitätsstraße 10, 78464 Konstanz
servicecenter@seezeit.com, www.seezeit.com

- **Hochschule Ravensburg-Weingarten, Technik – Wirtschaft – Sozialwesen (FH, staatl.) www.rwu.de**
Doggenriedstraße, 88250 Weingarten
info@rwu.de

- **Pädagogische Hochschule Weingarten (U, staatl.) www.ph-weingarten.de**
Kirchplatz 2, 88250 Weingarten
poststelle@ph-weingarten.de

WEISSENBURG — BAYERN

- **Hochschule für angewandte Wissenschaften Ansbach (FH, staatl.)**
siehe Ansbach

WERMELSKIRCHEN — NRW

- **Rheinische Fachhochschule Köln (FH, privat)** siehe Köln

WERNIGERODE — SACHSEN-ANHALT

Studentenwerk Magdeburg:
Johann-Gottlob-Nathusius-Ring 5, 39106 Magdeburg, geschaeftsfuehrung@studentenwerk-magdeburg.de
www.studentenwerk-magdeburg.de

- **Hochschule Harz, Hochschule für angewandte Wissenschaften (FH, staatl.) www.hs-harz.de**
Standort Wernigerode
Friedrichstraße 57-59, 38855 Wernigerode
Standort Halberstadt
Domplatz 16, 38820 Halberstadt
info@hs-harz.de

WETZLAR — HESSEN

- **Technische Hochschule Mittelhessen (FH, staatl.)** siehe Gießen

WIESBADEN — HESSEN

Studentenwerk Frankfurt am Main:
Bockenheimer Landstraße 133, 60325 Frankfurt, info@studentenwerkfrankfurt.de
www.studentenwerkfrankfurt.de

- **EBS Universität für Wirtschaft und Recht, Wiesbaden (U, privat) www.ebs.edu**
Business School
Rheingaustraße 1, 65375 Oestrich-Winkel
Law School
Gustav-Stresemann-Ring 3, 65189 Wiesbaden
info@ebs.edu

- **Hessische Hochschule für Polizei und Verwaltung (FH, staatl.) www.hfpv.de**
Schönbergstraße 100, 65199 Wiesbaden
rektorat@hfpv-hessen.de

ADRESSEN & LINKS

6

344

HOCHSCHULVERZEICHNIS

- **Hochschule des Bundes für öffentliche Verwaltung (FH, staatl.)** siehe Brühl

- **Hochschule RheinMain (FH, staatl.)**
  www.hs-rm.de
  Kurt-Schumacher-Ring 18, 65197 Wiesbaden
  studieren@hs-rm.de

WILDAU — BRANDENBURG

Studentenwerk Potsdam:
Babelsberger Straße 2, 14473 Potsdam
post@studentenwerk-potsdam.de
www.studentenwerk-potsdam.de

- **Technische Hochschule Wildau (FH, staatl.)**
  www.th-wildau.de
  Hochschulring 1, 15745 Wildau
  hochschulkommunikation@th-wildau.de

WILHELMSHAVEN — NIEDERSACHSEN

Studentenwerk Oldenburg:
Uhlhornsweg 49-55, 26129 Oldenburg
info@sw-ol.de,
www.studentenwerk-oldenburg.de

- **Jade Hochschule Wilhelmshaven/Oldenburg/Elsfleth (FH, staatl.)**
  www.jade-hs.de
  Studienort Wilhelmshaven
  Friedrich-Paffrath-Straße 101
  26389 Wilhelmshaven
  Studienort Oldenburg
  Ofener Str. 16, 26121 Oldenburg
  Studienort Elsfleth
  Weserstr. 52, 26931 Elsfleth
  Weitere Standorte: www.jade-hs.de/unsere-hochschule/wir-stellen-uns-vor/studienorte, zsb@jade-hs.de

WISMAR — MECKLENBURG-VORPOMMERN

Studierendenwerk Rostock-Wismar:
St.-Georg-Straße 104-107, 18055 Rostock
info@stw-rw.de, www.stw-rw.de

- **Hochschule Wismar – Technology, Business and Design (FH, staatl.)**
  www.hs-wismar.de
  Philipp-Müller-Straße 14, 23966 Wismar
  servicepoint@hs-wismar.de

WITTEN — NORDRHEIN-WESTFALEN

Studentenwerk Witten:
Alfred-Herrhausen-Straße 50, 58455 Witten
hochschulwerk@uni-wh.de
www.hochschulwerk.de

- **Hochschule für Kirchenmusik der Evangelischen Kirche von Westfalen (KH, kirchlich)** siehe Herford

- **Private Universität Witten/Herdecke (U, privat)** www.uni-wh.de
  Alfred-Herrhausen-Straße 50, 58448 Witten
  studium@uni-wh.de

WITZENHAUSEN — HESSEN

- **Universität Kassel (U, staatl.)**
  siehe Kassel

WOLFENBÜTTEL — NIEDERSACHSEN

Studierendenwerk OstNiedersachsen:
Katharinenstraße 1, 38106 Braunschweig
info@stw-on.de, www.stw-on.de

- **Ostfalia Hochschule für angewandte Wissenschaften (FH, staatl.)**
  www.ostfalia.de
  Salzdahlumer Straße 46/48
  38302 Wolfenbüttel, zsb@ostfalia.de
  Studierenden-Servicebüro Salzgitter
  Karl-Scharfenberg-Straße 55-57
  38229 Salzgitter, ssb-sz@ostfalia.de
  Studierenden-Servicebüro Suderburg
  Herbert-Meyer-Str. 7, 29556 Suderburg
  ssb-sud@ostfalia.de
  Studierenden-Servicebüro Wolfenbüttel
  Salzdahlumer Str. 46/48, 38302 Wolfenbüttel
  ssb-wf@ostfalia.de
  Studierenden-Servicebüro Wolfsburg
  Robert-Koch-Platz 8a, 38440 Wolfsburg
  ssb-wob@ostfalia.de

WOLFSBURG — NIEDERSACHSEN

- **Ostfalia Hochschule für angewandte Wissenschaften (FH, staatl.)**
  siehe Wolfenbüttel

WORMS — RHEINLAND-PFALZ

Studierendenwerk Vorderpfalz:
Xylanderstraße 17, 76829 Landau an der Pfalz
info@stw-vp.de, www.stw-vp.de

- **Hochschule Worms (FH, staatl.)**
  www.hs-worms.de
  Erenburger Straße 19, 67549 Worms
  kontakt@hs-worms.de

WUPPERTAL — NORDRHEIN-WESTFALEN

Hochschul-Sozialwerk Wuppertal – Studierendenwerk:
Max-Horkheimer-Straße 15, 42119 Wuppertal
info@hsw.uni-wuppertal.de
www.hochschul-sozialwerk-wuppertal.de ▶

ADRESSEN & LINKS 6

HOCHSCHULVERZEICHNIS

- **Bergische Universität Wuppertal
  (U, staatl.)** www.uni-wuppertal.de
  Gaußstraße 20, 42119 Wuppertal
  zsb@uni-wuppertal.de

- **Hochschule für Musik und Tanz Köln
  (KH, staatl.)** siehe Köln

- **Kirchliche Hochschule Wuppertal/Bethel
  Hochschule für Kirche und Diakonie
  (U, kirchlich)** www.kiho-wb.de
  Missionsstraße 9a/b, 42285 Wuppertal
  info@kiho-wb.de

WÜRZBURG   BAYERN

Studentenwerk Würzburg:
Am Studentenhaus, 97072 Würzburg
Kontaktformular unter
www.studentenwerk-wuerzburg.de/kontakt.html
www.studentenwerk-wuerzburg.de

- **Hochschule für angewandte Wissen-
  schaften Würzburg-Schweinfurt
  (FH, staatl.)** www.fhws.de
  Abteilung Würzburg
  Münzstraße 12, 97070 Würzburg
  Abteilung Schweinfurt
  Ignaz-Schön-Straße 11, 97421 Schweinfurt
  servicezentrale-sw@fhws.de

- **Hochschule für Musik Würzburg
  (KH, staatl.)** www.hfm-wuerzburg.de
  Hofstallstraße 6-8, 97070 Würzburg
  hochschule@hfm-wuerzburg.de

- **Julius-Maximilians-Universität Würzburg
  (U, staatl.)** www.uni-wuerzburg.de
  Sanderring 2, 97070 Würzburg
  info@uni-wuerzburg.de

ZITTAU   SACHSEN

Studentenwerk Dresden:
Fritz-Löffler-Straße 18, 01069 Dresden
info@studentenwerk-dresden.de
www.studentenwerk-dresden.de

- **Hochschule Zittau/Görlitz (FH, staatl.)**
  www.hszg.de
  Standort Zittau
  Theodor-Körner-Allee 16, 02763 Zittau
  Standort Görlitz
  Brückenstr. 1, 02826 Görlitz
  info@hszg.de

- **Technische Universität Dresden (U, staatl.)**
  siehe Dresden

ZWEIBRÜCKEN   RHEINLAND-PFALZ

- **Hochschule Kaiserslautern (FH, staatl.)**
  siehe Kaiserslautern

ZWICKAU   SACHSEN

Studentenwerk Chemnitz-Zwickau:
Standort Chemnitz, Thüringer Weg 3
09126 Chemnitz, info@swcz.de
Standort Zwickau, Innere Schneeberger Straße 23, 08056 Zwickau
info-zwickau@swcz.de, www.swcz.de

- **Westsächsische Hochschule Zwickau
  (FH, staatl.)** www.fh-zwickau.de
  Kornmarkt 1, 08056 Zwickau
  studienberatung@fh-zwickau.de
  Hochschulbereich Reichenbach
  Klinkhardtstraße 30, 08468 Reichenbach
  Hochschulbereich Schneeberg
  Goethestraße 1, 08289 Schneeberg
  Hochschulbereich Markneukirchen
  Adorfer Straße 38, 08258 Markneukirchen

6.2 Anschriften und Internetadressen der Berufsakademien

In diesem Kapitel finden Sie Kontaktinformationen zu den Berufsakademien.

Baden-Württemberg

- **ISBA gGmbJ – Internationale
  Studien- und Berufsakademie Freiburg**
  Kronenstraße 2-4, 79100 Freiburg
  Tel. 0761/791999-70, Fax 0761/791999-89
  office@isba-freiburg.de,
  www.isba-freiburg.de

Hamburg

- **Berufsakademie Hamburg gGmbH**
  Zum Handwerkszentrum 1, 21079 Hamburg
  Tel. 040/35905-560, Fax 040/35905-44560
  info@ba-hamburg.de
  www.ba-hamburg.de

BERUFSAKADEMIEN

Hessen

- **Internationale Berufsakademie der F+U Unternehmensgruppe gGmbH**
Poststraße 4-6, 64293 Darmstadt
Tel. 06151/492488-0, Fax 06151/492488-29
info@ibadual.com, www.ibadual.com
Außenstellen in
Berlin (www.ibadual.com/Berlin)
Bochum (www.ibadual.com/Bochum)
Erfurt (www.ibadual.com/Erfurt)
Hamburg (www.ibadual.com/Hamburg)
Heidelberg (www.ibadual.com/Heidelberg)
Kassel (www.ibadual.com/Kassel)
Köln (www.ibadual.com/Koeln)
Leipzig (www.ibadual.com/Leipzig)
München (www.ibadual.com/Muenchen)
Nürnberg (www.ibadual.com/Nuernberg)

- **Private Berufsakademie Fulda – University of Cooperative Education gGmbH**
Rabanusstr. 40-42, 36037 Fulda
Tel. 0661/90272-0
info@ba-fulda.de, www.ba-fulda.de

- **Europäische Studienakademie Kälte-Klima-Lüftung ESaK**
Theo-Mack-Straße 3, 63477 Maintal
Tel. 06109/6954-40, Fax 06109/6954-21
info@esak.de, www.esak.de

- **Berufsakademie Rhein-Main – University of Cooperative Education**
Am Schwimmbad 3, 63322 Rödermark
Tel. 06074/3101-120, Fax 06074/3101-121
info@ba-rm.de, www.ba-rm.de

- **Brüder-Grimm-Berufsakademie Hanau GmbH**
Akademiestraße 52, 63450 Hanau
Tel. 06181/67646-40, Fax 06181/67646-44
studierendensekretariat@bg-ba.de
www.bg-ba.de

- **Deutsche Berufsakademie Sport und Gesundheit**
Stettiner Straße 4, 34225 Baunatal
Tel. 05601/5809130, Fax 05601/8050
info@dba-baunatal.de, www.dba-baunatal.de

- **Akademie für Tonkunst Darmstadt**
Ludwigshöhstraße 120, 64285 Darmstadt
Tel. 06151/96640, Fax 06151/966-413
aftd@darmstadt.de
www.akademie-fuer-tonkunst.de

- **Dr. Hoch's Konservatorium – Musikakademie Frankfurt am Main**
Sonnemannstraße 16, 60314 Frankfurt a.M.
Tel. 069/212-44822, Fax 069/212-44833
info@dr-hochs.de, www.dr-hochs.de

- **Landesmusikakademie Hessen**
Gräfin-Anna-Straße 4, 36110 Schlitz
Tel. 06642/9113-0, Fax 06642/9113-29
info@lmah.de
www.landesmusikakademie-hessen.de

- **Musikakademie der Stadt Kassel „Louis Spohr"**
Karlsplatz 7, 34117 Kassel
Tel. 0561/787-4180, Fax 0561/787-4182
musikakademie@kassel.de
www.musikakademie-kassel.de

- **Wiesbadener Musikakademie**
Schillerplatz 1-2, 65185 Wiesbaden
Tel. 0611/313044, Fax 0611/313918
musikakademie@wiesbaden.de
www.wma-wiesbaden.de

Niedersachsen

- **Verwaltungs- und Wirtschaftsakademie und Berufsakademie Göttingen**
Königsstieg 94, 37081 Göttingen
Tel. 0551/400-4570, Fax 0551/400-624570
vwa@goettingen.de
www.vwa-goettingen.de

- **Berufsakademie für Bankwirtschaft (für das Hauptstudium)**
Hannoversche Straße 149, 30627 Hannover
Tel. 0511/9574-5550, Fax 0511/9574-5815
berufsakademie@genossenschaftsverband.de
www.ba-bankwirtschaft.de

- **Berufsakademie Wilhelmshaven**
Albrechtstraße 1, 26388 Wilhelmshaven
Tel. 04421/9873330, Fax 04421/988412
info@ba-whv
www.berufsakademie-wilhelmshaven.de

- **Verwaltungs- und Wirtschaftsakademie Berufsakademie Lüneburg e.V.**
Wichernstr. 34, Eingang B, 21335 Lüneburg
Tel. 04131/34696, Fax 04131/380410
info@vwa-lueneburg.de
https://vwa-lueneburg.de ▶

BERUFSAKADEMIEN

■ **Berufsakademie Holztechnik Melle e.V.**
Sandweg 1, 49324 Melle
Tel. 05422/922997-0, Fax 05422/922997-15
mail@ba-melle.de
www.ba-melle.de

■ **Berufsakademie für IT und Wirtschaft Oldenburg**
Industriestraße 6, 26121 Oldenburg
Tel. 0441/9722-120, Fax 0441/9722-775
service@ibs-ol.de
www.ibs-ol.de

■ **Welfenakademie Berufsakademie**
Salzdahlumer Straße, 160 38126 Braunschweig
Tel. 0531/21488-0, Fax 0531/21488-88
info@welfenakademie.de
www.welfenakademie.de

Saarland

■ **ASW – Akademie der Saarwirtschaft**
Zum Eisenwerk 2, 66538 Neunkirchen
Tel. 06821/98390-0, Fax 06821/98390-10
info@asw-berufsakademie.de
www.asw-berufsakademie.de

■ **Berufsakademie für Gesundheits- und Sozialwesen Saarland**
Konrad-Zuse-Straße 3a, 66115 Saarbrücken
sekretariatbagss.de@bagss.de
www.shg-kliniken.de/bagss

■ **ISBA Internationale Studien- und Berufsakademie gGmbH**
Trierer Straße 8, 66111 Saarbrücken
Tel. 0681/948880
beratung@isba-studium.de
www.isba-studium.de

Sachsen

■ **Berufsakademie Sachsen – Staatliche Studienakademie Bautzen**
Löbauer Straße 1, 02625 Bautzen
Tel. 03591/35300
info.bautzen@ba-sachsen.de
www.ba-bautzen.de

■ **Berufsakademie Sachsen – Staatliche Studienakademie Breitenbrunn**
Schachtstraße 128, 08359 Breitenbrunn
Tel. 037756/70-0, Fax 037756/70-119
info.breitenbrunn@ba-sachsen.de
www.ba-breitenbrunn.de

■ **Berufsakademie Sachsen – Staatliche Studienakademie Dresden**
Hans-Grundig-Straße 25, 01307 Dresden
Tel. 0351/44722-0, Fax 0351/44722-299
info.dresden@ba-sachsen.de
www.ba-dresden.de

■ **Berufsakademie Sachsen – Staatliche Studienakademie Glauchau**
Kopernikusstraße 51, 08371 Glauchau
Tel. 03763/173-0, Fax 03763/173-164
info@ba-glauchau.de, www.ba-glauchau.de

■ **Berufsakademie Sachsen – Staatliche Studienakademie Leipzig**
Schönauer Straße 113a, 04207 Leipzig
Tel. 0341/42743-330, Fax 0341/42743-331
info.leipzig@ba-sachsen.de, www.ba-leipzig.de

■ **Berufsakademie Sachsen – Staatliche Studienakademie Plauen**
Schloßberg 1, 08523 Plauen
Tel. 03741/5709-110, Fax 03741/5709-119
info.plauen@ba-sachsen.de
www.ba-plauen.de

■ **Berufsakademie Sachsen – Staatliche Studienakademie Riesa**
Rittergutsstraße 6, 01591 Riesa
Tel. 03525/707-500, Fax 03525/733-613
info.riesa@ba-sachsen.de
www.ba-riesa.de ■

BERATUNGSANGEBOTE DER AGENTUREN FÜR ARBEIT

6.3 Beratungsangebote der Agenturen für Arbeit

Wenn Sie noch keine klare Vorstellung über Ihre berufliche Zukunft haben, dann sollte Ihr Weg Sie zunächst in die Berufsberatung der Agentur für Arbeit und in eines der 180 Berufsinformationszentren (BiZ) führen.

Agenturen für Arbeit, Berufsinformationszentren

Auf dem **Online-Portal** der Bundesagentur für Arbeit finden Sie unter www.arbeitsagentur.de wichtige Informationen, Hinweise und weiterführende Links und Downloads zu allen Fragen der Berufswahl. „Was passt zu mir?" – Das Selbsterkundungstool **Check-U** ist der perfekte Einstieg in die Berufsorientierung. Das Erkundungstool unter www.arbeitsagentur.de/bildung/welche-ausbildung-welches-studium-passt zeigt Ihnen, welche Ausbildung oder welches Studium zu Ihren Stärken und Interessen passt.

Sie möchten persönlich mit einer **Berufsberaterin oder einem Berufsberater** über Ihre Fragen zur Berufs- und Studienwahl reden? Dann sollten Sie einen Termin für ein Beratungsgespräch vereinbaren. Das geht so:

- Sprechen Sie die Beraterin bzw. den Berater während der Sprechzeiten in Ihrer Schule an.
- Vereinbaren Sie telefonisch einen Gesprächstermin in Ihrer örtlichen Agentur für Arbeit, einen telefonischen Beratungstermin oder eine Videoberatung unter der **kostenlosen Service-Nummer 0800/4555500**.
- Melden Sie sich auf www.arbeitsagentur.de durch einen Klick auf „Kontakt" und den Button „Termin zur Berufsberatung anfragen" an. Das Online-Formular wird über eine gesicherte Internetverbindung an die Agentur für Arbeit gesendet.

Die **Anschrift** Ihrer Agentur für Arbeit sowie des Berufsinformationszentrums (BiZ), das Sie jederzeit zu den üblichen Öffnungszeiten ohne Terminvereinbarung aufsuchen können, finden Sie über www.arbeitsagentur.de > „Finden Sie Ihre Dienststelle" und im Buch auf Seite 351f.

Zentrale Auslands- und Fachvermittlung (ZAV) der Bundesagentur für Arbeit

Die Zentrale Auslands- und Fachvermittlung (ZAV) bündelt die internationalen Dienstleistungen der Bundesagentur für Arbeit. Die ZAV informiert und berät zu den Themen Ausbildung, Studium und Arbeiten im Ausland und ausländische Fachkräfte und alle, die in Deutschland studieren oder eine Ausbildung machen wollen. (www.arbeitsagentur.de/fuer-menschen-aus-dem-ausland/beratung-arbeiten-in-deutschland)

Das Customer Center der ZAV ist aus dem deutschen Festnetz unter der Telefonnummer **0228/7131313** zu erreichen. Das Team beantwortet Fragen, versendet Informationsmaterial oder vermittelt für eine weitergehende Beratung den persönlichen Kontakt zu einem*einer persönlichen Ansprechpartner*in der Auslandsvermittlung der ZAV.

Ergänzt wird die Dienstleistung der ZAV durch die Aktivitäten der Berater*innen von EURES, dem Netzwerk der europäischen Arbeitsverwaltungen. Zusätzlich stehen in den Berufsinformationszentren der Agenturen EURES-Assistent*innen als erste Ansprechpartner*innen für Fragen rund um die europäischen Arbeits- und Bildungsmärkte zur Verfügung.

Im Internet erhalten Sie erste Informationen zu Ausbildung, Studium, Jobs & Praktika und Arbeiten im Ausland unter: www.zav.de

Anschriften:

- **Internationaler Personalservice Berlin**
  Friedrichstraße 39, 10969 Berlin
  Team-Tel. 030/555599-6700
  zav-ips-berlin-brandenburg@arbeitsagentur.de

- **Internationaler Personalservice Bremen**
  Osterholzer Heerstraße 69, 28307 Bremen
  Team-Tel. 0421/178-1234
  zav-ips-niedersachsen-bremen@arbeitsagentur.de

- **Internationaler Personalservice Dortmund**
  Karl-Harr-Straße 5, 44263 Dortmund
  Team-Tel. 0231/427819-24
  zav-ips-nordrhein-westfalen@arbeitsagentur.de ▶

ADRESSEN & LINKS 6

BERATUNGSANGEBOTE DER AGENTUREN FÜR ARBEIT

- **Internationaler Personalservice Dresden**
  Budapester Straße 30, 01069 Dresden
  Team-Tel. 0351/2885-1855
  zav-ips-sachsen@arbeitsagentur.de

- **Internationaler Personalservice Erfurt**
  Max-Reger-Straße 1, 99096 Erfurt
  Team-Tel. 0361/302-1515
  zav-ips-sachsen-anhalt-thueringen@arbeitsagentur.de

- **Internationaler Personalservice Frankfurt**
  Emil-von-Behring-Straße 10a
  60439 Frankfurt am Main
  Team-Tel. 069/59768-109
  zav-ips-hessen@arbeitsagentur.de

- **Internationaler Personalservice Hamburg**
  Kurt-Schumacher-Allee 16,
  20097 Hamburg
  Team-Tel. 040/2485-3560
  zav-ips-nord@arbeitsagentur.de

- **Internationaler Personalservice Magdeburg**
  Hohepfortestraße 37, 39104 Magdeburg
  Team-Tel. 0228/50208-6801
  zav-ips-sachsen-anhalt-thueringen@arbeitsagentur.de

- **Internationaler Personalservice Nürnberg**
  Südwestpark 60, 90449 Nürnberg
  Team-Tel. 0911/529-4410
  zav-ips-bayern@arbeitsagentur.de

- **Internationaler Personalservice Rostock**
  Kopernikusstraße 1a, 18057 Rostock
  Team-Tel. 0381/804-1270
  zav-ips-nord@arbeitsagentur.de

- **Internationaler Personalservice Stuttgart**
  Bahnhofstraße 29, 70372 Stuttgart-Bad Cannstatt, Team-Tel. 0228-7131313
  zav-ips-baden-wuerttemberg@arbeitsagentur.de

- **Internationaler Personalservice Trier**
  Dasbachstraße 9, 54292 Trier
  Team-Tel. 0651/205-7800
  zav-ips-rheinland-pfalz-saarland@arbeitsagentur.de

- **Customer Center der ZAV**
  Tel. 0228/7131313
  make-it-in-germany@arbeitsagentur.de ∎

BERATUNGSANGEBOTE DER AGENTUREN FÜR ARBEIT

 Agenturen für Arbeit und Berufsinformationszentren (BiZ)

Die wichtigsten Rufnummern im Überblick:
Arbeitnehmer*innen / Arbeitsuchende und Berufsberatungstermine: **0800/45555-00**
Familienkasse:
Infos allgemein: **0800/45555-30**
(kostenfrei aus allen deutschen Fest- und Handynetzen)

Eine Terminvereinbarung bei der Berufsberatung Ihrer Agentur für Arbeit ist auch online möglich unter: www.arbeitsagentur.de > Kontakt > Terminvereinbarung

Regionaldirektion Baden-Württemberg

78628	Rottweil	Marxstr. 12
78050	Vill.-Schwenningen	Lantwattenstraße 2
89073	Ulm	Wichernstr. 5
70191	Stuttgart	Nordbahnhofstr. 30-34
97941	Tauberbischofsheim	Pestalozziallee 17
74523	Schwäbisch Hall	Bahnhofstr. 18
71332	Waiblingen	Mayenner Str. 60
72764	Reutlingen	Albstraße 83
77654	Offenburg	Weingartenstrasse 3
75172	Pforzheim	Luisenstr. 32
72202	Nagold	Bahnhofstraße 37
68161	Mannheim	M 3
71638	Ludwigsburg	Stuttgarter Str. 53/55
79539	Lörrach	Brombacher Straße 2
88212	Ravensburg	Schützenstr.69
78467	Konstanz	Stromeyersdorfstr. 1
76437	Rastatt	Karlstraße 18
76135	Karlsruhe	Brauerstr. 10
74074	Heilbronn	Rosenbergstr. 50
69115	Heidelberg	Kaiserstr. 69-71
73033	Göppingen	Mörikestr. 15
79106	Freiburg	Lehener Straße 77
72336	Balingen	Stingstraße 17
73430	Aalen	Julius-Bausch-Str.12
70174	Stuttgart	Hölderlinstr. 36

Regionaldirektion Bayern

94469	Deggendorf	Hindenburgstraße 32 u. 34
86153	Augsburg	Wertachstraße 28
97072	Würzburg	Schießhausstraße 9
91781	Weißenburg	Schwärzgasse 1
92637	Weiden	Weigelstr. 24
97421	Schweinfurt	Kornacherstr. 6
92224	Amberg	Jahnstr. 4
93053	Regensburg	Galgenbergstr. 24
90443	Nürnberg	Richard-Wagner-Platz 5
90762	Fürth	Ludwig-Quellen-Straße 20
96050	Bamberg	Mannlehenweg 27
96450	Coburg	Kanonenweg 25
95032	Hof	Äußere Bayreuther Str. 2
95444	Bayreuth	Casselmannstr. 6
63739	Aschaffenburg	Goldbacher Straße 25-27
91522	Ansbach	Schalkhäuser Str. 40

Regionaldirektion Berlin-Brandenburg

10969	Berlin	Friedrichstr. 39
14059	Berlin	Königin-Elisabeth-Straße 49
12057	Berlin	Sonnenallee 282
14478	Potsdam	Horstweg 102-108
16816	Neuruppin	Trenckmannstr. 15
15230	Frankfurt (Oder)	Heinrich-von-Stephan-Str. 2
16225	Eberswalde	Bergerstr. 30
03046	Cottbus	Bahnhofstr. 10

Regionaldirektion Hessen

65197	Wiesbaden	Klarenthaler Str. 34
63067	Offenbach	Domstraße 68
35039	Marburg	Afföllerstraße 25
35576	Wetzlar	Sophienstr. 19
65549	Limburg	Ste.-Foy-Str. 23
34497	Korbach	Louis-Peter-Str. 49 - 51
34127	Kassel	Lewinskistr. 6
61352	Bad Homburg	Ober-Eschbacher-Str. 109
63442	Hanau	Am Hauptbahnhof 1
35390	Gießen	Nordanlage 60
60311	Frankfurt am Main	Fischerfeldstraße 10-12
64295	Darmstadt	Groß-Gerauer-Weg 7
36037	Fulda	Rangstr. 4
36251	Bad Hersfeld	Vitalisstr. 1
60528	Frankfurt am Main	Saonestraße 2-4

Regionaldirektion Niedersachsen-Bremen

31582	Nienburg	Verdener Str. 21
49374	Vechta	Rombergstraße 51
21680	Stade	Harburger Str. 1
49080	Osnabrück	Johannistorwall 56
26382	Wilhelmshaven	Schillerstraße 37
26122	Oldenburg	Stau 70
48527	Nordhorn	Stadtring 9
21335	Lüneburg	An den Reeperbahnen 2
31134	Hildesheim	Am Marienfriedhof 3
38440	Wolfsburg	Porschestr.2
30169	Hannover	Escherstr. 17
31785	Hameln	Süntelstr. 6
37081	Göttingen	Bahnhofsallee 5
26789	Leer	Jahnstraße 6
26723	Emden	Schlesierstr. 10
29223	Celle	Georg-Wilhelm-Str. 14
27570	Bremerhaven	Grimsbystraße 1
28195	Bremen	Doventorsteinweg 48-52
38118	Braunschweig	Cyriaksring 10

BERATUNGSANGEBOTE DER AGENTUREN FÜR ARBEIT

38642	Goslar	Robert-Koch-Str. 11
29525	Uelzen	Lüneburger Str. 72
27283	Verden	Lindhooperst. 9

Regionaldirektion Nord

24534	Neumünster	Brachenfelder Str. 45
23560	Lübeck	Hans-Böckler-Str. 1
24143	Kiel	Adolf-Westphal-Str. 2
24746	Heide	Rungholtstraße 1
20097	Hamburg	Kurt-Schumacher-Allee 16
24939	Flensburg	Waldstraße 2
25335	Elmshorn	Bauerweg 23
23843	Bad Oldesloe	Berliner Ring 8-10
18437	Stralsund	Carl-Heydemann-Ring 98
19057	Schwerin	Am Margaretenhof 18
18057	Rostock	Kopernikusstr. 1a
17034	Neubrandenburg	Ponyweg 37
17489	Greifswald	Am Gorzberg Haus 7
24106	Kiel	Projensdorfer Str. 82

Regionaldirektion Nordrhein-Westfalen

42699	Solingen	Kamper Str. 35
42285	Wuppertal	Hünefeldstr. 10 a
46483	Wesel	Reeser Landstr. 61
59872	Meschede	Brückenstraße 10
59494	Soest	Heinsbergplatz 6
57072	Siegen	Emilienstr. 45
48431	Rheine	Dutumer Str. 5
45657	Recklinghausen	Görresstr. 15
33102	Paderborn	Bahnhofstr. 26
46045	Oberhausen	Mülheimer Straße 36
48155	Münster	Martin-Luther-King-Weg 18-22
59229	Ahlen	Bismarckstraße 10
41065	Mönchengladbach	Lürriper Str. 78 - 80
40822	Mettmann	Marie-Curie-Str. 1-5
47799	Krefeld	Philadelphiastr.2
50829	Köln	Butzweilerhofallee 1
58636	Iserlohn	Brausestr. 13-15
32049	Herford	Hansastr. 33
59065	Hamm	Bismarckstr. 2
58095	Hagen	Mariengasse 3
45879	Gelsenkirchen	Vattmannstr. 12
45127	Essen	Berliner Platz 10
47058	Duisburg	Wintgensstraße 29-33
40237	Düsseldorf	Grafenberger Allee 300
44147	Dortmund	Steinstr. 39
32758	Detmold	Wittekindstraße 2
48653	Coesfeld	Holtwickerstraße 1
50321	Brühl	Wilhelm-Kamm-Str. 1
53123	Bonn	Villemombler Straße 101
44789	Bochum	Universitätsstr. 66
33602	Bielefeld	Werner-Bock-Str. 8
51465	Bergisch Gladbach	Bensberger Str. 85
52351	Düren	Moltkestr. 49
52072	Aachen	Roermonder Str. 51
40474	Düsseldorf	Josef-Gockeln-Str. 7

Regionaldirektion Rheinland-Pfalz-Saarland

31582	Nienburg	Verdener Str. 21
49374	Vechta	Rombergstraße 51
21680	Stade	Harburger Str. 1
49080	Osnabrück	Johannistorwall 56
26382	Wilhelmshaven	Schillerstraße 37
26122	Oldenburg	Stau 70
48527	Nordhorn	Stadtring 9
21335	Lüneburg	An den Reeperbahnen 2
31134	Hildesheim	Am Marienfriedhof 3
38440	Wolfsburg	Porschestr.2
30169	Hannover	Escherstr. 17
31785	Hameln	Süntelstr. 6
37081	Göttingen	Bahnhofsallee 5
26789	Leer	Jahnstraße 6
26723	Emden	Schlesierstr. 10
29223	Celle	Georg-Wilhelm-Str. 14
27570	Bremerhaven	Grimsbystraße 1
28195	Bremen	Doventorsteinweg 48-52
38118	Braunschweig	Cyriaksring 10
38642	Goslar	Robert-Koch-Str. 11
29525	Uelzen	Lüneburger Str. 72
27283	Verden	Lindhooperst. 9

Regionaldirektion Sachsen

9130	Chemnitz	Glockenstr. 1
08056	Zwickau	Werdauer Str. 18
09599	Freiberg	Annaberger Straße 22A
01587	Riesa	Rudolf-Breitscheid-Str. 35
08523	Plauen	Neundorfer Str. 70-72
01796	Pirna	Seminarstr. 9
04758	Oschatz	Oststraße 3
04159	Leipzig	Georg-Schumann-Str. 150
09120	Chemnitz	Heinrich-Lorenz-Str. 20
02625	Bautzen	Neusalzaer Str. 2
09456	Annaberg-Buchholz	Paulus-Jenisius-Str. 43
1069	Dresden	Henriette-Heber-Str. 6

Regionaldirektion Sachsen-Anhalt-Thüringen

98529	Suhl	Werner-Seelenbinder-Str. 8
99734	Nordhausen	Uferstraße 2
07749	Jena	Stadtrodaer Str.1
99867	Gotha	Schöne Aussicht 5
07545	Gera	Reichsstr. 15
04600	Altenburg	Fabrikstraße 30
99096	Erfurt	Max-Reger-Straße 1
06526	Sangerhausen	Baumschulenweg 1
06667	Weißenfels	Promenade 19
39576	Stendal	Stadtseeallee 71
39104	Magdeburg	Hohepfortestraße 37
06114	Halle	Schopenhauerstr. 2
38820	Halberstadt	Schwanebecker Str. 14
06846	Dessau-Roßlau	Seminarplatz 1
06886	Lutherstadt Wittenb.	Melanchthonstraße 3a
06406	Bernburg	Kalistr. 11

ÖFFENTLICHE INFORMATIONSANGEBOTE

6.4 Weitere öffentliche Informationsangebote

Hier finden Sie neben den Internetadressen des Bundesministeriums für Bildung und Forschung (BMBF), des DAAD und Deutschen Studierendenwerks (DSW) sowie von hochschulstart.de eine Reihe hilfreicher Links für Ihre Studienwahl sowie Publikationen der Bundesländer.

Bundesministerium für Bildung und Forschung (BMBF)

Das BMBF hat für Ihre Fragen zu Schwerpunktthemen auch Bürgertelefone eingerichtet. Wenn Sie z.B. Fragen zum BAföG haben, rufen Sie einfach an – der Service ist für Sie im Inland kostenlos. Die Bürgertelefone sind über die Zentralvermittlung des Bundesbildungsministeriums unter den Telefonnummern 0228/9957-0 und 030/1857-0 zu erreichen sowie über weitere spezielle Hotline-Nummern und per E-Mail über die Internetseite www.bmbf.de (Bürgertelefon). Telefonkontakt zur Bestellung von Publikationen und Broschüren des BMBF: 030/18 272272-1

Deutscher Akademischer Austauschdienst (DAAD)

Tel. 0228/882-0
webmaster@daad.de
www.daad.de

Deutsches Studierendenwerk e.V. (DSW)

Tel. 030/297727-10
dsw@studierendenwerke.de
www.studierendenwerke.de

Hochschulstart.de

poststelle@hochschulstart.de
www.hochschulstart.de
Service-Hotline: 01803/987 111 001
- **Bewerbungsfristen:**
  Siehe www.hochschulstart.de
  Menüpunkt „Informieren & Planen" >
  „Termine". Dort finden Sie ausführliche
  Informationen rund um die Bewerbung.

Informationsangebote der Bundesländer

Baden-Württemberg

Ministerium für Kultus, Jugend und Sport
www.km-bw.de
Ministerium für Wissenschaft, Forschung und Kunst Baden-Württemberg
www.mwk.baden-wuerttemberg.de

Publikationen des Ministeriums:
- „Studieren in Baden-Württemberg. Studium, Ausbildung, Beruf", Hrsg.: Ministerium für Wissenschaft, Forschung und Kunst Baden-Württemberg, Ministerium für Wirtschaft, Arbeit und Tourismus Baden-Württemberg, Regionaldirektion Baden-Württemberg der Bundesagentur für Arbeit; erscheint jährlich neu (im Internet: www.studieren-in-bw.de).
- Weitere Broschüren zu den Hochschulen und zum Studium in Baden-Württemberg, Hrsg.: Ministerium für Wissenschaft, Forschung und Kunst Baden-Württemberg, im Internet zum Download unter www.mwk.baden-wuerttemberg.de (Service > Publikationen).

Links:
- Orientierungstest
  www.was-studiere-ich.de
- Lehrerorientierungstest für Studieninteressierte
  www.bw-cct.de

Bayern

Bayerisches Staatsministerium für Wissenschaft und Kunst
www.stmwk.bayern.de
Bayerisches Staatsministerium für Unterricht und Kultus
www.km.bayern.de

Links:
- Studieninformation Bayern:
  www.studieren-in-bayern.de
  www.weiter-studieren-in-bayern.de
  www.study-in-bavaria.de
- Schulwege in Bayern:
  www.mein-bildungsweg.de
  www.km.bayern.de/schueler/schularten.html
- Hochschule Dual
  www.hochschule-dual.de

Berlin

Senatsverwaltung für Wissenschaft, Gesundheit und Pflege, Abt. Wissenschaft und Forschung
www.berlin.de/sen/wissenschaft
Senatsverwaltung für Bildung, Jugend, Familie
www.berlin.de/sen/bjf

Link:
- Studieren in Berlin
  www.studiereninberlin.de ▶

ADRESSEN & LINKS 6

353

ÖFFENTLICHE INFORMATIONSANGEBOTE

Brandenburg
Ministerium für Wissenschaft, Forschung, Kultur
www.mwfk.brandenburg.de
Ministerium für Bildung, Jugend und Sport
www.mbjs.brandenburg.de

Links:
- Bildungsserver Berlin-Brandenburg
  www.bildungsserver.berlin-brandenburg.de
- Studium in Brandenburg
  www.studium-in-brandenburg.de

Bremen
Senatorin für Wissenschaft und Häfen
www.wissenschaft-haefen.bremen.de
Senatorin für Kinder und Bildung
www.bildung.bremen.de

Link:
- Studieren in Bremen
  www.bremen.de/bildung-und-beruf/studium

Hamburg
Behörde für Wissenschaft, Forschung,
Gleichstellung und Bezirke
www.hamburg.de/bwfgb
Behörde für Schule und Berufsbildung
www.hamburg.de/bsb

Links:
- Hamburger Bildungsserver
  https://bildungsserver.hamburg.de
- Studieninformation Studium in Hamburg
  www.hamburg.de/bwfg/studium-in-hamburg

Hessen
Hessisches Ministerium
für Wissenschaft und Kunst
www.wissenschaft.hessen.de
Kultusministerium
www.kultusministerium.hessen.de
Initiative Hessen schafft Wissen
www.hessen-schafft-wissen.de

Links:
- Hessische Hochschulen
  wissenschaft.hessen.de/studieren
- Bildungsserver Hessen
  djaco.bildung.hessen.de
- Duales Studium Hessen
  www.dualesstudium-hessen.de
- Landesportal Hessen
  www.hessen.de (Bildung & Wissenschaft)

Mecklenburg-Vorpommern
Ministerium für Bildung, Kindertagesförderung
www.regierung-mv.de/Landesregierung/bm

Links:
- Landesportal Mecklenburg-Vorpommern
  www.mecklenburg-vorpommern.de
  (Bildung & Wissenschaft)
- Studieren in Mecklenburg-Vorpommern
  www.studieren-mit-meerwert.de

Niedersachsen
Ministerium für Wissenschaft und Kultur
www.mwk.niedersachsen.de
Kultusministerium
www.mk.niedersachsen.de

Publikationen des Ministeriums:
- „Hochschulen in Niedersachsen" – Das
  kostenlose Heft ist beim Niedersächsischen
  Ministerium für Wissenschaft und Kultur
  unter Tel. 0511/120-2599 oder per E-Mail
  an pressestelle@mwk.niedersachsen.de
  erhältlich.

Links:
- Studieren in Niedersachsen
  www.studieren-in-niedersachsen.de
- Niedersächsischer Bildungsserver
  www.nibis.de

Nordrhein-Westfalen
Ministerium für Kultur und Wissenschaft
www.mkw.nrw
Ministerium für Schule und Bildung
www.schulministerium.nrw.de

Link:
- E-Learning Portal zum Studienstart
  www.studiport.de

Rheinland-Pfalz
Ministerium für Wissenschaft und Gesundheit
www.mwwk.rlp.de
Ministerium für Bildung, www.bm.rlp.de

Links:
- Duale Hochschule Rheinland-Pfalz
  dualehochschule.rlp.de
- Bildungsserver Rheinland-Pfalz
  bildung-rp.de

Saarland
Ministerium für Bildung und Kultur
www.saarland.de/mbk/DE/home/home_node.html

Links:
- Bildungsserver Saarland
  www.saarland.de/bildungsserver.htm
- Themenportal Wissenschaft
  www.saarland.de/mfw/DE/portale/
  wissenschaft/home/home_node.html

ÖFFENTLICHE INFORMATIONSANGEBOTE

Sachsen
Staatsministerium für Wissenschaft, Kultur und Tourismus, www.smwk.sachsen.de
Staatsministerium für Kultus
smk.sachsen.de

Links:
- Pack dein Studium
  www.pack-dein-studium.de
- Bildungsportal Sachsen
  www.bildungsportal.sachsen.de
- Sächsischer Bildungsserver
  www3.sachsen.schule

Sachsen-Anhalt
Ministerium für Wirtschaft, Wissenschaft und Digitalisierung
mw.sachsen-anhalt.de
Ministerium für Bildung
mb.sachsen-anhalt.de

Link:
- Landesbildungsserver Sachsen-Anhalt
  www.bildung-lsa.de

Schleswig-Holstein
Ministerium für Allgemeine und Berufliche Bildung, Wissenschaft, Forschung und Kultur
www.schleswig-holstein.de/DE/landesregie-rung/ministerien-behoerden/III/iii_node.html

Links:
- Themenportal Wissenschaft
  www.schleswig-holstein.de/DE/Themen/W/wissenschaft.html
- Themenportal Studieren
  www.schleswig-holstein.de/DE/Themen/S/studieren.html

Thüringen
Ministerium für Wirtschaft, Wissenschaft und Digitale Gesellschaft
www.wirtschaft.thueringen.de
Ministerium für Bildung, Jugend und Sport
www.bildung.thueringen.de

Publikation des Ministeriums:
- „Studieren in Thüringen", Hrsg.: Netzwerk für Hochschulmarketing in Thüringen. Download unter:
  story.campus-thueringen.de/material

Links:
- Studieninformation Thüringen
  www.campus-thueringen.de/
- Thüringer Koordinierungsstelle Naturwissenschaft und Technik
  www.thueko.de

Informationen zur Studienwahl

Deutscher Bildungsserver DBS
www.bildungsserver.de

Bundesagentur für Arbeit
Unter „Schule, Ausbildung und Studium" finden Sie umfassende Infos zu Themen wie Berufswahl, Ausbildungssuche, Bewerbung, Berufs-Informations-Zentren, Ausbildungswege, finanzielle Hilfen sowie zu zahlreichen Aspekten rund um das Studium und die Zeit zwischen Schule und Beruf.
www.arbeitsagentur.de

BERUFENET
Onlinelexikon der Bundesagentur für Arbeit mit umfassenden und übersichtlich strukturierten Informationen zu rund 3.500 Berufen in Deutschland, darunter ca. 500 Hochschulberufe.
www.berufenet.arbeitsagentur.de

Veranstaltungsdatenbank
Aktuelle Veranstaltungshinweise der Agenturen für Arbeit finden Sie auf www.arbeitsagentur.de unter „Veranstaltungen und Neuigkeiten" > „Finden Sie Veranstaltungen in Ihrer Nähe".

abi» Portal
Anschauliche Berufs- und Studienreportagen, Infos rund um den Studienalltag und Tipps zur Bewerbung, Podcasts, Blogs, Games & mehr:
www.abi.de

BERUFE.TV
Videoportal der Bundesagentur für Arbeit mit Filmen zu Ausbildungs- und Hochschulberufen.
www.berufe.tv

Akkreditierungsrat
Die Stiftung zur Akkreditierung von Studiengängen in Deutschland organisiert das System der Qualitätssicherung in Studium und Lehre durch Akkreditierung von Studiengängen. Informationen zu den bereits akkreditierten Studiengängen aktuell auf der Webseite.
www.akkreditierungsrat.de

Hochschulrektorenkonferenz (HRK)
Die Hochschulrektorenkonferenz ist die Vertretung der deutschen Hochschulen. Der Hochschulkompass ist das Informationsangebot der HRK und bietet umfangreiche Informationen zu allen staatlichen und staatlich anerkannten Hochschulen in Deutschland, sämtlichen grundständigen und weiterführenden Studienmöglichkeiten, den Promotionsmöglichkeiten sowie ▶

ADRESSEN & LINKS 6

ÖFFENTLICHE INFORMATIONSANGEBOTE

zu internationalen Kooperationen deutscher Hochschulen.
www.hrk.de und www.hochschulkompass.de

Deutscher Bildungsserver – Hochschulrankings
Hier finden Sie eine Übersicht der Hochschul-Rankings und weiterführende Links zum Thema:
www.bildungsserver.de/Hochschulranking-1244.html

think ING
Ein gemeinsamer Info-Pool von Gesamtmetall, VDMA, ZVEI, VDA, VDE und VDI zu Ingenieurstudium und Ingenieurberuf. Neben vielen interessanten Informationen und einem umfangreichen bundesweiten Veranstaltungskalender besteht auch die Möglichkeit, online kostenloses Informationsmaterial zu bestellen und Fragen per E-Mail abzusetzen.
www.think-ing.de

AusbildungPlus
Datenbank mit Ausbildungsangeboten, die parallel zu einer Berufsausbildung Zusatzqualifikationen vermitteln.
www.bibb.de/ausbildungplus

OSA-Portal
Informationsportal zum Thema Online-Self-Assessments. Das OSA-Portal listet über 500 solcher Online-Tests deutscher, schweizerischer und österreichischer Hochschulen.
www.osa-portal.de

356

ÖFFENTLICHE INFORMATIONSANGEBOTE

Online geht´s weiter:
www.studienwahl.de

ADRESSEN & LINKS 6

VON A BIS Z

Sachworte

A

abi» 23, 25f, 28, 30, 32ff, 39, 42f, 47, 49, 56, 61, 87f, 95, 128, 154, 181, 199, 257, 280, 355
Abiturbestenquote 281
Ablehnungsbescheid 285
Ägyptologie 188
Ärztliche Prüfung 147
Ästhetik 98, 191, 193, 206
Afrikanistik 186f
Agentur für Arbeit 3, 25f, 28, 33, 36, 40f, 52, 58, 86, 258f, 349, 351
Agraringenieur*in 90
Agrarwissenschaft 87ff, 94, 123, 131, 218, 240
Akkreditierungsrat 62, 72f, 355
Aktuar*in 140
Allgemeine Psychologie 150
Alt-Amerikanistik 184
Alte Geschichte 188, 198
Altenarbeit 177, 194
Altenpflege 44, 91, 144, 218
Altertumswissenschaft 184, 188, 198
Altphilologe 198
Alumni-Clubs 85
Amt für Ausbildungsförderung 61, 290f, 293, 306
Amtsärzt*in 283
Anatomie 116, 141, 143, 145, 147f
Anerkennung 28, 56ff, 62, 71, 73, 78, 80f, 100, 151, 208, 227, 274
Angewandte Naturwissenschaft 128, 130
Anlagentechnik 106, 108, 124, 133
Anrechnung 24, 55f, 149, 212, 232, 238, 253ff, 293
Anthropologie 128, 131, 193f, 196
Antike 184, 189, 193, 198, 203
AntOn 282
Apotheke 132ff, 274
Approbation 134, 146ff, 148, 151, 274
Arabisch 187, 260
Arbeitslosenversicherung 68, 299f
Arbeitsmarkt- und Berufsforschung 40
Arbeitsmarktchancen 40, 43
Archäologie 184, 188, 198, 203
Architektur 98, 100f, 103, 123f, 137, 191, 203, 233
Archivwesen 186, 259
Arzneimittel 132, 134, 146, 162
Assyriologie 188
Astronomie 128, 140, 235, 248, 255
Astrophysik 135, 140
Asylberechtigte 295
Aufstiegsfortbildung 295
Aufstiegsstipendium 295, 298
Augenoptik 113f, 116
Au-pair 43, 48f
AusbildungPlus 70, 356
Ausbildungsberufe 28, 34, 218
Ausbildungsförderung 61, 77f, 290f, 293ff, 306, 290

Ausländische Bildungsnachweise 58
Auslands- und Fachvermittlung 77, 83, 349
Auslandsaufenthalt 31, 43, 47ff, 75ff, 83, 185, 195f, 235, 291f, 294
Auslands-BAföG 77, 80, 294
Auslandssemester 65, 75, 79, 164, 170, 212, 214, 276
Auslandsstudium 76f, 80, 292
Aussiedler*in 295
Auswahlverfahren der Hochschulen 281
Auswärtiger Dienst 260
Auszubildende mit Behinderungen 36
Automatisierungstechnik 100f, 103, 108, 112, 114, 118, 122, 242, 340

B

Bachelor 51, 54, 57ff, **62**, 65f, 72, 74, 76, 78, 80, 82ff, 87, 90ff, 98, 100, 102, 104, 108, 111ff, 120f, 123f, 130ff, 135, 138ff, 143, 145, 150ff, 154, 157ff, 165f, 168, 170ff, 175ff, 183, 185, 188ff, 192f, 198, 200, 203, 205f, 211ff, 219, 222ff, 236ff, 245, 247ff, 262f, 268, 270, 272, 290, 298
BAföG 52, 61, 65, 71, 74, 77ff, 276, 288ff, 292, 294, 299ff, 303f, 306, 353
BAföG beantragen 276, 303, 306
Barrierefreies Wohnen 303
Baubetrieb 101f, 157f
Baudenkmalschutz 98
Bauingenieurwesen 101, 120, 123, 126f
Bauphysik 98, 101
Bauwirtschaft 100, 109, 157f
Bedarfssätze 292
Begabtenförderungswerk 295f, 298
Behindertensport 152
Bekleidungstechnik 107ff
Beratung 3, 23ff, 33f, 50ff, 57f, 84ff, 90, 93ff, 101, 104, 107, 116, 119, 123, 135f, 138, 145, 150, 153, 159, 172, 177, 179ff, 194, 212f, 216, 218, 220ff, 253, 257ff, 264, 273, 258, 303, 306f, 349, **351f**
Bereitschaftspolizei 270
Bergbau 120, 135
BERUF AKTUELL 34
BERUFENET 25f, 28, 34, 355
BERUFE-TV 26, 28, 159, 355
Berufsakademie 24, 59, 61, 66, 68, 70, 87, 307, 346ff
Berufsberatung 4, 25f, 33, 40f, 307, 349, 351
Berufsfachschulen 146
Berufsfeld 25, 28, 30, 60, 91, 149, 151, 160, 173, 192, 210, 239f, 246, 253
Berufsinformationszentrum 25, 28, 349, 351
Berufsintegrierendes Studium 73
Berufspädagogik 179, 217, 222, 229, 233, 236, 249, 253
Beschäftigungschancen 40ff, 88
Bescheid 53, 231
Betriebswirtschaftslehre 73, 89, 95, 101, 110, 115, 122, 144, 152, 154, 158f, 162ff, 166, 171, 230f, 258, 263f, 266
Bewegung 131, 143, 151ff, 205f, 215, 251
Bewerbungsunterlagen 25, 56, 284, 278
Bibliothekar*in 186, 270
Bibliothekswesen 185, 259, 270, 334

VON A BIS Z

Bildende Kunst 203, 214f, 224, 230ff, 242ff
Bildhauerei 203f
Bildungsfonds 301f, 301
Bildungskredit 301
Bindemittel 136
Biochemie 91, 131, 133, 141, 143, 147f
Biologie 36, 92ff, 117, 123f, 128, **130f**, 133, 135, 141, 143, 148, 186, 212ff, 220ff, 224ff, 228ff, 235ff, 239ff, 250, 252, 255, 325
Biologische Psychologie 150
Biomathematik 131, 139
Biomedizintechnik 116
Bionik 125, 131
Biotechnologie 83, 94, 102, 117, 122, 124, 126, 131, 140f, 218
Biowissenschaften 130f, 138, 143, 149
BiZ 25, 28, 349, 351
Blended Learning 71
BMBF 28, 37, 62, 83, 114, 117, 289, 295, 353
Bodenkunde 92f, 135
Bosnisch 196, 260
Botanik 88, 90, 93, 131, 147
Brauwesen 94, 132
Brennstofftechnik 110
Bulgarisch 196
Bundesagentur für Arbeit 1ff, 24, 26, 28, 30, 32ff, 36 41ff, 56, 61, 65, 77, 83, 87, 150, 154, 257ff, 269, 258, 307, 341, **349**, 353, 355, 366
Bundesarbeitsgemeinschaft Hörbehinderter Studenten 50
Bundesausbildungsförderungsgesetz (BAföG) 71, 77, 290, 294, 300, 306
Bundesfreiwilligendienst 43ff, 303
Bundeskriminalamt 272
Bundesministerium für Bildung und Forschung (BMBF) 37, 55, 62, 294, 353
Bundesnachrichtendienst 262f
Bundespolizei 271f
Bundeswehr 43, 59, 111, 135f, 149, 151, 262ff, 273f, 298, 323, 334f, 366
Bundesweite Zulassungsbeschränkung 278, 281
Burgenländisch-Kroatisch 196
Bürgergeld 44, 300
BWL 119, 121, 154, 263, 268
Byzantinistik 188

C

Career Service Netzwerk Deutschland 85
Careerbuilding 39
Chancengleichheit 39f
Check-U 23, 25f, 33f, 87, 349
Chemie 36, 88, 90, 92, 94f, 102f, 106ff, 113, 117, 120ff, 127, 128, **130ff**, 141, 143, 147f, 165, 212ff, 217, 220ff, 224ff, 228ff, 235, 237, 239ff, 250, 252, 255, 325
Chemieingenieurwesen 94, 102, 132
Chemietechnik 102f, 108, 124, 230f, 233, 240, 246
Chinesisch 85, 214, 221, 224, 238f, 260
Chronologie 188
Cloud 100

Computerlinguistik 196f
Cusanuswerk e.V. 296

D

D.A.L.F. 77
DAAD-Stipendium 298
Darlehenskasse 301
Darstellende Kunst 232, 319, 331f, 342
Denkmalpflege 126, 191
Dentaltechnologie 116
Design 56, 62, 98, 105, 107, 118, 168, 199, 201ff, 240, 311f, 344f
Deutsche Bundesbank 263, 271
Deutsche Sprache und Literatur 187
Deutscher Akademischer Austauschdienst (DAAD) 77, 83, 353
Deutscher Altphilologenverband 198
Deutsch-Französische Hochschule 82, 339
Diakon 193, 312f, 319, 322, 346
Dialogorientiertes Serviceverfahren (DoSV) 280, 284f
Dienstleistungsmanagement 161
Digitalisierung 41f, 65, 95, 103f, 115, 162, 185, 231, 263, 355, 366
Diploma Supplement 62, 81
Diplomatik 188
Diplomprüfung 60, 63
Dokumentationswesen 186, 188f
Dolmetschen 181, 196f
Dramaturgie 200f, 206
Drucktechnik 203
Duale Hochschule Baden-Württemberg 309, 320, 324f, 327, 331ff, 338, **341**, 343
Duale Studiengänge 70
Duales Studium 33f, 60, 66, 258, 262, 354

E

ECTS 54, 62, 64f, 80, 212ff, 216, 234ff
Eignungsprüfung 56, 58, 60, 72, 115, 168, 199, 201, 204, 207f, 214f, 229, 232, 245, 247, 252, 256, 277
Eignungsquote 281
Einschreibung 34, 78, 227, 233, 278, 288, 304
Elektrische Energietechnik 104
Elektroindustrie 101, 103, 119
Elektronik 66, 95, 101, 103, 105, 113f, 117f, 136, 273
Elektroniker*in 66
Elektrotechnik 66, 95, 100f, **103ff**, 110, 113ff, 118f, 121, 127, 136, 217, 222, 225, 228ff, 233, 236, 238, 240, 242, 244, 246, 249, 253, 256, 262, 273
Empirische Sozialforschung 178
Energiewende 95, 104
Entscheidungshilfen 3, 5, 23, 26, 284
Entsorgungstechnik 123
Entsorgungswirtschaft 123
Entwicklungshilfe 90, 260
Entwicklungspsychologie 150
Entwicklungszusammenarbeit 46, 192
Erasmus+ 46, 76ff, 83

SACHWORTE 7

VON A BIS Z

Erdkunde 232f, 237f, 244
Ergotherapie 152f
Erkenntnistheorie 150, 193
Ernährungswissenschaften 88f, 91, 131, 275
Erneuerbare Energien 104
Erwachsenenbildung 151, 176ff, 184, 188f, 193ff, 204, 207
Erziehungshilfe 177, 252
Erziehungswesen 180
Erziehungswissenschaften 177, 219ff
Ethik 133, 145, 193f, 213ff, 217, 220ff, 224ff, 232f, 242ff, 254f
Ethnologie 178, 191f, 194, 196
Europäische Krankenversicherungskarte 304
Europäische Union 78
European Credit Transfer System 64, 80
Evangelische Theologie 212ff, 224
Evangelisches Studienwerk e.V. Villigst 296
Eventmanagement 152, 170
Evolution 131

F

Fachbereiche 26, 37, 59f, 76, 85, 118, 133, 138, 165
Fachhochschulen 38, 54, 56, **59ff**, 66, 70, 72ff, 90ff, 98, 101ff, 110f, 113ff, 124, 133, 138, 143f, 157, 159f, 162f, 165ff, 177, 179f, 184f, 190, 192, 200, 203, 210, 258, 264, 266ff, 270, 296f
Fachstudienführer 29
Fachwirt*in 57, 295
Facility-Management 109f
Fahrzeugbau 105f, 114
Fahrzeugtechnik 73, 105f, 112, 114, 157, 225, 228f, 238, 240, 246, 253
Fakultäten 59, 71, 112, 114, 148
Familienhilfe 177
Familienversicherung 299, 303
Famulatur 133, 146, 148
Feinwerktechnik 114
Femtec 39
Fernsehen 60, 115, 185, 187, 189, 191f, 194, 199, 201f, 206f, 334
Fernstudium 65, 71ff, 144, 217, 279, 326
Feststellungsprüfung 58
Film 29, 59f, 114f, 169, 185, 192, 199ff, 205ff, 331, 334, 338, 355
Filmhochschule 59f
Finanzverwaltung 264, 266f
Finanzwesen 159f, 334
Förderprogramme 75, 77ff
Förderungshöchstdauer 77f, 290ff, 294
Forstwirtschaft 45, 88, 92, 124, 339
Forstwissenschaft 59, 92, 218
Fortbildung 24, 55, 57, 213ff, 262, 268, 332
Fotografie 60, 202f
Französisch 77, 82f, 176, 188, 192, **195**, 198, 212ff, 217, 220ff, 228, 230, 232ff, 237, 239ff, 248, 250ff, 260, 291, 339
Frauenbeauftragte 38

Freie Kunst 203
Freiwilliger Wehrdienst (FWD) 43
Freiwilliges Ökologisches Jahr (FÖJ) 45
Freiwilliges Soziales Jahr (FSJ) 45
Fremdenverkehrswirtschaft 136
Fremdsprachen 33, 56, 84f, 95, 102, 104, 106, 108f, 116, 120, 133, 154, 157, 164, 166, 170, 173, 175, **181ff**, 188, 194, 197, 204, 208, 214, 234, 251, 256, 257, 259f, 262, 269f, 366
Fremdsprachenkenntnisse 56, 95, 102, 104, 120, 164, 173, 175, 188, 204, 251, 257, 269
Friedrich-Ebert-Stiftung 296
Friedrich-Naumann-Stiftung für die Freiheit 296
Frühstudierende 31

G

Gartenbau 88, 93, 218
Geisteswissenschaft 36, 59f, 83
Gemeindearbeit 193f
Gender 178
Genealogie 188
Genetik 93, 128, 131, 147
Gentechnik 117, 124, 131, 143
Geochemie 133, 135
Geodäsie 111
Geographie 111, 136
Geoinformatik 111, 135
Geoinformationsdienst der Bundeswehr 111, 135f, 263f, 273
Geologie 111, 128, 135
Geoökologie 135f
Geophysik 135
Geotechnik 101, 135f
Geowissenschaften 111, 120, 134f, 140
Geringfügige Beschäftigung 299
Geschichtswissenschaft 175, 188
Geschlechterverhältnis 178
Gesellschaftswissenschaften 173, 222, 224ff
Gestaltung 2, 82, 84, 98, 105, 191, **199ff**, 206f, 234f, 246, 311, 327, 329, 336f, 340, 342, 366
Gesundheitswesen 24, 115f, 132, 138, 144ff, 149, 153, 161f, 178, 229
Gesundheitswissenschaft 141, 143ff, 162, 230f, 238, 240, 275, 368
Getränketechnologie 88, 94
Gewerbliche Schulen 217
Glas 103, 107ff, 124, 126, 134
Gleichstellungsbeauftragte 38f
Goethe-Institut 47, 55
Graecum 56, 198
Grafik 47, 115, 199, 203, 330
Grafikdesign 115, 203
Griechische Philologie 198, 251

H

Halbleitertechnik 117, 140
Hanns-Seidel-Stiftung 297
Hans-Böckler-Stiftung 297

VON A BIS Z

Härtefond 301
Haushaltswissenschaften 91, 230
Hebraicum 56, 189
Heilpädagogik 179f
Heinrich-Böll-Stiftung 297
Heraldik 188
Hilfe zum Studienabschluss 294
Hispanistik 195, 228
Historiker*in 189
Hochschuladressen 308
Hochschularten 33, 61
Hochschule für Angewandte Wissenschaften (HAW) 51, 63, 229, 323
Hochschulführer 29, 100
Hochschulgruppen 85
Hochschulkompass der HRK 241
Hochschulprüfungen 61f
Hochschul-Rankings 29f, 356
hochschulstart.de 57, 133, 149, 278, 280ff, 282, 284f, 353
Höheres Lehramt an beruflichen Schulen 211, 216
Holztechnik 107ff, 230, 238, 242, 246, 348
Holzwirtschaft 92, 107, 109
Hörfunk 115, 169, 178, 186, 188, 191, 194
Hörgeschädigte 50
Hotelmanagement 170
Humanbiologie 121, 133, 143
Humanmedizin 28, 83, 146, 149, 277f, 280ff
Hydrologie 135
Hygienetechnik 116

I

IELTS 77
Immatrikulation 53, 56, 72, 76, 225, 278, 303, 305
Immobilienwirtschaft 110, 136, 157f, 176
Indologie 186
Industrie 4.0 95, 100

Informatik 26, 36, 38f, 59, 70f, 94, 101ff, 106, 108, 111ff, 121f, 126, 128, 130f, **136ff**, 149f, 154, 171f, 186, 191, 196f, 213f, 217, 220ff, 224ff, 229f, 232f, 235, 237ff, 244ff, 251, 253, 255, 262f, 268, 273, 311, 320, 324, 330, 340, 343f
Informations- und Kommunikationstechnik 257
Informationstechnik 95, 101, **103**, 114, 117, 122, 126, 165, 222, 225, 228ff, 236, 240, 242, 246, 249, 253, 262, 269f, 273
Informationswirtschaft 138, 186
Informationswissenschaft 185f, 197, 259
Ingenieurstudium 95, 356
Inklusion 223, 225f, 258
Innenarchitektur 56, 98
Internationale Betriebswirtschaft 163
Islam 194, 212ff, 220f, 223f, 230, 232f, 237ff, 268
Islamische Theologie 194, 212ff, 216, 224
IT-Security 263

J

Japanologie 186
Journalist*in 190ff
Journalistik 190f
Judaistik 188f
Jüdische Studien 188f, 214, 217, 324
Jugendbildung 179
Jugendhilfe 44f, 178
Jura 24, 63, 80, 173

K

Kanadistik 184
Kapitän 107
Karriereförderung für Frauen 39
Kaschubisch 196
Katastrophenschutz 45, 145
Katholische Theologie 212ff, 224, 329
Kaufmännische Schulen 217
Kaukasiologie 190
Keramik 107ff, 125f, 134, 203
Kieferorthopädie 148
Kinderbetreuungszuschlag 292
Klimaforschung 135
Klimaschutz 104
Klimatologie 92, 135, 264, 273
Klimawandel 43, 110
Kommunikationsdesign 201f
Kommunikationsforschung 115, 168, 197
Kommunikationstechnik 100, 115, 118, 138, 257, 262f
Komparatistik 196
Konrad-Adenauer-Stiftung 297
Kontaktbörsen 85
Kontingentflüchtlinge 295
Konzeptioner*in 115
Korrosionsschutz 126
Kosten eines Studiums 74
Kraftfahrzeugbau 101, 119
Krankenhausbetriebstechnik 110

SACHWORTE 7

361

VON A BIS Z

Krankenkassenwahl 303
Krankenpflege 149, 218
Krankenversicherung 49, 78, 292, 299, 303ff
Kriminalkommissar*in 272
Kriminalpolizei 272
Kristallographie 108
Kulturanthropologie 192
Kulturmanagement 169, 184, 191ff, 195f, 204
Kulturpädagogik 179, 204
kulturweit 47, 83
Kulturwissenschaft 36, 154, 181, 191f, 194f, 275, 368
Kultusministerkonferenz (KMK) 57f, 62, 81, 208, 211
Kunst 52, 54, 56, 59f, 62, 65, 98, 102f, 107f, 112, 114f, 124f,
    132, 152f, 169, 185, 188, 193ff, **199ff**, **203**, 210, 212ff,
    220ff, 224ff, 230ff, 237ff, 254ff, 275, 308, 311, 317, 319,
    321f, 325, 328f, 331f, 335, 342, 353f, 366, 368
Kunst, bildende 98, 203, 214f, 224, 230f, 242ff
Kunst, darstellende 232, 319, 331f, 342
Kunstgeschichte 188, 198, 202ff
Kunsthistoriker*in 204
Kunsthochschulen 59, 98, 114f, 200, 203f
Künstliche Intelligenz (KI) 137, 263
Kunststoffe 102, 107f, 125, 132
Kunststofftechnik 107f, 112
Kunsttheorie 153, 203
Kunsttherapie 152f
Kunstwissenschaft 199, 203

L

Landärzt*in 147ff, 282f
Landbau 90
Landeskunde 190, 198
Landschaftsarchitektur 93, 98, 123
Landschaftsökologie 123f, 135
Landwirtschaft 34, 90ff, 128, 148, 218
Landwirtschaftliche Schulen 218
Langzeitstudiengebühren 65
Lateinische Philologie 251
Lateinkenntnisse 56, 197
Latinum 198
Laufbahnen (öffentliche Verwaltung) 60, 62, 173, 257
Lebenshaltungskosten 68, 78, 288, 292
Lebensmittelchemie 63, 91, 132f, 274
Lebensmitteltechnologie 91, 94, 132
Lebensmittelverfahrenstechnik 94
Lehrämter 60, 62f, 132, 151, 189, **208ff**, 218, 223, 229,
    232, 236, 241, 243, 250, 253, 231
Lehramtsstudium 36, 54, 62, 128, 151, 179, 198, **208ff**,
    211, 218ff, 227, 231ff, 239, 243, 247, 254
Leistungspunktesystem 62, 80, 219
Lernprogramm ASA 80
Lettisch 190
Linguistik 138, 152, 187, 196f
Litauisch 190
Literaturwissenschaft 187, 195ff
Logik 136, 138f, 193, 196, 264
Logistik 106, 119, 126f, 157, 159, 162, 164ff, 191

Logopädie 152f
Luft- und Raumfahrttechnik 104ff, 112, 126, 273
Luftfahrttechnik 103
Luftreinhaltung 123

M

Magister Artium (M.A.) 59, 61, 63
Makedonisch 196
Malerei 203f
Maritime Technologien 107
Marketing, Vertrieb 167
Markscheidewesen 135
Maschinenbau 63, 72f, 101, 104, 108ff, 112ff, 117f, 120,
    122f, 126f, 138, 217, 233, 240, 253, 273
Master 42, 54, 56f, 59ff, **62**, 65, 72ff, 78, 80ff, 87, 90ff, 98,
    100, 102, 104, 106, 108, 111, 113ff, 120f, 123f, 130ff,
    138f, 141, 143, 145, 150ff, 157, 162, 166, 168ff, 173,
    175ff, 184, 187, 189, 191, 193, 198, 211ff, 222ff, 236f,
    239ff, 245, 247ff, 274, 290, 298
Materialwissenschaft 117, 122, 125f, 133
Materialwissenschaften 117, 122, 125, 133
Mathematik 26, 31, 33, 36, 39, 59, 71, 84, 87, 89ff, 94f,
    101ff, 105, 108, 110ff, 115ff, 119, 122ff, 128, 130f, 133,
    135f, **138ff**, 154, 157, 164, 171f, 186, 212ff, 217, 220ff,
    224ff, 228ff, 239f, 242ff, 262ff, 273, 275, 368
Mechatronik 103, 105, 113f, 222, 227f, 244, 273, 340
Mediävistik 187
Medien 2, 26, 60, 73, 103, 107ff, **114f**, 130, 132, 138, 152,
    162, **167ff**, 171, 173, 176, 178ff, 185ff, 189ff, 195f, 198,
    200ff, 220ff, 225, 227f, 230, 240, 242, 247f, 250, 270,
    310f, 320f, 323, 325f, 329, 336, 342ff, 366
Medieninformatik 73, 115, 138
Medienpädagogik 179, 193, 220ff
Medientechnik 103, 107ff, 114, 190f, 202, 225, 230, 240, 242
Medienwirtschaft 162, 167f
Medizin 32, 57, 59, 78, 80, 103, 114ff, 122, 126, 128, 131f,
    138, 140f, **143ff**, 149ff, 148, 161f, 178, 186, 268, 275,
    282f, 311, 324, 335, 368
Medizintechnik 114ff, 126, 132, 140, 149
Meerestechnik 105ff
Mehrfachbewerbung 280, 285
Meister*in 32, 52, 57
Mensa 276
Menschen mit Behinderungen 23, **50f**, 153, 180f, 294, 297
Mentoring 37, 39, 50, 85, 298
Metallkunde 120
Metaphysik 193f
Meteorologie 93, 135, 140, 264, 273
Mietkosten 302
Mikrobiologie 131
Mikroelektronik 126
Mikrosystemtechnik 116
Milch- und Molkereiwirtschaft 94
Mineralogie 108, 135
Minijob 299f, 304, 299
MINT (Mathematik, Informatik, Naturwissenschaften
    und Technik) 37, 39, 95, 128, 130, 296

VON A BIS Z

Mittelalter 188, 198, 203
Mittelhochdeutsch 187
Mittellatein 188, 198
Mittellateinische Philologie 188, 198
Mitwohnzentrale 303
Modemanagement 162
Modularisierung 64
Molekularbiologie 131, 143
Multimedia 114f, 167, 178, 191, 196, 201f
Musik 54, 56, 59f, 62, 65, 152f, 185, 199, **204ff**, 208, 210, 212ff, 219ff, 224ff, 254ff, 275, 293, 308, 311, 315f, 318f, 323, 327f, 330ff, 334, 336, 338ff, 342ff, 346f, 368
Musikethnologie 205
Musikgeschichte 204f
Musikhochschulen 60, 62, 65, 205f, 210, 214, 221, 239, 245
Musiklehrer*in 205
Musikpädagogik 205, 227f, 338
Musiktheorie 205
Musiktherapie 153
Musikwissenschaft 199, 204f

N

Nachhaltigkeit 41, 98, 104, 110, 125, 166
Nachrichtentechnik 103, 115, 126, 273
Nachteilsausgleich 26, 36, 51, 34, 84
Nanotechnologie 116f
Naturschutz 45, 92, 123f
Naturwissenschaften 26, 87, 91, 95, 110f, 117, 122f, **128**, 130f, 138f, 141, 188, 193, 224f, 275
Nautik 105f
Neogräzistik 198
Neuere Geschichte 188
Neugriechische Philologie 198
Neuropsychologie 150

Nordistik 187
Notar*in 24, 173, 176f
Numerus clausus (NC) 150, 279
Numismatik 188

O

Oberflächentechnik 240, 246
Ökologie 83, 111, 131
Ökonomie 127, 145
Ökotrophologie 91, 238
Önologie 90
Örtliche Zulassungsbeschränkungen 284
Offizier der Bundeswehr 274
Onlinelexikon 34, 355
Online-Medien 191
Ontologie 193
Optik 113f, 117f
Optoelektronik 113, 122, 140
Ostasienwissenschaften 194

P

Pädagogik 145, 149, 151, **177ff**, 193, 196, 203, 215, 217, 220ff, 227f, 236, 238ff, 251f, 254, 311
Pädagogische Hochschulen 59, 212f, 215
Paläontologie 135
Papiertechnik 107f
Pastor*in 194
Pastoralreferent*in 194
Patholinguistik 152
Persönlichkeitspsychologie 150
Petrologie 135
Pfarrer*in 194
Pflanzenbau 90
Pflegedienst 146

VON A BIS Z

Pflegepädagogik 144ff
Pflegeversicherung 146, 162, 292, 299, 303f
Pflegewissenschaft 36, 144ff, 222, 229, 238, 249
Pharmatechnik 94, 102, 132f
Pharmazie 57, 60, 63, 80, 117, **132ff**, 143, 274, 277f, 280f, 283f
Philolog*in 26, 56, 181, 187f, 190, 195f, 198, 181, 251
Philosophie 56, 143, 149, 175, 178, 181, 189, 193f, 196, 198, 214f, 217, 220f, 224, 230, 233ff, 238ff, 244ff, 251ff, 255, 334
Phonetik 196f
Physik 88, 90f, 94f, 102f, 105, 108, 110, 113, 115ff, 121, 123ff, 128, 130f, 133, 135, 138, **140f**, 143, 147f, 212ff, 217, 220ff, 224ff, 228ff, 235, 237, 239ff, 252f, 255, 264, 273
Physiologie 116, 128, 131, 141, 143, 145, 147f
Physiotherapie 152f
Phytomedizin 90, 93
Pilot 106
planet-beruf.de 34
Politikwissenschaft 173, 175f, 178, 188, 212ff, 217, 220
Politologie 173, 175, 272
Polizei der Länder 270
Polnisch 196, 221, 226, 234f, 246, 260
Polymer-Chemie 132
Portugiesisch 195, 233, 260
Pragmalinguistik 197
Praktika **30**, 34, 42, 56, 60, 65, 79, 85, 90, 98, 102, 111, 116f, 121f, 135, 138, 140f, 143, 147ff, 153, 173, 195f, 212f, 215ff, 219ff, 268, 270, 273, 290, 299, 349
Praktisches Jahr 147
Präsenzstudium 65, 71f
Praxiskontakte 85
Praxisphasen 60, 68, 113, 115, 119, 263, 268ff
Priester 194
Printmedien 191
Probezeit 43, 60
Producer 115
Produktdesign 201ff
Produktionstechnik 100, 105, 108, 113, 115, 119, 122, 124
Prognosen 40, 42, 160, 211
Promotion 28, 54, 59, 61ff, 78, 81, 130, 134, 301, 355
Prozesstechnik 104, 120, 225, 249
Psychologie 32, 71, 121, 141, 143, 145, **149ff**, 169, 177f, 179, 194, 196, 212ff, 216f, 220ff, 236, 239f, 245ff, 266, 268, 272, 275, 368
Psychologischer Dienst 150

R

Rankings 29f, 356
Raumfahrttechnik 104ff, 112, 126, 273
Raumplanung 98, 111, 123
Rechtsanwält*in 24, 81, 173, 176f
Rechtspflege 266f, 309, 322, 325, 334, 339, 341
Rechtspfleger*in 267
Rechtswissenschaft 24, 26, 40, 59, 63, 71, 95, 152, 154, 173, **175f**, 239f, 257f, 262f, 272, 322

Recyclingtechnik 102, 123
Regelstudienzeit 62, 65, 77, 212ff, 217, 219ff, 225ff, 288, 291, 295
Regelungstechnik 100, 102f, 105f, 109f, 112ff, 118, 124
Regenerative Energie 73
Regionalplanung 98, 134
Rehabilitation 33, 36, 51, 144, 177, 180, 268
Religionslehre 193f, 212ff, 220ff, 239ff, 251, 253ff
Religionspädagogik 193f, 212ff, 216, 227ff, 319, 333
Religionswissenschaft 193f, 198, 227ff
Rentenversicherung 268, 292, 299f, 308
Rhetorik 85, 95, 176, 196ff
Rhythmik 153, 205
Richter*in 24, 173, 176f, 267
Robotik 100f, 114, 122, 138
Romanistik 56, 195
Rosa Luxemburg Stiftung 297
Russinisch 196
Russisch **196**, 214, 221, 224, 226, 228, 230, 232ff, 238ff, 242, 246, 248ff, 254f, 260
Ruthenisch 196

S

Sanierung von Altbauten 98
Sanitätsdienst 274
Sanitätsoffizier 149
Schauspieler*in 206
Schauspielkunst 206, 311
Schiffbau 105ff
Schiffsbetriebstechnik 105f
Schiffsmaschinenbau 106
Schiffstechnik 107
Schlüsselqualifikationen 38, 85f, 186, 188
Schnupperstudium 30f
Schuldienst 198, 205, 208, 216, 232, 254
Schüler-Labor 30
Seefahrt 106
Seelsorge 194
Sehbehinderte 50
Selbsterkundungstool (SET) 349
Selbsthilfegruppen 177
Semesterticket 288f
Serbo-Kroatisch 196
Service-Verfahren 131
Sicherheitstechnik 114, 116, 119, 121, 138
Skandinavistik 187, 190
Slavistik 228
Smartphone 88, 295
Sommersemester 65, 149, 284f
Sommeruniversität 37
Sonderpädagogik 150, 179, 181, 210f, 215f, 218f, 222ff, 227ff, 231, 234ff, 238, 243, 245, 247, 250, 252f
Sozialarbeit 177f
Sozialbeiträge 288
Sozialberatungsstellen der Studentenwerke 50
Sozialerhebung 288f, 302
Sozialkunde 217, 242ff, 248ff, 255

VON A BIS Z

Sozialmanagement 177, 217f
Sozialpädagogik 177, 179f, 217, 222, 236, 238, 240, 246, 249, 256
Sozialpsychologie 150, 258
Sozialversicherung 43, 68, 149, 169, 266, 268, 298, 305
Sozialwesen 54, 61, 70, 146, 173, 177, 179, 311, 344
Sozialwissenschaften 36, 59, 62, 71, 89, 114, 121, 123, 139, 154, 173, 175, **177f**, 179, 230, 232, 235, 239, 268, 275, 368
Soziolinguistik 197
Soziologie 98, 145, 149, 151, 173, 175, **177f**, 188, 193, 212ff, 216, 220, 271
Spanisch 85, 195, 214, 217, 221f, 224ff, 228, 230, 232ff, 237, 239f, 242, 244, 246, 248f, 251ff, 255, 260
Spedition 107, 165
Sphragistik 188
Sport 45f, 56, 59, 93, 98, 114, 116, 141, 143, 149, **151f**, 167, 170f, 180, 208, 212ff, 217, 220ff, 224ff, 230ff, 271, 275, 291, 298, 310, 328, 338f, 347, 353ff, 368
Sportlehre 151f
Sportmanagement 170
Sportwissenschaft 141, 143, 151f, 253, 291
Sprachkurs 28, 48, 55, 79, 192, 195
Sprachprüfung 77
Sprachwissenschaft 31, 39, 76, 86, 149, 181, 187, 189, 191, 195ff, 215f
Sprecherziehung 205
Sprechwissenschaft 196f
Städtebau 98
Stadtplaner*in 98, 100
Stadtplanung 98, 100, 178
Statistik 40f, 90f, 108, 111, 119, 127, **138ff**, 145, 150, 159f, 162, 164, 166, 172, 175, 178, 188, 193, 259, 264, 273, 290, 292
Steuerverwaltung 264, 266
Steuerverwaltung der Länder 264
Stiftung der Deutschen Wirtschaft 297
Stiftung Deutsche Sporthilfe 298
Stiftung für Hochschulzulassung (SfH) 1f, 57, 85, 131, 149, 278, 280, 284f
Stiftungen 85, 176f, 189, 295f, 298
Stipendium 76, 78, 80, 262, 264, 288, 295f, 298
Studentenwohnheim 303
Studienanfänger*innen 24, 31, 36, 128, 227
Studienbeiträge 72
Studienberatung 25f, 28f, 52, 50, 32, 56, 58, 73f, 84, 128, 308, 310f, 319, 331, 338
Studienberatungsstellen 25f, 28f, 50, 73f, 128
Studiendauer 65f, 74, 82, 88, 247ff, 269
Studienfachwechsel 52
Studienführer 1, 3, 29, 50, 131, 143
Studiengebühren 49, 61, 72, 76, 78, 288f, 292, 301
Studienguthaben 288
Studieninformationstage 30
Studienkolleg 58
Studienkredite 301
Studienplanung 28f, 65, 84
Studienplatzbörse 285

Studienwahl 2ff, 23, 25f, 28, 36, 40, 52f, 349, 353, 355
Studierende mit Behinderungen und chronischen Erkrankungen 30, 57, 303
Studierendenwerke 17, 25, 38, 40, 50f, 84, 218f, 287ff, 294, 298f, 301ff, 306f
Studium im Praxisverbund 66
Studium oder Ausbildung 26, 32, 52
Studium und Behinderung 34, 50f, 219, 303

T

Tanz 60, 151, 205f, 239, 308, 316, 328, 346
Techniker*in 32, 115, 295
Technikgeschichte 188
Technische Gebäudeausrüstung 110
Technische Informatik 112, 138, 262f, 273
Technische Universitäten (TU) 59
Technisches Gesundheitswesen 115
Technomathematik 139
Teilzeitstudium 65, 71, 73f
Test für medizinische Studiengänge 149
Testverfahren 28, 283
Textilmaschinen 109
Textiltechnik 107f, 240
Texttechnologie 197
Theaterpädagogik 206
Theaterwissenschaft 199ff, 206
Theologie 56, 59, 63, 193f, 215, 220, 224, 325, 329
Theologische Hochschulen 59
Therapie 116, 140f, 143, 146, 152f
Tiefbau 120
Tierhaltung 90, 147f
Tiermedizin 52, 57, 59, 63, 141, **146ff**, 274, 277f, 280f, 284
TOEFL 56, 77
Tourismus 73, 136, 152, 170f, 192, 198, 353, 355
Tourismusmanagement 73, 170
Truppendienst 274
Tschechisch 79, 83, 196, 221, 246
Türkisch 221, 239f, 251, 260

U

Übersetzen 181, 188, 196f
Übersetzer*in 197f
Ukrainisch 196
Umweltschutz 98, 102, 106f, 110, 119, 121, 123, 134, 136, 258, 273
Umwelttechnik 94, 101, 109f, 112, 114, 120, 122ff, 126, 131, 134
Unfallversicherung 47, 268, 305, 309
Ungarisch 190
Universitäten 54, **59ff**, 66, 70, 72, 77, 82f, 87, 90ff, 98, 101ff, 111, 113f, 116ff, 124, 130, 135, 141, 143f, 146f, 159f, 162f, 165ff, 176, 178f, 184f, 187ff, 192, 195f, 198, 200, 203ff, 207f, 210, 214, 219ff, 223, 232ff, 238, 241, 245ff, 274, 277, 281, 296f
Universitäten der Bundeswehr 59, 274
University of Applied Sciences (UAS) 60, 310, 312f, 316, 319, 322ff, 325, 327, 332, 334, 336f, 342
Uralistik 190

SACHWORTE 7

VON A BIS Z

V

Verbraucherzentralen 305
Verbundstudium 65, 72
Verfahrenstechnik 94, 104, 108f, 112, 114, 121, 123f, 127, 132f
Verfassungsschutz 268f
Verkehrsbetriebswirtschaft 165
Verkehrsingenieurwesen 105
Verkehrstechnik 104f, 109, 112, 126
Vermessungswesen 111, 135
Versicherungen 46f, 76, 116, 121, 136, 154, 161, 172f, 177, 298, 303, 305
Versicherungswesen 161
Versorgungstechnik 109f
Verwaltungsdienst 176f, 257, 262, 266, 273, 298
Verwaltungskostenbeitrag 289
Vieh- und Fleischwirtschaft 94
Virtual Reality 114
Völkerkunde 194, 205
Volkskunde 191f, 220
Volkswirtschaftslehre 154, 172
Vollzugs- und Verwaltungsdienst 266
Volontariat 191
Vorabquoten 281, 283
Vorbereitungsdienst 63, 90, 173, 176f, 208, 210ff, 231, 246, 257, 266f, 271, 273
Vorpraktikum **30**, 53, 56, 91f, 103f, 106, 112f, 115ff, 119f, 124, 138, 162, 191, 227, 233, 263, 269
VWL 154, 268

W

Wärmetechnik 108
Wasserbau 107
Wehrdienst 43, 45, 303
Weinwirtschaft 90, 94
Weißrussisch 196

Werkstoffingenieur*in 126
Werkstofftechnik 105f, 108f, 113, 116, 125f
Werkstoffwissenschaften 105, 117
Werkstudent*in 85, 299
Wintersemester 62, 65, 149f, 214, 227, 277, 280, 283ff
Wirtschafts- und Sozialgeschichte 188
Wirtschaftschemie 133
Wirtschaftsinformatik 72f, 103, 154, 160, 171f, 176, 222, 263
Wirtschaftsingenieurwesen 38, 72f, 103, 118, 126, 154, 157
Wirtschaftsjurist*in 24, 177
Wirtschaftsmathematik 139f, 159, 161
Wirtschaftspädagogik 179, 217f, 222, 230, 233, 236, 245, 251, 254, 256
Wirtschaftsrecht 127, 154, 157, 159ff, 164, 173, 176
Wirtschaftswissenschaften 26, 59, 70, 123, 126, 133, 138, 149f, **154**, 159, 162f, **172f**, 175, 178, 188, 217, 220f, 230f, 238, 257, 271, 275, 368
Wohnberechtigungsschein 303
Wohngeld 303
Wohnungsbörse 303
Work & Travel 49

Z

Zahnmedizin 57, 60, **146ff**, 277f, 280f, 284
Zeitgeschichte 184, 188
Zellbiologie 143
Zentrale Auslands- und Fachvermittlung (ZAV) 77, 83, 349
Zentralstelle für ausländisches Bildungswesen 58, 81
Zollverwaltung 264, 266
Zoologie 88, 90, 131, 147f
Zulassungsbescheid 31, 85, 278, 285

366

INSERENTEN

Inserentenverzeichnis

Apollon Hochschule der
Gesundheitswirtschaft 144

AUDI AG 68

Auswärtiges Amt 261

Baden-Württemberg Stiftung 79

Bayerisches Staatsministerium der
Finanzen und für Heimat 67

Bayerisches Staatsministerium für
Unterricht und Kultus 219

Bund Deutscher Landschaftsarchitekten
bdla 99

Bundesamt für Familie und
zivilgesellschaftliche Aufgaben ....,...... 44

Bundeswehr 69

Bundeszentralamt für Steuern 265

Burg Giebichenstein
Kunsthochschule Halle 202

Carl Remigius Medical School 55

Christian-Albrechts-Universität zu Kiel
(CAU) 27

Deutsche Hochschule für Prävention und
Gesundheitsmanagement ....
.... 91, 137, 152, 161, 170

DIPLOMA
Private Hochschulgesellschaft mbH 144

dm-drogerie markt 12

DZ Bank 70

Ecosign/Akademie für Gestaltung 201

ESB Business School -
Hochschule Reutlingen 163

Evangelische Hochschule Ludwigsburg 24

FOM Hochschule für Oekonomie
& Management 35

Freie Hochschule Stuttgart 210

Freie Universität Bozen 82

Friedrich-Alexander-Universität
Erlangen-Nürnberg 63

Handwerk - Deutscher Handwerks-
kammertag (DHKT) 33

Hochschule Anhalt 54

Hochschule der Bundesagentur für Arbeit 41

Hochschule der Künste Bern 203, 204

Hochschule der Medien Stuttgart 168

Hochschule Fresenius 14

Hochschule für Gesundheit Bochum 145

Hochschule Mainz 24

Hochschule Stralsund 29

Institut für Fremdsprachen und Auslands-
kunde bei der Universität Erlangen-
Nürnberg 197

ISM International School of Management 6

IST-Studieninstitut GmbH ...151, 161, 168, 170

Kassenzahnärztliche Vereinigung
Sachsen-Anhalt 147

LVR Landschaftsverband Rheinland 32

Ministerium für Bildung und Kindertagesförderung Mecklenburg-Vorpommern 209

Ministerium für Heimat, Kommunales,
Bau und Digitalisierung des Landes
Nordrhein-Westfalen 137

Munich Business School 159, 164

NORDAKADEMIE 66

Rhein-Sieg-Akademie für realistische
bildende Kunst und Design (RSAK) 202

Salem Kolleg 21

SIEMENS 8

Staatliche Hochschule für Gestaltung
Karlsruhe (HFG) 201

Technische Hochschule Ingolstadt 70

Technische Hochschule Mittelhessen 16, 95

Technische Universität Darmstadt 125

Theaterakademie August Everding 207

Thüringer Ministerium für Bildung,
Jugend und Sport 208, U3

TU München 171

Universität des Saarlandes 10

Universität Osnabrück 158

Universität Passau 138, 164, 176

Universität Würzburg U4

Volksbanken und Raiffeisenbanken U2

Werkbund Werkstatt Nürnberg 42

Wilhelm Büchner Hochschule 136, 201

Würzburger Dolmetscherschule 197

Zeppelin Universität 166, 175

ZOLL 19

SCHNELLFINDER STUDIENBEREICHE

Auf einen Blick

Studienbereiche: Seite

Agrar-, Forst- und Ernährungswissenschaften	88
Ingenieurwissenschaften	95
Mathematik, Naturwissenschaften	128
Medizin, Gesundheitswissenschaften, Psychologie, Sport	141
Wirtschaftswissenschaften	154
Rechts- und Sozialwissenschaften	173
Erziehungs- und Bildungswissenschaften	179
Sprach- und Kulturwissenschaften	181
Kunst und Musik	199
Lehramtsausbildung	208
Öffentliche Verwaltung	257

Alle Studienfelder finden Sie auch online im Portal
www.studienwahl.de